Berufliche Informatik

Informationsverarbeitung

von

Jürgen Gratzke

Bernd Köhler

D1666795

Winklers

1. Auflage, 2012

© Bildungshaus Schulbuchverlage
Westermann Schroedel Diesterweg
Schöningh Winklers GmbH
Postfach 33 20, 38023 Braunschweig
service@winklers.de
www.winklers.de
Druck: westermann druck GmbH, Braunschweig
ISBN 978-3-8045-4762-1

Auf verschiedenen Seiten dieses Buches befinden sich Verweise (Links) auf Internetadressen.

Haftungshinweis: Trotz sorgfältiger inhaltlicher Kontrolle wird die Haftung für die Inhalte der externen Seiten ausgeschlossen. Für den Inhalt dieser externen Seiten sind ausschließlich deren Betreiber verantwortlich. Sollten Sie bei dem angegebenen Inhalt des Anbieters dieser Seite auf kostenpflichtige, illegale oder anstößige Inhalte treffen, so bedauern wir dies ausdrücklich und bitten Sie, uns umgehend per E-Mail davon in Kenntnis zu setzen, damit beim Nachdruck der Verweis gelöscht wird.

47622

Vorwort

Kenntnisse und Handlungswissen der Beruflichen Informatik nehmen nicht nur im Beruflichen Gymnasium und in Fachoberschulen eine Schlüsselposition ein, sondern dienen in der Praxis und im Studium als Basiswissen zur Erschließung und Präsentation von weitergehendem Handlungswissen.

Dieses Fachbuch vesucht das notwendige Wissen handlungsorientiert, ganzheitlich und auf der Basis eines Modellunterhemens zu erschließen. Die Schülerin und der Schüler werden durch die Lernsituationen aufgefordert oder angeregt, sich weitergehende Kenntnisse und Methoden selbstständig zu erarbeiten. Das Fachbuch ist somit ein handlungsoffenes Lernsystem.

Wenn möglich erarbeiten sich die Schüler die in den Lernsituationen dargestellten Aufgaben selbständig, sodass Lehrerinnen und Lehrer mehr Zeit für Handlungssituation einführende und begleitende Tätigkeiten, die besondere Unterstützung der lernschwächeren Schüler bzw. von Schülern mit geringeren Vorkenntnissen oder die Förderung der sehr guten Schüler mit Zusatzaufgaben zur Verfügung haben.

Inhaltlich nimmt dieses Fachbuch Bezug auf die aktuell gültigen Rahmenrichtlinien zum Fach Informationsverarbeitung des Beruflichen Gymnasiums Wirtschaft in Niedersachsen (für die Jahrgänge 11 bis 13), die ab 2008 unter Berücksichtigung der EPA Berufliche Informatik und der dazu herausgegebenen Handreichungen des MK (2008 und 2011) zur Umsetzung der EPA zu sehen sind. Dieses Fachbuch kann auch gut für den Unterricht in Informationsverarbeitung der Fachoberschulen eingesetzt werden.

Dieses Fachbuch ist auf der Basis von Windows 7 und Office 10 konzipiert. Darüber hinaus werden Freeware-Produkte (z. B. Gimp, Smartstore, XAMPP, Phase 5, Grafstat). einbezogen, die über das Internet in der neuesten Version kostenlos installiert werden können.

Dem Fachbuch ist eine CD mit Vorlagen und Lösungen beigefügt.

Zur weiteren Information weisen wir auf die Interseite www.lernleicht.de hin, für eine Kontaktaufnahme mit den Autoren auf die Email-Adresse info@lernleicht.de .

Die Verfasser

Inhaltsverzeichnis

47626

476210

1 Grundlagen von Informatiksystemen

1.1 Modellunternehmen

Situation Sie sollen das Modellunternehmen CHRISTIAN MÜLLER WERBE-DRUCK (CMW) kennenlernen. Vielen Situationen und Aufgaben des Buches sind auf dieses Modellunternehmen abgestellt.

CHRISTIAN MÜLLER WERBEDRUCK (CMW) ist ein Unternehmen der Druck- und Medienindustrie mit über 200 Mitarbeiterinnen und Mitarbeitern.

Aufnahme des Modellunternehmens CHRISTIAN MÜLLER WERBEDRUCK

Das folgende Organigramm gibt die Instanzen (Führungsstellen) im Unternehmen an.

Organigramm CHRISTIAN MÜLLER WERBEDRUCK

Die Geschäftsleitung wird durch Christian Müller selbst repräsentiert, unterstützt von zwei Stabsstellen (Beratende Stellen) für das Qualitätsmanagement und die Arbeitssicherheit. Sechs Abteilungen mit ihren Arbeitsgruppen sorgen für einen möglichst reibungslosen Geschäftsablauf.

Einkauf/Lager:

Artikel, die CHRISTIAN MÜLLER WERBEDRUCK in der Artikelliste führt, sind z. B.:
- Vordrucke aller Art
- Werbedrucksachen
- Visitenkarten
- Etikettenaufkleber
- Motiv- und Glückwunschkarten
- Poster
- Kalender

Für die Produktion bei CHRISTIAN MÜLLER WERBEDRUCK werden zur Herstellung der Druck-Erzeugnisse Papier, Farbe, Klebstoffe, Drahtklammern usw. bestellt. Zur Ergänzung der eigenen Produkte werden im Angebotssortiment Handelswaren geführt. Alle Abteilungen beziehen den Einkauf ein, wenn es um die Anschaffung von Betriebsmitteln (Maschinen, Werkzeuge, Büroausstattung) geht.

Produktion/Fertigung:

Zur Produktion gehören die Arbeitsbereiche „Arbeitsvorbereitung", „Druck" und „Weiterverarbeitung". In der Arbeitsvorbereitung werden die Druckvorlagen mit dem Grafiksystem des Computers entworfen. Außerdem werden hier Arbeitspläne erstellt. In der Druckerei stehen die großen Mehrfarbdruckmaschinen, die entsprechend dem Auftrag im Mehrschichtbetrieb eingesetzt werden. Rubbel- und Duftfarben oder Gummierungen können in zahlreichen Varianten ergänzt werden. Kundennähe wird durch den Service in der Weiterverarbeitung deutlich. Hier werden Stanzungen und Sonderperforationen, Etiketten, Postkarten oder Plastikkarten ergänzt. Die Werbedrucksachen können auch für ein Mailing personalisiert werden, d. h. je nach Wunsch mit Adress- oder Personendaten aus der Datei des Auftraggebers versehen werden. Zum Service kann auf Wunsch neben dem Adressieren auch das Kuvertieren und Frankieren der Werbepost gehören, sodass der Kunde nach der Auftragserteilung selbst keine Arbeit mehr zu erledigen hat, außer der Bezahlung der Rechnung natürlich.

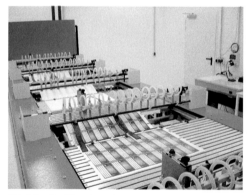

Blick in die Druckerei

Verkauf:

Die Mitarbeiter des Verkaufs müssen die Nähe zum Kunden halten, Kunden betreuen und neue Kunden gewinnen. Durch Werbemaßnahmen, Vertreterbesuche und die Beantwortung von Anfragen muss die Verkaufsabteilung sicherstellen,

476212

dass der Betrieb möglichst vollbeschäftigt ist. Zu zahlreichen Anfragen müssen individuell Angebote ausgearbeitet werden. In enger Abstimmung mit den anderen Abteilungen müssen dazu die notwendigen Kalkulationsgrundlagen eingeholt und Preislisten erstellt werden.

Rechnungswesen:

In der Abteilung Rechnungswesen werden bei CHRISTIAN MÜLLER WERBEDRUCK die Geschäftsbuchhaltung, die Kostenrechnung und das Controlling unterschieden. In der Geschäftsbuchhaltung werden alle Belege gebucht und in Ordner abgelegt.

Darüber hinaus wird der Zahlungsverkehr überwacht. Das Controlling wird insbesondere von der Abteilungsleiterin und dem Stellvertreter erledigt: Hierzu müssen die Statistiken und Listen der Buchhaltung aufbereitet werden. Die Geschäftsleitung wünscht täglich bestimmte Zahlenübersichten und Statusberichte (z. B. Bankstatus). Für Abteilungsleiterbesprechungen und Besprechungen mit der Geschäftsleitung müssen aufbereitete Daten vorliegen.

Blick in die Abteilung Rechnungswesen

Personalabteilung:

Die Personalleiterin und ihre Mitarbeiterin sind für die Personalplanung, die Einstellung und Entlassung von Mitarbeitern sowie die Betreuung und Verwaltung der beschäftigten Mitarbeiter zuständig. In der Lohnbuchhaltung werden die Personaldaten der Mitarbeiter verwaltet, die Lohn- und Gehaltsabrechnungen durchgeführt sowie die Vorgänge mit den Krankenkassen, der Berufsgenossenschaft, der Industrie- und Handelskammer und anderen Organisationen bearbeitet. Aufgrund der rechtlichen und wirtschaftlichen Bedeutung dieser Maßnahmen steht die Personalleiterin in ständigem Kontakt mit der Geschäftsleitung, dem Betriebsrat, den Abteilungsleitern und nicht zuletzt mit den Mitarbeitern. Als Ausbildungsleiterin ist die Personalleiterin für die betriebliche Ausbildung aller Azubis verantwortlich und auch die direkte Ansprechpartnerin aller Auszubildenden. Bei CHRISTIAN MÜLLER WERBEDRUCK kann im kaufmännischen Bereich in den Ausbildungsberufen Bürokaufmann/-kauffrau, Industriekaufmann/-kauffrau, Informatikkaufmann/-kauffrau und Verlagskaufmann/-kauffrau ausgebildet werden.

Ein Geschäftsbetrieb ohne **EDV** ist nicht mehr denkbar. In allen Abteilungen werden Computer eingesetzt, die durch ein betriebliches Netzwerk miteinander verbunden sind. Auch mit den Geschäftspartnern außerhalb des Betriebes werden über Computer Daten ausgetauscht. Die Mitarbeiter der EDV-Abteilung unterstützen die anderen Abteilungen beim Einsatz der Datenverarbeitung, beheben Störungen und sind für Neu- und Ersatzbeschaffungen zuständig.

1.2　Präsentationen mit MS-PowerPoint

Microsoft PowerPoint 2010 ist ein Programm zur Erstellung von wirkungsvollen Präsentationen für Konferenzen, Referate, Workshops, Internetseiten, Bewerbungen, Schulungen usw. Sie können Texte, Bilder, Tabellen, Klänge, Sprache, Diagramme oder Videosequenzen eingeben und mit Animationseffekten das Design der Präsentation individuell gestalten. Mithilfe der Vorlagen lassen sich herzeigbare Ergebnisse mit nur wenigen Eingaben erzielen.

1.2.1　Erste Schritte

Situation　Sie erhalten von Ihrem Vorgesetzten den Auftrag, das Unternehmen CHRISTIAN MÜLLER WERBEDRUCK in Form einer PowerPoint-Präsentation vorzustellen.

Aufgaben　1.　Starten Sie PowerPoint.

2.　Beschriften Sie die Titelfolie mit „Christian Müller Werbedruck stellt sich vor".

3.　Wählen Sie als Design „Ananke" und als Farbschema „Deimos".

4.　Speichern Sie unter dem Dateinamen *Christian Müller Werbedruck* und schließen Sie die Präsentation.

1.2.1.1　Programmoberfläche

<Start> → <Alle Programme> → <Microsoft PowerPoint>

Das Programm öffnet sich standardmäßig mit der Titelfolie für eine neue Präsentation.

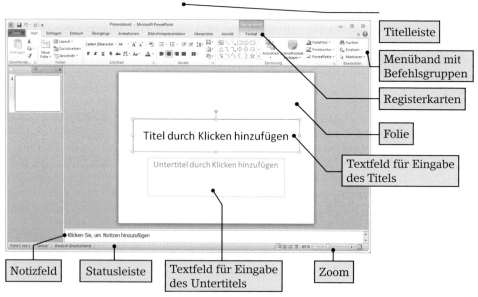

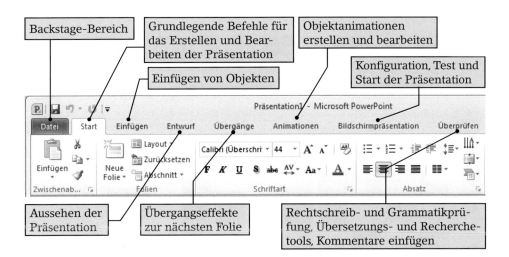

Backstage-Bereich

Grundlegende Befehle für das Erstellen und Bearbeiten der Präsentation

Objektanimationen erstellen und bearbeiten

Einfügen von Objekten

Konfiguration, Test und Start der Präsentation

Aussehen der Präsentation

Übergangseffekte zur nächsten Folie

Rechtschreib- und Grammatikprüfung, Übersetzungs- und Recherchetools, Kommentare einfügen

Zum Anpassen der Fenstergrößen ziehen Sie mit der Maus an den Begrenzungsrändern zwischen den Fenstern. Zum Verändern der Foliengröße verwenden Sie die Zoomeinstellung unten rechts neben der Statusleiste.

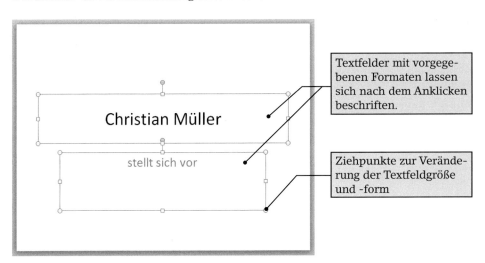

Textfelder mit vorgegebenen Formaten lassen sich nach dem Anklicken beschriften.

Ziehpunkte zur Veränderung der Textfeldgröße und -form

1.2.1.2 Designs

Für eine wirkungsvolle Gestaltung stehen **Designs** zur Verfügung. Damit können Sie vorgefertigte Hintergrundgrafiken, Schriften, Aufzählungszeichen, Farbkombinationen sowie Positionen der Textfelder und Platzhalter Ihrer Präsentation oder einzelnen Folien zuweisen.

In der Registerkarte **<Entwurf>** und der Befehlsgruppe **<Designs>** befindet sich ein Pull-down-Menü, über das weitere Designs aufgerufen werden können. Wählen Sie zur Fertigstellung der Titelfolie die Vorlage „Ananke". Sie können auf diesem Weg jederzeit das Design wechseln.

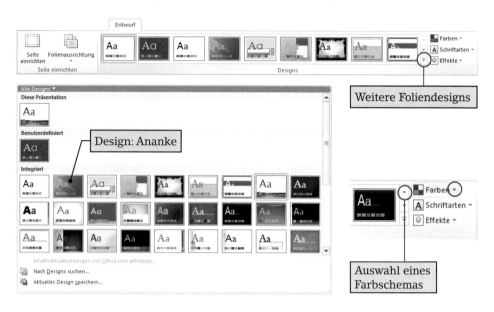

Nach der Auswahl eines passenden Designs können Sie ein Farbschema mit aufeinander abgestimmten Farbtönen für die unterschiedlichen Elemente des Layouts zuweisen. Die Farbschemata sind so abgestimmt, dass der für die Lesbarkeit notwendige Kontrast in Farbe und Helligkeit immer gewährleistet ist. Seien Sie deshalb bei Farbänderungen einzelner Elemente vorsichtig, da es schnell zu unerwünschten Effekten wie „helle Schrift auf hellem Hintergrund" kommen kann.

Auf der linken Seite im Register **<Entwurf>** befindet sich die Schaltfläche **<Seite einrichten>**. Hierüber können Sie die Folien im Hoch- oder Querformat ausrichten und die genaue Größe festlegen.

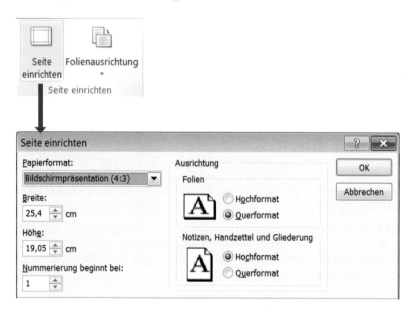

1.2.1.3 Sichern

Sichern Sie die Präsentation, indem Sie auf **<Datei>** ➔ **<Speichern>** klicken, das Dialogfenster **<Speichern unter>** wird eingeblendet. Anschließend bestätigen Sie im Ordner *Präsentationen* den vom Programm vorgeschlagenen Dateinamen *Christian Müller Werbedruck*. Wenn die Präsentation mit einer älteren Vorgängerversion von PowerPoint 2010 ebenfalls zu öffnen sein soll, so wählen Sie als Dateityp: *PowerPoint-97-2003-Präsentationen*. Es werden bei einer Speicherung unter diesem Dateityp möglicherweise nicht alle Elemente korrekt übernommen. Sie sollten in diesem Fall die Präsentation vor Ihrem Vortrag nochmals überprüfen.

PowerPoint 2010 unterstützt das Speichern im PowerPoint 97-, 2000-, 2002-, 2003- und 2007-Format. Das Speichern in Formaten früherer Versionen ist nicht möglich. PowerPoint bietet darüber hinaus die Möglichkeit, die Präsentationen so zu speichern, dass sie in anderen Programmen gezeigt werden können. Angenommen Sie möchten die Präsentation auf einem PC betrachten, auf dem kein PowerPoint installiert ist. Wählen Sie z. B. einen Dateityp wie PDF, so können Sie die Präsentation im Adobe-Reader – einem frei zum Download stehenden PDF-Programm – öffnen.

Hier die wichtigsten Dateiformate, in denen gespeichert werden kann.

PPT	**PowerPoint 97-2003-Präsentation**	eine Präsentation, die Sie mit einer früheren Version von PowerPoint, PowerPoint 97 bis PowerPoint 2003, öffnen können
Endung X	**PowerPoint 2007- und 2010-Format**	XML-aktiviertes Dateiformat
Endung M	**enthält Makros**	eine Präsentation, die VBA-Code (Visual Basic für Applikationen) enthält
Endung A	**Enthält ein Add-In**	eine Präsentation mit einer PowerPoint-Add-In Erweiterung
POT, POTX, POTM	**Design**	wird in einem speziellen Templates-Ordner gespeichert
Endung S statt T	**PowerPoint-Bildschirm-präsentation**	eine Präsentation, die immer in der Bildschirmpräsentationsansicht statt in der Normalansicht geöffnet wird
HTM; HTML	**Webseite**	eine Webseite als Ordner mit einer HTM-Datei und allen unterstützenden Dateien wie beispielsweise Bild-, Audiodateien, Cascading Stylesheets, Skripts usw. Eignet sich gut zum Bereitstellen auf einer Website oder zum Bearbeiten mit Microsoft Office FrontPage oder einem anderen HTML-Editor.
MHT; MHTML	**Webseite in einer Datei**	eine als einzelne HTM-Datei zusammengefasste Präsentation; eignet sich gut zum Senden einer Präsentation als E-Mail.
GIF, JPG, PNG, TIF, BMP	**Bildformate**	Jede Folie wird als separate Datei in einem Bildformat gespeichert.

PDF	PDF-Dokument	ein PostScript-basiertes elektronisches Dateiformat, das von Adobe Systems entwickelt wurde
XML	Datenaustausch-format	XML ist plattformunabhängig, d. h., XML-Daten können in jedem für die Verwendung von XML konzipierten Programm gelesen und verarbeitet werden, wobei weder Hardware noch Betriebssystem eine Rolle spielen.

Sie können eine Datei in einem Ordner auf Ihrer Festplatte, in einer Netzwerkadresse, auf einem Datenträger, auf einer CD, auf dem Desktop oder an einem anderen Speicherort speichern. Sie müssen den Zielspeicherort in der Strukturleiste des Dialogfensters **<Speichern unter>** auswählen. Unabhängig vom ausgewählten Speicherort ist die Vorgehensweise beim Speichern immer gleich.

<Datei> → <Speichern unter>

Geben Sie im Feld **Dateiname** einen neuen Namen für die Datei ein. Klicken Sie in der Liste **Dateityp** auf das Dateiformat, in dem Sie die Datei speichern möchten.

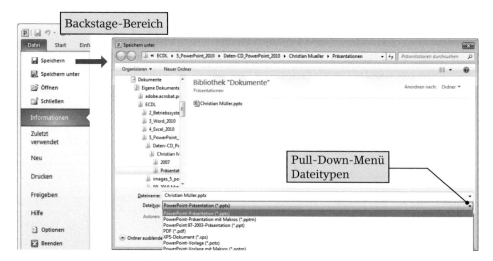

Wenn Sie eine Präsentation gespeichert haben und später weiter bearbeiten möchten, sollten Sie beim erneuten Speichern eine neue Versionsnummer vergeben. Wählen Sie **<Datei> → <Speichern unter>** und hängen Sie dem Dateinamen einen Index an (z. B. Christian Müller 1), damit haben Sie die Vorgängerversion erhalten. Es steht Ihnen dann jederzeit frei – falls Sie zwischenzeitliche Änderungen doch wieder verwerfen wollen –, auf Ihre früheren Versionen zurückzugreifen.

1.2.2 Folien, Textfelder und Objekte

1.2.2.1 Textfeld auf neuer Folie bearbeiten

Situation Die Präsentation soll eine Folie zur Geschichte des Unternehmens enthalten. Diese soll direkt nach der Titelfolie folgen.

Aufgaben
1. Fügen Sie der Symbolleiste für den Schnellzugriff den Befehl **<Öffnen>** hinzu.
2. Öffnen Sie die Präsentation *Christian Müller Werbedruck*.
3. Fügen Sie eine Folie mit dem Layout „Titel und Inhalt" hinzu.
4. Geben Sie den Text ein und formatieren Sie das Textfeld entsprechend der Abbildung.
5. Lassen Sie eine Rechtschreibprüfung vornehmen.

Einfügen einer neuen Folie

<Start> ➔ <Folien> ➔ <Neue Folie> oder Tastenkombination: Strg + M

Vom Design zu unterscheiden sind die **Layoutvorlagen.** Darunter versteht man die Anordnung von Elementen wie Textfelder, Diagramme und Bilder auf einer Folie. Ein Layout enthält Platzhalter, die wiederum mit Text oder Grafiken gefüllt werden können.

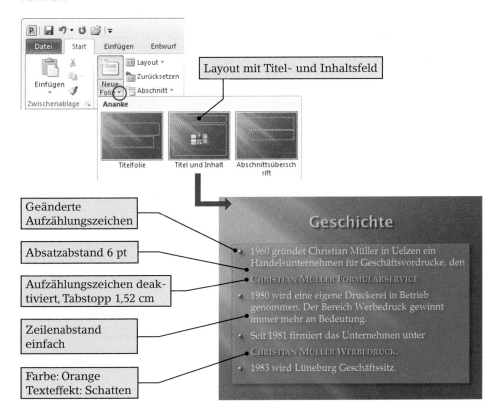

476219

Formatierung

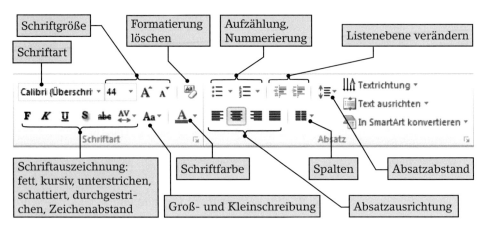

Mit den Schaltflächen zur Einrückung lässt sich die Ebene der Gliederungsliste erhöhen bzw. verringern. Sie haben damit die Möglichkeit, eine Liste mehrstufig zu gliedern. Listen besitzen einen hängenden Einzug, d. h., es wird ab der zweiten Zeile nach rechts eingerückt. Wenn Sie die Aufzählung oder Nummerierung entfernen, bleibt der hängende Einzug bestehen. Um den linken Rand bündig anzeigen zu lassen, müssen Sie das Lineal einblenden lassen, in den Text klicken und den unteren Einzug nach links schieben.

<Ansicht> ➔ **<Anzeigen>** ➔ **<Lineal>**

Ausrichtung:

Für weitere Formatierungsoptionen können Sie jeweils mit dem Pfeil unten rechts in den Befehlsgruppen **<Absatz>** und **<Schriftart>** die gleichnamigen Dialogfenster aufrufen.

Um die Schrift z. B. in Kapitälchen oder Großbuchstaben anzeigen zu lassen, aktivieren Sie das entsprechende Optionsfeld im Dialogfenster **<Schriftart>**.

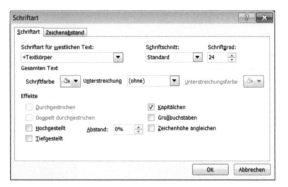

Zur genauen Einstellung von Absatz- und Zeilenabstand rufen Sie das Dialogfenster **<Absatz>**:

<Start> ➔ <Absatz> ➔ <Zeilenabstand> ➔ <Zeilenabstandsoptionen>

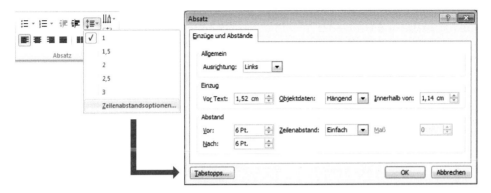

Im Dialogfenster **<Absatz>** lassen sich sowohl der Abstand zwischen zwei Absätzen als auch der Abstand zwischen den Zeilen einstellen. Während der Absatzabstand immer für den markierten Absatz eingestellt wird, kann der Zeilenabstand nur für das komplette Textfeld einheitlich eingestellt werden. Ein Absatz wird mit der ⎵Enter⎵-Taste erzeugt und der Zeilenumbruch erfolgt entweder automatisch (Fließtexteingabe) oder manuell mit ⎵Shift⎵ + ⎵Enter⎵.

Bei Deaktivierung der Aufzählung oder Nummerierungen wird automatisch der hängende Einzug deaktiviert. Um die Zeile in einer Fluchtlinie mit dem Text zu positionieren, können Sie den Einzug anpassen oder einen Tabstopp setzen.

<Start> ➔ <Absatz> ➔ Tabstopp>

Die Rechtschreibung können Sie mit dem folgenden Befehl prüfen lassen:

<Überprüfen> ➔ <Dokumentprüfung> ➔ <Rechtschreibung>

Es werden alle Wörter angezeigt, die sich nicht im Wörterbuch befinden. Sie haben die folgenden Möglichkeiten:

<Ignorieren>   An dieser Stelle nicht verbessern.

<Alle ignorieren>   In der gesamten Präsentation nicht verbessern.

<Ändern>   An dieser Stelle ersetzen.

<Alle ändern>   In der gesamten Präsentation ersetzen.

<Hinzufügen>   Sie können das von Ihnen geschriebene Wort dem Wörterbuch hinzufügen, damit es nicht mehr mit einem Korrekturvorschlag versehen wird.

<Autokorrektur>   Wenn Ihnen der Fehler häufiger passiert, können Sie ihn zukünftig automatisch (ohne Rückfrage) korrigieren lassen.

Zum Ändern der Aufzählungszeichen klicken Sie zunächst auf den Rand des Textfeldes, um den Bereich für die Änderung zu definieren. Mit dem Befehl **<Start>** → **<Absatz>** → **<Aufzählungszeichen>** rufen Sie ein Pull-down-Menü mit einer Reihe von Vorschlägen für Aufzählungszeichen auf. Über die Schaltfläche **<Nummerierung und Aufzählungszeichen>** gelangen Sie zu einem Dialogfenster, in dem Sie die Art, Farbe und Größe der Aufzählungszeichen festlegen können. Zum Einfügen einer Grafik als Aufzählungszeichen klicken Sie auf die Schaltfläche **<Bild>** und wählen entweder eine vorhandene oder importieren eine eigene Grafik.

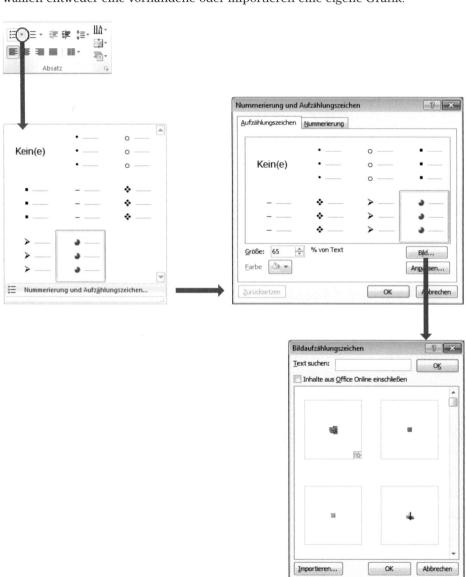

Beim Hinzufügen einer neuen Folie wird automatisch das zuvor gewählte Design zugewiesen. Der Hintergrund eines Textfeldes ist standardmäßig transparent eingestellt. Zum Färben des Hintergrundes klicken Sie auf den Rand des Textfeldes. Die Registerkarte **<Format>** wird eingeblendet und in der Gruppe **<Formenarten>** mit dem Befehl **<Fülleffekt>** ➔ **<Farbverlauf>** wird eine Palette von Farbverläufen angeboten.

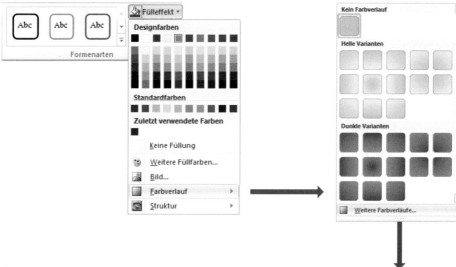

Über **<Weitere Farbverläufe>** können Sie die Mischung und Helligkeit selbst einstellen. Wählen Sie einen eher dunklen Farbverlauf, damit die weiße Textfarbe vor dem Hintergrund gut lesbar bleibt.

Die Auswahl der Linienfarbe für den Textfeldrand funktioniert nach dem gleichen Prinzip. Wählen Sie **<Format>** ➔ **<Formenarten>** ➔ **<Formkontur>** ➔ **<Weitere Linienfarben ...>**

Über das Kontextmenü lassen sich Einstellungen für das Textfeld vornehmen. Hier legen Sie fest, ob sich die Schriftgröße nach dem Textfeld oder umgekehrt die Textfeldgröße nach dem eingefügten Text richten soll.

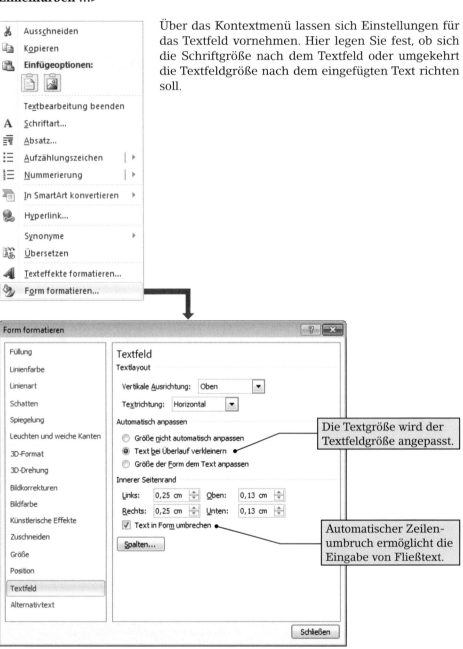

1.2.2.2 Bilder

Situation Die bereits hergestellten Folien sollen nachträglich von Ihnen illustriert werden.

Aufgaben
1. Fügen Sie das Bild *Senior.jpg* ein, platzieren Sie es rechts oben auf der Folie und lassen Sie es in Graustufen anzeigen.
2. Illustrieren Sie die Titelfolie mit den Bildern *Gebäude.jpg* und *Druckerei.jpg* (Bilder zu dieser Präsentation finden Sie unter den Übungsdateien). Formatieren Sie nach der Vorlage.

Einfügen eines Bildes: **<Einfügen>** → **<Bilder>** → **<Grafik>**

Bilder layouten

Zum Vergrößern und Verkleinern verwenden Sie die Eckpunkte, die sichtbar werden, sobald Sie das Bild angeklickt haben. Während Sie die Ziehpunkte zum Dehnen und Stauchen benutzen können, sollten Sie die Größenänderung zur Beibehaltung der Proportionen nur an den Eckpunkten vornehmen.

Wollen Sie ein Bild löschen, klicken Sie mit der linken Maustaste auf das Bild und wählen im Kontextmenü **<Löschen>**.

An dem grünen Drehpunkt lässt sich das Bild per Maus in jede Richtung drehen.

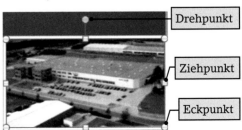

Drehpunkt

Ziehpunkt

Eckpunkt

Für den Einsatz von Effekten klicken Sie auf das Bild und wählen **<Bildtools>** →
<Format> → **<Bildeffekte>.** Die Effekte werden Ihnen per Mouseover als Vorschau
angezeigt.

Zum Verschieben eines Bildes oder Textfeldes fassen Sie es mit der Maus an und
ziehen es an die gewünschte Position. Halten Sie dabei die [Strg]-Taste gedrückt,
so wird eine Kopie erstellt. Standardmäßig ist in PowerPoint eine Rasterung eingestellt. Um die Objekte unabhängig vom Raster positionieren zu können, halten
Sie die [Alt]-Taste gedrückt. Wollen Sie mehrere Bilder gleichzeitig verschieben,
markieren Sie die Objekte mit gehaltener [Shift]-Taste und ziehen sie dann gemeinsam an die gewünschte Position. Alternativ können Sie zum Verschieben auch die
Pfeiltasten verwenden.

Klicken Sie einmal auf das Bild, so wird die Registerkarte **<Bildtools Format>**
zusätzlich eingeblendet. Mit dem Menüband **<Bildtools Format>** erhalten Sie
diverse Werkzeuge zur Bildbearbeitung.

Erscheint kontextabhängig

Löschen

Objekt (Bild, Textfeld, Text, Folie …) anklicken und [Entf]-Taste drücken.

Verschieben und Kopieren

Wollen Sie das Bild in eine andere Präsentation oder sogar in eine andere Anwendung (z. B. Word) verschieben oder kopieren, so markieren Sie das Bild (mehrere
Bilder mit gehaltener [Shift]-Taste) und benutzen die folgenden Befehle:

<Zwischenablage> → **<Ausschneiden>** [Strg] + [X] und auf der Zielfolie

<Zwischenablage> → **<Einfügen>** [Strg] + [V]

<Zwischenablage> → **<Kopieren>** [Strg] + [C] und auf der Zielfolie

<Zwischenablage> → **<Einfügen>** [Strg] + [V]

Zum Kopieren oder Verschieben einer Folie innerhalb einer Präsentation benutzen Sie die Navigationsleiste mit dem Register **<Folien>** auf der linken Seite. Sie können die Folien mit der Maus innerhalb der Präsentation verschieben. Sind Quelle und Ziel in unterschiedlichen Präsentationen, können Sie das Kontextmenü zum Kopieren, Ausschneiden und Einfügen benutzen oder die auf Seite 26 unten genannten Tastaturbefehle verwenden.

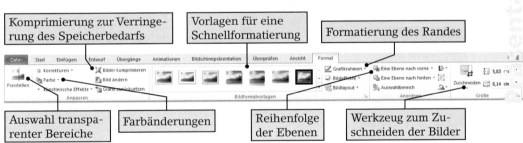

Schneiden

Falls ein Bild Randbereiche hat, die Sie entfernen möchten, so können Sie mithilfe des Schneidewerkzeugs diese Bereiche verbergen. Aktivieren Sie zunächst das Bild, klicken Sie einmal auf das Schneidewerkzeug und ziehen Sie schließlich mit der Maus an den Eck- oder Ziehpunkten des Bildes. PowerPoint löscht die abgeschnittenen Bereiche beim Speichern, um Speicherplatz zu sparen. Um die Löschung zu verhindern, wählen Sie:

<Bildtools Format> ➜ **<Anpassen>** ➜ **<Bilder komprimieren>**

Wenn Sie das Optionsfeld **<Zugeschnittene Bildbereiche löschen>** deaktivieren, dann können Sie die abgeschnittenen Bereiche auch nach dem Speichern mit dem Schneidewerkzeug wieder hervorholen.

Good Practice zur Foliengestaltung

► Hintergrund und Layout sollten schlicht, einheitlich und zum Inhalt passend sein.

► Die Informationsmenge pro Folie ist sinnvoll zu begrenzen.

► Der Folieninhalt soll eine Sinneinheit bilden.

► Farben sparsam und funktionell einsetzen – z. B. zur Hervorhebung und Strukturierung.

► Gliedern Sie die Folie optisch (Über- und Zwischenüberschriften, Aufzählungszeichen, Rahmen und Linien, …).

► Nutzen Sie die Visualisierungsmöglichkeiten von PowerPoint mit grafischen Elementen, Bildern und Diagrammen, um die Anschaulichkeit zu erhöhen und Wesentliches zu verdeutlichen.

1.2.2.3 Formen

Situation   Als nächste Folie soll eine Grobübersicht über die Produkte von CHRISTIAN MÜLLER WERBEDRUCK erstellt werden. Außerdem sollen Sie weitere Folien zu den Themen Kalender, Visitenkarten und Leitlinien gestalten.

Aufgaben

1. Fügen Sie eine weitere Folie ein, die lediglich ein Textfeld für die Überschrift enthält, und beschriften Sie sie mit dem Titel: „Unsere Produkte".

2. Zeichnen Sie gemäß der Abbildung auf den folgenden Seiten Formen, die Sie zu 3D-Objekten formatieren und anschließend beschriften.

3. Fügen Sie unter den 3D-Objekten ein Textfeld ein, beschriften und formatieren Sie es gemäß Abbildung.

4. Erstellen Sie die Folien „Kalender, Visitenkarten und Leitlinien" nach den Abbildungen.

Zum Erstellen einer Form rufen Sie alternativ das Register **<Start>** ➜ **<Zeichnung>** oder **<Einfügen>** ➜ **<Illustrationen>** auf und wählen ein passendes Element. Über die Pfeile können Sie eine Palette mit weiteren Formen aufrufen.

Um ein Oval zu erstellen, wählen Sie:

<Einfügen> → <Formen> → <Standardformen> → <Ellipse>

Mit demselben Befehl erzeugen Sie einen **Kreis,** nur dass Sie dabei die Shift-Taste gedrückt halten müssen. Analog können Sie ein **Rechteck** und mit Shift-Taste ein **Quadrat** erzeugen.

| Gruppe <Zeichnungen> im Register <Start> | Gruppen <Bilder> und <Illustrationen> im Register <Einfügen> |

Nach dem Zeichnen einer Form auf der Folie können Sie über das Kontextmenü mit dem Befehl **<Text bearbeiten>** das Objekt beschriften. Anschließend nehmen Sie die Formatierungen vor, indem Sie zunächst auf das Objekt klicken und dann **<Zeichentools Format>** wählen. Um identische Zeichenobjekte zu erstellen, sollten Sie nach kompletter Fertigstellung eines Objektes Kopien anfertigen.

Es lassen sich auch mehrere Objekte gleichzeitig aktivieren und formatieren. Dazu ziehen Sie mit der Maus einen Rahmen um die betreffenden Zeichnungselemente oder klicken bei gehaltener Shift-Taste die Objekte nacheinander an.

Wenn ein oder mehrere Objekte aktiviert sind, können Sie mit dem Befehl **<Zeichentools> → <Format>** die folgenden Formatierungsmenüs anwählen:

Menü	Formatierungsoptionen
Fülleffekt	– das Objekt mit Farbe, Farbverlauf, Struktur oder Bild füllen
Formkontur	– Linienfarbe, -breite, -art – Pfeilrichtung und -art
Formeffekte	– Schatten-, Spiegel-, Leucht-, 3D-, Kanteneffekt

Größe und Position

Aktivierte Objekte lassen sich in der Größe anpassen und können mithilfe des grünen Punktes gedreht werden.

Reihenfolge

Um den nebenstehenden Effekt zu erzielen, müssen Sie die Reihenfolge der Objekte hinsichtlich der Ebenen bestimmen, indem Sie mit der rechten Maustaste auf das Objekt klicken und über das Kontextmenü oder das Register **<Zeichentools Format>** im Bereich **<Anordnen>** die Befehle **<Eine Ebene nach vorne>** oder **<Eine Ebene nach hinten>** aufrufen.

Verbindungen

Linien lassen sich an den Objekten verankern, indem Sie das Linienende auf einen der blauen Verbindungspunkte ziehen. Beim Verschieben der Objekte bleiben die Linien an den Ankerpunkten und werden mitverschoben. Pfeilrichtung und -art weisen Sie über den Befehl **<Zeichentools>** → **<Format>** → **<Formkontur>** zu.

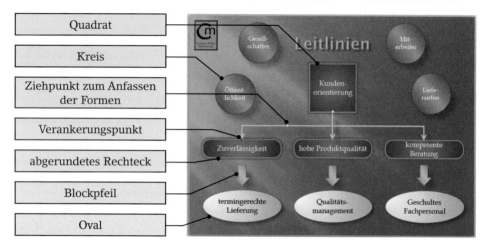

Ausrichten von Objekten

Wollen Sie mehrere Objekte bündig oder zentriert ausrichten, so stehen dafür die Ausrichtungsbefehle zur Verfügung. Markieren Sie die auszurichtenden Objekte und geben Sie ein:

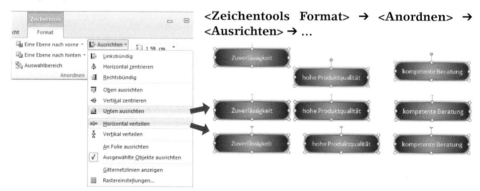

<Zeichentools Format> → **<Anordnen>** → **<Ausrichten>** → ...

Sie haben die Wahl, ob Sie die Objekte zueinander oder relativ zur Folie ausrichten wollen. Wenn Sie drei Objekte zueinander „unten ausrichten", so ist die Ausrichtungsgrenze das untere Objekt. Dieselbe Ausrichtung relativ zur Folie richtet die Objekte alle am unteren Folienrand aus. Entsprechendes gilt für die rechte, linke, obere und zentrierte Ausrichtung.

Gruppieren

Durch die Gruppierung mehrerer Objekte können Sie ein neues zusammengesetztes Objekt schaffen, das wie ein einzelnes Objekt zu behandeln ist. Die einzelnen Teile bleiben beim Verschieben in der relativen Position. Markieren Sie die Objekte und wählen über das Kontextmenü oder das Register **<Format>** in der Gruppe **<Anordnen>** → **<Gruppieren>** → **<Gruppieren>**. Auf demselben Weg lässt sich eine vorgenommene Gruppierung wieder aufheben.

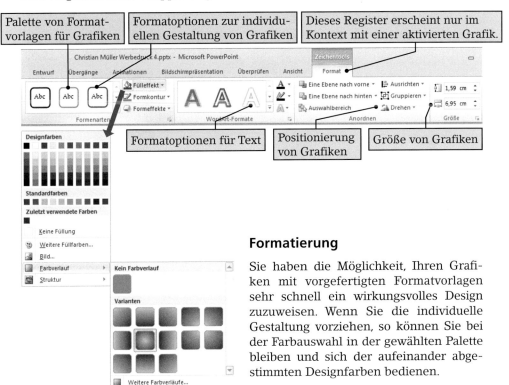

Palette von Format-vorlagen für Grafiken

Formatoptionen zur individu-ellen Gestaltung von Grafiken

Dieses Register erscheint nur im Kontext mit einer aktivierten Grafik.

Formatoptionen für Text

Positionierung von Grafiken

Größe von Grafiken

Formatierung

Sie haben die Möglichkeit, Ihren Grafiken mit vorgefertigten Formatvorlagen sehr schnell ein wirkungsvolles Design zuzuweisen. Wenn Sie die individuelle Gestaltung vorziehen, so können Sie bei der Farbauswahl in der gewählten Palette bleiben und sich der aufeinander abgestimmten Designfarben bedienen.

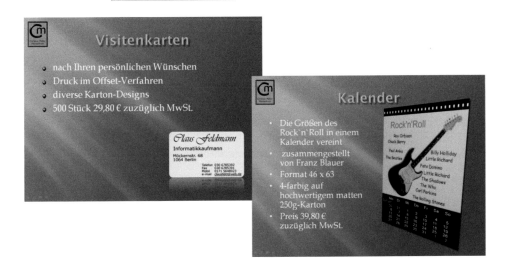

Präsentationen mit MS-PowerPoint

1.2.2.4 Tabellen

Situation Auf der nächsten Folie möchten Sie ein Preisbeispiel für den Druck von Prospekten einfügen.

Aufgaben
1. Fügen Sie eine weitere Folie mit einem Tabellenfeld ein und schreiben Sie als Überschrift „Prospekte".
2. Geben Sie das Preisbeispiel in Form einer Tabelle (3 Spalten und 6 Zeilen) ein.

Wenn Sie eine neue Folie mit dem Layout „Titel und Inhalt" hinzugefügt haben, klicken Sie auf die Schaltfläche **<Tabelle>** inmitten der Folie. Das Dialogfenster zur Eingabe der Zeilen und Spalten wird eingeblendet.

Eine Alternative ist die Tabellenerstellung mit der Maus über das Register **<Einfügen>** ➔ **<Tabelle>**.

Mit der Tabelle werden automatisch unter **<Tabellentools>** die Register **<Entwurf>** und **<Layout>** eingeblendet. Weisen Sie eine Formatvorlage zu und gestalten Sie die Tabelle entsprechend der Abbildung auf Seite 34.

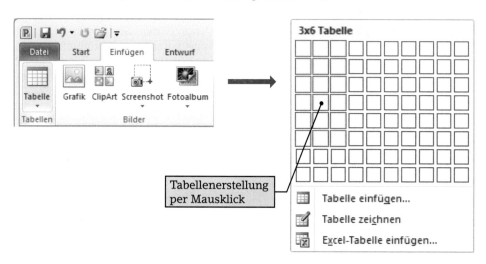

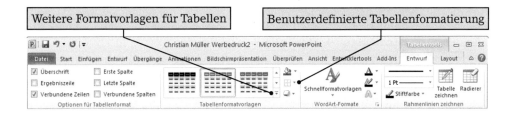

Markierungen

Um eine Zelle, Spalte oder Zeile zu markieren, klicken Sie so mit der Maus neben bzw. über das Objekt, dass der Mauszeiger schwarz dargestellt wird und in die dargestellte Richtung weist.

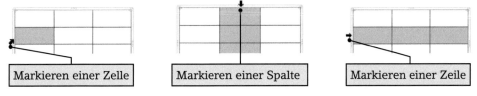

Markieren einer Zelle | Markieren einer Spalte | Markieren einer Zeile

Zur Markierung einer ganzen Tabelle klicken Sie auf den Rand.

Löschen:

Zum Löschen einer Spalte oder Zeile muss sie markiert sein. Im Kontextmenü finden Sie die Befehle zum Löschen.

Einfügen:

Das Einfügen von Spalten oder Zeilen erfolgt ebenfalls per Kontextmenü. Sie haben die Option, die Spalte bzw. Zeile relativ zur Markierung zu positionieren.

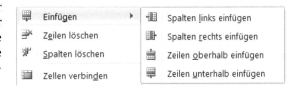

Größenänderung:

Zur Änderung der Größe von Spalten und Zeilen fassen Sie mit der Maus an einen Spalten- oder Zeilenrand und verschieben ihn, bis die gewünschte Größe erreicht ist. Ein Verschieben des Tabellenrahmens bewirkt eine Größenänderung der gesamten Tabelle.

Zeilen und Spalten einfügen und löschen | Zellen verbinden | Horizontale und vertikale Ausrichtung innerhalb einer Tabelle

Um die Beträge an den Dezimalstellen auszurichten, benutzen Sie den dezimal zentrierenden Tabulator. Falls das Lineal nicht eingeblendet sein sollte, wählen Sie **<Ansicht>** → **<Anzeigen>** → **<Lineal>**. Setzen Sie den Cursor in eine Zelle und wählen Sie durch mehrfaches Klicken auf die Tabulatorauswahl den gewünschten Tabulator aus. Anschließend setzen Sie mit einem Klick auf das Lineal den Tabulator an die gewünschte Stelle. Um den Tabstopp in der Zelle anzusteuern, setzen Sie den Cursor vor die Zahl, halten die $\boxed{\text{Strg}}$-Taste gedrückt und betätigen die $\boxed{\text{Tab}}$-Taste.

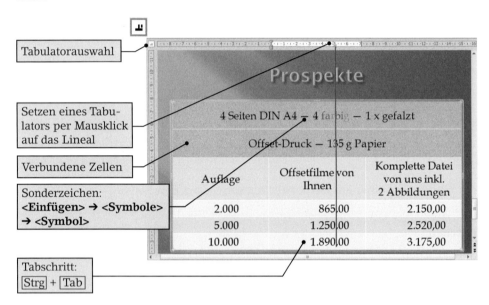

1.2.3   Animationen

Situation   Um die Abfolge der einzelnen Foliensegmente dem Präsentationstempo des Referenten anpassen zu können, sollen Sie die Präsentation mit Animationen versehen.

Aufgabe   Stellen Sie die folgenden Animationen für die Objekte der Titelfolie ein:

Objekt	Effektart	Effekt	Start	Richtung	Geschwindigkeit
Titel	Eingang	Wischen	Mit Vorherigen	Von links	Schnell
Druckerei	Eingang	Teilen	Beim Klicken	Horizontal in	Schnell
stellt sich vor	Eingang	Blenden	Nach Vorherigen	Vertikal	Schnell
Betrieb	Eingang	Teilen	Nach Vorherigen	Horizontal in	Schnell

Den Aufgabenbereich **<Benutzerdefinierte Animation>** erhalten Sie über den Befehl:

<Animationen> ➜ **<Erweiterte Animation>** ➜ **<Animationsbereich>**

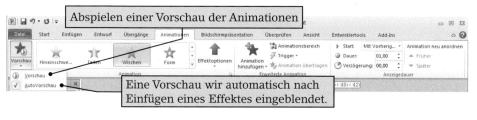

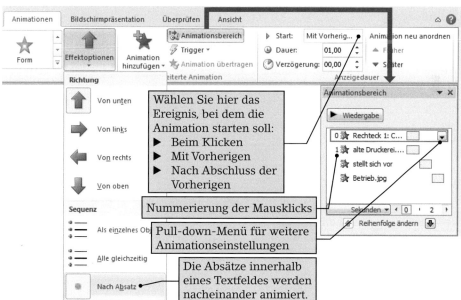

Um einen Eindruck von der Animationswirkung der Effekte zu erhalten, klicken Sie auf **<Vorschau>**. Die vollständige Animation der aktuellen Folie erhalten Sie, wenn Sie am unteren Fensterrand auf die Schaltfläche **<Bildschirmpräsentation>** klicken oder die Tastenkombination Strg + F5 wählen. Sie können die Bildschirmpräsentation mit der Esc -Taste wieder verlassen.

Aufgaben

1. Stellen Sie die angegebenen Animationen für die Folien „Geschichte" und „Leitlinien" ein (siehe Tabellen auf der Folgeseite).

2. Probieren Sie weitere Animationseffekte aus und animieren Sie die restlichen Folien sinnvoll.

3. Stellen Sie den Übergangseffekt „Wischen nach unten" für alle Folien ein.

Geschichte:

Objekt	Effektart	Effekt	Start	Effektoption	Geschwin-digkeit
Titel	Eingang	Verblassen	Nach Vorherigen		Schnell
Senior	Eingang	Blenden	Nach Vorherigen		Mittel
Text (Rechteck)	Eingang	Verblassen	Mit Vorherigen		Schnell
Text (Absätze)	Eingang	Verblassen	Beim Klicken	Bei 1. Abschnittsebene	Langsam

Leitlinien:

Objekt	Effektart	Effekt	Start	Effektoption	Geschwin-digkeit
Titel	Eingang	Schlinge	Nach Vorherigen		Schnell
Ellipse 1	Eingang	Rad	Beim Klicken	1 Speiche	Schnell
Ellipse 2	Eingang	Rad	Mit Vorherigen	1 Speiche	Schnell
Ellipse 3	Eingang	Rad	Mit Vorherigen	1 Speiche	Schnell
Ellipse 4	Eingang	Rad	Mit Vorherigen	1 Speiche	Schnell
Rechteck	Eingang	Rad	Beim Klicken	1 Speiche	Schnell
Gewink. Verb.	Eingang	Wischen	Beim Klicken	von oben	Schnell
Abger. Rechteck	Eingang	Wischen	Nach Vorherigen	von oben	Schnell
Pfeil n. unten	Eingang	Wischen	Nach Vorherigen	von oben	Schnell
Ellipse	Eingang	Wischen	Nach Vorherigen	von oben	Schnell
Gewink. Verb.	Eingang	Wischen	Beim Klicken	von oben	Schnell
Abger. Rechteck	Eingang	Wischen	Nach Vorherigen	von oben	Schnell
Pfeil n. unten	Eingang	Wischen	Nach Vorherigen	von oben	Schnell
Ellipse	Eingang	Wischen	Nach Vorherigen	von oben	Schnell
Gewink. Verb.	Eingang	Wischen	Beim Klicken	von oben	Schnell
Abger. Rechteck	Eingang	Wischen	Nach Vorherigen	von oben	Schnell
Pfeil n. unten	Eingang	Wischen	Nach Vorherigen	von oben	Schnell
Ellipse	Eingang	Wischen	Nach Vorherigen	von oben	Schnell

Für die Zuweisung von Animationseffekten zu einzelnen Elementen einer Folie (Formen, Bildern, Textfeldern, ...) markieren Sie zunächst ein Element. Blenden Sie das Register **<Animationen>** ein und klicken Sie auf das Pfeilsymbol des Listenfeldes **<Animieren>**. Wenn Sie ein Symbol anklicken, wird Ihnen der Effekt in einer Vorschau gezeigt. Sie können abhängig vom gewählten Effekt weitere **<Effektoptionen>** festlegen. Außerdem lässt sich in der Gruppe **<Anzeigedauer>** festlegen, ob die Animation nach einem Mausklick, nach der vorigen oder gleichzeitig mit der vorigen Animation starten soll. Auch die Geschwindigkeit (**<Dauer>**) und der Startzeitpunkt (**<Verzögerung>**) lassen sich hier einstellen.

Wollen Sie einem Element einen zusätzlichen Effekt zuweisen, wählen Sie im Listenmenü **<Animation hinzufügen>** ein weiteres Symbol aus. Mit der Schaltfläche **<Animationsbereich>** wird Ihnen auf der rechten Seite eine Liste der eingestellten Animationen mit Ablaufsymbolen angezeigt. Sie können hier die Reihenfolge und den Startzeitpunkt der Effekte durch Verschieben mit der Maus verändern.

Hinweis: Bei der Animation von Texten beachten Sie, dass sie nach Ebenen gruppiert eingerichtet werden kann. Die Einstellungen nehmen Sie im Eigenschaftsfenster der Animation vor. Das Fenster erhalten Sie über das Pull-down-Menü zur Animation:

<Pull-down-Pfeil Effektoptionen> ➔ **<Textanimation>** ➔ **<Text gruppieren>**

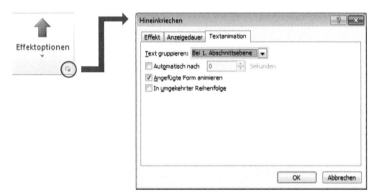

Übergangseffekte

Zur Einstellung von Übergängen von einer Folie zur nächsten markieren Sie zunächst in der Navigationsleiste die Folien, denen der Übergangseffekt zugewiesen werden soll. Wählen Sie anschließend im Menüband **<Übergänge>** einen in der Gruppe **<Übergänge zu dieser Folie>** angebotenen Effekt aus. Weitere Einstellmöglichkeiten haben Sie abhängig von dem ausgewählten Effekt in dem Pull-down-Menü **<Effektoptionen>** (siehe Folgeseite).

In der Gruppe **<Anzeigedauer>** lässt sich festlegen, ob der Effekt beim Klicken oder nach Ablauf einer bestimmten Zeit automatisch starten soll. Außerdem lässt sich die Geschwindigkeit (Dauer) des Effektes einstellen.

Der Effekt ist damit für die markierten Folien festgelegt. Soll er auf alle Folien der Präsentation angewendet werden, wählen Sie **<Für alle übernehmen>**. Mit dem Befehl **<Vorschau>** können Sie sich den Folienübergang der aktuellen Folie zeigen lassen (siehe Folgeseite).

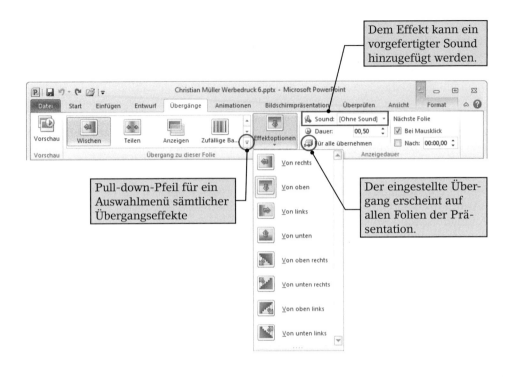

1.2.4   Ansichten

Aufgaben   1. Rufen Sie die Titelfolie in der Ansicht „Notizenseite" auf.

2. Schreiben Sie die folgenden Vortragsnotizen zur Titelfolie.

   Gebäude
   630 m² betriebliche Nutzfläche
   400 m² Bürofläche
   alte Druckerei
   1200 m² betriebliche Nutzfläche
   140 m² Bürofläche

Normalansicht

Die Ansicht, in der Sie bisher gearbeitet haben, ist die Normalansicht. Am linken Rand befindet sich die Navigationsleiste mit den beiden Registern **<Folien>** und **<Gliederung>.** Das Register **<Folien>** zeigt Ihnen eine Miniansicht der Präsentation, sodass Sie eine optische Unterstützung beim Navigieren erhalten.

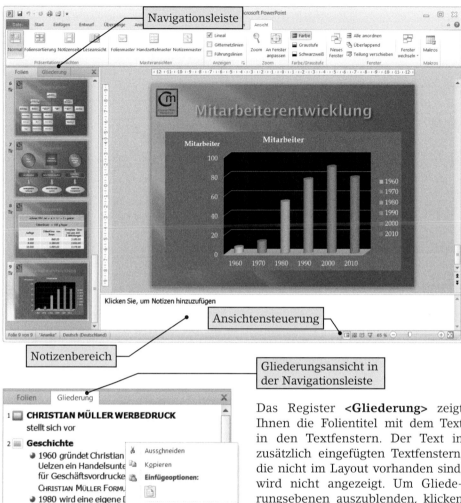

Aufruf der Ansichten

In PowerPoint stehen verschiedene Ansichten zur Verfügung, die mit der Maus über die Ansichten-Symbolleiste am unteren rechten Bildschirmrand oder über das Menüband **<Ansicht>** aufgerufen werden können (siehe Folgeseite).

Das Register **<Gliederung>** zeigt Ihnen die Folientitel mit dem Text in den Textfenstern. Der Text in zusätzlich eingefügten Textfenstern, die nicht im Layout vorhanden sind, wird nicht angezeigt. Um Gliederungsebenen auszublenden, klicken Sie im Kontextmenü auf **<Gliederung reduzieren>**. Bei mehreren Gliederungsebenen können Sie auch alle Ebenen unterhalb der Titel mit einem Klick ausblenden, indem Sie den Pfeil anwählen und den Befehl **<Alle Gliederungsebenen reduzieren>** eingeben. Zum Einblenden der Gliederungsebenen wählen Sie entsprechend **<Gliederung erweitern>**. Sie können den Text in der Gliederungsansicht direkt eingeben.

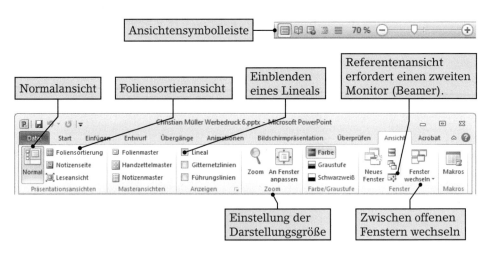

Sie können zu jeder Folie Notizen anfertigen. Sie lassen sich sowohl in der Normalansicht im Notizenfeld unterhalb der Folie als auch auf der Notizenseite eingeben:

<Ansicht> ➜ <Präsentationsansichten> ➜ <Notizenseite>

Aufgabe Erstellen Sie mithilfe der Befehlsgruppe **<Fenster>** eine zweite PowerPoint-Präsentation, in die Sie die Folien „Unsere Produkte", „Prospekte", „Kalender" und „Visitenkarten" übernehmen, und speichern Sie unter dem Dateinamen *Produkte*.

Steuerungselemente für die Bildschirmpräsentation

Verfahren	Zweck
N, Enter, Bild ↓, →, ↓, Leertaste oder Mausklick	Ausführen der nächsten Animation oder Wechsel zur nächsten Folie
P, Bild ↑, ←, → oder Rücktaste	Ausführen der vorangegangenen Animation oder Wechsel zur vorhergehenden Folie
Foliennummer + Enter	Wechseln zur Folie **<Nummer>**
B oder Punkt	Anzeigen eines schwarzen Bildschirms oder Zurückkehren von einem schwarzen Bildschirm zur Bildschirmpräsentation
S oder +	Anhalten einer automatischen Bildschirmpräsentation oder erneutes Starten
Esc	Beenden einer Bildschirmpräsentation
H	Wechseln zur nächsten ausgeblendeten Folie
F1	Hilfe zur Bildschirmpräsentation

Situation Auf allen erstellten Folien soll einheitlich das Logo von Christian Müller Werbedruck erscheinen.

Aufgaben

1. Importieren Sie das Logo von CHRISTIAN MÜLLER WERBEDRUCK *(logo. jpg)*.

2. Setzen Sie das Logo in die obere linke Ecke des Folienmasters.

3. Nummerieren Sie die Folien und geben Sie in die Fußzeile Ihren Namen ein.

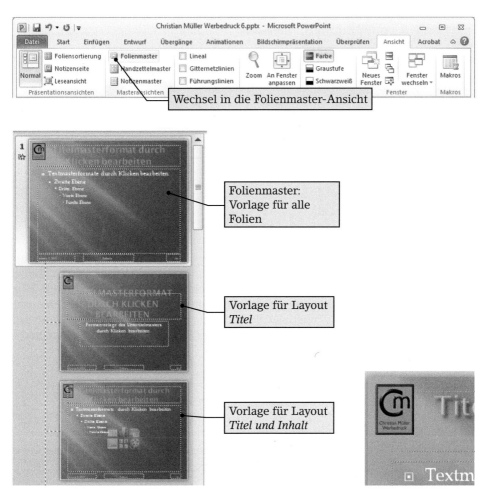

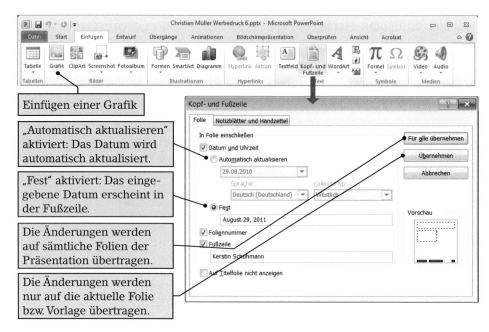

Einfügen einer Grafik

„Automatisch aktualisieren" aktiviert: Das Datum wird automatisch aktualisiert.

„Fest" aktiviert: Das eingegebene Datum erscheint in der Fußzeile.

Die Änderungen werden auf sämtliche Folien der Präsentation übertragen.

Die Änderungen werden nur auf die aktuelle Folie bzw. Vorlage übertragen.

Kopf- und Fußzeile

Zum Einfügen der Fußzeile rufen Sie das Dialogfenster **<Kopf- und Fußzeile>** auf. Die Anzeige einer fortlaufenden Foliennummerierung und einer von Ihnen einzugebenden Fußzeile lassen sich hier einstellen. Nehmen Sie die erforderlichen Änderungen vor und klicken Sie anschließend auf **<Für alle übernehmen>**, um die Eintragungen auf allen Folien der Präsentation erscheinen zu lassen. Wenn die Titelfolie keine Fußzeile haben soll, müssen Sie **<Auf Titelseite nicht anzeigen>** aktivieren.

Rückkehr zur Normalansicht

Zoom

Wird die Seite nicht vollständig dargestellt oder ist die Anzeige zu klein, hilft das Zoomen. Gehen Sie mit dem Mauspfeil auf die Zoomleiste in der rechten unteren Ecke des Bildschirmes, in dem die Bildschirmgröße prozentual angegeben ist.

Die Anzeige der Foliengröße wird an die Fenstergröße angepasst.

Optimieren Sie die Größe Ihrer Bildschirmansicht, indem Sie die größtmögliche Darstellung wählen, bei der Ihnen die Folie in voller Breite angezeigt wird. PowerPoint speichert die Größeneinstellung mit dem Dokument.

Eine andere Möglichkeit, Größeneinstellungen vorzunehmen, finden Sie unter **<Ansicht>** ➔ **<Zoom>**. Hier können Sie mit der Schaltfläche **<An Fenster anpassen>** die Foliengröße automatisch an die Fenstergröße anpassen lassen.

1.2.5 Spezielle Layoutvorlagen

1.2.5.1 SmartArt-Grafik

Situation Die Präsentation soll eine Übersicht der Unternehmensorganisation enthalten.

Aufgabe Geben Sie das abgebildete Organisationsdiagramm auf einer Folie mit dem Titel „Organisation" ein.

Eine SmartArt-Grafik ist eine visuelle Darstellung Ihrer Informationen, die Sie schnell und einfach erstellen können. Sie können dabei zwischen vielen verschiedenen Layouts auswählen und so wirkungsvoll Ihre Ideen vermitteln.

Fügen Sie eine neue Folie „Titel und Inhalt" hinzu und klicken Sie auf die Schaltfläche **<SmartArt-Grafik>**. Ein Dialogfenster mit einer Auswahl von vorgefertigten editierbaren Grafiken erscheint. Wählen Sie unter **<Hierarchie>** das **<Organigramm 1>** aus.

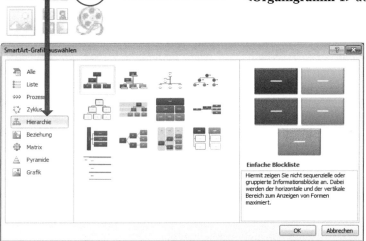

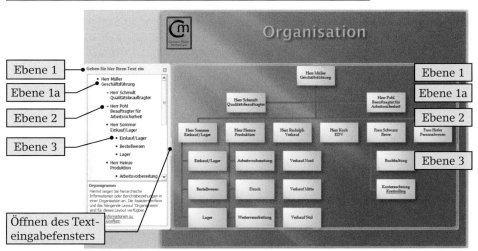

Präsentationen mit MS-PowerPoint

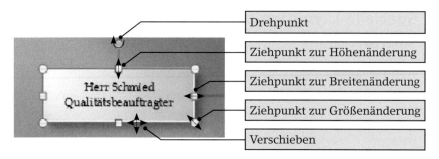

Aktion	Ausführung
Texteingabe	Geben Sie den Text im Texteingabefenster ein. Mit Shift + Enter gelangen Sie innerhalb eines Elements in die nächste Zeile. Mit der Tab -Taste stufen Sie das aktive Element eine Ebene tiefer. Zum Höherstufen benutzen Sie Shift + Tab.
Element einfügen	Um ein zusätzliches Element auf derselben Ebene einzufügen, betätigen Sie die Enter-Taste.
Element löschen	Markieren Sie das Element, indem Sie einmal auf den Rand klicken, und betätigen Sie anschließend die Entf-Taste .
Element verschieben	Zum Verschieben eines Elementes klicken Sie zunächst auf eine beliebige Stelle im Diagramm und anschließend auf den Rand. Der Mauszeiger verwandelt seine Form entsprechend der Positionierung.
Schnellformatvorlage	Für die Zuweisung einer Schnellformatvorlage wählen Sie **< SmartArt-Tools>** → **<Entwurf>**. Sie können hier verschiedene zum Design passende Farbvorlagen (Primärdesignfarben) und diverse Objektformatierungen per Mouseover auswählen. Mit der Schaltfläche **<Grafik zurücksetzen>** machen Sie sämtliche benutzerdefinierte Formatzuweisungen rückgängig und setzen die Grafik wieder in den Ausgangszustand.
Element formatieren	Zum Formatieren einzelner oder mehrerer Diagrammelemente markieren Sie die Elemente mit gehaltener Strg-Taste und wählen anschließend im Kontextmenü **<Form formatieren>**. Für die Schnellformatierung mit Formatvorlagen stehen unter **<SmartArt-Tools>** → **<Format>** diverse Formatvorlagen zur Verfügung (s. 6.2.3 Formen).

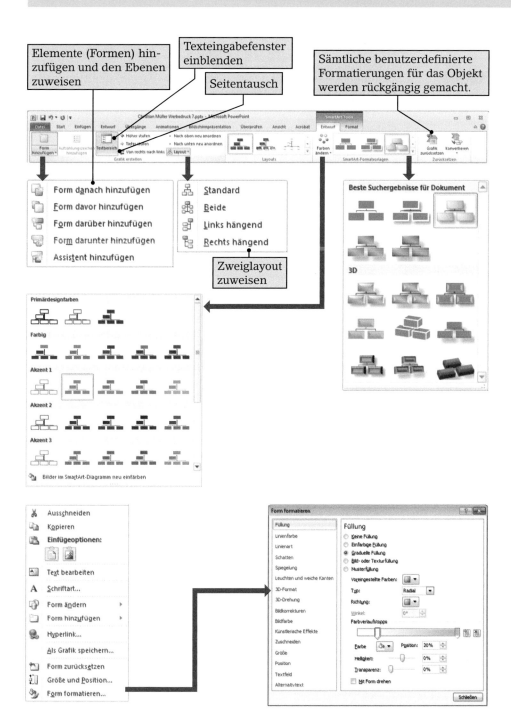

1.2.5.2 Diagramme

Aufgaben

1. Erstellen Sie ein Säulendiagramm, das die Anzahl der Mitarbeiter bei CHRISTIAN MÜLLER WERBEDRUCK in der Entwicklung von 1960 bis 2010 zeigt.

2. Geben Sie als Folientitel *Mitarbeiterentwicklung* ein und löschen Sie den Diagrammtitel.

3. Löschen Sie die Legende und fügen Sie eine Beschriftung der vertikalen Achse hinzu.

4. Ändern Sie die Hintergrundfarbe des Diagramms, der Diagrammfläche und des Diagrammbodens.

PowerPoint bietet Ihnen die Möglichkeit, ein Diagramm in die Präsentation einzubetten oder einzufügen.

Diagrammtypen

Fügen Sie eine neue Folie mit der Layoutvorlage „Titel und Inhalt" ein. Der Diagrammtitel kann direkt auf der Folie eingegeben, gelöscht oder geändert werden. Mit einem Klick auf das Säulendiagrammsymbol öffnet sich das Auswahlfenster für den Diagrammtyp.

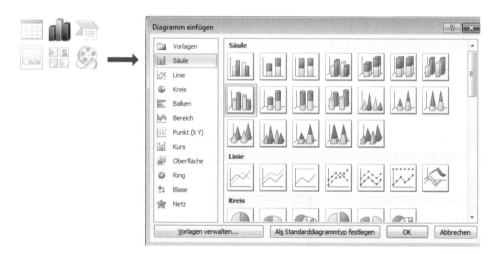

Es stehen die folgenden Diagrammtypen zur Auswahl:

Diagrammtyp	Symbol
Säulendiagramm	
Liniendiagramm	
Torten-/ Ringdiagramm	
Balkendiagramm	
Bereichsdiagramm	
Punkt-/ Oberflächendiagramm	
Kursdiagramm	
Blasen-/ Netzdiagramm	

Wählen Sie als Diagrammtyp „Gruppierte Zylinder." Der Diagrammtyp lässt sich auch nachträglich über das Kontextmenü des Diagrammbereichs oder mit dem Befehl:

\<Entwurf\> → \<Typ\> → \<Diagrammtyp ändern\>

ändern.

Es öffnet sich ein Excel 2010-Arbeitsblatt, in dem Sie die voreingestellten Werte löschen und die Werte für Ihr Diagramm eingeben. Der Diagrammbereich wird durch die blauen Linien begrenzt. Passen Sie ihn entsprechend der Abbildung an.

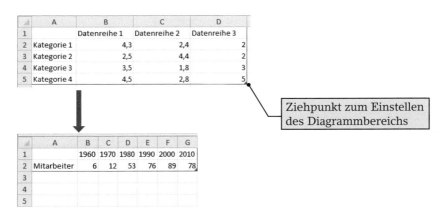

	A	B	C	D
1		Datenreihe 1	Datenreihe 2	Datenreihe 3
2	Kategorie 1	4,3	2,4	2
3	Kategorie 2	2,5	4,4	2
4	Kategorie 3	3,5	1,8	3
5	Kategorie 4	4,5	2,8	5

Ziehpunkt zum Einstellen des Diagrammbereichs

	A	B	C	D	E	F	G
1		1960	1970	1980	1990	2000	2010
2	Mitarbeiter	6	12	53	76	89	78
3							
4							
5							

Einfügen aus Excel

Sie können ein Diagramm in die Präsentation auch einfügen, indem Sie es in Office Excel 2010 erstellen, anschließend kopieren und in die Präsentation einfügen. Die Daten im Diagramm sind automatisch mit dem Excel-Arbeitsblatt verknüpft. Wenn Sie an den Daten im Diagramm Änderungen vornehmen wollen, müssen Sie die Änderungen am verknüpften Arbeitsblatt in Office Excel 2010 vornehmen und anschließend aktualisieren. Das Arbeitsblatt befindet sich in einer getrennten Excel-Datei.

Layout anpassen

Um das Diagramm in Entwurf, Layout und Format weiterbearbeiten zu können, muss es zunächst aktiviert sein. Klicken Sie also einmal auf das Diagramm und wählen Sie anschließend ein passendes Layout aus.

<Diagrammtools> → <Entwurf> → <Diagrammlayouts>

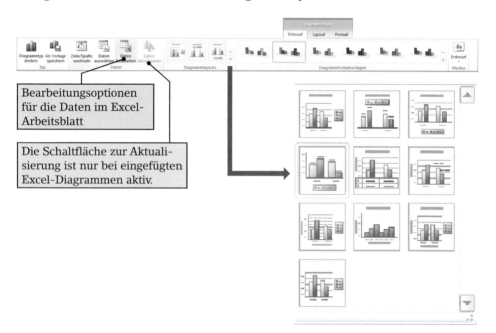

Bearbeitungsoptionen für die Daten im Excel-Arbeitsblatt

Die Schaltfläche zur Aktualisierung ist nur bei eingefügten Excel-Diagrammen aktiv.

Formatierungen

Sie können nach Erstellung des Diagramms Änderungen an allen Diagrammoptionen vornehmen. Da der Diagrammtitel mit dem Folientitel identisch ist, entfernen Sie ihn über das Kontextmenü mit dem Befehl **<Löschen>.** Sie können die einzelnen Bereiche und Objekte des Diagramms jeweils über das Kontextmenü löschen oder formatieren (siehe auch Folgeseite).

| Farbenänderung | **<Füllung> → <Einfarbige Füllung> → <Füllfarbe>** |
| Muster einfügen | **<Füllung> → <Musterfüllung> → <Vordergrundfarbe>** |

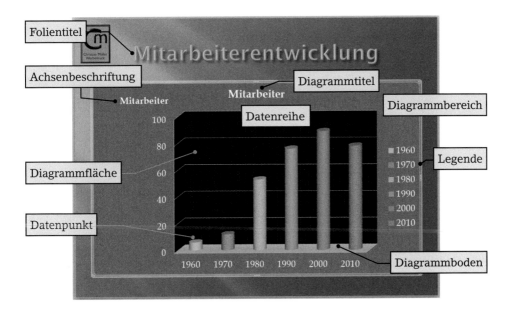

Wenn Sie die Beschriftung der vertikalen Achse mit der linken Maustaste anklicken, erhalten Sie im Kontextmenü die Möglichkeit, die Achse zu formatieren. Neben diversen Farb- und Effektoptionen können auch die Zahlen formatiert werden. Bei Auswahl der Formatierung <Prozentsatz> müssen die Zahlen in Prozent angegeben oder vorher durch 100 dividiert werden, weil sonst zu hohe Werte angezeigt werden.

Um die Datenpunkte der Datenreihe mit Werten zu versehen, klicken Sie auf die Diagrammfläche und gehen in den <Diagrammtools> → Registerkarte <Format> → Gruppe <Beschriftungen> auf die Schaltfläche <Datenbeschriftungen> und dann auf <Anzeigen>. Über <Weitere Datenbeschriftungsoptionen> können Sie die Werte über den Befehl <Zahl> z. B. als Zahl mit 2 Dezimalstellen, Prozentangaben oder Sonstiges formatieren.

1.2.6 Ausgabe

1.2.6.1 Drucken

Situation   Um Zuhörern die Präsentation in gedruckter Form mitgeben zu können, sollen von Ihnen Handouts erstellt werden.

Aufgabe   Drucken Sie die Präsentation als Handzettel mit jeweils sechs Folien pro Seite horizontal im Querformat. Die Handzettel sollen die Firma, das Datum des Drucks, Seitenzahlen und in der Fußzeile den Namen des Präsentationserstellers enthalten.

Wenn Sie Ihre Präsentation über einen Beamer vorführen, kann es sinnvoll sein, Handouts mit den Folieninhalten oder Notizseiten zu verteilen, um den Zuhörern das Mitschreiben zu ersparen. Sie können den Inhalt anordnen, die Seite im Hoch- oder im Querformat ausrichten und die Anzahl der Folien pro Seite angeben. Möchten Sie die Folien mittels eines Tageslichtprojektors zeigen, benötigen Sie die Folien in dem entsprechenden Format als Druck.

Sie können Kopf- und Fußzeilen sowie Seitenzahlen hinzufügen und bearbeiten sowie eine Vorschau dafür anzeigen. Um die Darstellungsweise, Position und Größe des Kopf- und Fußzeilentextes, des Datums oder der Seitenzahlen auf allen Handzetteln zu ändern, sollten Sie die Änderungen am Handzettelmaster vornehmen. Wenn Sie einen Namen oder ein Logo einbinden möchten, der bzw. das auf jeder Seite des Handzettels aufgeführt werden soll, sollten Sie dem Master den Namen bzw. das Logo hinzufügen. Im Handzettelmaster vorgenommene Änderungen werden auch angezeigt, wenn eine Gliederung gedruckt wird.

Drucken der Handzettel

Klicken Sie auf **<Datei>**, anschließend auf ➜ **<Drucken>**. Sie erhalten eine Ansicht, die Ihnen zeigt, wie die Folien gedruckt aussehen werden. Die meisten Präsentationen sind für eine farbige Darstellung konzipiert, Folien und Handzettel werden hingegen im Allgemeinen in Schwarz-Weiß oder Graustufen gedruckt. Beim Drucken in Graustufen werden Farbbilder in unterschiedlichen Grautönen wiedergegeben.

In der Befehlsgruppe **<Einstellungen>** wählen Sie **<Seite>** ➜ **<Querformat>** und die gewünschte Handzettel-Layoutoption 6 Folien horizontal aus.

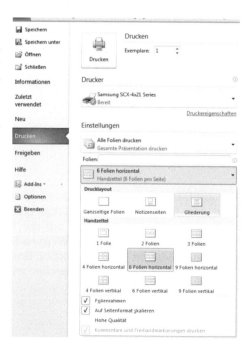

Druckoptionen

Sie können in dem Backstage-Bereich **<Datei>** ➔ **<Drucken>** die folgenden Einstellungen vornehmen:

Drucker	Das Ausgabegerät
Exemplare	die Anzahl der zu druckenden Exemplare
Bereich	– **<Alle Folien>** ➔ **<Gesamte Präsentation>** – **<Auswahl drucken>** ➔ **<Markierte Folien>** – **<Aktuelle Folie>** – **<Benutzerdefinierter Bereich>** ➔ **<Angabe der Foliennummern im Eingabefeld>**
Drucklayout	– ganzseitige Folien – Notizenseiten – Gliederung
Handzettel	mehrere Folien pro Seite
Sortiert	Druckreihenfolge bei mehreren Exemplaren
Farbe	Ein Schwarz-Weiß-Drucker druckt bei dieser Option in Graustufen.
Graustufen	Bei dieser Option werden Bilder gedruckt, die verschiedene Grautöne zwischen Schwarz und Weiß enthalten. Hintergrundfüllbereiche werden weiß gedruckt, um den Text lesbarer zu gestalten. (In einigen Fällen werden Graustufen wie reines Schwarz-Weiß angezeigt.)
Reines Schwarz-Weiß	Bei dieser Option werden die Handzettel ohne Graufüllung gedruckt.

Drucken einer Präsentation in der Gliederungsansicht

<Ansicht> ➔ **<Präsentationsansichten>** ➔ **<Normal>**

Wählen Sie im Navigationsbereich unter **<Normal>**, der die Registerkarten **<Gliederung>** und **<Folie>** enthält, die Registerkarte **<Gliederung>**. Im Kontextmenü können Sie Gliederungsebenen ein- und ausblenden (erweitern und reduzieren). Es lassen sich nur Ebenen einblenden, die bereits im Layout als Textfenster vorhanden waren. Zusätzlich hinzugefügte Textfenster bleiben bei der Gliederung unberücksichtigt. Die ausgeblendeten Ebenen werden nicht gedruckt.

<Datei> ➔ **<Drucken>** ➔ **<Einstellungen>** ➔ **<Drucklayout>** ➔ **<Gliederung>**

1.2.7 Projekte

1. Erstellen Sie in einer Gruppe arbeitsteilig nach der Gruppenpuzzle-Methode (s. Anhang) eine Präsentation mit dem Thema:

„Erstellen und Vortragen von Präsentationen mit PowerPoint"

Berücksichtigen Sie dabei die folgenden Aspekte:
- Zieldefinition, Projektplanung – Phasen der Präsentationserstellung
- Grundsätze für die Foliengestaltung – Bilder, Grafiken, Design, Layout, Text, ...
- Inhalt – Abgrenzung, Gliederung, Sprache, Quellen ...
- Vortrag – Gestik, Mimik, Sprachverhalten, Ansprache der Zuhörer, ...

2. Entwerfen Sie einen Katalog von Beurteilungskriterien für PowerPoint-Präsentationen (Gruppenarbeitsmethode „Schreibgitter" s. Anhang). Tragen Sie die Kriterien in eine Tabelle nach dem folgenden Muster ein und erläutern Sie Ihre Ergebnisse mit Beispielen in einer PowerPoint-Präsentation.

Kriterium	Gewichtung in %	Punkte (0 – 10)	gewichtete Bewertung
Summe	100 %		

3. Es sollen Präsentationen zu den folgenden Themen erstellt werden:

   a) Erstellung und Verwendung von Hyperlinks in PowerPoint
   b) Einbindung von Audio-und Videodateien in PowerPoint

Bilden Sie Gruppen mit jeweils vier Mitgliedern. Entscheiden Sie sich mit der Gruppe für jeweils ein Thema. Jedes Gruppenmitglied klärt die Sachfragen für sich mit der Hilfefunktion und erstellt mit PowerPoint einen **Entwurf** (keine fertige Präsentation) für eine Präsentation.

Vergleichen und diskutieren Sie in der Gruppe die Ergebnisse und entscheiden Sie sich für einen Entwurf, der dann von der Gruppe als Grundlage für die Erstellung der Präsentation verwendet wird. Die Erstellung der Folien erfolgt arbeitsteilig durch die einzelnen Gruppenmitglieder und die Folien werden abschließend zu einer Präsentation zusammengeführt.

1.3   Einführung in die Datenverarbeitung

Situation Damit die Ziele und Aufgaben der Datenverarbeitung umgesetzt werden können, müssen Daten eingegeben, verarbeitet und wieder ausgegeben werden. Je nach Aufgabe müssen unterschiedliche Systemkomponenten eingesetzt werden.

Ziele der Datenverarbeitung

1. Schnelle Verarbeitung großer Datenmengen
2. Beseitigung monotoner Routinetätigkeiten
3. Höhere Wirtschaftlichkeit durch geringere Personal- und Sachkosten
4. Verbesserung der Arbeitsabläufe (Abwicklung der Arbeitsvorgänge)
5. Mehr und schnellere Informationen über Vorgänge (besseres Informationssystem)
6. Bessere Kommunikation durch die Integration und Vernetzung von Aufgaben und Funktionen

Bei der Arbeit mit dem Personal Computer geht es darum, Daten über eine Eingabeeinheit zu erfassen, diese Daten entsprechend einem Programm (Software) zu verarbeiten und die verarbeiteten Daten über eine Ausgabeeinheit (Bildschirm oder Drucker) auszugeben. Die Geräte und Bauteile des Computers bezeichnet man als **Hardware**.

Das **Grundprinzip der Datenverarbeitung** wird daher umschrieben mit:

Eingabe (E) – Verarbeitung (V) – Ausgabe (A)

Zur Verarbeitung der Daten benötigt jeder Computer eine **Zentraleinheit.** Die Zentraleinheit des Computers entscheidet über die Leistungsfähigkeit des Computersystems. Die Geräte zur Eingabe, Ausgabe und Speicherung der Daten werden als **Peripheriegeräte** (Peripherie = Umgebung [zur Zentraleinheit]) bezeichnet. Für die Funktion eines Computers werden also die Zentraleinheit und mindestens zwei Peripheriegeräte (eine Eingabe- und eine Ausgabeeinheit) benötigt.

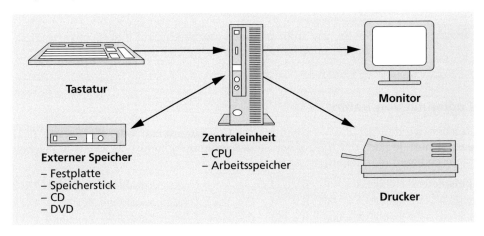

Tastatur

Monitor

Externer Speicher
– Festplatte
– Speicherstick
– CD
– DVD

Zentraleinheit
– CPU
– Arbeitsspeicher

Drucker

Daten und ihre Darstellung

Situation Um Angebote, Aufträge, Lieferscheine, Rechnungen oder Bilanzauswertungen zu erstellen, müssen viele und sehr verschiedene Daten erfasst werden.

Aus dem Begriff EDV (elektronische **Daten**verarbeitung) kann man erkennen, dass die zentrale Aufgabe des Computers die Verarbeitung von Daten ist. Unterschiedliche Arten und Mengen von Daten werden bearbeitet. Der Mensch strebt danach, die Verarbeitung und das Ergebnis der Verarbeitung (die Ausgabe der Daten) immer perfekter zu gestalten. Nehmen wir einige Beispiele:

Programm	Datenverarbeitung
Computerspiel	Daten steuern Aktionen und Spielumgebung.
Textverarbeitung	Viele Textdaten werden unformatiert erfasst und danach formatiert, gespeichert und ausgedruckt.
Tabellenkalkulation	Daten werden in Feldern einer Tabelle eingegeben, durch Formeln berechnet und mit Zusatztexten und Formatierungen versehen.
Finanzbuchhaltung	Stammdaten und Geschäftsfälle werden erfasst, verarbeitet und ausgewertet.
Auftragsbearbeitung	Kunden und Artikel sind als Stammdaten gespeichert. Angebote, Rechnungen, Lieferscheine können schnell erstellt, bearbeitet und verwaltet werden.

Daten sind allgemein „**durch Zeichen dargestellte Informationen**". Um mit einem Computer Daten zu verarbeiten, werden die Zeichen **binär = zweiwertig** dargestellt. Binäre Darstellungsmöglichkeiten wären z. B.:

Strom fließt – Strom fließt nicht

gelocht – nicht gelocht

magnetisiert – nicht magnetisiert

links magnetisiert – rechts magnetisiert

0 – 1

Aufgabe Geben Sie an, wie Informationen zweiwertig auf eine Lochkarte, Festplatte, CD oder im Arbeitsspeicher gespeichert werden können.

Codierung von Daten

Zeichen werden für die Verarbeitung im Computer binär oder zweiwertig (0,1) gespeichert. Je nach der Anzahl der Stellen kann man mehr oder weniger Zeichen binär codieren (darstellen):

Beispiele: 1-stellig: A = 0   B = 1   Anzahl der Zeichen = $2^1 = 2$

2-stellig: A = 00   B = 01   C = 10   D = 11 Anzahl der Zeichen = $2^2 = 4$

3-stellig: A = 000   B = 001   C = 010   D = ... Anzahl der Zeichen = $2^3 = 8$

Aufgaben 1. Codieren Sie mit drei und vier Stellen binär die möglichen Zeichen des Alphabets.

2. Wie viele Zeichen (Stellen) müssten binär codiert (dargestellt) werden, wenn alle Buchstaben groß und klein, dezimale Ziffern, 80 Sonderzeichen und Symbole einbezogen werden sollen?

3. Gibt es eine allgemeine Regel: Anzahl der Stellen n = ? darstellbare Zeichen?

Dualzahl	Summendarstellung	Dezimalzahl
	$2^6 + 2^5 + 2^4 + 2^3 + 2^2 + 2^1 + 2^0$ $= 64 = 32 = 16 = 8 = 4 = 2 = 1$	
0	$0 \cdot 2^0$	0
1	$1 \cdot 2^0$	1
10	$1 \cdot 2^1 + 0 \cdot 2^0$	2
11	$1 \cdot 2^1 + 1 \cdot 2^0$	3
100	$1 \cdot 2^2 + 0 \cdot 2^1 + 0 \cdot 2^0$	4
1010	$1 \cdot 2^3 + 0 \cdot 2^2 + 1 \cdot 2^1 + 0 \cdot 2^0$	10

Damit Computer Daten untereinander austauschen können, müssen die Codes genau festgelegt sein.

Folgende Standardcodes sind sehr verbreitet:

ASCII: American Standard Code for Information Interchange, 7-Bit-Code
Erweiterter ASCII: 8-Bit-Code mit internationalem Zeichenumfang
ANSI: American National Standards Institute, 8-Bit-Code

Um z. B. das Zeichen „%" zu codieren, gilt Folgendes (vgl. Anhang):

Dezimalzahl	Dualzahl	ASCII	ANSI
37	00100101	%	%

Aufgaben 1. Wie müssten nach den Beispielen oben die Dezimalzahlen 33 oder 176 in eine Dualzahl codiert werden? Vergleichen Sie mit der ASCII-Tabelle im Anhang.

Rufen Sie einzelne Zeichen (z. B. ®, ©, @, ¶) auf dem Computer auf, indem Sie

a) für den ASCII-Code die Alt -Taste betätigen und die zugehörige Dezimalzahl (über den kaufmännischen Tastenblock) eingeben.

b) für den ANSI-Code Alt + 0 + Dezimalzahl eingeben.

c) die Hochzahlen [1,2] und [3] ausgeben.

2. Welchem Binärcode entspricht die Zahl 181?

a) 10110011   c) 10110101

b) 01010001   d) 10101011

Datenhierarchie

Die Daten lassen sich ausgehend vom „bit" bzw. von der kleinsten darstellbaren Informationseinheit bis hin zur umfassenden Datensammlung „Datenbank" hierarchisch anordnen (Ordnung der Größe nach):

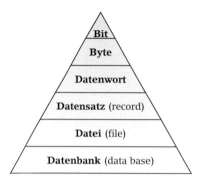

Bit = „binary digit" = Binärzeichen (zweiwertig), kleinste Informationseinheit, dargestellt durch 0 und 1.

1 Byte = 8 Bit = 1 Zeichen, 256 Zeichen (Buchstaben, Ziffern und Sonderzeichen) können dargestellt werden.

Datenwort = Inhalt für ein Datenfeld = ein abgegrenzter Datenbereich mit ganz bestimmten Eigenschaften (Attributen), z. B. Vorname (alphabetisch), Menge (numerisch). Ein Schlüssel (Schlüsselfeld) ist ein eindeutig identifizierbares Datenwort, z. B. Kontonummer.

1 **Kilobyte** (KB bzw. KByte)
= 1 024 Bytes = 2^{10}
(**Hinweis** neu auch: 1 kByte = 1000 Byte)

Datensatz = eine feste Anzahl zusammengehöriger Datenwörter oder Datenfelder (engl. record), z. B. die Anschrift.

1 **Megabyte** (MB bzw. MByte)
= 1 048 576 Bytes = 2^{20}

Datei = Zusammenfassung von gleichartigen oder zusammengehörigen Datensätzen (engl. file), z. B. Adressdatei.

1 **Gigabyte** (GB bzw. GByte)
= 1 073 741 824 Bytes = 2^{30}

1 **Terabyte** (TB bzw. TByte)
= 1 024 GByte)

Datenbank = Zusammenfassung von Dateien in einer Datenbank zur flexibleren und wirtschaftlichen Speicherung und Verwaltung.

Aufgaben

1. Geben Sie an, ob es sich um Bit, Byte, Datenwort, Datensatz, Datei oder Datenbank handelt:
   a) Der Buchungstext „Rechnungseingang"
   b) Im Artikel der Preis „5,80"
   c) Eine einzelne physikalische Information auf der Festplatte
   d) Eine einzelne Adresse eines Kunden
   e) Alle gespeicherten Kunden einer Firma
   f) Alle gespeicherten Verkehrssünder, Verkehrsstrafen usw. im Bundesverkehrsamt Flensburg
   g) Ein dreiseitiger Werbetext
   h) Alle gespeicherten Gesetze Deutschlands
   i) In der Adresse von Jens Müller das „J"
   j) Das Euro-Zeichen „€"
   k) Die Belegdaten eines Geschäftsfalles inkl. Kontierung
   l) Eine einzelne Information im Arbeitsspeicher des Computers

2. Rechnen Sie das Speichervolumen einer CD (700 MB) in KB um, das Speichervolumen einer Datei von 1,44 MB in KB, Byte und Bit.

1.4 Hardware

Geräte und Bauteile bezeichnet man allgemein als Hardware, da sie physisch greifbar und nur schwer zu ändern sind. Hauptbestandteile der Zentraleinheit sind die **CPU** (Central Processing Unit bzw. der Mikroprozessor) und der **Arbeitsspeicher.** In leistungsstarken Computersystemen arbeiten sogar mehrere Prozessoren. Ein (möglichst großer) Arbeitsspeicher steht für die Zwischenspeicherung der Programme und Daten zur Verfügung. Das wichtigste **Eingabegerät** ist die Tastatur. **Ausgabegeräte** sind z. B. der Bildschirm (Monitor) oder der Drucker. **Externe Speichereinheiten** wie das CD-Laufwerk oder die Festplatte dienen der Speicherung (Sicherung) von EDV-Programmen (Software) und Daten.

1.4.1 Zentraleinheit und Peripheriegeräte

Der Computer wird für viele verschiedene Aufgaben und Anwendungen eingesetzt. Jede Anwendung erfordert eine bestimmte Hardware. Eine Computer-Hardware (Geräte-Zusammenstellung) für eine ganz bestimmte Anwendung bezeichnet man als **Konfiguration.** Das folgende Schaubild zeigt eine Auflistung von Eingabe- und Ausgabegeräten sowie externer Speichereinheiten. Je nach Anwendung werden Geräte ausgewählt und zur „maßgeschneiderten" Konfiguration zusammengestellt. Nachfolgend werden viele Geräte näher erläutert.

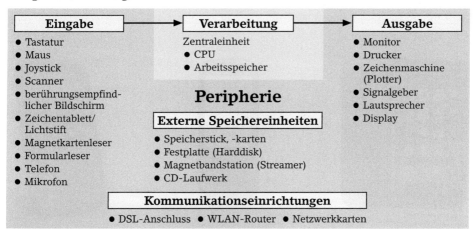

Eingabe	Verarbeitung	Ausgabe
• Tastatur	Zentraleinheit	• Monitor
• Maus	• CPU	• Drucker
• Joystick	• Arbeitsspeicher	• Zeichenmaschine (Plotter)
• Scanner		• Signalgeber
• berührungsempfindlicher Bildschirm	**Peripherie**	• Lautsprecher
• Zeichentablett/ Lichtstift	**Externe Speichereinheiten**	• Display
• Magnetkartenleser	• Speicherstick, -karten	
• Formularleser	• Festplatte (Harddisk)	
• Telefon	• Magnetbandstation (Streamer)	
• Mikrofon	• CD-Laufwerk	

Kommunikationseinrichtungen
• DSL-Anschluss • WLAN-Router • Netzwerkkarten

Computeranwendungen werden heute in vielen Geräten angeboten.

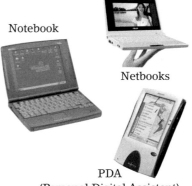

Notebook

Netbooks

Minitower/Tower/Bigtower   Desktop
Baugrößenklassen von Mikrocomputern (Gehäuse)

PDA
(Personal Digital Assistent)

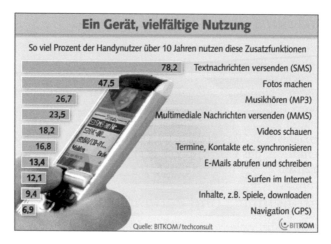

Ein Gerät, vielfältige Nutzung

So viel Prozent der Handynutzer über 10 Jahren nutzen diese Zusatzfunktionen

78,2	Textnachrichten versenden (SMS)
47,5	Fotos machen
26,7	Musikhören (MP3)
23,5	Multimediale Nachrichten versenden (MMS)
18,2	Videos schauen
16,8	Termine, Kontakte etc. synchronisieren
13,4	E-Mails abrufen und schreiben
12,1	Surfen im Internet
9,4	Inhalte, z.B. Spiele, downloaden
6,9	Navigation (GPS)

Quelle: BITKOM/techconsult   BITKOM

Ein **PDA** ist ein kleiner tragbarer Computer, der hauptsächlich für die persönliche Kalender-, Adress- und Aufgabenverwaltung benutzt wird. Ein **Mobiltelefon** (Handy) ist ein tragbares, kabelloses Telefon, das über Funk die Verbindung herstellt und überall eingesetzt werden kann. Ein **Smartphone** ist eine Mischung aus Mobiltelefon und PDA (z. B. iPhone von Apple, Palm Pre oder Google Nexus). Ein **Multimediaplayer** ist ein tragbares Gerät mit integriertem Speicher, welches Musik, Fotos oder Videos abspielen kann. Das bekannteste Gerät dieses Gerätetyps ist der iPod von Apple.

iPhone   Palm Pre   Google Galaxy Nexus

Im Trend sind sogenannte **Netbooks** (superleichte und preiswerte Notebooks mit kleiner Tastatur und Bildschirm), die in verschiedenen Farben, statt einer Festplatte nur mit einem Flash-Speicher von 10 und mehr GB ausgestattet, insbesondere die mobilen Nutzer mit Internetzugang ansprechen wollen. Mittlerweile hat sich eine eigene Rechnerklasse entwickelt, die vom Unternehmen ASUS mit ihrem EeePC angeführt wird. Intel hat einen eigenen Atom-Prozessor entwickelt, der preiswert ist, wenig Strom verbraucht und die Eigenschaften dieses Gerätetyps unterstützt.

Aufgrund der Touch-Technologie der Smartphones und von Windows werden Notebooks mit berührungsempfindlichem Bildschirm immer angesagter, kann man doch mit dem Finger auf dem Bildschirm spielerisch die Objekte steuern. Für den professionellen Einsatz werden **Tablet-PCs** oder **Tablet-Notebooks** angeboten, die auch über einen Eingabestift (stylus) die handschriftliche Eingabe und Verarbeitung von Daten ermöglicht.

Die Zentraleinheit besteht grundsätzlich aus folgenden Komponenten:

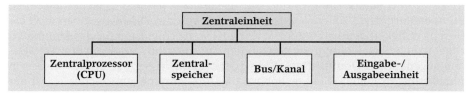

Der **Zentralprozessor** (**CPU** = Central Processing Unit) besteht aus dem **Steuerwerk** und dem **Rechenwerk**. Das Steuerwerk (auch Leitwerk genannt) entschlüsselt (decodiert) die Programmbefehle und steuert die Ausführung der Befehle. Das Rechenwerk (ALU = Arithmetic Logical Unit) erhält vom Steuerwerk die Befehle und führt sie als arithmetische (+, –, *, /) oder logische (ja/nein) Operationen aus.

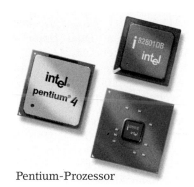

Pentium-Prozessor

Ein **Taktgeber** (Quarz) gibt die Zeit vor, in der ein Befehlszyklus abgearbeitet werden muss. Der Quarz muss so ausgewählt sein, dass er einzelne Rechnerkomponenten nicht überfordert. Die Taktzeit liegt im Bereich von **Nanosekunden** (1 Sekunde = 1 Milliarde Nanosekunden [ns]). Die **Taktfrequenz** (Kehrwert der Taktzeit) wird in **MHz** (Megahertz, z. B. 900 MHz = Prozessor verarbeitet 900 Mio. Arbeitsschritte pro Sekunde) oder **GHz** (Gigahertz) gemessen. Entscheidend für die Rechnerleistung ist auch die **Anzahl der Takte** für die Ausführung eines Befehls.

Faktoren, die die Leistung des Computers beeinflussen:

▶ Prozessorgeschwindigkeit   ▶ Leistung Grafikkartenprozessor und Speicher
▶ Größe Arbeitsspeicher (RAM) ▶ Anzahl laufender Anwendungen

Unter dem Zentralspeicher werden alle die Speichereinheiten verstanden, auf die der Mikroprozessor direkten Zugriff hat. Es sind dies die

▶ **Registerspeicher** (sehr schnelle Speicher) im Mikroprozessor selbst,

▶ **RAM-Speicher** oder **Arbeitsspeicher,**

▶ **ROM-Speicher,**

▶ **Flash-Speicher** (lösch- und beschreibbare Speicher).

RAM bedeutet **R**andom **A**ccess **M**emory (Direktzugriffsspeicher oder Schreib-Lese-Speicher). In diesen Speicherbausteinen werden das aktuelle Anwenderprogramm (z. B. Word) und die aktuellen Daten (z. B. ein Text) gespeichert. Der Mikroprozessor greift direkt auf diesen **Arbeitsspeicher** zu und speichert dort Programme und Daten. Je größer der RAM-Speicher ist und je schneller der direkte Zugriff auf den Arbeitsspeicher erfolgt, desto leistungsfähiger ist die Zentraleinheit. Die Daten werden im RAM-Speicher gelöscht, wenn das Programm beendet oder der Computer ausgeschaltet wird.

Für moderne Betriebssysteme wie Windows 7 sollte man mindestens 1 GB RAM (32-Bit) oder 2 GB RAM (64 Bit) installieren. Je mehr Speicher man dem PC spendiert, desto seltener muss er Dateien von der Festplatte laden, was die Geschwindigkeit deutlich erhöht. Wichtig ist, den schnellsten für das Mainboard zugelassenen Speichertyp zu verwenden. Die meisten aktuellen PCs verwenden sogenannten **Double-Data-Rate-(DDR)RAM,** verfügbar in verschiedenen Ausführungen. Generell gilt, je höher seine Bezeichnung, umso schneller ist der Speicher. DDR-RAM mit 800 MHz ist also fixer als DDR-RAM mit 533 MHz.

RAM-Speicher wird auf sogenannten **DIMM**-Karten (**D**ual **I**nline **M**emory **M**odule) angeboten. Je nach Anzahl der Steckplätze kann das Motherboard auf die maximale Speicherkapazität erweitert werden.

Der **ROM**-Speicherbaustein ist ein Nurlesespeicher (**R**ead **O**nly **M**emory) und enthält fest gespeicherte Betriebsprogramme (BIOS). Dieser Speicher wird beim Ausschalten des Computers nicht gelöscht.

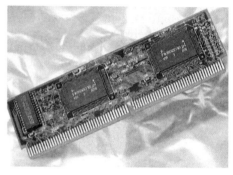

DIMM-Speichermodul

Aufgaben

1. Erstellen Sie (evtl. auch in Arbeitsgruppen) mit Word eine Kurzübersicht oder mit PowerPoint eine kleine Präsentation zu folgenden Themen:
   a) Gute und preiswerte PC-Angebote für Windows 7 als Towergeräte
   b) PDA: Leistungskriterien und Preise im Vergleich
   c) Notebooks: Das leistungsstärkste Notebook für den Profi und was es kann
   d) Netbooks: Für 300 € das beste Preis-Leistungsverhältnis für einen Schüler oder Studenten
   e) Multimediaplayer: Was leisten und kosten sie aktuell?
   f) Tablet-PC: Wer braucht diesen PC und was können diese PCs?
   g) Telefone: Leistungsvergleich vom einfachen Handy zum PDA und Smartphone
   h) Super-PC: Was leistet der Prozessor und wie groß ist der Arbeitsspeicher. Was macht ihn darüber hinaus so schnell?

2. Welche Aussage ist richtig (wahr), welche ist falsch (unwahr)?
   a) Peripheriegeräte sind alle Geräte, die mit der Zentraleinheit als Eingabe- und Ausgabegeräte, Speichereinheiten oder Kommunikationsgeräte zusammenarbeiten.
   b) Die Schnelligkeit des Computers ist abhängig von der Schnelligkeit des Prozessors.
   c) Je langsamer der Prozessor, desto schneller werden die Bilder aufgebaut und ruckende/verlangsamte Videos vermieden.
   d) PDAs, Netbooks und Tablet-PCs sind Peripheriegeräte und ohne einen PC nicht funktionstüchtig, müssen daher an einen PC angeschlossen werden.
   e) Im ROM befinden sich die Programme und Daten. Diese gehen beim Ausschalten des Rechners verloren.

f) RAM ist der interne Arbeitsspeicher für Anwendungsprogramme und laufende Daten, im ROM sind für das Betriebssystem fest und nicht löschbare Programme und Daten gespeichert.

g) Je größer der Speicher, desto mehr Daten können gespeichert werden.

h) Je mehr Anwendungen parallel laufen, desto mehr Arbeitsspeicher wird zur Verfügung gestellt.

i) Im ROM (Read Only Memory) stehen nicht veränderbare Informationen, die beim Ausschalten des Rechners erhalten bleiben.

j) In der EDV werden die Daten binär, d. h. zweiwertig als Bits (1/0 oder magnetisch/nicht magnetisch oder vertieft/nicht vertieft) gespeichert und somit ein Zeichen als Kombination mehrerer Bits erfasst.

k) Auf einer CD wird das Binärzeichen als Vertiefung eingebrannt und optisch erkannt, bei einer Festplatte wird es magnetisch gespeichert.

l) Im RAM (Random Access Memory) befinden sich gerade aktive Programme und bearbeitete Daten. Die Daten im RAM gehen beim Ausschalten des PC verloren.

m) Je größer der RAM-Speicher ist, desto größer kann die Menge der Daten sein, auf die die CPU ohne Zuladen von der Festplatte zugreifen kann.

n) Ein PC mit einem RAM von 500 MB ist heute für ein Betriebssystem wie Windows 7 besonders geeignet.

3. Die Computerleistung wird beeinflusst von
   a) der Prozessorgeschwindigkeit.
   b) der Anzahl der laufenden Anwendungen.
   c) der Uhr- und Tageszeit.
   d) dem Speicher.
   e) dem Grafikkartenprozessor.
   f) der RAM-Größe.
   g) der Produktart, z. B. Office-Anwendung.

4. Die Taktfrequenz eines PC und eines Prozessors wird gemessen in
   a) Byte.   b) Megabyte.   c) Bit.   d) Gigahertz.   e) Megahertz.

5. Bei 4 GHz kann der PC die folgende Anzahl von Arbeitsschritten/einfacher Befehle pro Sekunde verarbeiten:
   a) 4
   b) 4 Hundert
   c) 4 Tausend
   d) 4 Millionen
   e) 4 Billionen
   f) 4 Milliarden

6. Ordnen Sie die Begriffe Personal Computer, Desktop-Computer, Notebook, Netbook, Tablet-PC, Mobiltelefon, Smartphone, PDA nachfolgenden Inhalten zu:
   a) Tragbarer Computer als Standardgerät
   b) Kleiner, tragbarer Computer für häufige Internetnutzung
   c) Er wird von einer einzelnen Person genutzt und gesteuert.
   d) Tragbares Gerät, bei dem mit Finger oder Stift auf dem Bildschirm Daten erfasst oder Objekte gesteuert werden können
   e) Mischung aus Mobiltelefon und PDA
   f) Computer, die an oder auf einem Schreibtisch stehen
   g) Besonders für Adressverwaltung, als Kalender und als elektronischer Notizblock geeignet
   h) Funkgesteuertes, kabelloses, tragbares Telefon, das überall eingesetzt werden kann
   i) Tragbarer Computer mit virtueller Tastatur

476261

1.4.2   Eingabegeräte

Die folgende Übersicht nennt Hardware und Peripheriegeräte, die zur Eingabe von Daten und zur Computersteuerung verwendet werden:

Gerät	Erläuterung
Tastatur	zur Datenerfassung und Befehlssteuerung
Maus	zur Steuerung (Anklicken) von Aktionen durch Zeiger
Trackball	zur Steuerung des Zeigers mittels eingebauter Kugel
Touchpad	zur Steuerung des Zeigers durch Berührung eines Feldes
Touch-Screen	ein berührungsempfindlicher Bildschirm; Steuerung über die Oberfläche
Joystick	Steuerknüppel für Spielprogramme
Scanner	Lesegerät oder Lesestift, kann Grafiken und Texte EDV-gerecht erkennen
Belegleser	Scanner/Lesegerät, kann Daten aus Formularen EDV-gerecht lesen
Digitizer	Grafiktablett, mit dem Grafiken und Konstruktionsdaten erfasst werden
Mikrofon	Über Mikrofon und eine Soundkarte werden Töne/Sprache digitalisiert.
Digitalkamera	Bilder und Videos werden digital aufgenommen und im Computer bearbeitet.

Tastatur

Die Tastatur ist das am meisten eingesetzte Eingabegerät des Computers. Es ist daher sehr wichtig, dass die Tastatur den Aufgaben entsprechend ausgewählt wird und die Mechanik der Tasten so gut ist, dass sie auch zuverlässig arbeitet. Die folgenden Fotos zeigen zwei unterschiedliche Tastaturen.

Standardtastatur mit integriertem
Magnetkarten-Durchzugsleser

Tastaturen für ergonomisch optimales
Arbeiten

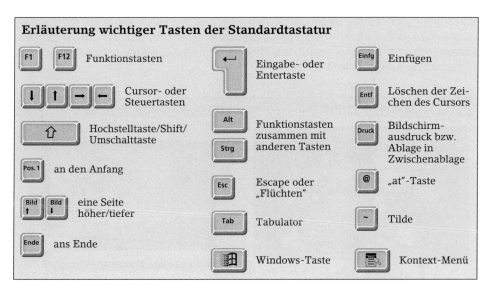

Erläuterung wichtiger Tasten der Standardtastatur

F1 F12 Funktionstasten	↵ Eingabe- oder Entertaste	Einfg Einfügen
↓ ↑ → ← Cursor- oder Steuertasten		Entf Löschen der Zeichen des Cursors
⇧ Hochstelltaste/Shift/ Umschalttaste	Alt Funktionstasten zusammen mit Strg anderen Tasten	Druck Bildschirmausdruck bzw. Ablage in Zwischenablage
Pos.1 an den Anfang	Esc Escape oder „Flüchten"	@ „at"-Taste
Bild↑ Bild↓ eine Seite höher/tiefer	Tab Tabulator	~ Tilde
Ende ans Ende	⊞ Windows-Taste	▤ Kontext-Menü

Scanner

Scanner erfassen mit ihren Sensoren Farb- und Schwarz-Weiß-Vorlagen und stellen die Daten als **Grafikdateien** zur Weiterverarbeitung zur Verfügung. Mithilfe eines **OCR- oder Texterkennungsprogramms** können auf den „Vorlagen" Zeichen erkannt und somit Texte als **Textdateien** zur Weiterverarbeitung erstellt werden.

1.4.3   Ausgabegeräte

Monitore

Die klassischen Röhrenmonitore werden immer mehr durch Flachbildschirme, auch Displays genannt, ersetzt.

Vorteile der Flachbildschirme	
▶ Ruhige, flimmerfreie Darstellungsqualität, schont die Augen	▶ Deutlich mehr nutzbare Bildfläche als bei Röhren-Monitoren
▶ Helles und kontrastreiches Bild	▶ Geringe Stellfläche
▶ Exakte Bildgeometrie, da keine Röhrenwölbung vorhanden	▶ Niedriger Stromverbrauch
▶ Keine elektromagnetischen Felder	▶ Weniger Wärmeerzeugung als bei Röhren-Monitoren
▶ Keine messbare Strahlung	▶ Unempfindlicher gegen Feuchtigkeit
▶ Keine Verzerrungen in den Ecken	▶ Abhör- und Datensicherheit

Windows 7 unterstützt die sogenannte „Multi-Touch-Technik" wie man sie z. B. auch schon von Apples iPhone kennt. Mit dem Finger oder einem Bleistift kann auf dem Touch-Screen durch Berühren in Webseiten geblättert werden oder können

Webseiten verschoben, Bilder vergrößert oder verkleinert werden. Es wird unterschieden zwischen Multi-Touch für das Berühren, Rotieren, Kneifen, Doppeltippen, Vergrößern und Verkleinern mit den Fingern und Single-Touch für das Navigieren, Umschalten, Antippen und Ziehen.

Vergleich zweier Touch-Screen- bzw. Multi-Touch-Lösungen

Monitor Dell SX2210T	**All-in-One PC Sony VAIO L**
▶ 21,5 Zoll Diagonale	▶ All-in-One-System mit Intel 2 Duo Prozessor (2,93 GHz), 4 GB RAM, 500 GB Festplatte, Blu-ray-Brenner, Wireless- und WLAN-Anschlüssen
▶ Breitbild (Verhältnis 16:9)	
▶ HD-Technologie für lebendige Farben	
▶ Auflösung 1 920 x 1 080 bei 60 Hz	
▶ Kontrastverhältnis dynamisch 50 000	▶ kabellose Tastatur
▶ Reaktionszeit 2 ms	▶ Monitor:
▶ Helligkeit 220 cd/m²	24 Zoll Diagonale
▶ Betrachtungswinkel 160 Grad vertikal/horizontal	Breitbild (16:9)
	HD-Technologie, Webcam, Soundsystem
▶ Bildpunktgröße 0,248 mm	Auflösung 1 920 x 1 080
▶ Webcam, USB-Anschlüsse	▶ USB-Wire und Firewire (iLink)
▶ Umweltzertifikat EPEAT-Silber	▶ Umweltzertifikate EPEAT-Silber und
▶ Energie-Star 5.0	▶ Energie-Star 5.0

Drucker

Drucker werden mit unterschiedlichen Drucksystemen und Zusatzausstattungen (z. B. Papierbehälter, Netzwerkanschluss, Kartenleser, Scanner) angeboten. Daher muss vor der Wahl der Bedarf geklärt werden:

▶ Für welche Aufgaben wird der Drucker überwiegend eingesetzt? (Korrespondenz, Fakturierung, Statistiken, Arbeitspläne, Berichte, Grafiken, Werbung, Bildberichte usw.)

▶ Welche Druckqualität wird verlangt? (Korrespondenzqualität, Grafiken mit hoher Auflösung und in Farbe, Barcode-Aufdruck, betriebsinterne Formulare und Listen)

▶ Welches Volumen soll der Drucker täglich oder zu bestimmten Spitzenzeiten bewältigen? (Anzahl A4-Seiten)

▶ Wie viele Mitarbeiter mit gleichen/unterschiedlichen Anforderungen nutzen den Drucker?

▶ Welches EDV-System soll den Drucker ansteuern?

Druckerarten		
Tintenstrahldrucker	Laserdrucker	Matrixdrucker
Fotodrucker	All-in-One-Drucker	Abteilungsdrucker

Für den Privatbereich kommen Tintenstrahldrucker und Laserdrucker infrage. Tintenstrahldrucker sind in der Anschaffung preiswerter und bieten i. d. R. den Farbdruck oder sogar den Farbfotodruck an.

Als Druckverfahren werden einerseits die **Bubblejet-Technik** verwendet, bei der für den Druck Tintenblasen durch Erhitzung erzeugt werden, oder andererseits das **Piezo-Verfahren,** wobei die Tinte durch einen feinen Piezokanal beschleunigt wird. Epson verwendet z. B. das Piezo-Verfahren in fest eingebautem Drucksystem, HP oder Lexmark hingegen die Bubblejet-Technik. Der Druckkopf wird hier jeweils mit der Tintenpatrone ausgetauscht.

Nachteile der Tintenstrahldrucker sind, falls selten gebraucht, das Eintrocknen der Tinte sowie der Tintenverbrauch durch Reinigungsvorgänge. Die Tinte ist nicht archivfest (wasserlöslich, nicht lichtecht), bei hohem Druckvolumen sind die Verbrauchskosten zu hoch.

Bei einem größeren Druckvolumen (viele Textseiten) bietet sich der Schwarz-Weiß-Laserdrucker an, da damit die Seitendruckkosten (ca. 2,5 Cent) niedrig ausfallen und – abgesehen von einer notwendigen Aufwärmzeit – Ausdrucke schnell erstellt werden. Auch Farblaserdrucker werden immer kostengünstiger (ca. 3,5 Cent pro Druckseite) und beliebter, stehen aber bei Ausdruck von Fotos den Fotodruckern auf Tintenbasis und mit Fotopapier noch nach.

Hardware

Übersicht Druckertypen		
Merkmal	**Druckertyp**	**Beispiele**
Druckfarbe	Schwarz-Weiß-Drucker (Monochromdrucker) Farbdrucker	Matrix-, Laser-, Tintenstrahldrucker u. a.
Anschlag/Kopie	Impactdrucker Non-Impact-Drucker	Nadeldrucker Laserdrucker Tintenstrahldrucker
Druckprinzip	Zeilendrucker Seitendrucker	Nadeldrucker Laserdrucker
Druckertechnologie	Nadeldrucker Tintenstrahldrucker Laserdrucker	Matrixdrucker Piezo- oder Bubble-Drucker, Laser, Farblaser
Druckorganisation	Zentrales Drucksystem Dezentrales Drucksystem	Abteilungsdrucker, Netzdrucker Arbeitsplatzdrucker

Sonstige Ausgabegeräte: z. B.

▶ Lautsprecher
▶ Kopfhörer

Kombiniertes Eingabe-/Ausgabegerät:

▶ Touch-Screen (Tastschirm bzw. Sensorbildschirm)
▶ All-in-One-Geräte (Drucker mit Scanner, Fax- und Kopierfunktion)

Aufgaben

1. Recherchieren Sie im Internet nach Eingabe- und Ausgabegeräten, drucken Sie Bilder dazu aus und erstellen Sie eine Infotapete. Legen Sie fest, welche Textinformationen hinzugefügt werden sollen.

2. Erstellen Sie (evtl. auch in Arbeitsgruppen) mit Word eine Kurzübersicht oder mit PowerPoint eine kleine Präsentation zu folgenden Themen:
   a) Trackball, Touchpad oder Maus: Wo liegen die Vor- und Nachteile?
   b) Welche Grafikkarte eignet sich für den Büro-PC, welche für den Spiele-PC?
   c) Monitore: Was ist ein Standard-Monitor und wozu braucht man einen teuren Monitor?
   d) Tastaturen: Worin unterscheiden sie sich?
   e) Touch-Screen als Monitor oder All-in-One-PC: aktuelle Angebote
   f) Tintenstrahldrucker: billig oder teuer?
   g) Laserdrucker: Wann ist er im Vorteil und was kosten die aktuellen Modelle?
   h) Lautsprecher und Kopfhörer: Worauf sollte man achten?

1.4.4 Schnittstellen zu Peripheriegeräten

Um die Verbindung zu den Peripheriegeräten herzustellen, werden entweder Adapter/Erweiterungskarten
mit Schnittstellen in die verschiedenen
Sockel/Steckplätze (z. B. PCI) der Haupt-
platine (Motherboard) gesteckt oder die
vorhandenen Anschlussbuchsen auf der
Rück- und Vorderseite der Zentraleinheit genutzt, siehe Abbildung rechts.

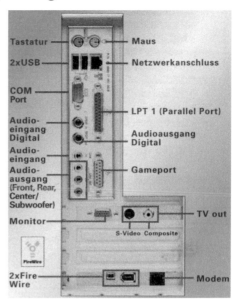

Schnittstellen			
Art	**Typenauswahl**	**Verwendungszweck**	**Hinweise**
Serielle Schnittstelle (V24)	RS-232 (9-polig oder 25-polig) als COM1 bis COM4	Monitor Drucker	Jedem Port wird eine eigene IO-Adresse mit eigenem Interrupt zugeteilt. Wichtig ist, dass sich die Interrupts (IRQ) nicht überlappen.
Parallele Schnittstelle	25-poliger D-Sub Stecker	Drucker Plotter	auch Centronics-Schnittstelle genannt, max. 5 Meter Kabellänge, in neueren Rechnern nicht mehr vorhanden
USB	USB 1.1 USB 2.0 USB 3.0	schneller Datenanschluss für Peripheriegeräte wie Drucker, Maus, externe Festplatte, Stick	USB 3.0 ermöglicht bis 127 Geräteanschlüsse an den PC und eine Datenübertragung bis 500 MByte/Sek., Hot-Plug-Funktion (Anschluss im laufenden Betrieb); USB-Stromversorgung, über 30 m Kabellänge
Firewire		schneller Datenanschluss	max. Übertragungsrate 90 MByte/Sek., Ursprung: Apple-Systeme
eSATA	eSATA xSATA	für externe Laufwerke, z. B. Festplatte	Datenübertragungsrate bis ca. 300 MByte/Sek., bei eSATA bis 2 Meter, xSATA bis 8 Meter Kabel, Hot-Plug-fähig, keine Stromversorgung

Schnittstellen			
Art	**Typenauswahl**	**Verwendungszweck**	**Hinweise**
PS/S	PS/2	Maus, Tastatur	
Video	VGA S-Video Composite-Video SCART DVI HDMI TV-Out	TV, Monitore DVD-Player Spielkonsolen Heimkino	VGA für Monitoranschluss (veraltet) SCART (analog) für TV oder DVD-Player S-Video besser als Composite-Video DVI Digitaler Videoanschluss der Grafikkarte für TFT-Monitore HDMI Nachfolger von DVI Über TV-Out der Grafikkarte kann das PC-Bild auf dem Fernseher betrachtet werden.
Ton (Audio)	Klinkenstecker (Cinch), USB, Bluetooth	Kopfhörer Lautsprecher Surroundsysteme Heimkino	Analogausgang ab 5.1 Dolby Surroundklang (7.1 verbessert) Digitalausgang SPDIF über Cinch
Datennetz	RJ-45-Stecker FO-Adapter USB	Netzwerkanschluss von PC	z. B. für Patchkabel zur Vernetzung FO-Adapter für Lichtwellenkabel
Kartenleser	Compact Flash, Memory Stick, Multimedia Card, Smart Media Card und SD-Card		Über diesen Multifunktionsanschluss können flexibel die wichtigsten Speicherkarten und -sticks gelesen und beschrieben werden.

1.4.5   Speichereinheiten

Die Zentraleinheit, auch Prozessor genannt, verarbeitet die Daten im Arbeitsspeicher, internen Speicher oder RAM. Daneben muss es auch **externe** Speichereinheiten geben, die die Daten als Großspeicher preiswert sichern, für den mobilen Einsatz geeignet sind oder sich durch besondere Eigenschaften hervortun.

Als neue Speichereinheit bietet die Blu-ray-Technik gegenüber der DVD, neben einer besseren Bildqualität, eine wesentlich größere Speicherkapazität von 25 GB, eine erhöhte Lese- und Brenngeschwindigkeit sowie erweiterte Leistungen (z. B. Kurzfilme, Bonusmaterial) und Funktionen (z. B. Picture-in-picture, Einblendungen, BD-Live, Blu-ray Magic).

Für die **externe Speicherung** der Daten stehen verschiedene Speichereinheiten zur Verfügung.

Speichereinheiten		
Speichereinheit	**Erläuterung**	**Vor-/Nachteile**
Festplatte	preiswerter magnetischer Datenträger mit hoher Speicherkapazität (TB), hoher Datenübertragungsrate, als internes und/oder externes Laufwerk	+ preiswert + hohes Speichervolumen + hohe Übertragungsrate – Platzbedarf – Laufwerk nicht stoßsicher
CD-Laufwerk	optischer Datenträger (700 MB) kann gelesen und beschrieben/gebrannt werden, preiswert	+ preiswerter Speicher + beschränkte Kapazität – nicht für gehobene Anforderungen
DVD-Laufwerk	optischer Datenträger (4,7 GB) für gehobene Anforderungen und bessere Bild-/Videoqualität, preiswert	+ mehr Speicher als CD + höhere Anforderungen – teurer als CD
Blu-ray-Laufwerk (BD)	als Lesegerät oder Brenner für optische Blu-ray-Discs (BD), in der preiswerten Variante als Blu-ray-CD-/DVD-Player und -Brenner für CD/DVD und teurere BD-Brenner (BD-R und BD-RE)	+ bessere Bildqualität + mehr Funktionen + hohes Speichervolumen + hohe Datenübertragung + Kopierschutz möglich – teurer als CD, DVD
NAS	Network Attached Storage (Netzwerk-Speicher), der an ein Netz angeschlossen ist und im Netz Speicher zur Verfügung stellt	+ große Speicher im Netz + zentrale Speicherung + unabhängiges System
Webspeicherplatz (Online-Speicherplatz)	Eine „Festplatte im Web" wird von Anbietern für den Zugriff über das Web bereitgestellt.	+ Zugriff von überall + begrenzt kostenlos – Angst vor Ausspähung
USB-Speicherstick	mobiler Speicherstick mit Flash-Speicher, im Betrieb leicht anzuschließen, als großer Speicher (bis 256 GB) teuer, Datenrate bis 30 MB/sec., lautloser Speicher	+ im Betrieb anzuschließen + mobiler Speicher + automatische Erkennung – beschränkt wiederbeschreibbar
Speicherkarten	CompactFlash, Multimedia Card oder Secure Digital Memory Card für Kameras, Multimediageräte, Mobiltelefone, MP3-Player, Spielekonsolen, Alternative zum USB-Stick	+ preiswerter Speicher + klein, flach + diverse Größen und Varianten – unterschiedliche Standards

Aufgaben

1. Prüfen Sie, wer Ihnen im Internet einen Webspeicher kostenlos zur Verfügung stellt (z. B. Windows live SkyDrive, Drive on Web oder Dropbox).

2. Prüfen Sie, welche Preise derzeit im Onlineshop für einen USB-Stick von 16 GB und eine SD-Speicherkarte von 6 GB verlangt werden.

3. Erstellen Sie eine Wandtapete, in der mittig die Zentraleinheit mit den Schnittstellen dargestellt ist und außen herum die verschiedenen Speichermöglichkeiten/-medien.

4. Ordnen Sie CD, DVD, interne und externe Festplatte, NAS, Speicherkarte, Online-Speicherplatz, USB-Stick den folgenden Aussagen richtig zu:
   a) Transportable Festplatte
   b) Stick, auf dem Daten gespeichert, gelesen und verändert werden können
   c) Speicherplatz auf einem anderen PC, der über das Internet erreicht werden kann
   d) Preiswerter optischer Datenträger für digitale Daten
   e) Magnetisches Speichermedium mit starrer, rotierender Scheibe, im PC fest eingebaut
   f) An ein Netzwerk angeschlossenes Speichermedium
   g) Kleines, flaches, mobiles Speichermedium, insbesondere für Multimediageräte verwendet
   h) Optischer Datenträger wie CD, jedoch mehr Speicherkapazität

1.5   Software

Software ist ein allgemeiner Sammelbegriff für die Gesamtheit ausführbarer Programme inkl. der verarbeiteten Daten. Man könnte also als Software jede Art von digitalen Daten bezeichnen, die auf einer Hardware gespeichert werden können. Damit Computer Daten verarbeiten können, sind drei Bestandteile eines Computersystems erforderlich:

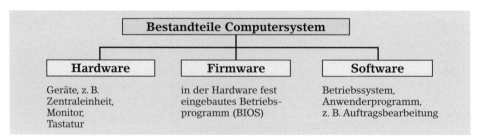

Bestandteile Computersystem		
Hardware	**Firmware**	**Software**
Geräte, z. B. Zentraleinheit, Monitor, Tastatur	in der Hardware fest eingebautes Betriebsprogramm (BIOS)	Betriebssystem, Anwenderprogramm, z. B. Auftragsbearbeitung

Das **Betriebssystem** wird auch „Operating System" (OS) genannt und ist ein System von Betriebsprogrammen, das die Grundfunktionen des Computers steuert und allgemeine Dienstprogramme (Funktionen) für die Arbeit mit dem Computer zur Verfügung stellt. Jedes Betriebssystem muss genau auf die Hardware abgestimmt sein. Betriebssysteme wie **Windows** oder **Linux** stellen dem Anwender eine **grafische Benutzeroberfläche (GUI = Graphical User Interface)** mit Anwendungsfenstern (Windows), aufklappbaren Menüs, Kontextmenüs, Symbolen (Piktogrammen, Icons), Schaltflächen (Buttons), Registern, Assistenten u. v. m. zur

Verfügung. Damit kann der Anwender mithilfe der Maus bzw. dem Finger schnell und ohne die Kenntnis von speziellen Programmbefehlen EDV-Anwendungen bedienen. Vorteile einer solchen Benutzeroberfläche sind somit: einfache Begreifbarkeit, einheitliche Bedienbarkeit, Symbole erleichtern das Aufrufen von Dateien, Befehlen und Programmen, schnelles Umsetzen von Aktionen. In den späteren Kapiteln lernen Sie die einzelnen Funktionen genauer kennen und anwenden.

Gängige Betriebssysteme sind **Windows 7 und 8, MacOS** oder **Linux** für PC, **Unix** oder **SunOS** für Großcomputersysteme.

Weitere **Software** (EDV-Programme) wird speziell für verschiedene Arbeitsgebiete und Aufgaben angeboten. Eines der meistgenutzten Standardprogramme ist die Textverarbeitung. Insgesamt werden für Computer weltweit mehr als 100 000 verschiedene Programme angeboten. Zur Anwendersoftware gehören universelle und funktionelle Standardsoftware, Branchensoftware und Individualsoftware.

Software	
Systemsoftware	**Anwendersoftware**
BIOS (Basic-Input-Output-System)	**Standardsoftware**
als Bindeglied zwischen Hardware und Betriebssystem, wird beim „Hochfahren" (Booten) gestartet.	*universell* ▶ Textverarbeitung (z. B. MS Word, OpenOffice Writer)
Betriebssystem ▶ Steuerprogramme (DOS) ▶ Benutzeroberfläche, z. B. Windows ▶ Sprachübersetzer/Programmiersprachen (z. B. BASIC in Maschinensprache) ▶ Dienstprogramme/Utilities (z. B. Virensuchprogramme)	▶ Tabellenkalkulation (z. B. MS Excel, OpenOffice Calc) ▶ Geschäftsgrafik (z. B. MS Excel, OpenOffice Calc) ▶ Datenbankprogramm (z. B. MS Access, OpenOffice Base) *funktionell* ▶ Auftragsbearbeitung ▶ Finanzbuchhaltung ▶ Lager-/Bestellwesen ▶ Lohn und Gehalt *Branchensoftware* für Ärzte, Baugewerbe, Einzelhandel, Handwerk, Reiseunternehmen u. a. *Individualsoftware* individuell nach den Wünschen und für den Einsatz des Anwenders erstellt

Situation Herr Koch, der EDV-Leiter, berichtet über den Softwareeinsatz in den Fachabteilungen von CMW.

In den einzelnen Fachabteilungen setzen wir unterschiedliche EDV-Programme ein: Im Verkauf benötigen wir eine **Auftragsbearbeitung,** mit der z. B. Angebote, Rechnungen, Lieferscheine, Gutschriften und Mahnungen erstellt und verwaltet werden können. Im Einkauf werden die Lagerbestände kontrolliert und mit dem Programm **Bestellwesen** insbesondere Bestellvorschlaglisten und Bestellungen ausgeführt. Im Rechnungswesen werden die Belege mit dem Programm **Finanz-buchhaltung** erfasst und verarbeitet, sodass Auswertungen wie die Bilanz sowie die Gewinn- und Verlustrechnung technisch kein Problem mehr darstellen. Die Personalabteilung verwaltet alle Personaldaten und erstellt mit einem Programm **Lohn und Gehalt** die Entgeltabrechnung sowie die Auswertungen für die Sozialversicherungsträger, das Finanzamt, die Berufsgenossenschaft und die Kammern. Diese Programme bezeichnet man auch als **funktionelle Standardsoftware.** Anbieter derartiger Software sind z. B. Sage, Frankfurt, oder Lexware, Freiburg.

Zusätzlich werden sogenannte Tools oder **Softwarewerkzeuge** in allen Abteilungen eingesetzt. Es sind Standardprogramme, die universell verwendet werden können. In unserem Betrieb werden die Programme Word zur **Textverarbeitung,** Excel zur **Tabellenkalkulation** und **Geschäftsgrafik** und Access als **Datenbankprogramm** eingesetzt. Diese Programme werden von der Firma Microsoft (USA) vertrieben.

Um das **Internet** zu nutzen, muss ein **Webbrowser** (z. B. Internet Explorer, Firefox, Opera, Safari, Google Chrome) installiert sein und der Zugang über einen Internetdienstanbieter (Provider) freigeschaltet werden. Mit dem Webbrowser können Internetseiten aufgerufen, ausgedruckt oder verwaltet werden.

Für die **elektronische Post,** das Empfangen, Versenden und Verwalten von E-Mails, gibt es grundsätzlich zwei verschiedene Varianten:

a) **E-Mail-Programme,** die Verbindungen zum Server (POP3, IMAP) des Telefondienstanbieters herstellen und die E-Mails auf dem PC verwalten, z. B. Outlook, Windows Mail, Pegasus Mail oder Mozilla Thunderbird.

b) **Webmail:** Internet-Webdienste, die auch kostenlos elektronische Postfächer zur Verfügung stellen und bei denen Mails direkt über den Webdienst gespeichert werden. Die E-Mails lassen sich über den Webbrowser online aufrufen und verwalten. E-Mail-Dienste sind z. B. www.hotmail.de, www.web.de, www.gmx.de und Windows live von Microsoft (MSN).

Softwareentwickler bemühen sich, Programme so zu entwickeln, dass Computer auch für behinderte Menschen (etwa 8 % der Anwender) genutzt werden können. Diese Bemühungen sind unter dem Stichwort „Barrierefreiheit" (uneingeschränkte Nutzbarkeit) zusammengefasst. Darunter versteht man den Abbau und die Reduzierung von Barrieren in der Softwarenutzung. Viele Menschen können Farben nicht richtig erkennen und sind, insbesondere bezogen auf die Farben Rot-Grün, farbfehlsichtig. Blinde und sehbehinderte Nutzer können sich heute Webseiten per Software vorlesen oder in größerer Schrift anzeigen lassen. Menschen mit einer Lese- oder Lernschwäche werden Texte in Symbolen angezeigt und Korrekturhilfen angeboten. Die „Barrierefreie Informationstechnikverordnung (BITV)" soll dafür sorgen, dass öffentliche Einrichtungen ihre Webseiten barrierefrei gestalten.

Software

Behinderung	Abhilfe
Schreibschwäche	Ein Spracherkennungsprogramm kann gesprochene Worte in Textdaten umsetzen.
Blindheit	Ein Bildschirmleseprogramm (Screen-Reader) kann die Inhalte auf dem Bildschirm über Lautsprecher vorlesen oder vortragen.
Rot-Grün-Sehschwäche	klare Schriften, kontrastreichere Farben einsetzen
Sehschwäche	Bildschirmlupe und Bildschirmtastatur über **<Zubehör (Windows)> → <Eingabehilfen> → <Bildschirmlupe> bzw. <Bildschirmtastatur>** aufrufen.

Aufgaben

1. Prüfen Sie, welches Betriebssystem und welche Programme zu folgenden Anwendungen auf Ihrem PC bereits installiert sind: Textverarbeitung, Tabellenkalkulation, Präsentationen, Datenbanken, Bildverarbeitung, Webbrowser, E-Mail.

2. Recherchieren Sie über die Suchmaschine Google nach Bildern von Computeranwendungen (Screenshots) für Textverarbeitung, Tabellenkalkulation, Präsentationen, Datenbanken, Bildverarbeitung, Webbrowser und E-Mail und erstellen Sie mit den Bildern eine Präsentation. Ordnen Sie nebenstehende Symbole den passenden Webbrowsern zu:

3. Unter dem Stichwort „Barrierefreiheit" bemühen sich Hard- und Softwareentwickler, Produkte für behinderte Menschen besser nutzbar zu machen. Recherchieren Sie und erstellen Sie eine Präsentation mit guten Produktlösungen. Rufen Sie über das Betriebssystem (siehe Zubehör) Anwendungen auf, die die Bedienung des Computers erleichtern (z. B. die Bildschirmlupe) und testen Sie diese Möglichkeiten.

4. Ordnen Sie Anwendungsprogramme für Textverarbeitung, Tabellenkalkulation, Präsentationen, Datenbanken, Bildbearbeitung, E-Mail, Webbrowser den folgenden Aussagen richtig zu:

   a) Folien für einen Vortrag können gestaltet und mit Animationen und Sound versehen werden.
   b) Digitale Bilder können verkleinert, verändert und retuschiert werden.
   c) Internetseiten können angezeigt und ausgedruckt werden.
   d) Texte können erfasst und formatiert werden.
   e) Elektronische Post kann verwaltet und verschickt werden.
   f) Daten werden in Tabellen erfasst, Berechnungen und Diagramme erstellt.
   g) Ideal für die Erfassung und Verknüpfung vieler Daten und das Suchen nach Daten.

476273

1.6   Netzwerke

Situation Eine vernetzte Welt ist ohne elektronische Netzwerke nicht mehr vorstellbar. Netzwerke mit verschiedenen Technologien, Ausrichtungen und Diensten erleichtern uns das Leben und die Kommunikation.

1.6.1   Internet

Das Internet ist das **größte Computernetzwerk der Welt** mit ca. einer Milliarde angeschlossener Computer. Die Internetseiten werden vom **Webserver** als Datenpakete über viele **Vermittlungsrechner** zum Empfänger (dem Computer des Internetnutzers) transportiert. Die einzelnen Datenpakete werden von Vermittlungsrechnern auf dem besten Weg weitergesendet und dann beim Empfänger wieder zu einer Einheit zusammengefügt. Das Übertragen von Daten zum Sender bezeichnet man als **Upload,** das Übertragen vom Sender zum Empfänger als **Download.**

Der Weg der Datenpakete durch das Internet

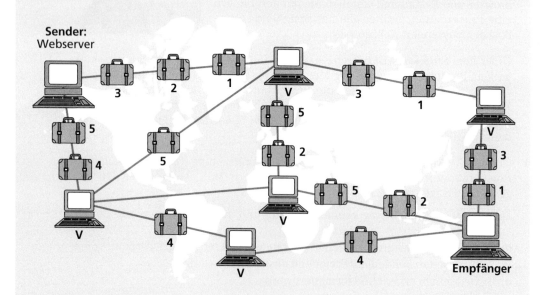

Sender:
Webserver

V = Vermittlungsrechner

Empfänger

476274

Das **Internet** ist heute das größte **Computernetzwerk** der Welt. Das Internet wurde nicht von einzelnen Menschen erfunden oder von bestimmten Unternehmen aufgebaut, sondern es ist nach und nach gewachsen. Ende der 60er-Jahre hat es mit einem Pilotprojekt des amerikanischen Verteidigungsministeriums angefangen, das die Möglichkeiten des Datenaustausches zwischen weit entfernten Computern erforschen wollte. Nach und nach schlossen sich immer mehr Universitäten, Behörden oder Institutionen diesem wachsenden Computernetz an. Es entstanden immer mehr Vermittlungsknoten (Server), an denen wieder weitere Server angeschlossen wurden. Was einmal mit dem ARPANET (Advanced Research Project Agency) begann, hat sich heute weltweit ausgedehnt und wird von mehreren Millionen Internetservern unterstützt. Jede Homepage auf der Welt wird durch eine eigene **IP-Adresse** (z. B. 195.285.241.100) identifiziert. Da man sich diese IP-Adresse schlecht merken kann, wird diese in die uns bekannten **Domainadressen** mit sogenannten Aliasnamen umgesetzt (z. B. werbedruck.de). Wer wissen will, welche Homepage wem gehört und auf welchem Server diese Homepage verwaltet wird, kann eine Suchanfrage unter www.denic.de stellen. Das Internet ist heute ein Netz der Netze. Es verbindet Firmen-, Universitäts- oder Behördennetze miteinander zu einer weltumspannenden Datenautobahn. Jede Privatperson oder kleine Firma kann sich über einen Internetprovider (z. B. Telekom, AOL, freenet) an dieses Netz ankoppeln lassen. Alle Computer sprechen mit dem **TCP-IP-Protokoll** die gleiche Sprache. Wird von einem Surfer eine Internetseite angefordert, so werden die Daten der Internetseite, in kleinen Datenpaketen verteilt, über das Netz zum Computer des Surfers gesendet, dort wieder zusammengefügt und als Internetseite angezeigt. Die Datenpakete erhalten wie die Briefpost eine Adresse, zu der sie versendet werden; sie können jedoch über unterschiedliche Netzstrecken im Internet ihr Ziel erreichen.

Im „Internet surfen" bedeutet:

▶ ein Programm zur Darstellung der Internetseiten, **Browser** genannt, zu starten,

▶ Informationsseiten von Internetanbietern aufzurufen,

▶ die Informationsseiten zu „durchstöbern", indem man den Hyperlinks (Querverweisen zu anderen Informationen) folgt, um bestimmte Informationen zu suchen,

▶ Videos, Sounds oder Animationen aufzurufen,

▶ Bestellungen auszuführen,

▶ Anwendungen (z. B. Bankdienstleistungen, elektronische Steuererklärung) von Firmen und Behörden aufzurufen.

Über das Internet können weltweit verschiedene Dienste genutzt werden, wobei das WWW (World Wide Web) der bekannteste Dienst ist.

476275

Internetdienste	
WWW **World Wide Web**	Das WWW ist der am meisten genutzte Dienst des Internets, das das Laden von Internetseiten (Homepages) von beliebigen Servern des WWW auf der Welt ermöglicht. Damit die Übertragung von dem entfernt liegenden Internetserver zum Internetnutzer (Client) ermöglicht wird, wurde das HTTP-Protokoll (Hypertext Transfer Protocol) vereinbart. Hypertexte sind Internetseiten mit sog. Links (Verweise) auf andere Seiten. Aufbau und Funktionen der Internetseiten werden durch eine Seitenbeschreibungssprache HTML (Hypertext Markup Language) festgelegt. Um den Dienst nutzen zu können, muss jede Seite also mit dem Protokoll und dem Hinweis auf das WWW aufgerufen werden, CHRISTIAN MÜLLER WERBEDRUCK hier im Beispiel also mit www.werbedruck.wvd.de. Über Links kann von der Homepage auf weitere Seiten gewechselt werden. Einzelne Dokumente (Seiten) können, soweit vorhanden und bekannt, auch direkt mit dem Namen der Seite einschließlich der Endungen .html oder .htm aufgerufen werden: z. B. www.werbedruck.wvd.de/produkte/visitenkarten.htm
E-Mail **(Electronic Mail)**	Elektronische Post: E-Mails werden mit speziellen Programmen (z. B. Microsoft Outlook) erstellt und über das Internet gesendet und empfangen bzw. online bearbeitet (vgl. z. B. www.web.de, www.gmx.de). **Aufgaben:** Mitteilungen versenden, Termine vereinbaren, Grüße versenden, Officedokumente oder andere Dateien empfangen oder versenden. Einzelne Dateien kann man als Anlage/Attachment über eine E-Mail zu einem anderen Benutzer versenden.
FTP **(File Transfer Protocol)**	Eine andere Möglichkeit der Übertragung von ganzen Verzeichnissen mit Dateien ist durch das FTP-Protokoll (File Transfer Protocol) gegeben. Hierzu wird dann ein FTP-Programm aufgerufen, das ausgewählte Dateien des lokalen Systems auf das entfernte Remotesystem überträgt. 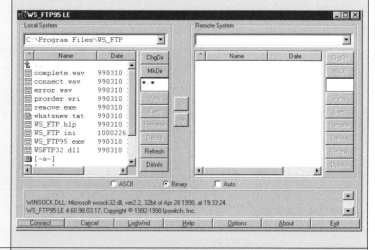
Newsgroup	Diskussionsforen, vgl. nachfolgende Informationen
RSS-Feeds	Über den Browser können Nachrichtenseiten als **RSS-Feeds** (Really Simple Syndication) abonniert werden (vgl. Kap. 1, S. 121).
Sonstige Dienste	**SMS** (Short Message Service), **Chatten** (Internet Relay Chat), **Instant Messaging** (Chatten mit Erreichbarkeitsanzeige), **Internettelefonie** u. v. m.

Newsgroups

Newsgroups sind öffentliche Diskussions- und Informationsforen, in denen Nachrichten oder Meinungen ausgetauscht werden. Sie werden oft verglichen mit thematisch geordneten schwarzen Brettern, bei denen jeder Teilnehmer Mitteilungen anderer lesen und seine eigenen veröffentlichen kann. Newsgroups sind nach Themen und Regionen geordnet und im Usenet organisiert. Bei ca. 30 000 Newsgroups in Deutschland bleibt i. d. R. kein Thema ausgespart.

Es gibt moderierte und unmoderierte Newsgroups. Bei ersteren werden die Beiträge zunächst von einem speziell hierfür zuständigen Moderator gelesen, bevor sie für alle zugänglich gemacht werden. Bei den unmoderierten Newsgroups wird jeder Beitrag zugelassen. Selbstverständlich sollte man sich in beiden Fällen an die üblichen Regeln, die Netiquette, halten (vgl. www.freenet.de, www.forengruppe.de, www.google.de, www.tvforen.de, www.spotlight.de).

Über Google „Groups" können thematisch passende Newsgroups gesucht werden.

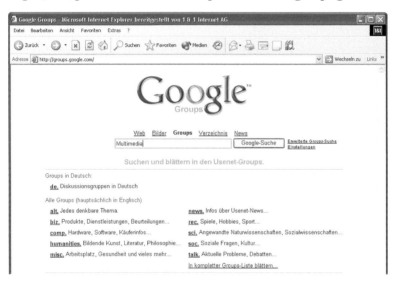

Auf Basis der Internettechnologie (TCP/IP-Protokoll) im weltweiten Web können verschiedene Internetzugänge realisiert werden.

Vergleiche der Webzugänge auf Basis der Internettechnologie		
Internet	**Extranet**	**Intranet**
Öffentliches WWW: Webseiten können über den Webbrowser aufgerufen werden.	Zugang über öffentliches WWW möglich. Allerdings können die Webseiten des Extranets nur über einen gesonderten Zugang (Login) mit Benutzername und Passwort erreicht werden, z. B. kostenpflichtige Webangebote, Kunden-/Serviceportale von Firmen oder interne Webseiten für Mitglieder von Vereinen oder Organisationen.	Der Zugang ist über das WWW nicht möglich und von Surfern im WWW auch nicht erkennbar. Es besteht jedoch auf Basis der Internettechnologie ein geschlossener Webbereich (z. B. Firmennetzwerk) für geschlossene und vertrauliche Computeranwendungen.

476277

1.6.2   Computervernetzung

Im kaufmännischen Betrieb werden i. d. R. viele Computerarbeitsplätze benötigt. Die Computeranwender wollen von den einzelnen Computerarbeitsplätzen

▶ Daten untereinander austauschen,

▶ auf gemeinsame Daten zugreifen oder

▶ gemeinsame Peripheriegeräte (wie Drucker, Fax) nutzen.

Dazu müssen die Computer vernetzt werden – ein Netzwerk bilden. Ein Netzwerk ist ein Verbund aus mehreren Computern. Diese Computer tauschen Daten untereinander aus. Ein Netzwerk kann aus zwei bis zu mehreren Tausend Computern bestehen. Folgende Aufgaben bewältigen Netzwerke.

Aufgaben eines lokalen Netzes	
Aufgaben	**Erläuterung**
Kommunikationsverbund	schnelle Kommunikation mit allen Arbeitsplätzen (Text, Bild, Ton)
Datenverbund	Zugriff auf verteilte und zentrale Datenbestände von jedem Arbeitsplatz
Lastverbund	Verteilung von Lasten auf wenig genutzte Arbeitsplätze oder Systeme
Funktionsverbund	Nutzung von Softwareanwendungen anderer Arbeitsplätze, Steuerung von Abläufen
Ressourcenverbund	Nutzung von Betriebsmitteln (z. B. Drucker) anderer Arbeitsplätze
Sicherheitsverbund	Reserven bei Ausfall einzelner Komponenten und zentrale Datensicherung

Diese Aufgaben können betrieblich, aber auch weltweit umgesetzt werden. Nach der geografischen Ausdehnung des Netzes werden Netze unterschieden.

Einteilung der Netzwerke nach der geografischen Ausdehnung		
LAN	=	Local Area Network: überspannt Betrieb, Grundstück oder ist auf wenige Kilometer ausgerichtet
MAN	=	Metropolitan Area Network: überspannt Stadt, Ballungsraum oder bis zu 100 km (z. B. Netz eines städtischen Verkehrsverbundes)
WAN	=	Wide Area Network: überspannt ganze Länder oder Kontinente (z. B. Netz der Telekom)
GAN	=	Global Area Network: überspannt die ganze Welt (z. B. Bankennetz, Internet)

Bei **Großcomputersystemen** (sogenannte **Mainframes**) mit einigen Hundert Computerarbeitsplätzen werden an einen zentralen Großrechner (**Host** genannt) viele **Terminals** ohne eigene CPU und eigenen Arbeitsspeicher angeschlossen. Auch sogenannte **Minicomputer** (z. B. die I-Series oder AS-400 von IBM) können als Verwaltungscomputer viele Terminals mit ihrem zentralen CPU-System bedienen. Fällt allerdings der zentrale Rechner aus, so kann an keinem Terminal mehr gearbeitet werden.

Bei einem **Mikrocomputer- oder PC-Netzwerk** ist dies anders. Mehrere PCs werden als Arbeitsplatzcomputer mit einem gemeinsamen leistungsstarken PC, **Server** genannt, vernetzt, sodass der Server für wichtige gemeinsame Funktionen (z. B. zentrale Speicherung der Dateien) zur Verfügung steht. Die vernetzten Arbeitsplatzcomputer werden auch **Clients** genannt. Sowohl der für das Netzwerk zuständige **Server** (gemeinsamer Netzcomputer) als auch die **Workstation** (Arbeitsplatzcomputer) verfügen über eine eigene CPU und einen Arbeitsspeicher, sodass sie sich die Arbeit teilen können. Der Server hat die Aufgabe, die Programme und Daten zentral zum Abruf für die Workstation bereitzuhalten; diese werden jedoch erst in der CPU der Workstation zur Anwendung gebracht. Fällt der zentrale Server (File- oder Dateiserver) einmal aus, kann zwar nicht mehr auf die zentralen Programme und Daten des Servers zugegriffen werden, es können jedoch die Programme und Daten auf der Workstation weiter genutzt werden.

Ein lokales oder betriebliches Computernetz bezeichnet man als **LAN** (Local Area Network), im Vergleich zu einem **WAN** (Wide Area Network), das Mikrocomputer ganzer Länder oder Kontinente vernetzt. Der Fileserver organisiert den Zugriff der einzelnen Mikrocomputer auf gemeinsame externe Speichereinheiten, Drucker oder andere Peripheriegeräte. Da Programme und Daten auf dem Fileserver gespeichert sind, müssen die Programme und Daten zunächst vom Fileserver in den jeweiligen Arbeitsspeicher des Mikrocomputers geladen werden.

Um Computer miteinander zu vernetzen, werden unterschiedliche physikalische und logische Verbindungen **(Topologien)** hergestellt (z. B. Stern- oder Bus-Vernetzung).

Netzwerkarten

Betriebliche Netze können als einfaches Peer-to-peer-Netz oder als Client-Server-Netz installiert werden.

Netze	
Peer-to-peer-Netz	**Client-Server-Netz**
Ein preiswertes Netzsystem ohne Server, bei dem die PCs über Netzwerkkarten verbunden sind und die Betriebssysteme (z. B. Windows) den gleichberechtigten Zugriff regeln. So kann jede Arbeitsstation Dienstleistungen für eine andere Arbeitsstation ausführen. Insbesondere für kleine Netze (bis 10 Arbeitsplätze) eine preiswerte Alternative. Jeder kann im Peer-to-peer-Netz Verzeichnisse auf seiner Festplatte für alle freigeben und somit die Teamarbeit über gemeinsame Verzeichnisse fördern. Nachteile: Geringere Datensicherheit, Kenntnisse der Benutzer im Umgang mit dem Netzwerk notwendig, da jeder seinen Zugriff und die Dienste selbst regelt.	Server sind leistungsfähige Computer, die in einem verteilten Rechnersystem zentrale Dienste für die angeschlossenen Arbeitsstationen (Clients) zur Verfügung stellen. Beim Client-Server-System läuft auf dem Server die Netzwerksoftware und auf den Arbeitsstationen (Clients) die Client-Software. Gängige Server-Betriebssysteme sind Unix, Linux oder Windows. Clients können je nach Benutzerrechten auf die Verzeichnisse und Anwendungen des Servers zugreifen. Im Gegensatz zum Peer-to-peer-Netz ist ein Netzwerkbetreuer zur Verwaltung der Benutzerrechte und des Netzwerkes notwendig.

Netzwerke

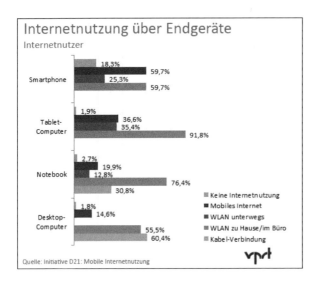

Die Nutzung des mobilen Internets nimmt in Deutschland zu. Über das mobile Internet (insbesondere Smartphones, Tablet-PCs) geht schon weit mehr als jeder zweite Nutzer mobil ins Internet. Demgegenüber findet die Internetnutzung bei Notebook- und Desktop-Computern vorwiegend kabelgebunden oder über WLAN statt.

Datennetze ohne Kabel

Kabelnetze sind aufwendig zu installieren und unflexibel. Was liegt dann näher, als Computer kabellos (wireless) zu verbinden. Als Techniken sind zurzeit **WLAN** und **Bluetooth** in aller Munde. Geräte mit solchen kabellosen Verbindungen werden zuhauf angeboten.

WLAN oder Wireless LAN

WLAN heißt **Wireless Local Area Network** (kabelloses Netzwerk per Funk mit mittlerer Reichweite). Voraussetzungen für WLAN sind ein Computer, Notebook oder PDA mit Intel-Centrino-Chip oder eine WLAN-Karte sowie ein Internetbrowser.

Um zu Hause oder im Betrieb ein Funknetzwerk für den Zugriff mehrerer Notebooks oder PCs auf das Telefonnetz (DSL-Anschluss) einzurichten, ist ein WLAN-Router für eine geregelte Kommunikation notwendig.

Orte, die über ein WLAN verfügen und ihr Netz kostenlos oder gegen Gebühr öffentlich anbieten, heißen im Fachjargon **„Hotspots"**. Häufig werden solche Hotspots in Flughäfen, Bahnhöfen, Universitäten, Hotels, Cafés oder Parks angeboten. Interessenten können sich im Umkreis von etwa 100 Metern in das von dem jeweiligen Zugangsrechner gesteuerte Netzwerk einwählen.

Je nach WLAN-Standard können mit bis zu ca. 300 Mbps (Million bits per second) auch Video- und Gaming-Daten schnell genug übertragen werden. Die Reichweite soll schon bald von wenigen Hundert Metern auf über 50 km erweitert werden.

Bluetooth

Der Bluetooth-Standard wurde ins Leben gerufen, um kabelgebundene Verbindungen und kabellose Technologien wie Infrarot abzulösen bzw. die Kommunikation zwischen verschiedener Computer-Hardware zu erleichtern. Der Name Bluetooth kommt vom Wikingerkönig Harald Blauzahn, weil dieser die dänischen und norwegischen Wikinger vereinigt hat, genauso wie Bluetooth die Vereinheitlichung zu einem einheitlichen Übertragungsstandard zum Ziel hatte. Bluetooth ist ein offener Standard für eine leistungsfähige Technologie zur drahtlosen Kommunikation zwischen Computern, PDAs, Mobiltelefonen, Druckern, Scannern oder z. B. digitalen Kameras. Bluetooth-Adapter mit USB-Anschluss sind preisgünstig zu erhalten. Im Gegensatz zu der bei TV-Fernbedienungen zum Einsatz kommenden Infrarottechnik wird bei Bluetooth die Übermittlung von Informationen nicht von Wänden oder sonstigen Gegenständen geblockt. Die Reichweite ist auf 10 m bis 30 m begrenzt, kann aber je nach Version, Störungen und Hindernissen bis zu 100 m betragen. Die Datenübertragungsrate ist zwar wesentlich geringer als bei WLAN, dafür wird der Bluetooth-Standard jedoch bald in allen Peripheriegeräten wie PDAs, Kameras oder Druckern integriert sein.

1.6.3   Datentransfer

Aufgrund der schnellen Internetverbindungen, der vielen Portale, Communitys oder sozialen Netze, wo jeder kostenlos Bilder, Videos oder Podcasts hochladen kann, der Musik- und Videoportale, wo man sich für wenig Geld kommerziell erstellte Filme und Musiktitel herunterladen kann, und nicht zuletzt des Trends zu digitalen Büchern und Hörbüchern wächst auch das Volumen der bezahlten und unbezahlten Downloads rasant.

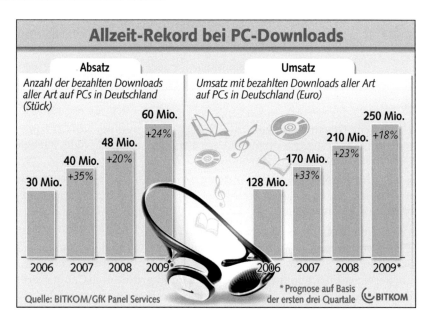

Verschiedene Begriffe zum Datentransfer	
Download/Upload	**Upload** (Hochladen): Daten vom eigenen Rechner ins Internet hochladen, z. B. Fotos in schuelerVZ hochladen. **Download** (Herunterladen): Daten aus dem Internet auf den eigenen PC laden, z. B. Videos aus dem Internet auf den PC laden.
Datenübertragungsrate oder Datendurchsatz (Datenmenge pro Zeiteinheit)	**bps** oder **bit/s** (Bits pro Sekunde) = Anzahl der Bits, die pro Sekunde übertragen werden **kbps** oder **kbit/s** (Kilobits pro Sekunde) = 1000 bps **mbps** oder **Mbit/s** (Megabits pro Sekunde) = 1 000 000 bps **gbps** oder **Gbit/s** (Gigabits pro Sekunde) = 1 000 000 000 bps
Services im Internet Übertragungsbandbreite	**Dial-up ISDN:** schmalbandiger Internetzugang über eine Wählleitung im Telefonnetz, weltweit noch ein häufiger Einwähldienst in über 150 Ländern und auch in Deutschland noch anzutreffen; Bedeutung jedoch nur noch gering, wesentlich langsamer als DSL (mit 16 Mbit/s im Download) **Breitband** ist ein Internetzugang mit größerer Bandbreite und damit größerer Übertragungsrate. DSL (Digital Subscriber Line, dt. digitaler Teilnehmeranschluss) ist ein „allways-on"-Anschluss, sodass man sich hier nicht einwählen muss. **Vorteile eines Breitband-Internetzugangs:** ▶ Surfen mit Hochgeschwindigkeit im Internet ▶ Flatrates (Pauschaltarife) werden angeboten, sodass monatlich ein Festpreis gezahlt wird, egal wie lange man im Internet ist. ▶ Über die Flatrate kann jeder ohne Zusatzkosten ständig online sein und z. B. Instant Messaging wie ICQ, Skype nutzen.
Übertragungsmedium/-art	**Möglichkeiten, sich mit dem Internet zu verbinden:** ▶ Telefonleitung, z. B. ISDN, DSL ▶ Mobiltelefon, z. B. GPRS, UMTS, HSDPA ▶ Kabel, da in vielen Haushalten ein Kabelanschluss existiert ▶ Kabellos (wireless) per Access Points, z. B. in Städten ▶ Satellit: z. B. Flatrate per Satellit, wo kein DSL-Zugang vorhanden

Aufgaben

1. Testen Sie die Geschwindigkeit Ihrer Internetverbindung, zum Beispiel über www.aboutip.de, www.speedmeter.de, www.wieistmeineip.de (oder Google-Suche: Internet Verbindung Geschwindigkeit).

2. Sie suchen für Ihr Notebook ein günstiges Angebot für eine Internet-Flatrate per Internet-Stick. Recherchieren Sie und präsentieren Sie Ihr Ergebnis auf einer Word-Seite oder einer Folie.

3. Was ist richtig (wahr), was ist falsch (unwahr)?
   a) Ein Server ist ein Computer, der die Dienste eines Clients annimmt, z. B. ein Schüler-PC.
   b) Ein Server ist ein Computer, der die Daten für Zugriffe durch Clients bereithält.
   c) Upload bedeutet, sich Daten, z. B. Software aus dem Internet, auf den eigenen PC zu laden.
   d) Upload bedeutet, Daten, z. B. ein Foto vom PC, in ein Portal des Internets, z. B. **schuelerVZ** hochzuladen.

476282

4. Ordnen Sie WAN, WLAN, LAN richtig zu:

   a) PCs im Haus oder Betrieb sind mit Funknetzwerkkarten miteinander und
      mit dem Internet vernetzt. Die PCs können auch in verschiedenen Räumen
      stehen, die Wände können jedoch die Übertragungsrate dämpfen.

   b) Mehrere PCs sind im Haus oder Betrieb per Kabel verbunden und können so
      Daten austauschen oder gemeinsam auf ein Programm oder einen Drucker
      zugreifen.

   c) Computer in weit auseinander liegenden Regionen der Welt sind miteinander
      verbunden.

1.7 Gesundheit und Ergonomie

Situation Knapp 75 Millionen Menschen sind in Europa als Büroangestellte tätig.
Fast alle erledigen einen Teil ihrer Arbeit mit dem Computer. Arbeits-
bedingte Erkrankungen, die durch Bildschirmarbeitsplätze verursacht
werden, kommen immer häufiger vor. Taubheit der Finger, Kribbeln,
pochender Puls, Muskelschmerzen oder Schmerzen in der Hand, im
Handgelenk, im Arm oder im Nacken können auf diese gesundheit-
lichen Beeinträchtigungen hinweisen. Bereits 1990 wurde eine EU-
Richtlinie für die Mindestanforderungen bei Bildschirmarbeitsplätzen
formuliert.

Ergonomie ist die Wissenschaft der menschlichen Arbeit. Ziel der Ergonomie
ist es, die Arbeitsbedingungen menschlicher zu gestalten, d. h., sie besser an die
Bedingungen des Menschen anzupassen, statt Menschen dazu zu zwingen, sich
ihrem Umfeld anzupassen. Bessere ergonomische Bedingungen sollen dazu führen, dass der Mensch sich wohlfühlt, leichter mit seiner Umwelt zurechtkommt und
weniger erkrankt. Im Zusammenhang mit der Gestaltung von Bildschirmarbeitsplätzen spielt Ergonomie eine zentrale Rolle.

Richtige Lichtverhältnisse

Richtige Lichtverhältnisse am Arbeitsplatz tragen erheblich zur Gesunderhaltung
bei. In diesem Zusammenhang sind der Gebrauch von Kunstlicht, die Lichtmenge
und die Lichtrichtung zu beachten.

Der **optimale PC-Standort** ist dadurch gekennzeichnet, dass

▶ die Blickrichtung des Benutzers parallel zur Fensterfläche
  verläuft und sich keine Spiegelungen auf dem Monitor ergeben,

▶ der PC im Idealfall zwischen zwei
  parallel zur Fensterfront verlau-
  fenden Lichtbändern steht,

▶ eine Kombination aus indirekter
  Beleuchtung des Raumes und individueller Arbeitsplatzbeleuch-
  tung die Lichtverhältnisse regelt.

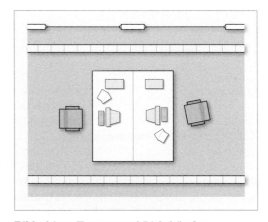

Bildschirm, Fenster und Lichtbänder

476283

Gesundheit und Ergonomie

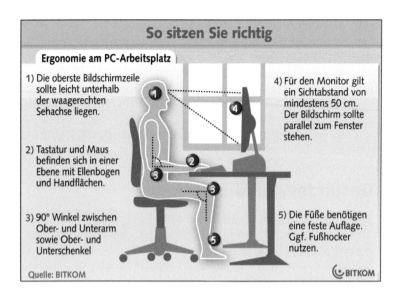

So sitzen Sie richtig

Ergonomie am PC-Arbeitsplatz

1) Die oberste Bildschirmzeile sollte leicht unterhalb der waagerechten Sehachse liegen.

2) Tastatur und Maus befinden sich in einer Ebene mit Ellenbogen und Handflächen.

3) 90° Winkel zwischen Ober- und Unterarm sowie Ober- und Unterschenkel

4) Für den Monitor gilt ein Sichtabstand von mindestens 50 cm. Der Bildschirm sollte parallel zum Fenster stehen.

5) Die Füße benötigen eine feste Auflage. Ggf. Fußhocker nutzen.

Quelle: BITKOM   BITKOM

Position von Tastatur und Maus

Tastatur und Maus sollten so angeordnet sein, dass die Arme eine entspannte, bequeme und natürliche Haltung einnehmen.

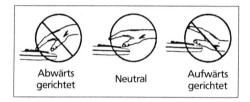

Abwärts gerichtet · Neutral · Aufwärts gerichtet

Fußstütze

Nicht höhenverstellbare Tische und eine ungenügende Anpassung der Stuhlhöhe an die Beinlänge sind Hauptquellen für Symptome wie Überanstrengung, Dehnung und Ermüdung von Beinen, Nacken und Rücken. Eine Fußstütze kann zur besseren Haltung der Beine und Füße beitragen.

Arbeitshaltung

Das A und O für die Arbeit am PC ist eine aufrechte und entspannte Arbeitshaltung. Man sollte sich nicht zu weit nach vorne oder hinten beugen. Die Unterarme und Handgelenke sollten eine parallele Linie zum Fußboden bilden. Auch sollten die Tasten der Tastatur so leicht wie möglich gedrückt und eine unnötig hohe Anschlagstärke vermieden werden. Der Bildschirm sollte gerade vor einem in einem für die Augen angenehmen Abstand stehen. Der obere Rand des Bildschirms sollte dabei nicht höher als das Auge sein – bei sitzender Tätigkeit vor dem PC. Der Bildschirm sollte zudem so aufgestellt sein, dass kein grelles Licht darauf fällt und keine Lichtreflexe auftreten. Der Manuskripthalter muss so eingerichtet werden, dass unbequeme Kopf- und Augenbewegungen so weit wie möglich eingeschränkt werden.

Augenschonendes Arbeiten

Alle, die täglich längere Zeit am Computer arbeiten, sollten entsprechende Pausen/ Abwechslung einplanen, um die Augen ausruhen zu lassen. Wichtig ist, die Brille oder Kontaktlinsen und den Bildschirm sauber zu halten. Eine regelmäßige Untersuchung von einem Augenarzt ist ebenfalls zu empfehlen.

Folgende **Übungen helfen, die Augen zu entlasten:**

▶ Die Augen einige Sekunden schließen und anschließend bewusst in helle und dann in dunkle Bereiche des Raumes blicken.

▶ Häufiges in die Ferne gucken.

▶ Häufiges Augenblinzeln, um sich vor Austrocknung der Augen zu schützen.

Raumklima

Kurzes und kräftiges Lüften und eine gute Befeuchtung der Zimmerluft können viele Beschwerden, die mit zu trockener, sauerstoffarmer und belasteter Luft zusammenhängen, erheblich vermindern.

Gesundheit und sportlicher Ausgleich

Der allgemeine Gesundheitszustand eines Menschen hat einen großen Einfluss darauf, wie wohl er sich am Computerarbeitsplatz fühlt. Vorbelastende Faktoren wie Arthritis, Diabetes, Übergewicht, Bluthochdruck, Stress, Rauchen oder ein allgemein schlechter Gesundheitszustand können ein zusätzliches Risiko für das Auftreten von Unwohlsein, Muskel-, Gelenk- und Kopfschmerzen sein. Der Mensch kann seine Gesundheit erhalten und seine beruflichen Belastungen besser bewältigen, indem abwendbare, gesundheitsschädigende Arbeits- und Lebensbedingungen vermieden werden und regelmäßig sportlicher Ausgleich betrieben wird.

Produktüberprüfung und Kennzeichnung

Produkte müssen zahlreiche Überprüfungen bestehen, bevor sie in den Handel kommen. Einige Gütesiegel haben auf freiwilliger Basis große Bedeutung erlangt wie die ISO-9000-Zertifizierung (Qualitätsmanagement) und folgende Umweltmarken:

TCO-Umweltmarke. Die TCO ist die Zentralorganisation der Angestellten und Beamten in Schweden. Sie verlangt strenge Auflagen für die Zertifizierung der Bildschirme bezüglich

▶ der Bildqualität,

▶ der elektromagnetischen Felder,

▶ einer automatischen Energiesparfunktion,

▶ der Elektrizitäts- und Brandsicherheit,

▶ der Geräuschentwicklung.

Energy Star. Der „Energy Star" wird von der amerikanischen Umweltbehörde EPA (Environment Protection Agency) allen Computern und Peripheriegeräten verliehen, die im Energiesparmodus bzw. im Standby-Betrieb maximal 30 Watt verbrauchen.

Neben weiteren Umweltsiegeln wie **Blauer Engel** oder **Nordic Swan** hat sich das **EPEAT**-Siegel in Bronze, Silber oder Gold (Programm der U.S. Environmental Protection Agency EPA und des Green Electronics Council) in über 400

Ländern durchgesetzt. Es beinhaltet auch das Energy-Star-Siegel der EPA. Nach 23 Ausschlusskriterien und 28 optionalen Kriterien in 8 Kategorien wird umfassend auf **Umweltverträglichkeit** („**Green IT**") geprüft und je nach Erfüllungsgrad der Bronze-, Silber- oder sogar Goldstatus für ein Produkt vergeben. Unter www.epeat.net kann man erfahren, welche Produkte bereits EPEAT-zertifiziert sind.

1.8 Umweltschutz und Recycling – Green IT

Nach Schätzungen der Vereinten Nationen landeten 2008 bis zu 50 Millionen Tonnen an Elektronikschrott auf dem Müll. Selbst in Europa, wo seit 2006 Privatkunden bundesweit kostenlos Elektronik-Altgeräte zurückgeben können und bis 2011 mit über 5 Mio. Tonnen Altgeräten gerechnet wird, ist die Recycling-Quote mit etwa 25 % noch zu gering. Daher sollen die Aufwendungen für das

Recycling von 0,76 Mrd. € auf rund 3 Mrd. € 2020 steigen. Über Möglichkeiten der Altgeräterückgabe informiert die **Stiftung Elektro-Altgeräte-Register** unter www.stiftung-ear.de.

Energieverbrauch und Umwelteigenschaften sind für Verbraucher immer wichtigere Kriterien bei der Anschaffung von ITK-Geräten. Dabei sind die Einsparpotenziale enorm. In einem Testversuch des Verbandes BITKOM wurden zwei Musterbüros eingerichtet, eins mit modernster Technik und eins mit energieeffizienten Geräten aus 2003. Simultan wurden an beiden Arbeitsplätzen weitgehend die gleichen Tätigkeiten wie Mailen, Scannen oder Drucken verrichtet. Im Vergleich sanken beim neuen Büro der Energieverbrauch und damit der CO_2-Ausstoß auf ein Viertel, sodass sich, auf ein Arbeitsjahr hochgerechnet, eine Stromersparnis von etwa 130,00 € ergab.

Nach einer Studie des britischen „Energy Saving Trust" können Verbraucher durch umweltgerechtes Nutzerverhalten den Energieverbrauch auch bei modernsten Geräten bis auf ein Sechstel reduzieren. Im Vergleich der Nutzung alter und neuer Technik kann sich das Einsparvolumen so noch einmal um 2/3 erhöhen.

Umweltschutz in der ITK (ICT): Green IT	
Energieverbrauch reduzieren	1. beim Kauf von ITK-Geräten auf Energieverbrauch achten
	2. Energiesparfunktionen der Geräte nutzen (Standby-Modus, Schlafmodus)
	3. Bildschirmschoner deaktivieren
	4. Peripheriegeräte erst für die Nutzung einschalten
	5. Computer und Peripheriegeräte bei längerer Abwesenheit ausschalten
	6. Monitore in Helligkeit anpassen und in Pausen abschalten
	7. schaltbare Steckdosenleiste benutzen
Geräte und Verbrauchsmaterialien recyceln	1. Computergeräte kaufen, die recycelt werden können
	2. Druckerpatronen mehrfach verwenden und wieder auffüllen lassen
	3. Papier zum Recyceln geben

Aufgaben

1. Erstellen Sie eine Checkliste zur Überprüfung von Gesundheitsaspekten am PC und überprüfen Sie Ihren Arbeitsplatz.

2. Überprüfen Sie bei Ihrem PC, welche Energiesparmöglichkeiten möglich sind und von Ihnen bisher genutzt werden.

3. Recherchieren Sie nach Übungen zur Gesunderhaltung am PC, z. B. das kostenlose Open Source Programm **Workrave,** das Ihnen dabei hilft, keine Pause zu vergessen, und eine Unterstützung bietet zur Vermeidung schlechter Haltung und von Rücken-, Augen- und Kopfschmerzen.

4. Recherchieren Sie nach einer Bildschirmlupe „Virtual magnifying glass portable" und testen Sie dieses Programm.

1.9 Datensicherheit, Datenschutz und Copyright

Situation Aus Zeitschriften sind Berichte mit folgenden Inhalten zu entnehmen:

▶ Brand-, Blitz- und Wasserschäden in der EDV legten ganzes Unternehmen lahm.

▶ Sabotageanschlag auf Unternehmen – Racheakt von gekündigtem Mitarbeiter?

▶ Milliardenschaden jährlich durch Industriespionage

▶ Diebe entwendeten Computersysteme mit wichtigen Daten.

▶ Softwareraub und Datenklau, ein lukratives Geschäft

Grund genug, sich mit dem Thema Datensicherung und -schutz genauer zu beschäftigen.

Unternehmen müssen ihre betrieblichen Daten sicher speichern und verwahren. Durch unterschiedliche Ursachen kann es zum Datenverlust kommen. Dies kann sogar den Betrieb und die Existenz der Unternehmen gefährden.

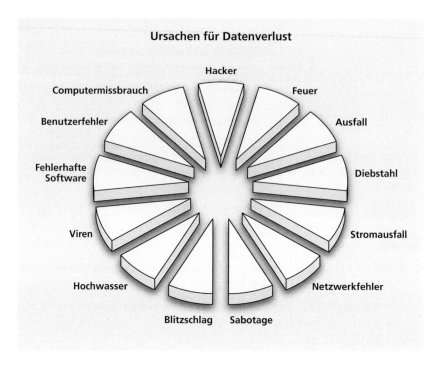

Ursachen für Datenverlust

Hacker · Feuer · Ausfall · Diebstahl · Stromausfall · Netzwerkfehler · Sabotage · Blitzschlag · Hochwasser · Viren · Fehlerhafte Software · Benutzerfehler · Computermissbrauch

1.9.1   Datensicherheit

2011 waren ca. 74 Prozent der Bevölkerung mit dem Internet verbunden. Die Kriminalstatistik wies mit 220.000 Straftaten im Internet eine stark eine stark steigende Tendenz auf. Bei 82 Prozent handelte es sich um Betrugsfälle, aber auch das Ausspähen oder Abfangen von Daten häufte sich.

Technische Maßnahmen	Organisatorische Maßnahmen	Softwaremäßige Maßnahmen
z. B. Brandschutzeinrichtungen (feuerfeste Räume, Rauchmelder, Sprinkleranlage, Feuerlöscher), Blitzschutzanlagen, Notstromaggregat, Türsicherungen, Alarmanlagen	z. B. polizeiliches Führungszeugnis, Schulungen, Zutrittskontrollen, Benutzer-ID, Passwortschutz, Ausweise, Anwesenheitsprotokolle/-buch, Taschenkontrolle, Rauchverbot, Sicherungskopien von Programmen und Daten im Tresor, Überwachung durch Datenschutzbeauftragten, Erstellung eines Katastrophenhandbuchs, Bestimmung eines Ausweichrechenzentrums	z. B. zusätzliche Prüfziffern oder Plausibilitätsüberprüfungen stellen sicher, dass schon bei der Erfassung der Daten Eingabefehler erkannt werden. Verschlüsselung der Daten (Kryptografie) verhindert Datennutzung. Antivirenschutz schützt vor Computerviren (kleine Programme, die im EDV-System aktiv werden und das gesamte EDV-System lahmlegen oder zerstören können).

Datensicherheit in der Netzwerkumgebung

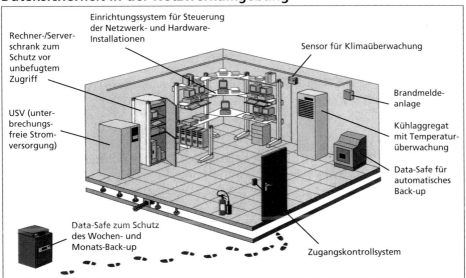

Rechner-/Server-schrank zum Schutz vor unbefugtem Zugriff

Einrichtungssystem für Steuerung der Netzwerk- und Hardware-Installationen

Sensor für Klimaüberwachung

Brandmelde-anlage

USV (unter-brechungs-freie Strom-versorgung)

Kühlaggregat mit Temperatur-überwachung

Data-Safe für automatisches Back-up

Data-Safe zum Schutz des Wochen- und Monats-Back-up

Zugangskontrollsystem

Persönliche Datensicherheit

Auch die persönlichen Daten auf dem PC sind gefährdet, können zerstört oder ausge-späht werden.

Sicherheitsbedenken bei Transaktionen im Web

Welcher Anteil der Internetnutzer verzichtet aus Sicherheitsgründen auf bestimmte Aktivitäten im Internet?

Versand wichtiger Dokumente	41%
Online-Banking	33%
Online-Shopping	27%
Buchungen von Tickets, Reisen etc.	19%
Nehme keine Transaktionen im Internet vor	17%
Keine Bedenken bei Transaktionen im Internet	20%

BITKOM   Quelle: BITKOM/ARIS; Befragte ab 14 Jahre

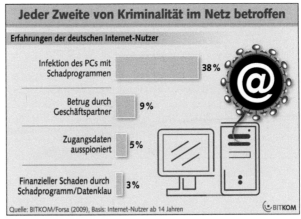

Jeder Zweite von Kriminalität im Netz betroffen

Erfahrungen der deutschen Internet-Nutzer

Infektion des PCs mit Schadprogrammen	38%
Betrug durch Geschäftspartner	9%
Zugangsdaten ausspioniert	5%
Finanzieller Schaden durch Schadprogramm/Datenklau	3%

Quelle: BITKOM/Forsa (2009), Basis: Internet-Nutzer ab 14 Jahren   BITKOM

Nach Auskunft des Bundeskriminalamtes wird heute von einer Million mit Schad-
programmen (Malware) infizierten Computern in Deutschland ausgegangen. Täglich werden von Kriminellen mehrere hunderttausend Computer ferngesteuert.
Neben Bankdaten haben es die Kriminellen auch auf die sonstigen persönlichen
Daten, insbesondere Passwörter und sonstige Zugangsdaten, abgesehen. Im Rahmen der Informations- und Kommunikationskriminalität werden jährlich über
40 000 Fälle registriert. Die Schadenshöhe für eine einzige **Ausspähung,** auch
Phishing (Angeln nach Passwörtern u. Ä.) genannt, beträgt heute im Durchschnitt
über 10.000,00 €.

Als sogenannte **Scareware** wird Software, z. B. über kostenlose Hilfsprogramme,
auf den Rechnern installiert, die die Nutzer durch Falschmeldungen verunsichert
und gegen bezahlte Leistungen Abhilfe verspricht.

Allgemein wird zwischen folgenden Computerschädlingen bzw. -viren (Malware)
unterschieden.

Computerschädlinge (Malware)	
Viren	Programme oder Programmsegmente, die über andere Programme oder Dateien ohne Wissen des Nutzers in das Computersystem gelangen, um dies zu schädigen:
	Bootsektorviren nisten sich auf dem Startsektor der Datenträger (Festplatten, Disketten usw.) ein und lösen schon beim Booten Fehlfunktionen oder den Stillstand des Systems aus.
	Dateiviren ersetzen Programmteile (insbesondere von COM/EXE-Dateien) oder hängen sich an und werden beim Aufrufen von Programmfunktionen aktiviert.
	Makroviren: Virenprogramme werden in einer Makrosprache für Officedokumente geschrieben (z. B. Word) und durch das Öffnen des Dokuments (Starten des Makros) aktiv.
	Skriptviren: Virenprogramme, die in Scriptsprachen wie VB-Script oder Java-Script erstellt wurden und über Officedateien, Internetseiten oder E-Mails versendet werden.
Wanzen	Fehlerhafte Programmteile, die andere Programme, das Betriebssystem oder den Rechner zerstören oder verändern.
Würmer	Erstellen von sich selbst Kopien; infizieren i. d. R. aber keine anderen Programme, sondern laufen eigenständig ab.
	Durch die ständige Reproduktion und Ausbreitung werden IT-Systeme stark überlastet.
Trojanische Pferde	Ein „normales" Programm oder eine „normale" Datei, die ein versteckt es Virusprogramm enthält, unbemerkt auf den Rechner gelangt und sich später durch eine Aktion selbst aktiviert. Ein „Backdoor-Programm" ist ein trojanisches Pferd, welches dem Versender Zugang (eine Hintertür) zu einem sonst geschützten System ermöglicht.
	Trojaner spähen Computer aus.

Daher sollte(n) für die persönliche Datensicherheit:

▶ Dateien und Daten, wenn möglich, durch **Passwortschutz** gesichert werden,

▶ **Sicherheitskopien (Back-ups)** der Daten regelmäßig erstellt und auf einem externen Datenträger (CD, DVD, Speicherkarte, USB-Stick, externe Festplatte) sicher verwahrt werden,

▶ mithilfe einer **Firewall** die Übertragung von Viren, Wanzen und Trojanern sowie die unerwünschte Herstellung einer Netzverbindung aus dem Internet oder über WLAN mit dem PC verhindert werden,

▶ ein **Sicherheitskabel** (security cable) genutzt werden, damit Fremde nicht einfach ein Notebook oder andere Hardware mit Daten entwenden können,

▶ **Anti-Viren-Software** installiert und durch regelmäßige Aktualisierung der Software Viren, Würmer und Trojaner und andere Malware erkannt und entfernt werden,

▶ **Programme,** die über das Internet heruntergeladen werden, auf **Virenfreiheit geprüft werden,**

▶ **E-Mails mit Anhängen** (insbesondere solche, die Makros oder Programme o. Ä. enthalten könnten und deren Absender Sie nicht kennen) gelöscht und nicht geöffnet werden.

Passwortregeln
Grundsatz: **Für den Benutzer leicht zu merken, für einen Fremden schwer zu erraten!**

▶ Passwörter nirgends notieren und niemandem mitteilen!

▶ Mindestlänge des Passwortes: 6 Stellen

▶ Passwort alphanumerisch gestalten

▶ keine Trivialpasswörter (z. B. 4711, 12345, 1111)

▶ Passwort in angemessenen Zeitabständen (möglichst automatisch gesteuert) ändern

▶ Automatisch verhindern, dass als neues wieder das alte Passwort gewählt wird

▶ Für besonders wichtige/sensible Daten ein Zusatzpasswort einführen oder zwei Personen einsetzen, die jeweils nur das halbe Passwort kennen

▶ Passwort des Systemverwalters: nur ihm bekannt (für Vertretungsfall versiegelt aufbewahren)

▶ Sicherheitsmanagement

▶ permanente Benutzerkennungen: Passwörter sollten nur für eigene Mitarbeiter/Bedienstete eingerichtet werden. Für Fremde (z. B. zur Wartung) sollten Benutzerkennungen nur temporär vergeben werden.

Durch die **Benutzer-ID** muss der Computer den Benutzer eindeutig indentizieren können (kein zweiter, gleicher Benutzername). Bei der Wahl des Passworts sollten o. a. Grundsätze beachtet werden und die Anzeige sollte durch „*" verdeckt erfolgen.

Beispiel: Benutzer-ID und Passwort
Benutzername: FMustermann
Passwort: ***********

Firewall

Mithilfe einer sogenannten **Firewall (Brandmauer)** wird die Verbindung zwischen zwei Netzen, z. B. PC und Internet oder einem LAN und dem Internet, kontrolliert. Die Firewall überwacht den durchlaufenden Datenverkehr und entscheidet anhand festgelegter Regeln, welche Datenpakete durchgelassen werden (Paketfilter).

Die Firewall kann nur aus Software (Personal-Firewall) oder auch aus Hardware (Netzwerk-Firewall) bestehen:
Eine **Personal-Firewall** ist eine Software, die den ein- und ausgehenden Datenverkehr eines PC oder eines privaten oder betrieblichen LAN zu einem anderen Netz, insbesondere dem Internet, filtert. Neben dem **Paket- oder Datenfilter** enthält die Personal-Firewall einen **Applikationsfilter,** sodass die Firewall nachfragt, welche Anwendungen erlaubt werden sollen oder nicht. Einige Firewalls verfügen auch über einen **Contentfilter,** sodass sie die Inhalte der Datenpakete überprüfen können. Andere Programme stellen zudem ein Einbrucherkennungs- und -abwehrsystem bereit, sodass auf bekannte Angriffsmuster hin geprüft werden kann.

Hardware- oder Netzwerk-Firewalls sind für professionelle LANs mit hohem und sicherheitsrelevantem Datenverkehr, insbesondere Unternehmensnetzwerke, gedacht. Sie besteht neben der Firewall-Software aus Hardwarekomponenten wie Router und Proxy. Sie ist dem Switch des LAN vorgeschaltet.

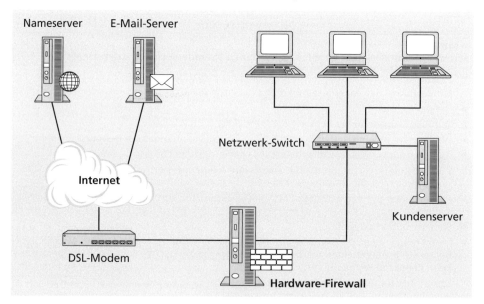

Empfohlene Schutzsysteme (für Privatnutzer meist kostenlos): z. B.

▶ **AntiVir Personal:** bekanntes und effektives Antiviren-Tool

▶ **AVG Anti-Virus:** Virenscanner mit Rettungssystem

▶ **Avast 4 Home:** vollwertiger Virenscanner, der sowohl den Datenzugriff als auch den gesamten Mailverkehr überwacht

▶ **ZoneAlarm:** kostenlose Firewall (evtl. zusätzlich zur Windows-Firewall)

▶ **Comodo Internet Security:** Firewall und Antiviren-Tool in einer Software

▶ **Microsoft Security Essentials:** Microsoft Virenscanner läuft permanent im Hintergrund und liefert so einen kostenlosen Grundschutz; falls nicht installiert, kostenloser Download möglich.

▶ **Panda-Cloud-Antivirus:** ein neues Antivirenprogramm, das den Schutz mithilfe einer Community verstärkt

▶ **McAfee Avert Stinger:** um mit Viren verseuchte PCs zu säubern

▶ **TrueCrypt:** erstellt verschlüsselte, virtuelle Laufwerke, um einzelne Dateien oder das komplette System vor fremden Augen zu schützen

▶ **WinSCP:** um persönliche Daten zwischen zwei Rechnern durch Nutzung eines geschützten Tunnels nahezu hundertprozentig sicher zu übertragen.

▶ **Ad-Aware** oder **SpyBot:** schützt persönliche Daten vor der Einsicht Fremder durch Spionagesoftware (Spyware)

▶ **Recuva/PC Inspector File Recovery:** Gratis-Tools, um versehentlich aus dem Windows-Papierkorb, Speicherkarten etc. gelöschte Daten wieder herzustellen.

Wichtiger Hinweis: Achten Sie beim Download von Freeware darauf, dass der Anbieter keine versteckte Malware mitliefert, indem Sie die Software vor der Installation mit einem Virenscanner überprüfen.

1.9.2 Datenschutz

Wir kennen die Berichte über Datenskandale zur Genüge: Bankdaten von über 21 Millionen Bundesbürgern befinden sich nach Mitteilung der Wirtschaftswoche auf dem Schwarzmarkt für persönliche Daten. Es muss damit gerechnet werden, dass in hoher Zahl unberechtigt Geld von den Konten abgebucht wird. Über 9 Millionen Kundendaten wurden von einem Ka-

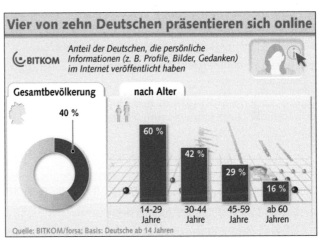

Vier von zehn Deutschen präsentieren sich online

Anteil der Deutschen, die persönliche Informationen (z. B. Profile, Bilder, Gedanken) im Internet veröffentlicht haben

Gesamtbevölkerung — 40 %

nach Alter: 14-29 Jahre 60 %, 30-44 Jahre 42 %, 45-59 Jahre 29 %, ab 60 Jahren 16 %

Quelle: BITKOM/forsa; Basis: Deutsche ab 14 Jahren

belnetzbetreiber an Call-Center weitergegeben. Call-Center verkauften Daten weiter. Private Daten von Tausenden waren auf Community-Portalen frei zugänglich. Mitglieder von Sozialen Netzen geben leichtfertig ihre Daten für alle im Internet frei und nutzen zu wenig ihre Möglichkeiten, die Dateneinsicht nur für Berechtigte vorzusehen. Auch hinsichtlich der Arbeitnehmerüberwachung wurden mehrere größere Datenskandale bekannt. Datenverstöße sind mittlerweile keine Bagatelldelikte mehr. Hohe Geldbußen bis zu 50.000,00 € sind schon in einfachen Fällen möglich.

Zweck und Anwendungsbereich des Bundesdatenschutzgesetzes BDSG

Zweck des Gesetzes ist es, den Einzelnen davor zu schützen, dass er durch den Umgang mit seinen personenbezogenen Daten in seinem Persönlichkeitsrecht beeinträchtigt wird (§ 1 BDSG).

Welche Stellen haben das BDSG und das LDSG (Landesdatenschutzgesetz) anzuwenden?

▶ Öffentliche Stellen (Behörden, Organe, Gesellschaften, Vereinigungen öffentlicher Stellen)

▶ Nicht öffentliche Stellen (natürliche oder juristische Personen, Gesellschaften und andere Personenvereinigungen des privaten Rechts), wenn personenbezogene Daten genutzt und die Daten geschäftsmäßig oder für berufliche oder gewerbliche Zwecke verarbeitet werden

▶ Verantwortliche Stellen sind alle Personen oder Stellen, die personenbezogene Daten erheben, verarbeiten und nutzen.

▶ Die Verarbeitung personenbezogener Daten zu ausschließlich persönlichen oder familiären Tätigkeiten unterliegt nicht dem BDSG.

Das Bundesdatenschutzgesetz (BDSG) wurde daher Ende 2009 in mehrfacher Hinsicht geändert:

▶ strengere Regeln für den Adressenhandel (Weitergabe nur noch mit Einwilligung der Betroffenen)

▶ verschärfte Anforderungen an die Auftragsdatenverarbeitung (z. B. in Call-Centern, Rechenzentren)

▶ Verbesserung des Arbeitnehmerdatenschutzes

▶ Stärkung des betrieblichen Datenschutzbeauftragten (z. B. Sonderkündigungsschutz)

Datenschutzbeauftragte in den Betrieben und in öffentlichen Verwaltungen sowie Bundes- und Landesdatenschutzbeauftragte wachen über die Einhaltung der Datenschutzgesetze.

Hinsichtlich der Verarbeitung personenbezogener Daten hat der betriebliche Datenschutzbeauftragte gem. § 4g BDSG folgende **Aufgaben:**

▶ Hinwirken auf das Einhalten der Datenschutzbedingungen

▶ Überwachung der ordnungsgemäßen Anwendung der Datenverarbeitung

▶ Führen eines Verfahrensverzeichnisses

▶ Durchführung von Vorabkontrollen, soweit erforderlich

▶ Personen, die Daten verarbeiten, mit Vorschriften vertraut zu machen

▶ Beachtung des Grundsatzes der Datenvermeidung und Datensparsamkeit

▶ Ansprechpartner für Geschäftsleitung und betroffene Personen

Im Bundesdatenschutzgesetz (BDSG) wurden bzgl. der gespeicherten und verarbeiteten personenbezogenen Daten folgende Rechte für die Betroffenen festgeschrieben:

Rechte des Betroffenen nach §§ 7, 19, 20 21, 33, 34, 35 BDSG bzgl. personenbezogener Daten	
Auskunft	Jeder hat das Recht auf Auskunft über die zu seiner Person gespeicherten Daten, über den Zweck der Speicherung und an welche dritten Stellen diese weitergegeben worden sind. Das Auskunftsanliegen sollte näher bezeichnet und erläutert werden. Die Auskunft ist, soweit nicht geschäftsmäßig zum Zweck der Ermittlung gespeichert, unentgeltlich.
Benachrichtigung	Werden personenbezogene Daten ohne Kenntnis des Betroffenen erhoben, so ist er von der Speicherung, Zweckbestimmung, Verarbeitung und evtl. Übermittlung zu benachrichtigen, soweit die Pflicht gesetzlich nicht eingeschränkt wurde (vgl. § 19a BDSG).
Berichtigung	Jede Stelle ist verpflichtet, unrichtige personenbezogene Daten zu berichtigen.
Sperrung	Wenn einer fälligen Löschung besondere Gründe entgegenstehen, sind die Daten zu sperren, solange die Richtigkeit/Unrichtigkeit noch nicht feststeht. Gesperrte Daten dürfen nur sehr eingeschränkt genutzt werden.
Löschung	Daten, die man nicht haben dürfte oder nicht mehr braucht, sind zu löschen.
Anrufung	Wer sich in den Rechten durch öffentliche Stellen des Bundes/Landes verletzt fühlt, kann den Bundes- oder den Landesdatenschutzbeauftragten anrufen, der dann der Eingabe nachgeht. Bei nicht öffentlichen Stellen sind die Aufsichtsbehörden am Sitz der Stelle zu benachrichtigen. Sind mehr als neun Personen im Betrieb ständig mit der automatisierten Verarbeitung personenbezogener Daten beschäftigt, ist ein Datenschutzbeauftragter im Betrieb zu bestellen (vgl. § 4g BDSG).
Schadenersatz	Verantwortliche Stellen sind gegenüber dem Betroffenen zum Schadenersatz verpflichtet, wenn sie die gebotene Sorgfaltspflicht nicht beachtet haben. Öffentliche Stellen sind unabhängig von einem Verschulden zum Schadenersatz bis zu einer Höhe von 130.000,00 € verpflichtet (§§ 7 und 8 BDSG).

1.9.3 Copyright

Situation Sie möchten Bilder, Videos, Musik und Texte aus dem Internet downloaden und diese Dateien für ihre Projektarbeit nutzen. In der Zeitung sehen Sie folgende Pressemitteilung, die Sie dazu animiert, zukünftig sensibler mit dem Thema Copyright umzugehen:

„Wer – ganz gleich, ob gewerblich oder privat, entgeltlich oder unentgeltlich – Musik, Filme oder Computerspiele im Internet zum Download anbietet und verbreitet, ohne hierzu berechtigt zu sein, macht sich strafbar", betonte die Bundesjustizministerin.

Nach Angaben des Bundesverbands für Musikindustrie werden mehr als 400 Millionen Musiktitel über Tauschbörsen aus dem Internet heruntergeladen.

Der Vermerk © **(Copyright)** mit einem Zusatz **weist auf den Inhaber der Rechte** für Veröffentlichung, Kopien und Weiterverwertung hin. Wenn jemand etwas schreibt, zeichnet, fotografiert, herstellt, erfindet, programmiert usw., was einen besonderen geistigen Wert hat, so hat er auch die Rechte daran (vgl. Hinweise zum Copyright weiter unten). Software bzw. Computerprogramme sind seit 1985 gem. § 2 Abs. 1 Nr. 1 des Urhebergesetzes (UrhG) als Schriftwerke geschützt. Eine Software wird nicht verkauft, sondern lizensiert. Man unterscheidet Software auch nach den Nutzungsrechten (z. B. Kommerzielle Software, Freeware, Shareware, Open Source vgl. weiter unten). Vor der Installation und Nutzung muss geprüft werden, welche Rechte der Nutzer hat. Hierzu wird bei der Installation eine **EULA** (Lizenzvereinbarung, vgl. weiter unten) angezeigt. Bei kommerzieller Software kann, abgesehen von einer eventuellen befristeten kostenlosen Testphase, die Software nur genutzt werden, wenn eine zulässige Produkt-ID (Produktschlüssel) vorab käuflich erworben wurde und diese bei der Installation zur Registrierung verwendet wurde.

Nutzungslizenzen für Software		Beispiele für Software
Kommerzielle Software **Volllizenz = Einplatzlizenz**	Der Urheber (Softwarehersteller) hat das ausschließliche Recht zur Vervielfältigung, Verbreitung und Bearbeitung der Software (vgl. § 69c UrhG). Somit muss das Benutzen, Kopieren, Verkaufen, Verschenken, Vermieten oder Verändern des Programms ausdrücklich durch eine Nutzungslizenz erlaubt werden. Eine EULA kann jedoch Einschränkungen vorsehen, sodass jede Lizenz im Einzelfall zu prüfen ist. Wird nicht ausdrücklich eine Mehrplatzlizenz vergeben, so erlaubt die Lizenz nur eine Benutzung des Programms auf einem Einplatzrechner. Jede Kopie, die über die vereinbarte Benutzung hinaus angefertigt wird, ist eine unzulässige Kopie, die das Urheberrecht verletzt. Soll die Software auf einem anderen Rechner verwendet werden, muss sie zunächst auf dem vorher installierten Rechner gelöscht werden.	Von Microsoft z. B. Windows 7 Word, Excel, Powerpoint, Access, Visio, Outlook etc. Von Adobe z. B. Photoshop, Illustrator, InDesign
Freeware	Freeware ist Software, die der Entwickler der Software kostenlos an Nutzer weitergibt. Freeware darf man kopieren und weitergeben. Der Entwickler hofft, damit Werbung für seine oder auch andere Produkte und Leistungen zu betreiben.	z. B. PDFCreator, Skype, Winamp, Picasa, vgl. www.winload.de
Shareware	Diese Programme dürfen für einen festgelegten Zeitraum zum Testen kostenfrei genutzt werden, dann wird der Benutzer aufgefordert, einen Kaufpreis zu bezahlen. Shareware darf kopiert und weitergegeben werden.	z. B. Nero Burning ROM, MP3-DJ, vgl. z. B. www.winload.de oder www.top-download.de

Nutzungslizenzen für Software		Beispiele für Software
Open Source	Softwareentwickler dieser Initiative erlauben den Benutzern die freie Weitergabe des Programms, den Quellcode einzusehen und zu verändern.	z. B. Firefox, Open Office, Gimp, Eclipse, vgl. www.t3n.de

Copyright	
Gesetzliche Grundlagen	Grundgesetz (GG) Art. 14 Abs. 1 und Art. 2 Abs. 1 und Urheberrechtsgesetz (UrhG) aus dem Jahr 1966 mit laufenden Überarbeitungen
Was ist geschützt?	Jedes Werk, das einen geistigen Gehalt ausweisen kann und sich durch ein geistiges Tätigwerden des Schaffenden als persönliche Schöpfung auszeichnet. Zufallsprodukte sind nicht geschützt, auch nicht Anregungen oder indirekte Hilfeleistungen bei einem Werk. Vollendung oder Neuheit des Werkes sind andererseits nicht erforderlich. Nicht geschützt sind Werke, die sich nicht durch individuelle Merkmale von anderen unterscheiden, trivialer Natur, einfach (simpel) sind oder keine Schöpfungshöhe haben. Als Werke werden nach § 2 Sprachwerke (Texte in Schrift und Ton, auch Computerprogramme), Werke der Musik, Pantomimische Werke (einschließlich Tanzkunst), Werke der Kunst, Lichtbildwerke, Filmwerke, Darstellungen wissenschaftlicher und technischer Art, nach § 3 als selbstständige Werke Übersetzungen und andere Bearbeitungen eines Werkes, die persönliche geistige Schöpfungen sind, nach § 4 Sammelwerke und Datenbankwerke unterschieden.
Strafe	Strafbar macht sich, wer – ganz gleich ob gewerblich oder privat, entgeltlich oder unentgeltlich – Daten wie Musik, Filme, Software oder Computerspiele im Internet zum Download anbietet und verbreitet, ohne hierzu berechtigt zu sein. Wer Werke vervielfältigt, verbreitet oder öffentlich wiedergibt, wird mit Freiheitsstrafe bis zu drei Jahren oder mit Geldstrafe bestraft, schon der Versuch ist strafbar.
Freie Verwendung von Werken §§ 44a ff UrhG	Vervielfältigung und Verbreitung mit geringem Umfang in Sammlungen oder für einen abgegrenzten Kreis von Unterrichtsteilnehmern zur Veranschaulichung für Kirchen-, Schul- oder Unterrichtsgebrauch, soweit es sich nicht um Schulbücher o. Ä. handelt (§ 46). Zulässig sind auch einzelne Vervielfältigungen eines Werkes durch eine natürliche Person zum privaten Gebrauch auf beliebigen Trägern, sofern sie weder unmittelbar noch mittelbar Erwerbszwecken dienen, soweit nicht zur Vervielfältigung eine offensichtlich rechtswidrig hergestellte Vorlage verwendet wird (§ 53). Zulässig sind die Vervielfältigung sowie die unentgeltliche und nicht zu gewerblichen Zwecken vorgenommene Verbreitung eines Bildnisses durch den Besteller des Bildnisses (§ 60). In allen Fällen solcher Vervielfältigungen ist stets die Quelle und in bestimmten Fällen auch die Quelle einschließlich des Namens des Urhebers deutlich anzugeben (§ 63 UrhG).

Datensicherheit, Datenschutz und Copyright

Copyright	
EULA	End User License Agreement = **Lizenzvereinbarung für Endbenutzer,** welche die Benutzungsrechte der Software angibt. Sie wird meist bei der Installation von Software angezeigt und muss mit „Ich stimme den Bedingungen dieses Vertrages zu" bei der Installation bestätigt werden.
Abmahnungen durch Urheber und Abmahnkosten	Urheber mahnen bei Verletzung der Urheberrechte unberechtigte Nutzer ab und fordern Schadenersatz und Erstattung der Abmahnkosten. Nach § 97a Abs. 2 UrhG werden die Abmahnkosten einer berechtigten urheberrechtlichen Abmahnung auf 100,00 € begrenzt, wenn es sich um eine erstmalige Abmahnung in einem einfach gelagerten Fall handelt, mit einer nur unerheblichen Rechtsverletzung außerhalb des geschäftlichen Verkehrs (z. B. durch die Nutzung von Tauschbörsen, Verwendung fremder Fotografien im Internet oder der Verwendung urheberrechtlich geschützter Straßenkartenausschnitten auf privaten Homepages).
Verwertungsgesellschaften (vgl. §§ 27, 54 UrhG)	**GEMA:** Gesellschaft für musikalische Aufführungs- und mechanische Vervielfältigungsrechte **VG Wort**: Verwertungsgesellschaft Wort **VG Bild-Kunst:** Verwertungsgesellschaft Bild und Kunst u. a.

Aufgaben

1. Datenschutz und Datensicherheit:
   a) Recherchieren Sie im Internet nach Datenskandalen und neuen Informationen des Bundes- und Landesdatenschutzbeauftragten.
   b) Zur Vermeidung von Werbepost oder Werbung per Telefon, E-Mail oder SMS, ist es möglich, sich online und kostenlos registrieren zu lassen. Prüfen Sie das Angebot unter www.robinsonliste.de.

2. Datenschutz und Datensicherheit:
   a) Recherchieren Sie nach kostenlosen Virenscannern und Firewalls. Achten Sie darauf, dass Ihnen nicht versteckte Kosten auferlegt werden und präsentieren Sie Angebote.
   b) Über www.buerger-cert.de werden Bürger kompetent über Viren, Würmer und Sicherheitslücken informiert. Holen Sie neueste Informationen ein und präsentieren Sie diese. Recherchieren Sie auch nach den neuesten Trojanern und Betrugsfällen.

3. Tausende junger Menschen erhalten jährlich wegen Copyright-Verletzungen Abmahnungen von Rechtsanwälten. Sie sollen dann eine Unterlassungserklärung unterzeichnen und Schadenersatz leisten und die Abmahnungskosten tragen, die häufig über 1.000,00 € liegen. Recherchieren Sie über Suchmaschinen nach berichteten Fällen. Über welche Fälle wird in Foren diskutiert?

4. Was macht eine Firewall?
   a) Sie sichert regelmäßig die Daten der Festplatte.
   b) Sie kontrolliert die Internetverbindungskosten.

c) Sie kontrolliert und schützt die Verbindung zwischen zwei Netzen, z. B. Internet und PC.

d) Sie sorgt für ein schnelles Finden von Informationen im Internet.

5. Wie kann man sich vor Viren schützen?

a) Keine Dateianhänge der E-Mails von unbekannten Absendern öffnen

b) Antivirenprogramm installieren und auf das Downloaden aus dem Internet verzichten

c) Antivirenprogramm installieren und Uploaden in das Internet vermeiden

d) Insbesondere unbekannte und kostenlose Programme aus dem Internet installieren

e) Firewall deaktivieren, bevor Programme aus dem Internet heruntergeladen werden

f) Firewall installieren, bevor Programme und Dateien aus dem Internet heruntergeladen werden

6. Was bedeutet Copyright?

a) Das Werk muss nach dem Testen registriert werden.

b) Das Werk darf zu Privatzwecken kopiert und weiterentwickelt werden.

c) Hinweis auf den Inhaber der Rechte dieses Werks, z. B. für Veröffentlichung und Kopien

d) Das Werk darf zum Testen genutzt werden.

e) Das Werk ist frei nutzbar.

7. Ordnen Sie die Begriffe Freeware, Shareware, Open Source den Aussagen richtig zu:

a) Programme, die kostenlos getestet werden dürfen, für weitere Nutzung jedoch kostenpflichtig sind

b) Programme, die kostenlos genutzt werden können

c) Programme, die für Privatzecke kostenlos genutzt, weiterentwickelt und verbreitet werden können

8. Welche Rechte hat der Bürger bei der Speicherung seiner Daten von Fremden?

a) Recht auf Löschung eigener Daten, wenn sie nicht gespeichert werden sollen

b) Berichtigungsrecht, wenn die gespeicherten Daten falsch sind

c) Auskunftsrecht über die gespeicherten Daten

d) Benachrichtigungsrecht, damit der Einzelne weiß, wer welche Daten über ihn verarbeitet

1.10　Lastenheft und Pflichtenheft

Situation　Fehlkäufe und Fehlentscheidungen bei Investitionsvorhaben und Projekten sollten vermieden werden, kommen aber immer wieder vor und den Investoren i. d. R. sehr teuer. Nicht selten müssen die Investitionsvorhaben und Projekte eingestellt werden, da die Ergebnisse nicht den Zielvorstellungen der Kunden entsprachen, nicht funktionsgerecht oder finanziell nicht tragbar waren.

Fast täglich berichten Medien über Fehlplanungen bei Investitionsvorhaben, die scheitern oder den Investoren bzw. Kunden oder Auftraggebern teuer kommen. Eine Internetrecherche mit den Stichworten „Fehlplanungen Beispiele" listet aktuell diskutierte Fälle auf. Auch IT-Projekte bzw. IT-Investitionsvorhaben sind von Fehlentscheidungen und –entwicklungen nicht ausgenommen. In Kapitel 5 wird insbesondere bei der Entwicklung von komplexen Softwaresystemen die Notwendigkeit einer frühzeitigen und systematischen Analyse, Bedarfsermittlung und Ablaufplanung deutlich.

Häufig sind unterschiedliche Vorstellungen über die Ziele und Erwartungen der Auftraggeber und Auftragnehmer Anlass für Fehlplanungen. Um hier größere Einigkeit zu erzielen, sollte vom Auftraggeber ein Lastenheft (Was und Wofür?) und darauf abgestellt von möglichen Auftragnehmern spezifizierte Pflichtenhefte (Wie und Womit?) erstellt und abgestimmt werden.

	Lastenheft	Pflichtenheft
Definition nach DIN 69905 bzw. DIN 69901-5	Gesamtheit der Forderungen an die Lieferungen und Leistungen eines Auftragnehmers	Vom Auftragnehmer erarbeitete Realisierungsvorgaben auf Basis des Lastenheftes
Fragestellung	Was und wofür	Wie und womit
Detaillierungsgrad	ergebnisorientiert, allgemein verständlich	genau, spezifiziert, verständlich
Alternative Bezeichnungen	Anforderungsspezifikation, Anforderungskatalog, Produktskizze, Kundenspezifikation oder Requirements Specification	Fachliche Spezifikation, Fachfeinkonzept, Sollkonzept, Funktionelle Spezifikation oder Feature Specification
Ersteller	Auftraggeber	Ausgangssituation

	Lastenheft	Pflichtenheft
Mögliche Gliederung	1. Ausgangssituation 2. Zielsetzung 3. Produkteinsatz 4. Funktionale Anforderungen 5. Nichtfunktionale Anforderungen 6. Lieferumfang 7. Phasenplanung, Meilensteine 8. Offene noch zu klärende Punkte 9. Abnahmekriterien/ 10. Qualitätsanforderungen	1. Zielbestimmung 1.1. Muss-Kriterien 1.2. Wunsch-Kriterien 1.3. Abgrenzungskriterien 2. Produkt-Einsatz 2.1. Anwendungsbereiche 2.2. Zielgruppen 2.3. Betriebsbedingungen 3. Produkt-Bedingungen 3.1. Software 3.2. Hardware 3.3. Orgware 3.4. Produktschnittstellen 4. Produktfunktion 5. Produktleistungen 6. Benutzerschnittstelle 7. Qualitätszielbestimmung 8. Globale Testfälle 9. Ergänzungen

Aufgaben

1. a) Recherchieren Sie nach einer geeigneten Grafiksoftware im Internet:

   Lastenheft Grafiksoftware für den schulischen Einsatz:

   1. Ausgangssituation: Schüler benötigen kostenlose Grafiksoftware
   2. Zielsetzung: Beschaffung geeigneter Software incl. Anleitungen und Hilfesystem
   3. Produkteinsatz: für Unterrichtsprojekte in Schule und zu Hause
   4. Funktionale Anforderungen: Aus-/Zuschneiden, Skalieren, Drehen von Objekten, Objekte in mehreren Ebenen, Farbfunktionen, Kontexthilfe, Speicherung in gängige Dateiformate
   5. Nichtfunktionale Anforderungen: einfache Benutzung, fehlerfreie Software, deutsche Beschreibungen
   6. Lieferumfang: Kostenloser Download von Programm und Anleitungen
   7. Phasenplanung, Meilensteine: a) Recherche mit Auflistung der Angebote b) Erstellung Vergleichsübersicht c)Entscheidung für eine Software
   8. Offene noch zu klärende Punkte: Freeware, Shareware, Bedeutung im Markt
   9. Abnahmekriterien/Qualitätsanforderungen: schülergerecht

   b) Das o. a. Lastenheft ist unzureichend formuliert. Welche Stolpersteine, Probleme zeigten sich bei der Verwendung des Lastenheftes? Wie könnte das Lastenheft anforderungsgerechter erstellt werden?

2. Erstellen Sie in Gruppenarbeit ein Lastenheft für folgende Lieferungen und Leistungen für Schüler:

   a) Browser
   b) Emailsoftware
   c) Kostenlose Internetfestplatte (Online-Datenspeicher) mit Teamfunktionen
   d) Internettelefonie
   e) Online-Blogsystem
   f) Netbook
   g) Multimedia-Rechner für Spiele

1.11 Informationsbeschaffung und -austausch über das Internet

1.11.1 Webbrowser Microsoft Internet Explorer

Situation Sie haben als Browser den Internet Explorer von Microsoft aufgerufen und wollen ihn besser kennenlernen.

Der **Microsoft Internet Explorer** ist der am meisten eingesetzte Webbrowser auf der Welt, dicht gefolgt vom Webbrowser **Firefox.** Weitere bekannte Browser sind **Opera, Safari** (von Apple) oder **Google Chrome.** Browser werden i. d. R. kostenlos angeboten. Allerdings erhält man nicht automatisch einen Zugriff auf das Internet, wenn der gewünschte Browser installiert worden ist. Dazu wird ein Internetzugang eines Providers (ISP) gebraucht.

Wählen Sie Ihre(n) Webbrowser

Ihre Sicherheit hat höchste Priorität für Firefox. Firefox ist kostenlos, übernimmt nicht Ihren Computer und schützt Ihre Privatsphäre.	Speziell für mehr Datenschutz und sicheres Surfen im Internet entwickelt. Kostenlos von Microsoft!	Google Chrome. Der schnelle, neue Browser. Für alle.	Safari für Windows von Apple. Der innovativste Browser der Welt.	Der schnellste Browser der Welt. Sicher, leistungsstark und benutzerfreundlich mit ausgezeichnetem Datenschutz.

Das folgende Schaubild zeigt den **Internet Explorer** mit der geladenen Website der **URL** http://www.clipfish.de. Diese Seite kann aufgerufen werden, indem man die URL oder einfach nur die Webadresse in die Adressleiste eingibt und per Return-Taste bestätigt.

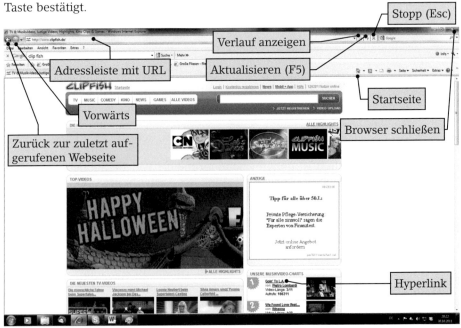

Eine Homepage kann als **Startseite** festgelegt werden. Diese Seite wird dann immer beim Neustart des Webbrowsers aufgerufen. Da der Browser die aufgerufenen Webseiten zwischenspeichert, kann es passieren, dass nicht die aktuelle Version aus dem WWW heruntergeladen wird, sondern dass die noch gespeicherte Webseite aufgerufen wird. In diesem Fall müssen Sie über die Schaltfläche **<Aktualisieren>** bzw. die Funktionstaste **< F5 >** das erneute Herunterladen der Webseite auslösen, um evtl. aktuellere Informationen zu erhalten.

Über die **Hyperlinks** einer Webpage können häufig weitere Webseiten aufgerufen werden; diese können Sie sich auch in einem **neuen Fenster** oder **Registerblatt** anzeigen lassen (Über **Strg** ➔ **<Klick auf den Link>**, **<Rechtsklick auf den Hyperlink>** oder das Pulldown-Menü **<Seite>**).

Wollen Sie zur vorher aufgerufenen Webseite zurückkehren, können Sie dafür die Schaltfläche **<Zurück>** verwenden, entsprechend gehen Sie mit der Schaltfläche **<Vorwärts>** vorwärts. Dauert das Herunterladen einer Webseite zu lange, können Sie über die Schaltfläche **<Stopp>** (bzw. die Taste **Esc**) das Herunterladen der Webseite abbrechen.

Symbolleisten oder Menüleiste anpassen

Über einen Rechtsklick auf die Symbolleiste bzw. über die Menüs **<Ansicht>** oder **<Extras>** können Sie einzelne Symbolleisten ein- oder ausblenden und anpassen.

Schaltfläche <Verlauf> bzw. <AutoVervollständigen für Adressleiste anzeigen>: Klicken Sie am Ende der Adressleiste auf den Pfeil **<AutoVervollständigen für Adressleiste anzeigen>,** um eine Liste mit Webadressen in der Reihenfolge anzuzeigen, die zuvor in die Adressleiste eingegeben wurden.

Auch über die Schaltfläche **<Favoriten>** kann der Verlauf (alphabetisch sortiert) nach dem Datum des Besuchs der Website angezeigt werden. Über Markieren des Links und Rechtsklick können erweiterte Angaben angezeigt werden bzw. Links aus der Verlaufsübersicht gelöscht werden.

4762103

Fachbegriffe

Sicherlich kennen Sie schon den einen oder anderen Fachbegriff im Zusammenhang mit dem WWW.

Fachbegriffe rund um das WWW	
Browser (Webbrowser)	Computerprogramme, die das Betrachten von Websites (Surfen) ermöglichen: Zusatzfunktionen sind z. B. das Abspeichern von Dateien, Anlegen von Lesezeichen bzw. Favoriten. Besonders bekannte Webbrowser sind: Microsoft Internet Explorer, Firefox, Opera, Safari (für Apple-Computer) und Google Chrome.
Website	Als Website werden alle Webseiten (Webpages) einer Domain bezeichnet. Homepage wird die Startseite der Website genannt.
Internet Service Provider (ISP)	Internetdienstleister, der Dienste wie Breitbandzugänge, Mail-Hosting (Bereitstellung von E-Mail-Diensten), Domain- und Webhosting (Registrierung eigener Websites und Bereitstellung des Webservers für die Websites) anbietet
Uniform Resource Locator (URL)	Quellenanzeiger, verweist auf das verwendete Protokoll und die Quelle, wo die Datei lokalisiert ist. Bestandteile der URL: Protokoll → **Dienst** → Second-Level-Domain → Top-Level-Domain → **Pfad** → Dateiname z. B. http://www.ecdl.com/**fragen**/infoecdl.html Bei der Eingabe der URL reicht häufig nur die Domain z. B. ecdl.com.
Hyperlink (Link)	dt. Verknüpfung, elektronischer Verweis: Über einen Doppelklick auf einen Link wird automatisch die im Link angegebene Datei der Zieladresse aufgerufen. Über Links ist das Surfen zu verschiedenen Websites einfach möglich. Über **<Strg>** → **<Klick auf den Link>** können Sie den Link in einem neuen Fenster öffnen.
Hypertext Transfer Protocol (HTTP)	Hypertext-Übertragungsprotokoll: Es wird hauptsächlich verwendet, um Websites des WWW in einen Webbrowser zu laden. Diese Daten sind nicht verschlüsselt und daher von jedem auszulesen. Also keine vertraulichen Daten über dieses Protokoll mitteilen!
Hypertext Transfer Protocol Secure (HTTPS)	Sicheres Hypertext-Übertragungsprotokoll: Wird dieses Protokoll in der Adressleiste angezeigt, werden die Daten im WWW sicher und verschlüsselt übertragen. Erkennbar auch am Vorhängeschloss z. B. https://bank24.de

Hilfefunktionen verwenden

Über **F1** oder die Hilfe-Schaltfläche (Fragezeichen oben rechts) wird eine Übersichtsseite und per Klick auf die betreffende Schaltfläche die **Startseite** des Hilfefensters aufgerufen.

Das Hilfefenster enthält Links zu wichtigen Themen und Kategorien. Unten rechts wird der Verbindungsstatus angezeigt (hier: Offline). Soll die **Onlinehilfe** in Anspruch genommen werden, kann hier ein kleines Auswahlfenster geöffnet werden. Gezielt kann über das Suchfenster nach Begriffen (z. B. „Startseite") gesucht werden.

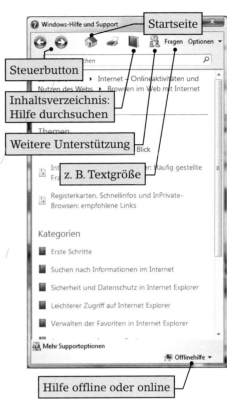

Die Hilfetexte enthalten **Links** zu weiteren themenbezogenen Hilfeseiten. Soll zur besseren Lesbarkeit die Schrift vergrößert werden, so ist dies über die Schaltfläche **<Optionen>** möglich. Insbesondere auch für die Onlinerecherche sind die Steuer-Schaltflächen (**<Zurück>**, **<Weiter>**) hilfreich. Hilfetexte lassen sich auch ausdrucken.

Aufgaben

1. Arbeiten Sie praktisch mit dem Windows Internet Explorer.
   a) Rufen Sie Ihre Lieblingsseiten oder Webseite wie www.musicload.de, www.ebay.de, www.wetter-online.de, www.clipfish.de jeweils in einer eigenen Registerkarte auf. Surfen Sie auf den Seiten und lassen Sie sich über Links Webseiten (über Strg oder <**Rechtsklick**> ➜ <**Kontextmenü**>) ebenfalls in eigenen Registerkarten oder alternativ in einem neuen Fenster anzeigen. Schließen Sie nicht benötigte Webseiten bzw. Registerkarten und Fenster.
   b) Probieren Sie beim Aufrufen einer Internetseite die Abbruchfunktion (Stopp) aus.
   c) Verfolgen Sie Links einer aufgerufenen Webseite und verwenden Sie danach die Schaltflächen <**Zurück**> und <**Vorwärts**>.
   d) Ändern Sie bei der Anzeige einer Webseite die Vergrößerungsstufe.
   e) Legen Sie Ihre Lieblingsseite über die Schaltfläche <**Startseite**> als Ihre Startseite fest.
   f) Lassen Sie sich den Verlauf Ihrer besuchten Websites anzeigen.
   g) Passen Sie über <**Rechtsklick auf die Symbolleiste**> ➜ <**Kontextmenü**> die Anzeige der Symbolleiste Ihren Wünschen an.

2. Geben Sie jeweils an, wohin Sie klicken müssen, um folgende Aktionen auszuführen:

   a) Die Website aktualisieren bzw. erneut aufrufen.
   b) Den Verlauf der besuchten Websites anzeigen.
   c) Zu einer besuchten Website zurück wechseln.
   d) Den Browser schließen.
   e) Die Website zoomen (größer oder kleiner anzeigen).
   f) Den Download der Website abbrechen.
   g) Eine Startseite einrichten bzw. ändern.
   h) Zu einer vorher besuchten Website vorwärts wechseln.
   i) Die Website wird nicht richtig angezeigt, da sie nicht kompatibel zum Browser ist.

3. Erläutern Sie mit eigenen Worten, was **WWW, ISP, URL, Hyperlink** bedeuten.

4. Beantworten Sie folgende Fragen:
   a) Wie kann zwischen zuvor besuchten Webseiten vorwärts und rückwärts navigiert werden?
   b) Wie kann der Browser Microsoft Internet Explorer gestartet und beendet werden?
   c) Welche Browser gibt es? (Nennen Sie mindestens 4 verschiedene.)
   d) Wie wird eine URL in die Adressleiste des Browsers eingegeben?
   e) Wie kann eine neue Website in einem neuen Fenster oder Registerblatt angezeigt werden?
   f) Wie kann eine Website aktualisiert werden?
   g) Wie kann eine bestimmte Website als Startseite festgelegt werden?
   h) Wie kann die Menüleiste ein- und ausgeblendet werden?

1.11.2 Mit Lesezeichen bzw. Favoriten arbeiten

Situation | Sie möchten sich gerne Links zu Websites, die Sie des Öfteren aufrufen wollen, als Lesezeichen oder Favoriten abspeichern.

Um einen Link zu einer aufgerufenen Webseite als Favoriten abzuspeichern, muss man auf die Schaltfläche **<Favoriten>** klicken. Es öffnet sich das nebenstehende Fenster mit den zur Verfügung stehenden Ordnern, in denen der Favorit bzw. das Lesezeichen (Link) abgelegt werden kann.

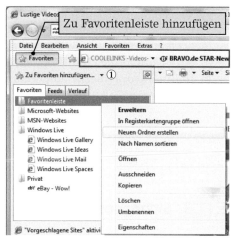

Über einen Klick auf **<Zu Favoriten hinzufügen>** öffnet sich ein weiteres Fenster (**<Favoriten hinzufügen>**). Hierüber kann der Ordner ausgewählt werden, in dem der Favorit (Link) abgelegt werden soll. Es ist auch möglich, einen neuen Ordner anzulegen.

Ist die Favoritenübersicht geöffnet, können über das Kontextmenü (Rechte Maustaste) die Darstellung erweitert oder reduziert (nur Ordner werden angezeigt), die Webseiten in Registergruppen geöffnet, neue Ordner angelegt oder Ordner und Favoriten gelöscht oder umbenannt werden. Soll ein Favorit von einem in den anderen Ordner verschoben werden, so geht dies entweder über das **<Markieren und Ziehen>** des Favoriten mit der Maus in den Zielordner oder über **<Ausschneiden>** und **<Einfügen>**. Gelöscht werden kann ein Favorit durch **<Markieren>** und die Taste ⌷Entf⌷ bzw. über **<Kontextmenü>** ➔ **<Löschen>**.

Neben der Schaltfläche **<Favoriten>** steht eine **Favoritenleiste** (siehe Schaubild oben rot umrandet) zur Verfügung, in die die aktuell geöffnete Webseite aufgenommen werden kann. Dazu klicken Sie auf die Schaltfläche **<Zu Favoritenleiste hinzufügen (Sternsymbol)>** links neben der Favoritenleiste.

Weitere Funktionen zur Verwaltung können über den Listfeldbutton ① aufgerufen werden.

Aufgaben

1. Beantworten Sie folgende Fragen:
   a) Wie können Sie Webseiten als Lesezeichen/Favoriten ablegen?
   b) Wie können Sie einen Lesezeichen- bzw. Favoritenordner erstellen?
   c) Wie können Sie einen Favoriten wieder als Lesezeichen löschen?

2. Sie wollen die Website www.wetter.de
   a) als Favoriten speichern,
   b) in Ihre Favoritenleiste aufnehmen.
   Wohin müssen Sie klicken?

1.11.3   Sicherheit im Web

Situation   Sie haben Sicherheitsbedenken im Umgang mit dem Browser und wollen sich erkundigen, welche Schutzmaßnahmen es gibt.

In **Kapitel 1.9.1** haben Sie schon viel über **Malware** und **Schutzmaßnahmen** erfahren. Folgende Übersicht soll die wichtigsten Begriffe zum Thema „**Sicherheit beim Surfen**" zusammenfassend darstellen:

Sicher Surfen im Web	
Risiken	Bei Onlineaktivitäten müssen Sie mit gezielten feindlichen Attacken auf Ihren Computer rechnen. Auch Mobbing und Bedrohungen sind über das Netz möglich. Lassen Sie nicht zu, dass irgendjemand durch unbeabsichtigte Handlungen persönliche oder geheime Daten von Ihnen „abfischen" kann (Phishing) (vgl. 1.9.1).
Malware	Schädliche Dateien, z. B. Viren, Würmer, Trojaner, Spyware (vgl. 1.9.1)
Cookies	Dies sind Informationsdateien, die Websites auf dem PC anlegen und die das Surfverhalten speichern. Internetshops können so das Navigationsverhalten des Besuchers besser kontrollieren und steuern. Cookies können auch über den Browser wieder gelöscht werden (vgl. **<Extras>** ➔ **<Internetoptionen>**).
Popups	In einem Aufklappfenster werden zusätzliche Informationen, Funktionen und Links angeboten (z. B. als Kontextmenü). Im Browser werden sie häufig im Vordergrund als kleines Browserfenster nach dem Besuch der Website als störende Werbepopups verwendet. Manchmal lassen sie sich auch schwer oder gar nicht wieder schließen. Den **Popupblocker** zum Unterdrücken dieser Fenster kann man über den Menüpunkt **<Extras>** einstellen (siehe auch unten).

Sicher Surfen im Web	
Verschlüsselung	Mithilfe von Verschlüsselungsverfahren (Kryptosystem, Encryption) werden Daten verschlüsselt (in nicht lesbare Daten umgewandelt) und können vom Empfänger wieder entschlüsselt werden, wenn er seinen geheimen, privaten Schlüssel verwendet (vgl. **\<Extras\>** → **\<Internetoptionen\>** → **\<Erweitert\>**).
Digitales Zertifikat	Mithilfe digitaler Zertifikate wird die Identität des Dateiinhabers nachgewiesen. Zertifikataussteller sollten geprüfte Zertifizierungsstellen, z. B. VeriSign oder T-Systems sein. Diese stellen öffentliche Schlüssel zur Verfügung, mit denen die Identität nachgewiesen wird.
Firewall	Schützt den Computer vor Eindringlingen von außen (vgl. 1.9.1)
Anti-Viren-Software	Durchsucht (scannt) den Computer nach Malware, identifiziert, desinfiziert oder löscht schädliche Dateien. Wichtig ist, die Software regelmäßig zu aktualisieren (Updating), da täglich neue Malware in das Web gestellt wird (vgl. 1.9.1).
Passwortschutz	Netzwerke (z. B. WLAN) sollten durch Benutzername und Passwort vor einem unberechtigten Zugriff geschützt werden (vgl. 1.9.1).
Elterliche Kontrolle	Lassen Sie Kinder und Jugendliche wegen der Risiken nicht unbeschränkt online surfen. Beaufsichtigung, Webbrowsing-Beschränkungen auf geeignete Websites, Einschränkung bei Computerspielen, Zeitlimits bei der Computernutzung sind wichtige Maßnahmen der elterlichen Kontrolle.

Zusätzliche wichtige Hinweise

Kontoinformationen: Antworten Sie niemals auf eine nicht angeforderte Aufforderung zur Aktualisierung Ihrer Kontoinformationen. Bei derartigen E-Mails oder Sofortnachrichten kann es sich um betrügerische Versuche handeln, Ihre Identität auszuspähen. Seriöse Unternehmen und Banken senden niemals solche nicht angeforderten E-Mails oder Sofortnachrichten, in denen zur Angabe von Kennwörtern oder anderen persönlichen Informationen aufgefordert wird.

Logout unbedingt benutzen: Haben Sie sich in eine sichere Internetseite per Benutzername und Passwort eingeloggt, so beenden Sie die Sitzung unbedingt über **\<Ausloggen\>** und nicht über **\<Fenster schließen\>**. Andernfalls könnte (z. B. in einem Internetcafe) der Folgenutzer des PC diese Seite aufsuchen und schädliche Angriffe starten.

Microsoft Security Essentials: Um den Schutz des PC zu verbessern, hat Microsoft nicht nur eine Firewall in Windows 7 integriert, sondern bietet mit Microsoft Security Essentials kostenlos zum Herunterladen eine vollwertige Antiviren-, Anti-spam- und Antispywaresoftware an.

Erkennen Sie gefälschte Webadressen: Der Internet Explorer 8 unterstützt Sie dabei, betrügerische Websites zu umgehen, die mit irreführenden Adressen versuchen, Sie hereinzulegen. Die Domain (der Domänenname) wird in der Adressleiste schwarz hervorgehoben, damit Sie die wahre Identität einer Website einfacher erkennen können.

Vertrauliche Daten nur über Verschlüsselung: Überprüfen Sie, ob eine Website zur Verarbeitung von Kreditkarteninformationen Verschlüsselung verwendet. Dies wird durch folgende Kennzeichen im Internet Explorer sichtbar:

▶ an dem „s" nach „http" in der Webadresse, also **https,**

▶ an einem kleinen verschlossenen **Vorhängeschloss** 🔒 in der Adressleiste oder in der Ecke unten rechts im Fenster,

▶ an einer **grünen** Adressleiste, um anzuzeigen, dass die Website vertrauenswürdig ist.

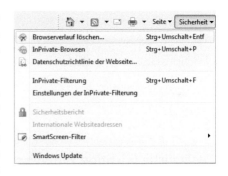

Menü <Sicherheit>

Für eine bessere Sicherheit stellt der **Windows Internet Explorer** in einem eigenen Menü **<Sicherheit>** zahlreiche Funktionen zur Verfügung.

Browserverlauf löschen: Beim Browsen im Web speichert der Internet Explorer Informationen zu den besuchten Webseiten und den Daten, die Sie häufig für die Webseiten bereitstellen müssen (z. B. Name und Adresse). Der Browser speichert dazu temporäre Internetdateien, Cookies, den Verlauf der besuchten Webseiten, auf Webseiten oder in Adressleisten eingegebene Daten und gespeicherte Webkennwörter. Das Speichern dieser Informationen auf dem Computer ist im Allgemeinen hilfreich, da es die Geschwindigkeit beim Surfen erhöhen kann und das wiederholte Eingeben derselben Informationen erspart. Sie sollten diese Informationen jedoch löschen, wenn Sie an einem öffentlich zugänglichen Computer arbeiten und alle persönlichen Informationen auf dem Computer entfernen möchten. Über den Listbefehl **<Browserverlauf löschen>** wird ein weiteres Fenster geöffnet, über das Sie passende Einstellungen vornehmen können. Alternativ kann der Browserverlauf auch über **<Extras>** ➔ **<Internetoptionen>** ➔ **<Browserverlauf beim Beenden löschen>** gelöscht werden. Über **<Internetoptionen>** können darüber hinaus weitere wichtige Einstellungen zur Sicherheit, zum Datenschutz und andere Grundeinstellungen vorgenommen werden, sodass Sie die Registerkarten genau durchsehen und nach Ihren Wünschen anpassen sollten. Um zu sehen, ob über die aktuell aufgerufene Website **Cookies** angelegt werden und ob auf der Website Datenschutzbestimmungen hinterlegt sind, kann der Listbefehl **<Datenschutzrichtlinie der Website>** genutzt werden.

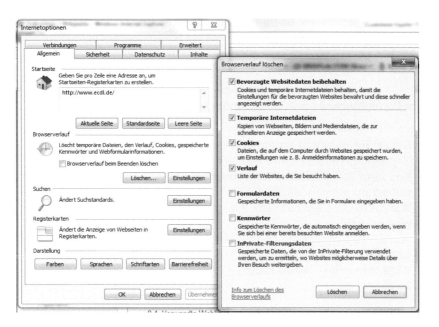

InPrivate-Filterung: InPrivate-Browsen verhindert, dass der Internet Explorer den Verlauf, temporäre Internetdateien oder andere private Daten speichert. Symbolleisten und Erweiterungen sind standardmäßig deaktiviert. Durch Schließen des Browserfensters wird das InPrivate-Browsen wieder deaktiviert. Über **<Einstellungen der InPrivate-Filterung>** kann vorgegeben werden, inwieweit der Browser das unbemerkte automatische Versenden von Daten und Browserverläufen zu Websiteanbietern zulassen bzw. dieses Ausspähen ganz blockieren soll.

SmartScreen-Filter: Standardmäßig führt der Internet Explorer den **Smart-Screen-Filter** aus, um Schadsoftware (Malware) oder Bedrohungen durch Phishing abzuwehren und Nutzer davor zu warnen. Er warnt, wenn man eine als unsicher gemeldete Website öffnen will, und schützt den User so vor unsicheren Websites. Erkennbar ist dies an einer rot gekennzeichneten Adressleiste und einem Warnhinweis.

Popupblocker: Popupfenster sind kleine Browserfenster, die plötzlich im Vordergrund der angezeigten Website erscheinen. Sie werden häufig automatisch zu Werbezwecken geöffnet, sobald eine Website angesteuert wird. Da dies sehr lästig werden kann, ist ein Popupblocker sehr hilfreich. Der Popupblocker wird über das Menü **<Extras>** aufgerufen. Sie können für das Blocken den gewünschten Grad wählen, und zwar vom Blocken aller Popups bis zum Zulassen der Popups, die angezeigt werden sollen. Wenn der Popupblocker aktiviert ist, wird auf der Informationsleiste die folgende Meldung angezeigt: „Ein Popup wurde geblockt. Klicken Sie hier, um das Popup bzw. weitere Optionen anzu-

zeigen." Der Popupblocker ist im Internet Explorer standardmäßig aktiviert. Über **<Popupblockereinstellungen>** können Sie für festgelegte Seiten Popups zulassen.

Aufgaben

1. Prüfen Sie wichtige Listenelemente des Menüs **<Sicherheit>** und **Einstellungen zum Popupblocker** sowie zu den **Internetoptionen.**

2. Lösen Sie folgende Aufgaben:
    a) Geben Sie an, woran Sie eine sichere Website erkennen können.
    b) Nennen Sie Gefahren und Risiken durch das Surfen im WWW.
    c) Erläutern Sie, was unter Encryption, Firewall, Antivirensoftware und Passwortschutz verstanden wird.
    d) Wie sollten sich Eltern verhalten, um Kindern geschützt Zugang zum Web zu gewähren?
    e) Wie können bestimmte Popups oder gesperrte Popups trotzdem aufgerufen werden?
    f) Wie können Sie Cookies zulassen oder blockieren?

1.11.4 Suchmaschinen und Suchoptionen

Situation   Sie haben schon des Öfteren mit Google nach Begriffen gesucht. Viele Suchergebnisse halfen manchmal nicht so richtig weiter.

Das Internet hat Milliarden von Webseiten. Die Suchmaschine, die möglichst schnell aus dieser Menge die richtige Webseite auswählen kann, gewinnt die Gunst der Surfer. Bevor **Google** entwickelt wurde, gab es auch schon zahlreiche Suchmaschinen. **Altavista** und **Yahoo** waren damals die führenden Suchprogramme im Web. Aber kein Programm setzte sich so richtig durch.

Yahoo ist eine typische Katalogsuchmaschine, die ihre Suchdatenbank nach Themen aufbereitet und dafür Redakteure beschäftigt. **Altavista** hat als Indexsuchmaschine mit vielen patentierten Suchverfahren, dem Übersetzungsservice und der Themensuche einen guten Namen.

Google kam erst später auf den Markt, stach dann aber aufgrund der präzisen Suchergebnisse alle anderen Suchmaschinen schnell aus, sodass sich Google heute über einem Marktanteil von etwa 80 % freuen kann und die restlichen über 2000 Suchmaschinen um das Überleben kämpfen. Die Google-Suchmaschine setzt sogenannte **Webcrawler** ein, die automatisch den gefundenen Links folgen und so versuchen, möglichst viele publizierte Seiten in ihren Suchindex aufzunehmen. Dabei werden die Seiten nach Suchbegriffen und Schlüsselworten erfasst. Mehr als 200 verschiedene Faktoren bestimmen bei Google den Rang einer Website im Index. Da die Crawler bisher eher zufällig neueste Meldungen in ihre Indexdatenbanken integriert haben, wurde die Google-Suche um eine **News-Variante** ergänzt, die allein in Deutschland fast 1000 Nachrichtenquellen nach neuesten Informationen befragt.

Die Suchmaschinenanbieter bemühen sich, immer wieder neue Suchverfahren zu entwickeln, um in Teilbereichen bessere Suchergebnisse als der Marktführer abzuliefern oder den Marktführer ganz auszustechen. Es lohnt sich daher, Suchmaschinenportale wie **www.suchfibel.de** aufzusuchen und andere Suchmaschinen gezielt einzusetzen.

Viele Suchmaschinen, und so auch Google, bieten eine **<Erweiterte Suche>** an, mit der die Suche und damit die Suchergebnisse verbessert werden können.

Zum Beispiel kann auch ein **Save Search-Filter** eingeschaltet werden, wenn keine Websites mit nicht jugendfreien Inhalten in den Suchergebnissen angezeigt werden sollen, insbesondere, wenn der gleiche Computer auch von Kindern genutzt wird. Eine ähnliche **<Erweiterte Suche>** findet sich auch bei **Altavista**.

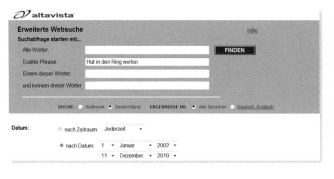

Neben den Suchmaschinen sind freie Enzyklopädien, Lexika und Wörterbücher hilfreich bei der Suche nach und der Auswertung von Informationen.

Die wohl am meisten aufgerufene und damit beliebteste Stichwortsammlung ist die Seite **Wikipedia,** die kostenlos und werbefrei genutzt werden kann und von der Internetgemeinde selbst immer weiter verbessert wird.

Suchmaschinen und Suchen im Web

Es gibt laut Suchmaschinenportal www.klug-suchen.de über 1 000 und nach www.suchfibel.de sogar über 2 700 Suchmaschinen. Google wird mit einem Marktanteil von ca. 80 % genutzt. Von größerer Bedeutung sind z. B. auch yahoo.de, bing.de, web.de, altavista.de, fireball.de, allesklar.de, fastbot.de, webinhalt.de, verkehrsinformation.de (vgl. auch www.webhits.de und www.recherchetipps.de)

Arten von Suchmaschinen

▶ **Katalogsuchmaschine** (redaktionell geführte Linkverzeichnisse, z. B. yahoo)

▶ **Index-** oder **Robotsuchmaschinen** (Kleine Informationssammler, auch Crawler genannt, durchsuchen das Netz und indizieren alles nach Bedeutung in einer Suchdatenbank, z. B. Google.)

▶ **Misch-** und **Metasuchmaschinen** (Kooperieren mit und suchen in verschiedenen Suchmaschinen, z. B. Metacrawler)

Allgemeiner Suchhinweis

Wichtig ist, **Stichwörter** (kommen im Suchtext vor) und **Schlagwörter** (wird als bedeutender Suchbegriff für diesen Text festgehalten) zu unterscheiden.

Erweiterte Suche

Die meisten Suchmaschinen bieten auch eine „Erweiterte Suche" an, mit der Wörter ausgeschlossen werden können, nach Daten gesucht oder eine Phrasensuche gestartet werden kann. Folgende Eingaben und Verknüpfungen erkennen Suchmaschinen:

a) + : +rosen +tulpen (Beide Begriffe müssen vorkommen!)

b) - : rosen -tulpen (Begriff „tulpen" darf nicht enthalten sein!)

c) * : *rosen (Der * als Joker ersetzt beliebige Zeichen davor; nicht möglich bei Google.)

d) „": „der rosenkavalier" (Text in Anführungszeichen soll exakt so gesucht werden.)

e) Eingabe von Startdatum und Endedatum

Livesuche: Hier können Sie live sehen, was gerade gesucht wird.

Thematische Suche: Auf Suchanfrage werden thematische Suchergebnisse in Bildern geliefert, z. B. „Wetter in Lüneburg" liefert die Vorschau auf das aktuelle Wetter.

Suchmaschinen und Suchen im Web

Enzyklopädien oder Wörterbücher

▶ Schauen und durchsuchen Sie folgende Onlineangebote im www: www.wikipedia.de, www.wissen.de, www.encarta.msn.de, www.wiktionary.org, www.woxikon.de, www.canoo.net, www.babylon.com, www.fremdwort.de, www.infoplease.com, www.britannica.com, www.xipolis.net

▶ **Archive durchsuchen:** Google News, Sender- und Verlagswebsites, z. B. www.br-online.de, www.paperball.de (Newssuche), international www.magportal.com, www.findarticles.com, www.totalnews.com

▶ **Biografien:** Mehr über andere erfahren z. B. www.dhm.de, www.bunte.de, www.biogaphie.net

Google-Suche

▶ Je genauer und kürzer, desto besser das Ergebnis

▶ **Satzzeichen,** Frage- und Bindewörter werden ignoriert.

▶ **Groß-/Kleinschreibung** muss nicht beachtet werden.

▶ Falls nicht die gebräuchliche Schreibweise eingegeben wurde, wird ein Suchvorschlag oberhalb der Suchliste nach „Meinten Sie: .." unterbreitet.

▶ Unterhalb der Suchliste werden weitere Suchhilfen als **verwandte Suchbegriffe** angeboten.

▶ Über den Link **„Sucheinstellungen"** kann die Suche an den Nutzer angepasst werden.

▶ Besondere Funktionen:
  – **Zugauskunft,** wenn man zwei Orte eingibt
  – **Kino** + Ort zeigt das aktuelle Kinoprogramm des Ortes an
  – **Wetter** + Ort ergibt einen Wetterbericht der nächsten drei Tage

▶ Wer eine bestimmte Internetseite sucht, kann vor den Suchbegriff bestimmte Schlüsselwörter setzen, die die Suchmaschine genauer steuern, z. B. **define:** hasardeur (liefert eine Erklärung, was dieser Begriff bedeutet), z. B. **info:**ecdl.com (nennt interessante gesammelte Informationen zu dieser Website), z. B. **site:** wien.com (sucht Websites mit dieser Domain) oder **insubject:**obama (sucht alle Webseiten mit dem Wort Obama in der Überschrift) oder **music:**(tokio hotel) (ruft eine besondere Suchmaschine auf und sucht nach Alben, Songs und Videos).

▶ Wer **Übersetzungen** vom Deutschen in das Englische oder umgekehrt sucht, gibt hinter dem Suchwort **de-en** oder **en-de** ein oder ruft den **Google Übersetzer** auf.

▶ Man kann auch per **filetype** nach Dokumenten mit einer bestimmten Dateiendung (z. B. pdf oder doc) suchen lassen, z. B. grundgesetz filetype:pdf

▶ Über www.google.de/scholar wird die Suchmaschine für **wissenschaftliche Recherche** aufgerufen und z. B. nach Magister-, Diplom-, Doktorarbeiten o. Ä. durchsucht.

Aufgaben

1. Beantworten Sie folgende Fragen:
   a) Wie kann man eine spezielle Suchmaschine in die Liste der Suchanbieter aufnehmen und dann auswählen?
   b) Wie kann man nach bestimmten Informationen suchen, auch unter Verwendung von Schlüsselwörtern oder ganzen Sätzen?
   c) Wie kann man die Suche verfeinern?
   d) Was wird bei dieser Eingabe gesucht: +"gegen Grippe" +impf*

2. Praktisches Arbeiten:
   a) Recherchieren Sie bei www.suchfibel.de nach geeigneten Suchmaschinen.
   b) Stöbern Sie bei www.recherchetipps.de.
   c) Probieren Sie die „Erweiterte Suche"!
   d) Welche Mehrleistungen bietet Google gegenüber anderen Suchmaschinen an? Probieren Sie es aus!
   e) Richten Sie im Browser die Suchmaschinenverwaltung nach Ihren Wünschen aus.

1.11.5 Webseiten ausdrucken und Dateien speichern

Webseiten ausdrucken

Situation   Sie wollen ganze Webseiten bzw. markierten Text einer Webseite ausdrucken.

Im Internet Explorer stehen ähnliche Funktionen für den Ausdruck wie bei allen Office-Programmen zur Verfügung. Entweder können diese über das Menü **<Datei>** (Einblenden über Rechtsklick auf Favoritenleiste bzw. **<Ansicht>** ➔ **<Symbolleisten>**) oder die Schaltfläche **<Drucken>** ① der Befehlsleiste aufgerufen werden.

Wichtig für Ausdrucke aus dem Web ist die Druckvorschau, da häufig das Druckbild anders als die Bildschirmdarstellung aussieht. Markierte Bereiche können schnell auch über das **<Kontextmenü>** (Rechtsklick nach Markierung) ausgedruckt werden. Hierüber können auch Einstellungen für den Druck vorgenommen werden. Bei der Einrichtung für den Druck sollte auch das Format (Hoch-/Querformat) über die Schaltfläche **<Einstellungen>** sinnvoll eingerichtet werden.

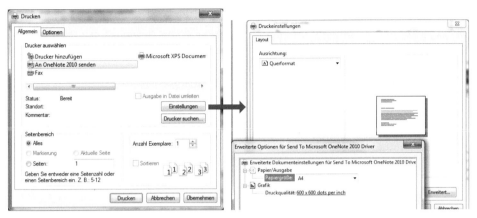

Webseiten aus dem Internet speichern

Situation Sie wollen eine Webseite, die über einen Link aufgerufen werden kann, auf der Festplatte speichern.

Klicken Sie mit einem Rechtsklick (Kontextmenü) auf den Link und speichern Sie das Ziel, die Webseite, über **<Ziel speichern unter>** in ein noch zu bestimmendes Verzeichnis ab.

Die aktuell aufgerufene Webseite kann auch über das Menü **<Datei>** oder die Schaltfläche **<Seite>** der Befehlsleiste abgespeichert werden. Wichtig ist, dass das Zielverzeichnis und der Dateityp (htm, html) bestimmt werden, damit die Webseite auch offline über das Menü **<Datei>** geöffnet werden kann.

Jede Webseite wird als HTML-Dokument (Hyper Text Markup Language) gespeichert. Jeder Browser kann HTML-Dokumente öffnen und verwalten.

Möchten Sie nur Bereiche von Webseiten abspeichern, geht dies über Copy-and-Paste: Dazu muss ein Bereich markiert und dann über den Zwischenspeicher **(Strg+C:** Speichert markierten Bereich in den Zwischenspeicher/Cache) in ein geöffnetes Worddokument eingefügt werden **(Strg+V:** Einfügen des Inhalts aus dem Zwischenspeicher).

Bildschirminhalte können zudem auch gut über einen **Screenshot** als Bild abgespeichert werden. Hierzu wählt man den geeigneten Bildschirminhalt aus, kopiert per Druck-Taste (Rechts neben F12) das Bild des ausgewählten Bildschirminhalts in den Zwischenspeicher und kann es nach Wechsel zum Worddokument per Tastenkombination **Strg+V** bzw. über das **<Kontextmenü>** einfügen.

Dateien aus dem Internet speichern

Situation   Sie wollen eine PDF-Datei herunterladen und abspeichern.

Zum Downloaden und Abspeichern von Dateien aus dem Internet machen Sie einen Rechtsklick auf den Link. Es öffnet sich ein Kontextmenü. Über die Option **<Ziel speichern unter>** können Sie die Datei in einer Bibliothek, einem neuen Ordner oder einem beliebigen Verzeichnis des Computers abspeichern. Alternativ können Sie die PDF-Datei zunächst öffnen und dann über **<Datei>** bzw. **<Seite>** den Speicherbefehl aufrufen.

Im Internet werden Dateien in verschiedenen **Dateiformaten** (z. B. pdf, doc, xls, exe, gif, jpg) oder auch gepackt (z. B. zip oder rar) zum Download angeboten. Das PDF-Format ist speziell für das Internet zur Darstellung von Informationsseiten konzipiert worden. Bei xls- und exe-Dateien kann es aufgrund der Möglichkeit, dass hierüber Malware eingeschleust wird, zur Weigerung der Firewall beim Download kommen. Diese Dateiformate sollten daher nur dann heruntergeladen und geöffnet werden, wenn sie aus einer vertrauenswürdigen Quelle stammen, um eben diese Aktivierung von Malware auf dem Rechner zu verhindern.

Aufgaben

1. Arbeiten Sie praktisch:
   a) Legen Sie sich ein Downloadverzeichnis auf Ihrer Festplatte an und laden Sie (Dateityp in Klammern) Bilder (jpg, gif), Webseiten (htm, html), PDF-Dateien (pdf), Powerpoint-Dateien (ppt), Ton-Dateien (mp3) und Videos (mpg, wmv) herunter.
   b) Öffnen Sie ein leeres Worddokument und recherchieren Sie zu einem beliebigen Thema, z. B. „Neues aus der Werbung", indem Sie zunächst nach geeigneten Webseiten suchen, dann geeignete Texte markieren und in das Worddokument kopieren sowie die Quellen (URLs) ergänzen. Gute Bilder sollten im Bildformat gespeichert werden und zusätzlich in das Worddokument mit Angabe der Quellen kopiert werden.

2. Beantworten Sie folgende Fragen:
   a) Wie wird der Druck einer Webseite vorbereitet?
   b) Wie kann die Seitenausrichtung des Ausdrucks geändert werden?
   c) Wie kann die Papiergröße eingestellt werden?
   d) Wie können die Seitenränder eingestellt werden?
   e) Über welches Menü kann die Webseite in der Druckvorschau angesehen werden?
   f) Welche Optionen gibt es, um nicht die ganze Webseite auszudrucken?
   g) Wie kann eine Webseite auf einem Laufwerk gespeichert werden?
   h) Wie kann eine Datei heruntergeladen und auf einem Laufwerk gespeichert werden?
   i) Wie kann ein Text, ein Bild oder die URL einer Website in ein Dokument kopiert werden?
   j) Wie kann der Download einer Seite abgebrochen werden?
   k) Wie kann die Anzahl der Ausdrucke festgelegt werden?

1.11.6 Communities im Web 2.0

Unter dem Stichwort **Web 2.0** werden zu den Internetangeboten wie Websites und Internetsuche, Foren, Chatten oder Onlinebanking neue Portale angeboten, die das Kennenlernen, die Kommunikation, Events und Geschäfte in Gemeinschaften (Communitys) ermöglichen. „Broadcast Yourself" steht dabei für Möglichkeiten, kostenlos in Portalen eigene Bilder, Videos, Reden, Favoriten-Listen, Websites u. v. m. einzustellen, gleichgesinnte Menschen kennenzulernen und mit ihnen Kontakt zu halten. Die Möglichkeit, „Kontakte um sechs Ecken" herzustellen, wird durch vielfältige und einfache, wenn gewünscht, anonyme Kontaktmöglichkeiten optimiert. Für geschäftliche und berufliche Kontakte werden neben Marktplätzen und Job-Portalen auch gesondert Portale für Geschäftskontakte angeboten. Bieten die Portale sogenannte **RSS-Feeds** an, kann man einen Service in Anspruch nehmen, durch den man über neue Seiten, Informationen oder Änderungen informiert wird (Neuigkeiten-Abonnement, vgl. S. 121). Insbesondere unter jungen Menschen sind **Instant-Messenger** beliebt, mit denen man sich gegenseitig auf dem Laufenden halten und **chatten** kann. 2011 waren etwa 40 Millionen Deutsche ab 14 Jahren in mindestens einer Online-Community angemeldet, unter den jüngeren Internetnutzern bis 30 Jahren war es sogar fast jeder (96 Prozent). Die meisten pflegen darüber Freundschaften, informieren sich über Veranstaltungen und Treffen oder lernen neue Freunde kennen.

Soziale Netzwerke (Gemeinschaften/Communitys)		
Ausrichtung	**Hauptfunktionen, Bereiche**	**Beispiele im WWW,** (Endung .de, wenn nicht genannt)
Allgemeine Netze	Einladen, Treffen, Suchen, Forum, Blogs, Videos, Musik, Events, Schulen, eigene Websites	myspace, google, life.com
Instant Messenger	Kontaktlisten, Chatten mit Erreichbarkeitsanzeige, Nachrichtenübermittler, Emoticons/Smileys, Dateiaustausch, Verzeichnisse freigeben, Seiten gestalten, Spiele oder Programme gemeinsam nutzen	aol, icq, trillian, msn, yahoo, miranda-im

Soziale Netzwerke (Gemeinschaften/Communitys)		
Video- und Musiknetzwerke	Kinotrailer, Privatvideos (Video-Uploads), Spiele-, Musik-, Reisevideos usw., Bewertungen, Kritiken, Charts, Programme	youtube, myvideo, clipfish, video.aol, bendecho
Podcasts	Über das Internet werden gesprochene oder als Video dargestellte Vorträge (abspielbar z. B. über iTunes, MP3-Player oder Windows Media Player) angeboten.	podcast, podster, podcast24, dopcast, dradio
Wissensnetzwerke	Online-Lexika, die über eine Community erstellt und überarbeitet werden	wikipedia.org, wiki.zum rezeptewiki.org
Blogs (Weblogs)	Blogs (Weblogs = Logbücher) sind kommentierte Listen (Tagebücher) zu allen Themen, die Interessierte im Web auf Blogseiten einstellen oder mit Meinungen kommentieren.	blogger.com, bloggerspace und auf vielen Seiten als Zusatzangebot „Blogs"
Flirt- und Partnersuchnetze	Partnervorschläge, Dating, Chatten, Flirten, Events	neu, friendscout24, parship, elitepartner
Bookmark-Netze	verwalten und präsentieren der Website-Favoriten	mister-wong
Spiele, Rollenspiele	Fantasiewelten, online zusammen spielen, eigene Figuren schaffen, Gruppen bilden, Wettkämpfe, höhere Ränge erreichen	aol, spin.de, kapiland, gamona, wow-europe.com, inwow, rollenspiel-portal
Marketplaces	Plattformen bringen privat Käufer und Verkäufer zusammen und bieten in einem „neutralen" Online-Markt vielfältige Möglichkeiten des Handelns und des Geschäftsabschlusses.	ebay, amazon, atrada, mobile, scout24, online-marktplatz, alleauktionen, europages, e2trade, b2b-trade
Geschäftskontakte und Job-Portale	Experten-Pool mit Suche, Entscheidungsträger anzeigen, Vertriebskanäle aufzeigen, Geschäftskontakte herstellen, Jobs vermitteln	xing.com, monster, jobpilot, stepstone
Schüler- und Studentennetzwerke	sich präsentieren mit Personaldaten, Hobbys, Fotos, Freundesnetz, Gruscheln (online Kontakt aufnehmen, anlehnen)	studiVZ, schuelerVZ, stayfriends, lokalisten
Virtuelle Welten	Über 50 Welten bieten Mitgliedern die Möglichkeit, sich als Avatare darzustellen, ihre Welten zu erweitern, sich kennenzulernen, an Events teilzunehmen, virtuelles Geld zu verdienen und auszugeben, virtuelles Ansehen zu erreichen.	secondlife, habbo, clubpinguin.com, barbiegirls.com
Wichtiger Hinweis (Vorsichtsmaßnahmen)	Beachten Sie, dass persönliche Daten von Millionen Menschen eingesehen werden können, wenn die Veröffentlichung nicht entsprechend den genannten AGB und Nutzungsbedingungen eingeschränkt wird. Personalplaner und Chefs recherchieren gerne vor einer Einstellungsentscheidung, um sich ein Bild von Bewerbern zu machen. Community-Portale müssen viel Geld verdienen, um ihre Portale aufrechtzuerhalten. Nutzer sollten prüfen, ob persönliche Daten zu Werbezwecken weitergegeben werden (sollen) und welche Kosten für Zusatzfunktionen anfallen.	

RSS-Feeds – Online-Nachrichtenübermittler

RSS ist ein übergreifendes Format, um Nachrichten und andere Webinhalte auszutauschen. Die Abkürzung RSS steht für „Really Simple Syndication", Feed für „versorgen", „einspeisen". Im Gegensatz zu HTML-Seiten sind RSS-Dateien kurz gefasst und frei von Design- und Layout-Elementen. Mit RSS-Readern oder RSS-fähigen Browsern kann man RSS-Dateien lesen und wird so über aktuelle Nachrichten einer Website zeitnah informiert (z. B. die kostenlosen RSS-Feeds rss-nachrichten, web-feed, n24.de/rss sowie alle Websites mit RSS-Funktion).

Instant Messaging

Instant Messaging (IM) heißt übersetzt Echtzeitkommunikation mit Erreichbarkeitsanzeige. Der Benutzer installiert über einen IM-Dienst, z. B. AOL, ICQ, Jabber, MSN, Netscape, Trillian oder Miranda ein Client-Programm (IM-Messenger) und trägt sich als Mitglied in sogenannte Buddy-Listen ein. Wenn der Nutzer online ist, wird dies allen Mitgliedern angezeigt, sodass Mitglieder Kontakt mit einem aufnehmen und viele Möglichkeiten der Echtzeitkommunikation nutzen können (z. B. Chatten, Nachrichten oder Dateien austauschen, gemeinsam an Projekten arbeiten). Zuhause und am Arbeitsplatz hat es daher schon vielfach SMS abgelöst, im mobilen Bereich wird es ebenfalls immer größere Bedeutung erhalten. Informationen dazu gibt es z. B. unter aol.de, msn.de, icq.com, jabber.de, skype.de, trillian-messenger.de.

IP-Telefonie

Immer beliebter wird die **Internettelefonie.** Man spricht auch von **IP-Telefonie** aufgrund des genutzten Übertragungsprotokolls (Voice over Internet Protocal/VoIP). Einfach kostenlos **Skype** herunterladen oder eine andere VoIP-Technik nutzen (z. B. SIP, RTP), installieren und über Kontakte nach Freunden im In- und Ausland suchen. Über eine Webcam kann man den Gesprächspartner sogar live sehen, mit ihm in guter Tonqualität weltweit telefonieren oder Videokonferenzen durchführen, mit ihm chatten oder Dateien austauschen. Anrufe an ein Handy oder Festnetz und andere Zusatzleistungen sind kostenpflichtig. Chatten, Dateien übertragen und das Telefonieren übers Web sind hingegen kostenfrei.

Weblogs (Blogs)

Weblogs oder Blogs sind Tagebücher im Internet, die jeder dort einstellen und veröffentlichen kann. Wegen der einfachen Möglichkeit, Blogs zu erstellen, werden diese nicht nur als Tagebücher, z. B. für Rundreisen, angelegt, sondern auch anstelle von klassischen Websites. Suchmaschinen haben die Blogs ebenfalls einbezogen. Google bietet über „Mehr" eine spezielle Blog-Suche an. Besondere Internetangebote sind www.wordpress.

Blog www.rundreisen.wordpress.com

de oder www.blog.de. Um schnell einen Blog einzurichten, stehen Blog-Portale wie www.deutscheblogcharts.de und www.blogverzeichnis.eu zur Verfügung.

Eine Spezialform des Blogs ist **Twitter,** ein sogenannter Mikroblogging-Service zum Austausch von Kurznachrichten über das Internet oder das Handy per SMS: „What are you doing?", oder auf Deutsch: „Was gibt's Neues?", fragt Twit-

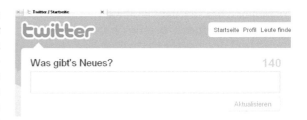

ter (Übers.: Gezwitscher). Das Angebot bietet Platz für 140 Zeichen, um Aktuelles zu beschreiben. Die Beiträge, die eingestellt werden, werden „Tweets" (von engl. to tweet = zwitschern) genannt. Jeder, der sich ein „Follower" im Twitter-Netz nennen darf (als Follower muss man getwittert worden sein), erhält dann diese Nachricht. Berühmt geworden ist Twitter, um Nachrichten bei Großdemonstrationen und Großereignissen schnell an Interessierte zu übermitteln. „Follower" eines Twitterers stammen daher aus dem Freundeskreis, sind Gleichgesinnte oder Interessierte. Da Twitter das Ziel hat, Kurznachrichten „herauszuzwitschern", und Twitter selbst sich vorbehält, Daten auch weiterzugeben, sollte jeder Nutzer dieses Dienstes genau prüfen, welche Daten eingestellt werden und welche Personen zu seinem persönlichen Netzwerk Zugang haben sollen.

Das folgende Formular soll die Möglichkeiten der Datenerfassung und Weiterverarbeitung im Internet aufzeigen.

Die Eingabemaske von www.bahn.de ist wohl eines der am häufigsten verwendeten Formulare in Deutschland, um schnell eine Bahnverbindung zu ermitteln und zu buchen. Neben Textfeldern werden Listenfelder und Radio-Button im Formular verwendet.

Mit besonderer Vorsicht sind Formulare von Banken zu behandeln. Im folgenden Formular wird der Kauf von Aktien durch eine TAN (Transaktionsnummer), die die Bank dem Kunden vorab zugesandt hat, unwiderruflich bestätigt. Benutzername, PIN oder Passwort von Bank-Websites sowie TANs dürfen daher nicht in falsche Hände gelangen. Diese Seiten müssen unbedingt als sichere Seiten angezeigt werden (https, Vorhängeschloss beachten!). Wichtig ist auch, dass man solche Websites immer über das „Logout" verlässt und nicht einfach das Fenster schließt, da sonst evtl. ein Folgenutzer des Computers die Daten einsehen kann.

Aufgabe

Arbeiten Sie praktisch:
1. Holen Sie über www.bahn.de eine Reiseauskunft von Ihrem Wohnort nach Berlin für den morgigen Tag ein, Abfahrt etwa 7 Uhr morgens. Sie wollen spätestens um 22.00 Uhr wieder zurück sein.
2. Erstellen Sie eine PowerPoint-Präsentation Ihrer fünf besten Communitys und nennen Sie deren Möglichkeiten, Vorteile oder auch Nachteile.

2 Computerbenutzung und Dateimanagement unter Windows 7

2.1 Betriebssystem

2.1.1 Benutzeroberfläche

Bei Einschalten des Computers wird Windows 7 automatisch gestartet. Es werden

► vorhandene Geräte initialisiert (Einlesen der Gerätetreiber),

► Systemdateien in den Arbeitsspeicher geladen,

► installierte Dienste geladen,

► die Startseite eingeblendet.

Über den **Windows-Start-Button** können die wichtigsten Benutzereinstellungen vorgenommen werden.

Anmeldung

Bei der Anmeldung identifizieren Sie sich als registrierter Benutzer. Wenn an einem PC unterschiedliche Benutzer arbeiten, so wird für jeden Benutzer ein eigenes Profil angelegt, das mit der Anmeldung gestartet wird. Das Benutzerprofil enthält die Grundeinstellungen z. B. auf dem Desktop, der Taskleiste oder im Explorer.

<Windows-Start-Button> ➔ **<Systemsteuerung>** ➔ **<Benutzerkonten hinzufügen/entfernen>**

Gibt es nur einen Benutzer und ist kein Passwort festgelegt, so entfällt der Anmeldevorgang.

Benutzer wechseln

Wenn ein anderer Benutzer an dem PC weiterarbeiten will, die laufenden Anwendungen aber nicht beendet werden sollen, kann man über das Startmenü auf den Pfeil neben **<Herunterfahren>** klicken und **<Benutzer wechseln>** eingeben. Nach dem Anmelden des neuen Benutzers stehen die Anwendungen wieder zur Verfügung.

Abmelden

Falls Sie Ihre Arbeitssitzung beenden wollen und der nächste Benutzer nicht mit den geöffneten Anwendungen weiterarbeiten will, sollten Sie sich **<Abmelden>**. Die Startseite wird eingeblendet und ein anderer Benutzer kann sich anmelden.

Sperren

Angenommen Sie verlassen für kurze Zeit Ihren Arbeitsplatz, die Anwendungen sollen aber anschließend wieder zur Verfügung stehen, so ist es sinnvoll, den Computer zu **<Sperren>**. Eine Sperrung verhindert, dass ein anderer auf Ihren Computer zugreifen kann.

Neu starten

Ein Neustart kann erforderlich sein, wenn Sie ein Programm neu installiert haben. Sie müssen dann den Computer nach dem Herunterfahren nicht neu einschalten, das Betriebssystem fährt den Computer anschließend automatisch wieder hoch.

Energie sparen

Wenn Sie für einen längeren Zeitraum nicht am Computer arbeiten, ihn aber bei Wiederaufnahme der Arbeit nicht wieder neu starten möchten, so können Sie in der Zwischenzeit in den Energiesparmodus umschalten. Sie müssen sich bei der Wiederaufnahme der Arbeit wieder anmelden.

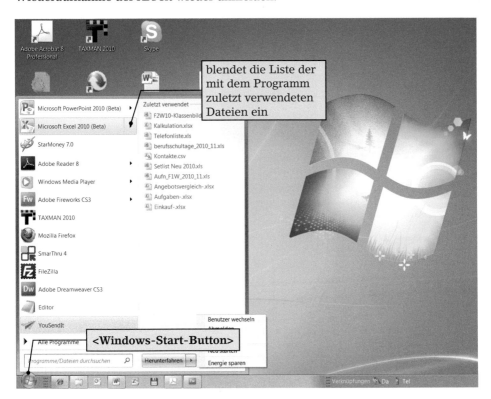

Herunterfahren

Um den Computer auszuschalten, benutzen Sie den **<Windows-Start-Button>** und fahren das Betriebssystem herunter. Dabei wird geprüft, ob noch Anwendungen aktiv sind. Sie werden ggf. beendet, Benutzereinstellungen werden gespeichert und der Festplattenkopf wird geparkt.

Betriebssystem

Hilfefunktion

Situation   Ein Programm reagiert nicht mehr.

Aufgabe   Finden Sie mithilfe der Hilfefunktion heraus, wie Sie ein nicht mehr reagierendes Programm beenden können.

Klicken Sie auf den **<Windows-Start-Button>** und anschließend auf **<Hilfe und Support>**. Wenn Sie dort eingeben „Programm reagiert nicht", erhalten Sie diverse Hilfethemen, unter denen Sie sich das passende auswählen können. Lesen Sie sich den Hilfetext durch und probieren Sie den Task-Manager aus, indem Sie ein Programm mithilfe des Registers **<Anwendungen>** schließen. Den Task-Manager rufen Sie auf mit dem Tastaturbefehl **<Strg>** + **<Alt>** + **<Entf>** ➔ **<Task-Manager>**.

Das Hilfe- und Supportcenter von **Windows 7** bietet auf der Eröffnungsseite einen Überblick über Hilfethemen, Supportmöglichkeiten und konkrete Aufgaben. Wenn Sie in das Suchfeld ein Schlagwort eingeben, listet Windows alle Themen auf, in denen das Schlagwort vorkommt. Alternativ können Sie im Inhaltsverzeichnis suchen.

Aufgabe Erkunden Sie mit der Hilfefunktion, wie ein Kennwort geändert werden kann und welche Eigenschaften ein sicheres Kennwort haben sollte.

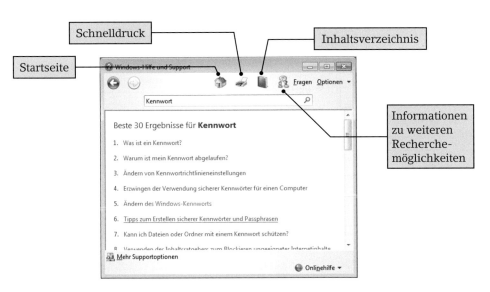

2.1.2   Setup

Systeminformationen

Aufgabe Erkunden Sie die genaue Bezeichnung der in Ihrem PC verwendeten Grafikkarte, die genaue Bezeichnung und Kapazität der vorhandenen Datenträger, die Autostartprogramme ihres Betriebssystems und die IP-Adresse ihres Computers.

Die gewünschten Daten erhalten Sie, indem Sie die Systeminformationen aufrufen. Hier werden Details zur Hardwarekonfiguration des Computers, den Computerkomponenten und der Software, einschließlich der Treiber angezeigt. Wenn Sie Informationen über ein bestimmtes Detail benötigen, können Sie unter **<Bearbeiten>** das **<Suchfeld>** einblenden und einen Suchbegriff eingeben.

Zum Öffnen der Systeminformationen wählen Sie:

<Start> → <Alle Programme> → <Zubehör> → <Systemprogramme> → <Systeminformationen>

Systemsteuerung

Aufgabe Verändern Sie die Bildschirmauflösung, die Mauseinstellungen, die Farbeinstellungen, erkunden Sie die Versionsnummer Ihres Betriebssystems, legen Sie einen anderen Bildschirmhintergrund und ein anderes Kontobild fest.

Um die Einstellungen an Ihrem Computer zu verändern, rufen Sie die System-steuerung auf: **\<Start\>** ➔ **\<Systemsteuerung\>**

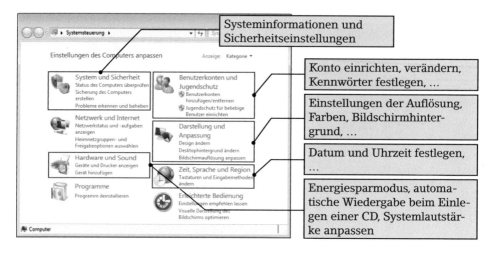

Situation   An Ihrem Computer möchte jemand arbeiten, der ein griechisches Tastaturlayout gewohnt ist.

Aufgabe   Stellen Sie das Tastaturlayout auf *Griechisch* um.

Gehen Sie in der Systemsteuerung im Bereich **\<Zeit, Sprache und Region\>** auf **\<Tastaturen und Eingabemethoden ändern\>**. Es öffnet sich das Dialogfenster **\<Regions- und Sprachoptionen\>** Wählen Sie hier **\<Tastaturen ändern\>**. Instal-lieren Sie eine Eingabesprache und stellen Sie anschließend die Standardeingabe-sprache ein.

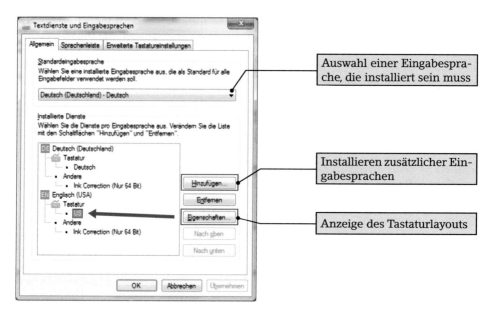

Unten rechts in der Taskleiste haben Sie einen Schnellzugriff auf das Eingabegebietsschema.

2.1.3 Desktopverknüpfung und Dialogfenster

Aufgaben
1. Legen Sie die Programmsymbole **Paint** und **Editor** auf dem Desktop ab und starten Sie die beiden Programme.

2. Probieren Sie die Systemschaltflächen **<Vollbild>**, **<Verkleinern>** und **<Minimieren>** aus.

3. Lassen Sie beide Programme als Teilbild anzeigen.

Um ein Programm direkt vom Desktop per Doppelklick starten zu können, muss es dort als Verknüpfung abgelegt sein. Zum Ablegen des Programms **Paint** als Symbol wählen Sie es über das Startmenü an:

<Programme> → **<Zubehör>** → **<Paint>** bzw. **<Editor>**

Halten Sie die Strg-Taste gedrückt und ziehen Sie das Programmsymbol auf den Desktop.

Der Pfeil symbolisiert eine Verknüpfung.

Shortcuts

Öffnen des Startmenüs:	Strg + Esc
Öffnen des Startmenüs:	Windows-Taste
Öffnen des Untermenüs:	Unterstrichener Buchstabe (z. B. P für Programme)
Schließen der Anwendung:	Alt + F4

Hinweise: Um ein Dialogfenster auf dem Desktop zu verschieben, fassen Sie es mit der Maus an der Titelleiste und ziehen es in die gewünschte Position. Mit einem Doppelklick auf die Titelleiste vergrößern Sie das Fenster auf Vollbild- und mit einem erneuten Doppelklick verkleinern Sie es wieder auf Teilbildgröße. Um es stufenlos in der Breite und Höhe zu verändern, fassen Sie mit der Maus an den Rand des Teilbildes und ziehen in die gewünschte Richtung.

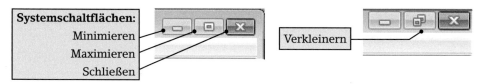

Systemschaltflächen:
Minimieren
Maximieren
Schließen

Verkleinern

Aufgaben 1. Erstellen Sie in **Paint** eine Bildschirmabbildung (Screenshot).

2. Schreiben Sie im **Editor-Fenster** den folgenden Text.

Der Windows-Desktop

Auf der Arbeitsoberfläche von Windows können Sie Symbole für Programme, Ordner und Dateien platzieren, um sie mit einem schnellen Zugriff öffnen zu können.

Taskleiste

Die Taskleiste am unteren Bildschirmrand enthält die Start-Schaltfläche und eine Schnellstartleiste zum Starten von Programmen. Daneben befinden sich Schaltflächen für gestartete Anwendungen und geöffnete Ordner. Darüber hinaus enthält sie eine Gebietsschemaleiste zur Einstellung der Standardsprache für die Tastatur. Im Infobereich am rechten Rand der Taskleiste werden die Uhrzeit und Symbole für im Hintergrund laufende Programme und Dienste angezeigt.

Um eine Abbildung des Desktops zu erzeugen, minimieren Sie zunächst alle laufenden Programme. Betätigen Sie anschließend die $\boxed{\text{Druck}}$-Taste, um eine Bildschirmabbildung in die Zwischenablage zu laden. Wenn Sie das Programm **Paint** wieder über die Taskleiste aufrufen, können Sie jetzt den Inhalt der Zwischenablage einfügen: **<Rechtsklick>** ➜ **<Einfügen>**. Wollen Sie lediglich ein Fenster anstelle des ganzen Bildschirms abbilden, so wählen Sie $\boxed{\text{Alt}}$ + $\boxed{\text{Druck}}$.

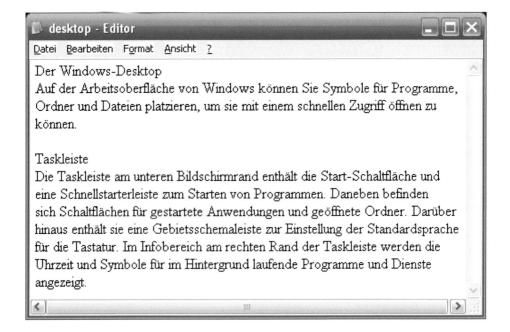

2.1.4   Speichern

Aufgabe   Speichern Sie die im **Editor** erstellte Textdatei unter dem Namen *Grund-lagen* und die Bilddatei **(Paint)** unter dem Dateinamen *windows-screen*.

Um den von Ihnen geschriebenen Text in einer Datei zu speichern, wählen Sie im Menüband des Anwendungsprogramms die Registerkarte **<Datei>** und anschlie-ßend den Befehl **<Speichern unter>**. Geben Sie den Dateinamen *Grundlagen* ein, wählen Sie den gewünschten Dateityp aus und bestätigen Sie mit Enter.

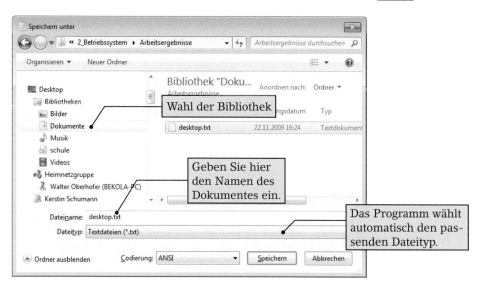

Im Backstage-Bereich **<Datei>** befinden sich zwei Befehle zum Speichern eines Dokuments:

▶ **<Datei>** → **<Speichern unter>**   Ein Dialogfenster **<Speichern unter>** (s. o.) zur Eingabe eines Dateinamens und Pfades (Angabe des Laufwerks und Ordners) wird geöffnet.

▶ **<Datei>** → **<Speichern>**   Ein Dokument wird unter dem bereits bestehenden Namen gespeichert. War das Dokument bisher noch nicht gespeichert, so erscheint auch hier automatisch das Dialogfenster **<Speichern unter>**.

Betriebssystem

2.1.5   Befehlseingabe in Windows-Programmen

Sie haben immer mehrere Möglichkeiten, in Windows-Programmen Befehle einzugeben.

Befehle in Programmfenstern	
Maus	Über einen linken Mausklick lassen sich Schaltflächen, wie z. B. die Schaltfläche **<Speichern>**, aktivieren. Im Menüband können Sie Dialogfenster per Mausklick öffnen und entsprechende Befehle auswählen. Bei der Betätigung der rechten Maustaste öffnet sich ein Kontextmenü, in dem, passend zum jeweiligen Objekt, Befehle ausgewählt werden können.
Tastatur	Das Menüband kann nicht nur über die Maus, sondern auch über die Tastatur angesteuert werden. Durch das einmalige Betätigen der Alt-Taste wird im Menüband die Tastenbelegung für die Menüs angezeigt. Durch Eingabe des im jeweiligen Menü unterstrichenen Buchstabens (z. B. **<D>** für **<Datei>**) kann es geöffnet werden. Die Eingabe des Befehls erfolgt auf die gleiche Art (z. B. **<S>** für **<Speichern>**). Auch das Kontextmenü zu einem Objekt oder Element ist per Tastatur aufzurufen. Betätigen Sie hierfür die Anwendungstaste
Shortcuts	Die schnellste Befehlseingabe erfolgt über Shortcuts. Es handelt sich dabei um Tastenkombinationen, die bereits im Programm festgelegt sind (z. B. Strg + S für Speichern) oder vom Benutzer nach individuellen Erfordernissen festgelegt werden können.

Befehle in Dialogfenstern	
Abbrechen	Die veränderten Einstellungen werden nicht übernommen (Esc).
OK	Die Einstellungen werden gespeichert, das Dialogfenster wird geschlossen.
Übernehmen	Die Einstellungen werden gespeichert, ohne dass das Dialogfenster geschlossen wird.
Tastatur	Tab-Taste: Innerhalb des Dialogfensters können Sie mithilfe der Tab-Taste von einer Schaltfläche zur nächsten gelangen. Enter-Taste: Die jeweils hervorgehobene Schaltfläche wird betätigt. Alt-Taste: Direkten Zugriff zu einzelnen Schaltflächen haben Sie, wenn Sie die Alt-Taste gedrückt halten und gleichzeitig den jeweils unterstrichenen Buchstaben eingeben. Pfeil-Tasten: Einstellungen der angewählten Optionen und Wechsel zum nächsten Register +-Taste: Aktivierung eines Optionsfeldes −-Taste: Deaktivierung eines Optionsfeldes

2.1.6   Taskleiste

Aufgabe   Ändern Sie die Einstellungen für die Taskleiste, indem Sie die Kontrollfelder, wie unten dargestellt, aktivieren.

Um die Eigenschaften des Startmenüs zu verändern, rufen Sie das Dialogfenster
<Eigenschaften von Taskleiste und Startmenü> auf:

<Start> → **<Einstellungen>** → **<Taskleiste und Startmenü>**

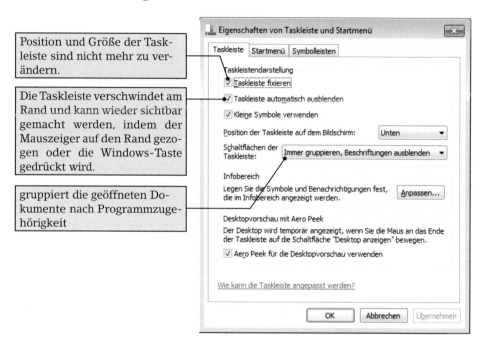

Position und Größe der Taskleiste sind nicht mehr zu verändern.

Die Taskleiste verschwindet am
Rand und kann wieder sichtbar
gemacht werden, indem der
Mauszeiger auf den Rand gezogen oder die Windows-Taste
gedrückt wird.

gruppiert die geöffneten Dokumente nach Programmzuge-
hörigkeit

Aufgaben   1. Öffnen Sie in **WordPad** die von Ihnen erstellte Textdatei *desktop*.

2. Lassen Sie die Programme **WordPad** und **Paint** zunächst als Vollbild
anzeigen und springen Sie per Multitasking zwischen den Anwendungen hin und her.

3. Lassen Sie die Programme **WordPad** und **Paint** nebeneinander anzeigen und springen Sie per Mausklick zwischen den Anwendungen hin
und her.

Betriebssystem

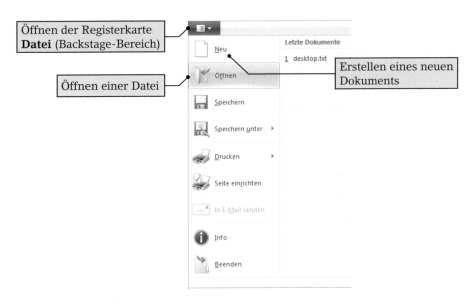

Öffnen der Registerkarte **Datei** (Backstage-Bereich)

Öffnen einer Datei

Erstellen eines neuen Dokuments

Wollen Sie von einer Anwendung in eine andere wechseln, so müssen Sie nicht jedes Mal das laufende Programm beenden, um das andere neu zu laden. Wenn Sie ein weiteres Programm starten, so bleibt die bereits geladene Anwendung im Hintergrund aktiv und Sie können durch Anklicken der entsprechenden Programmschaltflächen auf der Taskleiste zwischen den geladenen Programmen wechseln.

Multitasking

Wenn Sie mehrere Anwendungen – z. B. **WordPad** und **Paint** – geöffnet haben, wechseln Sie von einer Anwendung zur nächsten, indem Sie Alt gedrückt halten und gleichzeitig die Tab-Taste betätigen. Der Titel der jeweils offenen Anwendung wird gezeigt. Erscheint die von Ihnen gewünschte Anwendung, so lassen Sie Alt los und das Programm wird auf dem Bildschirm dargestellt.

Shortcut　　Alt + Tab (Wechsel zwischen den Anwendungen)

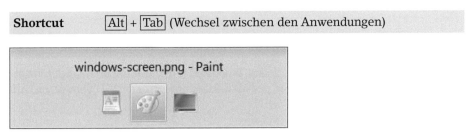

windows-screen.png - Paint

2.1.7　Zwischenablage

Aufgabe　Schneiden Sie einen Teil des von Ihnen in **Paint** eingefügten Screenshots aus, importieren Sie ihn in die von Ihnen erstellte Textdatei und sichern Sie Ihre Arbeit durch erneutes Speichern. Drucken Sie anschließend die Datei aus.

Markieren Sie im **\<Paint\>**-Fenster mithilfe der im Menüband abgebildeten Schaltfläche **\<Auswahl\>** einen beliebigen Teil des Screenshots und wählen Sie anschließend in der Gruppe **\<Bearbeiten\>** den Befehl **\<Ausschneiden\>**. Das ausgeschnittene Bild befindet sich jetzt in der Zwischenablage und kann an einer beliebigen Stelle wieder eingefügt werden. Um es in den Text einzufügen, wechseln Sie wieder per Multitasking in die von Ihnen geöffnete Textdatei. Bewegen Sie den Cursor an die Stelle, an der das Bild eingefügt werden soll, und wählen Sie dann den Befehl **\<Einfügen\>** in der Gruppe **\<Zwischenablage\>.** Wenn Sie auf die oben beschriebene Art eine Grafik, einen Text oder eine Tabelle in der Zwischenablage speichern, so werden die Daten im Ausgangsdokument gelöscht. Sollen sie dort erhalten bleiben, so wählen Sie statt **\<Ausschneiden\>** den Befehl **\<Kopieren\>**.

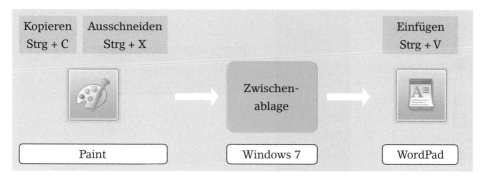

Da es sich bei dem Editor um ein reines Textprogramm handelt, können keine Bilder eingefügt werden. **WordPad** ermöglicht weitergehende Textformatierungen und kann Bilder und Grafiken aufnehmen.

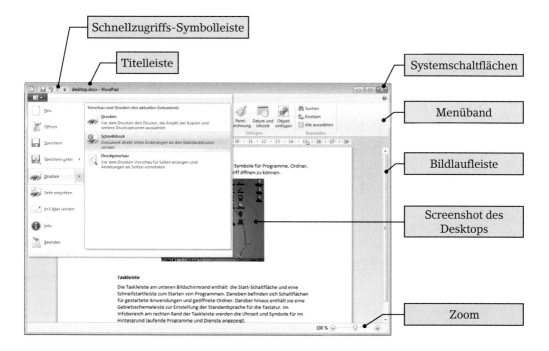

2.2   Der Windows-Explorer

2.2.1   Laufwerke, Ordner und Dateien

Aufgabe   Probieren Sie mehrere Möglichkeiten aus, den Windows-Explorer zu öffnen.

1. **\<Start>** → **\<Programme>** → **\<Zubehör>** → **\<Windows-Explorer>**
2. rechte Maustaste auf **\<Start>** → **\<Windows-Explorer öffnen>**
3. Windows-Taste + ⟦E⟧
4. **\< Start>** → **\<Ausführen>** → Eingabe: *Explorer*
5. **\<Start>** → Benutzername

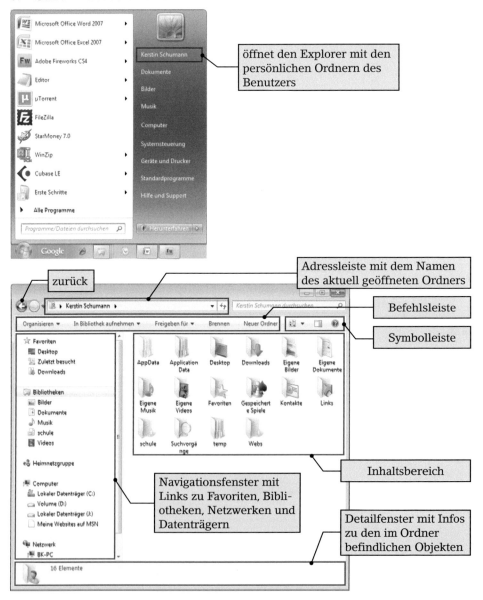

öffnet den Explorer mit den persönlichen Ordnern des Benutzers

zurück

Adressleiste mit dem Namen des aktuell geöffneten Ordners

Befehlsleiste

Symbolleiste

Inhaltsbereich

Navigationsfenster mit Links zu Favoriten, Bibliotheken, Netzwerken und Datenträgern

Detailfenster mit Infos zu den im Ordner befindlichen Objekten

4762136

Navigation

Im linken Fenster des Explorers (Navigationsfenster) sehen Sie eine hierarchische Struktur, die auf der obersten Ebene mit den Favoriten beginnt. Die Favoriten stellen eine Linksammlung dar, die Sie beliebig um die Ordner erweitern können, die von Ihnen am häufigsten benutzt werden. Unter den Favoriten sind die Bibliotheken angeordnet. Es handelt sich dabei um Ordner, die Ihre persönlichen Dateien und weitere Unterordner enthalten.

Ob ein Ordner Unterordner enthält, ist an dem kleinen Dreieck vor dem jeweiligen Ordner zu erkennen. Mit einem Klick auf ein Dreieck wird eine weitere Navigationsebene mit Unterordnern im Navigationsfenster angezeigt.

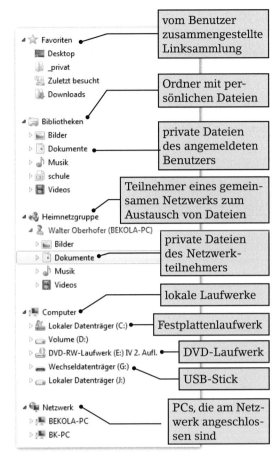

vom Benutzer zusammengestellte Linksammlung

Ordner mit persönlichen Dateien

private Dateien des angemeldeten Benutzers

Teilnehmer eines gemeinsamen Netzwerks zum Austausch von Dateien

private Dateien des Netzwerkteilnehmers

lokale Laufwerke

Festplattenlaufwerk

DVD-Laufwerk

USB-Stick

PCs, die am Netzwerk angeschlossen sind

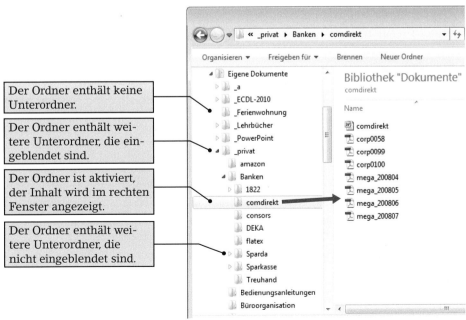

Der Ordner enthält keine Unterordner.

Der Ordner enthält weitere Unterordner, die eingeblendet sind.

Der Ordner ist aktiviert, der Inhalt wird im rechten Fenster angezeigt.

Der Ordner enthält weitere Unterordner, die nicht eingeblendet sind.

Layout

Aufgabe . Blenden Sie alle Leisten und Bereiche des Explorers ein.

Im Menü **<Organisieren>** wählen Sie **<Layout>**. Es wird eine Liste von Bereichen und Leisten eingeblendet, die Sie mit Mausklick auswählen können. Die Befehls-leiste lässt sich, sofern Sie nicht aktiviert ist, mit der ⎡Alt⎤-Taste ein- und ausblen-den.

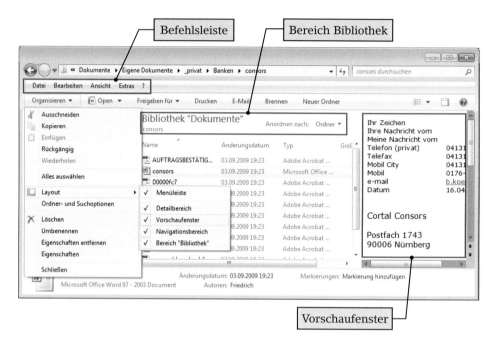

Befehlsleiste

Bereich Bibliothek

Vorschaufenster

Weitere Layout-Einstellungen finden Sie im Menü **<Ansicht>**. Hier können Sie auch Einstellungen für die Anzeige der Dateien im Inhaltsbereich (rechtes Fenster) vornehmen.

Ansicht	
Symbole	besonders geeignet für Bilddateien, da hier der Inhalt anstelle eines Symbols angezeigt wird
Liste	Die Anzeige beschränkt sich auf ein kleines Symbol und den Dateina-men (besonders geeignet, wenn man in einem Ordner mit sehr vielen Elementen eine Übersicht bekommen möchte).
Details	Eigenschaften der Elemente werden in mehreren Spalten angezeigt.
Kacheln	Die Elemente werden als mittelgroße Symbole angezeigt. Zusätzliche Informationen über Dateityp und- größe werden eingeblendet.
Inhalt	enthält die wichtigsten Eigenschaften der Elemente in Zeilendarstellung

Weitere Ansichtsoptionen erhalten Sie, wenn Sie im Menü **<Organisieren>** den Befehl **<Ordner und Suchoptionen>** aufrufen. Im Register **<Ansicht>** können Sie u. a. die standardmäßig ausgeblendeten Dateinamenerweiterungen anzeigen lassen.

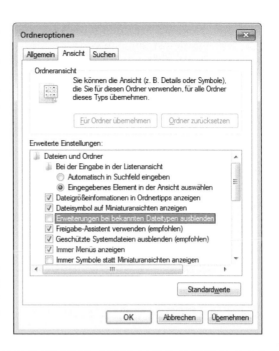

Hinweis: Die nachfolgenden Dateisymbole sind abhängig von den Programmen, mit denen die Dateien standardmäßig geöffnet werden.

Endung		Dateiart
*.pptx		PowerPoint-Präsentationen
*.accdb		Access-Datenbanken
*.xlsx		Arbeitsmappen des Tabellenkalkulationsprogramms Excel
*.ods		OpenOffice-Kalkulationsdatei
*.htm		Webseiten für das Internet
*.docx		Textdateien, die mit Word oder Wordpad erstellt wurden
*.odt		OpenOffice-Textdatei
*.bmp		Bilddateien, die als Bitmaps, z. B. mit Paint, gespeichert wurden
*.jpg		komprimierte Bilddatei
*.rtf		Format, das von vielen Textverarbeitungsprogrammen unterstützt wird
*.exe		ausführbare Dateien (Programme)
*.pdf		Portabel Document-Format, das mit einem frei verfügbaren Reader (z. B. Acrobat) geöffnet werden kann
*.mp3		komprimierte Audiodatei
*.tmp		temporäre Dateien zur vorübergehenden Nutzung
*.avi		Videodateien

Aufgabe Nehmen Sie im Menü **<Ansicht>** die folgenden Einstellungen als Standardeinstellungen vor:

1. Details der Ordner und Dateien im Inhaltsfenster anzeigen
2. Details: Name, Änderungsdatum, Typ, Ordner, Größe und Pfad
3. Statusleiste anzeigen (Die Statusleiste enthält Informationen über die Anzahl der ausgewählten Elemente.)
4. Lassen Sie die Elemente nach Ordnern ordnen und nach Namen aufsteigend gruppieren.

Im Inhalts-Fenster werden bei eingestellter Detailansicht Spalten mit Informationen über die Objekte angezeigt. Über den Befehl **<Ansicht>** ➔ **<Details auswählen...>** werden Ihnen diverse Informationskategorien zur Auswahl angeboten. Die Spalten lassen sich alternativ auch über das Kontextmenü ein- und ausblenden. Mit einem Mausklick auf einen der Spaltenköpfe werden die Dateien nach dem Spaltenkriterium in aufsteigender und bei erneutem Klick in absteigender Reihenfolge sortiert.

2.2.2   Ordner einrichten

Situation Da bisher kein Ordnungssystem für die persönlichen Dateien existiert, wird es zunehmend schwieriger, gespeicherte Dateien wiederzufinden.

Aufgabe Schaffen Sie in der Bibliothek *Dokumente* ein persönliches Ordnungssystem für die Dateien, die im Rahmen des ECDL-Führerscheins verwendet und erstellt werden.

Durch Anklicken des Symbols **<Dokumente>** im Navigationsfenster (linkes Fenster) aktivieren Sie die Bibliothek. Die Ordner auf der Ebene unterhalb der Bibliothek werden angezeigt. Sie können jetzt in der Befehlsleiste **<Neuer Ordner>** wählen, um einen neuen Ordner für *ECDL* einzurichten. Um Unterordner erstellen zu können, müssen Sie zunächst den neu erstellten Ordner *ECDL* aktivieren. Anschließend richten Sie mit dem gleichen Befehl wie oben die Unterordner entsprechend der Abbildung ein.

Online-Speicherung

Wenn Sie von unterschiedlichen Arbeitsplätzen außerhalb eines lokalen Netzwerks auf Ihre Dateien zugreifen möchten, so empfiehlt sich eine Onlinespeicherung. Sie benötigen dafür Speicherplatz auf einem Webserver, auf den Sie passwortgeschützt von überall mit einer Internetverbindung bequem zugreifen können. Eine Onlinespeicherung erlaubt standortunabhängig mehreren Teilnehmern die gemeinsame Nutzung von Daten.

2.2.3 Suchen

Situation Sie haben eine Datei irgendwo auf dem Computer gespeichert, wissen aber nicht mehr wo. Sie wissen nur, dass es sich um einen Vertrag handelt.

Um die Suchfunktion von Windows 7 zu nutzen, sollten Sie zunächst im Navigationsfenster auf den Ordner oder das Laufwerk klicken, das Sie durchsuchen lassen wollen. Anschließend geben Sie den Suchbegriff in das Suchfeld oben rechts ein. Windows sucht nun sowohl in den Dateinamen als auch im Dateiinhalt nach dem eingegebenen Begriff. Wenn das Wort Vertrag eingegeben wurde, so wird nach allen Dateien gesucht, in denen der Begriff in irgendeiner Form vorkommt (Vertrag, vertrag, Kaufvertrag, Vertragsgrundlagen …). Sie können die Suche mithilfe von Filtern einschränken. Beachten Sie, dass die Suchparameter der „Erweiterten Suche" additiv wirken. Das bedeutet, bei Eingabe mehrerer Suchkriterien wie Datum, Dateigröße und Name, werden nur solche Treffer angezeigt, auf die alle Kriterien zutreffen. Die Suche nach einem bestimmten Dateityp können Sie durch die Eingabe eines Platzhalters (z. B. *.docx) filtern.

Zeichen	Bedeutung	Eingabe	Suchergebnisse
*	Platzhalter für eine Zeichenfolge, die aus einer beliebigen Menge an beliebigen Zeichen bestehen darf	Tan*e	Tante, Tanke, Tangente
?	Platzhalter für genau ein Zeichen	Tan?e	Tante, Tanke

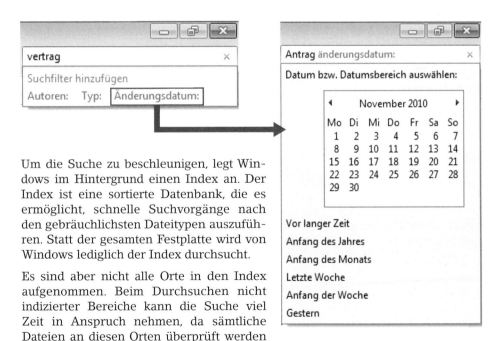

Um die Suche zu beschleunigen, legt Windows im Hintergrund einen Index an. Der Index ist eine sortierte Datenbank, die es ermöglicht, schnelle Suchvorgänge nach den gebräuchlichsten Dateitypen auszuführen. Statt der gesamten Festplatte wird von Windows lediglich der Index durchsucht.

Es sind aber nicht alle Orte in den Index aufgenommen. Beim Durchsuchen nicht indizierter Bereiche kann die Suche viel Zeit in Anspruch nehmen, da sämtliche Dateien an diesen Orten überprüft werden müssen. Sie können einen Ordner dem Index hinzufügen, indem Sie ihn in die Bibliothek aufnehmen.

2.2.4   Kopieren/Verschieben

Kopieren

Aufgabe   Um ein Duplikat der Datei Grundlagen zu erstellen, kopieren Sie die Datei in den Ordner *3_Word*.

Markieren Sie im Inhaltsfenster das zu kopierende Objekt und geben Sie den Kopierbefehl ein.

| **Maus** | **\<Bearbeiten>** ➜ **\<Kopieren>** | Shortcut   Strg + C |
| | **oder \<Kontextmenü>** ➜ **\<Kopieren>** | |

Das Objekt befindet sich jetzt in der Zwischenablage und kann eingefügt werden. Aktivieren Sie dazu den Zielordner und geben Sie den Befehl zum Einfügen ein.

| **Maus** | **\<Bearbeiten>** ➜ **\<Einfügen>** | Shortcut   Strg + V |
| | **oder \<Kontextmenü >** ➜ **\<Einfügen>** | |

Ein anderer Weg, ein Objekt zu kopieren, führt über das Menü **\<Bearbeiten>** ➜ **\<In Ordner kopieren>**. In dem eingeblendeten Dialogfenster können Sie direkt den Zielordner bzw. das Ziellaufwerk angeben.

Ein Objekt kann auch per **Drag-and-drop** kopiert werden. Dazu muss nicht nur das zu kopierende Objekt (Anzeige rechts im Inhaltsfenster), sondern auch das Ziel (Anzeige links im Navigationsfenster) auf dem Bildschirm zu sehen sein. Sie klicken das Objekt an, halten sowohl die linke Maustaste als auch die Strg-Taste gedrückt und ziehen es in den Zielordner. Wenn es sich bei dem Ziel um ein Laufwerk handelt, so muss die Strg-Taste nicht betätigt werden.

Verschieben

Im Gegensatz zum Kopieren bleibt das Objekt beim Verschieben nicht an der Quelle erhalten.

| **Maus** | **\<Bearbeiten>** ➜ **\<Ausschneiden>** | Shortcut   Strg + X |
| | **oder \<Kontextmenü>** ➜ **\<Ausschneiden>** | |

Das Objekt befindet sich jetzt in der Zwischenablage und kann analog zum Kopieren eingefügt werden. Beim **Drag-and-drop**-Verfahren halten Sie die Strg-Taste nicht gedrückt und das Objekt wird im Quellordner gelöscht, sofern sich das Ziel nicht auf einem anderen Laufwerk befindet.

Verknüpfung

Eine Verknüpfung ist ein Verweis auf eine Datei. Das bedeutet, die Datei kann über die Verknüpfung aufgerufen werden mit dem Vorteil, dass nicht die komplette Datei kopiert werden muss, um sie an anderer Stelle verfügbar zu machen. Um eine Datei per Drag-and-drop zu verknüpfen, halten Sie beim Ziehen mit der Maus [Alt] oder [Strg] + [Shift] gedrückt. Mit Verknüpfungen können Mehrfachspeicherungen vermieden und damit Ressourcen gespart werden, da die Speicherkapazität der Festplatte geschont wird.

Wenn eine Programmdatei durch Ziehen mit der Maus kopiert werden soll, so muss gleichzeitig die [Strg]-Taste gedrückt werden, da sonst im Gegensatz zum Kopieren anderer Dateien nur eine Verknüpfung erstellt wird.

Situation Sie wollen ihren Desktop aufräumen und den Bedürfnissen entsprechend gestalten. Programme, die häufig benutzt werden, sollen von dort gestartet werden können und weniger häufig verwendete Programme oder Dateien sollen vom Desktop gelöscht werden.

Aufgaben 1. Stellen Sie auf dem Desktop eine Verknüpfung zu den Programmen **WordPad** und **Paint** her.

2. Legen Sie eine Verknüpfung zur Datei *Grundlagen* auf dem Desktop ab.

3. Fügen Sie dem Favoritenordner den von Ihnen erstellten Ordner *ECDL* hinzu.

4. Löschen Sie die Verknüpfungen zu **WordPad, Paint** sowie *Grundlagen* und gestalten Sie den Desktop nach Ihren Bedürfnissen.

<Start> → **<Programme>** → **<Zubehör>** → **Paint** mit der Maus auf den Desktop ziehen

Kontrollieren Sie das Ergebnis, indem Sie im Explorer den Ordner *Windows* öffnen und anschließend den Ordner *Desktop* anzeigen lassen. Es muss sich dort die Datei *Paint* als Verknüpfung (Größe 1 KB) befinden. Mit der [Entf]-Taste lassen sich die Dateien wieder vom Desktop löschen, ohne die Ursprungsdatei zu entfernen.

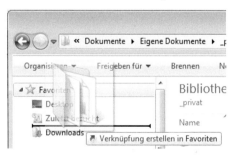

Ziehen Sie einen Ordner mit der Maus in die Favoritenliste und es entsteht eine Verknüpfung zu dem von Ihnen gewählten Ordner. Mit der rechten Maustaste lässt sich die Verknüpfung wieder entfernen.

Windows-Explorer

2.2.5 Markieren

Maus   Wenn Sie mehrere Objekte gleichzeitig kopieren oder verschieben wollen, so müssen Sie die entsprechenden Dateien/Ordner zunächst markieren, indem Sie im Verzeichnisfenster eine Datei anklicken, die $\boxed{\text{Strg}}$-Taste gedrückt halten und weitere Objekte anklicken. Liegen die Elemente direkt beieinander, so können Sie auch nur das erste und letzte Objekt anklicken und dabei die $\boxed{\text{Shift}}$-Taste gedrückt halten.

Tastatur   Im Explorer springen Sie per $\boxed{\text{Tab}}$-Taste von einem Fenster zum anderen. Innerhalb eines Fensters können Sie sich dann mit den $\boxed{\text{Pfeil}}$-Tasten weiterbewegen. Zum Markieren nebeneinander liegender Dateien/Ordner halten Sie die $\boxed{\text{Shift}}$-Taste gedrückt. Liegen die Dateien nicht nebeneinander, halten Sie die $\boxed{\text{Strg}}$-Taste gedrückt, bewegen sich mit den $\boxed{\text{Pfeil}}$-Tasten weiter und markieren mit der $\boxed{\text{Leer}}$-Taste.

2.2.6 Löschen/Wiederherstellen

Aufgabe   Löschen Sie die Datei *Grundlagen* in dem Ordner *ECDL\2_Betriebssystem*.

Aktivieren Sie die Datei und wählen Sie anschließend den Befehl **<Löschen>** im Menü **<Datei>** oder drücken Sie $\boxed{\text{Entf}}$. Gelöschte Dateien werden zur Sicherheit im Papierkorb abgelegt und können von dort wieder hergestellt oder endgültig gelöscht werden.

Aufgabe   Stellen Sie die Datei *Grundlagen* wieder her.

Klicken Sie im Navigationsfenster auf den Papierkorb und es erscheint im rechten Fenster eine Liste mit gelöschten Dateien. Aktivieren Sie im rechten Fenster die gelöschte Datei Grundlagen und wählen Sie im Menü **<Datei>** den Befehl **<Wiederherstellen>**. Sie können eine Datei nur wiederherstellen, solange sie nicht endgültig durch den Befehl **<Datei>** → **<Papierkorb leeren>** gelöscht ist.

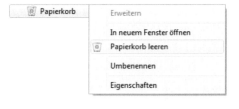

Hinweis: Falls der Papierkorb nicht angezeigt wird, aktivieren Sie **<Organisieren>** → **<Ordner- und Suchoptionen>** → **<Allgemein>** → **<Alle Ordner anzeigen>**.

2.2.7   Umbenennen

Da die Datei *Grundlagen* keine Informationen über das Betriebssystem allgemein, sondern spezielle Informationen über den Umgang mit Fenstern enthält, sollte sie einen anderen Dateinamen erhalten. Ändern Sie den Dateinamen in *desktop*. Klicken Sie mit der rechten Maustaste auf die Datei *Grundlagen*. Wählen Sie im Kontextmenü den Befehl **<Umbenennen>**, geben Sie den neuen Dateinamen *desktop* ein und bestätigen Sie mit Enter. Alternativ zum Kontextmenü können Sie den Befehl über das Menü eingeben: **<Datei>** ➔ **<Umbenennen>**. Achten Sie beim Umbenennen von Dateien darauf, die Dateinamenerweiterung nicht zu verändern, andernfalls kann die Datei vom entsprechenden Ausführungsprogramm nicht erkannt werden. Die Umbenennung von Ordnern erfolgt auf die gleiche Art. „Good Practice" im Zusammenhang mit der Benennung von Dateien und Ordnern ist es, möglichst kurze, aussagekräftige Namen zu verwenden, die die Organisation und das Wiederfinden erleichtern.

Beispiel: Ang-Lech-2012-11-10 (Angebot an die Fa. Lechermann vom 10.11.2012)
            Ang-Lech-2012-11-18 (Angebot an die Fa. Lechermann vom 18.11.2012)
            Ang-Arn-2012-09-23 (Angebot an die Fa. Arnoldsen vom 23.09.2012)

Denkbar wäre je nach gewünschter Ordnungssystematik auch eine Voranstellung des Datums, wobei hier immer die größere vor der kleineren Einheit stehen sollte (Jahr-Monat-Tag), damit im Explorer eine chronologische Sortierung nach Datum gewährleistet ist.

2.2.8   Datenträger formatieren

Um auf einem Datenträger, z. B. einer Festplatte oder einem Speicherstick, Daten speichern zu können, muss er formatiert sein. Achtung: Beim Formatieren von Datenträgern werden sämtliche darauf gespeicherten Daten gelöscht. Im Kontextmenü (rechte Maustaste) des Datenträgers befindet sich der Befehl **<Formatieren>**.

2.2.9   Eigenschaften

Um Informationen über ein Objekt (Datenträger, Ordner oder Datei) zu erhalten, klicken Sie mit der rechten Maustaste auf das Objekt und wählen **<Eigenschaften>**.

Defragmentieren

Das Windows-Dateisystem speichert Daten in kleinen Fragmenten auf der Festplatte, dort wo gerade Platz frei ist. Die Zugriffsgeschwindigkeit auf die gespeicherten Daten kann erhöht werden, wenn zusammengehörige Fragmente auch zusammen auf der Festplatte zu finden sind. Um die Fragmente neu anzuordnen, müssen Festplatten regelmäßig defragmentiert werden. Windows 7 erledigt diese Arbeit im Hintergrund nach einem von Ihnen festgelegten Zeitplan. **<Eigenschaften>** ➔ **<Tools>** ➔ **<Defragmentieren>** ➔ **<Zeitplan konfigurieren>**

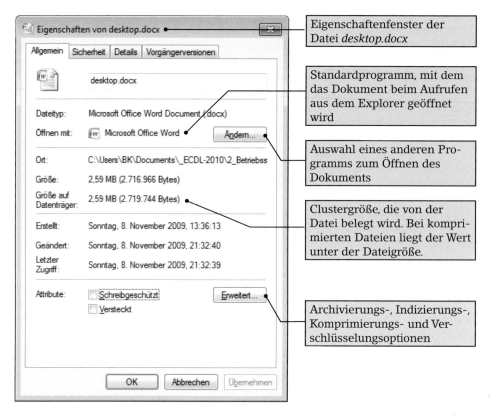

Eigenschaftenfenster der Datei *desktop.docx*

Standardprogramm, mit dem das Dokument beim Aufrufen aus dem Explorer geöffnet wird

Auswahl eines anderen Programms zum Öffnen des Dokuments

Clustergröße, die von der Datei belegt wird. Bei komprimierten Dateien liegt der Wert unter der Dateigröße.

Archivierungs-, Indizierungs-, Komprimierungs- und Verschlüsselungsoptionen

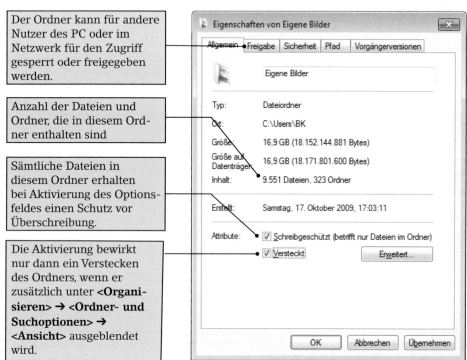

Der Ordner kann für andere Nutzer des PC oder im Netzwerk für den Zugriff gesperrt oder freigegeben werden.

Anzahl der Dateien und Ordner, die in diesem Ordner enthalten sind

Sämtliche Dateien in diesem Ordner erhalten bei Aktivierung des Optionsfeldes einen Schutz vor Überschreibung.

Die Aktivierung bewirkt nur dann ein Verstecken des Ordners, wenn er zusätzlich unter **<Organisieren>** ➔ **<Ordner- und Suchoptionen>** ➔ **<Ansicht>** ausgeblendet wird.

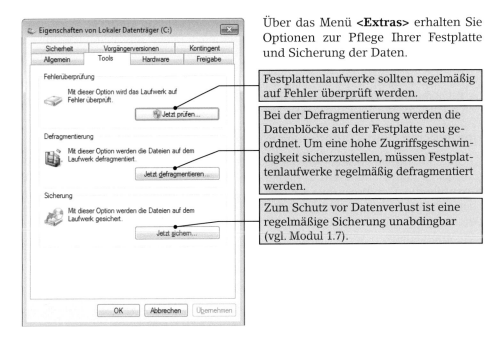

Über das Menü **<Extras>** erhalten Sie Optionen zur Pflege Ihrer Festplatte und Sicherung der Daten.

Festplattenlaufwerke sollten regelmäßig auf Fehler überprüft werden.

Bei der Defragmentierung werden die Datenblöcke auf der Festplatte neu geordnet. Um eine hohe Zugriffsgeschwindigkeit sicherzustellen, müssen Festplattenlaufwerke regelmäßig defragmentiert werden.

Zum Schutz vor Datenverlust ist eine regelmäßige Sicherung unabdingbar (vgl. Modul 1.7).

2.2.10 Komprimierung

Situation Sie wollen möglichst schnell Bilder per E-Mail an einen Kunden verschicken. Da die Dateien zusammen eine Größe von 12 MB besitzen, müssen sie dafür erst komprimiert werden.

Aufgaben Installieren Sie das im Internet als Testversion erhältliche Komprimierungsprogramm WinRar. Komprimieren und dekomprimieren Sie Dateien damit und überprüfen Sie den Komprimierungsgrad.

Abk.	Benennung	Größe
1 KB	Kilobyte	1.000 Byte
1 MB	Megabyte	1.000 KB = 1.000.000 Byte
1 GB	Gigabyte	1.000 MB = 1.000.000 KB = 1.000.000.000 Byte

Mit der Komprimierung reduziert man den Umfang von Daten. Insbesondere Sprache und Bilder sind durch immer wiederkehrende Muster (Töne und Laute bei Sprache, Farbflächen bei Bildern) gekennzeichnet. Um diese Eigenschaft auszunutzen und den Platzbedarf für Bilder zu verringern, wurden unterschiedlichste Kompressionsverfahren entwickelt:

▶ **verlustfreie Komprimierung – z. B. RAR**
  Eine Komprimierungsmethode, bei der die Originaldaten erhalten bleiben. Packer wie WinRar, WinZip oder ARJ arbeiten mit dieser Methode. Im Allgemeinen ist eine verlustfreie Komprimierung z. B. bei Texten und Tabellen effektiv, während sie bei digitalisierten Videos und gescannten Fotografien nur einen sehr geringen Wirkungsgrad besitzt.

▶ **verlustreiche Komprimierung – z. B. JPEG, MPEG und M-JPEG**
Bei verlustbehafteten Komprimierungsmethoden gehen Informationen unwiederbringlich verloren. Diese Verfahren komprimieren sehr stark, können aber nur für Datentypen eingesetzt werden, bei denen Verluste wenig auffallen oder die sich verlustfrei nur schlecht komprimieren lassen, wie Audio-, Video- und Bilddaten. Der Datenverlust hängt vom Grad der Komprimierung ab.

Umgang mit dem Komprimierungsprogramm WinRar

Klicken Sie mit der rechten Maustaste auf die von Ihnen erstellte Datei *windows-screen.bmp*. Es erscheint ein Kontextmenü, in dem Sie auswählen **<Zum Archiv hinzufügen>**. Das Programm erstellt im gleichen Ordner ein Archiv mit dem Namen *windows-screen.rar*. Wenn Sie die Größe der komprimierten Datei mit dem Original vergleichen, werden Sie feststellen, dass die Dateigröße erheblich reduziert worden ist.

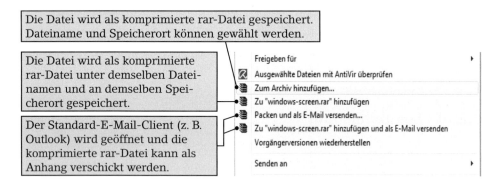

Löschen Sie die Datei *screenshot.bmp* und Sie können anschließend das Original ohne Datenverlust wiederherstellen, indem Sie die gepackte (komprimierte) Datei entpacken (extrahieren).

<Kontextmenü> ➜ <Hier entpacken>

Mit einem Rechtsklick auf ein RarArchiv erhalten Sie im Kontextmenü diverse Möglichkeiten, das Archiv zu entpacken und gleichzeitig zu versenden und zu speichern.

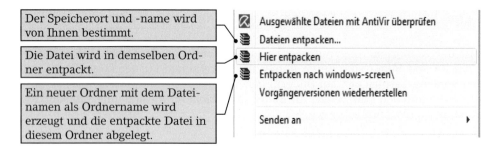

Hinweis: Falls im Kontextmenü keine WinRar-Befehle erscheinen, sollten Sie die WinRar-Konfiguration ändern: **<Start> ➜ <WinRar> ➜ <Optionen> ➜ <Einstellungen> ➜ <Integration> ➜ <WinRar in den Explorer integrieren>**.

2.3　Drucker

In Ihrem Büro wird ein neuer Drucker angeschlossen. Sie machen sich mit den Funktionalitäten des Druckers vertraut.

2.3.1　Drucken

Anwendungsprogramm

Mit dem Befehl **<Datei>** ➔ **<Drucken>** können Sie eine Datei, z. B. *desktop.docx*, direkt aus dem Anwendungsprogramm, in dem sie erzeugt worden ist (z. B. Word-Pad), drucken. Zu den Druckoptionen der Anwendungsprogramme erfahren Sie mehr in den entsprechenden Kapiteln dieses Lehrbuchs.

Kontextmenü

Klicken Sie ein Dateisymbol auf dem Desktop, in einem Ordnerfenster oder im Explorer mit der rechten Maustaste an, so öffnet sich ein Kontextmenü. Wenn Sie hier den Befehl **<Drucken>** wählen, so wird die Datei im Anwendungsprogramm geöffnet, gedruckt, wieder geschlossen und das Anwendungsprogramm automatisch beendet.

2.3.2　Druckmanagement

Druckmanager

Öffnen Sie den Druckmanager mit einem Doppelklick auf den Drucker.

<Start> ➔ **<Geräte und Drucker>**

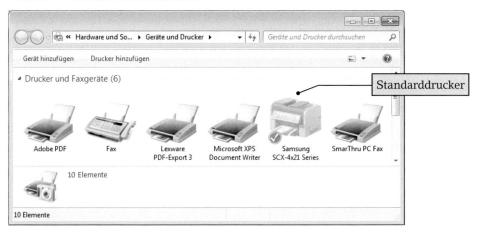

Es werden hier alle noch anstehenden Druckaufträge in einer Schlange gesammelt und abgearbeitet. Sie können den Druck anhalten, wieder fortsetzen oder Druckaufträge löschen (abbrechen).

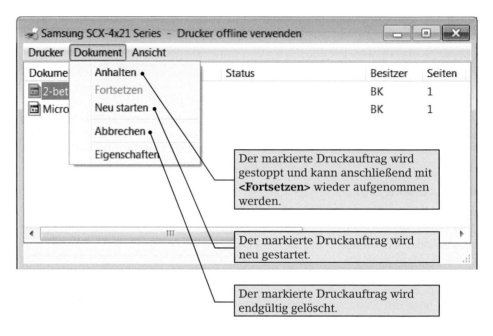

Druckereinstellungen

Um Einstellungen zur Papiergröße, Farbverwaltung, Druckqualität usw. vornehmen zu können, wählen Sie im Druckmanager **<Drucker>** ➜ **<Eigenschaften>** oder aus dem Kontextmenü zum Drucker den Befehl **<Eigenschaften>**. Es wird ein druckerspezifisches Dialogfenster eingeblendet, in dem Sie Einstellungen vornehmen können.

2.3.3   Druckerinstallation

Zur Installation eines neuen Druckers wählen Sie:

<Start> ➜ **<Einstellungen>** ➜ **<Geräte und Drucker>** ➜ **<Drucker hinzufügen>**

Geben Sie an, ob der Drucker lokal oder im Netzwerk installiert werden soll. Folgen Sie den Anweisungen des Druckerinstallations-Assistenten und lassen Sie nach dem neuen Drucker suchen. Sind mehrere Drucker installiert, so muss einer als Standarddrucker definiert werden. Wenn im Anwendungsprogramm keine Änderung vorgenommen wird, ist dies der Drucker, der bei Eingabe des Druckbefehls angesprochen wird. Eine nachträgliche Änderung der Einstellung Standarddrucker kann über den Druckmanager vorgenommen werden: **<Start>** ➜ **<Einstellungen>** ➜ **<Geräte und Drucker>** ➜ Kontextmenü des Druckers **<Als Standarddrucker festlegen>**.

2.4 Sicherheit

2.4.1 Back-ups

Windows besitzt ein Modul zur Erstellung von Sicherheitskopien (Back-ups). Sie starten es über: **<Start>** ➔ **<Alle Programme>** ➔ **<Wartung>** ➔ **<Sichern und Wiederherstellen>**

Im Dialogfenster **<Eigene Dateien Sichern und Wiederherstellen>** können Sie u. A. folgende Einstellungen vornehmen:

▶ zu sichernde Laufwerke, Ordner und Dateien,

▶ das Sicherungsziel,

▶ den Sicherungszeitplan.

Der unter **<Einstellungen än­dern>** eingegebene Zeitplan kann hier deaktiviert werden.

Hier lassen sich alte, nicht mehr benötigte Sicherungen löschen.

▶ Was ist zu sichern?
▶ Wo wird gesichert?
▶ Wann wird gesichert?

Sie haben die Wahl, einzelne Dateien und Ordner, sämtliche Benutzer-Dateien oder das System wiederherzustellen.

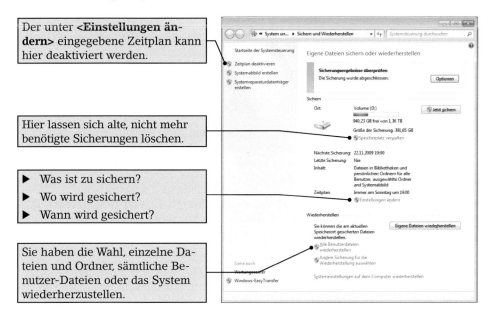

Klicken Sie auf das Register **<Ein­stellungen ändern>.** Windows bietet an, die Sicherungsdateien automatisch vom Programm festlegen zu lassen oder alternativ durch den Benutzer. Wenn Sie die Dateien selbst festlegen möchten, sollten Sie auf jeden Fall ein Systemabbild einschließen, um im Falle eines Systemdefekts das System wiederherstellen zu können. Die zu sichernden Ordner und Laufwerke wählen Sie über die Kontrollfelder im Dialogfenster **<Sicherung einrichten>.** Um die Ordner zu öffnen, klicken Sie auf den Pfeil links von den Kontrollfeldern.

Nach der Sicherung können Sie die kompletten Daten oder ausgewählte Ordner und Dateien über das Register **<Wiederherstellen>** zurückschreiben lassen. Die Daten sollten, um einen möglichst hohen Sicherheitsstandard zu gewährleisten, auf einem separaten Sicherungsmedium wie z. B. einer Festplatte oder einem Streamer gesichert werden.

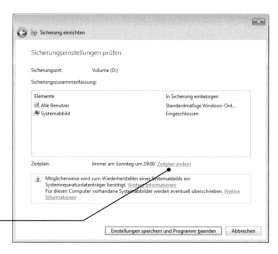

Legen Sie hier einen Zeitplan für die regelmäßig vorzunehmenden Sicherungen fest.

2.4.2   Schutz vor Viren

Situation   Sie wollen Ihren privaten PC vor Viren schützen.

Aufgabe   Suchen Sie im Internet nach einem kostenlosen Antivirenprogramm (z. B. AntiVir) und installieren Sie es.

Antivirenprogramme

▶ Schutz vor Viren aus dem Internet, vor infizierten E-Mail-Attachments, infizierten Dateien von Disketten, CD-ROMs, aus Netzwerken usw.

▶ Erkennung und Isolation infizierter und verdächtiger Dateien – je nach Einstellung können sie in ein Quarantäneverzeichnis geschoben werden.

▶ Virenentfernung bzw. Reparatur infizierter Dateien: Viren werden entfernt, wobei die Datei in der Regel lauffähig bleibt. Durch Viren zerstörte Dateien werden zunächst physikalisch überschrieben und erst danach gelöscht. Sie lassen sich auch mit Reparaturtools nicht wiederherstellen.

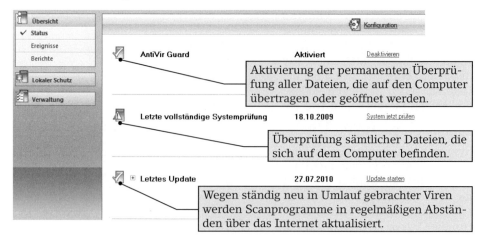

Aufgaben

1. Explorer:
   a) Starten Sie Windows und lassen Sie sich den Explorer als Vollbild darstellen.
   b) Erstellen Sie mit dem Explorer im Ordner Betriebssystem einen Unterordner *Bilder*.
   c) Lassen Sie alle Dateien mit der Erweiterung *bmp* auflisten.
   d) Kopieren (nicht verschieben) Sie eine dieser Dateien in das von Ihnen erstellte Verzeichnis *Bilder*.
   e) Benennen Sie die Datei um in *Bild.bmp*.
   f) Öffnen Sie die Datei mit Paint und kopieren Sie das Bild in die Datei *Desktop*.

2. Taskleiste:
   a) Richten Sie die Taskleiste so ein, dass sie automatisch im Hintergrund, bei Bedarf immer im Vordergrund und mit kleinen Symbolen erscheint.
   b) Lassen Sie nur die Symbolleiste Desktop mit den von Ihnen am häufigsten benutzten Programmen darstellen.
   c) Blenden Sie die Beschriftung (Text) und den Titel aus.

Grundlagen

3 Textverarbeitung mit MS Word

3.1 Grundlagen

3.1.1 Starten des Programms

Aufgabe Probieren Sie die unterschiedlichen Möglichkeiten aus, MS Word zu starten.

Start-Button	• <Windows-Start-Button> → <Alle Programme> → <Microsoft Office> → <Microsoft Word 2010> • <Windows-Start-Button> → <Programme/Dateien durchsuchen> → <Winword>
Desktop	Doppelklick auf das Programm-Icon. Falls sich das Programm-Icon nicht auf dem Desktop befindet, wählen Sie: <Start> → <Alle Programme> → <Microsoft Office> rechte Maustaste auf <Microsoft Office Word 2010> → <Senden an> → <Desktop (Verknüpfung erstellen)>
Explorer	*C:\Programme\Microsoft Office\Office14* → Doppelklick auf *Winword.exe*
Taskleiste	Einfachklick auf das Programm-Icon. Falls sich das Programm-Icon nicht auf der Taskleiste befindet, ziehen Sie es mit der Maus vom Desktop auf die Taskleiste.
Autostart	Um Word automatisch zusammen mit Windows zu starten, gehen Sie folgendermaßen vor: Stellen Sie fest, wo sich *Winword.exe* befindet, klicken Sie mit der rechten Maustaste darauf und wählen Sie **<Verknüpfung erstellen>**. Anschließend verschieben Sie die Verknüfung in den Autostartordner: *C:\Benutzer\eigenerName\AppData\Roaming\Microsoft\Windows\Start-menu\Programme\Autostart*

3.1.2 Grundeinstellungen

Nach dem Programmstart erscheint das MS Word-Fenster auf dem Bildschirm.

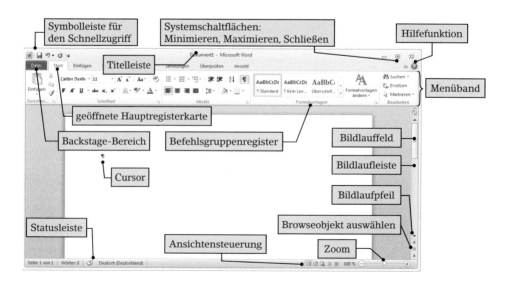

Bildschirmelemente	Beschreibung
Bildlauf	Die Bildlaufleisten dienen der vertikalen und horizontalen Navigation innerhalb eines Dokuments.
▶ Bildlauffeld	Zeigt die relative Position des aktuellen Bildausschnitts an. Wechseln Sie den angezeigten Bereich durch Ziehen mit der Maus.
▶ Bildlaufleiste	Ein Mausklick auf den freien Bereich der Bildlaufleiste verschiebt den Bildausschnitt um eine Fenstergröße nach oben bzw. unten.
▶ Bildlaufpfeil	Mit den Pfeilen bewegen Sie den Bildausschnitt zeilenweise in vertikaler und spaltenweise in horizontaler Richtung.
▶ Bildlaufdoppelpfeil	Wechsel zur folgenden bzw. vorherigen Seite
▶ Browserobjekt	Sie können hier spezielle Objekte innerhalb des Dokuments ansteuern.
Zoomregelung	Hier können Sie die Ansichtsgröße Ihren Bedürfnissen anpassen. Weitere Einstellmöglichkeiten befinden sich in der Gruppe <Zoom> des Registers <Ansicht>.
Statusleiste	Mit dem Kontextmenü der Statusleiste (rechte Maustaste) lässt sich festlegen, welche Informationen hier angezeigt werden sollen.
Ansichtensteuerung	Die Ansichten lassen sich zur optimalen Textbearbeitung und Dokumenterfassung einstellen. Als Standard hat sich die Ansicht <Seitenlayout> bewährt.
Backstage-Bereich (Hauptregisterkarte Datei)	Hier finden Sie die Optionen für Programmeinstellungen und häufig benutzte grundlegende Befehle zum Speichern, Drucken und Öffnen von Dateien.
Symbolleiste für den Schnellzugriff	Richten Sie diese Symbolleiste nach Ihren individuellen Bedürfnissen ein, indem Sie auf den Pull-down-Pfeil klicken und <häufig benutzte Befehle> anklicken.
Systemschaltflächen	Sie können mit den drei Schaltflächen die Fensteranzeige unterdrücken, als Teil- und Vollbild darstellen lassen sowie das Fenster oder das Programm schließen.
Menüband mit Registern	Das Menüband enthält Hauptregisterkarten, über die Sie zu fast allen Befehlen, die in Word zur Verfügung stehen, gelangen können.
Befehlsgruppe	Die Befehle in den Registern sind nach Befehlsgruppen geordnet.
Titelleiste	Die Titelleiste enthält Informationen über den Programm- und Dateinamen sowie die Umschaltmöglichkeit zwischen Voll- und Teilbilddarstellung per Doppelklick.
Cursor	Der Cursor zeigt die aktuelle Eingabeposition an.

Kontextmenü

Mit einem Rechtsklick auf ein Objekt rufen Sie das Kontextmenü mit objektbezogenen Befehlen auf. Wenn Sie mit der rechten Maustaste auf ein Symbol des Menübands klicken, wird das folgende Kontextmenü angezeigt:

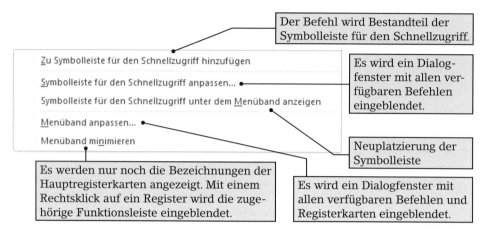

Der Befehl wird Bestandteil der Symbolleiste für den Schnellzugriff.

Zu Symbolleiste für den Schnellzugriff hinzufügen

Symbolleiste für den Schnellzugriff anpassen...

Es wird ein Dialogfenster mit allen verfügbaren Befehlen eingeblendet.

Symbolleiste für den Schnellzugriff unter dem Menüband anzeigen

Menüband anpassen...

Menüband minimieren

Neuplatzierung der Symbolleiste

Es werden nur noch die Bezeichnungen der Hauptregisterkarten angezeigt. Mit einem Rechtsklick auf ein Register wird die zugehörige Funktionsleiste eingeblendet.

Es wird ein Dialogfenster mit allen verfügbaren Befehlen und Registerkarten eingeblendet.

Seitenränder

Damit die in diesem Kapitel gezeigten Übungen auf Ihrem PC identisch angezeigt werden, ist es erforderlich, die Randeinstellungen zu synchronsieren. Die auf der Abbildung gezeigten Einstellungen entsprechen den Vorgaben der DIN 5008.

<Seitenlayout> → <Seite einrichten> → <Seitenränder> → <Benutzerdefinierte Seitenränder>

Mit einer Bestätigung der Eingabe über **<Als Standard festlegen>** (nicht **<OK>**) werden die Randeinstellungen zukünftig in jedem neuen Dokument nach diesen Vorgaben identisch eingerichtet.

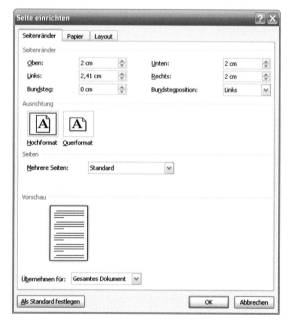

Grundlagen

Standardschriftart

Für die Übereinstimmung mit den Übungen dieses Kapitels ist es erforderlich, dass die Schrift einheitlich dargestellt wird. Richten Sie deshalb im Dialogfenster **<Schriftart>** die folgenden Einstellungen als Standard ein:

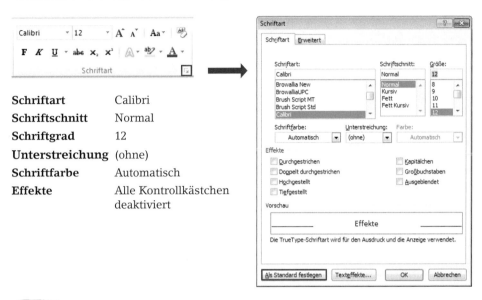

Schriftart   Calibri

Schriftschnitt   Normal

Schriftgrad   12

Unterstreichung (ohne)

Schriftfarbe   Automatisch

Effekte   Alle Kontrollkästchen deaktiviert

Aufgaben

1. Öffnen Sie ein neues Dokument und beantworten Sie die folgenden Fragen schriftlich:
   a) Wie lässt sich ein Word-Icon auf dem Desktop erstellen?
   b) Nennen Sie einen Vor- und einen Nachteil der Einbindung von MS Word in den Autostartordner.
   c) Welche Funktionen haben die abgebildeten Schaltflächen?
   d) Wie lässt sich die Schnellstartersymbolleiste unterhalb des Menübands verschieben?
   e) Welche Informationen finden Sie in der Titelleiste?
   f) Wo befinden sich die folgenden Bildschirmelemente?
      – Zoomregelung
      – Befehlsgruppen
      – Bildlauffeld
      – Systemschaltflächen
      – Statusleiste

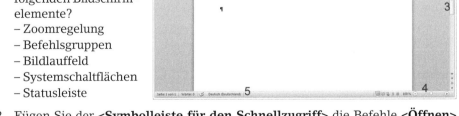

2. Fügen Sie der **<Symbolleiste für den Schnellzugriff>** die Befehle **<Öffnen>** und **<Drucken>** hinzu.

3. Richten Sie die Zoomeinstellung so ein, dass Ihnen in der Seitenlayoutansicht genau eine Seitenbreite angezeigt wird.

3.1.3   Texteingabe

Aufgabe   Starten Sie MS Word und geben Sie den Aktenvermerk als Fließtext ein.

> Im letzten Jahr ist der Absatz an Postern kontinuierlich gesunken. Der Absatzrückgang ist nach Auskunft unserer Kunden eine Folge des Trendwandels beim Adressatenkreis. Die Serien „Natur und Umwelt" sowie „Oldtimer" entsprechen nicht mehr den derzeitigen Kaufinteressen der Jugendlichen. Eine Neuorientierung ist unbedingt angezeigt, um den Umsatz wieder zu erhöhen. Die Abteilung Einkauf unterbreitet zur nächsten Besprechung am ..-01-29 neue Editionsvorschläge zu den Themen „Hip-Hop" und „House".
>
> Kramer

Die Eingabe als Fließtext bedeutet, dass Sie den Text ohne Zeilenschaltungen schreiben. Das Programm nimmt automatisch am Zeilenende den Wechsel (Umbruch) in die nächste Zeile vor.

Der blinkende Cursor zeigt Ihnen immer genau die Position, an der die nächste Eingabe erfolgt.

Haben Sie sich vertippt, so können Sie mit der $\boxed{\text{Rückschritt}}$-Taste die letzten Zeichen wieder löschen. Ist der Fehler weiter oben im Text, so platzieren Sie den Cursor hinter die betreffende Stelle und verfahren ebenso.

Die $\boxed{\text{Entf}}$-Taste stellt eine Möglichkeit dar, einzelne Zeichen rechts vom Cursor zu löschen. Ganze Wörter lassen sich in Kombination mit der $\boxed{\text{Strg}}$-Taste löschen.

Den Überschreibmodus – die Zeichen werden durch Eingabe neuer Zeichen ersetzt – aktivieren und deaktivieren Sie mit der $\boxed{\text{Einfg}}$-Taste.

Um die $\boxed{\text{Einfg}}$-Taste zum Aktivieren des Überschreibmodus verwenden zu können, muss ggf. die folgende Einstellung geändert werden:

<Datei> → <Optionen> → <Erweitert> → <Bearbeitungsoptionen> → <$\boxed{\text{Einfg}}$-Taste zum Steuern des Überschreibmodus verwenden>

Shortcuts	
Das Wort rechts vom Cursor löschen:	$\boxed{\text{Strg}}$ + $\boxed{\text{Entf}}$
Das Wort links vom Cursor löschen:	$\boxed{\text{Strg}}$ + $\boxed{\text{Rückschritt}}$

Cursorbewegung zum	Shortcuts	Cursorbewegung zum	Shortcuts
Zeilenanfang	$\boxed{\text{Pos 1}}$	Zeilenende	$\boxed{\text{Ende}}$
Textanfang	$\boxed{\text{Strg}}$ + $\boxed{\text{Pos 1}}$	Textende	$\boxed{\text{Strg}}$ + $\boxed{\text{Ende}}$
oberen Seitenrand der vorherigen Seite	$\boxed{\text{Strg}}$ + $\boxed{\text{Bild} \uparrow}$	oberen Seitenrand der nächsten Seite	$\boxed{\text{Strg}}$ + $\boxed{\text{Bild} \downarrow}$
Beginn des vorhergehenden Absatzes	$\boxed{\text{Strg}}$ + $\boxed{\uparrow}$	Beginn des folgenden Absatzes	$\boxed{\text{Strg}}$ + $\boxed{\downarrow}$
Beginn des vorhergehenden Wortes	$\boxed{\text{Strg}}$ + $\boxed{\leftarrow}$	Beginn des folgenden Wortes	$\boxed{\text{Strg}}$ + $\boxed{\rightarrow}$

3.1.4 Speichern

Situation Damit der Text zur weiteren Bearbeitung jederzeit wieder zur Verfügung steht, muss er gespeichert werden.

Aufgabe Legen Sie einen neuen Ordner *Arbeitsergebnisse*-MS *Word* an. Speichern Sie das erstellte Dokument unter dem Namen *Poster1*, schließen Sie es und beenden Sie das Programm.

Um verschiedene Dateitypen zu unterscheiden, werden Erweiterungen an die Dateinamen gehängt. In **MS Word 2010** erstellte Dateien erhalten die Erweiterung **.docx.** Klicken Sie auf der Symbolleiste für den Schnellzugriff auf den Befehl **<Speichern>**.

Wählen Sie das Laufwerk sowie das Verzeichnis, in dem Sie speichern wollen, und tragen Sie als Dateiname *Poster1* ein. Die Dateinamenerweiterung muss nicht eingegeben werden, denn das Programm wird automatisch beim Speichern die Dateinamenerweiterung .docx hinzufügen. Nach dem Speichern wird in der Titelleiste der Dateiname angezeigt.

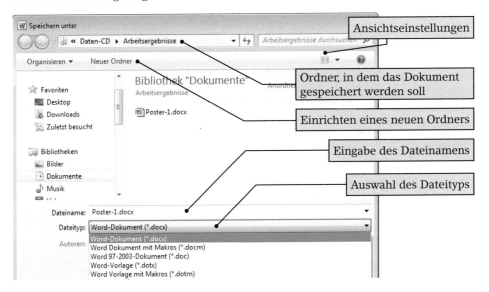

Shortcuts

Speichern	**<Datei> → <Speichern>**	Strg + S
Schließen des Dokuments	**<Datei> → <Schließen>**	Strg + F4
Beenden des Programms	**<Datei> → <Beenden>**	Alt + F4
Öffnen eines Dokuments	**<Datei> → <Öffnen>**	Strg + O

Sollte die Datei bereits gespeichert sein und Sie möchten sie unter einem neuen Dateinamen oder in einem anderen Ordner speichern, so gehen Sie auf **<Datei>** und den Befehl **<Speichern unter>**.

Schalten Sie den Computer immer erst aus, nachdem Sie das Programm beendet und das Betriebssystem heruntergefahren haben.

Basisoptionen

Wenn Sie bei einem neuen Dokument den Befehl **<Speichern>** anklicken, so steuert MS Word automatisch einen vorher festgelegten Speicherort an. Um sich die Arbeit zu erleichtern, können Sie diesen Standardspeicherort für Dateien ändern:

<Datei> → <Optionen> → <Speichern>

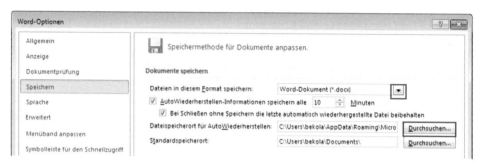

Es wird ein Dialogfenster geöffnet, in dem Sie den Standardspeicherort neu festlegen können. Hier lässt sich auch das Standardspeicherformat bestimmen. Wenn Sie z. B. die von Ihnen gespeicherten Dateien häufig auf einem anderen Computer aufrufen möchten, auf dem MS Word nur in der Version 2003 zur Verfügung steht, so können Sie hier als Standardformat **Word 97-2003-Dokument (*.doc)** wählen.

Jede MS Word-Datei, die Sie speichern, enthält als Benutzerinformation den Namen des Autors. Sie können über den Befehl **<Datei> → <Informationen>** diese Daten einsehen und weitere Angaben zu den Dokumenteigenschaften hinzufügen.

Aufgaben   1. Stellen Sie den Ordner *Arbeitsergebnisse*-MS *Word* als Standard-Speicherort für Dateien ein.

2. Richten Sie Word so ein, dass neue Dateien standardmäßig im Word-2003-Format gespeichert werden.

3. Beantworten Sie die folgenden Fragen und speichern Sie das Dokument unter *Aufgaben1*.
   a) Was versteht man unter einer Eingabe als Fließtext?
   b) Welche Befehle werden durch die Tastenkombinationen [Strg] + [F4] und [Strg] + [S] ausgelöst?
   c) Prägen Sie sich die „Cursorbewegungen per Tastatur" ein und geben Sie jeweils an, welche Funktionen sich hinter den folgenden Befehlen verbergen:
      – [Strg] + [Ende]
      – [Strg] + [Pos 1]
      – [Strg] + [←]
      – [Strg] + [↑]

4. Ändern Sie das Standardspeicherformat wieder in MS Word-Dokument (.docx).

3.1.5 Absatzschaltung

Situation Es müssen an dem Text noch einige Ergänzungen (Datum; Verteiler; Betreff) und Veränderungen (äußere Gestaltung) vorgenommen werden.

Aufgaben

1. Öffnen Sie das gespeicherte Dokument *Poster1* und speichern Sie es unter dem Dateinamen *Poster2*.

2. Gliedern Sie den Text, indem Sie den Satz „Die Abteilung Einkauf ..." als neuen Absatz beginnen.

3. Lassen Sie die Formatierungssymbole auf dem Bildschirm anzeigen.

4. Ergänzen Sie die Angaben entsprechend der Abbildung und speichern Sie. Absatzschaltungen lassen sich mit Enter einfügen. Positionieren Sie den Cursor vor „Die Abteilung ...", drücken Sie Enter und der Satz wird in die nächste Zeile gesetzt. Um eine Trennung zwischen den Absätzen zu schaffen, fügen Sie eine weitere Leerzeile durch nochmalige Absatzschaltung ein. Mit der Entf-Taste lässt sich die Absatzschaltung wieder löschen.

Formatierungssymbole (Nichtdruckbare Zeichen) werden durch die Schaltfläche **<Start>** → **<Absatz>** → **<Alle anzeigen>** auf dem Bildschirm sichtbar gemacht. Die Anzeige dieser Symbole ist zwar gewöhnungsbedürftig, erleichtert aber die Orientierung im Text.

Shortcut   <Alle anzeigen> Strg + Shift + *

Aktenvermerk¶
¶
Besprechung·am·17.01...¶
¶
Teilnehmer:·Frau·Bruckner,·Herr·Müller,·Herr·Klose,·Herr·Rudolph,·Herr·Sommer,·Herr·Kramer¶
¶
Absatzrückgang·Poster¶
¶
Im·letzten·Jahr·ist·der·Absatz·an·Postern·kontinuierlich·gesunken.·Der·Absatzrückgang·ist·nach·
Auskunft·unserer·Kunden·eine·Folge·des·Trendwandels·beim·Adressatenkreis.·Die·Serien·„Natur·
und·Umwelt"·sowie·„Oldtimer"·entsprechen·nicht·mehr·den·derzeitigen·Kaufinteressen·der·
Jugendlichen.·Eine·Neuorientierung·ist·unbedingt·angezeigt,·um·den·Umsatz·wieder·zu·erhöhen.·¶
¶
Die·Abteilung·Einkauf·unterbreitet·zur·nächsten·Besprechung·am·...·01-29·neue·
Editionsvorschläge·zu·den·Themen·„Hip-Hop"·und·„House".¶
¶
18.01...¶
¶
¶
¶
Kramer¶

| Absatzmarke | Leerzeichen |

Grundlagen

3.1.6 Markieren/Kopieren/Verschieben

Situation Der Aktenvermerk soll um die Verteilerangabe ergänzt und das Erstellungsdatum in die linke obere Ecke gesetzt werden.

Aufgaben 1. Öffnen Sie die Datei *Poster2* und speichern Sie diese unter *Poster3*.

2. Schreiben Sie unter den Aktenvermerk „Verteiler" und kopieren Sie das Wort „Teilnehmer" unter den Verteilervermerk.

3. Verschieben Sie das Datum hinter das Wort „Aktenvermerk".

Um eine Textpassage zu kopieren, muss sie zunächst markiert (schwarz unterlegt) werden. Bewegen Sie dazu den Cursor vor die Textpassage und drücken Sie die Shift-Taste, während Sie den Cursor mit den Pfeil-Tasten an das Ende der Textpassage bewegen.

Markierung mit der Maus

Wort:	Doppelklick auf das Wort
Textzeile:	Mauszeiger links neben die Textzeile bewegen, sodass er sich in einen Pfeil (⇗) verwandelt, und einmal klicken
Absatz:	Dreifachklick auf eine Stelle im Absatz
Satz:	Strg-Taste und Mausklick auf eine Stelle im Satz
Textpassage:	Linke Maustaste gedrückt halten und über die Textpassage ziehen

Shortcuts

Kopieren	Shift + C
Einfügen	Shift + V
Ausschneiden	Shift + X

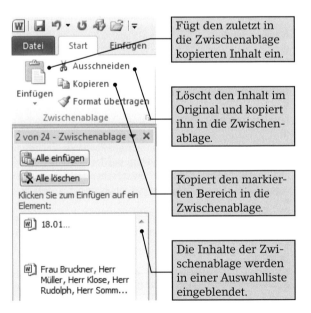

Fügt den zuletzt in die Zwischenablage kopierten Inhalt ein.

Löscht den Inhalt im Original und kopiert ihn in die Zwischenablage.

Kopiert den markierten Bereich in die Zwischenablage.

Die Inhalte der Zwischenablage werden in einer Auswahlliste eingeblendet.

Smarttags

Nach dem Einfügen von Daten aus der Zwischenablage bietet MS Word über einen Smarttag direkten Zugriff auf Befehle in Abhängigkeit von der Art der eingefügten Daten. Zum Beispiel werden beim Einfügen von Textpassagen die folgenden Befehle angeboten:

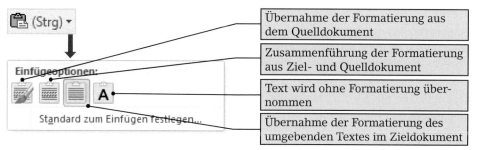

Übernahme der Formatierung aus dem Quelldokument

Zusammenführung der Formatierung aus Ziel- und Quelldokument

Text wird ohne Formatierung übernommen

Übernahme der Formatierung des umgebenden Textes im Zieldokument

Um ein Objekt (ein Bild, eine Abbildung, Diagramm, Zeichnungsobjekt) an einer bestimmten Stelle im Dokument einzufügen, markieren Sie das Objekt, kopieren es in die Zwischenablage ([Strg] + [C]), positionieren den Cursor an der gewünschten Stelle im Dokument und fügen es schließlich ein ([Strg] + [V]). Die Funktion mithilfe der Zwischenablage zu kopieren oder zu verschieben, ist Bestandteil des Betriebssystems und funktioniert deshalb sowohl innerhalb eines Dokumentes als auch zwischen verschiedenen Dokumenten und Programmen.

3.1.7 Silbentrennung/geschützte Leerzeichen

Aufgabe Öffnen Sie die Datei *Poster3* und speichern Sie diese unter *Poster4*. Verbessern Sie das Aussehen des Textes unter Benutzung der **automatischen Silbentrennung**. Stellen Sie das Programm so ein, dass es nur in einer Zone von 0,6 cm am rechten Rand Trennungen vornimmt und nicht mehr als zwei aufeinanderfolgende Zeilen mit Trennungen versehen werden.

<Seitenlayout> → <Silbentrennung> → <Silbentrennungsoptionen>

In maximal zwei aufeinanderfolgenden Zeilen stehen Trennstriche.

Das Programm unterbreitet Trennvorschläge, die Sie annehmen oder ablehnen können.

Die automatische Silbentrennung setzt **bedingte Trennstriche,** das heißt, ein Wort wird nur dann getrennt, wenn es am Ende einer Zeile steht. Verschieben sich die Wörter durch Einfügen oder Löschen von Passagen, so werden die Trennungen wieder aufgehoben.

Andere Möglichkeiten für bedingte Trennungen:

<Seitenlayout> → **<Silbentrennung>** → **<Silbentrennungsoptionen>**

Aktivieren Sie im Fenster **<Silbentrennung>** das Kontrollkästchen **<Manuell>.** Sie können jetzt auf die Stelle im Wort klicken, an der Sie die Trennung wünschen. Achten Sie darauf, die automatische Silbentrennung vorher zu deaktivieren, da sonst die manuelle Trennung von der automatischen überlagert wird.

Bewegen Sie die Einfügemarke an die Stelle, an der Sie ein Wort trennen möchten, und geben Sie den Tastaturbefehl [Strg] + [−] ein. Die bedingte Trennung wird angezeigt, sofern Sie die Schaltfläche für **<Alle anzeigen>** aktiviert haben. Auf dem Ausdruck erscheint er aber nur, wenn das Wort tatsächlich am Textrand steht und getrennt wird.

Aufgabe Stellen Sie den rechten Seitenrand auf 2,41 cm und übernehmen Sie den folgenden Text. Achten Sie auf Fließtexteingabe und schalten Sie die automatische Silbentrennung ein. Setzen Sie die geschützten Bindestriche und gesicherten Leerschritte entsprechend der Abbildung. Speichern Sie das Dokument unter dem Dateinamen *Mahnung* im Verzeichnis *Textverarbeitung*.

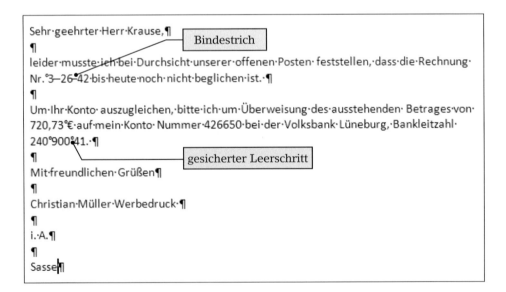

Die Eingabe des Tastaturbefehls [Strg] + [Shift] + [−] (z. B. Aktenzeichen K45578) bewirkt einen Schutz vor Trennung. An die Stelle des Trennungsstriches wird ein Bindestrich gesetzt.

Um eine Trennung bei Leerschritten (z. B. BLZ 500 100 30) zu verhindern, erzeugen Sie einen gesicherten Leerschritt mit dem Tastaturbefehl [Strg] + [Shift] + [Leer].

3.1.8 Drucken

Situation Der Aktenvermerk ist fertiggestellt und kann ausgedruckt werden.

Aufgabe Drucken Sie das fertige Dokument *Poster4* aus.

Bevor Sie ein Dokument drucken, sollten Sie zur Kontrolle immer die Seitenansicht aufrufen. Binden Sie dafür die Schaltfläche für **<Seitenansicht>** in die **<Symbolleiste für den Schnellzugriff>** ein und rufen Sie den Befehl auf. Mit einem erneuten Klick auf die Schaltfläche lässt sich die Seitenansicht wieder schließen.

<Datei> ➜ <Drucken>

Wenn ein Dokument aus mehreren Seiten besteht, Sie aber nicht alle Seiten drucken lassen möchten, wählen Sie die gewünschten Seiten im Dialogfeld **<Drucken>** aus.

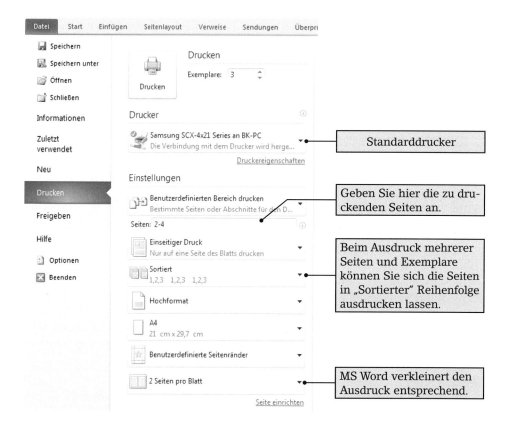

Aufgaben

1. Übernehmen Sie den folgenden Text in ein neues Dokument und speichern Sie unter *Zeichnen1*.

   Zeichnen

   Winword bietet neben der Textverarbeitung unter anderem auch die Möglichkeit, Zeichnungen zu erstellen. Im Register *Einfügen* befindet sich die Gruppe *Illustrationen*. Wenn man hier auf das Symbol *Formen* klickt, erhält man ein Menü mit diversen Zeichenobjekten. Sobald man ein Zeichenobjekt gewählt und erstellt hat, werden im Menüband die Zeichentools mit dem Register *Format* eingeblendet. Wenn Sie dieses Register anklicken, so werden Ihnen Befehlsgruppen zur Formatierung des Zeichenobjektes angezeigt. Die *Zeichentools* mit dem Register *Format* sind kontextabhängig, d. h., sie können nur dann eingeblendet werden, wenn ein Zeichenobjekt aktiviert ist.

   Um eine aus mehreren Objekten bestehende Zeichnung zusammenzuhalten, erstellen Sie einen Zeichenbereich, indem Sie ganz unten im Menü *Formen* auf *Neuer Zeichenbereich* klicken. Der Zeichenbereich stellt eine Begrenzung zwischen Ihrer Zeichnung und dem übrigen Dokument dar. In der Standardeinstellung hat er weder Rahmen noch Hintergrund. Formatierungen lassen sich aber genauso zuweisen wie bei Zeichenobjekten.

   Zeichenobjekte lassen sich verschieben, wenn Sie sie an einer beliebigen Stelle – außer an den Ziehpunkten – anfassen. Sie können eine Zeichnung löschen, indem Sie nach dem Aktivieren des Objektes die Entf-Taste betätigen.

   Die Eigenschaften der Objekte verändern sich, wenn Sie beim Erstellen die Shift-Taste gedrückt halten. So wird z. B. beim Erstellen eines Rechtecks durch die Betätigung der Shift-Taste ein Quadrat generiert. Um ein Zeichenobjekt zu beschriften, klicken Sie im Kontextmenü auf den Befehl *Text hinzufügen*.

   Zum Beschleunigen Ihrer Arbeit können Sie Objekte gruppieren. Das Gruppieren ermöglicht Ihnen, alle Formen oder Objekte gleichzeitig zu bearbeiten (Kippen, Drehen, Verschieben, Vergrößern und Verkleinern), als ob es sich dabei um ein einziges Objekt handelt. Darüber hinaus können Sie die Attribute, wie z. B. Textfarbe aller Formen, für alle gruppierten Elemente gleichzeitig ändern.

   Ein Effekt, wie z. B. ein Schatten, wird in einer Gruppe auf Objekte und nicht auf die Kontur der Gruppe angewendet. Sie können, ohne die Gruppierung der Formen aufzuheben, ein Element innerhalb einer Gruppe markieren und ein Effekt-Attribut hinzufügen.

2. Nehmen Sie die folgenden Veränderungen vor und speichern Sie anschließend unter *Zeichnen2*:
   a) Vertauschen Sie die Absätze zwei und drei.
   b) Markieren Sie die kursiv dargestellten Befehle und ändern Sie die Auszeichnung in Fettschrift.
   c) Fügen Sie über den Absätzen die folgenden Überschriften ein: Zeichnen, Verschieben und Löschen, Zeichenbereich, Eigenschaften, Gruppieren, Effekte.

3. Beantworten Sie die folgenden Fragen schriftlich und speichern Sie das Dokument unter *Aufgaben2*.
   a) Welche Funktionen verbergen sich hinter den folgenden Befehlen?
      Shift + Strg + Ende   Pos 1   Shift + Strg + →
   b) Mit welchen Tastaturbefehlen lassen sich Textpassagen kopieren, ausschneiden und einfügen?
   c) Sie möchten, um Papier zu sparen, jeweils zwei Seiten eines mehrseitigen Dokuments auf einer Seite ausdrucken. Wie gehen Sie vor?
   d) Wie erzeugen Sie einen gesicherten Leerschritt?
   e) Wie lässt sich ein Absatz mit der Maus markieren?

3.2 Formatieren/Ausrichten

3.2.1 Zeichenformatierung

Situation Die Mitarbeiter eines Betriebes sollen über geänderte Arbeitszeiten und die Erweiterung der Sozialräume informiert werden.

Aufgabe Erstellen Sie das Dokument gemäß der Abbildung und speichern Sie unter dem Dateinamen *Rundschreiben*.

..-03-12

R u n d s c h r e i b e n

an alle Mitarbeiter

Die Geschäftsleitung hat mit dem Betriebsrat folgende Betriebsvereinbarung geschlossen:

Die Arbeitszeit am Freitag verkürzt sich ab August für alle Mitarbeiter um 2 Stunden. Zum Ausgleich wird an den übrigen Werktagen die Arbeitszeit um jeweils eine halbe Stunde verlängert.

Für den kaufmännischen Bereich endet damit die Arbeitszeit generell um 16:30 Uhr und am Freitag bereits um 14:00 Uhr. In der Druckerei endet die Arbeitszeit generell um 16:15 Uhr und am Freitag um 13:00 Uhr. Wir haben damit dem von vielen Mitarbeitern formulierten Wunsch nach einer Verlängerung des Wochenendes entsprochen.

Der Sozialraum ist um 14 m^2 auf 64 m^2 erweitert worden und steht den Mitarbeitern ab sofort wieder zur Verfügung.

Christian Müller

Weitere Formatierungsmöglichkeiten erhält man über das Dialogfenster **<Schriftart>**, das Sie mit dem gleichnamigen Befehl aufrufen können.

Formatierungen lassen sich vor Eingabe des Textes z. B. durch Anklicken der Schaltflächen für fett, kursiv oder unterstrichen festlegen. Nachträglich können alle Zeichenformatierungen durch Markieren der betreffenden Passagen und anschließende Formatierung verändert werden.

Für einfache Formatierungen reicht meistens die Gruppe **<Schriftart>** im Register **<Start>** des Multifunktionsbandes aus.

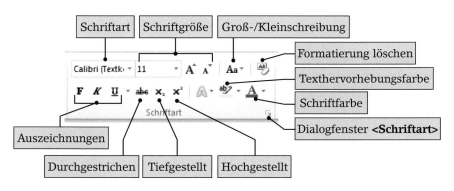

Für weitergehende Formatierungen benutzen Sie die Dialogfenster.

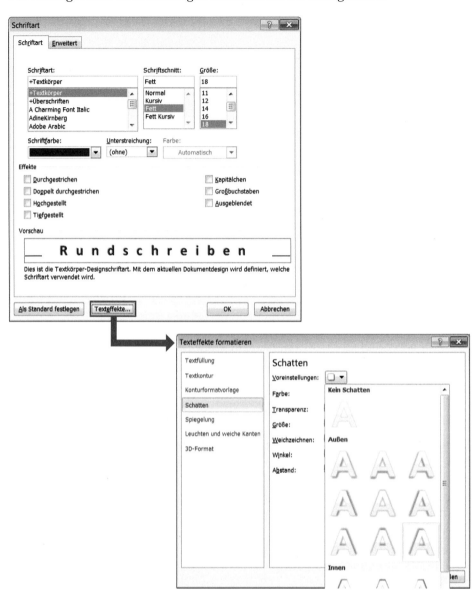

Sie können das Aussehen von Text ändern, indem Sie Fülleffekte oder Konturen ändern, oder Effekte, z. B. Schatten, Spiegelungen oder Leuchten, hinzufügen. Deckblätter, Überschriften, Zwischentitel, Kapitelnamen etc. lassen sich auf diese Art wirkungsvoll optisch hervorheben.

Im selben Dialogfenster lassen sich auch die übrigen Zeichenformatierungen ein-stellen. Für Veränderungen der Laufweite einer Schrift befindet sich ein zweites Register <Erweitert> in dem Dialogfenster. Hier lässt sich der Abstand zwischen den Zeichen vergrößern bzw. verringern.

Skalieren   Änderung der Schriftbreite bei gleich bleibender Schrifthöhe

Abstand   gleichmäßige Änderung des Abstandes zwischen den Zeichen ,unabhängig von ihrer Form

Position   Höher- bzw. Tieferstellung der Zeichen um einen in Punkt ein-zugebenden Wert

Unterschneidung Änderung des Abstandes zwischen den Zeichen in Abhängigkeit von ihrer Form. Um ein gleich-mäßigeres Schriftbild zu erreichen, können einige Buchstaben, z. B. das A und das V, näher zusammengerückt werden. In diesem Fall sind die Buchstaben unterschnitten.

Proportionalschriftarten

In modernen Textverarbeitungsprogram-men werden Schriftarten verwendet, bei denen sich die Breite der Zeichen (Länge des Schreibschrittes) nach ihrer Form rich-

Courier New	Calibri
LLLLLLLLLL	LLLLLLLLLL
MMMMMMMMM	MMMMMMMMMM

tet (z. B. Calibri). So benötigt ein „L" weniger Platz als ein „M". Eine Schriftart mit gleichen Schreibschritten ist Courier New (nichtproportionale Schriftart).

Sonderzeichen

Mithilfe der $\boxed{\text{Alt Gr}}$-Taste lassen sich bestimmte Sonderzeichen aufrufen.

Taste	Q	E	+	M	2	3	7	8	9	0	ß
Sonderzeichen (Alt Gr)	@	€	~	µ	2	3	{	[	]	}	\

Zeichen, die sich nicht auf der Tastatur befinden, aber in Schriftarten wie Symbol oder Wingdings zur Verfügung stehen, können über das Dialogfenster **<Symbol>** eingefügt werden. **<Einfügen>** → **<Symbole>** → **<Symbol>** → **<Weitere Symbole>**

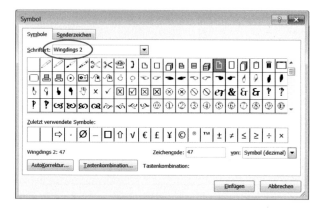

Format übertragen

Wenn Sie ein Format oder eine Kombination von Formaten von einer Textpassage auf eine andere übertragen wollen, so markieren Sie die bereits formatierte Stelle, klicken anschließend im Register **<Start>** auf die Schaltfläche **<Format übertragen>** und markieren die zu formatierende Stelle. Wollen Sie das Format auf mehrere nicht nebeneinanderliegende Textstellen übertragen, doppelklicken Sie auf **<Format übertragen>**. Klicken Sie erneut auf ⟨ Format übertragen ⟩ oder betätigen Sie $\boxed{\text{Esc}}$, wenn der Vorgang abgeschlossen ist.

3.2.2   Absatzausrichtung

Aufgabe   Zentrieren Sie die Überschrift „Rundschreiben" und richten Sie den Text im Blocksatz und den Namen „Christian Müller" rechtsbündig aus.

Die Absatzausrichtung kann durch Mausklick auf die entsprechende Schaltfläche im Menüband **<Start>** vorgenommen werden. Der Cursor muss sich dabei in dem betreffenden Absatz befinden bzw. die Absätze müssen markiert sein.

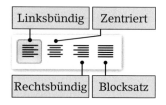

3.2.3 Aufzählung/Nummerierung

Aufgabe Übernehmen Sie den folgenden Text und fügen Sie anschließend Nummerierungen hinzu. Speichern Sie unter *Bildschirm1* im Ordner *Arbeitsergebnisse-MS Word*.

Der MS Word-Bildschirm

Titelzeile: Hier steht zentriert vor dem Programmnamen **Microsoft Word** immer der Name des geöffneten Dokuments, das auf dem Bildschirm zu sehen ist. Am linken Rand befindet sich die **Symbolleiste für den Schnellzugriff.**

Menüband: Das Menüband enthält Befehlsgruppen mit Schaltflächen, die per Mausklick bedient werden.

Register des Menübandes: Das Menüband besteht aus einer Reihe von Registern, hinter denen sich jeweils eine Leiste mit Befehlen verbirgt.

Lineal: Das Zeilenlineal gibt den jeweiligen Abstand vom linken Seitenrand an. Es ist nur zu sehen, wenn im Menüband **Ansicht** in der Gruppe **Anzeigen** der Befehl **Lineal** aktiviert ist. In der Seitenlayoutansicht wird zusätzlich ein vertikales Lineal angezeigt.

Bildlaufleisten: Rechts und unterhalb des Textfensters befinden sich die Bildlaufleisten, mit denen man die Ausschnitte des Dokuments wählen kann, die angezeigt werden sollen. Die einfachen Bildlaufpfeile sind für zeilenweisen Vor- bzw. Rücklauf anzuklicken. Zwischen den doppelten Bildlaufpfeilen befindet sich die Schaltfläche **<Browseobjekt auswählen>,** die ein Menü mit Objekten öffnet. Wenn Sie hier als Objekt z. B. **<Nach Seite durchsuchen>** wählen, so wird beim Betätigen der Doppelpfeile ein seitenweiser Vor- bzw. Rücklauf durchgeführt.

Statusleiste: In dieser Zeile erhält man diverse Angaben über den Status des Dokuments und der Programmeinstellungen. Welche Informationen Sie sich anzeigen lassen, legen Sie im Kontextmenü fest. Rechts auf der Statusleiste befinden sich fünf Schaltflächen zur Auswahl der Ansichten und daneben die Zoomeinstellung.

Hinzufügen von Aufzählungen/Nummerierungen über Dialogfenster

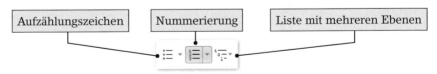

<Start> → **<Absatz>**

Ein Klick auf eine der Symbolschaltflächen übernimmt für die markierten Absätze die Aufzählungszeichen, Nummerierung oder Liste mit mehreren Ebenen im Standardformat. Mit einem Klick auf die danebenliegenden Pull-down-Pfeile erscheinen Menüs, in denen weitere Einstellungen vorgenommen werden können.

Sowohl bei der Nummerierung wie bei der Aufzählung und Liste werden „hängende Einzüge" gesetzt. Das bedeutet, die erste Zeile beginnt mit dem Aufzählungszeichen bzw. der Nummerierung am linken Rand. Alle weiteren Zeilen des Aufzählungsgliedes werden nach rechts eingerückt, sodass der Bereich unter den Aufzählungszeichen frei bleibt.

Um eine weitere Gliederungsebene einzufügen, klicken Sie auf **<Einzug vergrö-ßern>** oder betätigen die Tab-Taste. Für das Zurückstufen um eine Gliederungsebene benutzen Sie die Schaltfläche **<Einzug verkleinern>** oder [Shift] + [Tab].

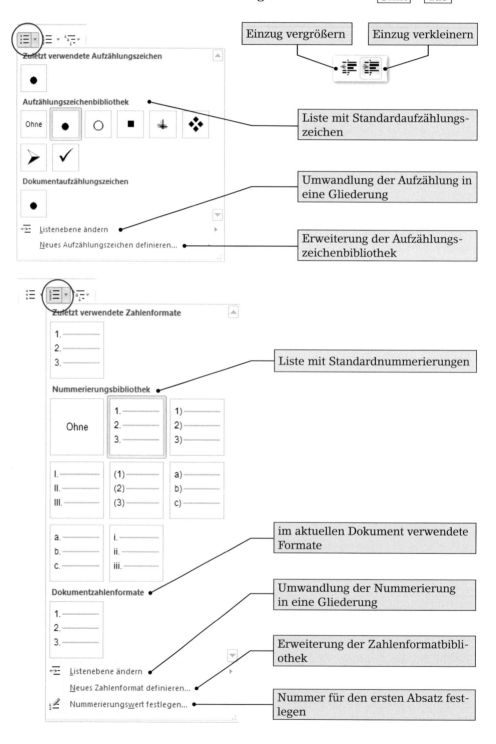

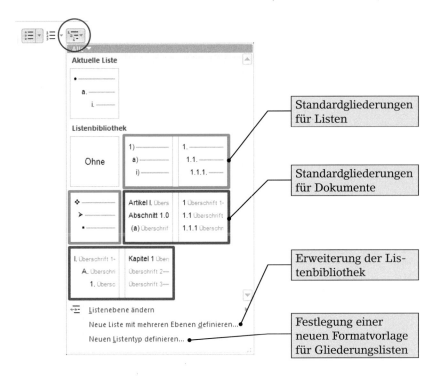

Standardgliederungen für Listen

Standardgliederungen für Dokumente

Erweiterung der Listenbibliothek

Festlegung einer neuen Formatvorlage für Gliederungslisten

Aufgaben

1. Geben Sie den Text „Aufzählung" ein und folgen Sie dabei den Anweisungen im Text.
2. Speichern Sie das Dokument unter dem Namen *Aufzählung* und ein weiteres Mal unter *Nummerierung*.
3. Ändern Sie die Überschrift und die vorangestellten Aufzählungszeichen im Dokument *Nummerierung* sinngemäß.

Aufzählung

Dieser Text ist in der Standardformatierung für Absätze formatiert. Er dient dazu zu zeigen, wo normalerweise der linke Textrand ist. Jetzt können Sie zunächst mit **<Shift>** + **<Enter>** eine Leerzeile als Abstand und anschließend mit **<Enter>** einen Absatz hinzufügen.

▶ Nun beginnt eine Aufzählung, wenn Sie dem Absatz ein Aufzählungszeichen über die entsprechende Schaltfläche im Menüband **<Start>** in der Befehlsgruppe **<Absatz>** hinzufügen. Es ist zu erkennen, dass ein Einzug vorgenommen wurde, sodass unter den Aufzählungszeichen ein freier Bereich entsteht. Jetzt fügen Sie, wie oben beschrieben, einen weiteren Absatz hinzu.

▶ Die Aufzählung wird fortgesetzt. Ein zweiter Absatz der Aufzählung folgt. Fügen Sie nun der Aufzählung den dritten Absatz hinzu.

▶ Diese Gliederungsebene soll noch einen zweiten Absatz enthalten, der zwar nach einem Absatzabstand in einer neuen Zeile beginnen, aber kein Absatzzeichen enthalten darf. Fügen Sie zunächst, wie oben beschrieben, einen weiteren Absatz hinzu.

▶ Diesem neu entstandenen Absatz ist zunächst noch ein Absatzzeichen vorangestellt. Positionieren Sie den Cursor aber vor den ersten Buchstaben des Absatzes und betätigen einmal die Rückschritttaste, so wird das Absatzzeichen entfernt, ohne dass der Text nach links rückt. Der Absatz gehört damit zur gleichen Ebene. Fügen Sie jetzt einen weiteren Absatz hinzu.

▶ Um wieder Aufzählungszeichen mit demselben Einzug zu erzeugen, betätigen Sie einmal die **<Rückschritttaste>** und klicken anschließend wieder auf die Schaltfläche **<Aufzählungszeichen>**. Erzeugen Sie einen weiteren Absatz.

   – Wollen Sie in diesem Absatz die Gliederungsebene wechseln, so klicken Sie auf die Schaltfläche **<Einzug vergrößern>** oder betätigen Sie, nachdem Sie den Cursor vor den ersten Buchstaben des Absatzes positioniert haben, den Tabulator. Die Gliederungsebene wird gewechselt. Erzeugen Sie einen weiteren Absatz.

   – Auch dieser Absatz befindet sich auf der zweiten Gliederungsebene. Erzeugen Sie einen weiteren Absatz.

▶ Wollen Sie wieder auf die gleiche Gliederungsebene, so können Sie entweder die Schaltfläche **<Einzug verkleinern>** benutzen oder Sie positionieren den Cursor wieder vor den ersten Buchstaben und verwenden die Tastenkombination **<Shift>** + **<Tab>**.

3.2.4   Tabulator

Situation   Ihr Chef beauftragt Sie, eine Kundenliste mit Kundennummern, Firmen, Telefonnummern und Ansprechpartnern zu erstellen.

Aufgabe   Erstellen Sie die Liste unter Verwendung der im Programm eingestellten Standardtabstopps. Verkleinern Sie den eingestellten Schriftgrad auf 11 Punkt. Speichern Sie unter *Kundenliste1*.

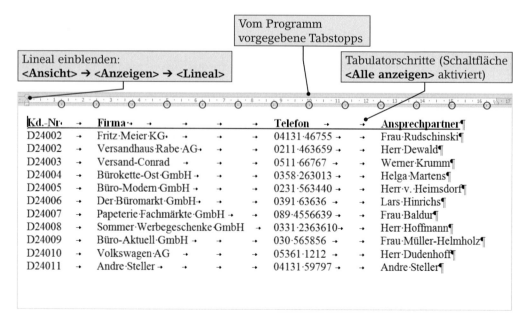

Aufgrund der unterschiedlichen Schreibschritte in den Proportionalschriftarten gibt es bei der Positionierung mit Leerschritten häufig keine einheitliche Fluchtlinie. Deshalb benutzt man zum Positionieren von Wörtern oder Zahlen in einer Zeile den Tabulator. Die Standardeinstellung für Tabstopps beträgt in MS Word 1,25 cm, das bedeutet, der Cursor springt beim Betätigen der Tab -Taste jeweils um 1,25 cm weiter. Wenn Sie die Schaltfläche **<Alle anzeigen>** aktiviert haben, wird der Tabulatorsprung mit einem Pfeil dargestellt. Die Positionen der Standardtabstopps sind im Lineal unterhalb des Menübandes (s. Abb. auf S. 135) mit kleinen grauen Punkten gekennzeichnet.

Situation Sie erhalten den Auftrag, eine weitere Liste mit Artikelbezeichnungen, Verpackungseinheiten und Preisen zu erstellen.

Aufgabe
1. Erstellen Sie die Liste mit folgenden Tabstopps:
   2,25 cm zentriert, 3,25 cm linksbündig, 10 cm linksbündig und 15,75 cm dezimal (Überschriftzeile 15,75 zentriert).

2. Benutzen Sie Schriftgrad 12.

3. Speichern Sie unter *Artikelliste1*.

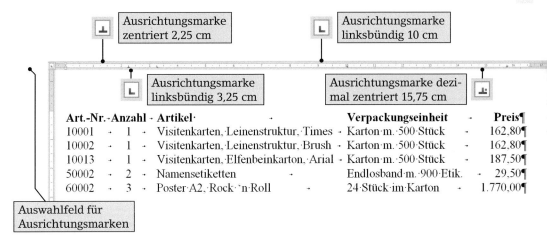

Ausrichtungsmarke zentriert 2,25 cm

Ausrichtungsmarke linksbündig 10 cm

Ausrichtungsmarke linksbündig 3,25 cm

Ausrichtungsmarke dezimal zentriert 15,75 cm

Art.-Nr.	Anzahl	Artikel	Verpackungseinheit	Preis¶
10001	1	Visitenkarten, Leinenstruktur, Times	Karton m. 500 Stück	162,80¶
10002	1	Visitenkarten, Leinenstruktur, Brush	Karton m. 500 Stück	162,80¶
10013	1	Visitenkarten, Elfenbeinkarton, Arial	Karton m. 500 Stück	187,50¶
50002	2	Namensetiketten	Endlosband m. 900 Etik.	29,50¶
60002	3	Poster A2, Rock 'n'Roll	24 Stück im Karton	1.770,00¶

Auswahlfeld für Ausrichtungsmarken

Setzen von Tabstopps über das Dialogfenster

Aufrufen des Dialogfensters:

▶ **<Seitenlayout>** → **<Listenfeld Absatz>** → **<Tabstopps …>**

▶ Doppelklick auf den unteren Bereich des horizontalen Lineals

Hinweis:

Sofern das Lineal nicht eingeblendet ist, wählen Sie im Register **<Ansicht>** → Gruppe **<Anzeigen>** → **<Lineal>**.

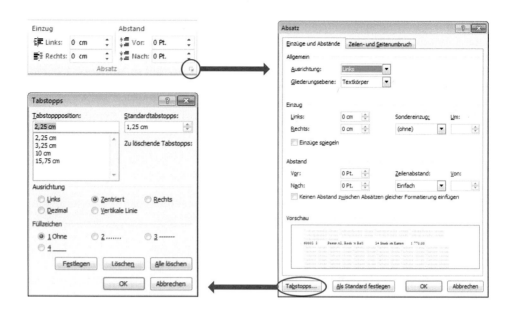

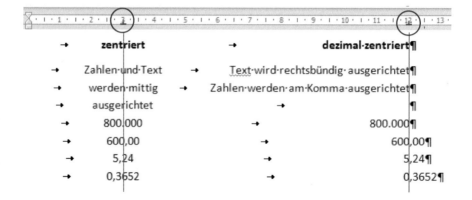

Sie geben die Position in Zentimetern gemessen vom Zeilenanfang und die Ausrichtung der Zeichen unter dem Tabstopp an. Die Standardtabstopps links vom neu
gesetzten Stopp werden dabei aufgehoben.

Die Tabulatoreinstellungen gelten für den Absatz, in dem sich der Cursor beim
Setzen befindet und für alle im direkten Anschluss erzeugten Zeilen und Absätze.
Will man mehreren Absätzen gleiche Tabstopps hinzufügen, so müssen die Absätze
vorher markiert werden.

Wenn Sie eine Linie in dem freien Raum vor einem Tabstopp einfügen wollen, so
lassen sich im Dialogfenster drei Linienarten als Füllzeichen auswählen.

1.   ohne Füllzeichen

2. ....   gepunktete Linie

3. -   gestrichelte Linie

4. —————————————   durchgezogene Linie

Setzen von Tabstopps mit der Maus

Um benutzerdefinierte Tabstopps zu setzen, klicken Sie mit der Maus zunächst mehrfach auf das Auswahlfeld links neben dem horizontalen Lineal und legen damit die Art des Tabstopps fest. Wählen Sie anschließend die Stelle im Lineal, an der Sie einen Tabstopp setzen wollen.

L	Linksbündiger Tab	⌐	Rechtsbündiger Tab
⊥	Zentrierender Tab	⊥·	Dezimal zentrierender Tab

Löschen von Tabstopps

Sie können die gesetzten Tabstopps wieder löschen, indem Sie mit der Maus auf die betreffende Stelle im Lineal klicken und anschließend, die linke Maustaste gedrückt haltend, die Ausrichtungsmarke herunterziehen.

In dem oben erwähnten Dialogfenster **<Tabstopp>** wählen Sie im Auswahlfenster den zu löschenden Tabstopp an und klicken dann auf die Schaltfläche **<Löschen>** bzw. bei Bedarf **<Alle löschen>**.

3.2.5   Einzüge

Aufgaben
1. Öffnen Sie die Datei *Bildschirm1* und speichern Sie sie unter *Bildschirm2*.
2. Markieren Sie den gesamten Text mit Ausnahme der Überschrift und machen Sie die Nummerierung rückgängig, indem Sie die Schaltfläche für Nummerierung deaktivieren.
3. Geben Sie einen hängenden Einzug von 3,5 cm ein und setzen Sie einen Tabstopp bei 3,5 cm.
4. Geben Sie jeweils nach dem fett gesetzten Leitwort zu Beginn eines jeden Absatzes einen Tabulatorschritt ein.

Normalerweise beginnen die Zeilen am linken Seitenrand (Lineal 0 cm) und enden am rechts eingestellten Seitenrand (Ende des weißen Linealbereichs). Veränderungen dieser Einstellung für einen oder mehrere Absätze bezeichnet man als Einzüge.

Einen Einzug können Sie erzeugen, indem Sie mit der Maus auf die Schaltfläche **<Einzug vergrößern>** klicken. Für genauere Einstellungen (z. B. „hängender Einzug") benutzen Sie das Dialogfenster.

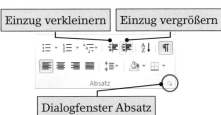

<Start> ➜ **<Listenfeld Absatz>**

Probieren Sie im Dialogfenster die verschiedenen Möglichkeiten aus und achten Sie dabei auf die im Feld **<Vorschau>** angezeigten Auswirkungen. Sämtliche Einstellungen für Absätze gelten sowohl für den Absatz, in dem sich der Cursor zurzeit befindet, als auch für alle im direkten Anschluss neu erzeugten Absätze. Wollen Sie für einen bereits geschriebenen Text sämtliche Einzüge verändern, so müssen Sie den Text vorher markieren ($\boxed{\text{Strg}}$ + $\boxed{\text{A}}$).

Die Einstellungen für Einzüge werden im Lineal unterhalb des Menübandes angezeigt, sofern in dem Register **<Ansicht>** Befehlsgruppe **<Anzeigen>** das Optionskästchen **<Lineal>** aktiviert ist.

Linke obere und untere Einzugsmarke

Rechte Einzugsmarke

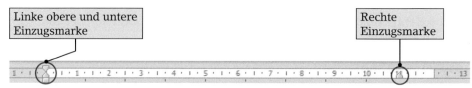

Die Absatzeinzüge lassen sich mithilfe der Maus durch Ziehen der Einzugsmarken auf dem Lineal erstellen. In diesem Absatz wurde die rechte Einzugsmarkierung vom rechten Seitenrand um 1 cm verschoben.

In·diesem·Absatz·ist·zusätzlich·die·obere·linke·Einzugsmarke·um·2·cm·nach·rechts·verschoben,·so·dass·die·erste· Zeile·nicht·am·linken·Seitenrand·beginnt·(Erstzeileneinzug).·Die· übrigen·Zeilen·des·Absatzes·bleiben·davon·unberührt.¶

Hängender·Einzug → Bei·einem·hängenden·Einzug·beginnt·die· erste·Zeile·am·linken·Rand,·während·die· restlichen·Zeilen·des·Absatzes·nach·rechts· eingezogen·sind.¶

Situation   Ihr Chef beauftragt Sie, ein Angebot über Bildpostkarten zu erstellen.

Aufgabe   Gestalten Sie das folgende Angebot mit Einrückung und speichern Sie unter dem Dateinamen *Angebot Hoffman*.

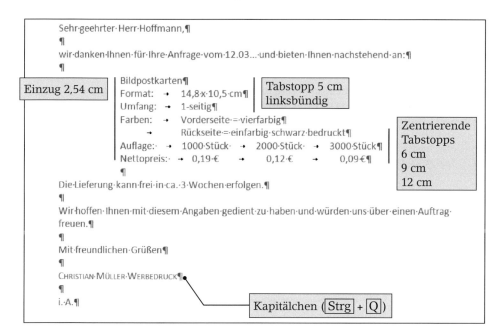

Einrückungen

Der oben dargestellte Brief enthält eine Einrückung. Das Wesentliche des Angebots wird hier durch einen um 2,54 cm verschobenen Zeilenanfang hervorgehoben. Sie sind wie Absätze durch jeweils eine Leerzeile oben und unten vom Text zu trennen. Die Einrückungen kann man mit Tabstopps oder bei mehreren Absätzen bequemer mit einem Einzug vornehmen.

3.2.6 Abstände

Aufgabe Setzen Sie in dem soeben erstellten Angebot den Abstand zwischen den Absätzen auf 6 Punkt.

In dem Register **<Einzüge und Abstände>** des Dialogfensters **<Absatz>** lassen sich neben den Zeileneinzügen auch Abstände einstellen, um Textanordnungen vertikal zu verändern. Bisher haben Sie zur Erzeugung eines Absatzes eine zweifache Absatzschaltung vorgenommen, um eine Leerzeile als Zwischenraum einzufügen. Der Abstand von einem Absatz zum anderen lässt sich mithilfe des Dialogfensters aber auch genau einstellen und es bedarf dann nur noch einer Absatzschaltung zur Erzeugung des gewünschten Zwischenraumes. Wenn Sie unter **<Abstand>** ➔ **<Vor>** einen Wert > 0 (z. B. 6 Punkt) eingeben, so wird oberhalb einer Absatzschaltung jeweils ein Zwischenraum eingefügt. Die Größe des Abstands wird in dem Feld **<Vorschau>** angezeigt.

Sämtliche Einstellungen für Absätze gelten sowohl für den Absatz, in dem sich der Cursor zurzeit befindet, als auch für alle im direkten Anschluss neu erzeugten Absätze. Wollen Sie für einen bereits geschriebenen Text die Abstände verändern, so müssen Sie den Text vorher markieren (Strg + A).

Um eine neue Zeile zu erzeugen, ohne den Absatz zu wechseln, geben Sie zukünftig immer die Zeilenschaltung Shift + Enter statt der Absatzschaltung Enter ein. Die Zeilenschaltung wird, wenn Sie **<Alles anzeigen>** aktiviert haben, als ↵ angezeigt.

Register **<Seitenlayout>**   Register **<Start>**

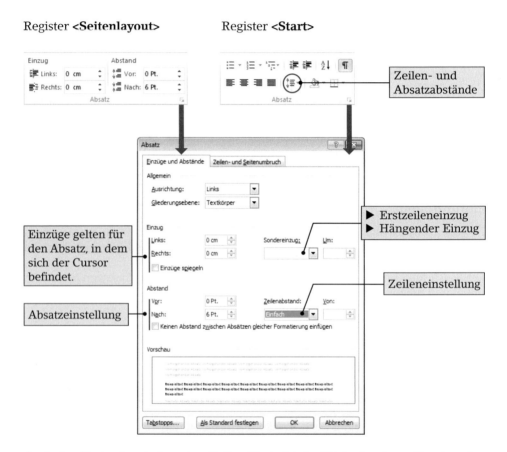

Auch der Abstand zwischen den Zeilen lässt sich im Dialogfenster **<Absatz>** einstellen. Um ihn zu vergrößern, wählen Sie **<1,5 Zeilen>** oder **<Doppelt>**. Achten Sie darauf, dass Sie den Zeilenabstand nur dann mit **<Genau>** eingeben, wenn der von Ihnen gewählte Schriftgrad nicht größer als der Zeilenabstand ist, da sonst die Zeichen nicht mehr korrekt angezeigt werden.

Aufgabe   Öffnen Sie *Poster4*, löschen Sie die Leerzeilen, ändern Sie auch hier den Abstand auf **6 Punkt vor dem Absatz** und speichern Sie unter *Poster5*.

3.2.7 Rahmen

Situation Für ein Telefonbuch benötigt die Fa. CMW einen Inseratsentwurf.

Aufgabe Erstellen Sie den folgenden Entwurf für ein Inserat in einem Branchen-fernsprechbuch und speichern Sie unter dem Dateinamen *Inserat Telefonbuch*.

Einstellungen	
Grundeinstellungen	Schriftart Calibri, Schriftgrad 12 Punkt, Abstand vor und nach dem Absatz 3 Punkt
CHRISTIAN MÜLLER WERBEDRUCK	Kapitälchen, Schriftgrad 36 Punkt, Schriftfarbe Blau, Texteffekt – Textkontur – einfarbige Linie – Dunkelblau, Schattierung – Füllung – Gelbbraun, zentriert
Fachbetrieb für	Schriftgrad 20 Punkt, Schriftfarbe Blau, Texteffekt – Schatten Außen, Schattierung – Füllung – Gelbbraun, zentriert
Gestaltung – Satz – ...	Schriftfarbe Blau, Texteffekt Spiegelung, Schriftgrad 18 Punkt, Schattierung – Füllung – Gelbbraun, zentriert
Wir stellen für Sie her:	Schriftgrad 16 Punkt, Zeichenabstand 3 Punkt
Geschäftsvordrucke ...	Schriftgrad 18 bis 11 Punkt, Aufzählung, Erstzeileneinzug 8 cm, Tabstopp 8,5 cm, links und rechts kein Einzug
Telefon/Telefax	Tabstopp 2 cm
Anschrift	Tabstopp 16,5 cm rechtsbündig, Schriftgrad 8 Punkt
CHRISTIAN MÜLLER	Kapitälchen, Schriftgrad 9 Punkt
Rahmen	Schattiert, Linie 1½ Punkt, Abstand alle Seiten 10 Punkt (Optionen)

CHRISTIAN MÜLLER WERBEDRUCK

Fachbetrieb für

Gestaltung - Satz - Siebdruck - Offsetdruck - Buchdruck

Wir stellen für Sie her:

- Geschäftsvordrucke
- Zeitschriften
- Broschüren
- Kalender
- Poster

Telefon: 04131 12345-0
Telefax: 04131 12345-12

CHRISTIAN MÜLLER WERBEDRUCK - Postfach 21 73 - 21311 Lüneburg

Durch Klicken auf den Pfeil neben der Schaltfläche für Rahmen werden weitere Schaltflächen mit verschiedenen Rahmenlinien eingeblendet.

Probieren Sie die unterschiedlichen Möglichkeiten aus, Rahmen zu setzen. Weitere Optionen finden Sie unter:

\<Absatz\> → \<Rahmen und Schattierung ...\> → \<Rahmen\>

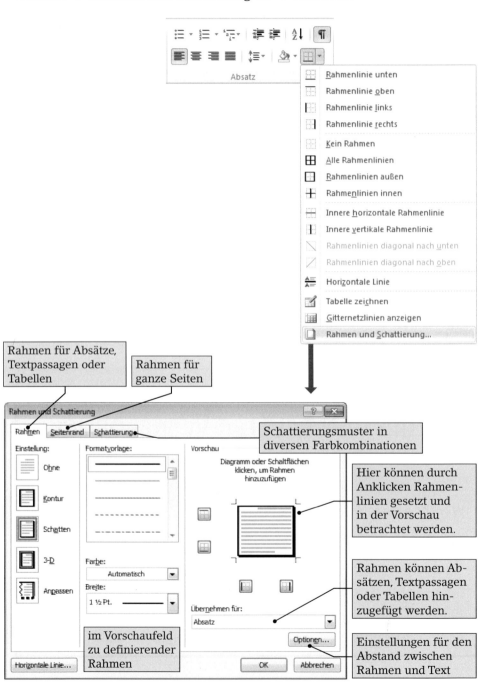

Situation Eine neue Mitarbeiterin für die Buchhaltung wird per Annonce gesucht.

Aufgabe Gestalten Sie das Inserat nach dem nachfolgenden Muster und speichern Sie unter dem Dateinamen *Inserat Personal1*.

Einstellungen	
Grundeinstellungen:	Schriftart Verdana
CHRISTIAN MÜLLER WERBEDRUCK:	Fett, Kapitälchen, Schriftgrad 28 Punkt, zentriert
Wir sind …	Schriftgrad 12 Punkt, zentriert
kaufmännische …	Fett, Schriftgrad 18 Punkt, zentriert
und Kenntnisse …	Schriftgrad 16 Punkt, zentriert
Neben allen …	Schriftgrad 12 Punkt, Blocksatz
allgmeine Büroarbeiten …	Schriftgrad 12 Punkt, Aufzählung, Erstzeileneinzug 1,5 cm
Neben einer …	Schriftgrad 12 Punkt, Blocksatz
interessante Sozialleistungen	Fett
Fahrkostenzuschuss	Fett
Sie haben …	Schriftgrad 12 Punkt, linksbündig
eine kaufmännische …	Schriftgrad 12 Punkt, Aufzählung, Erstzeileneinzug 1,5 cm
KHK …	Schriftgrad 12 Punkt, Tabulator 12,25 cm, linksbündig
Dann senden …	Schriftgrad 12 Punkt, linksbündig
Adresse	Schriftgrad 9 Punkt, Tabulator 12,25 cm, linksbündig
Rahmen	Schattiert, Linie 1½ Punkt, Abstand alle Seiten 15 Punkt

CHRISTIAN MÜLLER WERBEDRUCK

Wir sind ein mittelständisches Familienunternehmen und suchen per sofort eine

kaufmännische Mitarbeiterin mit Buchhaltungserfahrung

und Kenntnissen in der Lohn- und Gehaltsabrechnung.

Neben allen üblicherweise in der Buchhaltung anfallenden Arbeiten umfasst der Tätigkeitsbereich auch:

- allgemeine Büroarbeiten
- Zahlungsverkehr
- Mahnwesen

Neben einer leistungsgerechten Bezahlung erwarten Sie weitere **interessante Sozialleistungen** und ein **Fahrtkostenzuschuss.**

Sie haben:

- eine kaufmännische Ausbildung
- Verantwortungsgefühl
- Einsatzbereitschaft
- ein freundliches Wesen
- Erfahrung im Umgang mit Standard-Software: KHK
  Word
  Excel

Dann senden Sie bitte Ihre Unterlagen an: Christian Müller Werbedruck
Postfach 21 73
21311 Lüneburg

3.2.8 Formatvorlagen

Aufgaben

1. Weisen Sie dem Dokument *Zeichnen2* folgende Schnellformatvorlagen zu:

   Überschrift 2   Zeichnen

   Überschrift 3   Verschieben und Löschen; Zeichenbereich; Eigenschaften; Gruppieren; Effekte

   Standard   Text

2. Ändern Sie das Stil-Set in „*Elegant*" und speichern Sie unter *Zeichnen3*.

3. Nehmen Sie die folgenden Änderungen an den Formatvorlagen vor und speichern Sie das Stil-Set als Schnellformatvorlagen-Satz „*Elegant1*".

   Überschrift 2   Schriftart: Arial; Auszeichnung: Fett; Absatzabstand: vor 12 pt, nach 3 pt

   Überschrift 3   Schriftart: Arial; Auszeichnung: Fett; Absatzabstand: vor 9 pt, nach 3 pt

   Standard   Schriftart: Calibri; Schriftgröße: 12 pt; Ausrichtung: Blocksatz; Zeilenabstand: einfach; Absatzabstand: vor 3 pt, nach 3 pt

Zeichenformatierungen bestehen in der Regel aus mehreren Formatierungsmerkmalen wie Auszeichnung (Fett, Kursiv, …), Schriftart und Schriftgröße. Um mehrere Formatierungsmerkmale auf einmal zuweisen zu können, speichert man diese Kombinationen in Formatvorlagen. Ist mehreren Elementen in einem Dokument dieselbe Formatvorlage zugewiesen (z. B. Überschrift 2), so reicht eine Änderung, um all diese Elemente auf einmal neu zu formatieren.

Man unterscheidet fünf Arten von Formatvorlagen:

▶ **Zeichenformatvorlagen**   Schriftgröße, Auszeichnung, Schriftart, Effekte, …

▶ **Absatzformatvorlagen**   Einzüge, Tabulatoren, Absatzabstände, …

▶ **Verknüpfte Formatvorlagen**   Kombination aus Absatz- und Zeichenformatvorlagen

▶ **Tabellenformatvorlagen**   Rahmen, Schattierungen, Ausrichtung, …

▶ **Listenformatvorlagen**   Ausrichtungen, Aufzählungszeichen, Einzüge, …

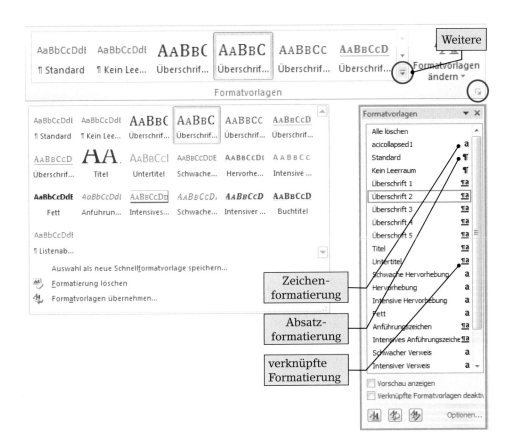

Schnellformatvorlagen

MS Word stellt einen Katalog von Schnellformatvorlagen zur Verfügung, um damit häufig vorkommende Formatierungsarbeiten unkompliziert erledigen zu können. Wenn Sie ein neues Dokument erstellen, so wird dem Text in der Regel die Absatzformatierung *Standard* zugewiesen. Eine andere Schnellformatvorlage weisen Sie zu, indem Sie den Cursor im betreffenden Absatz (Absatzformat) oder Wort (Zeichenformat) positionieren. Klicken Sie anschließend auf den Drop-down-Pfeil **<Start>** ➔ **<Formatvorlagen>** ➔ **<Weitere>** neben den angezeigten Schnellformatvorlagen und Ihnen wird ein Katalog verfügbarer Schnellformatvorlagen angezeigt. Wenn Sie einen Eintrag auswählen, so werden die Formatierungen entsprechend der Vorlagenart für den betreffenden Absatz oder die markierten Zeichen übernommen.

Stil-Sets

Um in einem Schritt die zugewiesenen Formatvorlagen zu ändern, kann man Formatvorlagensätze benutzen. Sie enthalten aufeinander abgestimmte Formate wie Schriftarten, Farben und Einzüge. Der Katalog mit Stil-Sets wird aufgerufen über die Schaltfläche **<Formatvorlagen ändern>** ➔ **<Stil-Set>**.

Hier können Sie auch selbst zusammengestellte Formatvorlagensätze speichern und, falls Sie jedes neue Dokument mit einem bestimmten Vorlagensatz aufrufen möchten, als Standard festlegen.

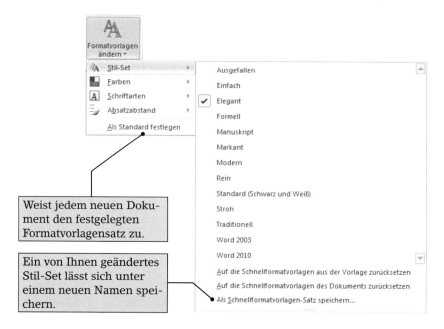

Weist jedem neuen Dokument den festgelegten Formatvorlagensatz zu.

Ein von Ihnen geändertes Stil-Set lässt sich unter einem neuen Namen speichern.

Formatvorlagen erstellen und bearbeiten

Formatieren Sie einen Absatz oder eine Textpassage nach Ihren Vorstellungen und positionieren Sie den Cursor an der betreffenden Stelle. Wählen Sie im Kontextmenü des Textes oder der Formatvorlage **<Formatvorlagen>** → **<Auswahl als neue Schnellformatvorlage speichern>**. Vergeben Sie in dem erscheinenden Dialogfenster einen aussagekräftigen Namen für Ihre Formatvorlage.

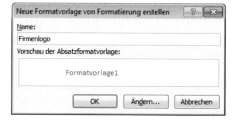

Sie können alternativ auch die benutzte Formatvorlage ändern, indem Sie im Kontextmenü des Formatvorlagenauswahlfeldes **<Formatvorlagen>** → **<Standard aktualisieren, um der Auswahl zu entsprechen>** wählen. Alle im Dokument vorkommenden Instanzen dieser Formatvorlage werden dann auf einmal geändert und der markierten Auswahl angepasst.

Eine weitere Möglichkeit, die Formatvorlagen anzupassen, besteht darin, im Kontextmenü der Formatvorlagen auf **<Ändern>** zu klicken. Es öffnet sich ein Dialogfenster, in dem Sie alle Änderungen eingeben können. Abschließend entscheiden Sie, ob die von Ihnen vorgenommenen Änderungen nur für das aktuelle Dokument oder für alle auf der Dokumentvorlage basierenden neuen Dokumente gelten sollen.

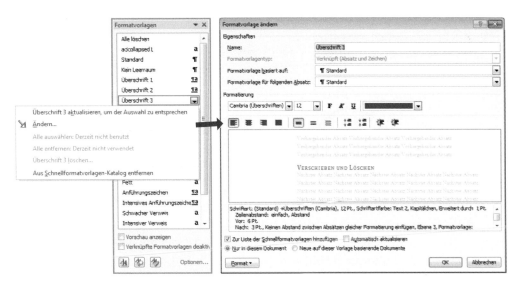

Nummerierte Gliederung

Um den Kapitelüberschriften die Listennummerierung voranzustellen gehen Sie folgendermaßen vor.

1. Schreiben Sie zunächst drei Überschriften (z. B. Ebene 1, Ebene 2 und Ebene 3) und trennen sie die Überschriften durch Absatzschaltungen (Enter).	Ebene 1 Ebene 2 Ebene 3
2. Weisen Sie den Überschriften die Schnellformatvorlagen **>Überschrift 1 bis 3<** zu.	Ebene 1 Ebene 2 Ebene 3
3. Markieren Sie anschließend alle drei Überschriften. Wählen Sie **<Start>** ➔ **<Absatz>** ➔ **<Liste mit mehreren Ebenen>** und weisen Sie eine der angebotenen Gliederungen zu.	1. Ebene 1 2. Ebene 2 3. Ebene 3
4. Positionieren Sie den Cursor vor der Überschrift 2 und geben Sie einen Tabulatorschritt ein. Verfahren Sie entsprechend mit der Überschrift 3 und geben Sie zwei Tabulatorschritte ein.	1. Ebene 1 1.1. Ebene 2 1.1.1. Ebene 3
5. Klicken Sie abschließend mit der rechten Maustaste auf die Schaltfläche für **<Überschrift 1>** und wählen Sie **<Überschrift 1 aktualisieren um der Auswahl zu entsprechen>**. Verfahren Sie entsprechend mit der Überschrift 2 und 3.	1. Aal Überschrift 1
6. Geben Sie die weiteren Formatierungen für jede der drei Ebenen ein und aktualisieren Sie jeweils die Überschriften.	

Aufgabe   Was versteht man unter den folgenden Begriffen? Beantworten Sie die Frage schriftlich und speichern Sie das Dokument unter *Aufgaben3*.

1. Unterschneidung
2. Proportionalschriftart
3. Blocksatz
4. Hängender Einzug
5. Listenebene
6. Standardtabstopp
7. Dezimal zentrierender Tabulator
8. Schnellformatvorlage
9. Formatvorlagensatz

3.3 Korrektur

3.3.1 Rechtschreibung

Situation Die Antwort auf eine Reklamation ist sehr schnell geschrieben worden und weist daher viele Rechtschreibfehler auf.

Reklamation der Prospekte

Sehr geehrter Herr von Heimsdorf,

Mit Bedauern habe ich zur Kenntnis genommen, dass die von von uns geliefereten Prospekte nichtt Ihren Vorstellungen entsprechen. Ich bin zwar immer bemüht, den Wünschen meiner Kunden voll und ganz zu entsprechen, kann aber geringfügige Farbabweichungen bei dem benutzten technischen Verfahren nicht immer vermeiden. bei der Auftragserteilung sidn Sie darauf hingewiesen worden, dass derartige Farbabweichungen nur ausgeschlossen werden können, bei Verwendung des teureren Kunstdruck-Verfahrens.

Ihnen ist eine Probedruck zugesandt worden. Sie erklärten in einem Telefongespräch am ..-05-28 unserem Herrn Dreher, dass Sie mit der Probe einverstanden sind und die Prospekte unbedingt in zwei Tagen benätigt würden. Wir haben daraufhin termingerecht am ..-05-30 geliefert. Ein Preisnachlass kommt daher nicht in Betracht.

Ich muss Sie also bitten, den mit mit der Lieferung zugestellte Rechnung über 15.689,12 r umgehend zu bergleichen. Bitte haben Sie Verstandnis, dass bei dem vorligenden Sachverhalt dder von Ihnen erbetene Nachlass leider nicht gewährt werden kann.

Mit freundlichen Grüßen

CHRISTIAN MÜLLER WERBEDRUCK

i. V.

Kerstin Schuhmann

Aufgabe 1. Korrigieren Sie mithilfe des Programms die Fehler.
2. Speichern Sie die korrigierte Version unter *Reklamation1* im Ordner.

Aufrufen der Rechtschreibkorrektur

▶ Funktionstaste F7

▶ <Überprüfen> ➔ <Rechtschreibung und Grammatik>

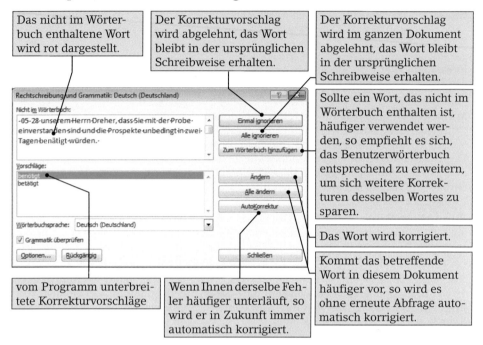

Das nicht im Wörterbuch enthaltene Wort wird rot dargestellt.

Der Korrekturvorschlag wird abgelehnt, das Wort bleibt in der ursprünglichen Schreibweise erhalten.

Der Korrekturvorschlag wird im ganzen Dokument abgelehnt, das Wort bleibt in der ursprünglichen Schreibweise erhalten.

Sollte ein Wort, das nicht im Wörterbuch enthalten ist, häufiger verwendet werden, so empfiehlt es sich, das Benutzerwörterbuch entsprechend zu erweitern, um sich weitere Korrekturen desselben Wortes zu sparen.

Das Wort wird korrigiert.

Kommt das betreffende Wort in diesem Dokument häufiger vor, so wird es ohne erneute Abfrage automatisch korrigiert.

vom Programm unterbreitete Korrekturvorschläge

Wenn Ihnen derselbe Fehler häufiger unterläuft, so wird er in Zukunft immer automatisch korrigiert.

Korrekturvorschläge können über die Schaltfläche **<Ändern>** angenommen oder über **<Einmal Ignorieren>** abgelehnt werden. Kommt das betreffende Wort im Dokument häufiger vor, so kann man, um sich weitere Abfragen des gleichen Wortes zu ersparen, auf die Schaltfläche **<Alle ignorieren>** bzw. **<Alle ändern>** klicken. Kann kein Korrekturvorschlag vom Programm unterbreitet werden, so bleibt das Feld **<Vorschläge>** leer. Das Wort lässt sich direkt im oberen Fenster korrigieren. Bei Wortwiederholungen, z. B. „der der", bleibt das Feld **<Vorschläge>** leer. Statt der Schaltfläche **<Ändern>** erscheint **<Löschen>**.

Um vom Dialogfenster in den Text zu wechseln, klicken Sie mit der Maus auf eine beliebige Stelle im Text. Umgekehrt verfahren Sie ebenso, indem Sie auf eine beliebige Stelle im Dialogfenster klicken.

Das Anklicken der Schaltfläche **<AutoKorrektur>** bewirkt, dass das gefundene Wort künftig beim Auftreten desselben Fehlers bereits während des Schreibens ersetzt wird. Wenn Ihnen häufig derselbe Tippfehler unterläuft, wie z. B. „dei" statt „die", dann kann durch Aufnahme in die Autokorrekturliste der Fehler zukünftig automatisch während des Schreibens korrigiert werden. Weitere Autokorrektureinstellungen können Sie im Dialogfenster hierzu vornehmen.

<Datei> ➔ **<Optionen>** ➔ **<Dokumentenprüfung>** ➔ **<AutoKorrektur-Optionen>**

Automatische Rechtschreibprüfung während der Texteingabe

Wenn Sie bereits während der Texteingabe eine Rechtschreibprüfung wünschen, so können Sie in den Word-Optionen das entsprechende Kontrollkästchen aktivieren.

<Datei> ➜ <Optionen> ➜ <Dokumentenprüfung> ➜ <Beim Korrigieren der Rechtschreibung und Grammatik in Word> ➜ <Rechtschreibung während der Eingabe überprüfen>

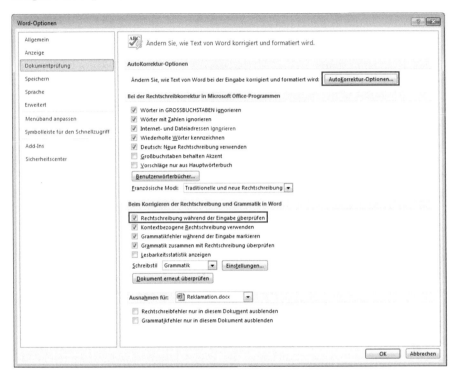

3.3.2 Suchen/Ersetzen

Aufgaben
1. Übernehmen Sie den unten stehenden Text.
2. Weisen Sie der Überschrift „Die Statusleiste" die Schnellformatvorlage *Überschrift 2* zu
3. Lassen Sie den Begriff „MS Word" durch „Microsoft Word" ersetzen.
4. Speichern Sie unter dem Dateinamen: *Statusleiste1*.

Die Statusleiste

Einrichten der Statusleiste

MS Word stellt in der Statusleiste diverse Informationen über den Programmstatus und die aktuelle Cursorposition zur Verfügung. Sie können im Kontextmenü der Statusleiste festlegen, worüber Sie informiert werden möchten. Wählen Sie: Formatierte Seitenzahl, Abschnitt, Seitenzahl, Vertikale Seitenposition, Zeilennummer, Spalte, Wortanzahl, Rechtschreib- und Grammatikprüfung, Tastenkombinationen anzeigen, Zoom und Zoomregler.

Position im Dokument

Links in der Statusleiste ist die Seitenzahl der auf dem Bildschirm angezeigten Seite zu sehen. Wenn Sie eine Nummerierung über den Befehl **<Seitenzahl>** im Menüband **<Einfügen>** vorgenommen haben, so wird diese Nummerierung zugrunde gelegt.

Sofern das Dokument in Abschnitte unterteilt ist, folgt rechts daneben die Nummer des aktuell angezeigten Abschnitts. Falls keine Unterteilung vorgenommen wurde, ist hier „Abschnitt 1" angezeigt.

Rechts daneben steht **<Seite ... von ...>**. Die erste Zahl gibt die aktuell angezeigte Seite an, unabhängig von der durch Sie selbst festgelegten Nummerierung. Die zweite Zahl ist die Gesamtseitenzahl des MS Word-Dokumentes.

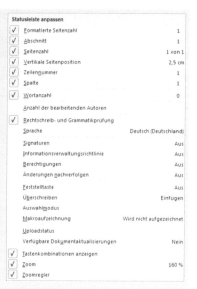

Position auf der Seite

Im zweiten Feld werden Angaben zur Position des Cursors angezeigt. Links der Abstand vom oberen Seitenrand, in der Mitte die Zeilennummer und anschließend die Spalte als Entfernung vom linken Seitenrand in der Anzahl der eingegebenen Zeichen gemessen.

Rechtschreibung

Der Status der Grammatik- und Rechtschreibprüfung wird angezeigt, wenn die Rechtschreibprüfung während der Texteingabe erfolgt. Während MS Word überprüft, wird über dem Buch ein animierter Stift angezeigt. Sind keine Fehler vorhanden, erscheint ein Häkchen. Falls Fehler gefunden wurden, werden sie durch einen roten Stift symbolisiert. Mit einem Klick auf das Symbol springt der Cursor zum Fehler und es wird im Kontext ein Verbesserungsvorschlag unterbreitet.

Modi

Rechts daneben befindet sich die Anzeige des Überschreib- bzw. Einfügemodus. Im Überschreibmodus werden bei der Eingabe die Zeichen rechts vom Cursor nicht mehr verschoben (Einfügemodus), sondern gelöscht. Sie wechseln den Modus über die EINFG-Taste, sofern unter **<Datei>** → Befehl **<Optionen>** im Bereich **<Erweitert>** das Optionsfeld **<EINFG-Taste zum Steuern des Überschreibmodus verwenden>** aktiviert ist.

Die Tastenkombination Strg + Shift + F8 schaltet den geblockten Auswahlmodus ein, d. h. Markierungen lassen sich per Pfeiltasten erweitern. Wenn er eingeschaltet ist, wird er durch den Hinweis „Auswahl blockieren" angezeigt.

Weiter rechts wird der Status der Speicherung durch ein Symbol angezeigt.

Ansicht

Rechts auf der Statusleiste befinden sich fünf Schaltflächen für die Wahl der Ansicht. In der „Seitenlayoutansicht" wird die Seite mit Seitenrändern gezeigt und man erhält einen Eindruck davon, wie die Seite gedruckt aussieht (WYSIWYG = What you see is what you get). Zum Lesen eines Dokumentes ist der „Vollbild Lesemodus" ideal. Neben diversen anderen Ansichtsoptionen können Sie hier den Seiteninhalt so sehen, wie er auf Papier gedruckt wird. In der „Weblayoutansicht" wird der Seiteninhalt so angezeigt, dass sich die Zeilenumbrüche an die Fenstergröße anpassen. Die „Gliederungsansicht" ist besonders für größere Dokumente mit Gliederung geeignet, da sie das Navigieren zwischen verschiedenen Kapiteln im Dokument vereinfacht. Sie empfiehlt sich vornehmlich für größere Dokumente, die strukturiert werden sollen.

Zoom

Die Einstellungen zur Größe der Anzeige des Dokumentes nehmen Sie mit den Schaltflächen rechts neben der Ansicht vor. Der Zoom lässt sich hier von 10 %–500 % variieren. Weitere Einstellmöglichkeiten befinden sich im Menüband **<Ansicht>**.

Um einen Begriff, eine Textpassage, eine bestimmte Formatierung oder einen eingegebenen Befehl im Text zu suchen und zu ersetzen, rufen Sie im Menüband
<Start> ➜ **<Bearbeiten>** ➜ **<Ersetzen>** auf. Sie können in den Textfeldern **<Su-
chen nach>** und **<Ersetzen durch>** Eintragungen vornehmen. Klicken Sie anschließend auf **<Weitersuchen>.** Wenn das Programm eine entsprechende Eintragung im Text gefunden hat, zeigt es die Fundstelle an und Sie können die Schaltfläche **<Ersetzen>** oder, wenn die gesuchte Stelle häufiger vorkommt und jedes
Mal ersetzt werden soll, **<Alle ersetzen>** anklicken. Wenn Sie bestimmte Formatierungen oder Befehle suchen oder ersetzen wollen, müssen Sie zunächst **<Erwei-
tern>** anklicken und rufen anschließend **<Format>** oder **<Sonderformat>** auf.

Um den Begriff „Microsoft Word" in Kapitälchen zu setzen, klicken Sie auf die Schaltfläche **<Ersetzen>**, wählen **<Format>** und anschließend **<Zeichen>**. Aktivieren Sie das Kontrollkästchen für **<Kapitälchen>** und bestätigen Sie mit **<Enter>**. Wenn Sie jetzt auf die Schaltfläche **<Alle ersetzen>** klicken, so wird der Begriff „Microsoft Word" im gesamten Text in Kapitälchen gesetzt. Genauso, wie sie ausschließlich die Formatierung ersetzen können, lässt sich auch nach einer bestimmten Formatierung suchen. Das Texteingabefeld **<Suchen nach>** bleibt dann frei.

Aufgaben

1. Lassen Sie alle Befehle und Bezeichnungen mit der Schriftauszeichnung **Fett** suchen.

2. Verändern Sie die Formatierung in **Fett** und **Kursiv** und erstellen Sie eine neue Formatvorlage **Befehle.**

3. Ersetzen Sie im gesamten Text den Begriff „Microsoft Word" durch „Word".

4. Speichern Sie unter dem Dateinamen: *Statusleiste2*.

Zusammenfassung

▶ Die Rechtschreibkorrektur lässt sich im Menüband **<Überprüfen>** über den Befehl **<Rechtschreibung und Grammatik>** aufrufen.

▶ Um das Wörterbuch der Rechtschreibkorrektur dem individuellen Sprachgebrauch anzupassen, besteht die Möglichkeit, dem **<Wörterbuch>** weitere Begriffe hinzuzufügen.

▶ Mit Eintragungen in die **<AutoKorrektur>** werden bestimmte Tippfehler automatisch während des Schreibens korrigiert.

▶ Mit dem Befehl **<Start>** ➔ **<Bearbeiten>** ➔ **<Suchen>** und **<Ersetzen>** lassen sich bestimmte Textstellen, Zeichen oder Formatierungen suchen und anschließend durch andere ersetzen.

Situation Die Texte zum Bildschirmaufbau, zur Statusleiste und zum Zeichnen sollen in dem Dokument *Wordkurs1* zusammengefasst werden.

Aufgaben

1. Öffnen Sie die Dokumente *Bildschirm2*, *Statusleiste2* und *Zeichnen3*.

2. Kopieren Sie die Texte *Statusleiste* und *Zeichnen* in das Dokument *Bildschirm*.

3. Geben Sie als Gesamtüberschrift WORD-KURS (Überschrift 1) ein.

4. Formatieren Sie den gesamten Text einheitlich nach der Vorlage des Textes *Zeichnen3*.
   Formatvorlagensatz **Elegant1**

5. Richten Sie den gesamten Text im Blocksatz aus.

6. Weisen Sie dem Test die automatische Silbentrennung zu.

7. Löschen Sie den letzten Absatz (Statusleiste) des Kapitels „Word-Bildschirm" und speichern Sie unter *Wordkurs1*.

3.4 Tabellen/Sortieren

3.4.1 Umgang mit Tabellen

Situation — Um an die Geburtstage der Kollegen erinnert zu werden, benötigen Sie eine Tabelle mit den entsprechenden Daten.

Aufgaben —
1. Erstellen Sie eine entsprechende Tabelle, die Sie unter dem Namen *Mitarbeiterliste1* speichern.
2. Formatieren Sie mithilfe der Tabellenformatvorlagen und speichern Sie unter *Mitarbeiterliste2*.

Tabellen lassen sich im Register **<Einfügen>** über die Schaltfläche **<Tabelle>** erzeugen. Tabellen bis zu zehn Spalten und acht Zeilen lassen sich per Mausklick eingeben. Für größere Tabellen wählen Sie **<Tabelle einfügen>**.

Mitarbeiterliste

Name	J	M	T
Arendt	80	03	14
Bruckner	88	04	23
Dreher	66	09	09
Huber	76	03	28
Klose	71	06	12
Kramer	77	11	13
Krüger	65	07	01
Kunze	59	08	17
Matthaei	65	01	30
Priebe	66	06	24
Rudolph	69	05	01
Sasse	73	05	19
Schmidt	78	06	13
Schuhmann	88	01	26
Schulze	82	10	12
Schwarze	86	03	22
Sommer	62	02	30
Sommer	52	02	30

Füllen Sie die Tabelle aus. Sie gelangen mit $\boxed{\text{Tab}}$ oder einer der $\boxed{\text{Pfeil}}$-Tasten in die jeweils nächste Zelle. Verkleinern Sie anschließend mit der Maus die Spalten. Setzen Sie dafür den Cursor an eine beliebige Stelle innerhalb der Tabelle und verschieben Sie die Spaltenränder, indem Sie mit dem Mauspfeil innerhalb der Tabelle auf einen Rand klicken und ihn nach links ziehen. Die Spaltenbreiten sind auf dem Lineal ablesbar.

Einzugsmarken gelten für die einzelne Zelle.

Spaltenrand

Hinweis: Wenn Sie den Rand der aktivierten Zelle (aktuelle Cursorposition) anklicken, so wirkt sich die Verschiebung ausschließlich auf die betreffende Zelle aus.

Halten Sie beim Ziehen eines Spaltenrandes die [Shift]-Taste gedrückt, so bleiben die Spalten rechts davon in ihrer Breite konstant.

Beim Einfügen einer neuen Tabelle sind die Zellen automatisch farblos und werden mit Rahmen versehen. Wenn Sie eine andere Rahmung oder Farbhintergründe wünschen, so können Sie die Einstellungen im Register **<Tabellentools>** ➔ **<Entwurf>** vornehmen.

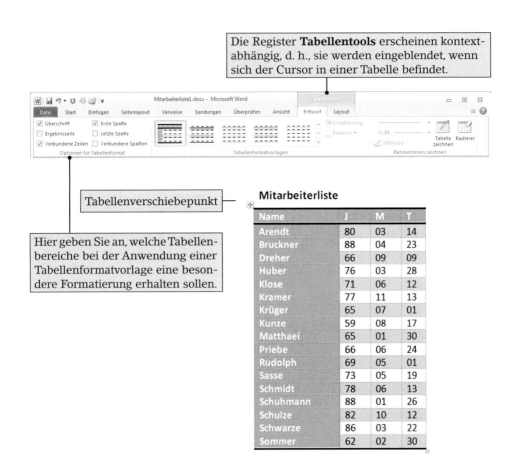

Die Register **Tabellentools** erscheinen kontextabhängig, d. h., sie werden eingeblendet, wenn sich der Cursor in einer Tabelle befindet.

Tabellenverschiebepunkt

Hier geben Sie an, welche Tabellenbereiche bei der Anwendung einer Tabellenformatvorlage eine besondere Formatierung erhalten sollen.

Mitarbeiterliste

Name	J	M	T
Arendt	80	03	14
Bruckner	88	04	23
Dreher	66	09	09
Huber	76	03	28
Klose	71	06	12
Kramer	77	11	13
Krüger	65	07	01
Kunze	59	08	17
Matthaei	65	01	30
Priebe	66	06	24
Rudolph	69	05	01
Sasse	73	05	19
Schmidt	78	06	13
Schuhmann	88	01	26
Schulze	82	10	12
Schwarze	86	03	22
Sommer	62	02	30

Mithilfe des Tabellenverschiebepunktes können Sie die Tabellen als Ganzes markieren und beliebig positionieren. Der Verschiebepunkt erscheint, sobald Sie die Maus über die Tabelle führen.

Für die individuelle Ausgestaltung der Tabellen stehen Ihnen die Werkzeuge **<Schattierung>** und **<Rahmen>** zur Verfügung. Falls Sie auf eine Rahmung ganz oder teilweise verzichten, können Sie die Zellbegrenzungen über das Einblenden der Gitternetzlinien sichtbar machen. Sie erscheinen nicht im Ausdruck.

<Tabellentool Entwurf> ➔ **<Tabellenformatvorlagen>** ➔ **<Rahmen>** ➔ **<Gitternetzlinien anzeigen>**

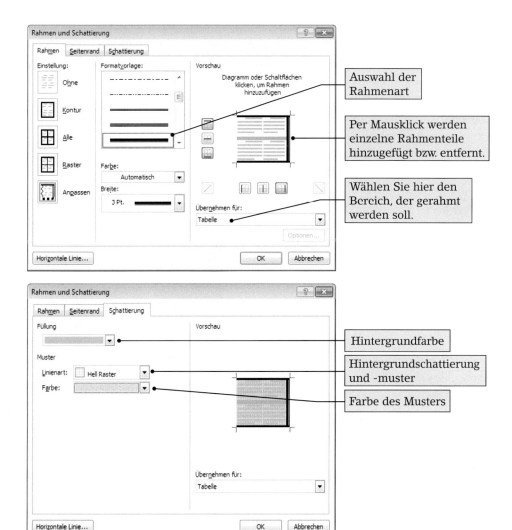

Auswahl der Rahmenart

Per Mausklick werden einzelne Rahmenteile hinzugefügt bzw. entfernt.

Wählen Sie hier den Bereich, der gerahmt werden soll.

Hintergrundfarbe

Hintergrundschattierung und -muster

Farbe des Musters

Rahmenlinien zeichnen

<Tabelle zeichnen>

Der Mauszeiger verwandelt sich in einen Stift, mit dem Sie einzelne Zellen einer Tabelle in beliebiger Breite und Höhe erstellen können. Sie müssen nur klicken und ziehen, um Tabellenbegren-

zungen und Zellpartitionen zu zeichnen. Beginnen Sie beim Zeichnen einer Tabelle mit dem äußeren Rahmen.

<Radierer>

Hiermit können Sie die Ränder von Zellen, Reihen oder Spaltenpartitionen entfernen und so die entsprechenden Zellen verbinden.

Absatzformatierung

Die Ausrichtung von Zellen und der Zeileneinzug funktionieren genauso wie in Absätzen. Soll die Formatierung für mehrere Zellen gelten, so sind die betreffenden Zellen vorher zu markieren.

Situation

Folgende Veränderungen wurden noch nicht in die Liste übertragen:

▶ Herr Meyer, geb. am 88-11-01, Einstellung am 12-10-01

▶ Herr Koch, geb. am 93-10-17, Einstellung am 12-10-01

▶ Ein Mitarbeiter, Herr Matthaei, ist ausgeschieden.

Aufgaben

1. Ergänzen bzw. löschen Sie die Mitarbeidnamen in der Mitarbeiterliste.

2. Fügen Sie in einer weiteren Spalte die Eintrittsdaten hinzu.

3. Verbinden Sie die Überschriftenzellen J, M, T und ersetzen Sie sie durch „Geburtstag". Speichern Sie unter *Mitarbeiterliste3*.

Mitarbeiterliste

Name	J	M	T	Eintrittsdatum
Arendt	80	03	14	06-07-01
Bruckner	88	04	23	08-04-01
Dreher	66	09	09	84-03-01
Huber	76	03	28	01-09-01
Klose	71	06	12	91-05-01
Kramer	77	11	13	08-09-01
Krüger	65	07	01	85-11-01
Kunze	59	08	17	81-02-01
Priebe	66	06	24	82-07-01
Rudolph	69	05	01	88-04-01
Sasse	73	05	19	96-10-01
Schmidt	78	06	13	99-03-01
Schuhmann	88	01	26	04-08-01
Schulze	82	10	12	06-02-01
Schwarze	86	03	22	08-11-01
Sommer	72	02	30	88-06-01
Meyer	93	10	17	09-09-01
Koch	88	11	01	06-01-01

Layout

Im Menüband befindet sich unter den Tabellentools neben dem Register <**Entwurf**> das Register <**Layout**> mit diversen Befehlsgruppen zum Anpassen des Tabellenlayouts.

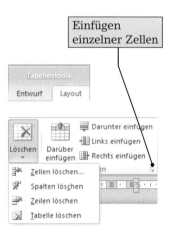

Einfügen einzelner Zellen

Einfügen weiterer Zellen

Zum Einfügen weiterer Zeilen oder Spalten positionieren Sie den Cursor in eine Zelle und klicken auf die entsprechende Schaltfläche in der Befehlsgruppe <**Zeilen und Spalten**>. Zum Einfügen einzelner Zellen klicken Sie auf den Listenpfeil rechts neben <**Zeilen und Spalten**> und legen fest, wohin die restlichen Zellen verschoben werden sollen. Die neuen Spalten, Zeilen oder Zellen werden in ihrem Format angepasst.

Soll lediglich eine weitere Zeile unterhalb der Tabelle eingefügt werden, so genügt es, den Cursor in der letzten Zelle zu positionieren und die Tab-Taste zu betätigen.

Auswählen von Zeilen und Spalten

Zum **Markieren ganzer Spalten** bewegen Sie den Mauszeiger direkt über die obersten Rahmen der Spalte, sodass sich der Zeiger in einen schwarzen senkrechten Pfeil verwandelt. Mit einem Klick ist die Spalte markiert.

Zum Auswählen von Zeilen klicken Sie links neben die zu markierende Zeile.

Löschen von Zellen

Markieren Sie eine oder mehrere Zellen und entscheiden Sie über **<Löschen>** → **<Zellen Löschen>,** ob Sie die Zellen, Zeilen, Spalten oder die gesamte Tabelle entfernen wollen.

Zellenausrichtung

Der Zelleninhalt kann mit den **Ausrichtungsschaltflächen** am oberen oder unteren Rand oder in der Mitte der Zelle ausgerichtet werden. Wenn der Text vertikal verläuft, passen sich die Schaltflächen im Menüband automatisch dem Richtungswechsel an.

Textrichtung

In Tabellenzellen, Textfeldern und Positionsrahmen kann es aus Platzgründen notwendig sein, Text vertikal anzuordnen (um 90 Grad gedreht).

Zellenbegrenzungen

Mit der Schaltfläche **<Zellenbegrenzungen>** rufen Sie das Dialogfenster **<Tabellenoptionen>** auf. Hier können Sie den Abstand zwischen Text und Zellrand und zwischen den Zellen für die gesamte Tabelle einstellen.

Tabelle teilen

Um eine Tabelle horizontal zu teilen, setzen Sie den Cursor in eine Zelle direkt unterhalb der gewünschten Teilung und wählen **<Tabelle teilen>.** Eine vertikale Teilung ist nicht möglich.

Zellen teilen

Um eine Zelle in zwei oder mehr Zellen zu teilen, wählen Sie **<Zellen teilen>.** Es erscheint ein Dialogfenster, in dem Sie aufgefordert werden, die gewünschte Anzahl der Spalten und Zeilen anzugeben.

Zellen verbinden

Um Zellen in einer Zeile zu verbinden, markieren Sie die betreffenden Zellen und wählen **<Zellen verbinden>.** Die Spaltenränder zwischen den markierten Zellen verschwinden und es werden Absatzschaltungen eingefügt.

Tabstopps in Zellen

Das Setzen von Tabstopps innerhalb einer Zelle, in der sich der Cursor gerade befindet, funktioniert genauso wie im Absatz. Sie gelangen mit Tab zu den Tabstopps, indem Sie gleichzeitig Strg gedrückt halten.

Tabelleneigenschaften

Neben der Möglichkeit, mit dem Tabellenverschiebe-punkt ⊞ zu positionieren, erhalten Sie weitere Positio-nierungsoptionen über das Dialogfenster **<Tabellenei-genschaften>,** das Sie über das Kontextmenü oder die Schaltfläche **<Eigenschaften>** aufrufen können. Hier lassen sich Zellen-, Zeilen- und Spaltengrößen sowie -positionen genau festlegen.

Tabellengröße

Proportionale Veränderungen in der Tabellengröße lassen sich mit der Maus über einen Ziehpunkt eingeben, der rechts unten erscheint, sobald Sie den Mauszeiger über die Tabelle bewegen.

Spaltenbreite und Zeilenhöhe

Über den Befehl <AutoAnpassen> erhalten Sie eine Auswahl zur Anpassung der Spaltenbreite und Zeilenhöhe.

Höhe der Zelle, in der sich der Cursor befindet		Die Spaltenbreite oder Zeilenhöhe wird für den markierten Bereich einheitlich festgelegt.
Breite der Zelle, in der sich der Cursor befindet		

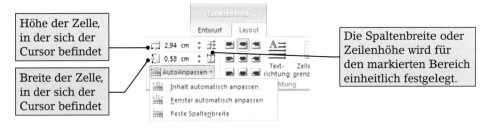

Befehl	Funktion	Beispiel
Inhalt automatisch anpassen	Die Spaltenbreite passt sich an die Brei-te des Inhalts an.	
Fenster automatisch anpassen	Die Spaltenbreite passt sich an die Breite der Seite an.	
Feste Spalten-breite	Die Spaltenbreite passt sich nicht an.	

3.4.2   Sortieren

Situation   Die erstellte Mitarbeiterliste ist unsortiert. Sie möchten einen Über-blick über die Mitarbeiter und die Reihenfolge der Geburtstage im Jahresablauf bekommen.

Aufgaben   1. Sortieren Sie die *Mitarbeiterliste3* nach Namen in alphabetischer Rei-henfolge und speichern Sie sie unter *Mitarbeiterliste4*.

2. Sortieren Sie nach Geburtstagen in der Reihenfolge ihres jährlichen Auftretens und speichern Sie unter *Mitarbeiterliste5*.

Das Programm enthält ein Dialogfenster **<Sortieren>,** das im Register **<Layout>** in der Befehlsgruppe **<Daten>** aufgerufen werden kann. In einer Tabelle bewirkt die Eingabe eines Sortierbefehls eine Neuordnung der Zeilen nach bestimmten Kriterien.

Sortiert wird in absteigender oder aufsteigender Reihenfolge.

Text: Sämtliche Zeichen werden berücksichtigt. Zahl und Datum werden vor Buchstaben eingeordnet.

Zahl: Ausschließlich Zahlen werden sortiert. Buchstaben bleiben ungeordnet. Zeitangaben werden als Ziffern berücksichtigt.

Datum: Sortierung nach Datumsangaben

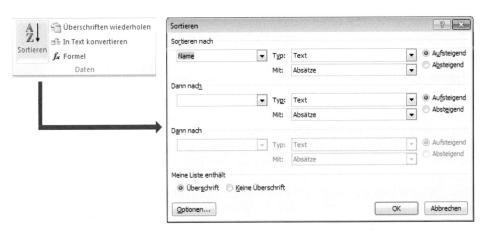

Da die Liste eine Überschrift mit verbundenen Zellen enthält, muss im Dialogfenster **<Sortieren>** das Optionsfeld **<Überschrift>** aktiviert werden. Als Sortierschlüssel werden dann die Spaltenüberschriften vorgeschlagen.

Um sich die Geburtstagsliste in der Reihenfolge des jährlichen Auftretens anzeigen zu lassen, müssen Sie zunächst nach Monaten und dann im zweiten Schlüssel nach Tagen sortieren. Da sich in diesen Spalten Zahlen befinden, schlägt das Programm als Typ in beiden Fällen Zahl vor. Wegen der in der Überschriftzeile verbundenen Zellen werden die drei Spalten mit den Daten der Geburtstage nicht getrennt angezeigt. Um nach der Monatsspalte und anschließend nach der Tagesspalte sortieren zu können, markieren Sie die Tabelle vor dem Sortieren ohne die Überschrift.

3.4.3 Text und Tabelle: zwischen den Darstellungsformen wechseln

Aufgabe Wandeln Sie die Artikelliste *(Artikelliste1)* in eine Tabelle *(Artikelliste2)* um.

Um einen Text in eine Tabelle umzuwandeln, muss der Text zunächst markiert werden. Anschließend rufen Sie mit dem Befehl **<Einfügen>** ➜ **<Tabelle>** das Dialogfenster **<Text in Tabelle umwandeln>** auf.

Hinweis: Der Befehl ändert sich in **<Tabelle in Text>,** sofern kein Text, sondern eine Tabelle markiert wurde.

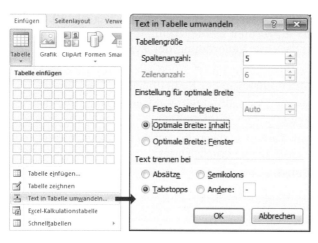

Hier kann ein Trennzeichen bestimmt werden, das in Zellen einer Tabelle umgewandelt werden soll. Mit der AutoFormat-Funktion lassen sich anschließend die passenden Formate zuweisen. Hierbei ist es sinnvoll, das Kontrollkästchen **<Optimale Breite: Inhalt>** zu aktivieren, da die Spaltenbreiten sonst nachträglich per Hand eingestellt werden müssten.

Aufgabe　Wandeln Sie die Kundenliste *(Kundenliste1)* in eine Tabelle *(Kundenliste2)* um.

Da bei der Kundenliste die vom Programm vorgegebenen Tabstopps genutzt wurden, sind häufig mehrere Tabschritte nacheinander eingegeben worden, die bei der Umwandlung in eine Tabelle zur Erzeugung von überflüssigen Zellen führen würden. Es darf also nur ein Tabstopp als Trennzeichen zwischen den jeweiligen Zellinhalten sein. Um die überflüssigen Trennzeichen zu beseitigen, geben Sie im Textfeld **<Suchen nach>** zwei und im Textfeld **<Ersetzen durch>** ein Tabstoppzeichen ein. Klicken Sie so oft auf die Schaltfläche **<Alle ersetzen>,** bis keine Ersetzungen mehr vorgenommen werden.

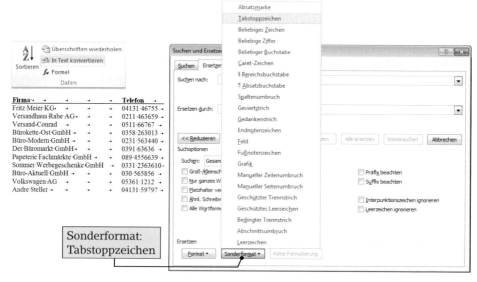

Aufgabe　Entfernen Sie das AutoFormat für die Tabelle *Mitarbeiterliste5*, wandeln Sie die Tabelle in Text um und lassen Sie dabei die Zellen durch Tabstoppzeichen ersetzen. Ersetzen Sie die Absatzmarken zwischen Jahr, Monat und Tag durch Bindestriche (Funktion: Suchen/Ersetzen). Speichern Sie unter *Mitarbeiterliste6*.

3.4.4 Importieren einer Excel-Tabelle

Aufgabe Fügen Sie die Excel-Tabelle *Personal-Nr.* aus der Datei *Personal-V* in ein neues MS Word-Dokument ein, formatieren Sie anschließend mit der AutoFormat-Funktion und geben Sie beim Speichern *Personal* als Dateinamen ein.

Sie haben drei Möglichkeiten, die Tabelle in das MS Word-Dokument zu importieren:

Als MS Word-Tabelle einfügen

<Kontextmenü> → <Bearbeiten> → <Einfügen>

Zum Importieren einer Excel-Tabelle öffnen Sie zunächst die Arbeitsmappe mit MS-Excel, markieren den Bereich, den Sie importieren möchten, und kopieren ihn in die Zwischenablage (Kontextmenü oder Strg + C). Wechseln Sie anschließend zu Word und fügen Sie den Inhalt der Zwischenablage an der Stelle ein (Kontextmenü oder Strg + V), an der sich der Cursor befindet. Die Informationen werden im Word-Dokument direkt als Tabelle gespeichert. Im Unterschied zu den anderen Verfahren sind weitere Bearbeitungen, wie z. B. eine Formatierung direkt in MS Word möglich.

Verknüpfen

<Einfügen> → <Text> → <Objekt> → <Objekt> → <Aus Datei erstellen> → <Verknüpfen> → <Durchsuchen>

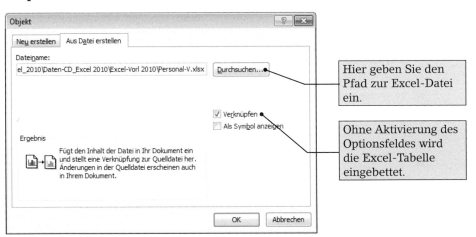

Die Tabelle wird im MS Word-Dokument angezeigt, die Informationen sind jedoch in der ursprünglichen Excel-Arbeitsmappe gespeichert. Bearbeiten Sie die ursprüngliche Tabelle weiter, so werden die Änderungen (nach Speicherung) auch in das Word-Dokument übernommen. Da die verknüpften Daten extern gespeichert werden, vermeidet das Verknüpfungsverfahren eine Erhöhung der Dateigröße für das Word-Dokument. Das Dokument benötigt immer die Excel-Datei, das bedeutet, die Excel-Datei muss beim Speichern des Word-Dokumentes auf anderen Medien immer mitgespeichert werden, da sie andernfalls nicht angezeigt werden kann.

Einbetten

<Einfügen> → <Text> → <Objekt> → <Objekt> → <Aus Datei erstellen> → <Durchsuchen>

Die Informationen werden im Word-Dokument direkt gespeichert. Durch einen Doppelklick auf die Tabelle können Sie Excel starten und weitere Bearbeitungen vornehmen. Wechseln Sie mit Alt + Tab zwischen den Anwendungen, um die Veränderungen zu sehen.

Zum Erstellen einer neuen Excel-Tabelle in Word wählen Sie:

<Einfügen> → <Tabelle> → <Excel-Kalkulationstabelle>

Zusammenfassung

▶ Tabellen lassen sich im Register <Einfügen> mit der Schaltfläche <Tabelle> → <Tabelle einfügen> oder über die Schaltfläche <Tabelle zeichnen> erstellen.

▶ Spaltenränder können Sie mit der Maus im Zeilenlineal oder in der Tabelle verschieben.

▶ Eine bequeme Möglichkeit der Formatierung bietet MS Word im Register <Tabellentools/Entwurf> in der Befehlsgruppe <Tabellenformatvorlagen>.

▶ Die Zeilen in einer Tabelle lassen sich über den Befehl <Sortieren> nach bestimmbaren Schlüsseln neu ordnen.

▶ Texte lassen sich in Tabellen umwandeln, sofern entsprechende Zeichen vorhanden sind, die als Trennzeichen definiert werden können.

▶ Eine Excel-Tabelle kann aus der Zwischenablage in MS Word eingefügt werden. Sie kann anschließend als Word-Tabelle weiterbearbeitet werden.

▶ Wenn man auf die Bearbeitungsfunktionen in Excel weiter zurückgreifen möchte, kann man eine Excel-Datei als Original mit einer **Verknüpfung** importieren. Die Datei kann anschließend nur im Original weiterbearbeitet werden.

▶ Will man auf die Excel-Bearbeitungsoptionen nicht verzichten, aber von der Original-Datei unabhängig sein, so bietet sich das Verfahren der **Einbettung** an. Die Tabelle kann in Word mit der Excel-Funktionalität weiterbearbeitet werden.

Aufgaben

1. Sortieren Sie die *Kundenliste2* alphabetisch und speichern sie unter *Kundenliste3*.

2. Sortieren Sie die Tabelle *Artikelliste2* nach dem Preis und speichern sie unter *Artikelliste3*.

3.5 Seiteneinrichtung

3.5.1 Ansichten

Das Programm MS Word unterscheidet hinsichtlich der Ansichten zwischen den drei Ansichtsarten Layout, Anzeigemodus und Vorschau. Zusätzlich lässt sich links vom Arbeitsbereich ein Navigationsbereich einblenden.

Layout	Anzeigemodus	Navigationsbereich	Vorschau
– Seitenlayout – Entwurf – Weblayout – Gliederung	– Vollbild-Lese- modus	– Überschriften – Miniatur-Seiten- ansicht	– Seitenansicht

Layout

Die vier Layoutansichten sind über das Register **<Ansicht>** → **<Dokumentan-sichten>** oder über Mausklick auf die entsprechende Schaltfläche (unten rechts am Bildschirm) aufzurufen. In diesen Ansichten arbeiten Sie, um ein Dokument zu erstellen.

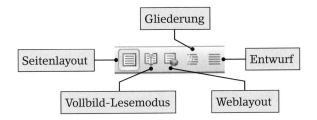

Entwurf: In dieser Ansicht arbeitet das Programm am schnellsten. Es wird aber nicht alles angezeigt, was hinterher auf dem Ausdruck erscheint. Kopf- und Fuß-zeilen sowie Hintergründe werden nicht angezeigt.

Weblayout: Word zeigt Hintergründe und Grafiken wie in einem Browser an. Der Text wird auf Fensterbreite angepasst.

Seitenlayout: Es ist nach dem Prinzip WYSIWYG (What you see is what you get) nahezu alles, was später im Ausdruck erscheint, auf dem Bildschirm zu sehen. Kopf- und Fußzeilen, Grafiken, Seitenränder und Umbrüche werden wie auf der gedruckten Seite angezeigt.

Gliederung: Für umfangreiche Dokumente kann man eine Gliederung über das Programm vornehmen, indem man Überschriften bestimmten Gliederungsebenen zuweist, die in dieser Ansicht entsprechend den zugewiesenen Ebenen dargestellt werden. Die Struktur des Dokuments kann durch Ziehen und Neupositionierung der Überschriften verändert werden. Seitenränder, Kopf- und Fußzeilen, Grafiken und Hintergründe werden nicht angezeigt.

Anzeigemodus

Der Vollbild-Lesemodus gewährleistet eine optimale Lesbarkeit des Dokuments am Bildschirm, indem die Darstellungsgröße an den Bildschirm angepasst wird und überflüssige Elemente aus dem Arbeitsbereich ausgeblendet werden.

Die Bildschirmdarstellung entspricht nicht dem Ausdruck, es sei denn, Sie schalten unter <**Ansichtsoptionen**> mit der Schaltfläche <**Gedruckte Seite anzeigen**> auf die Druckansicht um. Sie verlassen den Vollbild-Lesemodus mit Esc.

Navigationsbereich:

Zusätzlich lassen sich im Vollbild-Lesemodus wie auch in den anderen Layoutansichten im Navigationsbereich die Miniatur-Seitenansicht oder die Überschriften einblenden.

<**Ansicht**> → <**Anzeigen**> → <**Navigationsbereich**>

Sie erhalten am linken Bildschirmrand einen Navigationsbereich, in dem die Seiten in Kleindarstellung oder die Überschriften des Dokuments angezeigt werden. Mit einem Mausklick auf die Seite oder die Überschrift in der linken Leiste springen Sie an die gewünschte Stelle im Dokument.

Fenster:

Falls Sie mehrere Word-Dokumente geöffnet haben, können Sie die Anzeige der Fenster in der Befehlsgruppe <**Ansicht**> → <**Fenster**> einstellen.

Vorschau:

Um sich eine Vorstellung davon zu verschaffen, wie die Seite als Ganzes aussieht, rufen Sie die Seitenansicht auf (siehe Folgeseite).

<**Datei**> → <**Drucken**>

Sie erhalten einen Eindruck, wie das Layout (Seitenränder, Schriftgrößen, Formatierungen) der einzelnen Seiten eines Dokumentes wirkt. Hier können endgültige Einstellungen der Seitenränder und des Formats sowie Seitenwechsel eingegeben werden. Eine Textbearbeitung ist in dieser Ansicht nicht möglich. Sie verlassen die Seitenansicht mit Esc.

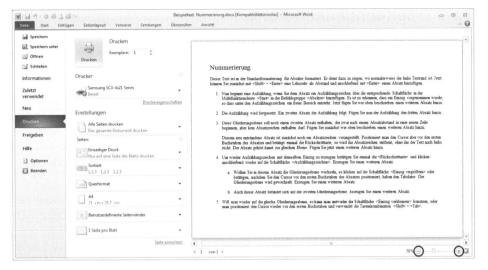

Zoom:

Wird die Seite nicht vollständig dargestellt oder ist die Anzeige zu klein, hilft das Zoomen. Gehen Sie mit dem Mauspfeil auf das ⊕ oder ⊖ in der rechten unteren Ecke des Bildschirmes, in dem die Bildschirmgröße prozentual angegeben ist. Optimieren Sie die Größe Ihrer Bildschirmansicht, indem Sie die größtmögliche Darstellung wählen, bei der Ihnen der Text in voller Breite angezeigt wird. MS Word speichert die Größeneinstellung mit dem Dokument. Weitere Größeneinstellungen finden Sie unter **<Ansicht>** ➔ **<Zoom>**.

3.5.2 Seitenumbruch

Aufgabe Öffnen Sie die Datei *Wordkurs1* und geben Sie vor den drei Kapiteln des MS Word-Kurses jeweils einen Seitenumbruch ein und speichern Sie unter *Wordkurs2*.

Genauso, wie das Programm dafür sorgt, dass an der optimalen Stelle ein automatischer Zeilenwechsel erfolgt, so wechselt es auch an der richtigen Stelle die Seite. Man bezeichnet diesen Vorgang als „Seitenumbruch". Wenn ein solcher Seitenumbruch vorzeitig erfolgen soll, weil Sie z. B. eine Textpassage nicht durch einen Seitenwechsel getrennt haben möchten, so können Sie die Einfügemarke an die Position bringen, an der ein Umbruch erfolgen soll. Anschließend geben Sie einen festen Seitenwechsel ein, indem Sie auf **<Einfügen>** ➔ **<Seiten>** ➔ **<Seitenumbruch>** klicken. Es entspricht bewährter Schreibpraxis, einen Seitenwechsel nicht mit mehreren Absatzschaltungen, sondern mit eingefügtem Seitenumbruch zu gestalten. Falls Sie später etwas zu der Seite hinzufügen, könnten sich andernfalls sämtliche folgenden Seitenumbrüche verändern.

Das Programm wird eine gestrichelte Linie mit dem Vermerk „Seitenumbruch" einfügen (erscheint nicht im Ausdruck). Sie können ihn wieder aufheben, indem Sie die Einfügemarke vor den Seitenwechsel positionieren und anschließend die Entf-Taste betätigen.

3.5.3 Seitennummerierung

Aufgabe   Lassen Sie im Dokument *Wordkurs2* am unteren Rand zentriert die Seiten nummerieren. Die erste Seite soll zwar mitgezählt, aber nicht nummeriert werden. Speichern Sie unter *Wordkurs3*.

Um bei mehrseitigen Dokumenten eine Nummerierung einzufügen, rufen Sie die Schaltfläche **<Seitenzahl>** auf:

<Einfügen> → <Kopf- und Fußzeile> → <Seitenzahl>.

Hier können Sie die Position und Ausrichtung der Seitenzahlen festlegen. Es werden automatisch die Kopf- und Fußzeilentools aktiviert.

Bei Aktivierung des Optionsfeldes verschwindet die Seitennummerierung auf der ersten Seite.

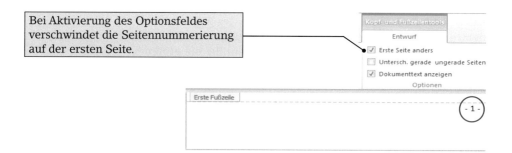

Über **<Seitenzahl> → <Seitenzahlen formatieren>** gelangen Sie zu einem Dialogfenster, in dem Sie das Zahlenformat und die Startnummer festlegen können.

Die Seitennummerierung erscheint auf dem Ausdruck und wird auf dem Bildschirm angezeigt, wenn Sie sich in der Seitenansicht oder Seitenlayoutansicht befinden.

3.5.4 Fußzeile/Kopfzeile

Situation Auf dem Dokument *Wordkurs* soll in jeder Kopfzeile rechts oben die Angabe CHRISTIAN MÜLLER WERBEDRUCK stehen.

Aufgabe Öffnen Sie das Dokument *Wordkurs3* und speichern Sie unter *Wordkurs4*. Geben Sie in die Kopfzeile CHRISTIAN MÜLLER WERBEDRUCK ein. Schriftart: Calibri; Schriftgröße: 12 Punkt; „Kapitälchen".

Wenn Sie eine Kopf- bzw. Fußzeile einfügen, so erscheint diese Zeile auf jeder Seite des Dokumentes in gleicher Weise.

Wählen Sie **<Einfügen>** ➔ **<Kopf-und Fußzeile>** ➔ **<Kopfzeile>** und es wird eine Auswahl von Kopfzeilenvorlagen eingeblendet. Klicken Sie auf **<Leer>** und geben Sie anschließend die Kopfzeile ein.

Um den Kopfzeileneintrag auf der rechten Seite zu platzieren, positionieren Sie den Cursor vor dem Eintrag, klicken in der Befehlsgruppe **<Position>** auf **<Ausrichtungstabstopp einfügen>** und geben die gewünschte Ausrichtung ein. Da Sie bei der Seitennummerierung **<Erste Seite anders>** aktiviert haben, muss die Kopfzeile zusätzlich auf der zweiten Seite eingegeben werden.

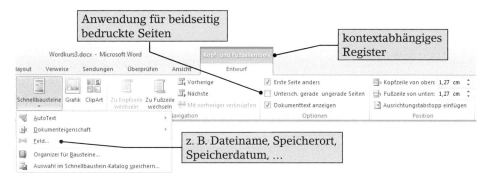

In die Kopf- und Fußzeilen lassen sich über die Schaltflächen veränderliche Daten, wie z. B. das aktuelle Datum, aufnehmen. Darüber hinaus können mit dem Menübefehl **<Schnellbausteine>** weitere Daten, wie z. B. Autor, Dateiname, Dateigröße usw., eingegeben werden. Um solche Eingaben wieder zu löschen, müssen Sie den Eintrag zunächst markieren und anschließend den Löschbefehl aufrufen.

Für die Formatierung stehen die Formatierungsbefehle im Kontextmenü oder im Register **<Start>** zur Verfügung.

Wenn die Seiten beidseitig bedruckt werden sollen, kann es sinnvoll sein, die ungeraden Kopfzeilen rechtsbündig und die geraden linksbündig zu gestalten. Diesen Effekt erreicht man über das Register **<Optionen>**, indem man hier **<Untersch. gerade ungerade Seiten>** aktiviert.

3.5.5   Seitenränder

Unter dem Seitenrand ist der Abstand zwischen dem Beschriftungsbereich und dem Papierrand zu verstehen. Im Dialogfenster **<Seite einrichten>** können Sie Veränderungen vornehmen.

<Seitenlayout> ➜ **<Seite einrichten>** ➜ **<Seitenränder>** ➜ **<Benutzerdefinierte Seitenränder>**

Bei der Einstellung des Abstandes der Kopf- und Fußzeilen ist unter Seitenrand ebenfalls der Papierrand zu verstehen. Die Kopf- bzw. Fußzeilenbreite ergibt sich aus der Differenz des Seitenrandes (oben/unten) und des Abstandes vom Seitenrand (Kopf-/Fußzeile). Reicht der Platz nicht aus, so verkleinert sich der Textbereich entsprechend. Die von Ihnen eingegebenen Veränderungen werden in den Linealen angezeigt.

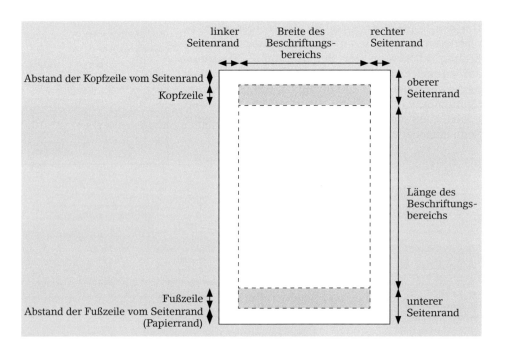

Sollen die veränderten Einstellungen auch in Zukunft für jedes neu zu erstellende Dokument gelten, so klicken Sie zum Abschluss auf die Schaltfläche **<Als Standard festlegen>**. Die Einstellungen werden dann gespeichert und für jedes neue Dokument verwendet.

Der Seitenrand in der Seiteneinrichtung ist nicht zu verwechseln mit dem Seitenrand in der Befehlsgruppe **<Seitenhintergrund>**. Hierbei handelt es sich um einen Rahmen, dessen Abstand vom Papierrand anders festgelegt werden kann als in der Seiteneinrichtung.

3.5.6 Papierformat

Situation Die Stellenanzeige „Kaufmännische Mitarbeiterin mit Buchhaltungs-erfahrung" ist auf ein breiteres Format umzustellen.

Aufgabe Öffnen Sie das Dokument *Inserat Personal1* und speichern Sie es erneut unter *Inserat Personal2*. Stellen Sie die Seite auf Querformat um und nehmen Sie an dem Inserat die folgenden Veränderungen vor:

Abstand vor dem Absatz	6 pt (Ausnahme Aufzählungen)
Seitenränder	oben und unten 1,8 cm, links und rechts 2,1 cm
CHRISTIAN MÜLLER WERBEDRUCK	Schriftgrad 36 Punkt, Kapitälchen
kaufmännische Mitarbeiterin ...	Schriftgrad 28 Punkt
Sie haben ...	Erstzeileneinzug 9 cm
KHK ...	Tabulator 21,25 cm
Christian Müller ...	Adresse in eine Zeile, Schriftgrad 12 Punkt, rechtsbündiger Tabstopp 25,5 cm

Umstellung auf Querformat:

<Seitenlayout> → <Seite einrichten> → <Ausrichtung>

Um weiterhin die gesamte Breite des Dokumentes auf dem Bildschirm sehen zu können, empfiehlt es sich, die Zoomeinstellung entsprechend zu verkleinern.

3.5.7 Fußnoten

Unter Fußnoten versteht man Anmerkungen zu bestimmten Textstellen, die am unteren Seitenrand stehen. Sie werden durch einen Fußnotenstrich vom Text abgegrenzt. Im Text befindet sich eine hochgestellte arabische Zahl[1] als Fußno-tenhinweiszeichen.

Das Programm MS Word ermöglicht eine automatische Nummerierung der Fuß-noten. Zur Eingabe einer Fußnote klicken Sie auf die Schaltfläche **<Verweise> →** **<Fußnoten> → <Fußnote einfügen>**. Anschließend geben Sie den Fußnotentext ein.

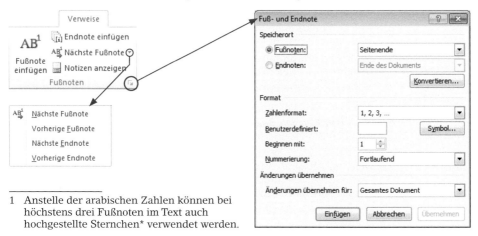

---

1 Anstelle der arabischen Zahlen können bei höchstens drei Fußnoten im Text auch hochgestellte Sternchen* verwendet werden.

Zur Rückkehr in den Text klicken Sie auf **<Notizen anzeigen>**. Wenn Sie nachträglich etwas am Fußnotentext verändern möchten, klicken Sie erneut auf dieselbe Schaltfläche. Alternativ können Sie mithilfe eines Doppelklicks auf die Fußnotenhinweiszeichen in den Text und in die Fußnote gelangen. Zum Löschen der gesamten Fußnote markieren Sie die Fußnotenhinweiszeichen und drücken [Esc]. Genauere Vorgaben für die Platzierung und Formatierung geben Sie im Dialogfenster **<Fuß- und Endnote>** ein.

Zusammenfassung

▶ MS Word stellt zur Dokumentbearbeitung im Register **<Ansicht>** vier Layoutansichten zur Verfügung. Zum Lesen des Dokumentes am Bildschirm kann auf den Vollbild-Lesemodus umgestellt werden. Daneben gibt es zur Kontrolle die Seitenansicht.
<Datei> ➜ **<Drucken>**

▶ Mit dem **<Zoom>** lässt sich die Größe der Bildschirmanzeige den individuellen Bedürfnissen anpassen.

▶ Die Seitenzählung wird über den Befehl **<Seitenzahlen ...>** im Register **<Einfügen>** aktiviert und ist nur in der Seitenlayoutansicht zu sehen.

▶ **<Kopf- und Fußzeilen>** werden auf jeder Seite des Dokumentes ausgedruckt.

▶ Die Seiteneinstellungen können über die Schaltfläche **<Als Standard festlegen>** gespeichert werden.

▶ Über den Befehl **<Verweise>** ➜ **<Fußnoten>** ➜ **<Fußnote einfügen>** lässt sich ein Text mit Fußnoten versehen.

Aufgaben Was versteht man unter den folgenden Begriffen? Beantworten Sie die Fragen schriftlich und speichern Sie das Dokument unter *Aufgaben4*.

1. Welche Ansichten sind für die Erstellung von Dokumenten geeignet?
2. Welche Funktion haben die folgenden Ansichten?
a) Weblayoutansicht, b) Seitenansicht, c) Vollbild-Lesemodus?
3. Sie haben ein umfangreiches Dokument erstellt und müssen es neu strukturieren. Welche Ansicht ist besonders geeignet?
4. Wie lässt sich die Position der Seitenzahlen festlegen?
5. Was versteht man unter einem manuellen Seitenumbruch?
6. Wie erreichen Sie, dass in einem Dokument die Kopfzeile einheitlich auf allen Seiten und die Fußzeile nur ab der zweiten Seite angezeigt werden?
7. Welchen Abstand vom oberen Seitenrand hat die erste Zeile eines Textes, wenn die Randeinstellung 2,2 cm, der Kopfzeilenabstand 1 cm beträgt und die Kopfzeile in der Höhe 1 cm (2 cm) beansprucht?
8. Mit welchen Befehlen lassen sich Fußnoten:
a) einfügen und b) löschen?

3.6 Geschäftskorrespondenz

3.6.1 Dokumentvorlagen

Situation Eine Freundin (Eva Pavlic) möchte sich um einen Ausbildungsplatz bewerben und bittet Sie, ihr bei der Erstellung des Bewerbungsschreibens behilflich zu sein.

Aufgabe Benutzen Sie die Dokumentvorlage „Rhea Brief" zur Erstellung eines Bewerbungsschreibens und speichern Sie es unter dem Dateinamen *Bewerbung1*.

Eva Pavlic
Harlander Straße. 12
3100 St. Pölten

Gallhofer Wärmetechnik GmbH
Siebenbrunnengasse 21
1050 Wien

6/5/2012

Sehr geehrter Herr Gladisch,

mit großem Interesse habe ich Ihre Anzeige im Tagesanzeiger am 01.06.2012 gelesen und bewerbe mich bei Ihnen um die Ausbildungsstelle zur Bürokauffrau.

Ich werde im Sommer voraussichtlich meinen erweiterten Realschulabschluss erwerben. Meine Stärken liegen im Bereich der Kommunikation und Organisation. Mein Auftreten wird von anderen als freundlich, höflich und zuvorkommend bezeichnet.

In neue Programme arbeite ich mich mit viel Interesse ein. Ich kann sowohl selbständig als auch nach Anweisungen arbeiten.

Über eine Einladung zu einem Bewerbungsgespräch bei Ihnen würde ich mich sehr freuen.

Mit freundlichen Grüßen

Wenn Sie MS Word starten, so wird automatisch aus der Vorlage Normal.dotm ein Dokument geladen, das die von Ihnen vorgenommenen Grundeinstellungen enthält. Dokumentvorlagen enthalten u. a. Informationen über

▶ Kopf- und Fußzeilen

▶ Seiteneinstellungen

▶ Formatierungen

▶ Symbolleisten

▶ Texte und Grafiken

▶ Tastenbelegungen

▶ Schnellbausteine

Die Vorlage Normal.dotm befindet sich im Verzeichnis *C:\Users\BK\AppData\Roaming\Microsoft\Templates*. Darüber hinaus gibt es weitere Vorlagen für Berichte, Briefe, Faxe, die Ihnen die Arbeit erleichtern sollen. Wollen Sie z. B. ein Fax verschicken, so müssen Sie selbst kein Layout entwerfen, sondern können auf die vorhandenen Vorschläge zurückgreifen. Sie öffnen das Dialogfenster mit dem Befehl:

<Datei> ➜ <Neu>

Ihnen wird ein Katalog mit diversen Vorlagen angezeigt.

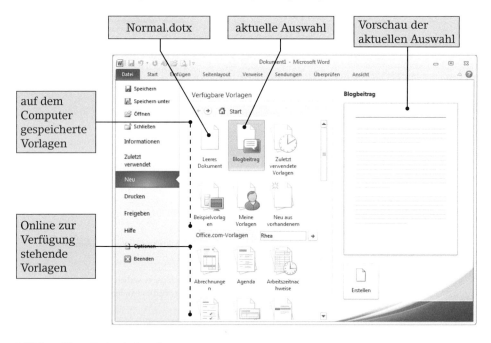

Wählen Sie **<Beispielvorlagen>**.

Es erscheint eine Auswahl von Dokumentvorlagen und Assistenten. Suchen Sie die passende Vorlage aus und beschriften Sie sie nach den Vorgaben.

Aufgabe   Erstellen Sie eine neue Vorlage *CMW-inter*n für den internen Schriftverkehr. Die Vorlage soll auf der Datei *Normal.dotm* basieren und in der Kopfzeile soll rechts CHRISTIAN MÜLLER WERBEDRUCK stehen.

Öffnen Sie zunächst das Dialogfenster **<Neu>** über den Befehl:

<Datei> → <Neu> → <Meine Vorlagen>

In dem Dialogfenster werden diverse Vorlagen zur Verfügung gestellt. Hinter der Vorlage **<Leeres Dokument>** verbirgt sich die *Normal.dotm*, mit der jedes Mal ein leeres Dokument geöffnet wird, wenn Sie die Schaltfläche **<Neu> → <Leeres Dokument>** anklicken, MS Word starten oder Strg + N eingeben. Um eine neue Vorlage zu erstellen, öffnen Sie **<Leeres Dokument>** als **<Vorlage>**. Es wird ein neues Dokument mit dem Namen *Vorlage1* geöffnet. Nehmen Sie die gewünschten Änderungen vor und speichern Sie das Dokument im Ordner *Templates* ab:

C:\Dokumente und Einstellungen\Benutzer\Anwendungsdaten\Microsoft\Templates

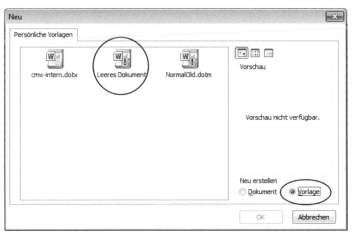

Wenn Sie jetzt den Menübefehl **<Datei> → <Neu> → <Meine Vorlagen>** wählen, so wird in Zukunft u. a. immer *CMW-intern* angeboten. Um die Vorlage als neues Dokument zu öffnen, aktivieren Sie das Optionsfeld **<Dokument>**. Es steht jedes Mal ein neues Dokument mit der eingegebenen Kopfzeile und Seitennummerierung zur Verfügung. Die Dokumentvorlage ist durch dieses Verfahren vor unbeabsichtigten Veränderungen (z. B. versehentliches Speichern nach dem Bearbeiten unter dem Originaldateinamen) geschützt.

Situation   Für die Geschäftsbriefe benötigen Sie ein Formular.

Aufgaben   1. Auf der Schulungs-CD befindet sich eine Datei *CMW-Brief*. Es handelt sich hierbei um ein Briefformular von CHRISTIAN MÜLLER WERBEDRUCK. Speichern Sie das Dokument als Vorlage.

2. Öffnen Sie den Brief als Vorlage und nehmen Sie alle notwendigen Anpassungen vor, um eine eigene Briefvorlage mit Ihren persönlichen Daten zu erstellen und als *Pers.Brief.dotx* zu speichern.

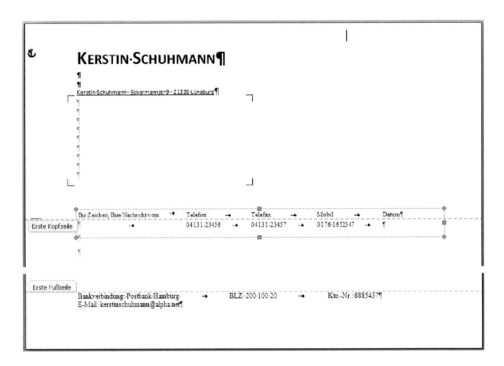

Öffnen Sie die Datei CMW-Brief, wählen Sie anschließend **<Speichern unter>** →
<Word-Vorlage> und speichern Sie im Verzeichnis *Templates (C:\Dokumente und
Einstellungen\Benutzer\Anwendungsdaten\Microsoft\Templates)*. Die Vorlage steht
Ihnen jetzt für Geschäftsbriefe zur Verfügung. Wählen Sie im Menü **<Datei>** den
Befehl **<Neu>**. Wenn Sie hier aus der Liste *CMW-Brief* wählen, so wird der Brief
je nach Wahl als Vorlage oder Dokument geladen. Auf Basis des *CMW-Briefes* kann
dann eine neue Vorlage erstellt werden.

Hinweis: Sollte sich CMW-Brief nicht in der Liste befinden, so kontrollieren Sie, wo
Word die Benutzervorlagen sucht. Befehl: **<Datei>** → **<Optionen>** → **<Erweitert>** →
<Allgemein> → **<Dateispeicherorte>**.

Aufgaben   1. Öffnen Sie den unter *Poster5* gespeicherten Aktenvermerk, kopieren Sie ihn in ein neues Dokument, das auf der Vorlage *CMW-Intern*
basiert, und speichern Sie unter *Poster6*.

2. Der unter dem Dateinamen *Reklamation1* gespeicherte Brieftext soll
auf den Geschäftsvordruck *CMW-Brief* kopiert und der Brief fertiggestellt werden. Speichern Sie unter *Reklamation2*.

Anschrift:	Büromarkt GmbH, Köthener Str. 22, 39104 Magdeburg
Ihr Zeichen:	he
Ihre Nachr. vom:	3. Juni 20..
Unser Zeichen:	kr-sh
Telefondurchwahl:	23
Name:	Kramer
Datum:	8. Juni 20..

3.6.2 Schnellbausteine

Situation Um das Schreiben von Geschäftsbriefen zu vereinfachen, sollen bestimmte, immer wiederkehrende Formulierungen gespeichert werden. Diese sollen dann bei Bedarf per Shortcut in den Brief eingefügt werden.

Sie können Texte unter jeweils einer Kurzbezeichnung als Schnellbausteine speichern und sie mithilfe dieser Kurzbezeichnung wieder in ein Dokument einfügen. Öffnen Sie zunächst ein neues Dokument und schreiben Sie:

Den von Ihnen erteilten Auftrag bestätigen wir hiermit. Einen Liefertermin können wir derzeit noch nicht verbindlich zusagen.

Den von Ihnen erteilten Auftrag bestätigen wir hiermit. Der Liefertermin wird voraussichtlich am   sein.

Wir danken Ihnen für Ihre Anfrage und bieten Ihnen nachstehend an:

Markieren Sie einen Satz: **<Einfügen>** ➜ **<Text>** ➜ **<Schnellbausteine>**

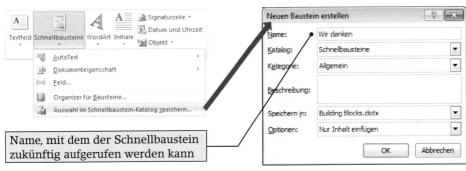

Name, mit dem der Schnellbaustein zukünftig aufgerufen werden kann

In dem erscheinenden Dialogfenster sehen Sie im Eingabefeld Name „Wir danken". Wenn Sie anschließend mit **<Enter>** bestätigen, ist die Formulierung gespeichert und kann jederzeit eingefügt werden. Bei Eingabe der ersten Buchstaben des Namens und anschließendem Betätigen der Funktionstaste F3 wird der Schnellbaustein eingefügt.

Es lassen sich auch vorher festgelegte charakteristische Zeichenfolgen einer Liste von Schnellbausteinen zuordnen (z. B. AB 1–10) für Formulierungen in Auftragsbestätigungen. Die Bausteine werden bei Eingabe der Zeichenfolge und Verwendung der Funktionstaste F3 eingefügt. Es wird dabei nicht zwischen Groß- und Kleinschreibung unterschieden.

Eine weitere Möglichkeit, die Bausteine einzufügen, besteht darin, sie per Mausklick in der Schnellbausteinliste auszuwählen.

Es lassen sich auch Tabellen, Grafiken und Formatierungen mithilfe der Autotext-Funktion speichern. Wollen Sie einen Textbaustein zusammen mit der Absatzformatierung ablegen, so müssen Sie die Absatzmarke mitmarkieren.

Aufgaben   1. Speichern Sie jeweils fünf häufig wiederkehrende Formulierungen für Anfragen und Bestellungen.

2. Vergeben Sie dabei die Kennzeichen A 1–5 für Anfragen und B 1–5 für Bestellungen.

3. Lassen Sie sich die Schnellbausteine in einer Liste ausdrucken.

Anfrage

A1   bitte unterbreiten Sie uns ein Angebot mit verbindlichem Liefertermin zu ...

A2   bitte schicken Sie uns Ihren Katalog inklusive der aktuellen Preisliste zu.

A3   wir würden uns freuen, wenn Sie uns umgehend ein Angebot für folgende Produkte zusenden würden.

A4   wir haben Ihren Internetseite besucht und sind dabei auf die folgenden Produkte aufmerksam geworden:

A5   wir würden uns sehr freuen, wenn Sie uns ein ausführliches Angebot einschließlich Katalog/Preisliste, Zahlungs- und Lieferungsbedingungen unterbreiten würden.

Bestellung

B1   wie telefonisch besprochen bestellen wir zur sofortigen Lieferung ...

B2   wir danken für Ihr Angebot und bestellen wie folgt: ...

B3   vielen Dank für Ihr Angebot. Hiermit bestellen wir folgende Produkte:

B4   hiermit bestellen wir gemäß Ihrem Angebot vom ... zur Lieferung am ...

B5   wir bitten um eine schriftliche Auftragsbestätigung innerhalb von ... Arbeitstagen.

3.6.3   Serienbriefe

Situation   Der folgende Werbebrief, der an die Stammkunden des Betriebes verschickt werden soll, ist als Serienbrief aufzubereiten.

20..-11-10

Weihnachtsedition

Sehr geehrte ...

meinen langjährigen Kunden, zu denen ich mit ein wenig Stolz auch Sie zählen darf, übersende ich als Muster unserer diesjährigen Weihnachtsedition den beiliegenden Kalender mit ausgesuchten Motiven des Fotografen Johann H. Scheibeler.

Gleichzeitig möchte ich Ihre Aufmerksamkeit auf die beiliegende Broschüre lenken, in der weitere Kunstdrucke als Kalender und auf Ansichtskarten gezeigt werden. Die angebotenen Artikel sind zurzeit in begrenzter Stückzahl vorrätig und sofort lieferbar, können aber auch später mit einer Lieferzeit von ca. vier Wochen nachbestellt werden.

Mit freundlichen Grüßen

CHRISTIAN MÜLLER WERBEDRUCK

Aufgabe Schreiben Sie den Text als Serienbrief an die folgenden Kunden:

Anrede	Name	Firma	Postfach	Post-leitzahl	Ort
Frau	Rudschinski	Fritz Meyer KG	30 05	D-21320	Lüneburg
Herr	Dewald	Versandhaus Rabe AG	35 01 75	D-47032	Düsseldorf
Herr	Krumm	Versandhaus Conrad GmbH	66	A-4031	Linz
Frau	Martens	Bürokette-Ost GmbH	5 02 06	D-19028	Schwerin
Herr	v. Heimsdorf	Büro-Modern GmbH	473	A-1011	Wien
Herr	Hinrichs	Der Büromarkt GmbH	14 55	D-39045	Magdeburg
Frau	Baldur	Papeterie Fachmärkte	86 08 77	D-81635	München
Herr	Hoffmann	Sommer Werbegeschenke GmbH	20	A-5360	St. Wolf-gang
Frau	Müller-Helm	Büro-Aktuell GmbH	31 01 80	D-10631	Berlin
Herr	Dudenhoff	Volkswagen AG	12 02 20	D-38420	Wolfsburg
Herr	Stelter	Werbeagentur	30 11	D-21320	Lüneburg

Für einen Serienbrief benötigen Sie ein **Hauptdokument** (Brief) und eine **Daten-quelle** (Adressen). Im Hauptdokument werden von Ihnen Felder mit Feldnamen (z. B. Firma) festgelegt, in die dann später beim Drucken des Serienbriefes bestimmte Daten aus der Datenquelle (z. B. *Fritz Meyer KG*) eingefügt werden.

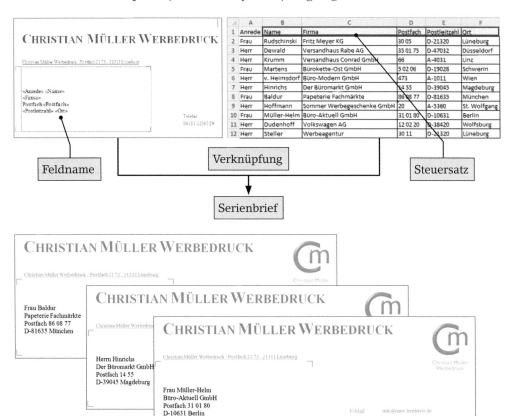

Hauptdokument

Um den Brief auf einem Formular der Firma CHRISTIAN MÜLLER WERBEDRUCK zu schreiben, öffnen Sie ein neues Dokument auf der Basis der Vorlage *CMW-Brief* (**<Datei>** → **<Neu>** → **<Meine Vorlagen>**), geben den Text ein und speichern unter *Serienbrief-Hauptdokument.*

Datenquelle

In der Datenquelle benötigen Sie einen aus den Feldnamen bestehenden Steuersatz. Zum Erstellen des Steuersatzes wählen Sie:

<Sendungen> → **<Seriendruck starten>** → **<Empfänger auswählen>** → **<Neue Liste eingeben>**

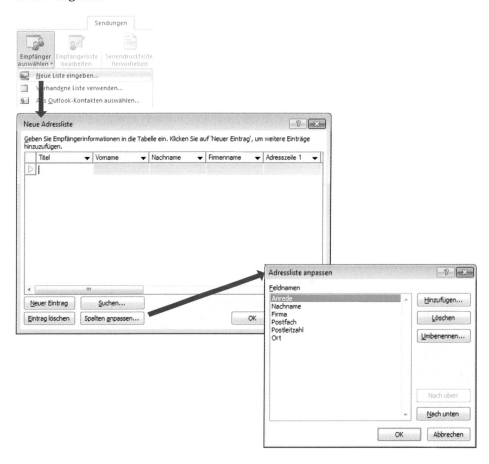

Im nächsten Schritt entscheiden Sie, ob Sie die Empfängerliste erstellen (**<Neue Liste eingeben>**) oder eine bereits fertige Liste importieren wollen (**<Vorhandene Liste verwenden>**). Da Sie die Empfänger des Serienbriefes noch nicht gelistet haben, wählen Sie **<Neue Liste eingeben>** und ändern den Steuersatz über **<Spalten anpassen>**. Sinnvoll sind zunächst die Feldnamen: *Anrede, Nachname, Firma, Postfach, Postleitzahl* und *Ort.* Anschließend geben Sie die Datensätze ein. Achten Sie darauf, bei der männlichen Anrede „Herrn" einzugeben. Nach jedem vollständig eingegebenen Datensatz klicken Sie auf die Schaltfläche **<Neuer Eintrag>**.

Sobald Sie die Kundenliste vollständig eingegeben haben, schließen Sie das Dialogfenster. Sie werden aufgefordert die Adressliste zu speichern. Speichern Sie Ihre Datenquelle unter dem Dateinamen *Serienbrief-Datenquelle*. Sie haben jetzt bereits eine fertige Datenquelle erstellt und können mit der Bearbeitung des Hauptdokumentes beginnen.

Hinweis:
Als Datenquelle lassen sich auch Dateien benutzen, die mithilfe anderer Programme erstellt sind. Wählen Sie hierzu im Assistenten den Eintrag **<Vorhandene Liste verwenden>**.

Um eine Verknüpfung zu einer Datei eines fremden Programms auszuwählen, müssen Sie im Dialogfenster **<Datenquelle auswählen>** den entsprechenden Dateityp (z. B. *.xlsx für eine Excel-Datei) angeben. Die Dateien bleiben im Original erhalten, können also auch in dem jeweiligen Programm weiterbearbeitet werden, und werden aufgrund der Verknüpfung in dem Serienbrief aktualisiert.

Felder einfügen

Mit der Schaltfläche **<Seriendruckfeld einfügen>** können Sie die Feldnamen an die entsprechende Stelle im Dokument setzen. Mit der **<Seriendruck-Vorschau>** werden die Feldnamen durch Daten aus der Datenquelle ersetzt. Navigieren Sie zu den Datensätzen.

Bedingungsfelder

Um die männliche Anrede, wie in Adressierungen üblich, auf *„Herrn"* umzustellen, bietet Word **<Regeln>** an. Erstellen Sie die Wenn-Dann-Beziehung: Wenn im Datenfeld Anrede *Herr* steht, dann muss ein *n* ergänzt werden.

Geschäftskorrespondenz

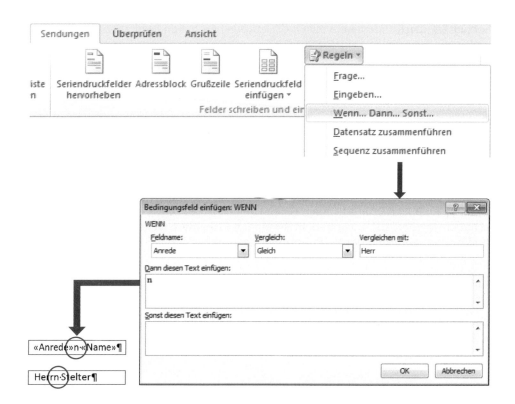

Die Anrede im Brief kann über die Schaltfläche **\<Grußzeile\>** eingegeben werden. Word setzt selbst die Wenn-Dann-Beziehung für das *r* von *geehrte(r)* und fügt automatisch die allgemeine Grußformel *„Sehr geehrte Damen und Herren"* ein, wenn der Ansprechpartner unbekannt ist.

Fertigstellung

Bevor Sie den Ausdruck starten, lassen Sie die Briefe noch einmal über die Schaltfläche **<Fertigstellen und Zusammenführen>** ➔ **<Einzelne Dokumente bearbeiten>** in ein neues Dokument ausgeben. Die Felder werden dabei durch die Daten ersetzt und Sie können kontrollieren und Änderungen vornehmen. Falls Sie eine Fehlerprüfung wünschen, kann die Ausgabe in eine neue Datei auch mit einer Fehlerprüfung kombiniert werden.

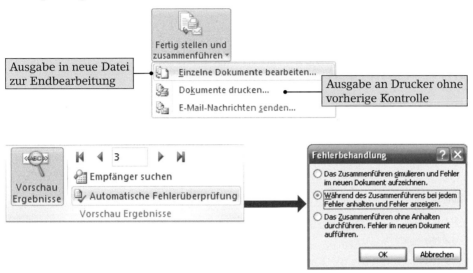

Etiketten

Die Serienbrieffunktion eignet sich auch zum Druck von Etiketten:

<Sendungen> ➔ **<Seriendruck starten>** ➔ **<Etiketten>**

Hier können Sie das gewünschte Format bestimmen. Es erscheint eine rahmenlose Tabelle, mit der Anordnung der Etiketten auf dem Blatt. (Hinweis: Falls die Tabelle nicht zu sehen ist: **<Layout>** ➔ **<Tabelle>** ➔ **<Gitternetzlinien anzeigen>**).

Wählen Sie jetzt eine Datenquelle und tragen Sie die Bedingungsfelder auf dem ersten Etikett ein. Zum Übertragen auf die restlichen Etiketten wählen Sie:

<Sendungen> ➔ **<Felder schreiben und einfügen>** ➔ **<Etiketten aktualisieren>**

In der Vorschau wird jetzt auf jedem Etikett ein neuer Datensatz angezeigt. Führen Sie den Seriendruck, wie oben beschrieben, zu Ende.

Aufgabe Was versteht man unter den folgenden Begriffen? Beantworten Sie die Frage schriftlich und speichern Sie das Dokument unter *Aufgaben5*.

1. Schnellbaustein
2. Dokumentvorlage
3. Datenquelle
4. Steuersatz
5. Seriendruckfeld
6. Bedingungsfeld

3.7 Projekte

Methode	Bilden Sie zusammen mit Mitschülern eine Arbeitsgruppe
Gruppenpuzzle	zur gemeinsamen Lösung komplexer Aufgaben. Teilen Sie die Gruppe auf in „Experten". Jeder „Experte beschafft sich Informationen zur Lösung bestimmter Teilaufgaben. Anschließend vermitteln die „Experten" den anderen Gruppenmitgliedern die notwendigen Kenntnisse zur Lösung der Gesamtaufgabe.

3.7.1 Facharbeit

Situation Sie müssen eine schriftliche Ausarbeitung anfertigen, die in ihrer Form (Inhaltsverzeichnis, nummerierte Überschriftenliste, Fußnoten, Kopf- und Fußzeilen, Deckblatt, Quellenangaben, Verzeichnisse, Zitiertechnik, Anhang) wissenschaftlichen Standards entsprechen soll.

Aufgaben

1. Gliedern Sie Überschriften im Dokument *Arbeit_V.docx* nach dem Muster *Arbeit.pdf.*

2. Nummerieren Sie die Kapitel.

3. Formatieren Sie die Überschriften einheitlich in abgestuften Größen.

	Ü1	Ü2	Ü3
Gliederung	Ebene 1	Ebene 2	Ebene 3
Schriftgröße	18	16	14
Abstand vor	12		
Abstand nach	6		
Schriftart	Calibri		
Einzug links	0		
Sondereinzug	1,5 cm, Hängend		
Schriftfarbe	Blau Akzent 1 dunkler 25%		
Auszeichnung	Fett		

4. Lassen Sie vom Programm ein Inhaltsverzeichnis erstellen.

Zuweisen von Formatvorlagen

Um den Text der Datei *Arbeit-V.doc* zu gliedern, müssen die Kapitelüberschriften den Gliederungsebenen zugeordnet werden. Klicken Sie auf die jeweilige Überschrift – z.B. *„Anfertigung einer schriftlichen Arbeit"* – wählen Sie an schließend **<Start>** → **<Formatvorlagen>** und weisen Sie aus dem Formatvorlagenkatalog **<Titel>** zu.

Ändern von Formatvorlagen

Da die Formatvorlagen keine Gliederung mit Nummerierung enthält, müssen Sie die Formatvorlagen anpassen.

1. Schreiben Sie drei Überschriften und weisen Sie die Überschriftformatvorlagen **<Überschrift 1–3>** zu.

2. Markieren Sie die drei Überschriften und klicken Sie auf den Button **<Liste mit mehreren Ebenen>**.

3. Weisen Sie ein Listenformat zu.

4. Formatieren Sie nach der Tabelle.

5. Klicken Sie abschließend im jeweiligen Kontextmenü der Überschriften auf **<Überschrift 1–3 aktualisieren um der Auswahl zu entsprechen>**.

Inhaltsverzeichnis

Um ein Inhaltsverzeichnis zu generieren, schreiben Sie am Beginn des Dokuments in die erste Zeile „Inhaltsverzeichnis" und fügen anschließend über die Hauptregisterkarte **<Verweise>** ein Inhaltsverzeichnis ihrer Wahl ein.

3.7.2 Serienbrief

Aufgaben

1. Erstellen Sie in der Datei *Brief_Nachname_Vorname.docx* ein Briefformular nach Regeln der DIN 5008 (http://schubi-im-netz.de/din.html).

2. Die Falzmarken sowie die Adressfeldecken sollen im Kopfzeilenbereich und die Geschäftsraumangaben im Fußzeilenbereich erscheinen.

3. Achten Sie darauf, dass auf einer zweiten Seite der Kommunikationsblock nicht mehr erscheint.

4. Richten Sie Ihren Brief als Serienbrief mit der Datenquelle *„Verbandsmitglieder.xlsx"* ein.

5. Fügen Sie Bedingungsfelder für eine persönliche Anrede ein.

Projekte

SVEN DORNER

<u>Sven Dorner · Hinter der Post 5 · 74632 Neuenstein</u>

Ihr Zeichen	
Ihre Nachricht vom	
Meine Nachricht vom	
Telefon	06677-123456-0
Telefax	06677-123456-12
Mobil	0176-48306088
E-Mail	info@cmw.de
Datum	

Verbandstreffen

Sehr geehrter Herr

das diesjährige Verbandstreffen muss leider verschoben werden, da uns die gewünschten Räume erst zwei Wochen später zur Verfügung stehen. Der neue Termin ist der 26.02.20... Bitte buchen Sie Ihre Hotelreservierungen entsprechend um.

Mit freundlichen Grüßen

Vorname Nachname

4 Tabellenkalkulation mit MS Excel

In den kaufmännischen Abteilungen moderner Unternehmen sind Tabellenkalkulationsprogramme heute unverzichtbarer Bestandteil der Softwareausstattung. Sie leisten Dienste bei der Erstellung von Angebotsvergleichen, Investitionsplänen, Statistiken, bei der Lagerverwaltung, Bilanzanalyse, Kalkulation, Kostenrechnung usw. Das Tabellenkalkulationsprogramm Excel gehört bei CHRISTIAN MÜLLER WERBEDRUCK zur Standardsoftware in den Abteilungen Finanz- und Anlagenbuchhaltung, Verkauf, Einkauf, Lager, Personal und bei der Geschäftsleitung.

4.1 Einführung

4.1.1 Start/Arbeitsbereich

Sie starten das Programm über **<Start>** → **<Alle Programme>** → **<Microsoft Office>** → **<Microsoft Excel>**, und Ihnen wird das folgende Fenster angezeigt:

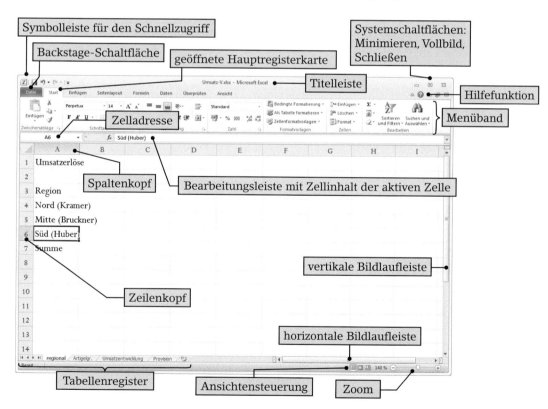

4.1.2 Speichern/Ordnungssystem

Aufgaben
1. Benennen Sie die Tabellen 1 bis 4 entsprechend der Abbildung um in „regional; ausgew. Artikelgr.; Umsatzentwicklung; Provision".
2. Speichern Sie die Arbeitsmappe unter dem Dateinamen *Umsatz*.

Das Ordnungssystem in Excel besteht aus Arbeitsmappen, die jeweils mehrere Tabellenblätter besitzen. Die Tabellenblätter lassen sich durch Anklicken der Register (Tabelle1, Tabelle2, ...) aktivieren. Mithilfe der Laufpfeile können Sie sich in der Arbeitsmappe zwischen den angelegten Registern bewegen.

Arbeitsmappen und Tabellenblätter sollten statt der Standardbenennungen sinnvolle Namen erhalten, um das Wiederfinden zu erleichtern. Klicken Sie zum Umbenennen eines Tabellenblattes doppelt auf das entsprechende Register.

Wenn Sie Excel starten, so wird automatisch eine erste Arbeitsmappe geöffnet, die Sie bearbeiten und schließlich unter einem Dateinamen mit der Erweiterung **.xlsx** speichern können.

<Datei> → <Speichern>

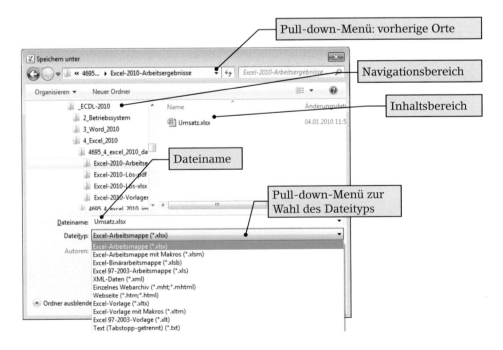

Damit erhält jede Arbeitsmappe, sobald sie gespeichert ist, einen eigenen Dateinamen. Wenn Sie für ein Programm mit einem anderen Format speichern wollen
(z. B. für eine ältere Version: Excel 97-2003-Arbeitsmappe.xls), so können Sie
das Format unter **<Dateityp>** wählen. Der Befehl **<Speichern unter>** ist auch
zu verwenden, um einer bereits gespeicherten Datei einen neuen Dateinamen
zuzuweisen.

Wollen Sie eine neue Arbeitsmappe erstellen, so wählen Sie **<Datei>** ➔ **<Neu>** ➔
<Leere Arbeitsmappe> ➔ **<Erstellen>**. Es erscheint auf dem Bildschirm eine neue
Arbeitsmappe *(Mappe2)*.

Basisoptionen

Wenn Sie bei einem neuen Dokument den Befehl **<Speichern>** anklicken, so steuert Excel automatisch einen vorher festgelegten Speicherort an. Um sich die Arbeit
zu erleichtern, können Sie diesen Standardspeicherort für Dateien ändern:

<Datei> ➔ **<Optionen>** ➔ **<Speichern>**

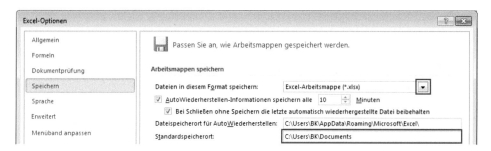

Es wird ein Dialogfenster geöffnet, in dem Sie den Standardspeicherort neu festlegen können. Hier lässt sich auch das Standardspeicherformat bestimmen. Wenn
Sie z. B. die von Ihnen gespeicherten Dateien häufig auf einem anderen Computer
aufrufen möchten, auf dem Excel nur in der Version 2003 zur Verfügung steht, so
können Sie hier als Standardformat *Excel 97-2003-Dokument (*.xls)* wählen.

Jede Excel-Datei, die Sie speichern, enthält als Benutzerinformation den Namen
des Autors. Sie können über den Befehl **<Datei>** ➔ **<Informationen>** diese Daten
einsehen und weitere Angaben zu den Dokumenteigenschaften hinzufügen.

Aufgaben

1. Legen Sie einen neuen Ordner *4_Excel* an und wählen Sie anschließend diesen
   Ordner als Standard-Speicherort für Excel-Dateien.

2. Öffnen Sie drei neue Arbeitsmappen und speichern Sie sie unter den Dateinamen *Statistik 11, Statistik 12* und *Statistik 13* in einem neu einzurichtenden
   Ordner *Arbeitsergebnisse*.

3. Richten Sie die Arbeitsmappen so ein, dass sie jeweils die Tabellenblätter
   „*Quartal 1–4*" enthalten.

Tabellenblätter können über das Tabellenregister mit der Tastenkombination
Alt + F11 eingefügt werden.

neue Tabelle hinzufügen

Das neue Tabellenblatt erhält die fortlaufende Nummerierung und wird am Ende
eingefügt. Sie können Tabellenblätter löschen, aus- und einblenden, umbenennen,
verschieben, kopieren und einfügen, indem Sie mit der rechten Maustaste auf das
Register klicken und im Kontextmenü den entsprechenden Befehl wählen. Zum
Einfügen und Löschen mehrerer Blätter halten Sie vor Eingabe des Befehls die
Strg-Taste gedrückt und wählen die gewünschten Tabellenblätter aus..

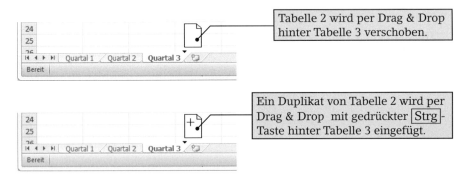

Tabelle 2 wird per Drag & Drop
hinter Tabelle 3 verschoben.

Ein Duplikat von Tabelle 2 wird per
Drag & Drop mit gedrückter Strg-
Taste hinter Tabelle 3 eingefügt.

4.1.3   Rechnen mit Excel

Situation   Die Umsatzerlöse des gesamten letzten Jahres liegen vor. Sie wollen
die Gesamtumsätze der einzelnen Quartale berechnen.

Aufgabe   Übernehmen Sie die nachfolgende Tabelle. Berechnen Sie die Gesamtumsätze der Quartale in der Zeile 7 mit den folgenden Methoden.

Manuelle Eingabe der Funktion

Die Berechnungen lassen Sie vom Programm in der Weise durchführen, dass Sie in
die Zelle, in der die Summe angezeigt werden soll, eine Funktion eingeben. Damit
das Programm die Eingabe als Funktion erkennt und nicht als Text, beginnen Sie
mit einem Gleichheitszeichen oder klicken auf das Gleichheitszeichen neben der
Bearbeitungsleiste.

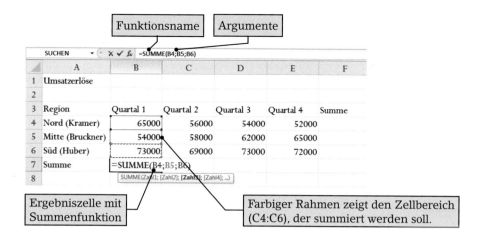

Ergebniszelle mit Summenfunktion

Farbiger Rahmen zeigt den Zellbereich (C4:C6), der summiert werden soll.

Schreiben Sie in die Zelle B7 nach dem Ist-gleich-Zeichen den Funktionsnamen „Summe" und anschließend in Klammern die durch Semikolon getrennten Argumente (B4;B5;B6), aus denen die Summe gebildet werden soll. Bereich B4 bis B6 kann auch als ein Argument eingegeben werden, indem man B4 und B6 mit einen Doppelpunkt verknüpft. Der Doppelpunkt steht hier für die Festlegung eines Bereiches von B4 bis B6.

Schaltfläche <Summe>

Die Summe des dritten Quartals berechnen Sie, indem Sie auf die Zelle D7 und dann im Register auf **<Start>** → **<Bearbeiten>** → **<Summe>** klicken. Das Programm schlägt an dieser Stelle die Funktion zur Berechnung der Summe der Zellen D4 bis D6 vor. Wenn Sie anschließend mit der Enter-Taste bestätigen, erscheint das Ergebnis. Klicken Sie erneut auf die Zelle D7, so wird Ihnen in der Bearbeitungsleiste der Zellinhalt = SUMME(D4:D6) angezeigt.

Funktionsassistent

Setzen Sie den Cursor in die Zelle, in der das Ergebnis einer Berechnung angezeigt werden soll (z. B. E7). Um das Dialogfenster **<Funktion einfügen>** zu starten, klicken Sie auf die entsprechende Schaltfläche neben der Bearbeitungsleiste. Geben Sie anschließend unter **<Funktion suchen>** den Suchbegriff „Addieren" ein. Das Programm schlägt diverse Summenfunktionen vor und gibt eine kurze Erklärung der Funktion. Für eine ausführlichere Erklärung mit Beispielaufgabe klicken Sie auf **<Hilfe für diese Funktion>**.

Wählen Sie die gewünschte Funktion mit einem Doppelklick aus und Sie erhalten ein Dialogfenster zur Eingabe der Funktionsargumente. Das Programm schlägt einen Bereich zum Summieren vor (E4 bis E6). Klicken Sie auf <**OK**>, so wird die Berechnung ausgeführt. Wenn Ihnen das Dialogfenster die Sicht auf das Tabellenblatt versperrt, so können Sie die Formelpalette mit der Maus verschieben oder diese mit einem Klick auf die Schaltfläche <**Dialog reduzieren**> auf das Eingabefeld reduzieren.

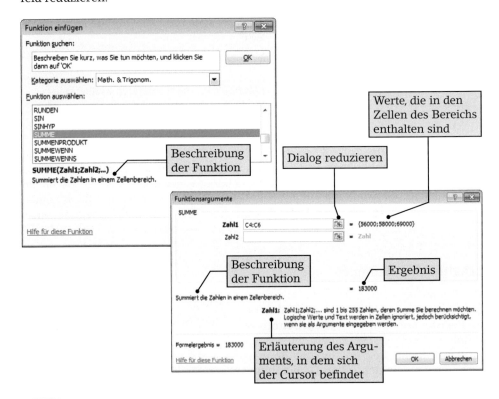

Aufgaben

1. Berechnen Sie in der Spalte F die Summen der drei Regionen und die Gesamtsumme nach den oben gezeigten Methoden.

2. Übernehmen Sie die unten stehende Tabelle auf das zweite Tabellenblatt in der Arbeitsmappe „Umsatz" und benennen Sie das Tabellenblatt „ausgew. Artikelgr.". Berechnen Sie die Umsatzsummen unter Anwendung der verschiedenen Berechnungsmethoden.

	A	B	C	D	E	F
1	Umsatzerlöse ausgewählter Artikelgruppen					
2						
3	Artikelgr.	Motivkarten	Kalender	Blanko-Etik.	Poster	Summe
4	Quartal 1	1268	1204	2102	2148	
5	Quartal 2	1802	0	960	2451	
6	Quartal 3	1560	0	1205	2130	
7	Quartal 4	2043	5436	1096	3403	
8	Summe					

4.2 Formatieren

4.2.1 Formatieren mit der Symbolleiste

Situation Die Tabelle mit den Umsatzerlösen soll für eine Präsentation aufbereitet werden. Nutzen Sie dazu die Formatierungsmöglichkeiten unter Excel.

Die erstellten Tabellen können Sie mit unterschiedlichen Schriftarten, -größen, -farben und -attributen sowie Rahmen, Hintergrundfarben, Mustern, Ausrichtungen und Zahlenformaten optisch aufbereiten. Excel bietet darüber hinaus vorgefertigte Designs, Formatvorlagen und Mustervorlagen, um schnell komplexe Formatierungen mit wenigen Klicks zuzuweisen.

Aufgabe Weisen Sie der Tabelle das folgende Format zu.

	A	B	C	D	E	F
1			**Umsatzerlöse**			
2						
3	**Region**	**Quartal 1**	**Quartal 2**	**Quartal 3**	**Quartal 4**	**Summe**
4	Nord (Kramer)	65.000	56.000	54.000	52.000	227.000
5	Mitte (Bruckner)	54.000	58.000	62.000	65.000	239.000
6	Süd (Huber)	73.000	69.000	73.000	72.000	287.000
7	**Summe**	192.000	183.000	189.000	189.000	753.000

A1 . . . . *fett; unterstrichen; Arial Rounded MT; 14 pt*
A3 . . . . *fett; Perpetua, 12 pt*
A7 . . . . *fett*
B3–F3 . . . . *fett; zentriert*
Rahmung . . . . *s. o.*
Zahlen . . . . *Tausendertrennzeichen, keine Dezimalstellen*
Spaltenbreite B–F . . . *11,29 (84 Pixel)*
A1–F1 . . . . *Zellen verbinden und zentrieren*

Schriftart und Schriftgrad

Mit den Schaltflächen im Register **<Start>** können Sie schnell und einfach Formatierungen zuweisen. Bewegen Sie den Cursor auf die Zelle A1 und klicken Sie in der Gruppe **<Schriftart>** auf den Pull-down-Pfeil für den Schriftgrad. Der Schriftgrad ist auf 14 pt zu vergrößern. Links daneben im Pull-down-Menü für Schriftarten wählen Sie **<Arial Rounded MT>** und unterhalb aktivieren Sie die Schaltflächen **<Fett>** und **<Unterstrichen>**.

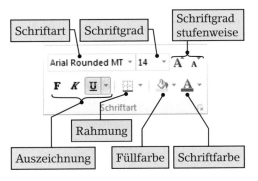

Eine noch schnellere Möglichkeit Formate zuzuweisen, bietet Excel mit der Mini-symbolleiste. Sie rufen diese Symbolleiste mit den wichtigsten Formatierungsbe-fehlen über die rechte Maustaste auf.

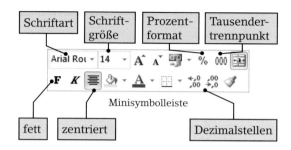

Shortcuts	fett	Strg + Shift + F
	unterstrichen	Strg + Shift + U
	kursiv	Strg + Shift + K

Rahmen

Rechts neben den Auszeichnungseinstellungen im Hauptregister **<Start>** befindet sich ein Pull-down-Pfeil für verschiedene Rahmen, die Sie durch Anklicken wäh-len können. Markieren Sie vorher den Bereich, den Sie einrahmen möchten.

Markieren

Eine der wichtigsten Funktionen beim Arbeiten mit Excel ist das Markieren. Alle Befehle, die mehrere Zellen betreffen (z. B. Formatierungen, Löschen, Verbinden, …), erfordern das vorherige Markieren der betroffenen Zellen.

Aktivieren Sie mit der Maus die Zelle B3, halten Sie die linke Taste oder die Shift-Taste gedrückt und ziehen Sie zur Zelle F3. Sie können jetzt für den markierten Bereich die Formatierung vornehmen, indem Sie auf die Schaltflächen **<Fett>** und **<Zentrieren>** klicken.

Wenn Sie die Zellen mit der Tastatur markieren wollen, aktivieren Sie die Zelle B3 mithilfe der Pfeil-Tasten. Halten Sie die Shift-Taste gedrückt, während Sie mit den Pfeil-Tasten markieren.

Wollen Sie mehrere nicht benachbarte Zellen markieren, so klicken Sie auf die jeweiligen Zellen und halten gleichzeitig die Strg-Taste gedrückt.

Shortcuts	Markieren des aktuellen Bereichs:	Strg + Shift + *
	Markieren der gesamten Spalte:	Strg + Leer
	Markieren der gesamten Zeile:	Strg + Leer
	Markieren des gesamten Tabellenblatts:	Strg + A

Zellen verbinden und ausrichten

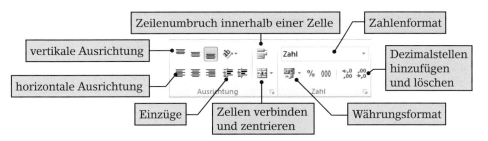

Überschriften sollen meist nicht nur innerhalb einer Spalte, sondern über mehrere Spalten zentriert werden. Markieren Sie zunächst den Bereich, über den zentriert werden soll (A1–F1), und klicken Sie dann auf die Schaltfläche **<Verbinden und Zentrieren>**. Excel verbindet dann die markierten Zellen zu einer Zelle und zentriert den Inhalt. Mit einem erneuten Klick auf diese Schaltfläche trennen Sie die Zellen wieder.

4.2.2 Formatvorlagen

Aufgaben

1. Weisen Sie dem Tabellenblatt „Artikelgr." in der Arbeitsmappe „Umsatz" Formatvorlagen (s. Abb.) zu.
2. Ändern Sie die Zellenformatvorlagen **<40 % Akzent 1>,** indem Sie die Auszeichnung **<Fett>** zuweisen.

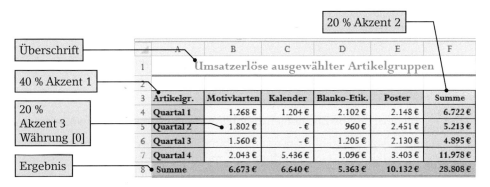

Formatvorlagen

Eine sehr komfortable Methode der Formatierung eines Zellenbereichs bieten Formatvorlagen, mit denen jeweils mehrere Formatierungsmerkmale in einem Schritt zugewiesen werden können. Ein weiterer Vorteil besteht darin, dass Änderungen, die Sie an einer Formatvorlage vornehmen, automatisch von allen Zellen, die mit dieser Vorlage formatiert sind, übernommen werden.

Zum Zuweisen von Formatvorlagen wählen Sie:

<Start> ➔ **<Formatvorlagen>** ➔ **<Zellenformatvorlagen>**

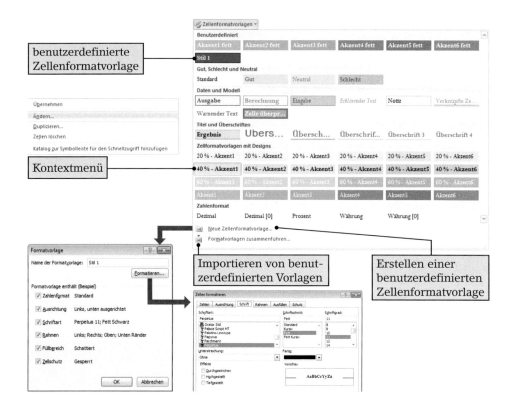

benutzerdefinierte
Zellenformatvorlage

Kontextmenü

Importieren von benut-
zerdefinierten Vorlagen

Erstellen einer
benutzerdefinierten
Zellenformatvorlage

4.2.3   Design

Aufgabe   Weisen Sie der Arbeitsmappe ein benutzerdefiniertes Design zu.
Designfarbe   Ananka
Designschriftart   Dactylos
Designeffekt   Deimos
Sichern Sie die Zusammenstellung unter dem Designnamen *Modern*.

Unter einem Design versteht man eine Kombination aus **zwei Schriftarten** (Über-
schrift und Textkörper), einer **Farbpalette** mit diversen zueinander passenden
Farben und einer Kombination bestimmter **Effekte,** die sich beispielsweise auf das
Aussehen gezeichneter Objekte auswirken.

Die Designeinstellung wirkt sich auf die gesamte Arbeitsmappe aus, das bedeutet,
dass Einstellungsänderungen in einer Tabelle alle Tabellen derselben Arbeitsmappe betreffen. Standardmäßig ist das Design **<Larissa>** zugewiesen. Um ein
anderes Design auszuwählen, geben Sie folgenden Befehl ein:

<Seitenlayout> ➜ <Designs> ➜ <Designs>

Um einen eigenen Designmix zusammenzustellen, wählen Sie rechts neben der
Schaltfläche für Designs für die Farben-, Schriftarten- und Effektauswahl die passenden Kombinationen aus.

Die eigene Zusammenstellung kann, um auch in anderen Arbeitsmappen zur Verfügung zu stehen, mit der Schaltfläche <Aktuelles Design speichern> für weitere Arbeitsmappen zur Verfügung gestellt werden. Es erscheint anschließend in dem Pull-down-Menü <Design> unter der Rubrik <Benutzerdefiniert>.

Die über die Zellenformatvorlagen zugewiesenen Formatierungen werden dem jeweiligen Design entsprechend angepasst.

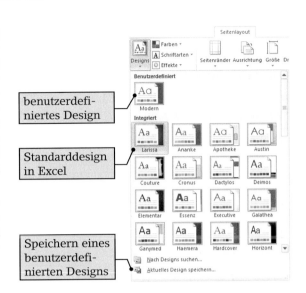

benutzerdefiniertes Design

Standarddesign in Excel

Speichern eines benutzerdefinierten Designs

4.2.4 Formatierungen mit Dialogfenstern

Situation Um die Kosten eines Darlehens zu berechnen, benötigen Sie die Höhe der Zinsen.

Aufgaben 1. Ermitteln Sie die pro Jahr anfallenden Zinsen bei einem Kapital von 30.000,00 € und einem Zinssatz von 5 %.

2. Berechnen Sie die Anzahl der Tage vom 12.02.2011 bis zum 30.11.2011 und die für diesen Zeitraum anfallenden Zinsen. Formatieren Sie entsprechend der Vorlage. Benennen Sie das Arbeitsblatt „Darlehenszinsen" und speichern Sie es unter dem Dateinamen *Zinsrechnung*.

Benutzerdefinierte Formate

Nicht alle Formatierungen sind vorgefertigt abrufbar. Sie haben aber die Möglichkeit, eigene Formatierungen festzulegen. Im Register <Start> befinden sich die Befehlsgruppen <Schriftart>, <Ausrichtung> und <Zahl> mit jeweils einem kleinen Pfeil als Schaltfläche zum Aufrufen des Dialogfensters <Zellen formatieren>. Alternativ können Sie das Dialogfenster über das Kontextmenü (rechte Maustaste) aufrufen.

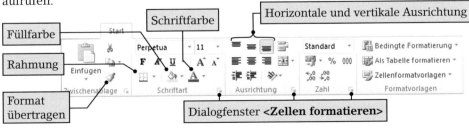

Füllfarbe

Schriftfarbe

Horizontale und vertikale Ausrichtung

Rahmung

Format übertragen

Dialogfenster <Zellen formatieren>

Die Formel für die Berechnung der Jahreszinsen lautet normalerweise:

$$\text{Zinssatz}/100 \cdot \text{Kapital}$$

Da Excel bei der Prozentformatierung nicht nur das Prozentzeichen ergänzt, sondern zusätzlich die eingegebene Zahl intern durch 100 teilt, steht in der Zelle B3 tatsächlich nicht die 5, sondern 5/100 = 0,05. Die einzusetzende Formel bei der Zinsberechnung vereinfacht sich, weil die Division durch 100 entfällt: B3 · B4.

Im Register **<Zahl>** befinden sich unter der Kategorie **<Datum>** die unterschiedlichsten Einstellungen für das Datumsformat. Bei der Datumsformatierung steht **M** für Monate, **J** für Jahre und **T** für Tage. Darüber hinaus können Formatierungen auch **<Benutzerdefiniert>** eingegeben werden. Wollen Sie z. B. Tage als Benennung für eine Zahl festlegen, so müssen Sie, da Excel nur die gängigsten Einheiten zur Auswahl bereitstellt, „Tage" als Text eingeben, indem Sie Anführungsstriche setzen.

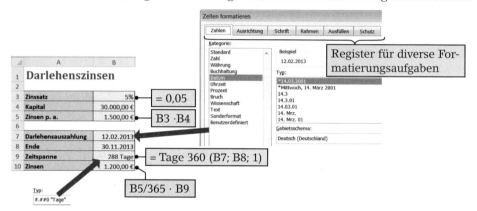

Symbol	Bedeutung	Symbol	Bedeutung
,	Dezimalkomma	T	Anzahl der Stellen für Tagesangabe
.	Tausendertrennpunkt	M	Anzahl der Stellen für Monatsangabe
0	Ziffer wird angezeigt (0, wenn nicht vorhanden)	J	Anzahl der Stellen für Jahresangabe
#	Ziffer wird nur angezeigt, wenn vorhanden	mm:ss	Minuten und Sekunden
„"	Damit Excel trotz der Angabe einer Einheit mit Zellinhalten rechnen kann, muss Text in Anführungszeichen gesetzt werden.	%	Prozentformat: multipliziert den Wert mit 100 und fügt das Zeichen „%" an

Hinweis: Das Hinzufügen von Einheiten zu Zahlen sollte grundsätzlich über die Formatierung erfolgen, da Excel andernfalls die gesamte Zelleingabe als Text interpretiert, mit der Folge, dass die Zahl in Formeln nicht verwendet werden kann (Fehlermeldung: #WERT!).

Übertragung von Formatierungen

Formatierungen sollten grundsätzlich immer als letzte Arbeit vorgenommen werden, da sich bei der Entwicklung einer Tabelle immer wieder Änderungen ergeben, die bereits vorgenommene Formatierungen zunichtemachen würden. Es erleichtert die Arbeit dabei sehr, wenn Sie nicht jede Formatierung neu eingeben müssen, sondern auf bereits formatierte Zellen oder Bereiche zurückgreifen können.

Positionieren Sie den Cursor auf eine fertig formatierte Zelle und klicken Sie anschließend auf die Schaltfläche **<Format übertragen>**. Das Format kann jetzt einmalig auf eine Zielzelle oder einen Zielbereich übertragen werden. ✎

Wollen Sie ein Format auf mehrere Zellen übertragen, die nicht nebeneinander-liegen, so erreichen Sie mit einem Doppelklick auf die Schaltfläche **<Format über-tragen>**, dass Sie mehrmals Zielzellen oder Zielbereiche anwählen können. Der Übertragungsmodus wird durch erneutes Anklicken der Schaltfläche beendet.

Aufgaben

1. Beantworten Sie die folgenden Fragen.
   a) Wie markiert man mehrere Zellen mithilfe der Tastatur?
   b) Wie markiert man mehrere Zellen, die nicht nebeneinander liegen, mit der Maus?
   c) Welchen Vorteil hat die Formatierung über **<Zellenformatvorlagen>**?
   d) Wie erstellt man ein eigenes Design?
   e) Wie zentriert man über mehrere Spalten?

2. Erstellen Sie die ab-gebildete Tabelle *Ver-zugszinsen* in der Ar-beitsmappe *Zinsrech-nung* und importieren Sie die Zellenformat-vorlage aus der Ar-beitsmappe *Umsatz*.

	A	B	
2			
3	Zinssatz	7%	
4	Berechnungsdatum	12.12.2012	
5			

Formatierung als Text, um die führenden Nullen angezeigt zu bekommen.

	Auftragsnummer	Rechnungsbetrag	Fälligkeit	Zeitraum	Zinsen
6					
7	0613-0307	346,30 €	12.03.2012	270 Tage	18,18 €
8	0096-0407	4.680,20 €	03.04.2012	249 Tage	226,60 €
9	7130-0407	1.306,34 €	27.04.2012	225 Tage	57,15 €
10	2364-0607	7.321,65 €	10.06.2012	182 Tage	259,11 €
11	0964-0907	2.836,14 €	06.09.2012	96 Tage	52,94 €
12	0086-1107	963,52 €	01.11.2012	41 Tage	7,68 €
13	Summe	17.454,15 €			621,66 €
14	Gesamtforderung	18.075,81 €			

4.3 Kopieren und Verschieben

Situation Sie wollen die Umsatzentwicklung des letzten Quartals im Monats-vergleich für die Artikelgruppen in einer Tabelle berechnen.

Aufgaben

1. Öffnen Sie die Datei *Umsatz* und benennen Sie ein freies Tabellen-blatt um in „Umsatzentwicklung".

2. Geben Sie zunächst nur die Umsätze für Juli und die Artikelgruppen ein (s. Abb.).

3. Kopieren Sie die Zellen B3 und B4 in den Bereich C2 bis D3 und pro-bieren Sie dabei die unterschiedlichen Kopierverfahren aus.

Kopieren mit der Maus

▶ Markieren Sie die Zellen B3 und B4.

▶ Bewegen Sie den Mauszeiger in die rechte untere Ecke der Markierung, bis sich das weiße Kreuz in ein schwarzes Kreuz verwandelt.

▶ Drücken Sie die linke Maustaste und ziehen Sie das Kreuz nach rechts, bis die vier benachbarten Zellen (C3 bis D4) umrandet sind.

Das Programm kopiert nicht nur die Zeichen, sondern es erkennt auch die Monatsangabe und trägt in die benachbarten Zellen die fortlaufenden Monate ein. Entsprechendes gilt auch für Datumsangaben. Wenn Sie z. B. eine Reihe mit zweimonatlichem Abstand erstellen möchten, so markieren Sie die Zellen mit den ersten beiden Monaten, z. B. Januar und März, und ziehen anschließend das schwarze Kreuz in die benachbarten Zellen. Excel führt die Reihe mit dem zweimonatlichen Abstand fort: Mai, Juli, …

Wenn Sie keine automatische Reihenbildung wünschen, so halten Sie beim Kopieren die Strg-Taste gedrückt.

Hinweis: Bei der Reihenbildung von Zahlen funktioniert das Prinzip umgekehrt. Wenn Sie eine Zahl kopieren, so wird nur bei gehaltener Strg-Taste eine Reihe gebildet.

Kopieren mit Zwischenablage

▶ Markieren Sie die Zellen B3 und B4.   ▶ **<Zwischenablage>** → **<Kopieren>**
▶ Markieren Sie den Bereich C3 bis D4.   ▶ **<Zwischenablage>** → **<Einfügen>**

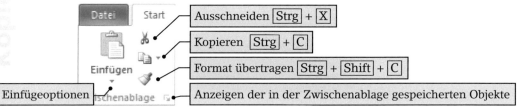

Es erfolgt bei Verwendung der Zwischenablage keine automatische Reihenbildung.

Während mit der Maus nur in benachbarte Zellen kopiert werden kann, ermöglicht das Verfahren über die Zwischenablage auch das Kopieren in entfernte Zellbereiche.

Kopieren mit dem Kontextmenü

Wenn Sie nach dem Kopieren im Zielbereich markieren und anschließend die rechte Maustaste drücken, so erscheint ein Kontextmenü, in dem Sie die entsprechenden Befehle aussuchen können.

Excel blendet nach dem Kopiervorgang unmittelbar unterhalb der Füllauswahl einen Smarttag ein, beim Ausfüllen einer Reihe die Schaltfläche **<Auto-Ausfülloptionen>** und bei einfachem Ausfüllen die Schaltfläche **<Einfüge-Optionen>.** Ein Klick auf die Schaltfläche öffnet eine Liste mit den Optionen für den Umgang mit den Daten. Die Zusammensetzung der Liste hängt vom einzufüllenden Inhalt ab.

Der Smarttag verschwindet bei der nächsten **Eingabe.**

Aufgaben

1. Tragen Sie die Werte für August und September ein und berechnen Sie die Monatssummen.

2. Verschieben Sie den Bereich D2 bis D7 zwei Spalten nach rechts und tragen Sie als Überschrift in die frei gewordene Zelle D3 *Differenz* (Schriftgröße 8 pt) ein.

	A	B	C	D
1	Umsatzentwicklung			
2		Juli	August	September
3	Artikelgr.	Umsatz	Umsatz	Umsatz
4	1	41782	52141	44215
5	2	8817	10514	8448
6	3	15596	13884	16077
7	Summe			

Verschieben mit der Maus

▶ Markieren Sie die zu verschiebenden Zellen D2–D7.

▶ Bewegen Sie den Mauszeiger an den Rand des markierten Bereichs, bis sich das Kreuz in einen Pfeil verwandelt.

▶ Ziehen Sie den Rahmen des markierten Bereichs in den Zielbereich (F2–F7).

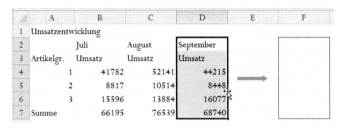

Verschieben mit Zwischenablage

▶ Markieren Sie die zu verschiebenden Zellen D2−D7.

▶ **<Zwischenablage>** → **<Ausschneiden>**

▶ Aktivieren Sie die obere Zelle des Zielbereichs F2.

▶ **<Zwischenablage>** → **<Einfügen>**

Kopieren/Verschieben zwischen Tabellen und Arbeitsmappen

Die Zwischenablage eignet sich im Gegensatz zur Maus-Methode auch für das Verschieben oder Kopieren zwischen Tabellen und Arbeitsmappen. Um zwischen zwei Arbeitsmappen zu wechseln, wählen Sie **<Ansicht>** → **<Fenster>** → **<Fenster wechseln>**.

Aufgaben

1. Geben Sie die Formel zur Berechnung der Differenz zwischen Juli- und Augustumsatz in die Zelle D5 ein und kopieren Sie anschließend in die Zellen D6 bis D7.

2. Tragen Sie in die Zelle E4 die Spaltenüberschrift „proz. Veränd." ein.

3. Geben Sie die Formel zur Berechnung der prozentualen Veränderung in die Zelle E5 ein und kopieren Sie anschließend in die Zellen E6 bis E7.

Die Formel zur Berechnung der prozentualen Veränderung der Artikelgruppe 1 im August bezogen auf den Juliumsatz lautet = D5 · 100/B5. Die Multiplikation mit 100 wird aber ohnehin vom Programm vorgenommen, wenn Sie auf die Schaltfläche **<Prozentformat>** klicken. Die einzugebende Formel lautet also = D5/B5.

Die Anzahl der Dezimalstellen geben Sie durch Klicken auf die Schaltflächen **<Dezimalstelle hinzufügen>** bzw. **<Dezimalstelle löschen>** an.

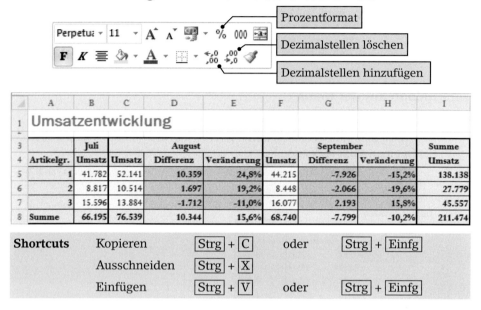

Umsatzentwicklung

Artikelgr.	Juli Umsatz	August Umsatz	August Differenz	August Veränderung	September Umsatz	September Differenz	September Veränderung	Summe Umsatz
1	41.782	52.141	10.359	24,8%	44.215	-7.926	-15,2%	138.138
2	8.817	10.514	1.697	19,2%	8.448	-2.066	-19,6%	27.779
3	15.596	13.884	-1.712	-11,0%	16.077	2.193	15,8%	45.557
Summe	66.195	76.539	10.344	15,6%	68.740	-7.799	-10,2%	211.474

Shortcuts	Kopieren	Strg + C	oder	Strg + Einfg
	Ausschneiden	Strg + X		
	Einfügen	Strg + V	oder	Strg + Einfg

Autoausfüllen

Aufgabe Geben Sie in der Arbeitsmappe „Aufgaben" auf einem neuen Tabellenblatt „Reihen" unter Benutzung der Reihen- und Kopierbefehle die folgende Tabelle ein:

Autoausfüllen

autom. Reihe	Reihenunterdrückung	Wochentage	Werktage	Wochentag	geometr. Inkrement 3	lineares Inkrement 3	Datumsreihe	benutzerd. Liste Abteilungen
1	1	Montag	Montag	Montag	2	2	12.10.2012	Lager
2	2	Dienstag	Dienstag	Montag	6	5	19.10.2012	Einkauf
3	1	Mittwoch	Mittwoch	Montag	18	8	26.10.2012	Verkauf
4	2	Donnerstag	Donnerstag	Montag	54	11	02.11.2012	EDV
5	1	Freitag	Freitag	Montag	162	14	09.11.2012	Produktion
6	2	Samstag	Montag	Montag	486	17	16.11.2012	Rewe
7	1	Sonntag	Dienstag	Montag	1458	20	23.11.2012	Personal
8	2	Montag	Mittwoch	Montag	4374	23	30.11.2012	Lager
9	1	Dienstag	Donnerstag	Montag	13122	26	07.12.2012	Einkauf
10	2	Mittwoch	Freitag	Montag	39366	29	14.12.2012	Verkauf
11	1	Donnerstag	Montag	Montag	118098	32	21.12.2012	EDV
12	2	Freitag	Dienstag	Montag	354294	35	28.12.2012	Produktion
13	1	Samstag	Mittwoch	Montag	1062882	38	04.01.2013	Rechnungswesen
14	2	Sonntag	Donnerstag	Montag	3188646	41	11.01.2013	Personal
15	1	Montag	Freitag	Montag	9565938	44	18.01.2013	Lager
16	2	Dienstag	Montag	Montag	28697814	47	25.01.2013	Einkauf
17	1	Mittwoch	Dienstag	Montag	86093442	50	01.02.2013	Verkauf
18	2	Donnerstag	Mittwoch	Montag	258280326	53	08.02.2013	EDV
19	1	Freitag	Donnerstag	Montag	774840978	56	15.02.2013	Produktion
20	2	Samstag	Freitag	Montag	2324522934	59	22.02.2013	Rechnungswesen
21	1	Sonntag	Montag	Montag	6973568802	62	01.03.2013	Personal

Excel hat bereits Listen für Tage und Monate gespeichert. Beim Autoausfüllen hilft Ihnen ein Kontextmenü. Sie markieren dazu die Ausgangszelle(n), klicken mit der **rechten** Maustaste auf die rechte untere Ecke der Zelle(n) und ziehen den Pfeil mit gedrückter **rechter** Maustaste nach unten.

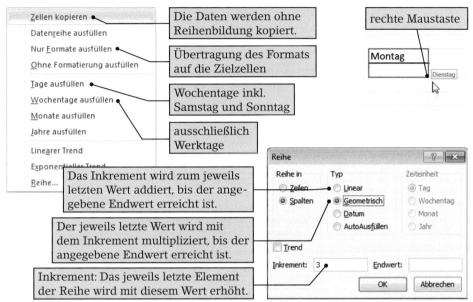

Aufgaben

1. Beschreiben Sie drei unterschiedliche Möglichkeiten, eine Zelle zu kopieren.

2. Welche Wirkung hat die Formatierung mit %?

3. Gestalten Sie in einer neuen Arbeitsmappe (Speicherung unter dem Dateinamen *Lohn-Gehalt*) auf einem Tabellenblatt „Gehaltssumme" eine Berechnungsmaske nach unten stehendem Muster.

    a) Geben Sie die Formeln zur Berechnung der Gesamtgehälter pro Monat und Jahr in die Spalten D und E sowie die Summen in die Zeile 8 ein.

    b) Ermitteln Sie in den Zellen D10 und E10 das Durchschnittsgehalt je Angestellten pro Monat und Jahr.

    c) Berechnen Sie den prozentualen Anteil der Gehaltssumme an den Personalkosten.

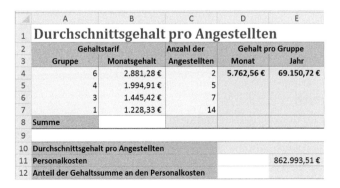

	A	B	C	D	E
1	**Durchschnittsgehalt pro Angestellten**				
2		Gehaltstarif		Anzahl der	Gehalt pro Gruppe	
3	Gruppe	Monatsgehalt	Angestellten	Monat	Jahr
4	6	2.881,28 €	2	5.762,56 €	69.150,72 €
5	4	1.994,91 €	5		
6	3	1.445,42 €	7		
7	1	1.228,33 €	14		
8	Summe				
9					
10	Durchschnittsgehalt pro Angestellten				
11	Personalkosten				862.993,51 €
12	Anteil der Gehaltssumme an den Personalkosten				

4.4 Zeilen und Spalten

Situation Ihnen liegen zwei Angebote für Kopierpapier (A4, 80 g, weiß, Packung 500 Blatt) vor. Sie benötigen ein Kalkulationsschema, mit dem Sie die Angebote schnell und einfach vergleichen können.

Aufgaben

1. Öffnen Sie eine neue Arbeitsmappe, speichern Sie unter dem Dateinamen *Angebotsvergleich* und richten Sie ein Tabellenblatt „Papier" ein.

2. Stellen Sie das abgebildete Kalkulationsschema auf.

3. Spaltenbreiten: A 30 Zeichen und B bis E 11 Zeichen

4. Geben Sie in den Ausgabebereich (blau unterlegte Zellen) die Formeln ein.

	A	B	C	D	E
1	Angebotsvergleich				
2	Artikel	Kopierpapier,DIN A4, 80g, weiß, Packung 500 Blatt			
3	Anbieter	Feldmühle		Martens	
4	Listenpreis/Verpackungseinheit	2,17 €		2,03 €	
5	Abnahmemenge	200		150	
6	Listenpreis/gesamt		434,00 €		
7	Rabatt	12%	52,08 €	10%	
8	Zieleinkaufspreis		381,92 €		
9	Skonto	2%	7,64 €	3%	
10	Bareinkaufspreis		374,28 €		
11	Bezugskosten	27,60 €	27,60 €	61,00 €	
12	Bezugspreis		401,88 €		
13	Bezugspreis/Verpackungseinheit		2,01 €		

Eingabebereich

Ausgabebereich

Spaltenbreite

Markieren Sie die Spalte A (Klick auf den Spaltenkopf), wählen Sie im Kontextmenü <**Spaltenbreite**> und geben Sie die gewünschte Spaltenbreite ein. Alternativ können Sie mit einem Doppelklick zwischen die Spaltenköpfe A und B die Breite der Spalte A vom Programm optimieren lassen. Die Spalten B bis E passen Sie in einem Arbeitsschritt an, indem Sie vorher den gesamten Bereich über die Spaltenköpfe markieren.

Hinweis: Die Veränderungsmöglichkeiten von Spaltenbreiten gelten analog für die Zeilenhöhe. Wenn Sie mehrere nicht nebeneinanderliegende Zellen markieren wollen, so klicken Sie auf die Zellen, während Sie gleichzeitig die Strg-Taste gedrückt halten.

Ein- und Ausgabebereich

Unterscheiden Sie zwischen dem Eingabe- und dem Ausgabebereich, indem Sie die Bereiche mit unterschiedlichen Akzenten (s. Abb.) hinterlegen. Im Eingabebereich können von Fall zu Fall unterschiedliche Werte eingetragen werden, während der Ausgabebereich mit den darin enthaltenen Zellbezügen und Formeln konstant bleibt. Verwenden Sie deshalb im Ausgabebereich keine Werte, sondern Zellbezüge.

Situation Sie haben weitere Angebote für Kopierpapier eingeholt.

Aufgabe

1. Erweitern Sie die Tabelle für den Angebotsvergleich über die Kopierfunktion, sodass sechs weitere Anbieter eingegeben werden können.
2. Fixieren Sie Spalte A und Zeile 3.
3. Erstellen Sie eine Maske für Angebotsvergleiche.

Anbieter	Ockermann	Hubertus Konzack	Schubert	Landner GmbH	Linzer Papiermühle	Anton Radascheck
Listenpreis/Verpackungseinheit	2,33 €	2,43 €	2,23 €	2,17 €	2,39 €	2,81 €
Abnahmemenge	100	500	100	200	400	250
Rabatt	10%	10%	5%	5%	8%	38%
Skonto	3%	3%	2%		3%	2%
Bezugskosten	62,00 €	63,00 €	54,00 €			54,00 €

Fixieren von Spalten und Zeilen

In großen Tabellen kann man beim Scrollen leicht den Überblick verlieren, da die Titelzeilen und -spalten mit dem Bildlauf verschwinden. Abhilfe schafft eine Fixierung. Aktivieren Sie die Zelle unterhalb der zu fixierenden Zeile und rechts neben der zu fixierenden Spalte (B4). Wählen Sie anschließend:

<Ansicht> → <Fenster> → <Fenster einfrieren>

Tabellenblatt kopieren

Um eine Maske für weitere Angebotsvergleiche zu erstellen, muss das Tabellenblatt zunächst kopiert werden. Klicken Sie dazu auf das Tabellenregister am unteren Rand der Tabelle und ziehen Sie bei gleichzeitig gedrückter Steuerungstaste – es erscheint ein Pluszeichen im symbolisierten Tabellenblatt – die Maus nach rechts. Sobald Sie die Maustaste loslassen, wird eine Kopie des Tabellenblattes eingefügt. Benennen Sie die Kopie („Papier2") um in „Maske". Löschen Sie anschließend den Eingabebereich und speichern Sie das Arbeitsblatt.

Hinweis: Wenn Sie die Steuerungstaste nicht gedrückt halten, wird das Tabellenblatt lediglich verschoben.

Aufgaben

1. Führen Sie einen Angebotsvergleich für Druckplatten durch, indem Sie eine Kopie vom Tabellenblatt „Maske" erstellen, es umbenennen in „Druckplatten" und schließlich die Daten (s. Abb.) eingeben.

	A	B	C	D	E	F	G
1	**Angebotsvergleich**						
2	Artikel	Druckplatten 510 x 400 x 15					
3	Anbieter	Konzak		Dodenhoff		Druck-Logistik	
4	Listenpreis/Verpackungseinheit	1,80 €		1,96 €		1,92 €	
5	Abnahmemenge	150		220		300	
6	Listenpreis/gesamt						
7	Rabatt	15%		22%		18%	
8	Zieleinkaufspreis						
9	Skonto	2%		2%		3%	
10	Bareinkaufspreis						
11	Bezugskosten	27,46 €		32,60 €		43,60 €	
12	Bezugspreis						
13	Bezugspreis/Verpackungseinheit						

2. Richten Sie in einer neuen Arbeitsmappe *Kosten* ein Tabellenblatt „Lieferfahr-
    zeuge" ein. Berechnen Sie den Verbrauch der Lieferfahrzeuge pro 100 km. For-
    matieren Sie entsprechend der Abbildung.

	A	B	C	D	E	F	G
1	**Durchschnittsverbrauch der Lieferfahrzeuge**						
2							
3	**Woche**	**39**					
4	**Fahrzeug**	**Wochentag**	**Tachostand bei Abfahrt**	**Tachostand bei Rückkehr**	**gefahrene Strecke**	**Nachfüllmenge bei Rückkehr**	**Verbrauch auf 100 km**
5	A 4056	Montag	67.264 km	67.828 km	564 km	76,0 L	13,5 L
6		Dienstag	67.828 km	68.440 km		80,0 L	
7		Mittwoch	68.440 km	69.072 km		87,0 L	
8		Donnerstag	69.072 km	69.620 km		72,0 L	
9		Freitag	69.620 km	70.301 km		93,0 L	
10	K 5609	Montag	126.593 km	127.065 km		70,0 L	
11		Dienstag	127.065 km	127.642 km		87,0 L	
12		Mittwoch	127.642 km	128.126 km		74,0 L	
13		Donnerstag	128.126 km	128.742 km		89,0 L	
14		Freitag	128.742 km	129.268 km		77,0 L	
15	S 5993	Montag	37.695 km	38.129 km		57,0 L	
16		Dienstag	38.129 km	38.629 km		67,0 L	
17		Mittwoch	38.629 km	39.296 km		88,0 L	
18		Donnerstag	39.296 km	39.974 km		87,0 L	
19		Freitag	39.974 km	40.354 km		51,0 L	
20		Summe					

Zeilenumbruch

Um mehrere Zeilen in einer Zelle unterzubringen, muss
der Zeilenumbruch aktiviert werden.

<Start> ➔ <Ausrichtung> ➔ <Zeilenumbruch> oder

<Kontextmenü>➔<Zellen formatieren>➔

<Ausrichtung>➔<Zeilenumbruch>

Shortcut   Alt + Enter

Zellen verbinden und zentrieren

Um mehrere Spalten miteinander zu verbinden, markieren Sie den Bereich und klicken anschließend auf die Schaltfläche <**Verbinden und zentrieren**>. Wenn Sie die
Verbindung wieder aufheben wollen, so klicken Sie nochmals auf die Schaltfläche.

<Start>➔<Ausrichtung>➔<Zellen verbinden> oder

<Kontextmenü>➔<Zellen formatieren>➔<Ausrichtung>➔<Zellen verbinden>

Aufgabe Fügen Sie in die Tabelle Zwischensummen für die einzelnen Fahrzeuge ein.

	Wochentag	Tachostand bei Abfahrt	Tachostand bei Rückkehr	gefahrene Strecke
4				
5	Montag	67.264 km	67.828 km	564 km
6	Dienstag	67.828 km	68.440 km	612 km
7	Mittwoch	68.440 km	69.072 km	632 km
8	Donnerstag	69.072 km	69.620 km	548 km
9	Freitag	69.620 km	70.301 km	681 km
10	Zwischensumme			
11	Montag	126.593 km	127.065 km	472 km
12	Dienstag	127.065 km	127.642 km	577 km
13	Mittwoch	127.642 km	128.126 km	484 km
14	Donnerstag	128.126 km	128.742 km	616 km
15	Freitag	128.742 km	129.268 km	526 km
16	Zwischensumme			
17	Montag	37.695 km	38.129 km	434 km
18	Dienstag	38.129 km	38.629 km	500 km
19	Mittwoch	38.629 km	39.296 km	667 km
20	Donnerstag	39.296 km	39.974 km	678 km
21	Freitag	39.974 km	40.354 km	380 km
22	Zwischensumme			
23	Summe			

Spalten/Zeilen einfügen

Klicken Sie unterhalb der neu einzufügenden Zeile auf den Zeilenkopf. Anschließend wählen Sie über das Kontextmenü

<Zellen einfügen>

oder über das Menüband

<Start>→<Zellen>→<Einfügen>.

Möchten Sie mehrere Zeilen einfügen, so müssen Sie vorher eine entsprechende Anzahl Zeilen makieren. Für das Einfügen von Spalten ist analog zu verfahren, wobei die zusätzlichen Spalten rechts des markierten Bereichs eingefügt werden.

Zellen löschen

Wenn Sie nur die Zellinhalte löschen wollen, so markieren Sie zunächst den zu löschenden Bereich und betätigen anschließend die Entf-Taste. Die Formatierungen bleiben in den Zellen erhalten. Wollen Sie die Zellen komplett löschen, so wählen Sie im Kontextmenü **<Zellen löschen>**

oder im Menüband

<Start>→<Zellen>→<Löschen>.

Entscheiden Sie anschließend, durch welche Zellen der gelöschte Bereich ersetzt werden soll. Zum Löschen von Zeilen oder Spalten markieren Sie die Zeilen- bzw. Spaltenköpfe.

Aufgabe Öffnen Sie die Mappe *Umsatz*, benennen Sie ein neues Tabellenblatt „Provision" und geben Sie nach unten stehendem Muster das Schema zur Provisionsberechnung ein. Tragen Sie die Formeln zur Berechnung der Summen in D5 bis D7 und B8 bis D8 sowie die Formeln zur Berechnung der Provisionen in F5 bis F8 ein.

	A	B	C	D	E	F
1	Provisionsermittlung für die Verkaufsleiter					
2						
3					Provision	
4	Name	1. Halbjahr	2. Halbjahr	Summe	Anteil	Betrag
5	Kramer (Verk. Nord)	513.281,00 €	503.698,00 €	1.016.979,00 €	2,00%	20.339,58 €
6	Bruckner (Verk. Mitte)	435.618,00 €	419.638,00 €		1,75%	
7	Huber (Verk. Süd)	360.653,00 €	392.361,00 €		1,50%	
8	Rudolph (Leiter Verkauf)				0,80%	

Aufgaben Beantworten Sie in der Arbeitsmappe *Aufgaben* auf einem neuen Tabellenblatt „Zeilen – Spalten" die folgenden Fragen:
1. Wie optimiert man die Zeilenhöhe
   a) mit der Maus?
   b) über Menübefehle?
2. Was bedeutet „Optimierung der Spaltenbreite"?
3. Beschreiben Sie die Vorgehensweise beim Markieren nicht nebeneinander liegender Zellen.
4. Was bedeutet die Einstellung <**Zeilenumbruch**> im Register <**Ausrichtung**>?

4.5   Ansichten und Druckvorbereitung

4.5.1   Ansichten und Seiteneinrichtung

Aufgabe Drucken Sie das von Ihnen erstellte Tabellenblatt „Papier" in der Arbeitsmappe *Angebotsvergleich*. Nehmen Sie dabei die folgenden Seiteneinstellungen vor:
— keine Gitternetzlinien
— <**Querformat**>
— Skalierung <**Blatt auf einer Seite darstellen**>
— horizontale Zentrierung
— Kopfzeile rechts: Dateiname (s. unten)
— Fußzeile: (keine)

Normalansicht

Beim Öffnen einer neuen Arbeitsmappe wird immer die Normalansicht, in der Sie bisher gearbeitet haben, angezeigt. Sie können die Größe der Bildschirmanzeige mit dem Zoom am unteren rechten Rand des Bildschirms einstellen.

Gitternetzlinien

Die Anzeige der Gitternetzlinien und der Überschriften in der Bildschirmansicht können Sie unterdrücken:

<Seitenlayout> → <Blattoptionen>

Das Unterdrücken/Anzeigen der Gitternetzlinien sowie der Spalten- und Zeilenköpfe in der Bildschirmansicht ist nicht zu verwechseln mit der Option, die Linien und Überschriften in den Ausdruck zu übernehmen.

<Datei> → <Drucken> → <Seite einrichten> → <Blatt> → <Drucken>

Beide Einstellungen sind völlig unabhängig, d. h., die Gitternetzlinien können im Ausdruck zu sehen sein, obwohl sie in der Ansicht am Bildschirm unterdrückt sind, und umgekehrt. Kontrollieren Sie deshalb vor dem Ausdruck immer in der **<Druckvorschau>**, wie das gedruckte Dokument aussehen wird. So können vor dem Ausdruck das Seitenbild kontrolliert und gegebenenfalls die Randeinstellungen und Spaltenbreiten mit der Maus verändert werden.

Seitenansicht

Die Einstellungsoptionen für den Druck und eine Druckvorschau erhalten Sie über den Befehl: **<Datei> → <Drucken> → <Seite einrichten>**

Zum Einstellen der Orientierung klicken Sie auf **<Seite einrichten>** und erhalten ein Dialogfenster mit vier Registern:

Papierformat:
Neben der Größe und Ausrichtung des Papiers lässt sich hier auch die Vergrößerung bzw. Verkleinerung der Tabelle auf dem Ausdruck einstellen.

Seitenränder:
Einstellung der Tabellenposition auf dem Ausdruck (Vorschau beachten)

Kopfzeile/Fußzeile:
Hier können Sie zwischen diversen Vorgaben des Programms oder eigenen benutzerdefinierten Kopf- und Fußzeilen wählen.

Bei Aufruf der Schaltfläche **<Benutzerdefinierte Kopfzeile>** erscheint ein Dialogfenster, in dem verschiedene Platzhalter angeboten werden.

Klickt man zum Beispiel die Schaltfläche für **<Seitenzahl>** an, fügt einen Schrägstrich ein und klickt dann auf **<Seitenanzahl>,** so erscheint in der Anzeige „&[Seite]/& [Seiten]". Das bedeutet, dass auf jeder ausgedruckten Seite dieses Druckauftrages die Zahl der Seiten des Tabellenblattes insgesamt wie auch die der jeweiligen Seite angezeigt werden (z. B. 1/8 für „die erste von insgesamt 8 Seiten").

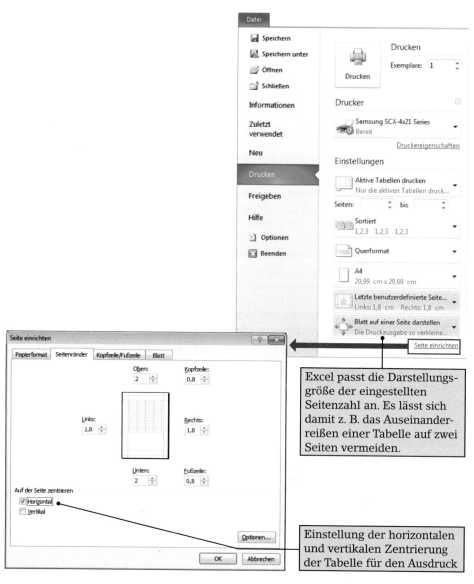

Excel passt die Darstellungsgröße der eingestellten
Seitenzahl an. Es lässt sich
damit z. B. das Auseinander-
reißen einer Tabelle auf zwei
Seiten vermeiden.

Einstellung der horizontalen
und vertikalen Zentrierung
der Tabelle für den Ausdruck

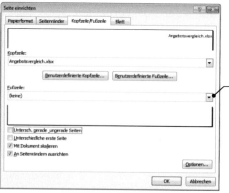

Pull-down-Menü für
vordefinierte Fußzeilen

Blatt:

Einstellung des Druckbereiches, der Seitenreihenfolge, der Titel und weiterer Druckoptionen. Die Einstellungsmöglichkeiten für den Druckbereich und die Drucktitel erhalten Sie nur, wenn Sie das Dialogfenster über den folgenden Befehl aufrufen: **<Seitenlayout>** ➔ **<Seite einrichten>** ➔ **<Drucktitel>.**

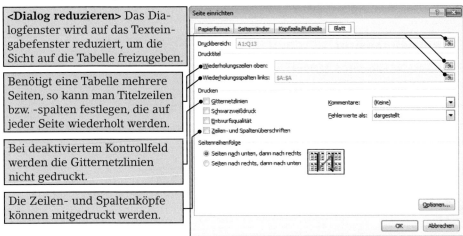

<Dialog reduzieren> Das Dialogfenster wird auf das Texteingabefenster reduziert, um die Sicht auf die Tabelle freizugeben.

Benötigt eine Tabelle mehrere Seiten, so kann man Titelzeilen bzw. -spalten festlegen, die auf jeder Seite wiederholt werden.

Bei deaktiviertem Kontrollfeld werden die Gitternetzlinien nicht gedruckt.

Die Zeilen- und Spaltenköpfe können mitgedruckt werden.

Seitenumbruchvorschau

Erstreckt sich der Druckbereich über mehr als eine Seite, so führt Excel automatisch einen Seitenumbruch durch, gemäß den im Register **<Seitenlayout>** eingestellten Regeln. Umbrüche können Sie kontrollieren über die Umbruchvorschau:

<Ansicht> ➔ **<Arbeitsmappenansichten>** ➔ **<Umbruchvorschau>**

Die automatischen Seitenwechsel werden mit gestrichelten Linien dargestellt. Sie haben in dieser Ansicht die Möglichkeit, die Seitenumbrüche an Ihre Tabelle(n) anzupassen, indem Sie die Linien mit der Maus verschieben. Sie werden anschließend als manuell veränderte Umbrüche mit durchgehenden Linien dargestellt. Excel passt die Skalierung an, d. h., je größer Sie die Tabelle wählen, desto kleiner wird die einzelne Zelle im Ausdruck.

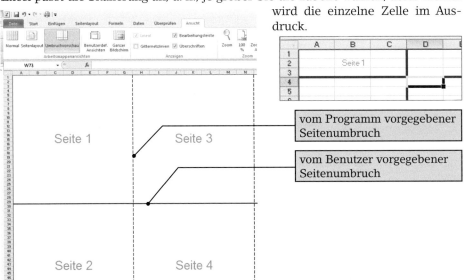

vom Programm vorgegebener Seitenumbruch

vom Benutzer vorgegebener Seitenumbruch

Um einen Seitenumbruch zu definieren, setzen Sie den Cursor **über die bzw. links von der Stelle,** wo ein Seitenumbruch stattfinden soll. Geben Sie anschließend den folgenden Befehl ein:

<Seitenlayout> → **<Seite einrichten>** → **<Umbrüche>** → **<Seitenumbruch einfügen>**

Seitenlayoutansicht

Eine sehr komfortable Lösung zur Festlegung der Seitenlayouts ist die Seitenlayoutansicht.

<Ansicht> → **<Arbeitsmappenansichten>** → **<Seitenlayout>**

Hier können Sie das Seitenlayout individuell gestalten und sehen sofort die Ergebnisse.

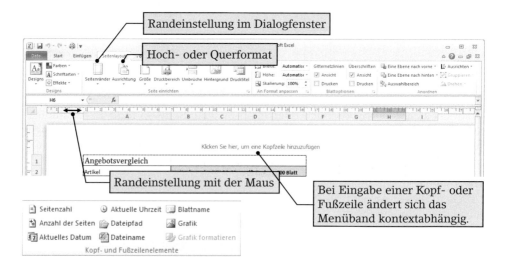

4.5.2   Drucken

Sie können das Dialogfenster **<Drucken>** über das Menüband aufrufen:

<Datei> → **<Drucken>**

Shortcut   Drucken: ⎵Strg⎵ + ⎵P⎵

Hier lassen sich der Druckbereich (z. B. Seite 2–4 oder Markierung) und die Anzahl der Exemplare festlegen. Wenn Sie keine Einstellungen vornehmen wollen, können Sie, statt das Dialogfeld aufzurufen, auch die Schaltfläche **<Drucken>** in der **<Symbolleiste für den Schnellzugriff>** wählen. Es werden dann alle Seiten des Tabellenblattes gedruckt, sofern nicht vorher im Dialogfenster **<Seite einrichten>** im Register **<Blatt>** ein Druckbereich festgelegt worden ist.

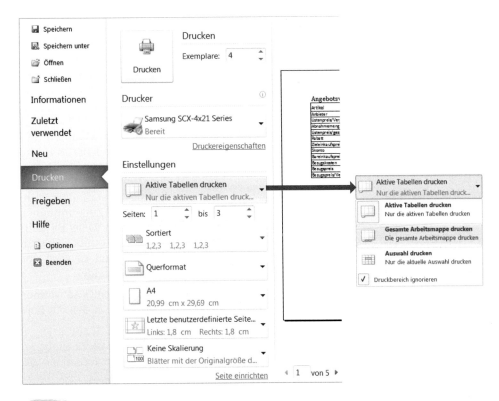

Aufgaben

1. Richten Sie in der Arbeitsmappe *Kosten* ein neues Tabellenblatt „Kostenvergleich I" ein und erstellen Sie eine Vergleichsrechnung nach untenstehendem Muster. Tragen Sie Formeln zur Berechnung der Veränderungen und der Summen in die entsprechenden Zellen ein. Gestalten Sie das Tabellenblatt „Kostenvergleich I" sinnvoll und bereiten Sie es für den Druck vor.

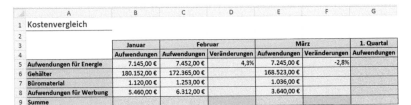

	A	B	C	D	E	F	G
1	Kostenvergleich						
2							
3			Januar	Februar		März		1. Quartal
4			Aufwendungen	Aufwendungen	Veränderungen	Aufwendungen	Veränderungen	Aufwendungen
5	Aufwendungen für Energie		7.145,00 €	7.452,00 €	4,3%	7.245,00 €	-2,8%	
6	Gehälter		180.152,00 €	172.365,00 €		168.523,00 €		
7	Büromaterial		1.120,00 €	1.253,00 €		1.036,00 €		
8	Aufwendungen für Werbung		5.460,00 €	6.312,00 €		3.640,00 €		
9	Summe							

2. Nehmen Sie die folgenden Seiteneinstellungen für das Tabellenblatt „Umsatzentwicklung" in der Arbeitsmappe *Umsatz* vor und kontrollieren Sie Ihre Arbeit anschließend über die Seitenansicht.
   − Kopfzeile links: Dateiname
   − Mitte: Name des Tabellenblattes
   − Fußzeile links: Datum
   − Fußzeile Mitte: Seitennummerierung
   − Querformat
   − Vertikale und horizontale Zentrierung
   − Druckbereich des Tabellenblattes Umsatzentwicklung A2 bis E7

4.6   Relative und absolute Adressierung

Aufgabe   Öffnen Sie das Tabellenblatt „regional" in der Arbeitsmappe *Umsatz*, geben Sie die Formel zur Berechnung des Anteils der Region Nord (Kramer) am Gesamtumsatz in die Zelle C5 ein und kopieren Sie die Formel in die Zelle C6.

Beim Kopieren von Formeln und Funktionen wird in Excel automatisch die Adressierung um die gleichen Werte verändert. Will man also die Formel B5/B8 in die darunter liegende Zelle kopieren, so wird der Zellbezug in der Formel gleichzeitig mitverändert, d. h. in diesem Fall die Zeilennummer um 1 erhöht. Da in Zelle B9 kein Wert eingegeben ist, ergibt sich eine Division durch 0 und es wird der Fehler „#DIV/0" gemeldet.

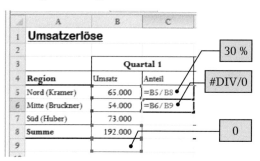

Die Adressierung ist also immer relativ zu der Zelle, in der die Formel steht.

Möchten Sie, dass nach dem Kopieren in der Zelle C6 die Formel =B6/B8 steht, so müssen Sie in der Quellzelle eine absolute Adressierung vornehmen, indem Sie ein Dollarzeichen vor die Zeilenangabe setzen (Funktionstaste F4), also B6/B$8.

Ohne das Dollarzeichen ist die Adressierung relativ, das heißt, Excel passt beim Kopieren oder Verschieben die Adressierung an.

Aufgabe   Ändern Sie das Tabellenblatt „regional" entsprechend der Vorlage (siehe Abbildung unten) und berechnen Sie die Anteile der Region Nord (Zeile 5). Nehmen Sie in den Formeln eine Adressierung vor, die Ihnen das Kopieren in die darunter liegenden Zellen ermöglicht.

	A	B	C	D	E	F	G	H	I	J
1	Umsatzerlöse									
2										
3		Quartal 1		Quartal 2		Quartal 3		Quartal 4		
4	**Region**	**Umsatz**	**Anteil**	**Umsatz**	**Anteil**	**Umsatz**	**Anteil**	**Umsatz**	**Anteil**	**Summe**
5	Nord (Kramer)	65.000	33,85%	56.000		54.000		52.000		
6	Mitte (Bruckner)	54.000	28,13%	58.000		62.000		65.000		
7	Süd (Huber)	73.000	38,02%	69.000		73.000		72.000		
8	Summe	192.000	100%							

Situation   Sie wollen die Erfolgsrechnungen der letzten beiden Geschäftsjahre miteinander vergleichen.

Aufgaben   1. Öffnen Sie die Arbeitsmappe *Kosten*, richten Sie ein Tabellenblatt „Kostenvergleich II" ein und übernehmen Sie die Werte der abgebildeten Tabelle.

Fehlermeldung
#Name? siehe:
Texteingabe

⊿	A	B	C	D	E
1		**Kostenvergleich**			
2		Jahr 01		Jahr 02	
3		Aufwendungen und Erträge	Anteil am Umsatz	Aufwendungen und Erträge	Anteil am Umsatz
4	Umsatzerlöse für Waren	656.750,00 €	100,0%	830.700,00 €	
5	- Wareneinsatz (Aufw. Waren)	355.000,00 €	54,1%	461.500,00 €	
6	= Rohgewinn	301.750,00 €	45,9%		
7	- Aufwendungen Energie	4.300,00 €		3.600,00 €	
8	- Fremdinstandhaltung	2.300,00 €		1.600,00 €	
9	- Abschreibungen	21.800,00 €		18.700,00 €	
10	- Gehälter	121.600,00 €		112.900,00 €	
11	- Miete	56.900,00 €		56.900,00 €	
12	- Beratungskosten	19.600,00 €		22.300,00 €	
13	- Büromaterial	2.600,00 €		2.800,00 €	
14	- Zeitungen u. Fachliteratur	400,00 €		400,00 €	
15	- Postgebühren	3.600,00 €		4.100,00 €	
16	- Aufwendungen Werbung	12.900,00 €		21.300,00 €	
17	- Versicherungen	13.400,00 €		14.200,00 €	
18	- Betriebliche Steuern	17.100,00 €		18.100,00 €	
19	= Reingewinn	25.250,00 €		- 276.900,00 €	

Zeile 1	*Zeichengröße 12 Punkt*
Zeilen 2–19	*Zeichengröße 8 Punkt*
Spalten B und D	*Breite 13 Zeichen; Formatierung #.##0,00 €*
Spalten C und E	*Breite 10 Zeichen; Formatierung: Prozent 0,00 %*
Spalte A	*Breite 22,71 Zeichen*

2. Berechnen Sie den Anteil am Umsatz in Prozent in C5 und geben Sie dabei eine absolute Adressierung für die Zelle B4 ein.

3. Kopieren Sie anschließend die Formel in die Zellen der Spalte C.

4. Verfahren Sie entsprechend mit der Berechnung des Umsatzanteils.

Texteingabe:

Wenn Sie die Eingabe in einer Zelle mit einem Operator (z. B. + oder –) beginnen, so „erwartet" das Programm eine Formel und setzt automatisch ein Gleichheitszeichen davor. Folgt keine Formel, meldet das Programm den Fehler **„#NAME?"**. Um eine Texteingabe trotzdem mit einem Operator beginnen zu können, haben Sie drei Möglichkeiten:

1. Eingabe eines Leerschrittes vor dem Operator

2. Eingabe von Gleichheits- und Anführungszeichen
   (z. B.: = „– Wareneinsatz")

3. Formatierung der betreffenden Zelle(n) als Text: **<Start>** ➔ **<Zahl>** ➔ **<Listenpfeil <Zellen formatieren>** ➔ **<Text>**

Situation Der Jahresbedarf für Druckplatten beträgt 9000 Stück, die Mindestbestellmenge wird vom Lieferer mit 200 Stück angegeben und der Mindestbestand soll ebenfalls 200 Stück betragen. Bei jeder Bestellung fallen 26,– € Bestellkosten an. Der Einstandspreis beträgt 3,97 € und die Lagerkosten sind mit 35 % des durchschnittlichen Lagerbestandes ermittelt worden.

Aufgabe Berechnen Sie die optimale Bestellmenge und speichern Sie die Arbeitsmappe unter dem Dateinamen *Einkauf*.

Berechnung der optimalen Bestellmenge

	A	B	C	D	E	F
1	**Berechnung der optimalen Bestellmenge**					
2					Artikel	DP 1103
3		Jahresbedarf	9.000 Stück		Einstandspreis	3,97 €
4		Kosten je Bestellung	26,00 €		Mindestbestellmenge	200 Stück
5		Lagerkostensatz	35%		Mindestbestand	200 Stück
6						
7	Bestellmenge	Bestellhäufigkeit	Ø Lagerbestand	Bestellkosten	Lagerkosten	Gesamtkosten
8	200 Stück	45	300 Stück	1.170,00 €	416,85 €	**1.586,85 €**
9	400 Stück					
10	600 Stück					
11	800 Stück					
12	1.000 Stück					
13	1.200 Stück					
14	1.400 Stück					
15	1.600 Stück					
16	1.800 Stück					
17	2.000 Stück					

Hinweise zur Berechnung:

Bestellmenge . . . . . .   ganzzahliges Vielfaches der Mindestbestellmenge
Bestellhäufigkeit . . .   Jahresbedarf/Bestellmenge
Ø Lagerbestand . . . .   Bestellmenge/2 + Mindestbestand
Bestellkosten . . . . . .   Bestellhäufigkeit x Kosten der Bestellung
Lagerkosten . . . .   Ø Lagerbestand x Einstandspreis x Lagerkostensatz
Gesamtkosten . . . . .   Bestellkosten + Lagerkosten

4.7   Funktionen

4.7.1   Statistische Funktionen

Situation   Die quartalsbezogene Umsatzstatistik pro Kunde soll erstellt werden.

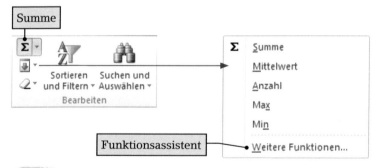

Aufgaben

1. Öffnen Sie eine neue Arbeitsmappe *Statistik* und geben Sie auf einem Tabellenblatt „Kunden" die Kundenstatistik ein.

2. Berechnen Sie die Summen, Maximal-, Minimal- und Mittelwerte, indem Sie
   die entsprechenden Funktionen eingeben. Benutzen Sie dabei zur Übung sowohl die Schaltfläche **<Summe>** in der Gruppe **<Bearbeiten>** als auch den
   Funktionsassistenten.

Kd.-Nr	Firma	Quartal 1		Quartal 2		Quartal 3		Quartal 4		Summe	
		Aufträge	Umsatz in €	Aufträge	Umsatz in €	Aufträge	Umsatz in €	Aufträge	Umsatz in €	Aufträge	Umsatz in €
D24001	Fritz Meier KG	3	42.315	5	39.867	4	39.867	8	69.301	20	191.350
D24002	Versandhaus Rabe AG	8	168.903	4	29.865	7	276.340	3	124.068		
D24003	Versand - Conrad	12	145.268	7	94.672	0	-	5	69.160		
D24004	Bürokette- Ost GmbH	4	97.360	2	75.369	7	39.681	9	73.016		
D24005	Büro-Modern GmbH	12	204.698	15	306.981	9	102.390	4	86.003		
D24006	Der Büromark GmbH	2	90.365	5	35.068	1	75.036	4	63.172		
D24007	Papeterie Fachmärkte Gmbh	7	42.603	4	58.136	2	19.638	6	39.035		
D24008	Sommer Werbegesch. GmbH	7	84.657	9	170.698	7	126.089	3	52.036		
D24009	Büro-Aktuell GmbH	11	78.603	14	169.384	17	210.364	8	49.360		
D24010	Volkswagen AG	12	42.013	6	36.198	2	45.036	4	76.398		
D24011	Andre Steller	13	136.298	14	201.306	16	169.830	12	301.611		
	Summe	91	1.133.083								
	Maximum	13	204.698								
	Minimum	2	42.013								
	Mittelwert	8,273	103.008								

Kundenstatistik

Funktionsassistent

Wenn Sie nicht genau wissen, welche Funktion für Ihre Problemstellung relevant ist, oder wenn Sie Unterstützung bei der Eingabe der Argumente benötigen, ist der Funktionsassistent hilfreich. Um den Funktionsassistenten aufzurufen, haben Sie drei Möglichkeiten:

▶ Schaltfläche **<Funktion einfügen>** in der Bearbeitungsleiste anklicken

▶ **<Formeln>** → **<Funktionsbibliothek>** → **<Funktion einfügen>**

▶ **<Formeln>** → **<Funktionsbibliothek>** → **<Mehr Funktionen>** → **<Statistisch>**

Sie können den Assistenten nach Funktionen suchen lassen. Geben Sie unter **<Funktion suchen>** einen Suchbegriff ein und wählen Sie die Kategorie, aus der Sie eine Funktion benötigen. Die Funktionen zur Berechnung von Maximal-, Minimal- und Mittelwerten befinden sich in der Kategorie **<Statistik>**. Wenn Sie die Kategorie **<Alle>** wählen, werden sämtliche verfügbare Funktionen aufgelistet.

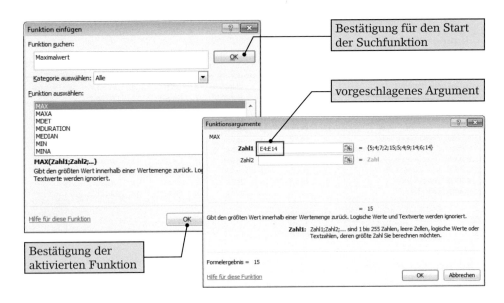

Nachdem Sie die Funktion (z. B. MAX) gewählt haben, erscheint das Dialogfenster **<Funktionsargumente>**, in dem Sie einen Bereich, aus dem der Maximalwert ermittelt werden soll, angeben können. Wenn Sie bei **<Zahl1>** einen Bereich eingegeben haben, so erscheinen rechts daneben die in den Zellen enthaltenen Zahlen und unten der für die Funktion errechnete Wert. Um die Funktion einzufügen und den Funktionsassistenten zu verlassen, wählen Sie **<OK>**.

4.7.2   WENN-Funktion

Situation   Sie wollen ein Rechnungsformular erstellen, mit dem ein Rabatt in Abhängigkeit vom Warenwert berechnet werden kann.

Aufgaben

1. Geben Sie das folgende Rechnungsformular auf einem Arbeitsblatt „Warenwert" in einer neuen Arbeitsmappe *Rechnung* ein.

2. Lassen Sie Excel in der Spalte F den jeweiligen Gesamtbetrag der einzelnen Positionen berechnen.

3. Lassen Sie Excel die Summe der einzelnen Gesamtbeträge in F13 berechnen.

Rechnung

Posi-tion	Art.-Nr.	Bezeichnung	Menge	Einzel-preis	Betrag
1	10003	Visitenkarten, Leinenstruktur, 500 Stck	55	83,24 €	4.578,20 €
2	20002	Motivkarten Cartoon, 10,5 x 14,5 cm	15	98,17 €	1.472,55 €
3	50001	T-Shirts, 100% Baumwolle, 145 g Gewicht, weiß	30	4,09 €	122,70 €
		Warenwert			6.173,45 €
		Rabatt (ab 3.000,00 € Warenwert)		5%	308,67 €
		Netto-Rechnungsbetrag			5.864,78 €
		Umsatzsteuer		19%	1.114,31 €
		Rechnungsbetrag			6.979,09 €

4. In Zelle E14 soll der Rabattsatz in Abhängigkeit vom Warenwert stehen. Ab 3.000,00 € Warenwert soll ein Rabatt von 5 % gewährt werden.

5. Der Netto-Rechnungsbetrag wird als Differenz aus Warenwert und Rabatt berechnet.

6. In Zelle E16 steht der Umsatzsteuersatz von 19 %, in F16 der Umsatzsteuerbetrag und in F17 der Rechnungsbetrag.

7. Differenzieren Sie bei der Formatierung der Ein- und Ausgabebereiche, indem Sie unterschiedliche Akzente verwenden, speichern Sie die Arbeitsmappe und geben Sie als Dateiname *Rechnung* ein.

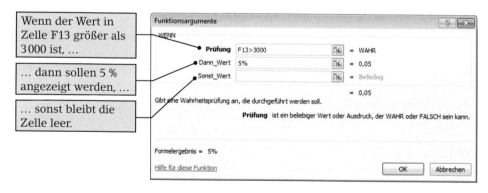

Excel fügt in die Zelle die Funktion ein:

= WENN (Wahrheitsprüfung; Dann-Wert; Sonst-Wert)

= WENN(F13>3000;5%;)

Mit folgenden Operatoren kann bei der Wahrheitsprüfung ein Wert A (Inhalt der Zelle F13) mit einem Wert B (3000) verglichen werden:

=	gleich	<	kleiner	>	größer
<>	kleiner oder größer	<=	kleiner gleich	>=	größer gleich

Aufgaben

1. Sorgen Sie mithilfe einer WENN-Funktion dafür, dass in dem erstellten Rechnungsformular in den freien Zellen der Spalte F weder eine Null noch ein Währungszeichen steht. Gehen Sie nach der folgenden Aussage vor:

   „Wenn in der betreffenden Zelle keine Artikelnummer eingegeben ist (=0), dann soll in der Spalte ‚Betrag' nichts stehen (0), sonst soll das Produkt aus Einzelpreis und Menge angezeigt werden.

   Hinweis: Damit Nullwerte nicht angezeigt werden, deaktivieren Sie für das Arbeitsblatt das Kontrollkästchen **<Datei>** → **<Optionen>** → **<Erweitert>** → **<Optionen für dieses Arbeitsblatt anzeigen>** → **<In Zellen mit Nullwert eine Null anzeigen>**.

2. Die Position soll fortlaufend nummeriert immer dann erscheinen, wenn in Spalte B (Artikelnummer) eine Eingabe erfolgt. Gehen Sie nach der folgenden Aussage vor:

   „Wenn in der betreffenden Zeile keine Artikelnummer eingegeben ist, dann soll in der Spalte „Position" nichts stehen, sonst soll ein Wert angezeigt werden, der dem um 1 erhöhten Wert in der Zelle darüber entspricht."

3. Kennzeichnen Sie die Spalte A farblich als Ausgabespalte.

4. Richten Sie in der Arbeitsmappe *Rechnung* das Arbeitsblatt „Menge" ein und erstellen Sie das nachfolgend abgebildete Rechnungsformular. Der Rabatt soll in Abhängigkeit von der jeweiligen Bestellmenge berechnet werden. Ab einer Bestellmenge von 20 Einheiten werden 5 % Rabatt gewährt. Lassen Sie in der Spalte F mithilfe der WENN-Funktion den Rabattsatz festlegen und geben Sie die Formeln zur Berechnung des Rabatts, der Beträge, des Nettorechnungsbetrages, der Umsatzsteuer und des Rechnungsbetrages ein.

Aufgabe

Ändern Sie die Formeln in Spalte F dahingehend, dass Sie eine dritte Rabattstufe von 7 % ab einer Bestellmenge von 50 Verpackungseinheiten einrichten. Stellen Sie die Funktion mit Hilfe des PAP-Designers (http://www.gso-koeln.de/papdesigner/ Download.html) als Programmablaufplan dar.

Die Wenn-Dann-Beziehungen müssen ineinander verschachtelt werden, indem der Sonst-Wert durch eine weitere Wenn-Dann-Beziehung ersetzt wird.

= Wenn (Prfg. 1; Dann **A**; Wenn (Prfg. 2; Dann **B**; Sonst **C**))

= WENN(D4<20;0;WENN(D4<50;5%;7%))

Darstellung als Struktogramm

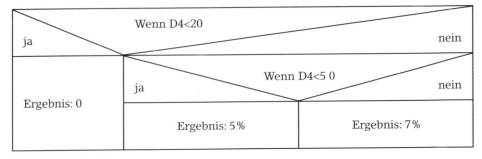

Darstellung als Programmablaufplan

Verschachtelte Wenn-Funktion

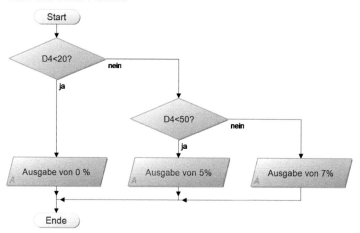

Aufgaben

1. Öffnen Sie die Tabelle „Provision" in der Arbeitsmappe *Umsatz* und ändern Sie in Spalte E den Provisionsanteil, indem Sie eine verschachtelte Wenn-Funktion einsetzen. Stellen Sie die Funktion mit Hilfe des PAP-Designers (http://www.gso-koeln.de/papdesigner/Download.html) als Programmablaufplan dar. Es sollen folgende Provisionssätze bezogen auf den Gesamtumsatz gelten:

	bis 500.000 €	1,00 %
mehr als 500.000 €	bis 700.000 €	1,25 %
mehr als 700.000 €	bis 800.000 €	1,50 %
mehr als 800.000 €	bis 900.000 €	1,75 %
mehr als 900.000 €		2,00 %

2. Ergänzen Sie die Tabelle „Kunden" in der Arbeitsmappe *Statistik* um die Bonusberechnung am Jahresende. Benutzen Sie dabei eine verschachtelte Wenn-Funktion. Stellen Sie die Funktion mit einem Programmablaufplan dar. Es sollen folgende Boni auf den Gesamtumsatz gewährt werden:

ab 150.000,00 € 0,5 %
ab 200.000,00 € 0,8 %
ab 300.000,00 € 0,9 %
ab 400.000,00 € 1,0 %

	A	B	K	L	M	N
1	**Kundenstatistik**					
2				Summe		Bonus
3	Kd.-Nr	Firma	Auf-träge	Umsatz in €	Satz	Rückver-gütung in €
4	D24001	Fritz Meier KG	20	191.350	0,5%	957
5	D24002	Versandhaus Rabe AG	22	599.176		
6	D24003	Versand - Conrad	24	309.100		
7	D24004	Bürokette- Ost GmbH	22	285.426		
8	D24005	Büro-Modern GmbH	40	700.072		
9	D24006	Der Büromark GmbH	12	263.641		
10	D24007	Papeterie Fachmärkte Gmbh	19	159.412		
11	D24008	Sommer Werbegesch. GmbH	26	433.480		
12	D24009	Büro-Aktuell GmbH	50	507.711		
13	D24010	Volkswagen AG	24	199.645		
14	D24011	Andre Steller	55	809.045		
15		Summe	314	4.458.058		
16		Maximum	55	809.045		
17		Minimum	12	159.412		
18		Mittelwert	28,55	405.278		

4.7.3   Fehlermeldungen

Diverse Fehlermeldungen geben Hinweise auf die Art des Eingabefehlers.

Fehlermeldung	mögliche Ursachen	Lösungswege
########	– Datum oder Uhrzeit mit negativem Ergebnis – Zeichen sind breiter als die Zelle	Formeln überprüfen Formatierung ändern (verkleinern) Spalten verbreitern
#Wert!	Der Datentyp eines Arguments stimmt nicht mit der erforderlichen Syntax überein, z. B. Eingabe von Text statt Zahl in einem Argument.	Überprüfen Sie die Zellen, auf die sich die Formel bezieht.
#DIV/0!	In einer Formel erfolgt eine Division durch 0.	– Zellbezug überprüfen – Werte ändern
#Name?	– Der Text in einer Formel wird von Excel nicht erkannt. – Namen von Funktionen, Zellen oder Zellbereichen sind falsch geschrieben.	Überprüfen Sie die Schreibweise der Namen, die Sie vergeben haben.
#Null!	Sie haben eine Schnittmenge angegeben, die nicht existiert.	Überprüfen Sie die Definition der angegebenen Bereiche.
#Zahl!	Es ist ein Problem mit einer Zahl in einer Formel oder Funktion aufgetreten.	– Stellen Sie sicher, dass Sie die richtigen Argumenttypen verwendet haben. – Stellen Sie sicher, dass das Ergebnis nicht größer als 1×10^{307} und nicht kleiner als -1×10^{307} ist.
#NV	– Ein Wert in einer Funktion oder Formel ist nicht verfügbar. – Es ist ein Bezug zu einer leeren Zelle hergestellt worden.	Stellen Sie sicher, dass nicht anstelle eines Wert- oder Zellbezugs ein Bereichsbezug hergestellt worden ist.
#Bezug!	Ein Zellbezug ist ungültig.	Das Problem entsteht häufig durch Löschen von Zellen. Ändern Sie die Formeln oder stellen Sie die Zellen über den Befehl **<Rückgängig>** wieder her.
Zirkelbezug	Die Formel in einer Zelle bezieht sich auf sich selbst.	Untersuchen Sie die Formel mithilfe der Fehlerüberprüfung. Sie erscheint nur in der Auswahlliste, wenn ein Zirkelbezug vorhanden ist.

Microsoft Excel stellt eine Formelüberwachung zur Verfügung, die Sie bei der Erkennung und Korrektur von Fehlern unterstützt. Es können Zellbezüge visualisiert und Funktionen überprüft werden.

<Formeln> → <Formelüberwachung>

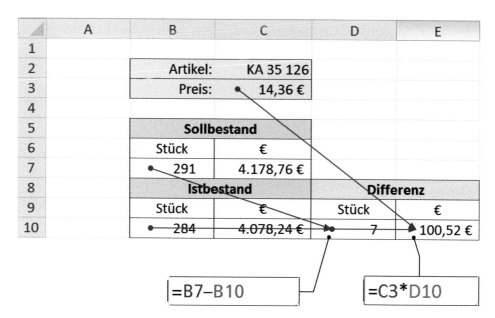

Für die Rechtschreibkorrektur befindet sich eine Rechtschreib- und Grammatikprüfung im Programm.

<Überprüfen> → <Dokumentprüfung>

4.8   Textfeld/Grafik

Situation   Es müssen neue Druckplatten bestellt werden. Sie haben bereits einen Angebotsvergleich durchgeführt. Über die Anbieter liegen folgende Informationen vor:

▶ Konzak ist ein Lieferant, bei dem CMW bisher noch nicht bestellt hat. CMW hat daher keine Erfahrungen hinsichtlich seiner Zuverlässigkeit, Qualität, Kulanz usw.

▶ Dodenhoff ist CMW als unzuverlässig hinsichtlich der Einhaltung von Lieferterminen bekannt, zeigt sich ansonsten aber kulant und liefert gute Qualität.

▶ Die Druck-Logistik GmbH ist der bisherige Hauslieferant von CMW für Druckplatten und diverse andere Betriebsstoffe.

Aufgaben   1. Öffnen Sie die Mappe *Angebotsvergleich* und wählen Sie das Tabellenblatt „Druckplatten". Geben Sie aufgrund der oben gegebenen Informationen und dem vorliegenden Angebotsvergleich in einem Textfeld eine Empfehlung für einen der drei Lieferanten (mit Begründung).

2. Kontrollieren Sie die Rechtschreibung.
   <Überprüfen> → <Rechtschreibung und Grammatik>

3. Fügen Sie in der Arbeitsmappe *Statistik* auf dem Tabellenblatt „Kunden" die Grafik *Statistik.gif* ein.

Textfeld erzeugen

▶ Klicken Sie auf das Register **<Einfügen>** und anschließend in der Gruppe **<Text>** auf das Symbol **<Textfeld>**.

▶ Positionieren Sie das Fadenkreuz an der Stelle, an der sich eine Ecke des Textfeldes befinden soll.

▶ Ziehen Sie die Maus, bis das Textfeld die gewünschte Größe und Form hat.

▶ Geben Sie den Text ein.

Größe und Form verändern

▶ Wenn Sie auf das Textfeld klicken, erscheinen Ziehpunkte.

▶ Fassen Sie mit der Maus an einen Punkt und verändern Sie die Größe (Eckpunkte) oder Form (Seitenpunkte).

▶ Wenn Sie bei der Größenänderung die Proportionen beibehalten wollen, müssen Sie beim Ziehen die [Shift]-Taste gedrückt halten.

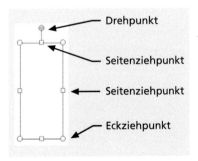

4762264

Position verändern

▶ Bewegen Sie den Mauspfeil auf den Rand zwischen zwei Punkten.

▶ Ziehen Sie das Textfeld an die gewünschte Position.

Textfeld löschen

▶ Klicken Sie auf den Rand des Textfeldes.

▶ Betätigen Sie die ⎡Entf⎤-Taste.

Grafik einfügen

▶ **<Einfügen> → <Illustrationen> →<Grafik>**

oder

▶ Markieren Sie die Grafik, die Sie einfügen möchten (z. B. im Webbrowser).

▶ Kopieren Sie sie in die Zwischenablage (⎡Strg⎤ + ⎡C⎤).

▶ Wechseln Sie zur Excel-Tabelle (⎡Alt⎤ + ⎡Tab⎤).

▶ Fügen Sie die Grafik ein (⎡Strg⎤ + ⎡C⎤).

Kundenstatistik

		Quartal 1		Quartal 2		Quartal 3		Quartal 4		Summe	
Ku.-Nr	Firma	Aufträge	Umsatz in €	Aufträge	Umsatz in €	Aufträge	Umsatz in €	Aufträge	Umsatz in €	Aufträge	Umsatz in €
D24001	Fritz Meier KG	3	42.315	5	39.867	4	39.867	8	69.301	20	191.350
D24002	Versandhaus Rabe AG	8	168.903	4	29.865	7	276.340	3	124.068	22	599.176
D24003	Versand - Conrad	12	145.268	7	94.672	0	-	5	69.160	24	309.100

4.9 Diagramme

4.9.1 Diagramme erstellen

Situation Für eine Präsentation wollen Sie die folgende Tabelle in Diagrammen darstellen.

Aufgaben
1. Öffnen Sie die Arbeitsmappe *Statistik* und geben Sie in das Tabellenblatt „Artikelgruppen" die Werte für den Umsatz der Handelswaren und Eigenerzeugnisse ein.
2. Erstellen Sie ein Säulendiagramm für die Umsätze der „Handelswaren 1".
3. Erweitern Sie den Datenbereich um die drei restlichen Datenreihen.
4. Wechseln Sie die Darstellung der Spalten und Zeilen.
5. Stellen Sie die Datenreihen „Handelswaren 1" und „Handelswaren 3" als Liniendiagramm auf einem gesonderten Tabellenblatt „HW1-HW3" dar.

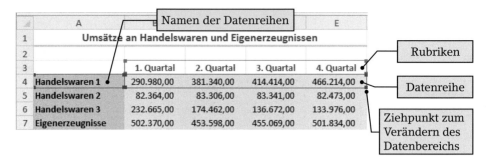

- ▶ Markieren Sie zunächst den in Form eines Diagramms darzustellenden Bereich (hier A3 bis E4).
- ▶ Klicken Sie auf die Schaltfläche **<Einfügen> → <Diagramme> → <Säule> → <3D-Säule>**
- ▶ Wählen Sie den passenden Diagrammuntertyp.

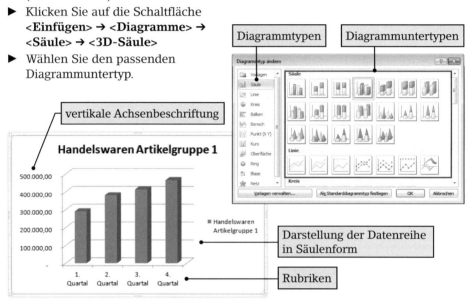

Solange das Diagramm aktiviert ist, wird der Datenbereich in der Tabelle farbig umrandet. An den Eckpunkten dieser Umrandung lässt sich der Datenbereich mit der Maus variieren. Da die Daten aus der Tabelle mit dem Diagramm verknüpft sind, werden sämtliche Änderungen in der Tabelle analog im Diagramm übernommen.

- ▶ Rubrikenbeschriftungen beziehen sich auf die x-Achse.
- ▶ Legenden (Reihen) beziehen sich auf die y-Achse.

4762266

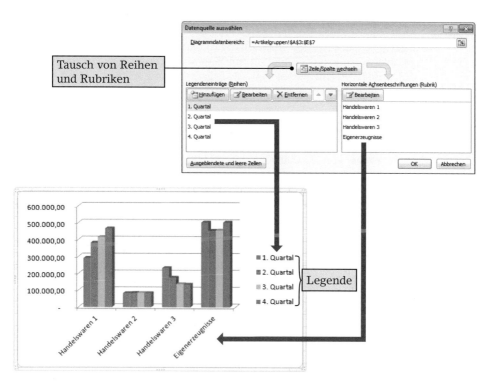

Veränderungen der Diagrammfläche, Zeichnungsfläche, Legende und des Titels in Größe, Form oder Platzierung lassen sich genauso wie beim Textfeld vornehmen. Für weitere Modifikationen in den Farben, der Schriftart, dem Diagrammtyp usw. klicken Sie auf das zu ändernde Diagrammelement. Es erscheint kontextabhängig unter den Diagrammtools Entwurf, Layout und Format das jeweils passende Menüband, mit dessen Hilfe Sie das Diagramm Ihren Vorstellungen anpassen können.

Wenn Sie ein Element oder eine Fläche löschen wollen, so klicken Sie es einmal an und betätigen anschließend die Entf -Taste.

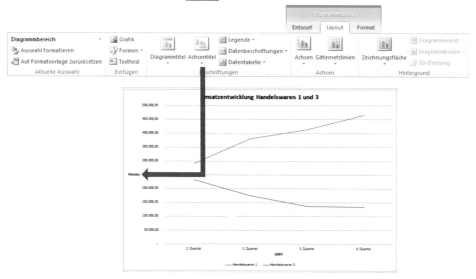

Situation Ein neues Absatzgebiet soll erschlossen und die Betreuung einem Vertreter übertragen werden. Die Personalabteilung steht vor der Entscheidung, das Gebiet einem Handelsvertreter auf Provisionsbasis (5 % des Umsatzes) oder einem Reisenden mit einem Festgehalt von 1.100,00 € und einer Provision von 2,5 % zu übergeben.

Aufgaben

1. Öffnen Sie die Arbeitsmappe *Lohn-Gehalt*, richten Sie ein Tabellenblatt „Vertreter" ein und erstellen Sie einen Kostenvergleich für Umsätze von 25.000,00 € bis 75.000,00 € in Schritten von jeweils 5.000,00 €.
2. Lassen Sie die Kostenverläufe in einem Liniendiagramm darstellen.
3. Beschriften Sie die Achsen und formatieren Sie das Diagramm, wie in der nachfolgenden Abbildung dargestellt.
4. Formulieren Sie in einem Textfeld eine begründete Entscheidungsempfehlung. Christian Müller Werbedruck rechnet für das betroffene Absatzgebiet mit einem monatlichen Umsatz von 40.000,00 bis 55.000,00 €.

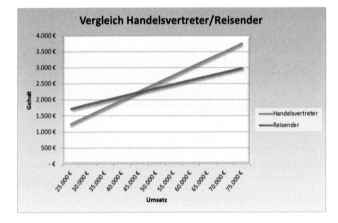

4.9.2 Diagramme kopieren/verschieben

Diagramme lassen sich ähnlich wie Zellinhalte verschieben oder kopieren. Markieren Sie das Diagramm und kopieren Sie es mit $\boxed{\text{Strg}}$ + $\boxed{\text{C}}$ in die Zwischenablage. Zum Einfügen klicken Sie auf die gewünschte Position und geben $\boxed{\text{Strg}}$ + $\boxed{\text{V}}$ ein. Soll das Diagramm an der ursprünglichen Position gelöscht werden, so geben Sie $\boxed{\text{Strg}}$ + $\boxed{\text{X}}$ anstelle des Kopierbefehls $\boxed{\text{Strg}}$ + $\boxed{\text{C}}$ ein. Beachten Sie, dass zur Darstellung des Diagramms die Daten aus der zugrunde liegenden Tabelle benötigt werden. Excel stellt einen Bezug zu den Originaldaten her. Wenn Sie das Diagramm in eine andere Datei kopieren, muss gewährleistet sein, dass Excel auf die Datei mit den Originaldaten zugreifen kann. Dazu darf der Speicherort der Originaldatei nicht verändert werden. Um Komplikationen zu vermeiden, können die Originaldaten mitkopiert werden, indem Sie das Tabellenblatt, auf dem sich sowohl das Diagramm als auch die Daten befinden, als Ganzes kopieren oder verschieben.

<Kontextmenü des Tabellenregisters> ➜ <Verschieben/kopieren>

Aufgaben
1. Geben Sie auf einem neu einzurichtenden Tabellenblatt „Geschäftsfelder" in der Arbeitsmappe *Statistik* die folgende Tabelle ein.
2. Stellen Sie die Entwicklung der Veränderungen in einem Diagramm Ihrer Wahl sinnvoll dar.
3. Fügen Sie ein Textfeld ein und beschreiben Sie das Diagramm.

	A	B	C	D	E
1	Umsatzentwicklung des Druckgewerbes nach Geschäftsbereichen				
2			Veränderung in %		
3		2009	2010	2011	2012
4	Werbedrucke	2,3	3,5	3,5	2,1
5	Geschäftsdrucksachen	-0,9	-1,6	-1,6	-0,6
6	Zeitschriften	1,8	2,7	1,6	1,5
7	Anzeigenblätter	3,4	4,4	1,9	2,9
8	Bücher	1,4	0,9	1,1	1,1
9	Etiketten	3,1	-1,3	5,2	3
10	Kalender/Karten	-8,4	-5,3	-4,2	-3,6
11	Sonstige Druckerzeugnisse	4,3	3,1	5,2	3,8
12	Summe Druckerzeugnisse	0,7	1,3	2,8	2,1

Aufgabe Öffnen Sie die Arbeitsmappe *Einkauf* und stellen Sie die Kostenverläufe für die Ermittlung der optimalen Bestellmenge (Druckplatten) in einem Diagramm dar.

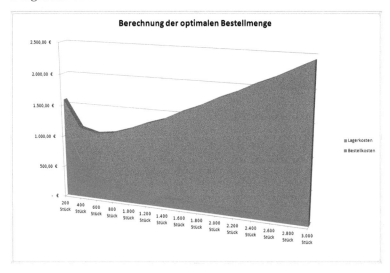

4.9.3 Diagrammarten

Erstellen Sie für die folgenden Tabellen geeignete Diagramme.

Datei	Tabelle	Bereich
Lohn und Gehalt	Provision	A4:B13
Umsatz	ausgew. Artikelgruppen	A3:E7
Umsatz	Umsatzentwicklung	A5:C7;F5:F7
Umsatz	Provision	A5:C7
Kosten	Kostenvergleich II	A7:B19;D7:D11
Statistik	Geschäftsfelder	A3:E11
Einkauf	optimale Bestellmenge	A8:A22;F8:F22

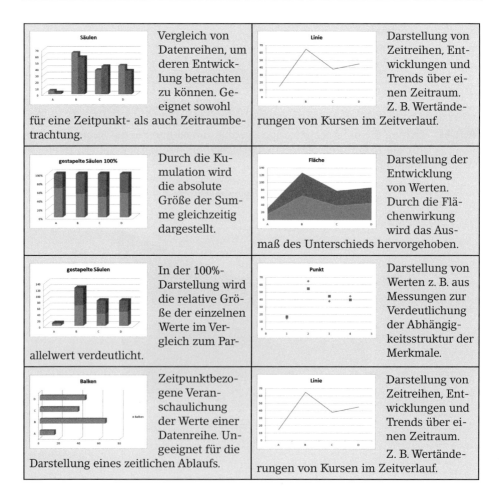

Säulen — Vergleich von Datenreihen, um deren Entwicklung betrachten zu können. Geeignet sowohl für eine Zeitpunkt- als auch Zeitraumbetrachtung.

Linie — Darstellung von Zeitreihen, Entwicklungen und Trends über einen Zeitraum. Z. B. Wertänderungen von Kursen im Zeitverlauf.

gestapelte Säulen 100% — Durch die Kumulation wird die absolute Größe der Summe gleichzeitig dargestellt.

Fläche — Darstellung der Entwicklung von Werten. Durch die Flächenwirkung wird das Ausmaß des Unterschieds hervorgehoben.

gestapelte Säulen — In der 100%-Darstellung wird die relative Größe der einzelnen Werte im Vergleich zum Parallelwert verdeutlicht.

Punkt — Darstellung von Werten z. B. aus Messungen zur Verdeutlichung der Abhängigkeitsstruktur der Merkmale.

Balken — Zeitpunktbezogene Veranschaulichung der Werte einer Datenreihe. Ungeeignet für die Darstellung eines zeitlichen Ablaufs.

Linie — Darstellung von Zeitreihen, Entwicklungen und Trends über einen Zeitraum. Z. B. Wertänderungen von Kursen im Zeitverlauf.

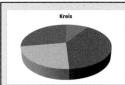	Vergleich von Werten einer Kategorie (z. B. Einnahmen) in einer Zahlenreihe.		Verteilung der Einzelwerte einer Kategorie oder mehrerer Kategorien im Verhältnis zum
Der Kreis entspricht der Gesamtheit (100 %) und die einzelnen Kreissegmente zeigen, wie die Positionen sowohl im Verhältnis zueinander als auch zur Gesamtsumme stehen.		Gesamtwert, z. B. Einnahmen im Vergleich mehrerer Bereiche und mehrerer Jahre.	

4.10 Zellen schützen

Situation Um das versehentliche Überschreiben von Formeln zu verhindern, müssen bestimmte Zellen geschützt werden.

Aufgaben 1. Öffnen Sie eine neue Arbeitsmappe, richten Sie eine Tabelle „Handel" ein und speichern Sie unter dem Dateinamen *Kalkulation*. Erstellen Sie eine Tabelle nach dem folgenden Schema:

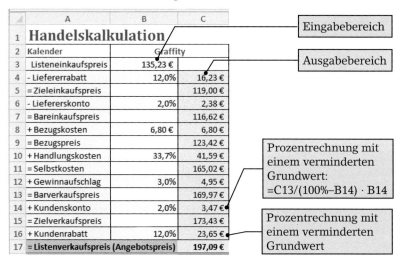

2. Heben Sie die Zellsperrung für den Eingabebereich auf und geben Sie in den Ausgabebereich die Formeln ein.

Wollen Sie nur bestimmte Bereiche eines Blattes — z. B. die Formeln (Ausgabebereich) — vor versehentlichem Überschreiben schützen, so müssen Sie zunächst die Zellen, die weiterhin als Eingabezellen genutzt werden sollen, markieren und für die Dateneingabe freigeben:

<Start> → <Zellen> → <Format> → <Schutz> → <Zellen sperren>

Deaktivieren Sie das Kontrollkästchen, so werden die vorher markierten Zellen freigegeben, das heißt, wenn Sie das Tabellenblatt anschließend schützen, ist in diesen Zellen (Eingabebereich) weiterhin eine Bearbeitung möglich.

Um ein Blatt zu schützen, wählen Sie:

\<Start> → \<Zellen> → \<Format> → \<Schutz> → \<Blatt schützen>

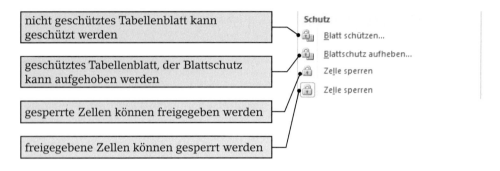

Aufgaben

1. Ein zweiter Artikel, der Kalender „Techno", mit einem Listeneinkaufspreis von 109,58 €, soll kalkuliert werden. Da es sich um denselben Lieferanten handelt, sind die Konditionen identisch. Erweitern Sie das Schema um die zwei Spalten zur Kalkulation des zweiten Artikels.

2. Kalkulieren Sie einen Verkaufspreis für die Poster:
   „Hip-Hop", Art.-Nr. 60001, 24 St. im Kart., Listeneinkaufspreis 85,39 €
   „Techno", Art.-Nr. 60002, 24 St. im Kart., Listeneinkaufspreis 82,77 €

   Kalkulationsgrundlagen:

Rabatt	0 %
Lieferantenskonto	2 %
Bezugskosten	5,98 €
Gemeinkostenzuschlagssatz	33,7 %
Gewinnzuschlagssatz	3 %
Kundenskonto	2 %
Kundenrabatt	12,0 %

4.11 Suchen/Ersetzen

Situation Aus einer fehlerhaften Rechnung ist als Information nur der Preis eines Artikels (4,03 €) vorhanden.

Aufgabe Suchen Sie den Artikel mit dem Preis 4,09 € in der Arbeitsmappe *Rechnung* und ersetzen Sie den Preis durch 5,93 €.

Excel sucht für Sie die Zelle mit einem mehr oder weniger genau definierten Zellinhalt:

<Start> → <Bearbeiten> → <Suchen und Auswählen>

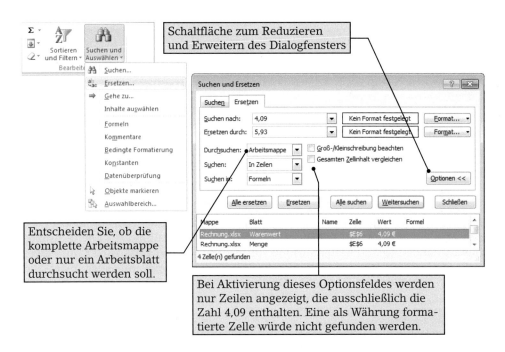

Schaltfläche zum Reduzieren und Erweitern des Dialogfensters

Entscheiden Sie, ob die komplette Arbeitsmappe oder nur ein Arbeitsblatt durchsucht werden soll.

Bei Aktivierung dieses Optionsfeldes werden nur Zeilen angezeigt, die ausschließlich die Zahl 4,09 enthalten. Eine als Währung formatierte Zelle würde nicht gefunden werden.

Ist vor dem Aufrufen des Dialogfensters ein Bereich markiert, so sucht Excel nach Eingabe des Befehls **<Weitersuchen>** nur dort nach der eingegebenen Zeichenkette. Ohne vorherige Markierung wird das gesamte Tabellenblatt bzw. bei entsprechender Festlegung die komplette Arbeitsmappe durchsucht.

Eine gefundene Zeichenkette kann mit dem Befehl **<Ersetzen>** ausgetauscht werden. Der Befehl **<Alle ersetzen>** tauscht sämtliche Zeichenketten des Suchfeldes ohne Kontrollabfrage aus.

4.12   Sortieren

Situation   Eine Schülerliste soll nach verschiedenen Kriterien sortiert werden.

Aufgaben
1. Sortieren Sie in der Arbeitsmappe *Persönlich* das Arbeitsblatt „Nr."
   nach der Schüler-Nummer.
2. Kopieren Sie das Arbeitsblatt „Nr." und benennen Sie es um in „Ort".
   Sortieren Sie in einem Durchgang nach dem „Ort" aufsteigend und
   mit dem 2. Sortierattribut „Vorname" absteigend.
3. Kopieren Sie die Tabelle erneut und erstellen Sie eine vom ältesten
   zum jüngsten Schüler sortierte Geburtstagsliste unter dem Namen
   Geburtstage.

Markieren Sie die Tabelle „Schüler" und rufen Sie über die Schaltfläche **<Sortie­ren>** das entsprechende Dialogfenster auf. Über die Schaltfläche **<Ebene hinzu­fügen>** können weitere Datenattribute ausgewählt werden. Zusätzlich kann eingestellt werden, wonach sortiert werden und ob die Reihenfolge auf- oder absteigend sein soll. Über den Menüpunkt **<Optionen>** kann die Sortierrichtung (anstelle Sortierung der Spalten Sortierung der Zeilen) geändert und die Berücksichtigung der Groß-/Kleinschreibung aktiviert werden.

Hinweis: Damit nach allen Kriterien sortiert werden kann, ist es wichtig, dass beim Erstellen einer Tabelle darauf geachtet wird, pro Zelle immer nur ein Element (z. B. Vor- und Nachname in je einer Zelle) einzutragen. Achten Sie auch darauf, keine leeren Zeilen oder Spalten in einer Liste zu haben und die an eine Liste angrenzenden Zellen nicht zu beschriften.

Projekte

Gehen Sie bei der Bearbeitung der Projekte folgendermaßen vor:

▶ Planen Sie das Layout und die Verwendung der Funktionen, indem Sie – soweit möglich – alternative Berechnungsmethoden gegenüberstellen.

▶ Entscheiden Sie, welche Funktionen verwendet werden sollen und entwerfen Sie ein Layout für die Tabelle.

▶ Erstellen Sie die Tabelle mit den Funktionen.

▶ Formatieren Sie sinnvoll.

▶ Fügen Sie jeweils ein Textfeld hinzu, in dem Sie die Ergebnisse formulieren. Zeigen Sie dabei die Grenzen der von Ihnen durchgeführten Berechnungen hinsichtlich der Realitätsnähe und der Programmbeschränkungen auf.

▶ Visualisieren Sie mit Diagrammen die Kernaussagen.

▶ Kontrollieren Sie abschließend auf:
  – Fehler (z. B. Zirkelbezug, Rechtschreibung, richtige Adressierungen …)
  – optimales Layout (Formatierung, Kopf- und Fußzeilen, Seitenansicht, Optimierung des Ausdrucks, …)
  – Verständlichkeit

P 1

Die Pakete der Kolting Vertriebs OHG werden von vier Vertriebszentren verschickt. Die Kolting Vertriebs OHG beabsichtigt, die Zustellung der Waren privaten Paketdiensten zu übertragen, sofern ein externes Angebot günstiger ist als der eigene Zustelldienst. Bereiten Sie die Daten mit Excel so auf, dass eine begründete Entscheidung gefällt werden kann.

Vertriebs-zentren	Anzahl der Pakete	Kosten des eigenen Zustelldienstes
Augsburg	1.556.465	6.537.153,00 €
Bonn	2.435.234	10.471.506,20 €
Bremen	1.342.298	5.234.962,20 €
Halle	1.985.463	6.353.481,60 €

Angebote der Paketdienste für die einzelnen Vertriebsgebiete

Vertriebs-zentren	Kosten je Paket		
	Paketdienst A	Paketdienst B	Paketdienst C
Augsburg	3,60 €	3,75 €	3,80 €
Berlin	3,40 €	3,08 €	3,74 €
Bonn	3,30 €	2,95 €	2,90 €
Bremen	3,50 €	3,35 €	3,50 €
Halle	2,85 €	3,00 €	2,90 €
Hamburg	3,15 €	3,61 €	2,99 €
München	2,96 €	3,26 €	3,41 €

P 2

Die Provisionen der Handelsvertreter für die Umsätze des letzten Quartals müssen berechnet werden.

Name	Umsatz	Provisionstabelle	
			Provisions-
		Umsatz (ab)	**satz**
Stephan	140.036,00 €	- €	0,7%
Kramann	156.392,00 €	150.000,00 €	0,9%
Vogel	190.403,00 €	200.000,00 €	1,1%
Eder	196.358,00 €	250.000,00 €	1,3%
Jowszenko	203.846,00 €	300.000,00 €	1,5%
Rednitz	234.521,00 €	350.000,00 €	1,7%
Reichert	267.036,00 €		
Meyerhofer	271.306,00 €		
Steigenbaumer	302.576,00 €		
Lurgau	310.652,00 €		

P 3

Die optimale Bestellmenge für einen Locher (Artikel LG-258) soll berechnet werden.

Der prognostizierte Jahresabsatz beträgt 4000 Stück, die Kosten je Bestellung (Erfassung und Verschicken der Bestellung, Kontrolle und Annahme der Lieferung) betragen 35,00 €.

Der Lagerkostensatz (Miete, Energiekosten, Personalkosten, …) ist als Erfahrungswert aus den letzten Jahren mit 16 % des durchschnittlichen Lagerwertes angesetzt.

Der Einkaufspreis beträgt 15,00 € pro Locher, vom Hersteller wird der Artikel nur in Paketen zu 50 Stück verschickt.

Der Mindestbestand (eiserne Reserve zum Auffangen von Lieferverzögerungen und nicht vorhersehbaren Nachfrageschwankungen) ist auf 100 Stück festgelegt.

P 4

Ein Darlehen über 500.000,00 € soll bei jährlich gleichbleibenden Raten in acht Jahren getilgt werden. Der Zinssatz beträgt 6 %. Berechnen Sie die jährliche Annuität (feste Jahresrate bestehend aus jährlich sinkendem Zins und steigendem Tilgungsanteil). Alternativ wäre es denkbar, die Tilgung in einer Summe nach acht Jahren vorzunehmen. Stellen Sie beide Finanzierungsmodelle gegenüber.

Hinweis: Für die Berechnung der Annuität lässt sich die Funktion RMZ oder eine Formel verwenden.

P 5

Die Meditec GmbH hat im Februar die jährliche Kundenbefragung durchgeführt, um mit den Ergebnissen die eigenen Stärken und Schwächen zu analysieren und die Servicequalität zu verbessern. Es wurden folgende Fragen gestellt:

A: Wie beurteilen Sie unsere Hotline?

B: Wie beurteilen Sie die Einhaltung der angekündigten Lieferzeiten?

C: Wie zufrieden sind Sie mit dem Service unseres Personals?

D: Wie zufrieden sind Sie mit der Qualität unserer Produkte?

Die Kunden konnten die Bewertungen von 1–5 abgeben:

1 = sehr gut	4 = schlecht
2 = gut	5 = sehr schlecht
3 = in Ordnung	

	Fragebogen	Note			
	Nr.	Frage A	Frage B	Frage C	Frage D
4	1	4	3	3	1
5	2	5	3	2	3
6	3	3	3	2	4
7	4	3	2	2	5
8	5	3	2	3	3
9	6	3	1	2	3
10	7	2	2	3	3
11	8	2	1	3	3
12	9	4	3	2	2
13	10	4	3	3	2
14	11	5	3	2	4
15	12	4	3	3	4
16	13	3	2	1	5
17	14	3	2	1	4
18	15	2	1	2	3
19	16	1	2	1	5
20	17	2	1	3	4
21	18	3	3	2	3
22	19	3	2	1	3
23	20	3	3	1	2
24	21	2	2	1	4
25	22	3	1	2	3
26	23	3	3	2	4
27	24	2	2	2	5
28	25	2	2	3	4
29	26	1	2	2	3
30	27	2	1	3	3
31	28	1	1	3	3
32	29	3	1	2	2
33	30	2	4	3	2
34	31	3	5	2	4
35	32	2	4	1	4
36	33	1	3	1	5
37	34	3	5	1	4
38	35	2	4	2	3
39	36	1	3	3	5
40	37	2	3	3	4
41	38	3	2	2	3
42	39	3	4	1	3
43	40	3	3	1	2

Sortieren

Arbeitsauftrag

Ermitteln Sie die unterschiedlichen Häufigkeiten der Notennennungen, den Durchschnitt und die prozentuale Verteilung der Antworten.

Hinweis: Für die Berechnung der Häufigkeiten können Sie die „ZählenWenn-Funktion" verwenden.

P 6

Berechnen Sie die Kosten, die ein Pkw pro Kilometer in den ersten 4 Jahren kostet unter den folgenden Voraussetzungen:

Pkw   Lupo, 999 cm³, 37 KW/50 PS (Neuanschaffung des Basismodells)

Halter   alleiniger Fahrer, 18 Jahre alt

Wertverlust   durchschnittlich 16 % pro Jahr in den ersten 4 Jahren bei 15.000 km p. a.

Kapitalkosten bei alternativer Anlage 4,5 % p. a.

Reparaturen   durchschnittlich 250,00 € p. a. (inkl. Verschleißteile)

Ermitteln Sie per Internetrecherche die Kosten für Inspektionen, TÜV-Prüfung, Benzinverbrauch, Versicherung, Steuern, Unfallrisiko (Kaskoversicheung) und Autopflege.

P 7

Ein Kredit über 20.000 € soll aufgenommen werden. Stellen Sie nach untenstehendem Muster einen Kredittilgungsplan auf unter Beachtung der folgenden Anforderungen.

a) Definieren Sie für die Zellen D% – D10 und J5 – J9 sinnvolle Namen mit dem Befehl **<Formeln>** → **<Definierte Namen>** → **<Namen definieren>**.

b) Verwenden Sie die definierten Namen in den Formeln.

c) Weisen Sie den Zellen D5 bis D10 Kommentare zu, in denen Sie Hinweise für das Eintragen der Werte geben (Kontextmenü **<Kommentar einfügen>**).

d) Entsperren Sie den Eingabebereich und schützen Sie anschließend das Arbeitsblatt.

P 8

Vergleichen Sie Ihr Ergebnis aus P 7 mit der folgenden Vorlage:

<Datei> → **<Neu>** → **<Beispielvorlagen>** → **<Kreditberechnung>**

a) Welche weitergehenden Namensdefinitionen sind verwendet worden?

b) Verbessern Sie Ihren Tilgungsplan, indem Sie Anregungen aus der Vorlage aufnehmen.

5   Programmentwicklung

Situation CMW hat eine eigene IT-Abteilung, um die IT-Ausstattung des
Betriebes funktionstüchtig und sicher zu stellen. Ein weiterer Arbeitsbereich ist die Betreuung und Weiterentwicklung der Unternehmens-
website. Für eigene Anwendungen entwickelt die IT-Abteilung auch
Software.

Die IT-Abteilung bietet Schülern regelmäßig Praktikumsplätze an,
um sich in diesem Bereich beruflich orientieren zu können und IT-
Aufgaben auch in der Praxis kennen zu lernen. Zunächst müssen
Schüler lernen, dass man bei CMW nicht einfach so „drauf los bastelt
oder programmiert", sondern vorab eine Problemanalyse und eine
Konzepterstellung erfolgen muss.

5.1   Problemanalyse und Entwurf

Situation Anwendungsentwicklung ist i.d.R. eine sehr komplexe Aufgabe. Auftraggeber und Auftragnehmer (Anwendungsentwickler) müssen sich
gut abstimmen, damit am Schluss auch ein Programm entwickelt
wurde, wie es sich die Auftraggeber bzw. die Nutzer des Programmes
vorstellen.

Die folgenden Schaubilder sollen einen Einblick geben, warum eine gute Problemanalyse und Entwurfserstellung in der Anwendungsentwicklung wichtig sind.

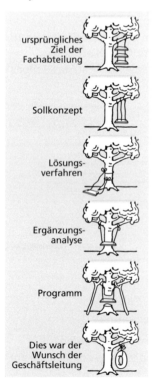

ursprüngliches
Ziel der
Fachabteilung

Sollkonzept

Lösungs-
verfahren

Ergänzungs-
analyse

Programm

Dies war der
Wunsch der
Geschäftsleitung

Nichts ist so praktisch wie eine gute Theorie!		

		etwa 40 %	Diese Fehler werden im Komponenten- oder Verfahrenstest gefunden.
Fehler bei der Programmierung etwa 40 %			
Fehler beim Entwurf etwa 60 %		etwa 18 %	
		etwa 42 %	Diese Fehler werden erst im Probebetrieb oder während des Einsatzes gefunden.

Frühe Fehler sind die teuersten Fehler!

Planung und Wirklichkeit

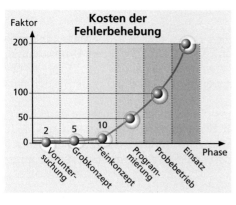

nach: CW/Real Vision Archiv

Programmierer Anwendungsentwicklung	Phasen der Programmentwicklung	Fachabteilungen Verkauf, Druckvorbereitung, EDV-Abteilung
Pflichtenheft auf Machbarkeit prüfen und Angebot erstellen	1. Problemanalyse und Produktdefinition	Lasten- und Pflichtenheft erstellen Angebot prüfen und Auftrag erteilen
Funktionsbeschreibung, Datenformate, Schnittstellen, Programmiersprache festlegen	2. Lösungsentwurf	
Funktionsdiagramm, Programmablaufplan/ Struktogramm, UML-Diagramme, Datenbankanbindung, Bildschirmmasken-Entwurf	3. Programmentwurf	Überprüfung der Terminplanung, Besprechung der Entwürfe und Fertigung eines Zwischenprotokolls, evtl. Abschlagszahlung
Codierung in der Programmiersprache	4. Programmcodierung	
Programm in das Softwaresystem einbinden	5. Programmimplementierung	Überprüfung der Terminplanung, Bereitstellung der Testumgebung und der Testdaten, Besprechung des Testergebnisses und Fertigung eines Zwischenprotokolls, evtl. Abschlagszahlung
Programm mit Testdaten in Testumgebung prüfen	6. Programmtest	
Programm einsetzen	7. Einsatz und Wartung	Entscheidung, ob Probe-, Stufen-, Parallel- oder Direkteinführung, Mitarbeiter informieren, Übergabeprotokoll, Abschlusszahlung

Einführungsmethoden

Probeeinführung: Das neue Programm wird nur in einem Teilbereich zur Probe eingeführt und erst nach erfolgreicher Einführung für das ganze Unternehmen freigegeben.

Paralleleinführung: Über einen Zeitraum werden das alte und neue System parallel eingesetzt.

Stufeneinführung: Einzelne Programmbausteine werden stufenweise eingeführt.

Direkteinführung: An einem bestimmten Stichtag wird komplett auf das neue System gewechselt. Die Gefahr eines großen Umstellungsschadens kann durch fehlerfreie und ausgetestete Programme sowie die Schulung der Mitarbeiter minimiert werden.

In Kapitel 1.10 wurde die Bedeutung der Erstellung eines **Lasten- und Pflichtenheftes** herausgestellt. Insbesondere in der Anwendungsentwicklung und der Installation komplexer IT-Systeme werden diese Anforderungsübersichten als Vertragsbestandteile zwischen Auftraggeber und Auftragnehmer erstellt.

Lastenheft	Pflichtenheft
▶ wird von der beauftragenden Fachabteilung erstellt und zur Angebotseinholung weitergegeben ▶ Hier werden die Anforderungen aus Anwendersicht und die Randbedingungen definiert (**Was** wird benötigt und **wofür?**).	▶ wird vom Auftragnehmer auf der Basis des Lastenheftes definiert (evtl. auch von der EDV-Abteilung des Auftraggebers oder einer Bewertungsfirma) und beschreibt, **wie** und **womit** das Problem gelöst wird ▶ beschreibt konkret Funktionen und Systemtechnik ▶ wird vom Auftraggeber genehmigt

Zu Lasten-/Pflichtenheft vgl. auch Kapitel 1.10

5.2   Programmiersprachen

Mit Hilfe einer Programmiersprache und seiner Systemprogramme können Programmierer Quelltext (Quell-oder Programmcode) für **Algorithmen** erstellen und mit einem **Editor** bearbeiten. Der Quelltext wird von einem **Interpreter** oder **Compiler** der Programmiersprache in einen für den Computer ausführbaren **Maschinencode** übersetzt und zur Ausführung gebracht. **Entwicklungsumgebungen** (IDE) und visuelle Bedieneroberflächen erleichtern den Programmierern die Arbeit, Quelltexte zu erstellen und auf Fehler zu überprüfen.

Algorithmus: Ein Algorithmus ist ein eindeutiges Verfahren zur Lösung einer Klasse gleichartiger Probleme. Dieses Verfahren wird durch elementare Anweisungen an einen Computer beschrieben. Jeder Algorithmus kann als Programm in einer Programmiersprache angegeben und von einem Computer bearbeitet werden.

Mehr als hundert verschiedene Programmiersprachen werden mittlerweile angeboten, um unterschiedliche Zielsetzungen (z. B. Schnelligkeit der Ausführung, Befehls- und Funktionsumfang, Art der Programmübersetzung, Eignung für bestimmte Anwendungsgebiete, Komplexität der Anwendungsentwicklung) besser zu entsprechen. Heute dominieren die objektorientierten **Programmiersprachen**, für komplexe Anwendungsprogrammierung werden **Modell basierte Entwick-**

lungsumgebungen eingesetzt, deren Generatoren (Assistenten) basierend auf Modellen (z. B. UML, vgl. Kapitel 8.4) den Code automatisch erzeugen. Durch die Trennung von Modellierung und Codierung können komplexe Anwendungsprogramme viel schneller entwickelt werden. Der Zwang zur Modellierung der Anwendung führt zu einer sorgfältigeren Konzeption/Formalisierung der zu erstellenden Programme in der Entwurfsphase und damit zu einer besseren Dokumentation der Programme (MDSD = Model Driven Software Development), jedoch auch zu erhöhtem Erstellungsaufwand für kleinere Programmlösungen. Die folgende Übersicht soll bedeutende Programmiersprachen kurz erläutern, jedoch auch auf andere Entwicklungen (Eclipse, Cloud-Computing, Pädagogische Programmierung) hinweisen.

Programmiersprachen	
Sprache	**Merkmale**
PHP	Als „Personal Home Page Tools" entwickelt, wird die frei verfügbare Skriptsprache auf den meisten Webseiten als serverseitige Programmiersprache eingesetzt, besonders zur Erstellung dynamischer Webseiten und Webseiten mit Datenbankanbindung. (vgl. Kapitel 7.4).
JavaScript	JavaScript hat wenig mit der Programmiersprache Java gemeinsam, sondern ist wie PHP eine Programmiersprache für die Erstellung dynamischer Webseiten, wobei JavaScript-Code in Webseiten eingebettet auf Browsern übertragen und auch dort interpretiert und ausgeführt wird und nicht wie bei PHP auf dem Server. Typische Anwendungen sind Rollover-Effekte (ein Bild auf einer Webseite ändert sein Aussehen beim Überfahren mit der Maus) oder die Überprüfung von Formularen, bevor diese abgeschickt werden. Microsoft bietet das konkurrierende JScript an, das zusätzliche Befehle für Microsoft-Produkte enthält. JavaScript und JScript können browserseitig deaktiviert werden, was den Einsatzwert reduziert. Tipp: www.kostenlose-javascripts.de
Java	Java ist mit über 6 Millionen Entwicklern die weltweit populärste objektorientierte Programmiersprache und wurde von Sun Microsystems (heute Oracle) als offenes System entwickelt. Durch Vielseitigkeit, Effizienz, Plattform-Mobilität und Sicherheit hat sich Java besonders in der Network-Computing-Branche bewährt, so können die Programme heute auf über 1 Mrd. PC, Milliarden von Smartphones oder Set-Top-Boxen, Smartcards und Terminals laufen. Java kann auf virtuellen Rechnern und in Browsern ausgeführt werden. Java-Code muss kompiliert werden und erfordert daher PlugIns zur Ausführung. Java ermöglicht die Erstellung von sog. Java-Applets. Diese werden in eine Webseite eingebunden und dort ausgeführt. Alle neueren Browser können Java-Applets ausführen. Sie können aber auch browserseitig deaktiviert werden.
C/C++	C++ wurde als Erweiterung von C als Compiler betriebene Mehrzwecksprache konzipiert und unterstützt sowohl die modulare, prozedurale, objektorientierte und besonders die generische Programmierung. Sie wird zur maschinennahen Systemprogrammierung und zur Entwicklung von Bibliotheken, aber auch zur Anwendungsentwicklung auf hohem Abstraktionsniveau eingesetzt. Die Sprachsyntax wird als etwas schwer verständlich beschrieben, das breite Leistungsspektrum und die vielfältigen Gestaltungsmöglichkeiten der Sprache führen zu verhältnismäßig langen Einarbeitungszeiten, dazu kommt der erhöhte Aufwand durch Anpassungen an jeweils im System vorhandene Compiler.

Programmiersprachen	
Sprache	**Merkmale**
Eclipse	Eclipse wurde ursprünglich von IBM als Projekt ins Leben gerufen, ist heute eine Open Source Community, die sich zum Ziel gesetzt hat, offene, erweiterbare Entwicklungsumgebungen anzubieten. Heute wird Eclipse nicht nur für Java, sondern zunehmend auch von C/C++ und PHP-Entwicklern genutzt und bietet neben quelloffenen auch kommerzielle Erweiterungen an.
OPA	Aus der Vielzahl der speziellen Programmiersprachen fällt die Sprache OPA (vgl. http://opalang.org) auf. Sie ist besonders für die zukünftig immer bedeutsameren Cloudanwendungen konzipiert worden. Opa besteht dazu nicht nur aus der Programmiersprache, sondern einem eigenem Webserver, einer Datenbank sowie einer speziellen Engine für die Ausführung der Programme. Ziel soll eine einfache, skalierbare und sichere Webentwicklung mit einfacher Datenbankanbindung sein.
Google Go	Google hat mit *Go* eine neue Programmiersprache vorgestellt, die Geschwindigkeit und Sicherheit kompilierter Sprachen von C und C++ verbinden soll, sie ist Open Source und soll vor allem zur Systemprogrammierung geeignet sein. (vgl. http://golang.org)
Scratch	Ziel der Sprache Scratch ist es, Neueinsteiger – besonders Kinder und Jugendliche – mit den Konzepten der Computerprogrammierung vertraut zu machen und ihnen unter dem Motto "imagine, program, share", die kreative Erstellung eigener Spiele und Multimediaanwendungen und das Teilen dieser Resultate im Internet zu ermöglichen. In Scratch können alle interaktiven Objekte, Grafiken und Töne leicht von einem Programm in ein anderes Programm übertragen und dort neu kombiniert werden. Dadurch erhalten Anfänger sehr schnell Erfolgserlebnisse, die motivieren, sich vertieft mit dem Programm auseinanderzusetzen. (vgl. http://scratch.mit.edu)

Übersetzungsprogramme für Programmiersprachen (in Maschinensprache)
Compiler übersetzen den Quell- oder Sourcetext in Maschinensprache (EXE-Datei). Der Computer wird zur Ausführung nicht benötigt. Ausgeführt wird die EXE-Datei. Das Programm ist schnell und der Quellcode kann vom Anwender nicht eingesehen und verändert werden. Beispiele: Fortan, Pascal, Cobol, C
Interpreter übersetzen Quelltext zeilenweise und erst während der Ausführung. Programme sind relativ langsam und es wird mehr Speicherplatz benötigt. Für den Anwender muss der Interpreter (z. B. Basic) zur Verfügung gestellt oder ein Interpreter mit P-Code-Compiler (z. B. Java) eingesetzt werden. Der Anwender kann den Quellcode beim Interpreter einsehen. Positiv: Schnellere Testbarkeit von Programmänderungen und für Java Unabhängigkeit von verschiedenen Betriebssystemen, da der P-Code erst auf dem Benutzer-PC übersetzt wird.

Kleines Glossar der Programmierung	
API	Application Programming Interface als Schnittstelle zwischen Anwenderprogramm und Betriebssystem ermöglicht den Entwicklern, aus einem Programm heraus Funktionen des Betriebssystems zu nutzen und somit effektiv zu programmieren. Die WIN-API mit etwa 1000 Funktionen befindet sich in Dynamic Link Libraries (DLL). Spezial-APIs sind z. B. CAPI für die ISDN-Anbindung, MMA für die Multimediaprogrammierung oder Winsock-API für das Netzwerk. Anwendungsprogramme können ohne diese APIs nicht funktionieren.
DLL	Dynamic Link Library, Programmbibliothek im Computersystem, deren Programme erst zur Laufzeit des Anwenderprogramms eingebunden (gelinkt) werden
Klassenbi-bliothek	Sammlung von Klassen (vgl. unten), die der Hersteller eines Programms bereits fertig programmiert oder zugekauft hat, um die Arbeit des Entwicklers zu erleichtern
Objekto-rientierte Program-mierung (OOP)	Datenobjekte und die damit erlaubten Datenoperationen werden als Einheit angesehen. **Objekte** werden mit **Eigenschaften** versehen und gehören einer **Klasse** (Typ eines Objektes) an. Klassen werden über Methoden und Instanzvariablen festgelegt. Eine Klasse kann mit Testdaten für sich geprüft werden und kann mit anderen Klassen in Klassenbibliotheken zur Benutzung durch verschiedene Objekte eingebunden werden. Über **Botschaften** (Funktionsaufrufe) können an ein Objekt Informationen zur Verarbeitung gesendet werden. Neben der Festlegung von Objekten, Klassen und Botschaften wird die objektorientierte Programmierung durch folgende Merkmale gekennzeichnet: **Kapselung:** Daten können abgekapselt nur von einem Objekt bearbeitet werden. **Vererbung:** Eine höhere Klasse kann Methoden und Variablen an eine untere Klasse vererben (Zum Beispiel könnte die Klasse FAHRZEUGE ihre Methoden an die Klassen PKW und LKW vererben und die Unterklassen werden für spezielle Methoden und Variablen angelegt.). **Polymorphie:** Unterschiedliche, aber funktional ähnliche Klassen oder Methoden können den gleichen Namen haben, werden jedoch auf unterschiedliche Weise eingesetzt, z. B. die Methode „Differenz" mit zwei Parametern (Betrag, Zahlung oder Urlaubstage, Tage genommen) liefert je nach Einsatz ein unterschiedliches Ergebnis mit derselben Methode. Ziel der objektorientierten Programmierung ist es, wie bei einem Windowsprogramm, in Fenstern (Windows) Objekte wie Buttons, Editierfelder, Tabellen oder Grafiken zu programmieren. Dies geht mit der OOP viel einfacher und vor allem viel schneller und effektiver.

Aufgaben

1. Geben Sie die Programmentwicklungsphasen in der richtigen Reihenfolge an:
   a) Einsatz und Wartung, b) Programmentwurf, c) Problemanalyse und Produktdefinition, d) Programmcodierung, e) Programmtest, f) Programmimplementierung, g) Lösungsentwurf

2. Was unterscheidet Compiler und Interpreter?
   a) Ein Übersetzer eines Programms in Sprechcode
   b) Der Compiler übersetzt ein geschriebenes Programm in ausführbaren EXE-Code.
   c) Ein Interpreter übersetzt ein geschriebenes Programm in ausführbaren EXE-Code.
   d) Für die Ausführung eines mit einem Compiler übersetzten Programms wird ein Compiler benötigt.

3. Ein Pflichtenheft
   a) wird zur Angebotseinholung weitergegeben.
   b) wird von der beauftragenden Fachabteilung erstellt.
   c) beschreibt konkret Funktionen und Systemtechnik der gesuchten Anwendungen/Software.
   d) wird häufig vom Auftragnehmer erstellt.

4. Nennen Sie:
   a) eine problemorientierte Programmiersprache
   b) eine Programmiersprache für Webanwendungen
   c) mindestens eine objektorientierte Programmiersprache

5. Warum werden heutzutage überwiegend objektorientierte Programmiersprachen eingesetzt?

5.3 VBA-Programmierung mit Excel

Situation Sie haben eine Praktikumsstelle in der IT-Abteilung von CMW erhalten. Ausschlaggebend für CMW war, dass Sie über gute Excelkenntnisse verfügen. Sie sollen darauf aufbauend für das Unternehmen anspruchsvolle Excelanwendungen mit VBA-Unterstützung kennenlernen und entwickeln.

5.3.1 Einführung in VBA für Excel

Situation Sie wollen wissen, was VBA ist und wozu man VBA für Excel benötigt.

VBA (Visual Basic for Applications) ist eine zu den Microsoft-Office-Programmen (z. B. Word, Excel, Access, Powerpoint) gehörende leistungsstarke Programmiersprache. Sie wurde aus dem von Microsoft entwickelten BASIC-Dialekt Visual Basic (VB) abgeleitet. VBA basiert im Wesentlichen auf der Ausführung von Makros, d. h. schrittweisen Prozeduren, die in Visual Basic geschrieben werden. Sie wird daher auch als Skriptsprache bezeichnet.

Wozu VBA?

Mit Excel-VBA können z. B. folgende Aufgaben über den schon vorhandenen großen Funktionsumfang von Excel hinaus bewältigt werden:

▶ Durch Excel-Makros können Arbeitsabläufe und Routinetätigkeiten in der Arbeit mit Excel automatisiert werden, um Bearbeitungszeit zu sparen.

▶ Excelanwendungen können durch die Verwendung von Eingabe- und Meldeboxen sowie Formulare dialogorientiert gesteuert werden.

▶ Durch benutzerdefinierte Funktionen kann der standardmäßige Funktionsumfang von Excel gezielt erweitert werden.

▶ Komfortable kleine Anwendungen, evtl. mit Menüs, können auf der Basis von Daten in Tabellen entwickelt werden.

▶ Prototypanwendungen für kleinere IT-Lösungen lassen sich schnell entwickeln, um nach ausführlicher Testphase (Evaluierung) professionelle Programme mit anderen Entwicklungsumgebungen zu erstellen.

Sicherheitsaspekte

Die leichte Erlernbarkeit der Erstellung von Makros, die einfache Übertragbarkeit von Makros und die weitreichenden Möglichkeiten mit VBA haben zur Verbreitung von schädlichen Makroviren über Office-Anwendungen (insbesondere Outlook, Word) geführt. Daher soll schon an dieser Stelle dringend geraten werden, nur vertrauenswürdige Makros auszuführen.

Vorsichtsmaßnahmen:

a) Einstellungen für Makros im **Sicherheitscenter** vornehmen:
Über <Datei> ➜ <Optionen> ➜ <Sicherheitscenter> ➜ **Einstellungen für das Sicherheitscenter** sind standardmäßig Makros deaktiviert. Damit dies einerseits so bleibt, andererseits für Testzwecke die selbsterstellten Makros ausgeführt werden können, kann das Verzeichnis, in dem die eigenen Dateien mit Makros und ungefährliche Beispiele gespeichert sind, als **vertrauenswürdiger Speicherplatz** mit Angabe des Pfades eingetragen werden.

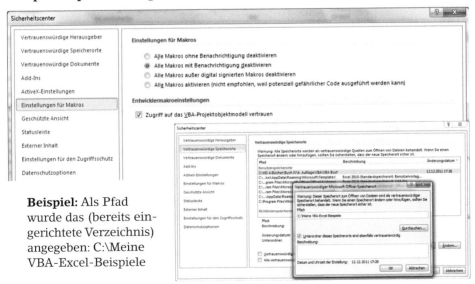

Beispiel: Als Pfad wurde das (bereits eingerichtete Verzeichnis) angegeben: C:\Meine VBA-Excel-Beispiele

b) Schützen Sie Ihre Excel-Anwendungen vor schädlicher Abänderung durch Kennwort-vergaben:

<u>Vorgehen:</u> Exceldatei aufrufen → <Speichern unter> → <Tools> → <Allgemeine Optionen> → Kennwörter eingeben und evtl. Kontrollkästchen aktivieren.

<u>Kontrollkästchen Sicherungsdatei erstellen:</u> Wenn Sie an der Datei etwas ändern, wird automatisch zusätzlich eine Sicherungsdatei ohne die Änderung gespeichert.

<u>Kontrollkästchen Schreibschutz empfehlen:</u> Um ein versehentliches Ändern der Datei zu verhindern, wird man beim Öffnen der Datei gefragt, ob man sie schreibgeschützt öffnen möchte.

c) Kennwort für das VBA-Projekt eingeben:

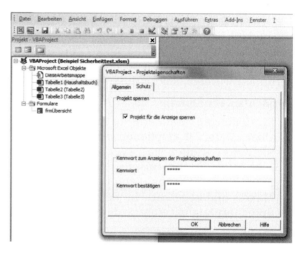

Über Entwicklertools → *Visual Basic* die Entwicklungsumgebung mit dem Projekt-Explorer aufrufen. Excel-Objekt (z. B. Tabelle 1) markieren → Kontextmenü: *Eigenschaften von VBA-Projekt* aufrufen und über die Registerkarte *Schutz* ein Kennwort zum Anzeigen der Projekteigenschaften eingeben. Nun kann kein Fremder die Projektei-genschaften aufrufen.

Aufheben der Kennwörter: Vorgang oben wiederholen und Kennwort löschen

d) Digitales Zertifikat zum Selbstsignieren einer sicheren Datei erstellen:

Mithilfe des Tools **Selfcert.exe** kann man ein **eigenes Zertifikat** zum Selbstsignieren erstellen.

Hinweis: Da ein selbst erstelltes digitales Zertifikat nicht von einer offiziellen Zertifizierungsstelle vergeben wurde, werden Makroprojekte, die mit einem solchen Zertifikat signiert wurden, wie selbst signierte Projekte behandelt. Microsoft Office vertraut einem selbst signierten Zertifikat nur auf einem Computer, auf dem dieses Zertifikat im Speicher der persönlichen Zertifikate abgelegt ist.

Hilfen und Tipps

Vorab sollen an dieser Stelle gesammelt schon einige grundsätzlichen Hilfestellungen gegeben werden:

▶ **Einführungstexte** und **Beispiele** der Websites von Microsoft aufrufen, z. B. das MSDN – Microsoft Developer Network über http://msdn.microsoft.com/de-de (auch über Google-Suche „VBA Excel 2010" erreichbar). Hier wird auch eine **Objektmodellreferenz** angeboten, über die man sich erkundigen kann, wie der gerade erstellte Code die Objekte verändert.

▶ VBA-Excel **Schulungsunterlagen** als PDF per Google-Suche aufrufen

▶ Benötigen Sie Hilfe zu dem einen oder anderen Code-Wort, klicken Sie auf das betreffende Wort im Programmcode und drücken Sie **<F1>**.

▶ Auf der CD befindet sich eine Datei **VBA Excel Schlüsselwörter,** in der alle Schlüsselwörter und Funktionsbezeichnungen **Englisch-Deutsch** und **Deutsch-Englisch** aufgeführt sind.

▶ im leeren Tabellenblatt den **Makrorekorder** starten, Funktionen aufzeichnen und den aufgezeichneten Programmcode ins Programm übertragen

▶ in einer vorhandenen Datei (die sinnvollerweise Makros enthalten sollte) in den VBA-Editor wechseln und mittels **Einzelschritt-Modus** den Code abarbeiten (Menü: Debuggen/Einzelschritt <F8>) Man kann bei dieser Vorgehensweise nachverfolgen, welche Änderungen jede einzelne Codezeile bewirkt. Auch Variableninhalte lassen sich auslesen, wenn man sie im Überwachungsfenster anzeigt oder mit dem Mauszeiger über die betreffende Variable fährt.

▶ **Foren** nutzen: z. B www.herber.de, www.online-excel.de, www.spotlight.de, www.dasexcelforum.de

Informationen zum objektorientierten Ansatz von VBA

Zum Lösen eines VBA-Programmierungsproblems muss man zuerst herausfinden, welche Objekte vom Code geändert werden sollen. Man kann Objekte bearbeiten, indem man ihre *Eigenschaften* festlegt und ihre *Methoden* aufruft. Durch das Festlegen einer Eigenschaft ändern sich die Merkmale des Objekts. Das Aufrufen einer Methode bewirkt, dass das Objekt eine Aktion ausführt. Für das **Workbook**-Objekt gibt es beispielsweise die **Close**-Methode zum Schließen der Arbeitsmappe.

lassen **Ereignisse** zu

z. B. beim Klick/on click werden Aktionen ausgelöst.

Methoden

=Prozeduren) steuern das Verhalten der Objekte, z. B. ctivate, Select mit Parametern, Close

Objekte

(über 200), z. B. Tabellenblatt, Range, Zelle, Button

Sie haben **Eigenschaften**:

z. B. Name, Größe, Farbe, Position, die mit „=" bestimmt werden.

Anweisungen/Syntaktische Codeeinheiten zu Objekten für Deklarationen oder Operationen (Zuweisung, Fallunterscheidung, Wiederholung etc.), pro Programmzeile i. d. R. eine Anweisung

Beispiel:

Das nebenstehende Beispiel zeigt eine Excel-VBA-Anwendung zur Berechnung des Body-Mass-Index. Objekte dieser Anwendung sind z. B. das Formular (Hintergrund mit Titelleiste) selbst, das Bezeichnungsfeld „Body-Mass-Index", zwei Optionsfelder, vier Textfelder für die Daten, ein Bild und zwei Befehlsschaltflächen (Button). Für alle Objekte können Eigenschaften (z. B. die Farben) festgelegt werden. Der Button „Schließen" führt beim Ereignis „on Click" die Methode Close aus. Nach Eingabe des Körpergewichts wird der BMI durch Anweisungen berechnet.

Entwicklungsumgebung

Um VBA-Projekte mit Excel zu erstellen, muss zunächst die Registerkarte **Entwicklertools** aufgerufen werden:

<Datei> → <Optionen> → Menüband anpassen: Aktivieren Sie die Hauptregisterkarte „Entwicklertools". Nun wird die Registerkarte in der Tabellenansicht sichtbar.

Über **<Visual Basic>** kann die **Entwicklungsumgebung** aufgerufen, über **Schließen** zur Tabellenblattansicht zurückgekehrt werden. Noch einfacher geht es mit: <ALT> + <F11> (für den Wechsel Tabellenblatt/Entwicklungsumgebung und zurück).

Für die folgende Ansicht wurde die Exceldatei „Grundlagen VBA" aufgerufen, zur Entwicklungsumgebung (<ALT> + <F11>) gewechselt, das Formular „frmBMI" doppelt angeklickt und dann die Codierung im Editor rechts durch doppeltes Anklicken eines Objektes (z. B. eines Buttons) angezeigt. Über den Menüpunkt **Ansicht** lassen sich die verschiedenen Ansichten der Entwicklungsumgebung ebenfalls aufrufen.

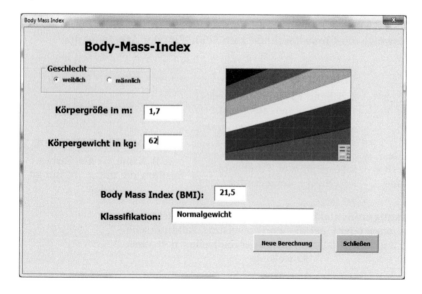

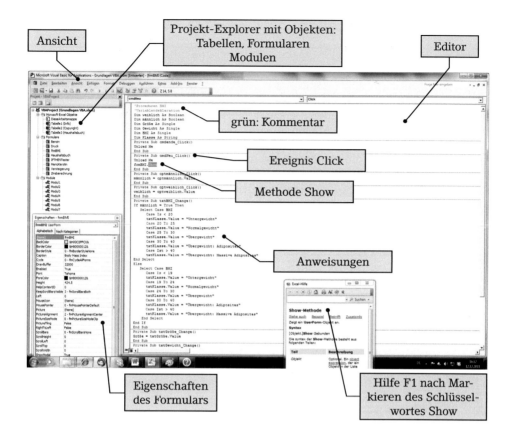

Ansicht

Projekt-Explorer mit Objekten:
Tabellen, Formularen
Modulen

Editor

grün: Kommentar

Ereignis Click

Methode Show

Anweisungen

Eigenschaften
des Formulars

Hilfe F1 nach Mar-
kieren des Schlüssel-
wortes Show

Aufgaben

1. Richten Sie ein Arbeitsverzeichnis (z. B. VBA-Excel-Beispiele) auf Ihrem Laufwerk ein und speichern Sie dort die Arbeits- und Lösungsdateien zu Excel VBA
   der CD.

2. Rufen Sie die Registerkarte „Entwicklertools" auf.

3. Rufen Sie das Sicherheitscenter auf (Datei -> Optionen) und geben Sie den Pfad
   zu Ihrem neu eingerichteten Verzeichnis (vgl. 1) als vertrauenswürdigen Speicherort an.

4. Öffnen Sie nun die Datei „VBA-Grundlagen" und dann die Entwicklungsumgebung (über <Visual> Basic oder <ALT>+<F11>). Erkunden Sie die Entwicklungsumgebung, ohne Änderungen zu speichern.

5.3.2   Makros erstellen

Situation | Sie sollen nun erste Makros erstellen und mit der Entwicklungsumgebung arbeiten.

Richten Sie zunächst ein eigenes Verzeichnis „VBA-Excel-Beispiele" ein, wenn noch nicht geschehen. Erstellen Sie für Ihre praktische Arbeit eine Exceldatei neu mit dem Dateinamen „VBA-Anwendungen".

Aufgabe | Sie sollen ein Automatisierungsmakro erstellen, wodurch über die Tastenkombination <Ctrl> + <c> automatisch in die erste Zelle des Tabellenblattes ein Copyrightvermerk, z. B. „© Copyright Kerstin Schuhmann" gesetzt wird.

Schritt 1:   Schritt 2:

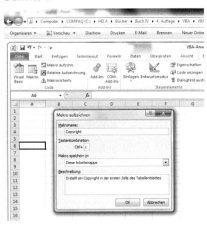   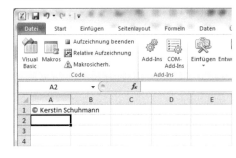

So zeichnen Sie ein Makro auf:

▶ Aufruf des Makrodialogs für die Erstellung über Menü **<Entwicklertools> <Makro aufzchn>**

▶ Eingabe eines Makronamens, der Tastenkombination und einer Beschreibung sowie **<OK>**

▶ Ausführen der im Makro durchzuführenden Befehle (Arbeitsschritte) auf der Excel-Tabelle: Im Beispiel: Cursor auf Zelle A1 setzen.

▶ Text in A1 einfügen: „© Kerstin Schuhmann" (Hinweis: Zeichen © über **<Alt>**+ 0169 auf dem kaufmännischen Zahlenblock rechts) und per <Enter> Eingabe beenden.

▶ Makro-Aufzeichnung beenden: **<Aufzeichnung beenden>**

Makro-Übersicht

Über <Makros> können Sie eine Übersicht der erstellten Makros aufrufen, diese ausführen, löschen und bearbeiten.

Makro über Schaltfläche auf der Symbolleiste öffnen

Man kann das Makro auch schnell über ein Symbol auf der **Schnellzugriffsleiste** ausführen, wenn es zur Schnellzugriffsleiste hinzugefügt wird.

Vorgehensweise: Über <Datei> <Optionen> <Symbol-leiste für den Schnellzugriff> wählen Sie unter „Befehle auswählen" Makros aus, markieren das Makro *Copyright* und fügen es zur Symbolleiste für den Schnellzugriff.

Programmcode des Makros über die Visual-Basic-Entwicklungsumgebung (IDE) aufrufen

Über <Visual Basic> oder <ALT>+<F11> kann man zur **Entwicklungsumgebung** wechseln. Das **Makro** ist als *Modul1* gespeichert. Über Doppelklicken auf *Modul1* wird im **Editor** rechts der Programmcode des Makros angezeigt.

Im VBA-Code-Editor werden Programmbestandteile in verschiedenen Farben dargestellt:

blau ► Schlüsselwörter (z. B. Sub)

grün ► Kommentare (dienen nur der Information, Kennzeichnung ' am Anfang)

schwarz ► individueller Programmcode ohne Syntaxfehler

rot ► Programmcode mit Syntaxfehlern

Jede Programmprozedur wird durch ein **Sub** mit dem Prozedurnamen eingeleitet und durch **End Sub** abgeschlossen. Bedeutung des Programmcodes:

Range ("A1").Select	Zelle A1 auswählen
ActiveCell.FormulaR1C1 = "© Kerstin..."	Text "© Kerstin..." in aktive Zelle setzen
Range("A2").Select	Zelle A2 auswählen

Kontextbezogene Hilfe: Setzen Sie den Cursor in ein VBA-Codewort und drücken Sie <F1>.

Aufgaben

1. Erstellen Sie ein Makro *Copyright* wie oben beschrieben. Wechseln Sie danach in ein anderes Tabellenblatt und rufen Sie das Makro auf. Rufen Sie den Code von *Modul1* über die Entwicklungsumgebung (<Alt> + <F11>) auf. Rufen Sie den Code auf und probieren Sie die kontextbezogene Hilfe aus.

2. Erstellen Sie ein Makro *Gitternetz* mit der Tastenkombination <Strg>+<g>, welches die Gitternetzlinien entfernt.

3. Erstellen Sie ein Makro „Nettowertberechnung" mit der Tastenkombination <Strg> <n> . Geben Sie in Zelle A3 einen Wert ein (z. B. 120). Der Aufruf des Makros soll für einen Wert einer ausgewählten Zelle (hier Zelle A3) den Nettowert (ohne 19 % MWSt-Aufschlag) berechnen und in die Zelle darunter anzeigen. Hinter den Zellen sollen der Bruttowert und der Nettowert angezeigt werden.

4. Erstellen Sie mit der Tastenkombination **<Strg> <e>** ein Makro „Euro", mit dem Sie automatisch die aktuelle Zelle in das Währungsformat € (mit zwei Nachkommastellen, z. B. 12.300,00 €) formatieren können.

5.3.3   Objekte, Eigenschaften und Methoden

Situation   Sie haben Programmcodebeispiele kennen gelernt und wollen sich nun genauer über Objekte, Eigenschaften und Methoden in der Entwicklungsumgebung informieren.

Objekte sind Elemente des Programms, für die **Eigenschaften** festgelegt werden können und auf die bestimmte **Methoden** zum Bearbeiten der Objekte angewendet werden können.

Objekttypen in Excel sind z. B. Application (Anwendung) oder auch eine einzelne Range (Zellbereich). Ein Objekt (z. B. eine Arbeitsmappe = Workbook) kann auch weitere Unterobjekte (z. B. eine Arbeitsblatt = Worksheet) und dieses wieder Unterobjekte (z. B. Cells für einzelne Zellen) enthalten. Diese Objekte werden dann **Containerobjekte** genannt. Das umfassendste Containerobjekt ist somit die Application. Soll ein bestimmtes Containerobjekt angesprochen werden, so muss die Hierarchie eingehalten und die Objektordnung angegeben werden:

Objekte	z. B. Application, Workbook, Worksheet, Modul, Window, Range, Cells (Zeile, Spalte)
	Codierung: **Application, Worksheet (″Tabelle1″).Cells(2,3)**
	Erläuterung: Bezugnahme auf die Zelle C2 der Tabelle1

Für ein bezeichnetes Objekt können **Eigenschaften** bestimmt werden, die das Aussehen oder Verhalten des Objektes beeinflussen. An den folgenden Beispielen soll die Zuweisung von Eigenschaften gezeigt werden:

Eigenschaften bestimmen das Verhalten und Aussehen von Objekten		
Eigenschaft	**Beispiel Ausdruck/Codierung**	**Erläuterung**
Name	ActiveSheet.**Name** = „Kalkulation"	Das aktive Arbeitsblatt erhält den Namen Kalkulation.
Cells	ActiveSheet.Cells(1,1)	Bezugnahme auf Celle A1 im aktiven Arbeitsblatt
Bold	Selection.Font.Bold = True	ausgewählte Zelle: Zeichen fett
Horizontal-Alignment	Range (″C1:C8″).Horizontal-Alignment =xlRight	Zelleninhalte C1 bis C8 rechtsbündig setzen.

Eigenschaft	Beispiel Ausdruck/Codierung	Erläuterung
Size	Worksheets ("Tabelle1").Range("A1:A5").Font. Size=14	Die Schriftgröße der Zellen A1 bis A5 wird auf 14 gesetzt.
Number-Format	Range ("C6").NumberFormat ="#,##0.00" Selection.NumberFormat="#,##0.00 €"	Formatierung für Zelle C6 oder Formatierung der aktiven Zelle auf €-Format
Formula	Range ("B5").Formula = "Preis in €:"	Die Zeichenkette (String) "Preis in €:" wird in Zelle B5 eingetragen.
Value	Range ("C6").Value = Preis Range ("B5").Value = "Preis in €:" Range ("D7").Value = 3.15 Netto = Worksheets("Kalkulation"). Cells(6.3).Value Worksheets("Kalkulation"). Cells(7,3).Value = 20	Der Inhalt der Variablen Preis wird Zelle C6 zugewiesen, String B5 (s.o.), Wertzuweisung von Zellenwert (C6) an die Variable Netto, Zuweisung des Wertes 20 an die Zelle C7.

Durch **Methoden** können Objekte bearbeitet oder manipuliert werden. Damit der Befehl (die Methode) auf ein Objekt angewendet werden kann, muss zunächst das Objekt benannt werden und dann mit einem Punkt getrennt die Methode.

Methoden bearbeiten oder manipulieren Objekte		
Eigenschaft	Beispiel Ausdruck/Codierung	Erläuterung
Select	Range ("A1"). Select	Zelle A1 auswählen/markieren
Activate	Worksheets("Kalkulation").Activate	Das Arbeitsblatt „Kalkulation" wird zum aktiven Blatt.
Clear	ActiveSheet.Cells(6,3).Clear Worksheets("Blatt1").Range("A1: G20").Clear	Zelle C6 löschen, in Blatt1 Bereich A1 bis G20 löschen
PrintOut	Sheets("Kalkulation").PrintOut Copies:=1	Blatt „Kalkulation" einfach ausdrucken

Aufgaben

1. Öffnen Sie ein Excel-Arbeitsblatt und setzen Sie folgende Daten in die Zellen: C5: Menge, C6: Preis, C7: Umsatz, D5: 50 und D6: 3. Öffnen Sie die Entwicklungsumgebung über **<Entwicklertools> <Makros>** bzw. **<Alt> + <F11>**, erstellen Sie über **<Einfügen> <Modul>** ein neues Modul (Modul2) und über **<Einfügen> <Proze-dur>** eine neue Prozedur mit dem Namen „Brutto". Fügen Sie folgende Anweisungen ein und testen Sie die Prozedur über **<Ausführen>** bzw.

<F5>. Wurde der Wert der Zelle D7 automatisch berechnet, so war die Proze-
dur erfolgreich.

Ergebnis: Im Tabellenblatt wurde automatisch der Umsatz berechnet und in
Zelle D7 eingetragen.

2. Erstellen Sie Prozeduren zur Lösung folgender Aufgaben:

Provisionsberechnung		Skontoabschlag		Skontoaufschlag	
Umsatz	4000	Rechnungsbetrag	103	Barzahlung	100
Provision in %	3	Skontoabschlag %	3	Skontoaufschlag	3
Provision in €	?	Barzahlung	?	Rechnungsbetrag	?

Hinweis: Skonto wird immer prozentual vom Rechnungsbetrag abgerechnet (= Grund-
wert).

5.3.4   Variablen, Datentypen und Wertzuweisungen

Situation   An dieser Stelle wird es Zeit, sich genauer über Begriffe wie Variable,
String, Datentyp oder Wertzuweisung zu informieren.

Variablen sind Speicherzellen
▶ Variablen können über einen Namen (aus Buchstaben, Ziffern, Unterstrich „_",
Groß-/ Kleinschreibung unerheblich, keine reservierten Worte) angesprochen wer-
den.
▶ Der Inhalt kann durch Wertzuweisungen verändert werden (Beispiel lfdnr = lfdnr
+ 1).
▶ Der Wertebereich einer Variablen sollte durch eine DIM-Anweisung festgelegt/
deklariert werden (Typ-Vereinbarung).
▶ Erfolgt keine DIM-Anweisung, so werden die Variablen mit dem Typ Variant fest-
gelegt.
Beispiele einer Variablendeklaration:

Dim menge As Integer   gleichbedeutend: Dim menge%
Dim name As String   gleichbedeutend: name$
Dim menge As Integer   menge As Integer |

Datentypen legen den Wertebereich und den Speicherbedarf fest		
Datentyp	**Kennung**	**Erläuterung (Speicherbedarf, Wertebereich)**
Byte	keine	1 Byte: Ganze Zahlen zwischen 0 bis 255
Boolean	keine	2 Byte: Wahrheitswerte: *True (–1), False (0)*
Integer	%	2 Byte: Ganze Zahlen zwischen –32768 und +32767
Long	&	4 Byte: Ganze Zahlen zwischen –2147483648 und +2147483647
Single	!	4 Byte: Gleitkommazahl mit 7-stelliger, einfacher Genauig-keit
Double	#	8 Byte: Gleitkommazahl (Doppelte Genauigkeit)

Datentyp	Kennung	Erläuterung (Speicherbedarf, Wertebereich)
Date	keine	8 Byte: #31/12/06#
Currency	@	8 Byte: Währungswerte ohne Rundungsfehler
String	$	2 Byte pro Zeichen (Unicode und feste Länge bis 64 KB)
String	$	10 Byte plus 2 Byte pro Zeichen: Zeichenketten (variabel)
Variant	keine	mindestens 16 Byte, bei Zeichenketten 22 Byte plus 2 Byte pro Zeichen, flexibler Datentyp

Wertzuweisungen

Beispiele für Wertzuweisungen vorher deklarierter Variablen

mwst	= 19
gesamtmenge	= gesamtmenge + menge
nettopreis	= bruttopreis/1.19
nettopreis	= bruttopreis/ (100+mwst/100)
mwst€	= nettopreis * 0.19
veränderung	= umsatz2/umsatz1–1

Mehrere Anweisungen über mehrere Zeilen mit _ oder & regeln:

Beispiele:

Wert = InputBox (prompt:="Bitte_
Wert eingeben:", Title:="Werteingabe",_
Default:="0", XPos:=100, YPos:=200)

MsgBox („Die Zinsen betragen"&zinsen_
&"€",0,"Ausgabe"

Operatoren

+	Addition
–	Subtraktion
*	Multiplikation
/	Division
\	Integerdivision (VBA-only)
Mod	Modulo: Ermittlung des Rests
^	Potenz
&	Textverknüpfung
AND	UND-Verknüpfung
OR	ODER-Verknüpfung
NOT	Negation
<>	ungleich
> größer	
>= größer (ODER) gleich	
< kleiner	
<= kleiner (ODER) gleich	
=	gleich

Aufgaben

1. Erläutern Sie die o. a. Wertzuweisungen, indem Sie beispielhaft Werte für die Variablen festlegen. Zeichnen Sie für jede Variable eine „Speichertonne" mit Bezeichung und Inhalt.

2. Welchen Datentyp würden Sie für folgende Speicherzellen (Variablen) festlegen: Einzelpreis, Menge, Geburtsdatum, Artikelbezeichnung, Hausnummer, Körpergewicht, Geschwindigkeit, Artikelnummer.

3. Berechnen Sie den Speicherbedarf für folgende Daten in KB, wenn insgesamt je 30 000 Datensätze gespeichert werden sollen.

   Datei1: Name (String 20), Vorname (String 15), Mitgliednr (Integer), Geb-Datum (Date), Passwort (String 8), Beitrag (Single)

   Datei2: Name (String 30), Vorname (String 20), Personalnr (Long), Geb-Datum (Date), Passwort (String 12), Beitrag (Double)

   Datei3: Für alle Felder wurde der Typ Variant festgelegt, da keine DIM-Anweisung erfolgte.

Testen im Direktfenster

Situation   Sie wollen über das Direktfenster die Wertzuweisungen testen.

Das Direktfenster kann für Testzwecke verwendet werden, um
die Funktion von Anweisungen zu
überprüfen. Die Anweisungen werden direkt Zeile für Zeile ausgeführt. Der Aufruf des Direktfensters
erfolgt über die Tastenkombination
<Strg> + <G> bzw. über **<Ansicht>**
<Direktfenster>. Um das Ergebnis
anzuzeigen, wird die **Ausgabean-**
weisung Debug.Print verwendet.

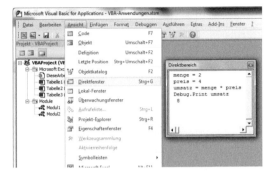

Aufgaben   1. Rufen Sie das Direktfenster (Direktbereich) auf und testen Sie o. a.
Beispiel.

2. Testen Sie die Berechnungen aus o. a. Wertzuweisungen, z. B. die
Nettopreisberechnung, die Skontoberechnung oder die Berechnung
der prozentualen Veränderung.

3. Testen Sie folgende Anweisungen in einer Prozedur „Formeln". Öffnen Sie über <**Ansicht**> oder über <**Strg**> <**G**> das Direktfenster
und erklären Sie das Ergebnis. Ändern Sie evtl. die Eingabedaten in
A und B ab.

```
A = 100
B = 2.6
Debug.Print "A = 100 B = 2.6"
Debug.Print "_"
Debug.Print "A+B =" & A + B
Debug.Print "A–B =" & A – B
Debug.Print "B*A =" & B * A
Debug.Print "A/B =" & A / B
Debug.Print "A\B =" & A \ B
Debug.Print "A mod B =" & A Mod B
Debug.Print "A^B =" & A ^ B
```

5.3.5   Erstellen von Mitteilungsboxen

Situation   Sie wollen nun eine Mitteilungsbox wie rechts angezeigt per Makro „Zeit" und der Tastenkombination
<Strg> + <z> erstellen.

Zunächst wird ein Makro „Zeit" über <Entwicklungstools> <Makro aufzchn> mit der
Tastenkombination <Strg> + <z> eingerichtet. Die Aufzeichnung sollte sofort ohne
Aktivität wieder über <Aufzeichnung beenden > geschlossen werden, damit keine
weiteren Anweisungen in die Prozedur eingebunden werden. Ansonsten müssten

Sie diese später wieder im Editor löschen. Danach wird die Codierung des Makros „Zeit" über <Makros> <Bearbeiten> aufgerufen und die Anweisung „MsgBox .." im Codefenster (Editor) eingefügt. Nun können Sie die Zeitansage auch vom Arbeitsblatt aus per Tastenkombination aufrufen.

```
VBA-Anwendungen.xlsm - Modul3 (Code)
(Allgemein)
    Sub Zeit()
    '
    ' Zeit Makro
    ' Aktuelle Zeit angeben.
    '
    ' Tastenkombination: Strg+z
    '
    MsgBox ("Die aktuelle Zeit ist: " + Format(Time()))

    End Sub
```

Die Anweisung **MsgBox** ruft ein Meldefenster auf, das durch folgende Angaben zusätzlich gestaltet werden kann:

MsgBox ist eine Mitteilungsbox
Aus der Hilfe: zeigt eine Meldung in einem Dialogfeld an und wartet darauf, dass der Benutzer auf eine Schaltfläche klickt. Es wird dann ein Wert vom Typ **Integer** zurückgegeben, der anzeigt, auf welche Schaltfläche der Benutzer geklickt hat.
Syntax laut Hilfe: MgsBox(prompt[, buttons] [, title] [, helpfile, context])   **Syntax vereinfacht:** MsgBox(Mitteilung, Buttons, Titel)

Beispiele:
 MsgBox ("Sie haben die Option A gewählt!")
 MsgBox ("Makro wurde wegen Fehler beendet!")
 MsgBox ("Drucker eingeschaltet?",32,"Druckerabfrage")
 MsgBox ("Die aktuelle Zeit ist: "+Format(Time()), "Zeitansage")
 MsgBox ("Die Summe beträgt: "& Summe)
 MsgBox ("Preis: "& preis &" €",0, "Preisberechnung")
 MsgBox ("Beim Speichern der Datei ist ein schwerer"& _
       "Fehler aufgetreten!" & Chr(10) & "Fehler-Nr.:" & _
       & Err.Description, 16, "Schwerer Fehler!")

Hinweise: **Prompt/Mitteilung:** Zeichenfolge als Meldung im Dialogfeld, bei mehreren Zeilen Enter/Wagenrücklauf durch Chr (13) oder Zeilenvorschub durch Chr (10) ergänzen, sollen Zeichenfolgen fortgesetzt werden, wird "& _ " eingefügt.   **Buttons:** Schaltfläche kann durch Wert (Summe der 4 Gruppen, z. B. 1 + 48 + 0 + 0 = 49) gewählt werden, optional, vgl. unten und die Hilfe von „MsgBox".

Schaltflächentypen	0 = OK 1 = OK und Abbrechen 2 = Abbrechen, Wiederholung, Ignorieren 3 = Ja, Nein, Abbrechen 4 = Ja, Nein 5 = Wiederholen, Abbrechen
Symbol	16 = Stop-Symbol 32 = ?-Symbol 48 = !-Symbol 64 = Info-Symbol
Standardschaltfläche	0 = erste Schaltfläche aktiv 256 = zweite Schaltfläche aktiv 512 = dritte Schaltfläche aktiv
Bindung des Dialogfeldes	0 = Benutzer muss antworten, damit die aktuelle Anwendung fortgesetzt wird. 4096 = Alle Anwendungen werden angehalten, bis Anwender antwortet.

Title/Titel: Zeichenfolge für die Angabe in der Titelleiste, optional

Aufgabe   Erstellen Sie verschiedene Mitteilungsboxen wie in o. a. Beispielen.

5.3.6   Erstellung von Inputboxen

Situation Für die Eingabe von Daten können Inputboxen verwendet werden. Sie sollen über eine Inputbox mit dem Titel „Preiseingabe" einen Wert abfragen und diesen im Euro-Format automatisch in die aktive Zelle des Tabellenblattes übertragen. Hierzu sollen Sie ein Makro „Euro" mit der Tastenkombination <Strg>+ <e> wie im Beispiel oben erweitern.

Aufgabe Erstellen Sie das Euro-Makro und informieren Sie sich im Folgenden über die Syntax von Inputboxen.

InputBoxen für die Dateneingabe
Syntax laut Hilfe: InputBox(*prompt*[, *title*] [, *default*] [, *xpos*] [, *ypos*] [, *helpfile, context*]) **Syntax vereinfacht:** InputBox(Meldung, Titel, Voreinstellung, Rand links, Rand oben)
Beispiele: preis = InputBox ("Bitte Bruttopreis eingeben:", "Preiseingabe", "0", 100, 200) wert = InputBox(prompt:="Bitte Wert eingeben:", Title:="Werteingaben", Default:="0", _ XPos:=100, YPos:=200) name = InputBox("Bitte Benutzername eingeben:", "Benutzername", "bbsmeier")
Hinweise: **InputBox:** Dialogbox mit Eingabefeld und Schaltflächen (OK, Abbrechen) **Prompt/Meldung:** String (Zeichenfolge) als Text für die Eingabeaufforderung, bei zu langem Text kann ein Wagenrücklaufzeichen (Chr(13)) oder ein Zeilenvorschubzeichen (Chr(10)) eingefügt werden. **Title/Titel:** Text in der Titelleiste **Default:** Voreinstellung im Eingabefeld **XPos:** Abstand der Dialogbox vom linken Rand **YPos:** Abstand der Dialogbox vom Rand oben

Aufgaben
1. Erstellen Sie eine Prozedur „Zinsen", die Folgendes leistet: Drei Eingabefelder werden aufgerufen, mit denen das Kapital, der Zinssatz und die Tage eingegeben werden können. Danach sollen über eine Wertzuweisung die Zinsen berechnet werden (zinsen = kapital * prozent * tage / 36000) und über eine Ausgabebox angezeigt werden. Deklarieren (Dimensionieren) Sie die Variablen.

2. Erstellen Sie eine Prozedur „Preise", die Folgendes leistet: In Tabelle3 wird in Zelle A3 der Text „€-Preis" und in B4 der Text „$-Preis" gespeichert. In einem Eingabefeld wird der €-Preis angenommen und in die Zelle A4 der Excel-Tabelle abgelegt. In die Zelle rechts daneben wird der Dollarpreis (im Beispiel berechnet: 1 € = 0,77 $) gespeichert. Hinweis: Verwenden Sie den Activate-Befehl (Sheets ("Tabelle3").Activate) und den Range-Befehl (z. B. Range("A3").Value = "E-Preis").

3. Formatieren Sie in der Prozedur „Preise" die Zellen und fügen Sie
   z. B. folgende zwei Formatierungsanweisungen ein:
   a) Range("A3").HorizontalAlignment = XlRight
   b) Range("A4").NumberFormat = "#,##00.00"

5.3.7 Formulare erstellen

Situation Sie wollten ein Formular erstellen, auf dem sowohl Eingabe- als
auch Ausgabefelder sowie Buttons
(Befehlsschaltflächen) untergebracht sind (siehe Beispiel Zinsberechnung).

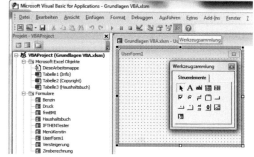

In der **Entwicklungsumgebung**
(über <Alt>+<F11>) muss zunächst
über <Einfügen> <Userform> im Editor rechts ein leeres **Formular** zur
Verfügung gestellt werden. Danach
kann die **Werkzeugsammlung
(Toolbox)** über das Symbol oder
über <Ansicht> aufgerufen werden.

Durch Anklicken des jeweiligen Steuerelements in der Werkzeugsammlung und Aufziehen auf dem Formular können diese aufgebracht werden.

Aufgabe

Ziehen Sie die einzel-
nen Steuerelemente
wie auf der nebenste-
henden Anwendung
auf eine Userform
„Steuerelemente".
Informieren Sie sich
unten und mit der
Hilfe über die einzel-
nen Steuerelemente.

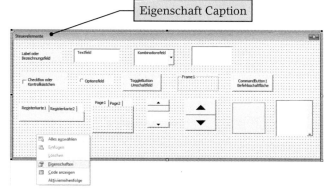

Über das Kontextmenü und **<Eigenschaften>** oder <Ansicht> <Eigenschaften>
bzw. **F4** können die **Eigenschaften** der Form oder der Steuerelemente geändert
werden. Im Beispiel wurde die Eigenschaft **„Caption"** der Form (Aufschrift der
Titelleiste) mit „Steuerelemente" geändert.

Die folgende Übersicht erläutert die einzelnen Steuerelemente. Über „Name" wird
in **Eigenschaften** der Name des aufgesetzten Steuerelements festgelegt. Um die
einzelnen Objekte auch in der Art der Steuerelemente am Namen zu erkennen,
wird gerne vor dem Namen die Art als **Kürzel** (vgl. Tabelle unten, z. B. für das
Textfeld Menge der Name txtName) festgelegt. Diese Vorgehensweise könnte zur
besseren Übersicht zusätzlich einbezogen werden.

Steuerelemente der Toolbox		
Steuerelement	**Kürzel**	**Erläuterung**
Label = Bezeichnungsfeld	lbl	dient der Beschriftung; ist von einer Datenquelle ungebunden
Textbox = Textfeld	txt	dient zum Anzeigen von Informationen, z. B. einer Berechnung; ist das Textfeld mit der Datenquelle (z. B. Datei) verbunden, so wird durch Änderung auch die Quelle geändert
ComboBox = Kombinationsfeld	cmb	kombiniert Textfeld und Listenfeld; entweder ist eine Auswahl möglich oder ein zusätzlicher Eintrag
ListBox = Listenfeld	lst	entweder ein Dropdown-Listenfeld, in das jedoch kein Text eingefügt werden kann, oder eine Gruppe von OptionButtons oder Check-Boxen
CheckBox = Kontrollkästchen	chk	erlaubt die Wahl von Ja/Nein oder True/False in der Triple-State-Eigenschaft; kann mit einer Datenquelle verbunden sein; muss jedoch nicht bestätigt sein
OptionButton = Optionsfeld	opt	erlaubt die Wahl von Ja/Nein oder True/False; kann mit einer Datenquelle verbunden sein; bei mehreren Optionsfeldern (Gruppe) im Frame/Rahmen kann nur eine Option ausgewählt werden
ToggleButton = Umschaltfeld	tog	zeigt an, ob ein Eintrag = Ja oder True ist bzw. nicht; kann auch mit einer Datenquelle verbunden sein; in einem Frame können auch mehrere Umschaltfelder angezeigt werden, die dann einzeln auf True oder False gesetzt werden können
Frame = Rahmen	fra	um zusammengehörende Elemente optisch herauszustellen oder um bei mehreren OptionButtons das gegenseitige Ausschließen zu ermöglichen. Bei Umschaltfeldern schließen sich Elemente im Frame nicht gegenseitig aus.
CommandButton = Befehlsschaltfläche	btn	Das Click-Ereignis (Makro oder VBA-Prozedur) legt das Verhalten des Button fest.
TabStrip = Registerelement	tab	Hier können unterschiedliche Steuerelemente oder Objekte in Gruppen (Registern) zusammengestellt werden.
Multipage = Multiseitenelement	mup	Mehrere gleichartige Seiten können hier zusammengefasst werden.
ScrollBar = Bildlaufleiste	scr	kann auf einem Formular positioniert werden
SpinButton = Drehfeldelement	spi	um in Bereichen zu blättern oder Werte zu ändern; muss mit einem Eingabefeld kombiniert werden
Image = Bild	img	Bild anzeigen (z. B. bmp, gif, jpg); auch transparent; kann gezoomt, zugeschnitten, verkleinert, vergrößert werden.
RefEdit	ref	um eine Referenz z. B. zu einem Benutzerformular herzustellen

Problemanalyse Zinsberechnung

Situation Bevor die Form für die Zinsberechnung erstellt wird, sollte zunächst eine Problemanalyse durchgeführt werden. Würde man einfach „intuitiv" losprogrammieren, muss man evtl. mehr Zeit für Nachbesserungen aufbringen.

Windows-Programmentwicklungen verführen zu einem Programmierstil, der von Ausprobieren und einer eher intuitiven Vorgehensweise geprägt ist. In kleinerem Umfang können so schnell gute Softwareprodukte oder Applikationen entwickelt werden. In größeren Softwareprojekten kann diese Vorgehensweise jedoch erhebliche Probleme und Kosten mit sich bringen:

▶ Erst bei der Produktübergabe wird deutlich, dass der Auftraggeber andere Funktionen, andere Datenformate, einen anderen Programmablauf oder ein anderes Programmdesign gewünscht hat.

▶ Die Behebung der am Schluss festgestellten Mängel ist nicht mit einer Sanierung möglich, sondern erfordert nicht selten eine völlige Neuprogrammierung der Anwendung.

▶ Das Programmierteam reibt sich in ständigen Absprachen auf, da kein gutes Konzept vorliegt und jeder nach seinen Vorstellungen Module einbringt.

▶ Bei einem Arbeitsplatzwechsel eines Programmierers kann sich der nachfolgende Programmierer nur schwer oder nicht einarbeiten, da kein gutes Konzept vorliegt.

Es ist daher sinnvoll, systematisch mit dem späteren Nutzer ein Pflichtenheft zu erstellen, eine ausführliche Istanalyse durchzuführen und ein Konzept mit einer ausführlichen Beschreibung der Programm- und Datenstrukturen zu erstellen (vgl. Kapitel 5.1).

Zu einer planvollen Vorgehensweise tragen ein systematischer Ablauf und die Erstellung der folgenden Objekt- und Datenübersicht bei:

Datenübersicht	
Bezeichnung	**Datentyp**
kapital	Double
prozent	Single
tage	Integer
zinsen	Double

Vorgehensweise zur Formularerstellung
1. Neue Form einfügen
2. Steuerelemente aufziehen
3. Datenübersicht erstellen
4. Objektübersicht erstellen
5. Ereignisse beschreiben
6. Codefenster: Variablendeklaration
7. Codefenster: Prozeduren codieren

Objektübersicht: Eigenschaften und Ereignisse der Userform Zinsberechnung		
Element-Name	**Geänderte Eigenschaften**	**Ereignisse**
UserForm1	Name = Zinsberechnung, Caption = Zinsen	Initialize
Label1	Caption = Zinsberechnung, Font = Arial Black 14, BorderStyle = 1	
TextBox1	Name = txtkapitel	
TextBox2	Name = txtprozent	
TextBox3	Name = txttage	Change
Label2	Caption = Kapital, Font = Times 10	
Label3	Caption = Prozent, Font = Times 10	
Label4	Caption = Tage, Font = Time 10	
TextBox4	Name = txtzinsen	
CommandButton1	Name = BtnOK, Caption = OK, Cancel = true	Click
CommandButton2	Name = BtnAbbruch, Caption = Abbrechen, Cancel = true	Click

Verbale Beschreibung der Ereignisse	
Ereignisse	**Erläuterung**
Initialize Form	Die Textfelder txtkapital, txtprozent, txttage, txtzinsen sollen zu Anfang gelöscht werden.
txttage Change	Sobald sich der Wert des Textfeldes txttage ändert, wird das Change-Ereignis ausgelöst: Die Inhalte der Textfelder txtkapital, txtprozent und txttage werden an die Variablen kapital, prozent und tage als Werte zugewiesen. Die Zinsen werden entsprechend der kaufmännischen Zinsformel berechnet.
BtnOK Click	Das Formular wird geschlossen.
BtnAbbruch Click	Das Formular wird geschlossen, Esc zugelassen.

Aufgabe

Erstellen Sie nun die Userform „Zinsberechnung", indem Sie über <Einfügen> <Userform> eine leere Userform aufrufen und mit Hilfe der Werkzeugsammlung die passenden Steuerelemente aufziehen. In der Objektübersicht oben ist angegeben, welche Eigenschaften geändert werden sollen. Das **Eigenschaftsfenster** können Sie über <Ansicht> aufrufen.

Codierung der Anwendung Zinsberechnung

Um von der Form zum **Codeeditor** zu gelangen, muss man nur jeweils das passende Steuerelement doppelt klicken oder die Funktionstaste <F7> betätigen.

Folgende Codierung ergibt sich nach der Problemanalyse für die Zinsrechnung:

```
' Prozeduren für das Formular Zinsberechnung
'
Option Explicit
  Dim kapital As Double              <Shift>+<#>
  Dim prozent As Single
  Dim tage As Integer
  Dim zinsen As Double
Private Sub UserForm_Initialize()
  ' Textfelder zu Anfang löschen
  txtkapital.Value = ""
  txtprozent.Value = ""
  txttage.Value = ""
  txtzinsen.Value = ""
End Sub
Private Sub txttage_Change()
  'Übergabe der Textboxinhalte an Variablen und
  'Berechnung der Zinsen und Formatierung der Ausgabe
  kapital = txtkapital.Value
  prozent = txtprozent.Value
  tage = txttage.Value
  zinsen = kapital * prozent * tage / 36000
  txtzinsen.Value = Format(zinsen, "#,##0.00 €")
End Sub
Private Sub Btnok_Click()
  'Formular schließen
  Unload Me
End Sub
Private Sub BtnAbbruch_Click()
  'Formular schließen, jedoch auch über ESC durch Cancel =True
  Unload Me
End Sub
```

Aufgabe

Erfassen Sie im Editor die o. a. gegebene Codierung. Bei Doppelklick auf die Steuerelemente wird die jeweilige Grundstruktur des Codes (z. B. Private Sub Btnok_Click() und End Sub) automatisch angezeigt. Andere Elemente (wie z. B. die Kommentare, Option Explicit.., Private Sub Userform_Initialize() werden direkt in den Editor eingetragen. Über <Ausführen> bzw. <F5> kann die Anwendung bzw. der Code getestet werden.

Hauptmenü als Formular

Situation Sie sollen ein Formular als Hauptmenü erstellen, sodass die Anwendung „Zinsberechnung" und zukünftig noch zu erstellende Anwendungen über dieses Hauptmenü aufgerufen werden können.

Aufgabe

Fügen Sie eine neue Form mit dem Namen „Menü*Vorname*" ein und legen Sie, wie gezeigt, die Steuerelemente an und die Eigenschaften fest. Erstellen Sie eine Objektübersicht nach den auf der nächsten Seite stehenden Vorgaben. Fügen Sie ein beliebiges Bild ein sowie Ihren Namen. Ändern Sie die Farben nach Ihren Wünschen.

Vorgaben für die Form MenüKerstin	
Name	**Eigenschaften**
MenüKerstin	Backcolor, Caption, ForeColor
Label1, Label2	Backcolor, Caption, ForeColor, Font
Image1	Backcolor, BorderColor, ForeColor, Font, Picture: Betriebl.jpg in Paint beschneiden und als Betriebk abgespeichert hier aufrufen.
BtnZins, Btn-Benzin, Btn-Druck, BtnKasse, BtnSchluss	BackColor, Caption, Font

```
'Prozeduren von MenüKerstin
Private Sub BntSchluss_Click()
    'Aktives Formular schließen
    Unload Me
End Sub

Private Sub BtnZinsberechnung_Click()
    'Formular Zinsberechnung aufrufen
    Zinsberechnung.Show
End Sub
```

Ausgewählte Formular-Methoden	
Methoden	**Erläuterungen**
Form1.Show	Zeigt ein Formular Form1 mit der Methode Show an.
Unload Me	Das aktive Formular wird aus dem Speicher entladen.
UnloadForm1	Das Formular Form1 wird aus dem Speicher entladen, schließen.
Form1.Hide	Blendet ein Formular Form1 aus, entlädt es jedoch nicht aus dem Speicher.
Me.Liste.Clear	Lösche im Formular alle Einträge des Listenfeldes mit dem Namen Liste.
Me.Menge.value = 10	Weise im Formular dem Steuerelement Menge den Wert 10 zu.

Formular: Benzincontroller

Situation Sie sollen wie im Beispiel angezeigt einen „Benzincontroller" mit VBA entwickeln. Damit sollen für Reisekostenabrechnungen des Betriebes schnell Verbrauch und Kosten kontrolliert werden.

Aufgabe

Erstellen Sie passend zum Lösungsvorschlag eine Objektübersicht mit den Eigenschaften und Ereignissen. Die folgende Codierung soll ebenfalls dabei helfen.

```
' Prozeduren Benzincontroller
' Variablendeklaration
Dim gefkm As Long
Dim verbrauch As Single
Dim kostenkm As Double
Dim kmanfang As Long
Dim kmende As Long
Dim bezahlt As Single
Dim verbrauch100 As Double
```

```
Private Sub UserForm_Initialize()
' Initialisierung der Textfelder: Löschen der Inhalte
txtKmAnfang.Value = ""
txtKmEnde.Value = ""
txtVerbrauch.Value = ""
txtBezahlt.Value = ""
txtGefKM.Value = ""
txtverbrauch100.Value = ""
txtkostenkm.Value = ""
End Sub
```

```
Private Sub txtKmAnfang_Change()
' Übergabe aus dem Textfeld in die Variable
   kmanfang = txtKmAnfang.Value
End Sub
```

```
Private Sub txtKmEnde_Change()
' Übergabe aus dem Textfeld in die Variable und
' Berechnung von gefkm, Ausgabe von gefkm in das Textfeld
   kmende = txtKmEnde.Value
   gefkm = kmende - kmanfang
   txtGefKM.Value = gefkm
End Sub
```

```
Private Sub txtBezahlt_Change()
' Übergabe aus dem Textfeld in die Variable
   bezahlt = txtBezahlt.Value
End Sub
```

```
Private Sub txtverbrauch_Change()
' Übergabe aus dem Textfeld in die Variable verbrauch und
' Berechnung von verbrauch100, Ausgabe von verbrauch
' formatiert in das Textfeld
' Berechnung von kostenkm und Ausgabe in das Textfeld
    verbrauch = txtVerbrauch.Value
    verbrauch100 = verbrauch / gefkm
    txtverbrauch100.Value = Format(verbrauch100, "0.0 Liter")
    kostenkm = bezahlt / gefkm
    txtkostenkm.Value = Format(kostenkm, "#,##0.00 €")
End Sub
```

```
Private Sub BtnSchluss_Click()
' Beenden der Application
    Unload Me
End Sub
```

Zusatzaufgaben: vgl. Aufgaben zum Schluss von Kapitel 5 (S. 334)

5.3.8   Programmablaufsteuerung: Verzweigung

Situation   Sie haben das Formular "Zinsberechnung" farblich gestaltet und möchten eine Checkbox mit dem Hinweis "Zinsen in Tabelle übernehmen" ergänzen.

Nach Aufruf des Formulars *Zinsberechnung* und der Werkzeugsammlung (Toolbox) über das Menü **<Ansicht>** wurde eine **Checkbox** (ein Kontrollkästchen) auf dem Formular aufgezogen und der Name „chkübertrag" für die Checkbox1 vergeben. Ergänzend wurde ein Bezeichnungsfeld (Label) mit der Caption „Zinsen in Tabelle übernehmen" eingerichtet.

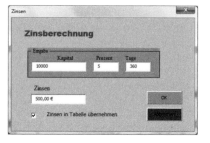

Der Code zur Behandlung der Checkbox enthält eine **Fallunterscheidung** „Wenn Checkbox ist wahr oder aktiv, dann bringe den Inhalt des Textfeldes Zinsen zur aktiven Excel-Zelle, sonst nicht". Um diese Fallunterscheidung in einem **Struktogramm** darzustellen, kann der frei erhältliche Struktogrammeditor **Strukted** (vgl. CD) eingesetzt werden.

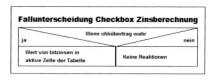

Struktogramme sind ein wichtiges Hilfsmittel in der Programmentwicklung, um unabhängig von der Programmiersprache einen Entwurf des Programms zu erstellen. Auf der Basis der Struktogramme wird dann in einer bestimmten Programmiersprache (z. B. VBA) das Programm codiert.

Damit Programme strukturiert und nicht als „Spaghetticode" entworfen werden, haben Nasi und Schneidermann Anfang der 70er-Jahre die **Struktogramme** oder auch **Nasi-Schneidermann-Diagramme** entwickelt. Bei konsequenter Anwendung der strukturierten Programmierung lassen sich im **TOP-Down-Entwurf** (vom

Allgemeinen zum Besonderen) erst
Module und Teilmodule entwickeln und
innerhalb der Teilmodule die Steuerelemente **Reihung** (Sequenz), **Verzwei-
gung** (Selektion) und **Wiederholung**
(Iteration). Jedes Modul sollte möglichst
nur einen Eingang und einen Ausgang
haben. **Sprunganweisungen** (GOTOs)
sind nur ausnahmsweise zulässig.

Strukturierte Programmierung
▶ TOP-Down-Entwurf (vom Allge-   meinen zum Besonderen)
▶ Modularisierung
▶ Kontrollstrukturen
▶ Sequenz (Reihung)
▶ Selektion (Verzweigung)
▶ Wiederholung (Iteration)
▶ Vermeidung von Sprunganweisungen   (GOTOs)

Aufgabe

Rufen Sie den Struktogrammeditor (vgl. CD) auf und erkunden Sie ihn über die
Symbole und die Hilfeangaben. Erstellen Sie das kleine Struktogramm im Beispiel.
Rufen Sie auch über <**Format**> <**Struktogramm**> das Beschreibungsregister auf
und informieren Sie sich über die Hilfe.

Codierung der Fallunterscheidung in der Zinsberechnung

Die Procedure Btnok_Click() wird entsprechend dem Struktogramm durch eine
Fallunterscheidung erweitert:

```
Private Sub Bnotk_Click()
    'Fallunterscheidung Checkbox
    if chkübertrag = True Then
        ActiveCell.Value = txtzinsen.Value
    End If
    'Formular schließen
Unload Me
End Sub
```

Aufgabe

Erweitern Sie die Prozedur entsprechend.

Übersicht zur Fallunterscheidung (Verzweigung)

Programmablaufsteuerung: Verzweigung	

Beispiel 1:
If X > 0 then MsgBox "Zahl > 0"
 	
Beispiel 2:
Sub BSP_IFTHEN()
  Dim X As Integer
  X = Inputbox ("Bitte Zahl eingeben!"_
    , "Eingabe", "0")
  If X > 0 Then
    MsgBox "Zahl > 0"
  Else
    If X = 0 Then
      MsgBox "ZAHL = 0"
    Else
      MsgBox "Zahl < 0"
    End If
  End If
End Sub
	Verzweigung: IF-Anweisung
	(einseitig: Wenn-Dann;
	zweiseitig: Wenn-Dann-Sonst)
	
	Trifft die Bedingung (X>Ø) zu, so wird die Anweisung nach der Bedingung ausgeführt; bei mehreren Anweisungen ist ein End IF notwendig, ebenso beim Schachteln von If-Anweisungen:
	
	Struktogramm:
	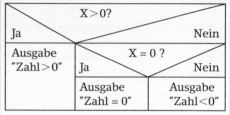

Beispiel 3:
Sub Bsp_If()
  a = 3
  If a < 10 Then
    b = a * 5 : c = a * 6
  Else
    b = a * 3 : c = 20
  End If
    Debug.Print b
    Debug.Print c
End Sub
	Hinweis zum guten Programmierstil: Anweisungen entsprechend einrücken, um zusammengehörende Anweisungen schneller zu erkennen.
	
	Beispiel 3 zeigt, dass mehrere Anweisungen in einer If-Then-Else-Fallunterscheidung durch einen Doppelpunkt getrennt werden.
	
	Die Ausgabe der Werte für b und c erfolgt über das Direktfenster.

Beispiel 4:
Sub Bsp_Stellen
  zahl = 53
  If zahl < 10 Then
    Stellen = 1
  Elself zahl < 100 Then
    Stellen = 2
  Else
    Stellen = 3
  End If
End Sub
	Elself-Anweisung
	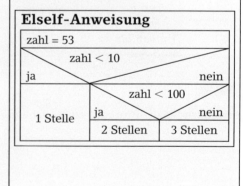

Aufgaben

1. Erstellen Sie Struktogramme und VBA-Prozeduren nach o. a. Beispielen.

2. Erstellen Sie eine Prozedur „Beenden", die eine Mitteilungsbox „Programm beenden" anzeigt und das Programm beendet, wenn die Variable Antwort = 1 ist (OK).

3. Erstellen Sie für folgende Anweisungen ein Struktogramm, eine Datentabelle und folgendes Formular zum Testen der Ergebnisse. Die Programmzeilen sind nicht strukturiert. Wie muss der Programmcode richtig eingerückt aussehen?

```
If a < b Then
d = a + b
End If
If a > c Then
If b > c Then
d = a * b
Else
d = a * c
End If
Else
e = a + b + c
End If
```

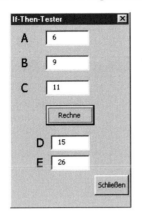

Datentabelle				
Eingabe			Ausgabe	
A	B	C	D	E
3	6		8	
7	8		4	
5	3		6	
5	5		5	
8	6		0	

4. Erstellen Sie ein Formular „Nettoberechnung", mit dem Sie aus dem Bruttobetrag inkl. MWSt (19 %) den Nettobetrag herausrechnen können. Über eine Checkbox wird gefragt, ob es sich um den ermäßigten MWSt-Satz handelt (7 %). Erweitern Sie das Formular auf das Herunterrechnen eines Skontosatzes.

5. Sie wollen einen „Rabattberechner" erstellen. Folgende Rabatte sollen auf den Nettobetrag gewährt werden: ab Umsatz in €: 500 € = 5 %, 1.000 € = 8 %, 3.000 € = 10 %, 5.000 € = 12 %, 50.000 € = 15 %. Lösen Sie das Programm alternativ mit der If-Then-Else oder der Case-Anweisung.

6. Sie haben zwei zusammengesetzte Bedingungsausdrücke und sollen das Ergebnis entsprechend der Wahrheitstabelle festlegen. Vervollständigen Sie die Wahrheitstabelle.
   a) If(zahl > 14) And (zahl < 18) Then MsgBox „Sie sind ein Teenager!"
   b) If (Geschlecht = „m") Or (Geschlecht = „M") Then MsgBox „Sie sind männlich"

Wahrheitstabelle					
UND-Verknüpfung			ODER-Verknüpfung		
Bedingungen		Gesamtbedingung	Bedingungen		Gesamtbedingung
A	B	A **And** B	A	B	A **Or** B
w	w	w	w	w	w
w	f	f	w	f	w
f	w	f	f	w	w
f	f	f	f	f	f

5.3.9 Programmablaufsteuerung: Mehrfachauswahl

Situation   Nicht selten kommen Fallunterscheidungen als Mehrfachauswahl vor.

Die folgende Übersicht gibt zunächst eine Einführung in die Programmablaufsteuerung einer Mehrfachauswahl.

Programmablaufsteuerung: Mehrfachauswahl	

Beispiel 1:
``
Sub BSP_SELECT()
    Dim buchstabe As String
    buchstabe = InputBox („Bitte Buchsta-
    be eingeben!", "Eingabe", "A")
    Select Case buchstabe
    Case Is = "A", "a"
        MsgBox "Option A wurde gewählt"
    Case Is = "B", "b"
        MsgBox "Option B wurde gewählt"
    Case Is = "C", "c"
        MsgBox "Option C wurde gewählt"
    Case Else
        MsgBox "Option nicht möglich!"
    End Select
End Sub
``
Beispiel 2:
``
Select Case Ucase(buchstabe)
Case Is = „A"
usw.
``
	Mehrfachauswahl: Select-Anweisung
	
	Mit Hilfe einer Mehrfachauswahl (Case-Anweisung) kann aus einer Vielzahl von Möglichkeiten ausgewählt werden. Theoretisch wäre dasselbe Ergebnis mit einer entsprechend geschachtelten IF-Than-Else-Anweisung auch möglich.
	
	(Struktogramm: Falls buchstabe)
	
	| "A", "a"
		"B", "b"	"C", "c"	Sonst

---	---	---	---
Ausgabe „Option A wurde gewählt"	Ausgabe „Option B wurde gewählt"	Ausgabe „Option C wurde gewählt"	Ausgabe „Option nicht möglich"	 Der Typ des Selectors (Im Bsp. buchstabe) kann kein Gleitkommatyp (Typ Single, Double) sein. Über Funktion Ucase (Umwandlung in Großbuchstaben) ist die Kleinabfrage (z. B. „a") entbehrlich.

Formular Body-Maß-Index (BMI)

Situation   Die IT-Abteilung hat von der Gesundheitsbeauftragten der Firma den Auftrag erhalten, eine Applikation zur Berechnung des BMI zu entwickeln. Als Grobkonzept sollen ein Lasten- und ein Pflichtenheft erstellt werden, als Feinkonzept ein Formularentwurf und für die Mehrfachauswahl ein Struktogramm.

Folgendes vereinfachte Lastenheft wurde vom Auftraggeber erstellt:

Lastenheft:	
Anzeige des BMI nach Eingabe der Körpergröße und des Körpergewichts BMI = Gewicht / (Größe * Größe) Unterschiedliche Berechnung nach Geschlecht.	
Anzeige der Klassifikation:	
männlich	weiblich
< 20 = „Untergewicht" 20 To 25 = „Normalgewicht" 25 To 30 = „Übergewicht" 30 To 40 = „Übergewicht: Adipositas" > 40 = „Übergewicht: Massive Adipositas"	< 19 = „Untergewicht" 19 To 24 = „Normalgewicht" 24 To 30 = „Übergewicht" 30 To 40 = „Übergewicht: Adipositas" > 40 = „Übergewicht: Massive Adipositas"

Pflichtenheft (der IT-Abteilung, Auftragnehmer)

▶ Die Anwendung soll als Excel-VBA-Anwendung erstellt werden.

▶ Aufruf der Anwendung BMI über ein Hauptmenü.

▶ Formularentwurf:

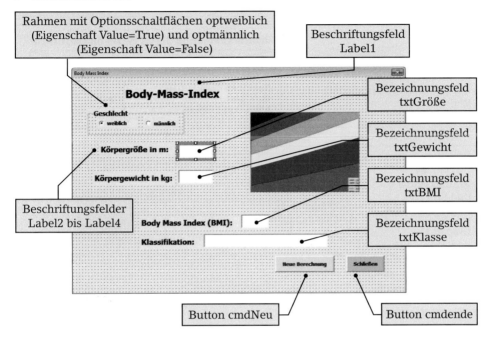

Ablaufbeschreibung der Anwendungsentwicklung im Feinkonzept

Die **Userform** soll mit Namen **frmBMI** und **Caption** „Body Mass Index" sowie Steuerelemente und beliebigem Bild entsprechend der Vorlage und Bezeichnungen der Steuerelemente oben erstellt werden.

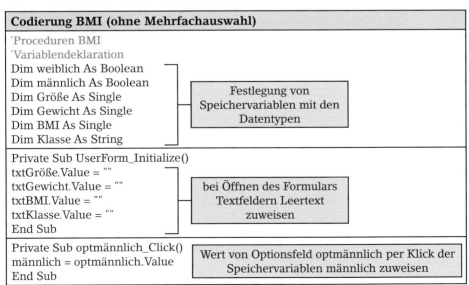

Private Sub optweiblich_Click() weiblich = optweiblich.Value End Sub	Wert von Optionsfeld optweiblich per Klick der Speichervariablen weiblich zuweisen
Private Sub txtGröße_Change() Größe = txtGröße.Value End Sub	Wert des Textfeldes txtGröße bei Änderung des Textfeldes der Speichervariablen Größe zuweisen

| Private Sub txtGewicht_Change()
If Größe > 0 Then
Gewicht = txtGewicht.Value
BMI = Gewicht / (Größe * Größe)
txtBMI.Value = Format(BMI, "0.0")
End If
End Sub | **Fallunterscheidung durch Wert von txtGewicht**

Größe >0
ja   nein

Gewicht = txtGewicht.Value
BMI = Gewicht / (Größe * Größe)   leer
txtBMI.Value = Format(BMI, "0.0") |

' Mehrfachauswahl fehlt!

Private Sub cmdNeu_Click() Unload Me frmBMI.Show End Sub	bei Klick auf Befehlsschaltfläche cmdNeu Formular schließen und Formular frmBMI erneut öffnen
Private Sub cmdende_Click() Unload Me End Sub	bei Klick auf Befehlsschaltfläche cmdende Formular schließen

Aufgabe Erstellen Sie das Formular frmBMI mit den Steuerelementen und der Codierung.

Mehrfachauswahl für die Klassifikation

Situation Beim Test des Formulars wird zwar der BMI berechnet, jedoch keine Klassifikation durchgeführt wie im Lastenheft gefordert. Sie wollen dafür ein Struktogramm erstellen und danach entsprechend eine Codierung.

Struktogramm

Case Klassifikation

				männlich=wahr ?					
ja					nein				
				Case BMI					Case BMI
<20	20 bis 25	25 bis 30	30 bis 40	>40	<19	19 bis 24	24 bis 30	30 bis 40	>40
Unter-gewicht	Normal-gewicht	Über-gewicht	Überge-wicht: Adipositas	Überge-wicht: M. Adipositas	Unter-gewicht	Normal-gewicht	Über-gewicht	Überg.: Adipositas	Überg.: Mass. Adipositas

Codierung der Mehrfachauswahl für txtKlasse

```
Private Sub txtBMI_Change()
If männlich = True Then
  Select Case BMI
    Case Is < 20
    txtKlasse.Value = "Untergewicht"
    Case 20 To 25
    txtKlasse.Value = "Normalgewicht"
    Case 25 To 30
    txtKlasse.Value = "Übergewicht"
    Case 30 To 40
    txtKlasse.Value = "Übergewicht: Adipositas"
    Case Ist > 40
    txtKlasse.Value = "Übergewicht: Massive Adipositas"
  End Select
Else
  Select Case BMI
    Case Is < 19
    txtKlasse.Value = "Untergewicht"
    Case 19 To 24
    txtKlasse.Value = "Normalgewicht"
    Case 24 To 30
    txtKlasse.Value = "Übergewicht"
    Case 30 To 40
    txtKlasse.Value = "Übergewicht: Adipositas"
    Case Ist > 40
    txtKlasse.Value = "Übergewicht: Massive Adipositas"
  End Select
End If
End Sub
```

> Wenn das Optionsfeld männlich angeklickt wurde (wahr ist), erfolgt eine Wertzuweisung in das Textfeld je nach Wert in der Variablen BMI

> Wenn das Optionsfeld weiblich angeklickt wurde (wahr ist), erfolgt eine Wertzuweisung in das Textfeld je nach Wert in der Variablen BMI

Aufgaben

1. Erweitern Sie die Codierung um die Mehrfachauswahl, indem Sie doppelt auf das Textfeld txtBMI klicken und den Code über den Editor eingeben und testen.

2. Erweitern Sie Ihr Hauptmenü (vgl. Kerstins Applications), indem Sie eine Befehlsschaltfläche aufziehen, um das Formular frmBMI aufzurufen (frmBMI. Show).

5.3.10 Anwendungsentwicklung: Haushaltsbuch

Situation Die IT-Abteilung hat von der Kantine der Firma den Auftrag erhalten, eine Applikation zur Abrechnung der Einnahmen und Ausgaben, zunächst ein allgemeines Haushaltsbuch als Prototyp zu entwickeln. Folgendes Lastenheft wurde vom Auftraggeber erstellt.

Lastenheft: Haushaltsbuch

▶ Das elektronische Haushaltsbuch soll Einnahmen und Ausgaben aufnehmen und bei den Ausgaben acht Arten.

▶ Das Buch soll für ein Jahr konzipiert sein und die Daten tageweise erfassen können.

▶ Über eine zusätzliche Übersicht sollen die bisher angefallenen Einnahmen und Ausgaben mit einer Prozentaufteilung entsprechend den Einnahmen und der Überschuss bzw. das Defizit angezeigt werden.

Auf der Basis des Lastenheftes hat die IT-Abteilung folgendes Pflichtenheft erstellt sowie einen Anwendungsentwurf:

Pflichtenheft: Haushaltsbuch

▶ Die Anwendung soll als Excel-VBA-Anwendung erstellt werden.

▶ Für das Haushaltsbuch soll ein Tabellenblatt verwendet werden.

▶ Die Tagesdaten werden über Kalenderfunktionen *Datum* und *Wochentag* ermittelt. Anstelle mit der Funktion Kalenderwoche () mit den Parametern für das Datum und die Ziffer für den Wochenanfang kann auch folgende Formel verwendet werden.

▶ Die Summen der Einnahmen und Ausgaben werden am Ende der Tabelle durch die Funktion *Summe* gebildet, der Überschuss bzw. das Defizit entsprechend.

▶ Für die Übersicht wird eine Form entwickelt, die per Befehlsschaltfläche geöffnet werden kann.

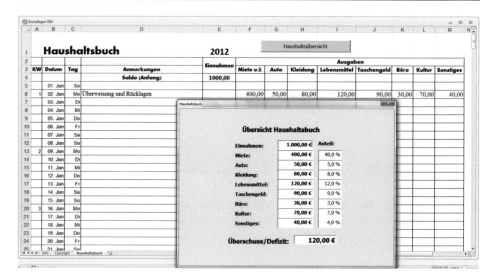

Ablaufbeschreibung der Anwendungsentwicklung im Feinkonzept

1. Erstellung des Tabellenblattes Haushaltsbuch

Zunächst wir ein neues Tabellenblatt eingerichtet und mit „Haushaltsbuch" beschriftet.

Danach werden die Zellen wie oben im Anwendungsentwurf beschrieben gefüllt.

Besondere Formate:

Spalte B5 ff. markieren, Kontextmenü ➔ <Zellen formatieren> ➔ Benutzerdefiniert TT.MMM

Spalte C5 ff. markieren, Kontextmenü ➔ <Zellen formatieren> ➔ Benutzerdefiniert TTT

Funktionen:

Folgende Funktionen sind besonders zu berücksichtigen und für alle Tage nach unten zu kopieren.

Spalte A5 ff. (KW): =WENN(B5="";"";WENN(WOCHENTAG(B5)=2;KÜRZEN((B5-DATUM(JAHR(B5+3-REST(B5-2;7));1;REST(B5-2;7)-9))/7);""))

Spalte B5ff. (Datum): =DATUM(E1;1;1)

Spalte C5ff. (Wochentag): =WOCHENTAG(B5)

Für das Tabellenende des Haushaltsbuches sind Summen zu bilden sowie ein Saldo Einnahmen – Ausgaben) sowie Prozentanteile der Ausgabenart an den Einnahmen.

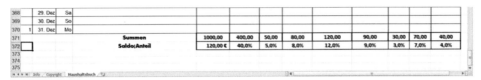

Funktionen:

Summen: =SUMME(E4:E369)

Saldo: =E371-F371-G371-H371-I371-J371-K371-L371-M371

Anteil: =WENN(E$371=0;0;F371/$E$371)   sowie Prozentformat

Durch die Wenn-Dann-Bedingung in der Formel für den Anteil wird eine Division durch 0 vermieden.

2. Erstellen des Formulars: Haushaltsübersicht

Das Formular mit dem Namen „frmHaushaltsbuch" ist mit folgenden Steuerelementen einzurichten:

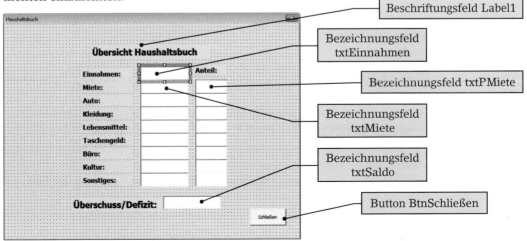

Für die Anzeige der Daten in der Userform wird über das **Ereignis Initialize** folgender Code erfasst:

Der Editor wird über einen Doppelklick auf die Userform in der Entwurfsansicht aufgerufen. Die vielen Zeilen lassen sich durch Kopieren/Einfügen und Anpassen der Codezeilen schneller erstellen.

Nun muss nur noch die **Befehlsschaltfläche** „BtnSchließen" mit dem Code „unload me" und auf dem Menü (Kerstins Menü) der Aufruf des Formulars mit dem Show-Ereignis ermöglicht werden.

5.3.11 Anwendungsentwicklung: Quittung

Situation   Die IT-Abteilung hat von der Abteilung Verkauf den Auftrag erhalten, eine EDV-Anwendung „Quittungen" zu erstellen. Folgendes Lastenheft wurde vom Auftraggeber erstellt.

Die Auftraggeber haben folgendes Lastenheft erstellt und einen Auszug der Artikeltabelle zur Verfügung gestellt.

Lastenheft: VBA-Excel-Anwendung Quittung

▶ Quittungen sollen auf der Basis einer Artikeltabelle und der Eingabe eines Matchcodes (Kurzbezeichnung) erstellt werden.

▶ Eine Übersicht soll Links zu Stammdaten, Quittungsanwendung und evtl. eine Lagerbestandsanzeige ermöglichen.

▶ Die Artikeltabelle mit Musterdaten soll als Exceltabelle zur Verfügung gestellt werden.

▶ automatischer Aufruf der Daten aus der Artikeltabelle

▶ automatische Berechnung des Rabatts

▶ automatische Berechnung Warenwert, USt. und Rechnungsbetrag

▶ Wenn kein Artikel in der Tabelle erfasst wird, soll keine Fehlermeldung erscheinen, sondern ein Leerfeld.

▶ Button „Quittung Drucken", um die Quittung im Druckbereich zu drucken

▶ Button „Quittung neu", um für eine neue Quittung die alten Daten zu löschen

---

Lastenheft: VBA-Excel-Anwendung Quittung

Zusatzfunktionen:

► Es soll eine automatische Lagerbestandsführung integriert werden. Die Verkaufsmengen der Quittung vermindern den Lagerbestand.

► Über den Hyperlink Lagerbestand soll in einem Formular der aktuelle Lagerbestand der Artikel angezeigt werden.

Tabelle Artikel

	A	B	C	D	E	F	G
1	**Artikel**						
2	Art- Kurzbezeichnung	Artikel-Nr	Artikel-Bezeichnung	Einzelpreis	Lagerbestand alt	Verkauf Stück	Lagerbestand neu
3	MotU	20001	Motivkarten Umwelt 10,5 x 14,5 cm	5,00 €	61	5	56
4	MotCa	20002	Motivkarten Cartoon 10,5 x 14,5 cm	6,00 €	49	0	49
5	KaT	30001	Kalender Techno DIN A3 Kunstdruck	7,00 €	69	10	59
6	KaG	30002	Kalender Graffity DIN A3 Kunstdruck	8,00 €	27	2	25
7	FaxC	40002	Fax-Cartoon à 100 Blatt, Packung 24 Stck.	12,00 €	50	0	50
8	TSw	50001	T-Shirts, 100% Baumwolle, 145 g Gewicht, weiß	7,50 €	195	0	195

Pflichtenheft:

Die IT-Abteilung hat auf der Basis des Lastenheftes folgendes Pflichtenheft erstellt.

Pflichtenheft: VBA-Excel-Anwendung Quittung

► Die Anwendung soll als Excel-VBA-Anwendung erstellt werden.

► Tabellenblatt „Übersicht" mit Hyperlinks zu den anderen Tabellenblättern bzw. zur Anwendung.

► Tabellenblatt „Quittungen" ohne Gitternetzlinien

► Als Datum wird das Tagesdatum angezeigt.

► Stammdaten können über Listfelder der Kurzbezeichnung in Spalte A aufgerufen werden.

► Berechnungsdaten werden über Formeln ermittelt.

► Button „Quittung neu" aktualisiert den Lagerbestand, löscht die Bewegungsdaten und erhöht die Quittungs-Nr.

► Button „Drucken" zeigt die Druckvorschau der Quittung.

► Button „Lagerbestand" ruft ein Formular auf, in dem die Artikel mit den aktuellen Lagerbeständen angezeigt werden.

► „Übersicht" ist ein Rechteck mit einem Hyperlink zum Tabellenblatt Übersicht.

Entwurf der Tabelle Quittung

Ablaufbeschreibung der Anwendungsentwicklung im Feinkonzept

Für die Anwendungsentwicklung wurde folgende Vorgehensweise besprochen:

1. Tabellenblätter *Übersicht, Artikel* und *Quittung* in der Datei *Barverkauf* erstellen.

Entsprechend den Vorlagen im Lasten- und Pflichtenheft sollen die Tabellenblätter *Artikel* und *Quittung* erstellt werden.

In der Tabelle *Quittung* wird das aktuelle Datum mit der Funktion Heute („=Heute()") angezeigt. Als erste Quittungsnummer wird die „1" erfasst.
In Spalte A sollen die Artikel per Kurzbezeichnung (Matchcode) aus der Tabelle *Artikel* aufrufbar sein.

2. Listfelder in Zellen A11ff von Quittung erstellen

In der Tabelle *Quittung* wird die Zelle A11 markiert und dann über <Daten> <Datenüberprüfung> das nebenstehende Fenster aufgerufen. Jetzt müssen die angezeigten Eintragungen vorgenommen werden, um für die Zelle ein Listfeld anzubieten, das den Inhalt der Zelle A3-A8 der Tabelle *Artikel* (Quelle) anzeigt. Nach „OK" wird in der Zelle A11 das entsprechende Listfeld angeboten. Den Inhalt dieser Zelle kann man nun leicht nach unten kopieren und
erhält so in den Zelle A12-A23 ebenfalls die Listfelder, wenn man die Zellen anklickt.

3. SVerweis für die Zellen der Spalten B, C, D

Die Art.-Nr., die Artikelbezeichnung und der Einzelpreis können über die Funktion SVERWEIS aus der Tabelle *Artikel* entnommen werden. Die Wenn-Dann-Bedingung soll verhindern, dass eine Fehlermeldung angezeigt wird, wenn die Zelle mit dem Suchkriterium noch leer ist.

```
Funktion: SVERWEIS(Suchkriterium; Matrix; Spaltenindex; [Bereich_Verweis])
```

Spalte B ➜ =WENN(A11="";"";SVERWEIS(A11;Artikel!A$3:D$8;2;FALSCH))

Spalte C ➜ =WENN(A11="";"";SVERWEIS(A11;Artikel!A$3:D$8;3;FALSCH))

Spalte D ➜ =WENN(A11="";"";SVERWEIS(A11;Artikel!A$3:D$8;4;FALSCH))

Über die Kopierfunktion können auch die anderen Zellen der jeweilgen Spalte die Funktion erhalten.

4. Wenn-Dann-Bedingung für die Endpreisberechnung: Spalte G

Die Werte für Menge und Rabatt müssen später vom Anwender eingetragen werden. Der Entwickler muss alerdings für *Menge* als Fomat „Zahl, ohne Dezimalstellen" und für **Rabatt** das Prozentformat einstellen. In Spalte G soll der *Endpreis* (abzgl. evtl. Rabatt) automatisch angezeigt werden. Dazu ist folgende Formel sinnvoll, wenn man durch die Wenn-Dann-Bedingung wieder eine Fehlermeldung vermeiden möchte. Diese Zelle erhält das Währungsformat. Ebenfalls müssen die Formeln in die anderen Zellen nach unten kopiert werden.

Spalte G ➜ =WENN(A11="";"";D11*E11-(D11*E11)*F11)

5. Berechnung des Rechnungsbetrages

Für den Warenwert, die Umsatzsteuer und den Rechnungsbetrag sind schnell folgende Formeln erfasst:

Warenwert:	➜	=SUMME(G11:G23)
USt. 19%:	➜	=G24*0,19
Rechnungsbetrag:	➜	=G24+G25

6. Button (Schaltflächen) einrichten

Nun sollen für den Anwender die Schaltflächen „Drucken" und „Quittung neu" erstellt werden. Dazu wird über <Entwicklertools> <Einfügen> das **Steuerelement** „Befehlsschaltfläche" (Active-Steuerelement) angeklickt und auf dem Tabellenblatt wie in der Vorlage gezeigt aufgezogen.

Die **Eigenschaften** für den markierten Button kann man schnell über das Kontextmenü aufrufen. Der erste Button erhält als Eigenschaft **Caption** die Eintragung „Drucken" und den **Namen** „BtnDrucken".

Durch Doppelklick auf den Button (Entwurfsansicht) kann man in den **Codeeditor** wechseln und die Codierung für die Druckvorschau (PrintPreview) eingeben.

```
Private Sub BtnDrucken_Click()
'Seitenansicht für den Bereich B1:G34 aufrufen
Range("B1:G34").PrintPreview
End Sub
```

Der **Button „Quittung neu"** ist entsprechend einzurichten, wobei in den **Eigenschaften** als **Name** „BtnQuittungNeu" und als **Caption** „Quittung neu" eingetragen werden soll. Als **Codierung** wird über einen Doppelklick auf den Button in der Entwurfsansicht eingegeben:

```
Private Sub BtnQuittungNeu_Click()
'Erhöhung der Quittungsnummer um 1 bei Anklicken des Button
Range("F7") = Range("F7") + 1
'Löschen der Daten des Tabellenblatts Quittung in den Bereichen A11 bis A23 und E11 bis F23
Range("A11:A23,E11:F23").ClearContents
End Sub
```

Zusatzaufgabe: Lagerbestandsführung

Situation   Als Zusatzwunsch wurde von den Auftraggebern eine Lagerbestandsführung vorgetragen.

Alle Mengen einer Quittung sollen als „Verkauf Stück" in die Lagerbestandsverwaltung der Tabelle *Artikel* übertragen werden und als Berechnungs grundlage des neuen Lagerbestandes dienen. Bei Aufruf einer neuen Quittung wird die Verkaufsmenge wieder auf „0" gesetzt. Für eine neue Quittung müssen dann allerdings die Werte von „Lagerbestand neu" zu „Lagerbestand alt" übertragen werden.

Formeln in den Spalten:

G ➜ =WENN(E3="";"";E3-F3)

F ➜ =SUMMEWENN(Quittung!$A$11:$A$23;Artikel!$A$3:$A$8;Quittung!$E$11:$E$23)

```
Funktion:  SUMMEWENN(Bereich;Kriterien;[Summe_Bereich])
```

Damit die Daten in der Tabelle *Artikel* von Spalte G (Lagerbestand neu) nach Spalte E (Legerbestand alt) übertragen werden, muss die Codierung für die Befehlsschaltfläche BtnQuittungNeu erweitert werden:

```
Private Sub BtnQuittungNeu_Click()
'Zuweisung im Tabellenblatt Artikel: Werte Lagerbestand neu (G4 bis G9) zu Lagerbestand alt (E4 bis E9)
Worksheets("Artikel").Range("E4") = Worksheets("Artikel").Range("G4")
Worksheets("Artikel").Range("E5") = Worksheets("Artikel").Range("G5")
Worksheets("Artikel").Range("E6") = Worksheets("Artikel").Range("G6")
Worksheets("Artikel").Range("E7") = Worksheets("Artikel").Range("G7")
Worksheets("Artikel").Range("E8") = Worksheets("Artikel").Range("G8")
Worksheets("Artikel").Range("E9") = Worksheets("Artikel").Range("G9")
'Erhöhung der Quittungsnummer um 1 bei Anklicken des Button
Range("F7") = Range("F7") + 1
'Löschen der Daten des Tabellenblatts Quittung in den Bereichen A11 bis A23 und E11 bis F23
Range("A11:A23,E11:F23").ClearContents
End Sub
```

Über eine Befehlsschaltfläche „Lagerbestand" soll folgendes Formular geöffnet werden:

Über die Entwicklungsumgebung und <Einfügen> <Userform> ist zunächst das Formular nach folgenden Vorgaben zu erstellen:

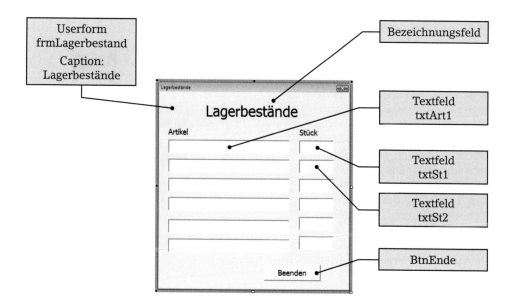

Per Doppelklick auf ein Steuerelement des Formulars kann das Editorfenster für die Form geöffnet und die **Initialisierungsanweisung** für die Userform eingegeben werden. Sie bewirkt, dass bei Öffnen des Formulars die Artikeldaten aus der Tabelle *Artikel* im Bereich von C3-C8 und die Lagerbestandsdaten im Bereich von E3-E8 entnommen und den Textfeldern des Formulars zugewiesen werden.

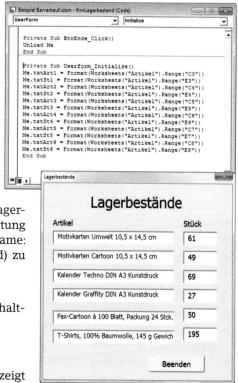

Danach ist eine Befehlsschaltfläche „Lagerbestand" auf dem Tabellenblatt der Quittung aufzuziehen und mit Eigenschaften (Name: BtnLagerbestand, Caption: Lagerbestand) zu versehen.

Als Code ist per Doppelklick auf die Schaltfläche im Entwurfsmodus einzugeben: **frmLagerbestand.Show**

Wenn alles richtig eingegeben wurde, zeigt das Formular per Button die Lagerbestände an.

Menü in der Übersicht

Zum Schluss muss im Tabellenblatt *Übersicht* nur noch ein Menü eingerichtet werden. Dazu werden über <Einfügen> <Formen> drei Rechtecke aufgezogen und über das Kontextmenü (Text) beschriftet. Für *Artikel* und *Quittung* werden über das Kontextmenü die Hyperlinks (Aktuelles Dokument) zu den passenden Tabellenblättern angegeben. Für *Lagerbestand* muss über

das Kontextmenü ein neues Makro „Lagerbestand" mit der Codierung „frmLagerbestand.show" ergänzt werden.

5.3.12 Anwendungsentwicklung: Rechnungserstellung (Fakturierung)

Situation Die Abteilung Verkauf beauftragt die IT-Abteilung, für die Fakturierung ebenfalls eine Anwendung mit Excel-VBA zu entwickeln.

Lastenheft: Rechnungserstellung, Fakturierung
▶ Die Rechnungen sollen auf der Basis von Stammdaten (Artikel, Kunden) und der Eingabe eines Matchcodes (Kurzbezeichnung) erstellt werden.
▶ Für das Stammdatentabellenblatt wurden Artikel- und Kundendaten als Exceldatei geliefert.
▶ automatischer Aufruf der Daten aus der Stammdatentabelle
▶ automatische Berechnung des Rabatts
▶ automatische Berechnung Warenwert, USt. und Rechnungsbetrag
▶ In der Rechnung soll das Datum per Kalender gewählt werden können.
▶ Mit Button und anderen Steuerelementen soll die Handhabung erleichtert werden.
Zusatzaufgaben:
▶ Eine Hilfe soll ergänzt werden.
▶ Die Tabellenblätter *Hilfe* und *Stammdaten* sollen unsichtbar gestellt werden können.
▶ Die erstellten Rechnungen sollen in einem neuen Tabellenblatt gesichert werden.
▶ Es sollen die Grenzen/Einschränkungen dieser Anwendung aufgezeigt werden.

Die IT-Abteilung hat auf der Basis des Lastenheftes ein Pflichtenheft und folgenden Entwurf der Anwendung erarbeitet:

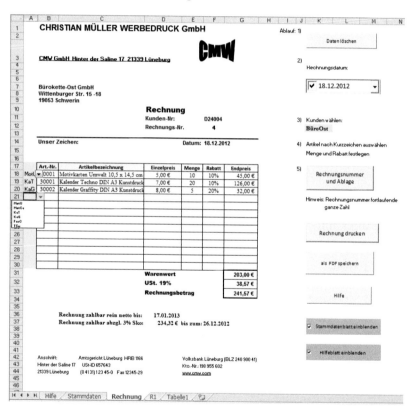

Pflichtenheft: Rechnungserstellung (Fakturierung)

▶ Die Anwendung soll als Excel-VBA-Anwendung wie im Entwurf oben erstellt werden.

▶ Das Datum der Rechnung kann per Kalenderfunktion aufgerufen werden.

▶ Der Kunde kann per Listfeld aus dem Tabellenblatt *Stammdaten* ausgewählt werden, die Daten werden in der Rechnung automatisch angezeigt.

▶ Die Artikeldaten können per Listfeld aus dem Tabellenblatt *Stammdaten* ausgewählt werden.

> ▶ Der Rechnungsbetrag und die Daten *rein netto* und *abzgl. Skonto* werden automatisch berechnet.
>
> ▶ Per Button „Rechnung drucken" wird die Seitenansicht der Rechnung angezeigt.
>
> ▶ Das heutige Datum kann über eine Kalenderschaltfläche gewählt werden.
>
> ▶ Button „Rechnungsnummer und Ablage: Es erscheint eine Inputbox, in der die Rechnungsnummer eingegeben wird. Es wird ein neues Tabellenblatt mit der Bezeichnung der Rechnungsnummer angelegt.
>
> ▶ Button „Daten löschen" : Die aktuellen Rechnungsdaten werden gelöscht.

Ablaufbeschreibung der Anwendungsentwicklung im Feinkonzept

Für die Anwendungsentwicklung wurde folgende Vorgehensweise besprochen:

1. Tabellenblätter *Hilfe, Stammdaten* und *Rechnung* in der Datei *Fakturierung* erstellen.

Entsprechend den Vorlagen im Lasten- und Pflichtenheft sollen die Tabellenblätter *Hilfe, Stammdaten* und *Rechnung*, die Stammdaten erfasst und das Grundgerüst für die Rechnung erstellt werden.

Die Listfelder (Kurzbezeichnung A18:A30 und Kundennummer K12) sind über <Daten> <Datenüberprüfung> einzurichten (Im Beispiel rechts Erstellung des Listfeldes in K12 für den Aufruf der Kundenkurzbezeichnungen in F3:F13).

2. Formeln im Tabellenblatt Rechnung

Folgende Formeln sind für die Automatisierung der Rechnung einzubeziehen:

Formel Adressfeld Firma:
=WENN($K$12="";"";SVERWEIS($K$12;Stammdaten!$F$3:$J$13;3;FALSCH))

Formel Adressfeld Strasse-Nr:
=WENN($K$12="";"";SVERWEIS($K$12;Stammdaten!$F$3:$J$13;4;FALSCH))

Formel Adressfeld PLZ-Ort:
=WENN($K$12="";"";SVERWEIS($K$12;Stammdaten!$F$3:$J$13;5;FALSCH))

Formel Kunden-Nr: =WENN(K12="";"";SVERWEIS(K12;Stammdaten!F3:J13;2;FALSCH))

Formel Spalte Art.-Nr.: =WENN(A18="";"";SVERWEIS(A18;Stammdaten!$A$3:$D$8;2;FALSCH

Formel Spalte Artikelbezeichnung:
=WENN(A18="";"";SVERWEIS(A18;Stammdaten!$A$3:$D$8;3;FALSCH))

Formel Spalte Einzelpreis:
=WENN(A18="";"";SVERWEIS(A18;Stammdaten!$A$3:$D$8;4;FALSCH))

Formel Spalte Endpreis: =WENN(A18="";"";D18*E18-(D18*E18)*F18)

Formel Warenwert: =SUMME(G18:G30)

Formel USt. 19%: =F31*0,19

Formel Spalte Rechnungsbetrag: =F31+F32

Formel Zelle D36 (Zahldatum ohne Skontoabzug): =F14+30

Formel Zelle D37 (Rechnungsbetrag abzgl. 3% Skonto): =G33-(G33*0,03)

Formel Zelle F/G37 (Zahldatum mit Skontoabzug): =F14+8

3. Steuerelemente einrichten

Im Entwurfsmodus (über Entwicklertools) ist die Werkzeugsammlung für das Aufziehen der Steuerelemente (Button, Kalender) aufzurufen.

Die **Befehlsschaltfläche** mit der Caption **„Daten löschen"** erhält den Namen „cmdDatenlöschen" und folgende Codierung:

```
Private Sub cmdDatenlöschen_Click()
'Löschen der Bewegungsdaten des Tabellenblatts Rechnung in den Bereichen A18 bis
A30 und E18 bis F30
Range("A18:A30,E18:F30").ClearContents
End Sub
```

Das Kalender-Steuerelement wird über die „Weiteren Steuerelemente" (letztes Symbol in der Sammlung und dann „MS Date and Time Picker" wählen) aufgerufen und entsprechend auf dem Tabellenblatt aufgezogen.

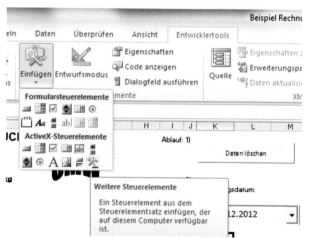

Per Rechtsklick (Kontextmenü) werden die Eigenschaften (Properties) dieses Steuerelements aufgerufen, die **Checkbox** wird aktiviert (True) sowie bei **LinkedCell** die Zelle F14 (für das Feld des Rechnungsdatums) eingetragen. Danach wird das Steuerelement an die richtige Stelle verschoben.

Die **Befehlsschaltfläche** mit der Caption "Rechnung drucken" erhält den Namen „cmdDrucken" und folgende **Codierung:**

```
Private Sub cmdDrucken_Click()
Range("B1:G44").PrintPreview
End Sub
```

Zusatzaufgaben:

Zusätzlich wurden weitere Funktionen gewünscht:

4. Ablage der erstellten Rechnung in einem neuen Tabellenblatt

Die **Befehlsschaltfläche**
mit der Caption **„Rech-
nungsnummer und
Ablage"** soll den Namen
„cmdRechnungsnum-
mer" erhalten.

Beim Klick auf den But-
ton soll eine Inputbox
mit dem rechts ange-
zeigten Angaben geöff-
net werden. Folgende
Codierung ist zu berücksichtigen:

```
Private Sub cmdRechnungsnummer_Click()
Dim rechnungsnr As Integer
rechnungsnr = InputBox("Bitte Rechnungsnummer eingeben: ", "Rechnungsnummer",
0, 5000, 2000)
Worksheets("Rechnung").Copy  after:=Worksheets(Worksheets.Count) 'mithilfe der
Eigenschaft Count wird ermittelt, wie viele Tabellen bereits in der Arbeitsmappe vor-
handen sind und das Tabellenblatt kopiert
ActiveSheet.Name = Format("R" & rechnungsnr, "=000") 'Das neue Tabellenblatt erhält
seinen Namen
End Sub
```

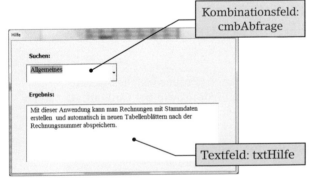

5. Hilfe erstellen

Über die **Befehlsschaltfläche** mit
der Caption **„Hilfe"** und dem Namen
„cmdHilfe" soll ein **Formular Hilfe**
(Name: frmHilfe) aufgerufen werden.
Dieses Formular enthält neben zwei
Bezeichnungsfeldern („Suchen:"
und „Ergebnis:") ein **Kombinationsfeld** (ComboBox mit Namen: cmbAb-
frage) und ein **Textfeld** mit dem Namen: txtHilfe. Damit die Stichwörter
angezeigt werden, muss bei der **Com-
bobox** die Eigenschaft **RowSource** auf den Tabellenbereich *Hilfe!A1:B8* eingestellt
werden.

Als **Codierung** muss das Change-Ereignis für das **Kombinationsfeld** eingegeben
werden. Die **Eigenschaften** des **Textfeldes** txtHilfe sind wie unten im Kommentar
beschrieben anzupassen:

```
Private Sub cmbAbfrage_Change()
frmHilfe.txtHilfe.Text = Worksheets("Hilfe").Cells(cmbAbfrage.ListIndex + 1, 2)
' In Eigenschaften txtHilfe Font ändern und Multiline auf True setzen
End Sub
```

Nun ist nur noch für den Button „Hilfe" die Codierung anzugeben, damit das Hilfe-Formular aufgerufen werden kann, im Tabellenblatt Hilfe sind Stichworte für das Kombinationsfeld und Erläuterungstexte für das Ergebnis der Suche anzugeben.

```
Private Sub cmdHilfe_Click()
'Hilfeformular aufrufen
frmHilfe.Show
End Sub
```

	A	B	C	D	E	F	G	H	I	J	K	L	M	N	O	P	Q	R	S
1	Allgemeines	Mit dieser Anwendung kann man Rechnungen mit Stammdaten erstellen und automatisch in Tabellenblätter nach der Rechnungsnummer abspeichern.
2	Bestandteile Rechnung	Eine Rechnung muss neben Firmenanschriften des des Lieferanten und Kunden, Datum, Rechnungsnummer, Steuer-/Umsatzsteuer-ID-Nr, Umsatzsteuer, Leistungsbeschreibung enthalten.
3	Daten löschen	Im Datenblatt Rechnung müssen zu Anfang die Daten der vorangegangenen Rechnung über den Button gelöscht werden.
4	DIN 5008	Die DIN 5008 schreibt vor, wie ein Brief aufgebaut sein soll, z.B. Anschriftenfeld mit 9 Zeilen
5	Kundenstamm erweitern	Datenblatt Stammdaten aktivieren und Kundendaten in weitere Zeile dazutragen. Danach evtl. im Datenblatt Rechnung Listfeld Kundennummer über Daten -> Datenüberprüfung -> Liste erweiter
6	Listfeld Artikel	Artikel können über Artikelkurzbezeichnungen gewählt werden, die in der ersten Spalte über Listfelder in den Zellen zur Verfügung gestellt werden. Evtl. muss man zunächst in die Zelle der erste
7	Listfeld Kunden	Der Kunde kann über die Kurzbezeichnung des Listfeldes in Zelle K8 aufgerufen werden.
8	Rechnung drucken	Die Rechnung kann über das Tabellenblatt Rechnung oder über das neu angelegte Rechnungsblatt gedruckt werden. Es wird zunächst eine Seitenansicht angezeigt.
9	Rechnung speichern	Die Rechnung muss gespeichert werden. Über den betreffenden Button wird das Datenblatt Rechnung komplett in ein neues Datenblatt kopiert. Die Rechnungsnummer wird vor der Kopie
10	Rechnungsdatum	Das Rechnungsdatum wird über das Kalender-Steuerelement eingetragen.
11	Rechnungsnummer	Die Rechnungsnummer wird über den entsprechenden Button und ein Inputfeld vergeben.

K ← → H Hilfe Stammdaten Rechnung R1 R2

6. Tabellenblätter Stammdaten und Hilfe ein-/ausblenden

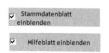

Zum Schluss soll die Möglichkeit eröffnet werden, über zwei **Kontrollkästchen** die Tabellenblätter *Hilfe* und *Stammdaten* unsichtbar zu machen.

Hierzu sind im Entwurfsmodus über den Werkzeugkasten <Entwicklertools> <Einfügen> zwei Kontrollkästchen (Checkboxen) aufzuziehen, wie rechts beschrieben zu benennen (Eigenschaften) sowie die Codierung (Doppelklick) einzugeben.

Codierung Kontrollkästchen/ Checkbox **chkHilfein**	Private Sub chkHilfeein_Click()
	If chkHilfeein.Value = True Then
	    Worksheets("Hilfe").Visible = True
	Else
	    Worksheets("Hilfe").Visible = False
	End If
	End Sub

Codierung Kontrollkästchen/ Checkbox **chkStammdatenein**	Private Sub chkStammdatenein_Click()
	If chkStammdatenein.Value = True Then
	    Worksheets("Stammdaten").Visible = True
	Else
	    Worksheets("Stammdaten").Visible = False
	End If
	End Sub

Die Farbgestaltung erfolgt über die Eigenschaft **Backcolor.**

5.3.13 Programmablaufsteuerung: Wiederholungsschleifen

Situation Es kommt häufig vor, dass Anweisungen beliebig oft oder auch geregelt wiederholt werden müssen. Daher gibt es in der Programmierung verschiedene Wiederholungsanweisungen.

Programmablaufsteuerung: Verzweigung	
Abweisende Schleife: kopfgesteuert	
Beispiel 1:	**DO-WHILE-LOOP**

```
Sub Bsp_DoWhile()
Dim x As Integer, summe As Integer
  x = 1
  summe = 0
  Do While x < 11
    summe = summe + x
    x = x + 1
  Loop
  MsgBox "Summe beträgt: " & summe
End Sub
```

x = 1
summe = 0
Solang x < 11
summe = summe + x
x = x + 1
Ausgabe "Die Summe beträgt : ", summe

Beispiel 2:   **DO-UNTIL-LOOP**

```
Sub Bsp_DoUntil()
Dim x As Integer, summe As Integer
  x = 0
  summe = 0
  Do Until x = 10
    x = x + 1
    summe = summe + x
  Loop
  MsgBox "Summe beträgt: " & summe
End Sub
```

x = 0
summe = 0
Bis x = 10
x = x + 1
summe = summe + x
Ausgabe "Die Summe beträgt : ", summe

Nicht abweisende Schleife: fußgesteuert	
Beispiel 3:	**DO-LOOP-WHILE**

```
Sub Bsp_DoLoopWhile()
Dim x As Integer, summe As Integer
  x = 1
  summe = 0
  Do
    summe = summe + x
    x = x + 1
  LoopWhile x < = 11
  MsgBox "Summe beträgt: " & summe
End Sub
```

x = 1
summe = 0
summe = summe + x
x = x + 1
Solange x < = 10
Ausgabe "Die Summe beträgt : ", summe

Beispiel 4:   **DO-LOOP-UNTIL**

```
Sub Bsp_DoLoopUnit()
Dim x As Integer, summe As Integer
  x = 0
  summe = 0
  Do
    summe = summe + x
    x = x + 1
  Loop Until x = 11
  MsgBox "Summe beträgt:" & summe
End Sub
```

x = 1
summe = 0
summe = summe + x
x = x + 1
Bis x = 11
Ausgabe "Die Summe beträgt : ", summe

Zählschleifen: For-To-Next	

Beispiel 5:
Sub Bsp_ForToNext()
Dim x As Integer, summe As Integer
  summe = 0
  For x = 1 **To** 10 **Step** 1
    summe = summe + x
  Next x
  MsgBox "Summe beträgt: " & summe
End Sub
	summe = 0
	
	Für x = 1 Bis 10 (Schrittweite 1)
	
	summe = summe + x
	
	Ausgabe "Die Summe beträgt : ", summe
	
	Merke: Zahl der Schleifendurchgänge steht fest, Step = 1 ist optional, default (vorgegeben), Zählvariable: meist Typ Byte, Integer, Long, Rückwärtslaufend: For x = 10 To 1 Step-1

For-Each-Next-Schleife (VBA/Visual Basic)	

Beispiel 6:
Sub Bsp_ForEachNext()
Dim blatt As Object
For Each blatt In ActiveWork&_
  book.Sheets
  Debug.Print blatt.Name
Next blatt
End Sub
	Für jedes Blatt in der aktuellen Arbeitsmappe
	
	Ausgabe des Namens des Blattes
	
	Hinweis: ActiveWork&_book.Sheets= ActiveWorkbook.Sheets

Endlosschleife: Do-Loop	

Beispiel 7:
Sub Bsp_DoLoop()
  Dim x As Long
  Do
    x = x + 1
    Debug.Print x
  Loop
End Sub
	x um 1 erhöhen
	
	x ausgeben
	
	Hinweis: Vor dem Testen alle geöffneten Dateien speichern. Abbruch der Endlosschleife über <ESC>

Beispiel 8:
Sub Bsp_GOTO()
MARKE1:
  Debug.Print "Schritt 1"
  GoTo MARKE2
MARKE2:
  Debug.Print "Schritt 2"
  GoTo MARKE1
End Sub
	Sprünge: Goto (Vorsicht: Häufige Gotos führen zu schlechtem Programmierstil/ Spaghetticode!)
	Am Anfang des Moduls wird eine Sprungmarke definiert. Durch Goto Sprungmarke wird zur Marke verzweigt.

Aufgaben

1. a) Wie oft werden die Schleifen in den Beispielen 1–5 durchlaufen?

   b) Führen Sie eine Datenanalyse durch, indem Sie für jede Schleife mind. 5 Schleifendurchgänge in einer Variablenbelegungstabelle nach dem nebenstehenden Muster eintragen.

Variablenbelegungstabelle Beispiel:		
Schleifendurchgang	Variable x	Variable summe
Initialisierung		
1		
2 usw.		

   c) Die Fehlerquelle liegt bei der Formulierung von Schleifen insbesondere in der Formulierung der Abbruchbedingung. Was besagt diese Aussage?

   d) Erstellen Sie zu den Beispielen auch Struktogramme.

2. Erstellen Sie eine Prozedur, die aus der Eingabe von Kapital und Zinssatz und Dauer in Jahren errechnet, wie sich das Kapital durch Zins und Zinseszins entwickelt.

3. Erstellen Sie eine Prozedur, die nach Eingabe von Kapital u. Zinssatz ausrechnet, wann sich das Kapital durch jährliche Zinsen u. Zinseszinsen verdoppeln würde.

4. Zur Organisation einer Amerikanischen Versteigerung soll folgendes Formular erstellt werden. Ein Grundeinsatz von z. B. 1 € wird automatisch um 1 € erhöht, bis der Einsatz 50 erreicht hat (alternativ ein Zeitlimit gesetzt wurde oder eine Zufallszahl erreicht wird). Den Pott erhält der letzte Bieter.

5. Sie wollen einen ASCII-Generator erstellen, der Ihnen den Zeichensatz (zunächst im Objektfenster, dann über ein Formular) anzeigt. Sie wissen auch, dass die Anweisungen *Debug.Print "ASCII-Zeichen für: "& i &" ist "& Chr(i)* Ihnen jedes beliebige ASCII-Zeichen anzeigt. Verwenden Sie Wiederholungsschleifen zur Anzeige und Lösung Ihres Problems. Erstellen Sie zu Ihren Lösungsvorschlägen Struktogramme und Formularentwürfe. Informieren Sie sich über die Hilfe zum ASCII-Code.

6. Ein Freund bringt folgende Prozedur „Lotto" ins Gespräch. Sie entschließen sich ein Struktogramm und einen Formularentwurf für eine „Lotto-Applikation" zu entwerfen. Vorher wollen Sie die Prozedur im Direktfenster testen und sich über die Hilfe informieren.

```
Sub Lotto()
Dim s AS Integer, i As Integer, zufall As Integer
i = 0
s = True
Do
   i = i + 1
   zufall = int(49 * Rnd + 1)
   Debug.Pring i & ".te Zahl: "& Format(zufall, "0#")
   If zufall = 13 And s Then
       Debug.Print "Glückszahl: Doppelter Gewinn" & Chr(13)
       s = False
   End If
End If
Loop Until i = 6
End Sub
```

5.4   Fehlerbehandlung

Situation   Beim Testen der Anwendungen kann es zu unterschiedlichen Fehlermeldungen kommen.

Fehlerarten	
Begriff	**Erläuterung**
Syntaxfehler	Der Basic-Interpreter kann den Quellcode nicht entsprechend den Syntaxregeln (Sprachregelung) in Maschinencode überset-zen und meldet einen Syntaxfehler.
Logische Fehler	Das Programm enthält keine Syntaxfehler und läuft, jedoch auf-grund logischer Fehler, nicht korrekt.
Laufzeitfehler	z. B. die Division durch 0 (da eine Variable im Nenner den Wert 0 hat) führt zu einer Fehlermeldung (Fehler 11) während des Programmablaufs.
Überlauffehler	Wenn das Ergebnis den Wertebereich der Zielvariablen über-schreitet (z. B. bei Integer größer 32.767)

Situation   Sie wollen eine MsgBox für eine Fehlermeldung programmieren. Dazu wollen Sie als
Beispiel einen Fehler „Division durch 0!"
behandeln.

Als Prozedur wurde folgender Code zur Fehlerbehandlung verwendet:

```
Sub Fehlerbehandlung1()
   Dim a As Integer, b As Integer
   Dim ergebnis As Integer
   Dim antwort As Integer
   a = 10
   b = 0
   On Error GoTo Fehler1
   ergebnis = a / b
   On Error GoTo 0
   MsgBox "Ergebnis= " & ergebnis
   Exit Sub
Fehler1:
   MsgBox "Durch 0 kann nicht dividiert werden!", vbInformation, "Fehler!"
   Exit Sub
End Sub
```

Fehlerbehandlung	
Hinweis	Erläuterung
Direktfenster nutzen	Rufen Sie zum Testen das Direktfenster auf (Strg + G) und testen Sie bestimmte Anweisungen im Direktmodus.
Hilfe über F1	Wenn Hilfe zur Syntax bestimmter Anweisungen benötigt wird, so muss im Direktfenster das zu untersuchende Schlüsselwort ausgewählt (Cursor zum Schlüsselwort oder Wort markieren) und F1 gedrückt werden.
Hilfsmittel	Debugger (engl. Entlauser), Tracen (engl. Spur verfolgen)
Datentypen unverträglich (Fehler 13)	Eine Variable, die einen ganzzahligen Wert erwartet, kann zum Beispiel keinen Zeichenfolgenwert akzeptieren, wenn die gesamte Zeichenfolge nicht als Ganzzahl interpretiert werden kann. Daher ist auf kompatible Datentypen zu achten. Zum Beispiel können ein **Integer** immer dem Typ **Long,** ein **Single** immer dem Typ **Double** alle Typen **Variant** zugewiesen werden.
Fehler auskommentieren	Wenn Sie eine Ihrer Meinung nach fehlerhafte Zeile durch „Weglassen" der Anweisungen austesten wollen, so bietet sich das „Auskommentieren" an, d. h., Sie setzen vor der Anweisung ein ' und damit die Anweisung als Kommentar, z. B. **' einsatz = einsatz + 1**
Fehler ignorieren: „On Error Resume Next"	Durch die VBA-Anweisung *On Error Resume Next* kann der Fehler übergangen und mit dem nächsten Befehl fortgefahren werden.
Bei Fehler zur Sprungmarke ver-zweigen: „Goto" Fehler1	**Beispiel:** On Error GoTo Fehler1 Fehler1: MsgBox„Division durch 0 nicht möglich!", vbinformation Exit Sub
Bei Fehler Prozedur Be--enden:„Exit Sub"	Über Exit Sub wird die Prozedur beendet.
Fehlernummer anzeigen	Über den Befehl *Err.Number* kann die Fehlernummer angezeigt werden (zur Fehlernummer vgl. Auflistung in der Hilfe unter „Auffangbare Fehler").

Aufgaben

1. Finden Sie den Fehler:

   a) Sie finden folgende drei Zeilen in einem Programm. Welcher Fehler ist hier versteckt?

Eingabe nettobegrag
provision = nettobetrag * 0,15
nettobetrag = umsatz – mwst

   b) Folgende beiden Zeilen haben Sie eingegeben:

   Dim x As Long
   x = 2000 * 365

2. Rufen Sie die Hilfe auf und geben Sie über den Index „Fehlerbehandlung" ein. Erkunden Sie die Möglichkeiten. Was bedeutet z. B. LBound, Ubound, ReDim?

3. Gehen Sie zur Hilfe und stellen Sie fest, welche Fehlercodes unter „Auffangbare Fehler" angegeben werden. Was bedeuten folgende Fehlercodes? 11, 13, 53, 55, 57, 61, 70, 76, 92, 419, 482, 485, 31001

4. Sie sollen für ein Stadtfest ein Kassenprogramm entwickeln, das nebenstehende Anforderungen erfüllt.

   Die Textfelder sollen die Namen *txtmengej, txtmengee, txtpreisj, txtpreise, txtgesamt, txtzurück* haben, Variablen die Bezeichnungen *mengej, mengee, preisj, preise, gesamt* und zurück, Befehlsschaltflächen die Namen *btnneu* und *btnende* tragen.

   a) Erläutern Sie zunächst, welche Textfelder Eingabefelder sind und welche Daten der Textfelder berechnet und angezeigt werden. Erläutern Sie die Codierung für die Berechnung.

   b) Erstellen Sie das Formular nach o.a. Muster mit dem Namen *frmkasse*.

   c) Eränzen Sie die Codierung und testen Sie die Anwendung.

   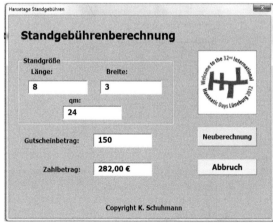

5. Sie sollen für ein Stadtfest eine Anwendung zur Berechnung der Standgebühren nach nebenstehendem Muster (Entwurf) erstellen. Pro Quadratmeter sollen 18 Euro gerechnet werden. Ein Gutscheinbetrag wird abgezogen. Geben Sie als Copyright Ihren Namen an.

6   Relationale Datenbanken mit Access

Situation   Sie sollen in der IT-Abteilung von CMW als Praktikant/-in lernen, Datenbanken zu entwerfen und in Access zu erstellen. Zunächst sollen Sie in der Theorie lernen, was relationale Datenbanken sind und wie man diese entwirft.

6.1   Relationaler Datenbankentwurf

Relationale Datenbanken bestehen aus Tabellen, die in Beziehung stehen. Um Datenbanken gut zu entwerfen, muss zielgerichtet zunächst ein Entwurf erstellt werden. Hierbei sind viele Aspekte zu beachten, damit die Datenspeicherung sinnvoll und ohne Widersprüche erfolgt. Die Normalformenlehre hilft beim Datenbankentwurf und auch bei der Überprüfung der Entwürfe.

6.1.1   Datenbanktabellen

Situation   Sie sollen am Beispiel einer Datenbank für ein Tierheim erfahren, wie man eine relationale Datenbank entwirft und an anderen Beispielen üben, eigene Datenbanken zu entwerfen.

Datenbanken werden erstellt, um Informationen geordnet zu speichern und je nach Zielsetzung zu verwalten. Eine Datenbank ist immer ein Ausschnitt von Informationen einer „realen Welt". Je nach Zielsetzung können Datenbanken sehr komplex oder sehr einfach sein.

Bei relationalen Datenbanken werden die Informationen in Zellen (Feldern) gespeichert. Informationen von Objekten der relationalen Datenbank (z. B. Tiere) werden strukturiert in Tabellen mit mehreren Feldern gespeichert. Die Elemente der Tabelle nennt man Attribute, die Zellen, in denen die Daten stehen, Felder.

Entwurfsansicht: Datenansicht:

Tiere	
Feldname	Datentyp
TNr (PS)	Ganze Zahl
TName	Text (30)
TArt	Ganze Zahl

Tiere		
TNr	TName	BTArt
1	Wuffi	12
2	Cora	22
3	Mimi	31

Zur weiteren Information informieren Sie sich über die folgende Infobox:

Tabellen einer Relationalen Datenbank
Relationale Datenbank: Strukturierte Informationssammlung „einer kleinen Welt" in Tabellen mit dem Ziel, Informationen möglichst **redundanz- und widerspruchsfrei** zu speichern und gewünschte Auswertungen schnell zu erhalten. Um diese Anforderungen zu erreichen, müssen Tabellen in Beziehung gesetzt werden.
Bei der Tabelle unterscheidet man die **Datenansicht** und die **Entwurfsansicht:** z. B.

Tabellen einer Relationalen Datenbank		

Datensicht: **Entwurfsansicht:**

tblHundebesitzer

BNr	BNAme	BEmail
1	Meier	meier@web.de
2	Schulz	schulz@gmx.net
3	König	könig@web.de

tblHundebesitzer

Feldname	Datentyp
BNr	Ganze Zahl
BName	Text (30)
BEmail	Text (20)

Tabellenname: Um später die Tabelle von anderen Objekten (z. B. Abfragen oder Formularen) leichter zu unterscheiden, kann man dem Tabellennamen ein Kürzel (z. B. tbl) voranstellen. Für Access bietet sich diese Vorgehensweise später nicht an, da Access die Tabellennamen für andere Objekte, z. B. Formulare verwendet.

Daten: Informationseinheiten in **atomarer** Form (sinnvoll nicht weiter zerlegbar), z. B. als Name: Meier, als Datum: 04.03.86

Datensatz: die Daten einer **Zeile** einer Tabelle (zusammengehörender Satz von Daten)

Attribute: Tabellen bestehen aus Attributen, die Daten in Feldern (Zellen von **Spalten**) speichern, z. B. Ort oder Menge.

Redundanz: doppelte Speicherung von Informationen

Widersprüche: Informationen passen nicht in die Datenbank, z. B. ein Mitarbeiter mit der Nummer 102 füttert ein Tier mit der Nummer 222, der Mitarbeiter 102 existiert aber nicht in der Tabelle *Mitarbeiter*.

Gewünschte Auswertungen: z. B. „Welche Tiere hat ein Mitarbeiter betreut?" oder „Welches Futter hat ein Tier erhalten?"

Datentyp: Die Datenmenge (der Wertebereich) legt fest, welcher Art die Daten sein können, z. B. Zahl, Text, Datum. Weitere Differenzierungen der Feldeigenschaften schränken die mögliche Datenmenge ein, z. B. Ganze Zahl, Text mit 30 Zeichen, Kurzdatum 15.06.12 (ohne Zeitangaben). Der Datentyp bestimmt auch den reservierten Speicherplatz für die Felder.

> **Datentypen für Access** z. B.:
> **Text** (Es können Feldgrößen von 1 bis 255 Zeichen reserviert werden.)
> **Memo** (Textfelder mit Feldgrößen bis zu 65.535 Zeichen)
> **Zahl** mit den Unterscheidungen:
> > **Byte** (Ganze Zahl im Wertebereich von 0-255)
> > **Integer** (Ganze Zahl im Wertebereich von -32.768 bis +32.767)
> > **Long Integer** (Ganze Zahl im Wertebereich von -2.147.438.648 bis +2.147.438.647)
> > **Single** (Dezimalzahl im Wertebereich mit 7 Dezimalstellen)
> > **Double** (Dezimalzahl im Wertebereich mit 15 Dezimalstellen)
> **Währung** (mit unterschiedlichen Währungsformaten)
> **Datum/Zeit** (mit unterschiedlichen Datum/Zeit-Formaten)
> **AutoWert** (Zahlenfeld, das sich bei jedem neuen Datensatz automatisch um 1 erhöht)
> **Ja/Nein** (Dieses Feld kann nur die Daten Ja oder Nein bzw. true oder false enthalten.)
> **Hyperlink** (Dieses Feld kann nur Links aufnehmen.)
> **OLE** (Dieses Feld kann Pfade zu verlinkten Dateien, z. B. Bildern, speichern.)

Primärschlüssel (PS): Wird für ein Attribut (z. B. Hundename) einer Tabelle ein Primärschlüssel (PS) gesetzt, so können in den Feldern für dieses Attribut nur unterschiedliche Daten gespeichert werden. Ein Primärschlüssel kann übergreifend auch für mehrere Felder festgelegt werden (z. B. Hundename, Besitzer), dann dürfen für diese Felder keine gleichen Daten gespeichert werden, z. B. in der ganzen Tabelle Hundename „Bello" und Besitzer „Meier" nur einmal.

Aufgaben

1. Erstellen Sie Tabellen der Datenansicht mit Musterdaten, wenn die Datenbank Folgendes ermöglichen soll:
   - ▶ Personen oder Stellen können Tiere in das Tierheim einliefern.
   - ▶ Für Tiere kann die Tierart mit der Rasse angegeben werden.
   - ▶ Mitarbeiter verwalten das Tierheim oder betreuen die Tiere.
   - ▶ Die Datenbank speichert das Futter der Tiere.
   - ▶ Externe Personen können (zeitweise) Tiere des Tierheims betreuen, z. B. ausführen.
   - ▶ Mitarbeiter des Tierheims können die Tiere an neue Eigentümer weitergeben.

a)

tblTierarten	
Feldname	Datentyp
TArtNr (PS)	Ganze Zahl
TArtBez	Text
TRasse	Text

b)

tblFutter	
Feldname	Datentyp
FNr (PS)	Ganze Zahl
FBezeichnung	Text

c)

tblMitarbeiter	
Feldname	Datentyp
MNr (PS)	Ganze Zahl
MVorname	Text
MNachname	Text
MTelefon	Text
MEmail	Text

d)

tblEinlieferungsstellen	
Feldname	Datentyp
ENr (PS)	Ganze Zahl
EName1	Text
EName2	Text
EStrasse	Text
ENr	Text
EPLZ	Zahl
EOrt	Text
ETelefon	Text
EEmail	Text

e)

tblExterneBetreuer	
Feldname	Datentyp
BNr (PS)	Ganze Zahl
BVorname	Text
BNachname	Text
BTelefon	Text
BEmail	Text

f)

tblNeue Eigentümer	
Feldname	Datentyp
NNr (PS)	Ganze Zahl
NVorname	Text
NName2	Text
NStrasse	Text
NNr	Text
NPLZ	Zahl
NOrt	Text
NTelefon	Text
NEmail	Text

2. Versuchen Sie, Datentypen der Attribute in 1. genauer festzulegen, z. B. bei Text die maximal vorzusehende Feldgröße (z. B. 30) anzugeben oder für Zahl, ob eine Einschränkung z. B. auf ganze Zahlen (Integer) erfolgen soll.

3. Der Informationsgehalt der Datenbank hängt von der Art und Anzahl der Attribute einer Tabelle ab. Geben Sie zu jeder Tabelle mindestens ein Attribut an, das noch ergänzt werden könnte.

4. In der folgenden Tabelle *tblFutter* wurden Daten eingetragen, die im Widerspruch zum vereinbarten Entwurf stehen. Geben Sie Widersprüche in der Datenspeicherung an.

tblFutter	
Feldname	Datentyp
FNr (PS)	Zahl (Byte)
FBezeichnung	Text (10)
FPackeinheit	Text (10)
FPreis	Zahl (integer)

tblFutter			
FNr	FBezeichnung	FPackeinheit	FPreis
100	Chappi	Dose 0,7 l	5
101	Frolic	Tüte 3 kg	4,20
101	Katzenstreu	Sack 5kg	8,90 €
101	Happy Cat natur	Sack 50 kg	20

6.1.2 Tabellenbeziehungen

Situation Zwischen Tabellen können sinnvoll Beziehungen hergestellt werden. Sie wollen die Vorteile erkennen, warum Beziehungen hergestellt werden und die Beziehungsarten unterscheiden können.

In einer Datenbank sollten dieselben Daten möglichst nur einmal gespeichert sein. Dadurch können Daten einfacher gepflegt werden, es wird Speicherplatz gespart und die Gefahr von Widersprüchen (Anomalien) in der Datenspeicherung wird reduziert. Stellen Sie sich einmal vor, Ihre Adresse wäre in einer Datenbank mehrfach gespeichert, die Daten müssten aufgrund eines Wohnortwechsels geändert werden und es würden nicht alle Ihre Adressen der Datenbank geändert. Man wüsste dann nicht, wo Sie nun wirklich wohnen und Sie würden mehrere gleichartige Briefe an unterschiedliche Adressen erhalten.

Vorteile der Einrichtung von Beziehungen
▶ weniger Redundanz (Doppelspeicherung)
▶ Speicherplatz wird eingespart
▶ einfachere Datenpflege
▶ weniger Widersprüche und Anomalien in der Datenspeicherung
▶ schnellerer Datenzugriff

Die erste Beziehungsart, die Sie kennenlernen sollen, ist die Beziehung mit der **Kardinalität** 1:1:

Beziehungen in einer relationalen Datenbank: 1:1-Beziehung

Beziehungen: Um die Daten möglichst **ohne** Doppelspeicherung (Redundanz) in der Datenbank zu verwalten, werden die Tabellen über **gleiche Attribute** in Beziehung gesetzt. Bei Auswertungen können in Beziehung stehende Attribute als Einheiten ausgewertet werden.

Kardinalität (Beziehungstyp): 1:1, 1:n oder **n:m**

1:1-Beziehung

Entwurfsansicht:

tblHundebesitzer	
Feldname	Datentyp
BNr (PS)	Ganze Zahl
BName	Text (30)
BEmail	Text (20)

1 — B — 1

tblHundebesitzerausweis	
Feldname	Datentyp
AusweisNr	Text
BNr (PS)	Ganze Zahl
Prüfung	ja/nein

Datensicht:

tblHundebesitzer		
BNr	BNAme	BEmail
1	Meier	meier@web.de
2	Schulz	schulz@gmx.net
3	König	könig@web.de

tblHundebesitzerausweis		
AusweisNr	BNr	Prüfung
DM101	1	ja
DS405	2	nein
DK302	3	ja

Erläuterung:

Wenn über die Attribute zweier Tabellen eine 1:1-Beziehung festgelegt wurde, muss die referenzierten Tabellen **dieselbe Anzahl** von Datensätzen vorhanden sein und in den in Beziehung stehenden Felder der Attribute müssen **dieselben Daten enthalten.** Um die Beziehung herstellen zu können, muss für die Attribute *BNr* in beiden Tabellen jeweils ein Primärschlüssel (PS) gesetzt werden, damit sichergestellt (widerspruchsfrei) ist, dass in beiden Tabellen jeweils die *BNr* nicht doppelt vorkommt.

Aufgabe   Die Tabellen sind in folgender Weise in Beziehung (Relation) gesetzt. Erkennen Sie Widersprüche im Entwurf und in der Datenspeicherung:

Entwurfsansicht:

tblHundebesitzer	
Feldname	Datentyp
BNr	Byte
BName	Text (30)
BEmail	Text (20)

1 — R — 1

tblHundebesitzerausweis	
Feldname	Datentyp
AusweisNr (PS)	Text
BNr	Integer
Prüfung	ja/nein

Datensicht:

tblHundebesitzer		
BNr	BNAme	BEmail
1	Meier	meier@web.de
2	Schulz	schulz@gmx.net
3	König	könig@web.de

tblHundebesitzerausweis		
AusweisNr	BNr	Prüfung
DM101	1	ja
DS101	2	nein
DK302	3	ja
DL401	3	nein

1:1-Beziehungen werden wegen der Einschränkungen selten eingerichtet. Die häufigste Beziehungsart ist die 1:n-Beziehung:

Beziehungen in einer relationalen Datenbank: 1:n-Beziehung

Entwurfsansicht:

Mastertabelle   Detailtabelle

tblHundebesitzer

Feldname	Datentyp
BNr (PS)	Ganze Zahl
BName	Text (30)
BEmail	Text (20)

1 — R — n

tblHunde

Feldname	Datentyp
HundNr	Ganze Zahl
HName	Text
BNr	Ganze Zahl

Datenansicht:

Mastertabelle   Detailtabelle

tblHundebesitzer

BNr	BName	BEmail
1	Meier	meier@web.de
2	Schulz	schulz@gmx.net
3	König	könig@web.de

tblHunde

HundeNr	HName	BNr
1001	Wuffi	1
1002	Benny	2
1003	Charly	1
1004	Cora	1
1005	Susi	3

Erläuterung:

Wenn über die Attribute zweier Tabellen eine 1:n-Beziehung festgelegt wurde, gibt es eine Mastertabelle (im Beispiel *tblHundebesitzer*) und eine Detailtabelle (im Beispiel *tblHunde*). In der Detailtabelle können die Daten des Attributes mehrfach vorkommen, d. h. ein Hundebesitzer kann mehrere Hunde haben, ein Hund jedoch nicht mehrere Besitzer. Damit das so widerspruchsfrei bestimmt wird, muss für das Attribut *BNr* in der Tabelle *tblHundebesitzer* ein Primärschlüssel (PS) gesetzt werden.

Formular Hundebesitzer

Besitzer BNr: 1
Name: Meier

Hunde:

Nr	Name
1001	Wuffi
1003	Charly
1004	Cora

⇨ Nächster Datensatz

Daten von zwei Tabellen, die in einer 1:n-Beziehung stehen, können als **Haupt- und Unterformular** angezeigt werden. Im Beispiel rechts werden im Hauptformular die Daten eines Besitzers aufgerufen und im Unterformular tabellarisch passend dazu die Daten aus der Tabelle *tblHunde*. Blättert man im Hauptformular, wird der nächste Besitzer in der Tabelle angezeigt und dazu passend die Hunde des jeweiligen Besitzers.

Aufgaben 1. Entdecken Sie die Widersprüche im Entwurf und in der Datenspeicherung:

tblHundebesitzer

Feldname	Datentyp
BNr	Integer
BName	Text (30)
BEmail	Text (20)

1 — R — n

tblHunde

Feldname	Datentyp
HundNr (PS)	Single
HName	Text
BNr	Byte

tblHundebesitzer		
BNr	BName	BEmail
1	Meier	meier@web.de
2	Schulz	schulz@gmx.net
2	König	könig@web.de

tblHunde		
HundeNr	HName	BNr
1001	Wuffi	1
1002	Benny	2
1003	Charly	1
1004	Cora	1
1005	Susi	3

2. Erstellen Sie die Entwurfs- und Datenansichten zu folgenden Tabellen:

a) Erstellen Sie die beiden Tabellen *Fahrer* (Mastertabelle) und *Fahrzeuge* (Detailtabelle) mit den Attributen FahrerNr und FahrzeugNr sowie zusätzlichen drei sinnvollen Attributen in jeder Tabelle und richten Sie eine 1:n Beziehung mit Primärschlüssel ein.

b) Erstellen Sie die beiden Tabellen *Entleiher* (Mastertabelle) und *Bücher* (Detailtabelle) mit den Attributen EntleiherNr und BuchNr sowie zusätzlichen drei sinnvollen Attributen in jeder Tabelle und richten Sie eine 1:n Beziehung mit Primärschlüssel ein.

3. Entwerfen Sie für die Tabellen in 2 a) und 2b) je ein Haupt-/Unterformular.

Die 1:n-Beziehung hat den Nachteil, dass nur in der Detailtabelle von dem Attribut, das in Beziehung gesetzt wird, mehrere gleiche Daten vorkommen können. Die folgenden Vergleiche sollen dies verdeutlichen:

Beispiele:

a) Tabelle1: *Mitarbeiter*, Tabelle 2: *Projekte*
Bei 1:n-Beziehung: Ein Mitarbeiter kann an mehreren Projekten beteiligt sein, an einem Projekt können aber nicht mehrere Mitarbeiter beteiligt sein.
Bei m:n-Beziehung: Ein Mitarbeiter kann an mehreren Projekten beteiligt sein, an einem Projekt können mehrere Mitarbeiter beteiligt sein.

b) Tabelle 1: *Lieferanten*, Tabelle 2: *Artikel*
Bei 1:n-Beziehung: Ein Lieferant kann mehrere Artikel anbieten, ein Artikel kann jedoch nicht von mehreren Lieferanten angeboten werden.
Bei m:n-Beziehung: Ein Lieferant kann mehrere Artikel anbieten, ein Artikel kann jedoch auch von mehreren Lieferanten angeboten werden.

Beziehungen in einer Relationalen Datenbank: m:n-Beziehung

Entwurfsansicht:

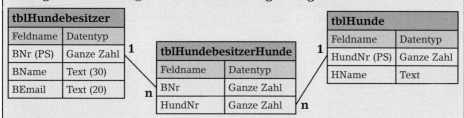

tblHundebesitzer	
Feldname	Datentyp
BNr	Ganze Zahl
BName	Text (30)
BEmail	Text (20)

tblHunde	
Feldname	Datentyp
HundNr	Ganze Zahl
HName	Text
BNr	Ganze Zahl

Eine m:n-Beziehung bedeutet in diesem Fall, dass ein Hundebesitzer **mehrere** Hunde haben kann, ein Hund aber auch **mehrere** Hundebesitzer. In einer Relationalen Datenbank kann diese Beziehung nur **mit Hilfe einer Zwischentabelle** hergestellt werden, die **zwei 1:n-Beziehungen** ermöglicht.

Lösung: m:n-Beziehung in zwei 1:n-Beziehungen aufgelöst

tblHundebesitzer	
Feldname	Datentyp
BNr (PS)	Ganze Zahl
BName	Text (30)
BEmail	Text (20)

tblHundebesitzerHunde	
Feldname	Datentyp
BNr	Ganze Zahl
HundNr	Ganze Zahl

tblHunde	
Feldname	Datentyp
HundNr (PS)	Ganze Zahl
HName	Text

Datensicht:

tblHundebesitzer		
BNr	BName	BEmail
1	Meier	meier@web.de
2	Schulz	schulz@gmx.net
3	König	könig@web.de
4	Bauer	info@bauer.de

tblHundebesitzerHunde	
BNr	HundNr
1	1001
1	1003
1	1004
2	1002
3	1005
3	1006
4	1006

tblHunde	
HundeNr	HName
1001	Wuffi
1002	Benny
1003	Charly
1004	Cora
1005	Susi
1006	Aldo

Erläuterung:

Am Beispiel des neu in die Datenbank aufgenommenen Hundes „Aldo" kann man erkennen, dass für ihn zwei Besitzer erfasst wurden (König und Bauer). Die Tabelle *Hunde* enthält eine Attribut (BNr) weniger. Auf die Attribute mit der Kardinalitätszuweisung „1" wird ein Primärschlüssel gesetzt.

Aufgaben 1. Erstellen Sie die Entwurfs- und Datenansichten zu folgenden Tabellen:

    a) Erstellen Sie die beiden Tabellen *Fahrer* und *Fahrzeuge* mit den Attributen FahrerNr und FahrzeugNr sowie zusätzlichen sinnvollen Attributen in jeder Tabelle. Richten Sie eine m:n Beziehung mit Primärschlüssel ein und lassen Sie zu, dass ein Fahrer mehrere Fahrzeuge haben kann, ein Fahrzeug aber auch von mehreren

Fahrern gefahren werden kann. Lösen Sie das Problem mit einer Zwischentabelle *FahrerFahrzeuge* (Entleihe), in der Sie zusätzlich die Attribute BuchungsNr, Datum, Mietpreis aufnehmen.

b) Erstellen Sie die beiden Tabellen *Reisende* und *Reisen* mit den Attributen KundenNr und ReiseNr sowie zusätzlichen drei sinnvollen Attributen in jeder Tabelle. Richten Sie eine m:n Beziehung mit Primärschlüssel ein und lassen Sie zu, dass Reisende mehrere Reisen buchen können, Reisen aber gleichzeitig auch von mehreren Reisenden gebucht werden können. Lösen Sie das Problem mit einer Zwischentabelle *ReisendeReisen* (Reisebuchungen), in der Sie zusätzlich die Attribute BuchungsNr, Datum, Reisepreis, Rabatt aufnehmen.

2. In der folgenden Entwurfs- und Datenansicht wurde die Reisedatenbank weiter verfeinert. Geben Sie die passenden Kardinalitäten an und erstellen Sie einen Entwurf für ein Haupt- und Unterformular „Reisebuchung". Was unterscheidet diese Darstellung von Ihrem Lösungsvorschlag für 1b)?

Entwurfsansicht:

tblKunde

Feldname	Datentyp
KNr (PS)	Ganze Zahl
KName	Text (30)
KEmail	Text (20)

tblBuchung, (Reisebuchungen)

Feldname	Datentyp
BNr (PS)	Ganze Zahl
KNr	Ganze Zahl
BDatum	Datum

tblBuchungReisen (Reisepositionen)

Feldname	Datentyp
BNr	Ganze Zahl
RNr	Text
RPreis	Währung
RRabatt	Zahl (%)

tblReisen

Feldname	Datentyp
RNr (PS)	Text
RBezeichnung	Text

Datenansichten:

tblKunde

KNr	BName	BEmail
1	Sander	sander@web.de
2	Schulz	schulz@gmx.net
3	Bauer	bauer@web.de

tblReisen

RNr	RBez
B108	Berlin
P46	Paris
W32	Wien
Ma277	Mallorca AI

tblReisepositionen

BNr	RNr	RName	RPreis	RRabatt
201	P46	Tim Sander	198,00	0,0 %
202	P46	Mara Schulz	198,00	0,0 %
203	B108	Mara Schulz	129,00	0,0 %
203	W32	Mara Schulz	178,00	10,0%
204	Ma277	Jan Bauer	498,00	0,0 %
204	Ma277	Kim Bauer	498,00	10,0 %
204	Ma277	Lisa Bauer	498,00	50,0 %

6.1.3   Datenbankentwurf erstellen

Situation   Ihr Praktikumsbetreuer hat Sie mit der unten aufgeführten Ablaufplanung zum Datenbankentwurf vertraut gemacht. Als Ergebnis haben Sie folgenden vereinfachten Entwurf (ohne Datentypen) erstellt und eine Beschreibung ergänzt.

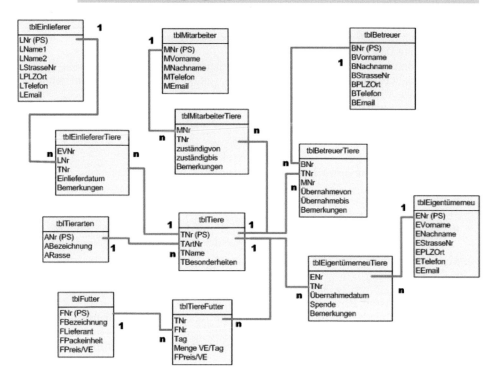

Erläuterungen zur Tierheimdatenbank:

▶ Tiere können über Einlieferer (Personen, Stellen) in das Tierheim eingeliefert werden.

▶ Tiere werden Tierarten und Rassen zugeordnet.

▶ Mitarbeiter sind für Tiere zuständig.

▶ Externe Betreuer können zeitweise Tiere außerhalb oder innerhalb des Tierheims betreuen.

▶ Den Tieren gereichtes Futter wird tageweise in der Datenbank erfasst.

▶ Wenn sich ein neuer Eigentümer für ein Tier finden lässt, werden die Daten erfasst.

Aufgaben   1.   Geben Sie an, welche Tabellen Master- und Detailtabellen sind.

2.   Geben Sie die Datentypen der Attribute an und Beispieldaten.

3.   Geben Sie an, über welche Tabellen Haupt-/Unterformulare möglich sind und wie diese aussehen würden.

4. Arbeiten Sie folgenden Ablauf durch und beantworten Sie folgende Fragen:

     a) Welche Daten können (nach einer erneuten Istanalyse) noch nicht in die Datenbank aufgenommen werden?

     b) Welche Daten sind Hauptstammdaten, Hilfsstammdaten und Vorgangs-/Bewegungsdaten.

Ablaufplanung Datenbankentwurf

Eine Datenbank sollte als Entwurf folgende **Anforderungen** erfüllen:

▶ notwendige Daten speichern
▶ Daten möglichst redundanzfrei (ohne Doppelspeicherung) speichern
▶ Daten möglichst widerspruchsfrei speichern, sodass keine Anomalien auftreten
▶ notwendige Auswertungen ermöglichen
▶ im Entwurf leicht erweiterbar sein

Jede Datenbank ist nur so gut wie ihr Entwurf!

Arbeitsschritte:

1. Schritt: Festlegung der Miniwelt der Datenbank und ihrer Ziele
z. B.
▶ Speicherung aller Stammdaten und Vorgänge eines Tierheims, eines Sportvereins, einer Cafeteria
▶ Speicherung nur der Daten für die Verwaltung der Hunde eines Tierheims, nur der Fußballsparte eines Sportvereins, nur der Daten einer Kasse der Cafeteria

2. Schritt: Istanalyse zur festgelegten Miniwelt
z. B.
▶ durch Erfragung der Daten (Informationen), die aufgezeichnet werden, Sammlung von Listen, Formularen und Belegen etc.
▶ durch Recherche zur Miniwelt im Internet feststellen, welche Informationen anfallen
▶ feststellen, welche Auswertungen aktuell anfallen und zukünftig ermöglicht werden sollen

3. Ordnung der Daten in Bestandsdaten und Bewegungsdaten
Bestandsdaten (Stammdaten) sind solche Daten, die über einen **längeren Zeitraum unverändert** bleiben, dabei werden Hauptstammdaten und Hilfsstammdaten unterschieden:

Hauptstammdaten: z. B. beim Tierheim Stammdaten der Mitarbeiter (Attribute z. B. Vorname, Nachname) oder der Tiere (Attribute z. B. TierNr, Tierart, Tiername).

Hilfsstammdaten haben einen festen Datenbereich und informieren im Detail über Attribute der Hauptstammdaten, z. B. Mitarbeiterfunktionen, Tätigkeitsarten, Tierarten, Futterarten.

Vorgangs- oder Bewegungsdaten speichern Daten über Vorgänge in der Miniwelt, z. B. im Tierheim Daten für Einweisung, Fütterung, Betreuung und Entlassung der Tiere, Terminplanung der Mitarbeiter, Futterkauf, Verwaltung des Inventars.

4. Bildung von Tabellen
     a) Zunächst werden Tabellen für die Hauptstammdaten gebildet, mit einem Namen und Attributen versehen. Dem Namen für die Tabelle kann das Kürzel tbl vorangestellt werden, um in der Anwendung schneller zu erkennen, dass das verwendete Objekt eine Tabelle ist.

     b) Für die Attribute wird der Daten-/Wertebereich festgelegt und der Datentyp bestimmt.
     Datentypen: z. B. Text, Memo, Zahl (Integer, Long Integer, Single, Double, Währung, AutoWert) Datum/Zeit, Ja/Nein, Hyperlink OLE (vgl. Kapitel 6.1.1)

<table>
<tr><td colspan="2">Ablaufplanung Datenbankentwurf</td></tr>
</table>

Beispiele:
- für *Vorname* als Datenbereich alle möglichen Vornamen, evtl. mit Titel davor (Dr., Dipl.-Ing.), Datentyp Text mit max. 30 Zeichen
- für Attribut *Monat* die Zahlen 1 bis 12, Datentyp Ganze Zahl (Byte)
- für Attribut *Tierarten* eine festgelegte beschränkte Menge an Tierarten (z. B. Hund, Katze, Vogel, Reptilien) mit dem Datentyp Text (max. 20 Zeichen)

c) **Tabellen für Hilfsstammdaten:** Es wird geprüft, ob es zur wirtschaftlicheren Speicherung und zur Erzeugung von Listfeldern sinnvoll ist, für bestimmte Attribute **Tabellen für Hilfsstammdaten** zu bilden. Diese Tabellen sind dann eine Detailtabellen und steht mit der Hauptstammdatentabelle (Mastertabelle) in einer n:1-Beziehung, z. B. kann

für *Tierarten* wegen der beschränkten Datenmenge zusätzlich zur Tabelle *Tiere* eine eigene Tabelle *Tierarten* eingerichtet werden, die als Attribute mindestens *TierartNr* und *Tierartbezeichnung* aufweist.

Hauptstammdaten und Hilfsstammdatentabelle:

tblTiere	
Feldname	Datentyp
TNr (PS)	Ganze Zahl
TName	Text (30)
TArt	Ganze Zahl

tblTierarten	
Feldname	Datentyp
TArtNr (PS)	Ganze Zahl
TArtBez	Text
TRasse	Text

Datenansicht:

tblTiere		
TNr	TName	BTArt
1	Wuffi	12
2	Cora	22
3	Mimi	31

tblTierarten		
TArtNr	TArtBez	TRasse
11	Hund	Dackel
12	Hund	Boxer
21	Vogel	Kanarienvogel
22	Vogel	Papagei
31	Katze	Diverse

Erläuterung:

Durch die Hilfsstammdatentabelle wird in der Hauptstammdatentabelle Redundanz (Doppelspeicherung) vermieden, über das Attribut *TRasse* später für die Anwendung ein Listfeld ermöglicht. Für die Prüfung der Widersprüchlichkeit ist nicht von Bedeutung, welchen **Attribut-/Feldnamen** die in Beziehung stehenden Attribute haben, sondern ob keine Widersprüche bzgl. Datentyp und gespeicherten Daten auftreten.

d) Tabellen für **Vorgangsdaten (Bewegungsdaten):** Diese Daten werden in Detailtabellen gespeichert, häufig in Tabellen, die als Zwischentabellen zur Auflösung von m:n-Beziehungen eingerichtet wurden: z. B. Vorgangs- oder Bewegungsdaten für die Fütterung der Tiere. Zwischen der Tabelle Tiere und Futter existiert eine m:n-Beziehung (ein Tier erhält mehrere Futterartikel, ein Futterartikel wird an mehrere Tiere verfüttert), daher wird eine Zwischentabelle „Tiere-Futter" (oder „Futterausgaben") mit Attributen für Vorgangs-/Bewegungsdaten eingerichtet.

Ablaufplanung Datenbankentwurf

tblTiere

Feldname	Datentyp
TNr (PS)	Ganze Zahl
TName	Text (30)
TArt	Ganze Zahl

1

n

tblTiereFutter (tblFutterausgaben)

Feldname	Datentyp
TNr	Ganze Zahl
FNr	Ganze Zahl
Fütterzeit	Datum/Zeit
Menge	Dezimalzahl
Mitarbeiter	Ganze Zahl

1

n

tblFutter

Feldname	Datentyp
FNr (PS)	Ganze Zahl
FBezeichnung	Text

Datenansichten:

tblTiere		
BNr	BName	
1	Meier	
2	Schulz	
3	König	
4	Bauer	

tblTiereFutter (tblFutterausgaben)				
TNr	FNr	Fütterzeit	Menge	Mitarbeiter
1	100	1.2.12 8:30	0,2	1
1	100	1.2.12 12:30	0,2	2
1	101	1.2.12 18:00	0,1	2
2	120	1.2.12 8:45	0,01	1
2	120	1.2.12 14:00	0,01	2
2	120	1.2.12 18:15	0,01	1
3	130	1.2.12 7:00	0,15	1

tblFutter	
FNr	FBez
100	Chappy
101	Leckerli
120	Frolic
130	Kitkat

Erläuterung:

Die Vorgangsdaten werden in einer Zwischentabelle *tblTiereFutter* (bzw. *tblFutterausgaben*) gespeichert. Diese Tabelle ist eine Detailtabelle. Sie kann als Detailtabelle weitere Beziehungen zu anderen Mastertabellen eingehen (im Beispiel etwa über die Mitarbeiternummer).

5. Prüfung der Datenbank durch Testdaten auf Vollständigkeit hinsichtlich der formulierten Ziele und Widersprüche.

Aufgaben

1. Entwerfen Sie für die Cafeteria von CMW einen vereinfachten Entwurf für eine Datenbank, die folgendes leisten soll:

    ▶ Mitarbeiter sollen mit einer Mitarbeiternummer, Vor- und Nachnamen, Straße, Nr, PLZ, Ort, Telefon und E-Mail erfasst werden.

    ▶ Von Stammgästen will man – neben einer Nummer – Vor- und Nachnamen, Telefon und E-Mail speichern.

    ▶ Artikel der Cafeteria sollen mit Bezeichnung und Vorschlagspreis erfasst werden.

    ▶ Für Mitarbeiter soll ein Mitarbeitereinsatzplan mit Vorgangsnummer, Datum, Arbeitszeitvon, Arbeitszeitbis und Anmerkungen gespeichert werden.

    ▶ Für die Kasse sollen eine Vorgangsnummer, das Kassierdatum, der Mitarbeiter an der Kasse, eine Gastnummer (evtl. „Gast Diverser") und Anmerkungen gespeichert werden.

    ▶ Es soll möglich sein, bei jedem Kassiervorgang mehrere Artikelpositionen und einen Verkaufspreis einzugeben.

2. Erweitern Sie den Datenbankentwurf zum Tierheim.

3. Entwerfen Sie Datenbanken für folgende Miniwelten:
   a) Sportverein
   b) Feuerwehrverein
   c) Bücherei
   d) Klassenfahrtenverwaltung
   e) Abikassenverwaltung

4. Sie werden gebeten, für eine Schulkantine die Wochenabrechnung mit einer Datenbank zu lösen. Dazu erhalten Sie folgendes bisher ohne Datenbank erstelltes Abrechnungsformular. Die Daten für die Gerichte wurden in einer Exceldatei gespeichert (vgl. CD).

MEINE SCHULKANTINE E.V.

Erziehungsberechtigte/r:

Schüler Nr: 576   Kerstin Meier
    Jana Meier   Bergstr. 4
    Klasse 11b   21335 Lüneburg
    Tel. 04131/664433
    Kto. 657843
    BLZ 24050110
    Sparkasse Lüneburg

Wochenabrechnung

Datum	Gericht_Nr	Gericht	Preis
08.07.2013	103	Käsespätzle	2,20 €
09.07.2013	207	Makkaroni	2,90 €
10.07.2013	105	Gemüseauflauf	2,40 €
11.07.2013	201	Schnitzel	3,00 €
12.07.2013	205	Kabeljau	2,80 €
		gesamt:	**13,30 €**
		Kontostand alt:	25,00 €
		Kontostand neu:	11,70 €

Hinweis: Sobald Ihr Kontostand unter 15,00 Euro beträgt, buchen wir von Ihrem Konto 30 Euro zur Auffüllung Ihres Schulkantinenkontos ab.

Erstellen Sie einen Datenbankentwurf als strukturierten Datenbankentwurf. Hinweis: Daten, die berechnet werden können, werden in einer Datenbank nicht gespeichert, sondern von der Datenbank aus den gespeicherten Daten berechnet.

6.1.4   Schlüsselarten

Situation   Neben dem Primärschlüssel wird auch von Fremdschlüsseln und Sekundärschlüsseln gesprochen. Worin unterscheiden diese sich?

Grundsätzlich sind die Daten in den Datentabellen nicht sortiert gespeichert, sondern hintereinander je nach der Reihenfolge der Erfassung. Bei sehr vielen Datensätzen müsste im wahrscheinlichen Mittel die Hälfte der Datenbank durchsucht werden, um einen Datensatz zu finden und aufzurufen. Damit der Aufruf von Daten schneller erfolgen kann, ist eine „Indizierung" von Attributen möglich. Wird für ein Attribut das Merkmal „indiziert: ja" angegeben, richtet die Datenbank eine **versteckte Zusatztabelle** ein, in der ständig die Daten des Attributes sortiert gespeichert sind und eine Sprungadresse, über die man den betreffenden Datensatz direkt erreichen kann.

Wird das Attribut mit dem Merkmal „indiziert: ja – ohne Duplikate" versehen, so können für das Attribut keine Duplikate (dieselben Daten zweimal) gespeichert werden. Dieses Merkmal erfüllt auch die Voraussetzungen für einen **Primärschlüssel**. Primärschlüsselattribute werden zum schnellen Suchen/Aufrufen eines Datensatzes verwendet. Daher sind z. B. durchnummerierte Zahlen ideal für solch einen Zweck. In der Praxis wird aber auch gerne ein „sprechender Schlüssel" verwendet, d. h. ein Schlüssel, deren Daten durch ihren Inhalt schon viel über den Datensatz verraten. So könnte man anstelle einer laufenden Lehrernummer auch ein Kürzel verwenden (z. B. mef für Meier, Frank). Da man auch einen Mehrfelderindex (Primärschlüsselindex) für mehrere Attribute vergeben kann, wäre es auch möglich auf eine fortlaufende Nummer zu verzichten und im Beispiel *tblLehrer* das Attribut *LNr* wegzulassen und einen Mehrfelderindex auf *LName* und *LArt* zu setzen. Es müsste allerdings sichergestellt sein, dass kein zweiter Datensatz in der Tabelle existiert, in dem die Daten von *LName* und *LArt* gleich sind.

Ein Primärschlüsselfeld wird zwingend in einer Beziehung für das Attribut vorausgesetzt, welches die Kennzeichnung **„1"** erhält.

Das **Fremdschlüsselattribut** ist das Attribut, welches in einer Beziehung das korrespondierende Attribut ist, bei einer 1:n-Beziehung das Attribut mit der Beziehungskennzeichnung **„n"**, in einer 1:1-Beziehung wechselseitig das korrespondierende Attribut.

Ein **Sekundärschlüssel** kann auf beliebige Nicht-Primärschlüsselfelder gesetzt werden. Dies geschieht, indem man für das Attribut das Merkmal **„indiziert, entweder mit oder ohne Duplikate"** vergibt. Die Festlegung bedeutet, dass die Datenbank eine versteckte indizierte (sortierte) Tabelle bereitstellt, um nach dem indizierten Attribut schneller suchen oder Daten sortiert darstellen zu können.

tblLehrer	
Feldname	Datentyp
LNr (PS)	Ganze Zahl
LName	Text (30)
Art	Ganze Zahl

tblLehrereinsatz (tblLehrerSchüler)	
Feldname	Datentyp
LNr (FS) (PS)	Ganze Zahl
SNr (FS) (PS)	Ganze Zahl
FNr (FS) (PS)	Ganze Zahl

tblSchüler	
Feldname	Datentyp
SNr (PS)	Ganze Zahl
SName	Text (30)
SAnschrift	Text (50)

tblFächer	
Feldname	Datentyp
FNr (PS)	Ganze Zahl
FBezeichnung	Text (30)
Sollstunden	Ganze Zahl

Erläuterung des Beispiels:

Es wurden Primärschlüsselattribute auf *LNr* (in *tblLehrer*), *SNr* (in *tblSchüler*) und *FNr* (in *tblFächer*) gesetzt, damit in einer 1:n-Beziehung die Mastertabelle festgelegt wird, die ein eindeutiges Schlüsselfeld ohne Duplikate aufweisen muss. Die Attribute der 1:n-Beziehungen in den Detailtabellen sind Fremdschlüsselfelder oder –attribute. In der *tblLehrereinsatz* existiert kein Attribut, das nicht Daten ohne Duplikate haben kann. Möchte man für diese Tabelle einen Primärschlüssel festlegen, ohne ein zusätzliches Attribut (z. B. eine laufende EinsatzNr) zu vergeben, so könnte man einen Mehrfelderindex auf alle drei Attribute setzen. Damit besteht der Primärschlüssel aus den Attributen *LNr*, *SNr* und *FNr*. Problematisch wäre dies allerdings, wenn ein Schüler ein Fach bei einem Lehrer wiederholen möchte. Aufgrund der Festlegung als gemeinsamen Primärschlüssel würde die Datenbank eine identische zweite Eintragung nicht zulassen.

Datenbankschlüssel	
Primärschlüssel	Attribut, für das keine Duplikate als Daten erfasst werden können, in 1:1-Beziehungen für beide in Beziehung stehenden Attribute festzulegen, in 1:n-Beziehungen für das Attribut der Mastertabelle (1-Attribut)
Mehrfelderindex	Man kann auch für mehrere Attribute einer Tabelle einen Primärschlüssel festlegen, wenn zusammengenommen dadurch je Datensatz keine Duplikate vorkommen (sollen).
Fremdschlüssel	Attribut, welches mit dem Primärschlüsselfeld verbunden ist (n-Attribut in einer 1:n-Beziehung). Der Primärschlüssel verweist mit seiner Beziehung auf den Fremdschlüssel.
Sekundärschlüssel	Zweitschlüssel, der zusätzlich zum Primärschlüssel eingerichtet werden kann, um durch die Indizierung des Attributes ein schnelleres Suchen und Sortieren nach dem Attribut zu bewirken.

Aufgaben
1. Was ist richtig, was ist falsch?
   a) Wenn man eine 1:1-Beziehung einrichten will, müssen beide in Beziehung stehenden Attribute einen Primärschlüssel aufweisen.
   b) In Primärschlüsselfelder kann man auch Duplikate (gleiche Daten) eintragen.

c) In Sekundärschlüsselfelder kann man Duplikate eintragen, je nachdem, wie man dies vorher festgelegt hat.

d) Für Primärschlüssel- und Sekundärschlüssel werden Indextabellen eingerichtet, die die Daten des Attributes sortiert speichern.

e) Primär- und Sekundärschlüssel bewirken, dass die Datensätze für das Attribut langsamer angezeigt werden.

2. Im Entwurf einer Beziehung zwischen den Tabellen „tblFahrzeuge" und „tblFahrzeugarten" sind Fehler enthalten. Wie müsste der Entwurf korrekt aussehen?

6.1.5 Datenbankentwurf als ER-Diagramm darstellen

Das **ER-Diagramm** (Entity Relationship-Diagramm oder Objekt-Beziehungs-Diagramm wurde schon 1976 von **Peter Chen** entwickelt, um die gespeicherten Daten und ihre Beziehungen in einem Schaubild zu beschreiben (vgl. unten Begriffe zum ER-Diagramm). Im folgenden Schaubild wurde das Datenmodell „Bestellungen" als ER-Diagramm dargestellt, wobei die m:n-Beziehung zwischen der Entität *Bestellungen* und der Entität *Artikel* mit einer Tabelle (einem Beziehungstyp) *Bestellpositionen (LieferantenArtikel)* in zwei 1:n-Beziehungen aufgelöst wurde.

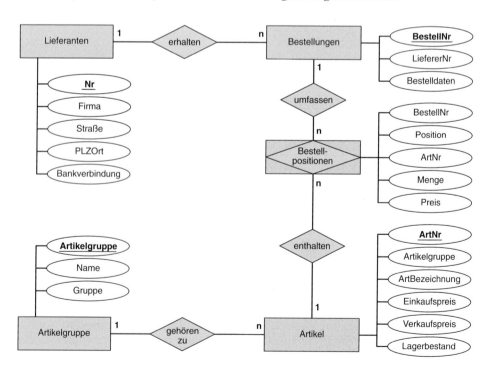

Begriffe zum ER-Diagramm	
ER-Diagramm	Entity-Relationship-Diagramm (Objekt-Beziehungs-Diagramm)
Entität (entity) (entity set)	Durch Eigenschaften beschriebenes, individuelles und identifizierbares Exemplar von Dingen, Personen oder Begriffen einer Vorstellungswelt (realen Welt), z. B. Kunde Meyer, auch Objekttyp genannt.
Entitätsmenge	Zusammenfassung von Entitäten mit gleichen Eigenschaften, z. B. alle Kunden von Firma X mit festgelegten Eigenschaften.
Attribute	Eigenschaften, die alle Entitäten einer Entitätsmenge beschreiben, oval dargestellt, z. B. KName, PLZ, Ort, KNr. Entitäten und Beziehungstypen können durch Attribute identifiziert werden.
Beziehungen (Assoziationen)	Wechselwirkungen und Abhängigkeiten zwischen Entitäten, als Raute mit Verbindungslinien dargestellt, auch Beziehungstyp genannt. Ein Beziehungstyp kann als eigene Tabelle mit Attributen definiert werden. Bei einer m:n-Beziehung muss sogar eine eigene Tabelle zur Auflösung der m:n-Beziehung in zwei 1:n-Beziehungen eingerichtet werden. Beziehungstypen mit eigener Tabelle werden mit einem Rechteck und einer Raute dargestellt.
Kardinalität (Komplexitätsgrad)	Gibt an, mit wie vielen anderen Entitäten eine Entität in Beziehung stehen muss bzw. stehen kann, z. B. 1:1, 1:n, m:n.

Aufgaben

1. Erstellen Sie in Partnerarbeit zu folgenden Kurzangaben ER-Diagramme. Diskutieren Sie jeweils verschiedene Entwurfsvarianten:

    a) Schüler erhalten Zeugnisse mit Noten über absolvierte Kurse.

    b) Eine CD enthält diverse Musiktitel. Die CDs werden von Interpreten herausgegeben. Alternative: Die Musiktitel werden von Interpreten herausgegeben.

    c) Veranstaltungen der Universität finden in Veranstaltungsräumen verschiedener Gebäude statt.

    d) Mitarbeiter aus verschiedenen Abteilungen einer oder mehrerer Firmen werden Projekten zugeordnet. Jedes Projekt hat einen oder (zeitlich versetzt) mehrere Projektleiter.

    e) Mitarbeiter erstellen täglich Stundenzettel mit Datum und erledigten Stunden für Tätigkeitsarten, evtl. mit Projektnummern versehen.

    f) Ein Hotelgast kann mit seinen Reservierungen Zimmer buchen.

    g) Patienten haben Termine bei unterschiedlichen Ärzten, die Eintragungen in die Krankenakte und für Abrechnungen vornehmen,

2. Erstellen Sie für die folgenden Tabellen ein schlüssiges ER-Diagramm und geben Sie die Primärschlüssel an:

tblKfz-Halter		
FührerscheinNr	Name	Anschrift
X-1044566	Müller, Christian	Köln
V-4332661	Schumann, Kerstin	Köln

tblHalter-Klassen			
FührerscheinNr	Klasse A	Klasse B	Klasse C
X-1044566	ja	ja	ja
V-4332661	nein	ja	nein

tblStrafregister			
FührerscheinNr	Datum	Strafpunkte	Erlasspunkte
X-1044566	15. Juni 2011	6	
X-1044566	16. Juni 2012		2
V-4332661	27. Febr. 2012	3	

tblFahrzeuge				
FKennz	FTyp	Hubraum	Baujahr	FührerscheinNr
K-ZZ888	BMW 740i	4 230	2009	X-1044566
K-T 1	BMW R 100	1 100	2011	V-4332661

3. Erstellen Sie ER-Diagramme zu folgenden auf den Vorseiten beschriebenen Datenbankentwürfen:
   a) zum Datenbankentwurf Tierheim (vgl. S. 342)
   b) zum Datenbankentwurf Cafeteria
   c) zum Datenbankentwurf Schulkantine

4. Recherchieren Sie im Internet nach einem Ihrer Meinung nach gutem ER-Diagramm und stellen Sie dieses Diagramm mit einer Kurzbeschreibung oder im Kurzvortrag vor.

6.1.6   Normalformen – Normalisierung

Situation   Mit Hilfe der Normalformenlehre kann man Datenbanken so entwerfen oder überprüfen, dass sie möglichst redundanzfrei sind. Sie wollen Ihre erstellten Entwürfe normalisieren.

Edgar Frank Codd hat ein Verfahren zur Erstellung eines Datenbankentwurfs entwickelt, das als Normalisierung bezeichnet wird. Hierbei werden „unnormalisierte" Datenbestände durch Anwendung mindestens der ersten drei Normalformen zu einem möglichst redundanzfreien Datenbankentwurf geordnet. Es gibt in der Theorie mehr als drei Normalformen, in der Praxis sind weitgehend jedoch nur die ersten drei von Bedeutung.

Das Verfahren der Normalisierung ist unabhängig von den bisher dargestellten Verfahren (Ablauf Datenbankentwurf in Kapitel 6.1.3 oder ER-Diagramm in Kapitel 6.1.5). Mit diesen Verfahren ist es ebenso möglich, eine weitgehend redundanzfreie Datenbank zu entwerfen. Nicht selten wird daher die Normalformenlehre zur Überprüfung vorhandener Datenbankentwürfe eingesetzt.

Ziele der Normalisierung:

▶ Redundanzen (Mehrfachspeicherung) vermeiden

▶ Speicherbedarf für Daten reduzieren

▶ die Performance (Schnelligkeit) der Datenbank (beim Suchen, Sortieren, Ändern) verbessern

▶ Probleme, Anomalien (ungewünschte Nebeneffekte) und Inkonsistenzen (Widersprüche) beim Einfügen, Löschen oder Ändern von Daten vermeiden

Ausgangssituation zur Normalisierung ist i.d.R. die unnormalisierte Tabelle, in der alle Attribute der gewünschten Datenbank durch Angabe des Namens und des Datentyps (Wertebereichs) beschrieben sind.

Die Normalisierung erfolgt durch die Aufstellung von mindestens drei Normalformen aus einer nichtnormalisierten Tabelle entsprechend den Vorgaben von Codd:

Normalformen	
1. Normalform	Wenn der Datenbankentwurf in der 1. Normalform ist, muss sichergestellt sein: Jede Zelle der Tabellen enthält nur eine Information, die Daten (Wertebereiche) sind **atomar** (nicht weiter zerlegbar) und die Zellen haben eine **feste Größe.** Beispiel: nicht atomarer Inhalt der Zelle: Jens Meier atomarer Inhalt der Zelle: Jens
2. Normalform	Wenn der Datenbankentwurf in der 2. Normalform ist, muss folgendes sichergestellt sein: a) 1. Normalform erfüllt b) Tabellen für Haupt- und Hilfsstammdaten, Bewegungs- und Vorgangsdaten angelegt. c) notwendige Primärschlüssel eingerichtet d) Beziehungen eingerichtet e) sichergestellt, dass alle Nicht-Schlüsselattribute einer Tabelle vom Primärschlüsselattribut **funktional** abhängig sind Beispiel:

tblSchüler

SNr (PS)	SVorname	SName	GebOrtPLZ	GebOrt	STel
101	Tim	Bauer	20148	Hamburg	784235
102	Jana	Sommer	21337	Lüneburg	439856
103	Cara	Wolters	40239	Düsseldorf	453291

	Diese Tabelle ist in der 2. Normalform, da alle Daten in den Zellen atomar sind und alle **Nicht-Schlüsselattribute** vom **Primärschlüsselfeld funktional abhängig** sind, d.h. sich in der Anzeige ändern können, wenn sich die SNr ändert.
3. Normalform	Wenn der Datenbankentwurf in der 2. Normalform ist, muss folgendes sichergestellt sein: ▶ 1 und 2. Normalform erfüllt ▶ Alle Nicht-Schlüssel-Attribute einer Tabelle sind nur vom Primärschlüsselfeld abhängig, es gibt keine **transitive Abhängigkeit** eines **Nicht-Schlüsselattributes** von einem anderen **Nichtschlüsselattribut.** Beispiel: Tabelle in der 2. Normalform:

Reisen

RNr (PS)	RZiel	RArtNr	RArtBez	RPreis
101	Paris	1	Städtereisen	178,00
102	Wien	1	Städtereisen	198,00
103	Mallorca	2	Badeurlaub	398,00

Normalformen

Tabellen in der 3. Normalform:

Reisen

RNr (PS)	RZiel	RPreis
101	Paris	178,00
102	Wien	198,00
103	Mallorca	398,00

Reisearten

RArtNr	RArtBez
1	Städtereisen
2	Badeurlaub

Erläuterung:

In der Tabelle *Reisen* der Vorseite sind alle vier Nicht-Schlüsselattribute vom Primärschlüsselattribut *RNr* abhängig, d. h. diese Felder können sich in der Anzeige ändern, wenn eine andere *RNr* aufgerufen wird. Allerdings ist das Nichtschlüsselattribut *RArtBez* abhängig vom Nicht-Schlüsselattribut *RArtNr*, sodass hierfür eine eigene Tabelle eingerichtet werden muss, um die Tabelle *Reisen* in die 3. Normalform zu bringen.

Denor-malisie-rung

Nicht immer ist eine zu weitgehende Normalisierung im Sinne einer redundanzfreien und performanten (schnellen) Datenbank. Evtl. lassen sich Abfragen in einer weniger normalisierten Datenbank besser und schneller umsetzen. So kann es sinnvoll sein, dass Attributwerte nicht unbedingt bis ins letzte Informationsdetail zerlegt werden müssen. Ein Beispiel dazu ist „StraßeNr" oder „PLZOrt". Es kann sein, das für Zwecke der Datenbank eine weitere Zerlegung in zwei Attribute „Straße" und „Nr" oder „PLZ" und „Ort" nicht notwendig ist und auch Zusatztabellen, wie sie durch die 3. Normalform entstehen, absichtlich nicht eingerichtet werden. Es kann daher sinnvoll sein, auf eine Normalisierung zu verzichten oder diese durch eine **Denormalisierung** rückgängig zu machen.

Beispiel einer Normalisierung:

Unnormalisierte Datentabelle:

Firma/Anschrift	Bestellung	Artikel
K44001 Feldmühle Weender Str. 70 37073 Göttingen	Nr. 4001 15. März 12	Nr. 30001, Warengruppe 300, Kalender Techno, EPreis 109,93 €, Menge 50, VPreis 159,52 €, Lagerbestand 300; Nr. 60001, Warengruppe 600, Poster Rock 'n' Roll, EPreis 85,39 €, Menge 100, VPreis 143,16 €, Lagerbestand 250
K44007 Schubert Medien AG Frohnhauser Str. 200 45144 Essen	Nr. 4002 17. März 12	Nr. 60003, Warengruppe 600, Poster Starwars, EPreis 92,00 €, Menge 10, VPreis 155,00 €, Lagerbestand 350

Datentabelle in der 1. Normalform:

BestellN	Nr	Firma	Straße	PLZOrt	Bankverbindung	Bestell-datum
4001	K44001	Feldmühle	Weender Str. 70	37073 Göttingen	Sparkasse Göttingen	15.03.12
4001	K44001	Feldmühle	Weender Str. 70	37073 Göttingen	Sparkasse Göttingen	15.03.12
4002	K44007	Schubert Medien AG	Frohnhauser Str. 200	45144 Essen	Geno-Volks-Bank	17.03.12

Pos	ArtNr	Gruppe Nr	GName	Gruppe	ArtBez	EPreis (EUR)	VPreis (EUR)	Menge	Lager-bestand
1	30001	300	Kalender	Handels-waren	Kalender Techno	109,93	159,52	50	300
2	60001	600	Poster	Handels-waren	Poster Rock 'n' Roll	85,39	143,16	100	250
1	60003	600	Poster	Handels-waren	Poster Starwars	92,00	155,00	10	350

Datenbankentwurf in der 2. Normalform:

Lieferanten

Nr	Firma	Straße	PLZOrt	Bankverbindung
K44001	Feldmühle	Weender Str. 70	37073 Göttingen	Sparkasse Göttingen
K44007	Schubert	Frohnhauser Str. 200	45144 Essen	Geno-Volks-Bank

1   n

Bestellungen

BestellNr	Lieferer-Nr	Bestelldatum	Position	ArtNr	Menge	Preis
4001	K44001	15. März 2012	1	30001	50	109,93 €
4001	K44001	15. März 2012	2	60001	100	85,39 €
4002	K44007	17. März 2012	1	60003	10	92,00 €

n

Artikel

ArtNr	Gruppe Nr	GName	Gruppe	ArtBez	EPreis	VPreis	Lagerbe-stand
30001	300	Kalender	Handelswaren	Kalender Techno	109,93 €	159,52 €	300
60001	600	Poster	Handelswaren	Poster Rock'n'Roll	85,39 €	143,16 €	250

Datenbankentwurf in der 3. Normalform:

Lieferanten

Nr	Firma	Straße	PLZOrt	Bankverbindung
K44001	Feldmühle	Weender Str. 70	37073 Göttingen	Sparkasse Göttingen
K44007	Schubert Medien AG	Frohnhauser Str. 200	45144 Essen	Geno-Volks-Bank

Bestellungen

BestellNr	Lieferer-Nr	Bestelldatum
4001	K44001	15. März 2012
4002	K44007	17. März 2012

Bestellpositionen

BestellNr	Position	ArtNr	Menge	Preis
4001	1	30001	50	109,93 €
4001	2	60001	100	85,39 €

Artikel

ArtNr	Artikelgruppe	ArtBez	EPreis	VPreis	Lagerbestand
30001	300	Kalender Techno	109,93 €	159,52 €	300
60001	600	Poster Rock'n'Roll	85,39 €	143,16 €	250

Artikelgruppe

Artikelgruppe	Name	Gruppe
300	Kalender	Handelswaren
600	Poster	Handelswaren

Aufgaben

Führen Sie zu folgenden nichtnormalisierten Datentabellen eine Normalisierung durch. Die Tabellen stehen als Exceldatei auf der CD zur Verfügung (Datei: Normalisierungsgrundtabellen.xls).

a)

Projekte

PNr	MName	MBildung	Abteilung	Projekt
11	Sommer	1 Studium, 2 Ausbildung, 3 ECDL	1 Einkauf	1 Einkaufslogistik 2 Arbeitsflexibilität
13	Kunze	2 Ausbildung	1 Einkauf	1 Einkaufslogistik 3 Produktqualität
51	Koch	2 Ausbildung, 4 MSCE	5 EDV	1 Einkaufslogistik 2 Arbeitsflexibilität
25	Schulze	2 Ausbildung	2 Produktion	1 Einkaufslogistik 3 Produktqualität
33	Arendt	2 Ausbildung, 5 IHK Fachwirt	3 Rechnungswesen	2 Arbeitsflexibilität
61	Priebe	2 Ausbildung, 5 IHK Fachwirt	6 Personalwesen	2 Arbeitsflexibilität 3 Produktqualität
14	Schmidt	2 Ausbildung, 6 QM-Zertifikat	1 Einkauf	1 Einkaufslogistik 3 Produktqualität
24	Pohl	2 Ausbildung, 7 Arbeitsschutz-Zertifikat	2 Produktion	1 Einkaufslogistik 3 Produktqualität

ECDL= Europäischer Computerführerschein, MSCE = Microsoft Zertifikat

b)

Multimedia								
MNr	MName	KNr	PrMit	PrName	PrModul	MFormat	MUrheber	Mdatum
1	Freiheitsstatue	D240012	61 Pfeifer	1 NewYork	Sichten	JPG	1 NYPicture	12.10.2011
2	Timessquare	D240012	61 Pfeifer	1 NewYork	Sichten	GIF	1 NYPicture	18.11.2011
3	Centralpark	D240012	61 Pfeifer	1 NewYork	Sichten	JPG	2 XMedia	25.11.2011
4	Gulliani	D240012	62 Kranz	1 NewYork	Intro	AVI	1 NYPicture	08.03.2012
5	Hymne	D240012	62 Kranz	1 NewYork	Gruesse	WAV	3 Songage	27.03.2012
6	Interviews	D240012	62 Kranz	1 NewYork	Gruesse	MIDI	2 XMedia	31.03.2012
7	Krankenhaus	D240014	63 Herz	2 AOK	Intro	AVI	4 HHFilm	04.05.2012

MName = Titel der Multimediadatei, KNr = Kunden-Nr, PrMit = Projekt-Mitarbeiter, PrName = Projekt-Name, PrModul= Modul, für das die Datei verwendet wird, MFormat=Dateiformat, MUrheber= Urheber der Multimediadatei, MDatum= Bearbeitungsdatum im Projekt

6.1.7 Drei-Schichten-Architektur

Situation Moderne Softwaresysteme sind nach der Drei-Schichten-Architektur konzipiert. Sie wollen wissen, was das ist.

Bei der Entwicklung von Softwaresystemen hat sich als positiv gezeigt, wenn man die **Anwendungsebene** (externe Sicht) von der **Datenebene** trennt. Man kann so dieselbe Anwendungsebene mit unterschiedlichen Datenbanken verknüpfen bzw. eine Datenbank mit unterschiedlichen Anwendungssystemen.

Bei Datenbanken unterscheidet man die konzeptionelle Sicht, den Datenbankentwurf, von der internen Sicht der Daten, wie sie von der Datenbanksoftware gespeichert wird. So werden die Daten von der Datenbank ganz anders und unsortiert gespeichert, als es in der Anwendersicht dargestellt wird. Wir können jedoch keinen Einblick in diese Datendarstellung bekommen. Das Datenbanksystem (wie z. B. Microsoft Access) erlaubt jedoch, die konzeptionelle Sicht oder Entwurfssicht aufzurufen sowie externe Sichten (Anwendersichten). Access unterscheidet hierbei die Tabellensicht, die Formularsicht und die Berichtssicht.

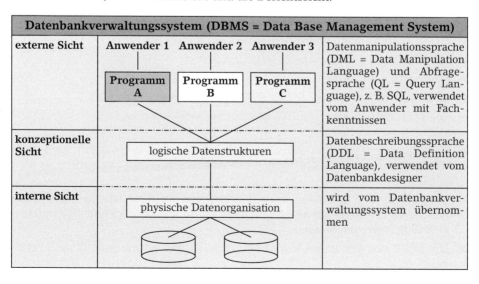

Aufgabe Recherchieren Sie im Internet zur Drei-Schichten-Architektur.

6.2   Einführung in EDV-Datenbanken und Access

Situation Sie wollen das Datenbankprogramm Access 2010 kennenlernen. Folgende Hinweise sollten beachtet werden.

Access 2010 ist die überarbeitete Version von Access 2007. Beide Versionen unterscheiden sich in der Handhabung erheblich von den Vorgängerversionen 2003 und 2000. Seit 2007 wurde auch ein neues Dateiformat (**.accdb** statt **.mdb** als Dateiendung) eingeführt. Um die Daten aus den neueren Versionen in den älteren Access-Versionen verwenden zu können, müssen sie konvertiert werden; dabei werden allerdings nicht alle Funktionen aus 2007/2010 übernommen.

Hinweise zu Vorlagen- und Lösungsdateien

Auf der CD zum Buch finden Sie für die Arbeit mit **Access 2010** Lösungsdateien und Datei-Vorlagen für Access 2007 und 2010. Kopieren Sie dafür die Dateien im Ordner *Access* in Ihr Schüler- bzw. Arbeitsverzeichnis auf dem PC. Markieren Sie die Ordner und rufen Sie mit der rechten Maustaste die Funktion **<Eigenschaften>** auf. Ändern Sie das Attribut „Schreibgeschützt" auf „nein" (kein Haken), falls hier noch der Schreibschutz aktiv ist. In den folgenden Kapiteln werden jeweils Dateien vorgeschlagen, die Sie als Vorlagen zur Erarbeitung verwenden können. Alternativ können Sie für die selbstständige Arbeit auch Dateien, wie angegeben, neu anlegen und jeweils weiter bearbeiten. Lösungsdateien können Sie parallel aufrufen, um Ihre Arbeit zu überprüfen bzw. anhand der Lösungen die Aufgabenstellungen besser zu verstehen.

Eine EDV-Datenbank ist ein Programm zur Verwaltung großer Datenmengen bzw. vieler Informationen.

Vorteile einer EDV-Datenbankverwaltung

▶ Große Datenmengen können einfach verwaltet werden.

▶ Informationen können schnell gefunden werden.

▶ Veränderungen können einfach vorgenommen werden.

▶ Beliebig viele Tabellen oder Dateien können eingerichtet werden.

▶ Die Datensatzstruktur (Aufbau des Datensatzes) kann fast beliebig groß und vielfaltig angelegt werden.

▶ Zwischen den Tabellen können Verknüpfungen (Beziehungen) hergestellt werden, sodass bei Auswertungen auf mehrere Tabellen zugegriffen werden kann.

▶ Die Speicherung der Daten kann so organisiert werden, dass die Daten möglichst redundanzfrei (ohne Mehrfachspeicherung und doppelte Datenpflege) gespeichert werden können.

▶ Die Erfassung der Daten kann über Tabellen und Formularen schnell erfolgen.

▶ Hilfemeldungen können ergänzt werden und helfen bei der Arbeit.

▶ Abfragen ermöglichen eine schnelle Suche und Auswertung in Datenbanken.

▶ Abfrageergebnisse können als Bericht ausgegeben werden.

▶ Auswertungslisten und Formulare können schnell und einfach geändert werden.

▶ Die Daten und ihre Auswertungen können in andere Programme übertragen werden (Datenexport) und Daten von anderen Programmen können in die Datenbank aufgenommen werden (Datenimport).

▶ Mit Makros können immer wiederkehrende Handgriffe automatisiert werden.

Programme wie Word oder Excel, die ebenfalls Informationen oder Daten speichern können, stoßen bei der Datenverwaltung aus vielen verschiedenen Datentabellen schnell an ihre Grenzen. Access ist in der Lage, verschiedene Datentabellen zu verknüpfen und Auswertungen mehrerer Datentabellen vorzunehmen. Durch die Verbindung mehrerer Datentabellen können Mehrfachspeicherungen **(Redundanz)** vermieden und damit zahlreiche Änderungen, wie sie bei anderen Programmen wie Excel notwendig waren, erheblich reduziert werden.

Microsoft Access ist das auf der Welt am meisten eingesetzte Datenbankprogramm, da es sehr bekannt, relativ schnell zu erlernen, benutzerfreundlich und auch für anspruchsvolle Aufgaben einsetzbar ist. Die Datenverwaltung des Programms unterscheidet verschiedene Objekte oder Komponenten, die vom Anwender individuell oder über Assistenten erstellt werden müssen:

1. **Tabellen:** Die Informationen werden als Daten in Tabellen gespeichert. Die Tabellen sind folgendermaßen aufgebaut:

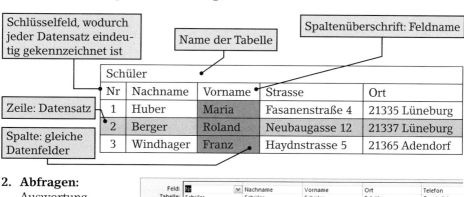

2. **Abfragen:**
   Auswertung
   bestimmter Daten

3. **Formulare:**
   Datenmasken, um Daten anzuzeigen, zu ändern
   oder neu zu erfassen

4. **Berichte:**
   Übersichten und Listen mit Daten zum Ausdrucken

5. **Makros:** Automa-
   tisierte Abfragen,
   die vorab program-
   miert wurden

Einsatzbereiche für Datenbanken

Unternehmen, Verwaltungen oder Vereine müssen viele Informationen speichern
und verwalten, sodass sie entweder Spezialprogramme zur Verwaltung ihrer Daten
oder ein Standardprogramm wie Microsoft Access einsetzen. Datenbanken werden
in Unternehmen und Organisationen vielfältig eingesetzt, z. B.:

▶ **Finanzamt:** Datenbank zur Verwaltung der Daten der Steuerpflichtigen

▶ **Banken:** Verwaltung der Daten der Bankkunden und der Zahlungsvorgänge
   oder der Mitarbeiter

▶ **Krankenhaus:** Datenbank zur Verwaltung der Patientendaten

▶ **Reiseunternehmen:** Datenbank zur Verwaltung der Reisedaten und der Kundendaten

▶ **Verkehrsbetriebe:** Verwaltung der Daten der Fahrpläne, Fahrzeuge und Fahrer

Auch Privatanwender speichern private Daten aus den verschiedensten Anlässen
und möchten ihre Daten bequem verwalten. Hier kann der Einsatz eines Daten-
bankprogramms wie Access ebenfalls eine bedienerfreundliche Lösung sein.

Wie man an den Beispielen erkennen kann, ist es keine einfache Aufgabe für
Organisationen und Unternehmen große Datenbanksysteme zu entwerfen und
einzurichten. Daher werden professionelle Datenbanken von **Datenbankentwick-
lern** entworfen und eingerichtet. Datenbankverwalter bzw. **Datenbankadministra-
toren** verwalten die Zugriffsrechte der Benutzer und sorgen für die Anpassung der
Datenbank an die Bedürfnisse der Benutzer. Benutzer der Datenbanken können
Mitarbeiter, aber auch Lieferanten oder Kunden sein. Für externe Nutzer muss die
Datenbank sehr benutzerfreundlich und einfach zu handhaben sein. Mitarbeiter
wollen evtl. eigene Abfragen, Formulare oder Berichte erstellen oder Objekte der
Datenbank auf ihre Bedürfnisse anpassen können. In diesem Fall sind Grund-
kenntnisse im Umgang mit einem Datenbanksystem notwendig.

Von der Datenbankentwicklung zur Datenbanknutzung	
Datenbankentwickler	**entwerfen** und **erstellen** professionelle Datenbank-systeme.
Datenbankadministratoren	verwalten die **Zugriffsrechte** auf die Datenbank und stellen die **Lauffähigkeit der Datenbank** in Unternehmen und Organisationen sicher und sind für die **Wiederherstellung** einer Datenbank nach einem Zusammenbruch oder einem größeren Fehler verantwortlich.
Datenbankbenutzer	nutzen die Datenbank (Eingabe und Auswertung von Daten), führen **Dateneingaben, Datenpflege** und **Informationsabfragen** durch, d. h. erstellen evtl. für ihren eigenen Arbeitsbereich und im Rahmen der Zugriffsrechte Abfragen und Berichte

6.3 Die Benutzeroberfläche von Access

6.3.1 Hauptregisterkarte Datei (Backstage-Bereich)

Situation Sie möchten die Benutzeroberflache von Access kennenlernen und stoßen als Erstes auf den neuen Backstage-Bereich des Programms.

Das Programm Access 2010 kann über **<Start>** → **<Alle Programme>** → **<Microsoft Office>** → **<Microsoft Access 2010>** aufgerufen werden. Nach dem Aufruf des Programms und der Hauptregisterkarte **<Datei>** öffnet sich folgende Ansicht:

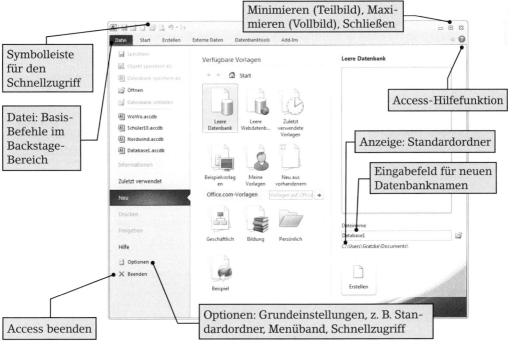

Die Backstage-Ansicht soll Ihnen für den Einstieg schnelle Handlungsmöglichkeiten eröffnen.

Hier finden Sie die Basisbefehle **<Öffnen, Speichern, Drucken, Hilfe, Optionen und Datenbank schließen>.** Diese Ansicht wird auch als Backstage-Bereich oder Hintergrundansicht bezeichnet.

Access speichert nach der Neuanlage bzw. dem Öffnen der Datenbank die Daten automatisch.

Hinweis zur Microsoft Office Schaltfläche **:**

Die Befehle der Hauptregisterkarte **<Datei>** in Access 2010 waren in der Vorgängerversion 2007 über die **<Office-Schaltfläche>** anwählbar.

<Öffnen>: Ein Explorer-Fenster wird aufgerufen, sodass Sie schnell den Datenträger, das Verzeichnis und die Datenbankdatei aufrufen können. Stellen Sie unter **<Datei>** ➔ **<Optionen>** ➔ **<Allgemein>** den **Standarddatenbankordner** so ein, dass in diesem Fenster Ihr Arbeitsverzeichnis angezeigt wird.

<Vorlagen aufrufen>: Eigene Vorlagen oder Vorlagen aus dem Internet können abgerufen werden.

<Zuletzt verwendete Datenbanken>: Im linken Bereich des Datei-Menüs (unter Datenbank schließen) werden vorher verwendete Datenbanken für den **Schnellzugriff** angezeigt, sodass ein direkter Aufruf möglich ist (Beispiel: *WoWo* oder *Schüler10*). Bei Anklicken des Befehls **<Zuletzt verwendet>** werden Ihnen weitere zuletzt verwendete Datenbanken angezeigt.

<Drucken>: Hier befinden sich die Druckoptionen und die Seitenansicht für die Druckobjekte.

<Freigeben>: Hier können Sie die Datenbank in verschiedenen Formaten speichern und für eine gemeinsame Nutzung in das Netz einstellen.

<Hilfe>: Verschiedene Hilfen werden hier oder mit der F1-Taste angeboten.

<Datenbank schließen>: Eine geöffnete Datenbank können Sie hier schließen.

<Neu> (Neue Datenbank): Hierüber oder über **<Erstellen>** (siehe Screenshot Benutzeroberfläche) kann eine neue Datenbank eingerichtet und ein Verzeichnis und Dateiname im Dialogfeld eingegeben werden.

Nach der Erstellung der Datenbank werden unter **<Datei>** zudem verschiedene **<Informa­tionen>** und Hilfen zu dieser Datenbank für Fortgeschrittene angeboten.

6.3.2 Symbolleiste für den Schnellzugriff

Bei geöffneter Datenbank ist auch die **Symbolleiste für den Schnellzugriff** aktiv.

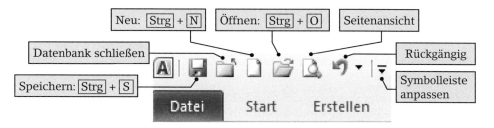

Die Symbolleiste für den Schnellzugriff wird oberhalb des Menübandes angezeigt und bietet häufig verwendete Befehle wie **<Öffnen>**, **<Speichern>**, **<Drucken>**, **<Rückgängig>** an. Sie kann über den Listenpfeil rechts angepasst werden (vgl. Aufgabe 2). Diese Befehle können auch über **Tastenkürzel** (Shortcuts) aufgerufen werden (vgl. Access-Hilfefunktionen, Kapitel 6.3.4).

Aufgaben

Rufen Sie den Befehl **<Optionen>** im Hauptregister **<Datei>** auf.

1. Stellen Sie über **<Allgemein>**
   a) das Farbschema so ein, wie es Ihnen am besten gefällt: blau, silber oder schwarz;
   b) den Standarddatenbankordner auf Ihr persönliches Verzeichnis ein. In dieses Verzeichnis sollten Sie auch die auf der CD gespeicherten Access-Dateien kopiert haben.

2. Fügen Sie der Schnellzugriffsleiste über **<Symbolleiste für den Schnellzugriff>** das Symbol **<Datenbank schließen>** hinzu.

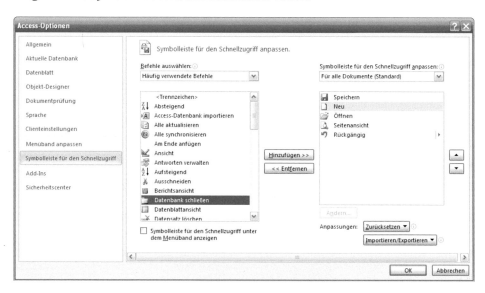

6.3.3 Menüband, Navigationsbereich und Arbeitsbereich

Situation   Sie möchten die Datenbank *WoWo* aufrufen und erkunden.

Die Datenbank *WoWo* befindet sich auf der CD im Verzeichnis *Access*. Hier finden Sie auch weitere Lösungsdatenbanken und Beispiele, die Sie gerne vorab einmal erkunden können.

Der folgende Screenshot zeigt ein Übersichtsformular zur geöffneten Datenbank. Hier können wie in einem Menü die einzelnen Objekte der Datenbank (z. B. Tabellen, Formulare) aufgerufen werden. **Das Menüband (Ribbon)** enthält verschiedene Hauptregister, die je nach aufgerufenem Objekt wechseln. Die Register können jedoch auch manuell über die Registerblattbezeichnungen oder das Laufrad der Maus gewechselt werden.

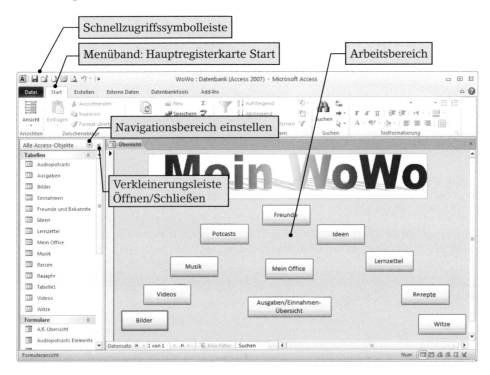

Als **Objekte** oder **Komponenten der Datenbank** können im Navigationsbereich am linken Bildschirmrand z. B. aufgelistet sein:

▶ **Tabellen:**   Sie enthalten die Daten der Datenbank.

▶ **Abfragen:**   Damit können ausgewählte Daten der Datenbank angezeigt werden.

▶ **Formulare:**   Damit werden Oberflächen angeboten, mit denen Daten erfasst oder angezeigt werden können.

▶ **Berichte:**   Damit werden Daten für einen Ausdruck vorbereitet.

Über einen Doppelklick auf einen Objektnamen im Navigationsbereich kann das Objekt geöffnet werden. Es wird dann rechts ein gesonderter Arbeitsbereich anstelle des Übersicht-Formulars angezeigt. Über die Registerreiter können Sie zwischen den einzelnen geöffneten Objekten wechseln. Objekte können über den in diesem Formular extra angelegten **<Schließen-Button>,** über die Schaltfläche **<Schließen>** rechts oben im Arbeitsbereich oder über das **<Kontextmenü>** (rechter Mausklick auf das Register des Objektes) geschlossen werden. Die gesamte Datenbank kann über die Hauptregisterkarte **<Datei>** oder die **<Schnellzugriffssymbolleiste>** geschlossen werden.

In der Hauptregisterkarte **<Start>** → Gruppe **<Ansichten>** kann über das Pull-Down-Menü **<Ansicht>** festgelegt werden, wie die Objekte im Navigationsbereich angeordnet werden sollen.

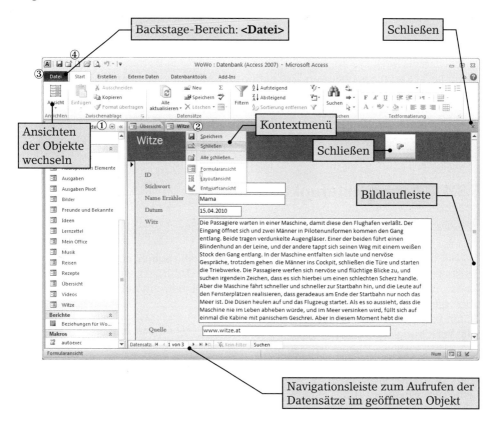

Ansichten:

▶ **Datenblattansicht:** z. B. als Tabelle, Formular, Bericht

▶ **Entwurfsansicht:** zur Konstruktion oder Einrichtung der Tabelle, des Formulars oder Berichts

▶ **Seitenansicht:** Anzeige der Druckansicht, z. B. bei Berichten oder über **<Drucken>**

Aufgaben

1. Öffnen Sie die Datenbank *WoWo* (auf CD im Verzeichnis *Access)*, rufen Sie über das Formular *Übersicht* (startet automatisch) die einzelnen Menüpunkte (Objekte) auf und erkunden Sie die Datenbank. Öffnen Sie bei Bild-, Ton- oder Videodateien die einzelnen Felder der Tabellen oder Formulare über einen Doppelklick auf die passenden Felder (Inhalt: Paket). Schließen Sie die Objekte über **<Schließen>** im Arbeitsbereich rechts oben oder mithilfe des **<Kontextmenüs>** über einen rechten Mausklick auf die Titelleiste des Objekts. Arbeiten Sie auch mit dem Navigationsbereich am linken Bildschirmrand, indem Sie ihn öffnen und Einstellungen ① vornehmen. Rufen Sie zur Erkundung einzelne Tabellen, Abfragen, Formulare und Berichte auf. Es müssten nun mehrere Registerblätter ② geöffnet sein. Schließen Sie diese und dann auch die gesamte Datenbank über die Hauptregisterkarte **<Datei>** ③ oder die **<Schnellzugriffssymbolleiste>** ④.

2. Öffnen Sie die Datenbank *Schüler* (auf CD im Verzeichnis *Access/Diverse)*. Stellen Sie den Navigationsbereich so ein, dass einerseits alle Datenbankobjekte nach dem Objekttyp angezeigt werden oder andererseits nur der Objekttyp „Formular". Öffnen Sie über den Navigationsbereich das Formular *Hauptmenue* und erkunden Sie die Datenbank, indem Sie Befehle im Startformular *(Hauptmenue)* bedienen. Schließen Sie die geöffneten Objekte wieder über **<Schließen>** oder das **<Kontextmenü>** der jeweiligen Registerkarte. Schließen Sie die Datenbank.

6.3.4   Access-Hilfefunktion

Situation   Sie möchten sich nach Hilfemöglichkeiten erkundigen.

Access bietet für Anwender verschiedene Hilfen an. Schon beim Start über die Einstiegsübersicht (vgl. Kap. 6.3.1) werden Onlineschulungen, Vorlagen und Downloads sowie Neuigkeiten angeboten. Während der Arbeit mit Access steht die Hilfe über die Taste **<F1>** oder Doppelklick auf das **<?>** zur Verfügung. Es öffnet sich das gezeigte Dialogfenster **<Access-Hilfe>**. Hier befindet sich eine Liste mit Einstiegs-Hilfethemen; ebenfalls besteht die Möglichkeit, über die **Stichwortsuche** nach Hilfetexten gezielt zu suchen.

Direkthilfe: Wird mit dem Mauszeiger auf einen Befehl (Schaltfläche) gezeigt, so wird eine **Quickinfo** angezeigt, wozu der Befehl dient. Drückt man zusätzlich die **<F1-Taste>,** werden, bezogen auf diesen Befehl, weitere Hilfetexte angezeigt.

Für den direkten Aufruf von Programmfunktionen sind für viele Funktionen Tastenkombinationen festgelegt worden, die über die Access-Hilfe (Suchen: Tastenkombinationen) und über die Quickinfo angegeben werden. Einige Tasten und Tastenkombinationen sind in der folgenden Übersicht beschrieben:

Auswahl besonderer Tasten und Tastenkombinationen
Esc = Escape, Flüchten, Abbrechen, Zurück
Tab (Tabulator) = Wechseln zum nächsten Element
Entf = Entfernen, Löschen
Ende = Wechseln zum letzten Element, Seitenende
F1 = Hilfe, auch Online-Hilfe
F2 = Wechsel zwischen Eingabemodus und Navigationsmodus
Strg + Eingabetaste (Enter) = Öffnen des markierten Objekts (z. B. Tabelle) im Entwurfsmodus
Strg + N = Öffnen einer neuen Datenbank
Strg + P = Öffnen des Dialogfensters **<Drucken>** in der Seitenansicht

Aufgaben

1. Testen Sie die Quickinfo, indem Sie mit dem Mauszeiger auf verschiedene Befehle des Menübandes gehen und die Quickinfo abrufen. Lassen Sie sich auch zusätzliche Informationen über die <F1 -Taste> anzeigen.

2. Erforschen Sie Tastenkombinationen mithilfe der Access-Hilfe oder der Quick-info und probieren Sie verschiedene Tastenkombinationen aus.

3. Gehen Sie in das Dialogfenster Access-Hilfe und erkundigen Sie sich über das Hilfeangebot.

6.4   Daten bearbeiten und drucken

6.4.1   Daten anzeigen

Situation In erster Linie müssen Access-Anwender mit schon erstellten betrieblichen Datenbanken arbeiten. Über die Übungsdatenbank von CMW lernen Sie, wie Daten geändert, erfasst und gedruckt werden können.

Zunächst müssen Sie die Datenbank *cmw* (CD im Verzeichnis Access/Vorlagen) mit dem Formular *Übersicht* öffnen.

Rufen Sie danach über *Übersicht/Stammdaten* das Formular *Kunden* auf. Am unteren Rand des Formulars erscheinen **Navigationsschaltflächen,** mit denen Sie in den Datensätzen an den Anfang ①, zurück ② oder vor ③ navigieren können. In der Anzeige im unteren Screenshot sieht man, dass derzeit der 3. Datensatz von insgesamt 14 gespeicherten Datensätzen angezeigt wird. Wollen Sie einen neuen Datensatz (Kunden) erfassen, so klicken Sie auf die Navigationsschaltfläche mit dem Stern ④.

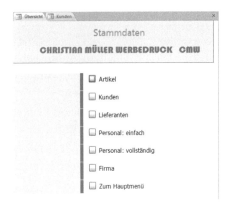

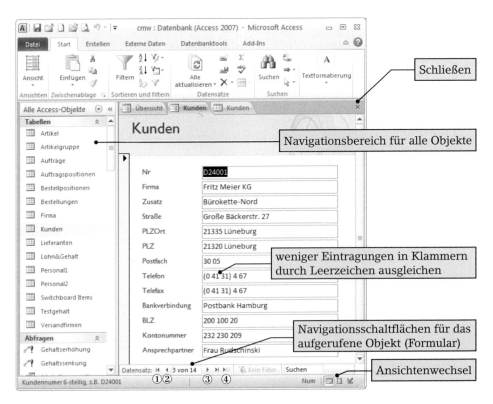

6.4.2 Daten in Tabellen erfassen und ändern

Alle Daten werden in Tabellen erfasst. Zum Formular *Kunden* gehört in dieser Datenbank eine Datentabelle *Kunden,* in der die Daten als Datensätze (in einer Zeile) gespeichert sind. Es ist möglich, statt über das Formular, die Daten in der Tabelle direkt zu erfassen oder zu ändern. Im Beispiel wurde der Datensatz *(Kunde)* D24006 mit den Navigationsschaltflächen ausgewählt. Im Feld „Firma" wurde ein Zeichen gelöscht. Diese Änderung wird durch das **Stiftsymbol** am Zeilenanfang angezeigt. Die Änderungen werden **automatisch gespeichert.**

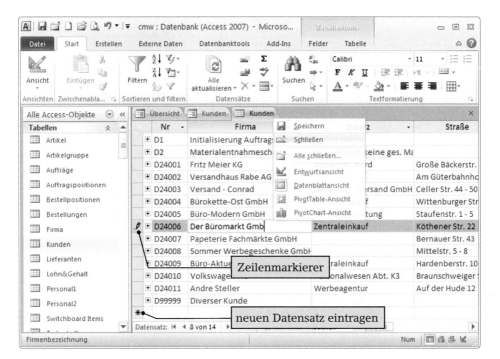

Wenn die Spalten zu schmal sind und die Inhalte nicht vollständig angezeigt werden, gehen Sie mit dem Cursor zwischen die beiden Spaltenköpfe ① (der Cursor nimmt die Form eines Kreuzes an) und verbreitern mit gedrückter Maustaste die Spalte.

Wollen Sie das Layout einer Tabelle oder eines anderen Objektes ändern, steht Ihnen in der Hauptregisterkarte **<Start>** die Befehlsgruppe **<Textformatierung>** zur Verfügung. Bei einer Tabelle können jedoch nur Formatänderungen für Spalten, Zeilen oder die ganze Tabelle vorgenommen werden. Falls eine Formatierung für ein Objekt nicht zulässig ist, wird die betreffende Schaltfläche nur schwach angezeigt.

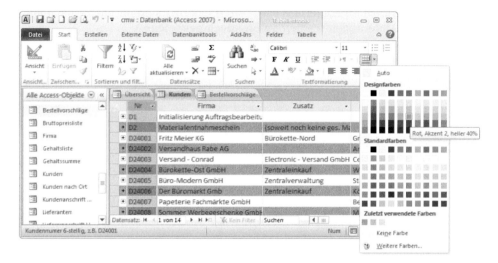

Wollen Sie einen Datensatz löschen, müssen Sie diesen nur über den **Zeilenmarkierer** (am Zeilenanfang) kennzeichnen und dann über die **<Entf-Taste>**, das **<Kontextmenü>** oder die Schaltfläche **<Löschen>** in der Befehlsgruppe **<Datensätze>** löschen.

Ein neuer Datensatz wird (zunächst) als letzter Datensatz in die Zeile mit dem * eingefügt und evtl. später je nach Sortiervorgabe automatisch einsortiert und gespeichert.

Formulare und Tabellen werden über **<Schließen>** in der rechten oberen Ecke des Arbeitsbereichs oder über das **<Kontextmenü>** des Registers geschlossen.

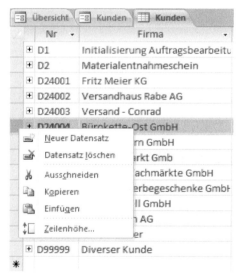

Tabellen bearbeiten

Situation Sie wollen mit der Tabelle *Artikel* einige Übungen durchführen.

Öffnen Sie über den Navigationsbereich ① per Doppelklick die Tabelle *Artikel*. Es erscheint dann im Arbeitsbereich die Datenblattansicht (Tabelle), wie sie schon aus Excel bekannt ist. Die einzelnen Datensätze werden mit den **Navigationsschaltern** aufgerufen. Der aktuelle Datensatz (Zeile) wird durch eine Markierung angezeigt. Wechseln Sie in der Tabelle *Artikel* durch Anklicken des Navigationsschalters bzw. des Datensatzzeigers ② am unteren Rand der Tabelle von Datensatz zu Datensatz. Ändern Sie einen Datensatz. In der ersten Spalte im markierten Datensatz erscheint ein Stift ③, um anzuzeigen, dass dieser Datensatz geändert wurde. Korrigieren Sie die Eingabe durch Anklicken der Schaltfläche **<Rückgängig>** ④.

Öffnen Sie auch einmal die anderen Datentabellen. Ein Stern (*) in der letzten Zeile der Datentabelle zeigt einen leeren Datensatz an. In dieser Zeile kann ein neuer Datensatz ergänzt werden. Über Markieren einer Zeile und die Taste **<Entf>**, das **<Kontextmenü>** oder die Schaltfläche **<Löschen>** in der Befehlsgruppe **<Datensätze>** ⑤ kann ein Datensatz gelöscht werden. Schließen Sie die Tabellen wieder ⑥.

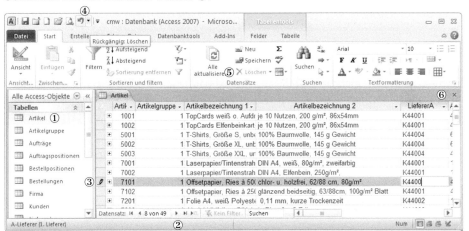

Manche Datentabellen haben so viele Datenfelder (Spalten), dass evtl. nicht alle zu ändernden Felder angezeigt werden sollen. Hier wird über die Befehlsgruppe **<Datensätze>** die Möglichkeit geboten, Spalten **auszublenden** (Hide Fields). Die Spaltenbreite kann verbreitert werden, um den gesamten Inhalt eines Feldes lesen zu können (Field Width). Die Option **<Fixieren (Freeze Fields)>** bedeutet, dass markierte Spalten in der Ansicht festgestellt werden können und die anderen Spalten

durch den Positionsanzeiger bewegt werden können. Eine Aufhebung der Fixierung geschieht über dieselbe Schaltfläche.

6.4.3   Daten drucken

Situation Sie haben in der Tabelle *Artikel* mehrere Datensatze markiert und möchten diese ausdrucken.

Rufen Sie die Tabelle *Artikel* der Datenbank *cmw* auf und kennzeichnen Sie die auszudruckenden Datensätze mit der Maus (Zeilenmarkierer). Wechseln Sie dann zur Hauptregisterkarte **<Datei>** und wählen Sie **<Drucken>** ➔ **<Drucken>**.

Im Dialogfenster **<Drucken>** muss zunächst der Drucker ausgewählt und dann ggf. der Druckbereich festgelegt werden. Sollen nur die markierten Datensätze ausgedruckt werden, reicht ein Klick auf „Markierte Datensätze". Wie in allen Office-Programmen können auch nur einzelne Seiten einer Tabelle/eines Objektes oder mehrere Exemplare ausgedruckt werden oder über **<Einrichten>** Optionen wie das Einstellen der Ränder genutzt werden.

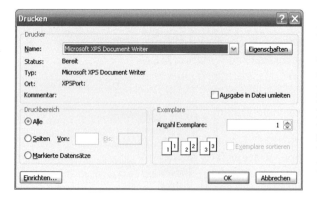

Soll das Dokument für das Internet gespeichert werden, ohne dass dabei Formatierungen verloren gehen, wählt man den „Microsoft XPS Document Writer". Er speichert das Druckdokument im XPS-Format, sodass Daten nicht ohne Weiteres geändert werden können.

Aufgaben

1. Öffnen Sie im Formular *Übersicht/Stammdaten* die Formulare *Artikel, Lieferanten* und *Personal: vollständig*. Verwenden Sie die Navigationsschaltflächen zum Navigieren. Schließen Sie die Formulare wieder über **<Schließen>**.

2. Öffnen Sie das Formular *Kunden* über einen entsprechenden Doppelklick im Navigationsbereich und fügen Sie einen neuen Datensatz über die Navigationsschaltfläche ein. Erfassen Sie folgende Daten: D24012, Papierland GmbH, Nordmannpassage 6, 30159 Hannover, Postfach 50 00, Tel. 0511 180-40, Fax 0511 180-41, Sparkasse Hannover, BLZ 250 501 80, Konto-Nr. 110920, Ansprechpartner Herr Franz Felber.

3. Rufen Sie die Berichte *Bestellvorschläge, Personalliste Lohn&Gehalt* sowie *Bestellungen* und *Rechnungen* über das Formular *Übersicht/Stammdaten* oder den Navigationsbereich auf und lassen Sie sich die Seitenansicht anzeigen. Ändern Sie auch die Seitenränder für den Ausdruck, indem Sie über das **<Kontextmenü (rechter Mausklick)>** → **<Seite einrichten>** aufrufen.

4. Öffnen Sie die Tabelle *Artikel* und blenden Sie das Feld (Spalten) *Artikelbezeichnung2* aus und wieder ein.

5. Fixieren Sie in der Tabelle *Artikel* die ersten drei Felder (Spalten) und lassen Sie sich mit der Bildlaufleiste unterhalb der Tabelle die anderen Felder anzeigen. Heben Sie die Fixierung wieder auf.

6.5   Datenbanken erstellen

Situation   Sie haben einen Datenbankentwurf für das Tierheim erstellt und wollen nun die Datenbank mit Access erstellen.

6.5.1   Neue Datenbank anlegen

Über das Hauptregister **<Datei>** → **<Neu>** können Sie entweder auf die Vorlage **<Leere Datenbank>** klicken oder gleich über die Verzeichnisauswahl im Dialogfenster **<Dateiname>** rechts unten ein neues Verzeichnis für die Datenbank eingeben. Dass es sich um eine Datei aus Access 2007 oder 2010 handelt, erkennt man an der Dateikennung .accdb im Vergleich zu **.mdb** (Dateiformate der Access-Versionen bis 2003). Dateien im Dateiformat .accdb (Access 2007 und 2010) können mit Access-Vorgängerversionen nicht aufgerufen werden. Diese Dateien müssen erst als **.mdb-Datei** gespeichert werden.

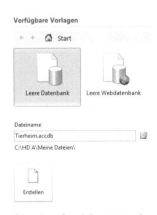

Wollen Sie allgemein den **Standarddatenbankordner** für die Speicherung der Datenbanken neu festlegen, so ist dies über das Registerblatt **<Datei>** → **<Optionen>** → **<Allgemein>** möglich.

Aufgabe   Erstellen Sie eine neue Datenbank MeinTierheim in Ihrem Arbeitsverzeichnis: einmal im Access 2007-Dateiformat und einmal im Access-2003-Dateiformat.

6.5.2   Importieren von Tabellen

Situation   Da Sie bereits Excel-Tabellen für das Tierheim erhalten haben, möchten Sie diese jetzt importieren.

Öffnen Sie Ihre Access Arbeitsdatei *Mein-Tierheim*. Importieren Sie über <Externe Daten> → <Excel> alle zehn Excel-Tabellen der Exceldatei *Tierheim* (vgl. CD unter Vorlagen). Sie müssen dazu jedes Arbeitsblatt einzeln importieren.

Beachten Sie, dass die erste Zeile jeder Tabelle Spaltenüberschriften enthält und die Checkbox aktiviert werden muss (vgl. ❷). Sie können im nächsten Schritt (vgl. ❸) für jedes Feld den Datentyp festlegen.

Beachten Sie, dass die Felder, die später in Beziehung gesetzt werden, denselben Datentyp haben. Sie können z. B. für folgende Felder (Attribute) die Datentypen schon an dieser Stelle festlegen:

EigentümerNr: Long Integer	FutterNr: Byte
EinlieferungsNr: Long Integer	MitarbeiterNr: Byte
EinlieferungsstellenNr: Long Integer	TierartenNr: Byte
ExterneBetreuerNr: Long Integer	TierNr: Long Integer

Sie sollte die Checkbox „Kein Primärschlüssel" (vgl. ❹) aktivieren, damit Access nicht zusätzlich ein Primärschlüsselfeld einrichtet.

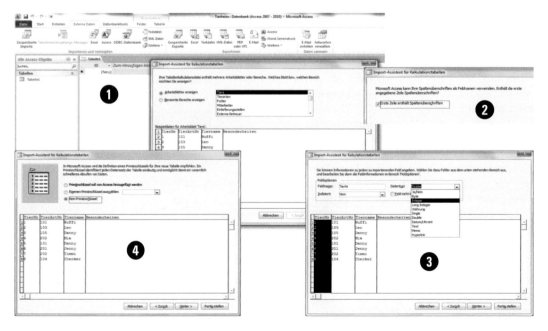

Wenn Sie alle zehn Ta-
bellen importiert haben,
müssen diese im Naviga-
tionsbereich links ange-
zeigt werden. Über einen
Doppelklick auf den Tabellennamen wird die Tabelle
rechts in einem Register-
blatt geöffnet (Schließen
rechts oben: x). Für jede
geöffnete Tabelle kann
man auch zur Entwurfs-
ansicht wechseln, um die
Entwurfseinstellungen zu
ändern.

Aufgabe Importieren Sie alle zehn Arbeitsblätter der Exceldatei Tierheim.xlsx.
Überprüfen Sie dann in Access die Tabellen, indem Sie die Datenansichten der Tabellen aufrufen und auch zur Entwurfsansicht wechseln,
um die Datentypen der Felder zu überprüfen und evtl. anzupassen (vgl.
auch folgendes Kapitel).

6.5.3 Feldeigenschaften von Tabellen

Situation Sie wollen die Entwurfsansichten überprüfen und weiter anpassen.

Über die Schaltfläche links oben bzw. über das Kontextmenü zur geöffneten Tabelle
kann man zur Entwurfsansicht für die Tabelle wechseln. Wichtig ist, dass Sie nun
die Felddatentypen überprüfen (vgl. auch Vorseite). Wenn Sie ein Felddatentyp
oben anklicken, werden unten passend dazu die Feldeigenschaften angezeigt.

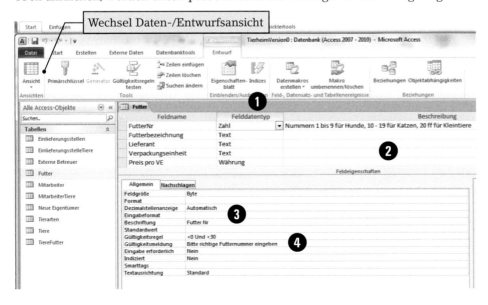

Je nach Feld und Felddatentyp **❶** stehen spezielle Auswahlmöglichkeiten zur Verfügung. Wird z. B. ein Feld aus der Spalte Felddatentyp angeklickt, so wird ein Listenfeld aktiviert, über das die zur Verfügung stehenden **Datentypen** ausgewählt werden können. Ähnlich werden auch bei Feldeigenschaften Listenfelder aktiviert. Wird bei den Feldeigenschaften ein **Schalter mit drei Punkten** angezeigt, so lässt sich damit ein **Assistent** starten, der dem Anwender beim Entwurf hilft.

Wird der Datentyp nachträglich geändert, obwohl sich schon Daten in der Tabelle befinden, kann dies Konsequenzen für die anderen gespeicherten Daten haben: z. B.

Feldgröße: Die Größe eines Datenfeldes vom **Datentyp „Text"** kann zwischen 1 und 255 Zeichen betragen. Von der Größe ist der belegte Speicherplatz abhängig. Nachträgliches Reduzieren der Feldgröße kann Daten teilweise löschen. Wird die Feldgröße verkleinert, muss entsprechend auch die Gültigkeitsprüfung angepasst werden, da Access sonst die Datenspeicherung ablehnt.

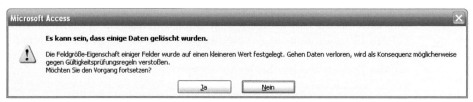

Beim **Datentyp „Zahl"** wird der Wertebereich der Zahl festgelegt. Wird z. B. „Byte" gewählt, so nimmt Access nur ganze Datenwerte bis 255 an. Soll z. B. eine 400 eingetragen werden, lehnt Access diese Zahl ab.

▶ **Byte:** ganze Zahl – Wertebereich 0 bis 255

▶ **Integer:** ganze Zahl – Wertebereich –32 768 bis 32 767

▶ **Long Integer:** ganze Zahl – Wertebereich –2 147 483 648 bis 2 147 483 647

▶ **Single:** Dezimalzahl mit 7 Dezimalstellen – Wertebereich –3,4E38 bis 3,4E38

▶ **Double:** Dezimalzahl mit 15 Dezimalstellen – Wertebereich –1,797E308 bis 1,797E308

Beim **Datentyp „Währung"** ist eine genaue Berechnung von bis zu 15 Stellen vor dem Komma und 4 Stellen nach dem Komma gewährleistet. Unterschiedliche Formatierungen können ausgewählt werden.

Format: Für den **Datentyp „Zahl"** kann z. B. eine Anzeige als Festkommazahl, Standardzahl oder Prozentzahl ausgewählt werden. Beim **Datentyp „Datum/Uhrzeit"** werden verschiedene Anzeigemöglichkeiten zur Auswahl gestellt.

Für die *FutterNr* wurde eine Beschreibung, vgl. **❷** Vorseite angegeben, die später beim Aufruf der Datenansicht und Bearbeitung des Feldes in der Statusleiste angezeigt wird. Es ist also sinnvoll, hier passende Feldbeschreibungen einzugeben.

Eingabeformat: Bei den Datenfeldtypen Text und Datum/Uhrzeit können über einen Assistenten Formate für Eingabefelder ausgewählt werden.

Für den **Datentyp „Text"** können weitgehende Vereinbarungen für die Eingabe getroffen werden, z. B. für das Feld Kontonummer: 999\ 999\ 999\ 999 Telefon: 99999\ 9999999999.

Klicken Sie im Eingabeassistenten auf die Schaltfläche

<Weiter>, so wird Ihnen das Eingabeformat mit den Formatierungszeichen angezeigt (z. B. /, „" oder #).

Hinweis: Wird ein \ oder werden „" gesetzt, so wird das folgende Zeichen nach dem \ oder das in „" eingeschlossene Zeichen fest vorgegeben, z. B.: \(LLL") _"
bewirkt: die Klammern () werden immer angeben, 3 Buchstaben müssen im Klammerbereich eingegeben werden.

Zeichen	Eingabe möglich	Hinweis
0	Ziffern 0–9	
9	Ziffern oder Leerzeichen	Eingabe erforderlich
#	Ziffern oder Leerzeichen	ohne Vorzeichen
L	Buchstaben A–Z	Eingabe erforderlich
?	Buchstaben A–Z	Eingabe nicht erforderlich

Beschriftung: Wenn nicht der Feldname zur Beschriftung des Feldes (z. B. in Formularen) verwendet werden soll, wird hier eine entsprechende Beschriftung eingegeben.

Standardwert: Wenn das Feld automatisch immer einen Standardwert erhalten soll, so kann er hier eingegeben werden. Soll z. B. das Systemdatum angezeigt werden, wird hier eingegeben: =Datum().

Gültigkeitsregel: Hier können Vorgaben gemacht werden, wie die Eintragung in das Feld beschaffen sein muss:

Gültigkeitsregeln	
Typ	**Beispiele**
Zahl	<>0 (ungleich 0), 10 oder <5
Datum/Zeit	<#1/1/98# (Datum vor 1998-01-01)
Text	wie „BBS?????" (Eingabe beginnt mit BBS und 5 beliebigen Zeichen)
	wie „W*.???" (Eingabe beginnt mit W, es folgen beliebig viele Zeichen, ein Punkt und 3 Zeichen)

Gültigkeitsregeln	
Typ	**Beispiele**
Gültigkeits-meldung	Eine Meldung, die dem Anwender bei einer Falscheingabe mitgeteilt wird.
Eingabe erforderlich	Es kann eine Eingabe vorgeschrieben werden.
Leere Zeichenfolge	Es muss mindestens ein Zeichen eingegeben werden.
Indiziert (Indexiert)	Wird für ein Datenfeld ein **Index** (indiziert) festgelegt, so organisiert die Datenbank über eine interne Indextabelle die Daten so, dass über dieses Feld schnell gesucht oder sortiert werden kann. Ein Feld, das einen Primärschlüssel erhalten hat, wird automatisch indiziert, da in der Regel nach dem Primärschlüsselfeld gesucht und sortiert wird.

Im Beispiel des Feldes FutterNr könnte z. B. eine Gültigkeitsregel „>0 und <30" eingeben werden. Access würde dann nur Zahlen in diesem Zahlenraum zulassen und bei Ungültigkeit die eingetragene Gültigkeitsmeldung anzeigen.

Access kann überprüfen, ob die gespeicherten Daten gegen die eingetragene Gültigkeitsregel verstoßen und entsprechende Meldungen abgeben.

Gültigkeitsregeln testen

Möchte man nachträglich ein Feld zwischen zwei Feldern in der Entwurfsansicht ergänzen, so helfen das Kontextmenü oder die Optionen unter **<Tabellentools>** → **<Entwurf>** → **<Tools>** im Menüband weiter. Hierüber können Felder in der Entwurfsansicht auch schneller gelöscht werden.

Zeilen einfügen

Zeilen löschen

Suchen ändern

Aufgaben

1. Öffnen Sie Ihre Datenbank *MeinTierheim* und kontrollieren bzw. überarbeiten Sie die Feldeigenschaften aller Tabellen. Geben Sie möglichst auch Feldbeschreibungen ein, die dann bei Aufruf der Tabelle für das Feld in der Statuszeile angezeigt werden.
   Erstellen Sie in Ihrer Datenbank zusätzlich nebenstehende Tabellen über <Erstellen> <Tabellenentwurf>. Achten Sie dabei darauf, dass das Feld *TNr* denselben Datentyp bekommt, wie das Feld *TierNr* in der Tabelle *Tiere*. Ansonsten können Sie später keine Beziehung mit diesem Feld herstellen.

tblBetreuerTiere	tblEigentümerneuTie
BNr	ENr
TNr	TNr
MNr	Übernahmedatum
Übernahmevon	Spende
Übernahmebis	Bemerkungen
Bemerkungen	

2. Öffnen Sie die Datenbank *wowovers1* und speichern Sie diese in Ihrem Schülerverzeichnis mit dem Datenbanknamen *MeinWoWo* ab. Ergänzen Sie folgende Tabellen mit den Datenfeldern, Felddatentypen und Feldeigenschaften:

a) Tabelle *Musik* mit den Feldern Titel (Text, 100), Interpret (Text, 100), Stil-richtung (Text, 80), Minuten (Text, 10), Datum (Datum/Uhrzeit, kurz), Format (Text, 20), Song (OLE), Hinweise (Text, 70)

b) Tabelle *Reisen* mit den Feldern Reiseziel (Text, 150), Datum (Datum/Uhrzeit, kurz), Begleiter (Text, 200), Reiseart (Text, 100), Hotel (Hyperlink), Anmer-kungen (Text, 200), Erinnerungsfoto (OLE)

c) Tabelle *Rezepte* mit den Feldern Bezeichnung (Text, 100), Quelle (Text, 40), Kategorie (Text, 30), Zutaten (Memo), Zubereitung (Memo), Anrichten (Memo), Preiskategorie (Zahl, Byte), Schwierigkeitsgrad (Zahl, Byte)

d) Tabelle *Videos* mit den Feldern Titel (Text, 50), Urheber (Text, 40), Länge in Minuten (Text, 10), Videoformat (Text, 20), Jahr (Text, 4), Quelle beschrieben (Text, 50), Quelle Link (Hyperlink), Dateigrösse in MB (Zahl, Single), Video (OLE-Objekt)

e) Tabelle *Witze* mit den Feldern Stichwort (Text, 30), Name Erzähler (Text, 40), Datum (Datum/Uhrzeit, kurz), Witz (Memo), Quelle (Text, 50)

f) Ergänzen Sie die Beschreibungen der Felder

6.5.4 Vereinfachtes Erstellen von Datentabellen

Situation Ihnen ist das manuelle Entwerfen von Datentabellen zu aufwendig. Sie wollen Tabellenvorlagen und andere Hilfen nutzen.

1. Möglichkeit: über Dateneingabe in die Datentabelle

Sie rufen eine neue Tabelle über das Hauptregister **<Erstellen>** → **<Tabel-len>** → **<Tabelle>** auf und tippen ein-fach Beispieldaten in neue Felder, z. B. Schreibtisch (Bezeichnung), 06.07.2011 (Anschaffungsdatum), Büromarkt (Her-kunft), 119,90 € (Preis), Geschenk von Opa (Sonstiges).

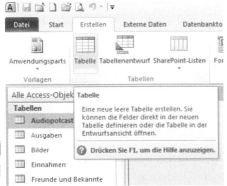

Durch einen Doppelklick auf die erste Zeile (z. B. auf „Feld1") können die Feldna-men direkt erfasst werden. Access vergibt Datentypen so, wie es der Inhalt vorgibt. Datentypen wie „Text" oder „Memo" müssen in der Entwurfsansicht später noch präzisiert werden.

2. Möglichkeit: mithilfe des Menübands und der Tabellentools

Sie können über **<Erstellen>** → **<Tabellen>** → **<Tabelle>** eine leere Tabelle auf-rufen und über die **<Tabellentools>** → **<Felder>** die Befehlsgruppe **<Hinzufü-gen und löschen>** nutzen. Alle Felddatentypen können per Klick dem aktuellen Feld zugeordnet oder auch gelöscht werden. Weitere Erleichterungen bieten die Befehlsgruppen **<Eigenschaften>** und **<Formatierung>**.

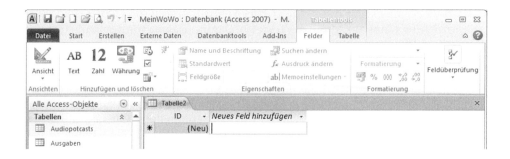

Aufgabe

Erstellen Sie in Ihrer Datenbank *MeinWoWo* oder in *WoWoVers3* eine Tabelle mit folgenden Angaben und 3 Musterdatensätzen: Tabelle: Hausinventar, Datenfelder: „Nr", „Bezeichnung", „Raum", „Kaufdatum", „Kaufpreis", „Sonstiges".

6.5.5 Primärschlüssel setzen und entfernen

Situation   Sie wollen für Ihre Datenbank *MeinTierheim* bzw. *Tierheimversion0* Primärschlüssel setzen.

Sie haben in der Datenbank *MeinTierheim* den Entwurf der Tabelle *Tiere* aufgerufen und wollen für das Feld (Attribut) *TierNr* einen Primärschlüssel (PrimaryKey) setzen. Markieren Sie dazu das Feld und ergänzen Sie über das Kontextmenü bzw. das Symbol „Primärschlüssel" das Kennzeichen.

Die Festlegung eines Primärschlüssels für dieses Feld bedeutet, dass für dieses Datenfeld nicht zweimal ein identischer Inhalt (Duplikat) gespeichert werden kann; so kann anhand der gespeicherten Daten jeder Datensatz eindeutig erkannt werden. **Indizes** verhelfen zu einem **schnelleren Datenzugriff** und beschleunigen das **Durchsuchen** und **Sortieren** der Datei (vgl. 6.1.1, 6.1.4).

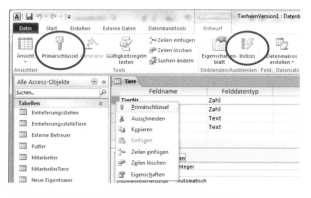

Sind allerdings schon Duplikate oder Nullwerte (leere Zeilen) für dieses Feld in der Datentabelle gespeichert, so wird eine Fehlermeldung ausgegeben. Man muss dann den Primärschlüssel wieder entfernen, zur Datenansicht wechseln und entsprechende Änderungen der Tabelle vornehmen, z. B. Leerzeilen löschen.

Über das Symbol Indizes kann man die Festlegungen für das Feld einsehen und auch Eintragungen vornehmen.

Wird ein Primärschlüssel für das Feld „Nr" festgelegt, so setzt Access die Feldeigenschaft **„Indiziert"** automatisch auf **„Ja (Ohne Duplikate)"**. Wird kein Primärschlüssel festgelegt, kann die „Indiziert-Feldeigenschaft" trotzdem aktiviert werden, um Sortier- und Suchvorgänge zu beschleunigen. Für diesen Fall wird über Feldeigenschaft **„Indiziert: Ja (Duplikate möglich)"** aktiviert.

Eingabe erforderlich	Nein
Leere Zeichenfolge	Nein
Indiziert	Nein
Unicode-Kompression	Nein
IME-Modus	Ja (Duplikate möglich)
IME-Satzmodus	Ja (Ohne Duplikate)
Smarttags	

Manchmal müssen mehrere Felder zu **Kombinationsfeldern** verknüpft werden (Mehrfelderindex), um eindeutige Schlüssel zu erhalten. Will man mehreren Feldern einen Primärschlüssel zuweisen, so muss man zunächst über die Taste **<Shift>** oder **<Strg>** mehrere Zeilen markieren und dann den Primärschlüssel als **Mehr-Felder-Index** setzen.

Aufgaben

1. Setzen Sie für Ihre Datenbank *MeinTierheim* bzw. *Tierheimversion0* Primärschlüssel für die ersten Felder der Tabellen *Tiere, Tierarten, Mitarbeiter, Einlieferungsstellen, Externe Betreuer, Neue Eigentümer* fest. Setzen Sie versuchsweise auch einmal Sekundärschlüssel für andere Felder über die Feldeigenschaft (indiziert: Ja, mit/ohne Duplikate) fest und erkunden Sie die Eintragung über das Symbol „Indiziert".

2. Öffnen Sie die Datenbank *MeinWoWo* oder *WoWoVers2* und ergänzen Sie in den Tabellen *Musik, Reisen, Rezepte, Videos* und *Witze* folgendes Primärschlüsselfeld als 1. Feld: Feldname „ID", Felddatentyp „Autowert", Primärschlüssel gesetzt. Überprüfen Sie ob in den anderen Tabellen Primärschlüssel festgelegt worden sind.

3. Versuchen Sie auch einmal, einen Mehrfelderindex einzurichten (z. B. über Markieren mehrerer Felder und das Primärschlüsselsymbol), wenn in diesen Feldern gemeinsam keine Duplikate in der Tabelle gespeichert sind. Löschen Sie diese Festsetzungen wieder.

6.5.6 Beziehungen zwischen Tabellen herstellen

Situation In Kapitel 6.1.3 haben Sie folgenden Datenbankentwurf entwickelt. Sie wollen diesen jetzt verwenden, um die Beziehungen zwischen den schon eingerichteten Tabellen herzustellen.

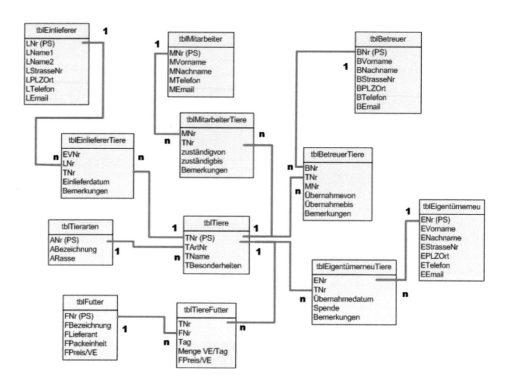

Jede echte relationale Datenbank bietet die Möglichkeit, auf Daten mehrerer Tabellen gleichzeitig zuzugreifen und deren Daten auch ändern zu können. Beziehungen dienen insbesondere dazu, Tabellen (zu einem Thema) miteinander zu vernetzen, um **Wiederholungen von Daten** (Duplikate) zu **vermeiden.** Beziehungen zwischen zwei Tabellen können hergestellt werden, wenn in beiden Tabellen ein Feld vorhanden ist, das die **gleichen Daten** und **denselben Datentyp** enthält.

Beziehungen zwischen zwei Tabellen können eine **1:1** oder eine **1:n**-Beziehung aufweisen. Bei einer 1:1-Beziehung müssen Primärschlüssel auf beiden Feldern gesetzt sein, die verknüpft wurden.

Bei einer 1:n-Beziehung darf nur auf ein Feld, auf das die „1" im Register **<Beziehungen>** der Tabelle (vgl. unten) zeigt, ein Primärschlüssel gesetzt werden. Dieses Feld wird **Primärschlüsselfeld** genannt und die Tabelle in Access **Primär-** oder **Mastertabelle.** Das Feld, auf das im Register **<Beziehungen>** (vgl. unten) das „n" weist, wird **Fremdschlüsselfeld** genannt, hat keinen Primärschlüssel. Diese Tabelle wird **Sekundär-** oder **Detailtabelle** genannt. Sie enthält im Fremdschlüsselfeld die Daten des verknüpften Primärschlüsselfeldes in beliebiger Anzahl (0 bis n mal).

Da es wichtig ist, die **referentielle Integrität** (Widerspruchsfreiheit in der Datenspeicherung) zu erhalten, kann Access diese prüfen.

Beziehungen zwischen Tabellen		
Beziehung	Erläuterung	Beispiel
1:1	In beiden Tabellen enthalten die verknüpften Felder genau dieselben Daten. Für beide Felder muss zur Feststellung der Widerspruchsfreiheit (referentiellen Integrität) ein Primärschlüssel gesetzt worden sein.	Zwei Tabellen (Personal1 und Personal2) enthalten in den verknüpften Feldern (PNr) genau dieselben Daten.
1:n	Die Tabelle (Mastertabelle), die den Primärschlüssel auf das verknüpfte Feld enthält, kann Daten nur einmalig (1) speichern. Die Tabelle (Detailtabelle), die keinen Primärschlüssel auf das verknüpfte Feld (Fremdschlüsselfeld) enthält, kann Daten des Feldes der Mastertabelle vielfach (n) enthalten, d. h. z. B. keine Daten oder Daten des Feldes der Mastertabelle mehrfach.	Die Mastertabelle (Bücher) enthält im Verknüpfungsfeld (BuchNr) genau einmalig Daten, im Fremdschlüsselfeld der verknüpften Tabelle (Bestellungen) je nach Bestellungen keine oder vielfach die Buchnummern.

Über <Datenbanktools> kann über Anklicken des Symbols <Beziehungen> das leere Beziehungsfenster aufgerufen werden. Über das Kontextmenü können die Tabellen angezeigt und dem Beziehungsfenster hinzugefügt werden.

Sie können die Tabellen mit Markieren der Titelleiste einer Tabelle und gedrückter Maustaste neu positionieren, wie es im folgenden Beziehungsfenster geschehen ist.

Wollen Sie eine Beziehung zwischen den Tabellen *Tiere* (Feld TierArtNr) und *Tierarten* (Feld TierArtenNr) herstellen, so müssen Sie ein Feld markieren und mit gedrückter Maustaste zum anderen Feld ziehen und den Mauszeiger auf dem anderen Feld ablegen. Es öffnet sich dann nebenstehendes Bearbeitungsfenster:

Sollte Access die Beziehung nicht einrichten können, kann es sein, dass Sie nicht gleiche Felder in Beziehung gesetzt haben oder die Datentypen nicht identisch sind. In diesem Fall müssen Sie das Beziehungsfenster schließen und über die Entwurfsansichten der Tabellen Fehler im Entwurf suchen oder in den Datentabellen nach nicht stimmigen Daten oder Leerzeilen fahnden. Wenn Sie den Beziehungstyp (die Kardinalität, z. B. 1:n) angegeben haben wollen, müssen Sie die **Prüfung auf referentielle Integration** aktivieren.

Sollte erst nach Aktivierung dieser Checkbox eine Fehlermeldung erscheinen, prüfen Sie Entwurf und Daten ebenfalls auf Fehler (vgl. auch unten: Referentielle Integrität).

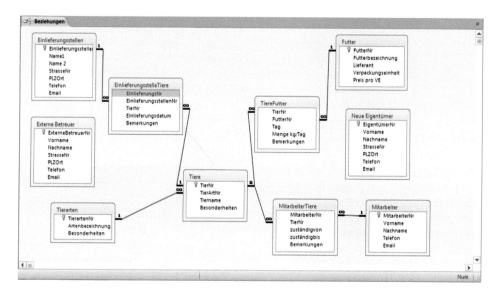

Je nach Festlegung der Primärschlüssel wird der **Beziehungstyp** „Undefiniert", „1:1" oder „1:n" angezeigt. **Undefiniert** ist der vorgeschlagene Beziehungstyp immer dann, wenn keine Primärschlüssel für die verbundenen Datenfelder festgelegt sind. Ein **1:1-Beziehungstyp** liegt dann vor, wenn für beide in Verbindung stehende Felder ein Primärschlüssel festgelegt wurde. Ein **1:n-Beziehungstyp** ergibt sich, wenn nur die Mastertabelle für die verbundenen Felder einen Primärschlüssel enthält. Auch können Sie hier die **<Aktualisierungs- und Löschweitergabe>** einstellen, müssen aber bedenken, dass dann automatisch die Aktualisierung bzw. Löschung eines Datensatzes in der Mastertabelle alle dazugehörigen Datensätze der Detailtabelle einbezieht.

Über die Schaltfläche **<Verknüpfungstyp>** können Sie drei Arten von Verknüpfungen festlegen:

[1] Gleichheitsverknüpfung oder Exklusionsverknüpfung: Diese standardmäßig eingestellte Verknüpfung wählt nur die Datensätze aus zwei verknüpften Tabellen aus, in denen die Werte der verknüpften Felder gleich sind.
[2] und [3] Inklusionsverknüpfungen: Alle Datensätze der linken [2] bzw. rechten [3] Datentabelle und nur die gemeinsamen Datensätze (Feldgleichheit) der rechten [2] bzw. linken [3] Datentabelle werden ausgewählt.

Nach Festlegung der Beziehungsdaten wird die gewählte Verknüpfung, wie auf Seite 385 abgebildet, angezeigt. Entspricht die angezeigte Verbindung nicht den Vorstellungen, kann die **Verknüpfung** durch Doppelklick auf die Verbindung oder **das Kontextmenü bearbeitet** oder mithilfe der Entf-Taste **gelöscht** werden.

Beziehungen bearbeiten und löschen

Beziehungen können über das Hauptregister **<Datenbank-tools>** aufgerufen werden. Danach öffnen sich automatisch die **<Beziehungstools>** mit dem Register **<Entwurf>**. Über die Befehlsgruppe **<Tools>** können folgende Optionen zur Bearbeitung von Beziehungen ausgewählt werden:

<Beziehungen bearbeiten>: Es öffnet sich das bereits oben beschriebene Dialog-fenster, das auch bei der erstmaligen Verknüpfung von Datentabellen erscheint.

<Layout löschen>: Es werden alle Beziehungen nach einer Vorwarnung gelöscht. Wollen Sie nur einzelne Beziehungen löschen, so müssen Sie auf die Verknüpfung zwischen den Tabellen und dann auf die Entf-Taste klicken, alternativ kann auch über das Kontextmenü gelöscht werden. Bevor das Register **<Beziehungen>** geschlossen wird, sollten Sie durch einen rechten Mausklick das **<Kontextmenü>** öffnen, um das neue **Layout zu speichern.**

<Beziehungsbericht>: Über diesen Bericht kann kontrolliert werden, ob die Beziehungen eingerichtet wurden.

Referentielle Datenintegrität

Situation Sie wollen sich noch einmal genauer mit der Einstellung der „Referentiellen Integrität" befassen.

Wenn der Anwender eine Prüfung der referenziellen Datenintegrität vornimmt, dann untersucht Access die verknüpften Tabellen auf **Widerspruchsfreiheit** in der Datenspeicherung.

Folgende Fälle werden überprüft:

▶ Die verbundenen Tabellen müssen **gleiche Datentypen** für die verbundenen Felder haben.
Abhilfe: Über den Entwurf der Datentabellen den Datentyp so einrichten, dass die zu verknüpfenden Felder den identischen Datentyp (z. B. AutoWert, Text, Zahl) aufweisen.

▶ Beziehungen zwischen Datentabellen mit Feldern der **Datentypen „Memo", „OLE-Objekt", „Ja/Nein"** oder **„Hyperlink"** sind **nicht erlaubt.**
Abhilfe: Den Datentyp ändern, z. B. in „AutoWert", „Text" oder „Zahl", bzw. die Verknüpfung über ein anderes/neues Feld herstellen.

▶ Bei 1:1-Beziehungen muss in beiden Tabellen die **gleiche Anzahl** von Datensätzen mit **identischem Feldinhalt** (für das verbundene Feld) existieren.
Abhilfe: Beide Datentabellen öffnen und überprüfen, ob die Anzahl der Datensätze übereinstimmt und ob der Inhalt für die verknüpften Datenfelder identisch ist.

▶ Bei 1:n-Beziehungen muss vorab für die **Haupt-** oder **Mastertabelle** (1:) ein **Primärschlüssel** bzw. ein **eindeutiger Schlüssel** festgelegt worden sein. Für die Detailtabelle (n) darf **kein eindeutiger Index** festgelegt sein. Abhilfe: Über die Entwurfsansicht der beiden Datentabellen überprüfen, ob die Schlüssel richtig gesetzt wurden.

Folgende Fehlermeldungen sind möglich:

▶ Für diese Beziehung ist dieselbe Anzahl von Feldern mit denselben Datentypen erforderlich.

▶ Es wurde kein eindeutiger Index für das in Beziehung stehende Feld der Primärtabelle angegeben.

▶ Sie können keine Beziehung zwischen Feldern herstellen, die einen der folgenden Datentypen haben: Memo, OLE-Objekt, Ja/Nein oder Hyperlink.

Auch im Zuge der Datenpflege (Erfassung, Änderung und Löschung von Daten) prüft Access Widersprüche in der Datenspeicherung und weist im Konfliktfall auf die referenzielle Datenintegrität hin. Der Benutzer kann nicht immer einen Löschvorgang durchführen. Access verhindert, falls nicht explizit zugelassen:

▶ das Hinzufügen von Datensätzen in der Detailtabelle, ohne dass in der Mastertabelle ein Primärdatensatz existiert,

▶ Änderungen von Werten in der Mastertabelle, die in einer Detailtabelle nicht mehr zugeordnete Datensätze zur Folge hätten,

▶ das Löschen von Datensätzen aus einer Mastertabelle, wenn übereinstimmende verknüpfte Datensätze vorhanden sind.

Sollen Beziehungen später bearbeitet werden, geschieht dies über die Schaltfläche **<Beziehungen bearbeiten>** in der Befehlsgruppe **<Tools>** in den **<Beziehungstools>**. Einfacher geht es jedoch über das **<Kontextmenü>**.

Aufgaben

1. Richten Sie für Ihre Datenbank *MeinTierheim* bzw. *tierheimvers1* die Beziehungen ein. Prüfen Sie, ob alle Tabellen wie im Entwurf mit den Beziehungen erstellt wurden.

2. Verbessern Sie die Datenbank *MeinTierheim*, indem Sie sinnvoll weitere Felder zu den Tabellen ergänzen.

3. Erläutern Sie die Beziehungen zwischen den Datentabellen innerhalb der Datenbank *MeinWoWo*. Öffnen Sie die Datenbank *MeinWoWo* oder *WoWoVers3* und richten Sie nachfolgende Beziehungen ein:

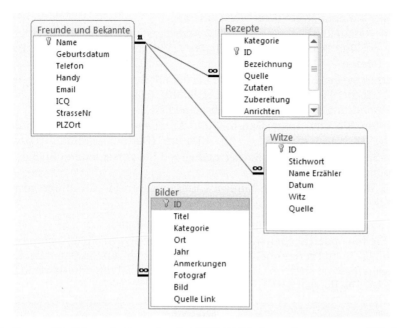

4. Legen Sie folgende Datenbank *FEWWS* (Ferienwohnungen am Wörthersee) an:

Buchungen				
ANR	**RNR**	**KNAME**	**FNR**	**BWOCHE**
5001	103	Steiner	51	16
5001	103	Steiner	51	17
5002	102	Kunz	54	24
5003	101	Maier	52	32
5003	101	Maier	52	33
5003	101	Maier	52	34
5004	102	Weyer	55	36
5005	103	Kaiser	53	29
5006	102	Moser	51	26
5006	102	Moser	51	27

Reisebüro		
RNR	**RNAME**	**RORT**
101	Burgstaller	Innsbruck
102	Elwein	Bocker
103	Reiseladen	Wien

Ferienwohnung		
FNR	**FORT**	**TPREIS**
51	Velden	80
52	Portschach	100
53	Krampendorf	90
54	Lind	75
55	Dellach	95

Hinweise:

ANR = Auftragsnummer
RNR = Reisebüronummer
KNAME = Kundenname
FNR = Nummer der Ferienwohnung
BWOCHE = Buchungswoche

RNAME = Reisebüronummer
RORT = Reisebüroort
FORT = Ort der Ferienwohnung
TPREIS = Tagespreis der Ferienwohnung

Primärschlüssel werden gesetzt auf RNR und FNR. Feldnamen „..NR" ohne Punkt.

5. Richten Sie eine neue Datenbank *biblio* ein:
   a) Importieren Sie die Datentabelle *Schüler* oder erstellen Sie eine neue Datentabelle mit den Datenfeldern „SchülerNr", „Vorname", „Nachname", „PLZ", „Ort", „Telefon".
   b) Entwerfen Sie eine neue Datentabelle *Bücher* mit den Datenfeldern „BuchNr" (Zahl), „Autor" (Text), „Titel" (Text), „gekauft" (Datum), „Preis" (Währung) und „Bemerkung" (Text). Primärschlüsselfeld ist „BuchNr".
   c) Entwerfen Sie eine neue Datentabelle *Entliehen* mit den Datenfeldern „BuchNr" (Zahl), „SchülerNr" (Zahl), „EDatum" (Datum), „RDatum" (Datum).
   d) Öffnen Sie die Datentabelle *Bücher* und geben Sie verschiedene Bücher mit unterschiedlicher „BuchNr" an.
   e) Öffnen Sie die Datentabelle *Entliehen* und erfassen Sie für einige gespeicherte Bücher die Entleihe und Rückgabe.

6. Sie sollen eine Datenbank für einen Campingplatz erstellen.
   Erstellen Sie folgende Tabellen mit angepassten Datentypen, Feldbeschreibung, Primärschlüsseln und referentiellen Beziehungen. Ergänzen Sie Daten bei Kunden. Erfassen Sie eine sinnvolle Gültigkeitsregel und -meldung für das Feld Saison in der Tabelle *Buchungen*.

Stellplatz		
PNr	Stellplatz	Preis/Tag
1001	1	20 €
1002	2	25 €
1003	3	22 €

Saison		
SNr	Art	Aufschlag
V	Vorsaison	12,50 %
H	Hauptsaison	50,00 %
N	Nachsaison	20,00 %

Kunden				
KNr	Vorname	Nachname	Anschrift	Telefon
101		Meier		
102		Müller		

Buchungen					
BNr	KNr	Platz	AnfDat	EndDat	Saison
701	101	1	09.07.2012	25.07.2012	H
702	102	3	12.11.2012	18.11.2012	N
703	103	1	11.11.2012	12.11.2012	N

7. Sie sollen für ein Fitnesscenter eine Datenbank erstellen, wobei Sie folgende Datentabellen bereits entworfen haben. Erstellen Sie folgende Tabellen mit angepassten Datentypen, Feldbeschreibung, Primärschlüsseln und referentiellen Beziehungen. Ergänzen Sie Testdaten. Welches Problem ergibt sich hier?

Kunden				
KNr	Vorname	Nachname	Anschrift	Telefon

Monatsabrechnung		
AbrNr	AbrDat	KNr

Abrechnung Verkaufsartikel				
AbrNr	VerzehrDat	ArtNr	Menge	Rabatt

Verträge		
VertrNr	VertrBez	Betrag

Abrechnung Verträge			
AbrNr	VertrNr	Monat	Rabatt

Verkaufsartikel		
ArtNr	ArtBez	Preis

6.6 Formulare in Access erstellen

Situation Sie möchten mit Formularen die Tabellen wie ein professionelles Programm so aussehen lassen.

Formulare können aus **Tabellen** oder **Abfragen** erstellt werden. Sollen Formulare Daten von mehreren Tabellen aufzeigen, so können einerseits **Abfragen** auf der **Basis mehrerer Tabellen** vorab erstellt werden, andererseits **Formulare mit mehreren Unterformularen** oder ein **Hauptformular** mit einem Unterformular oder mehreren **Unterformularen.**

Formulare dienen als Erfassungsmaske oder zum Anzeigen von Daten. Im Gegensatz zur Tabelle, in der die Datensätze immer als Zeilen und die Datenfelder als Spalten angezeigt werden, bieten Formulare verschiedene Möglichkeiten der Datenansicht. Es können in einem Formular sogar Daten mehrerer Tabellen oder Abfragen erfasst und angezeigt werden und zusätzliche Daten und Informationen bereitgestellt werden. Darüber hinaus stehen verschiedene Möglichkeiten offen, Formulare auch im Design und in der Bedienung den Anforderungen anzupassen.

Im Hauptregister **<Erstellen>** des Menübandes werden über die Befehlsgruppe **<Formulare>** verschiedene Optionen zur Formularerstellung angeboten:

Formularansichten	
Formularansicht	Diese Ansicht ist die Anwenderansicht mit der Anzeige der Daten. Änderungen am Design oder am Entwurf können nicht vorgenommen werden.
Layoutansicht	Diese Ansicht ist die Anwendersicht auf die Daten, lässt jedoch auch Änderungen am Design zu.
Entwurfsansicht	In dieser Ansicht wird die Konstruktion des Formulars ohne Daten angezeigt. Alle Änderungen in der Konstruktion und im Design sind möglich.

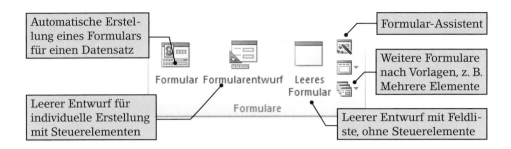

6.6.1 Einfache Formulare

Situation   Sie möchten zunächst einfache Formulare für Stammdaten erstellen.

Um einfache Formulare zu erstellen, kann man gut den Formular-Assistenten verwenden. Es öffnet sich der Assistentendialog, wo man zunächst eine Tabelle auswählen muss, die Daten für Stammdaten aufnimmt. Im Beispiel wird die Tabelle *Einlieferungsstellen* gewählt, alle Felder (>>) werden in das Feld „Ausgewählte Felder" übertragen.

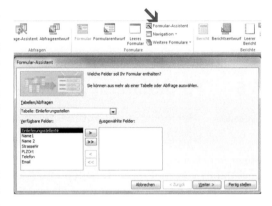

Über „Weiter" kommt man zum nächsten Dialogfenster, wählt als Layout „einspaltig" für die am meisten gewählte Darstellung aus und bestätigt auch den nächsten Dialogschritt. Mit „Fertigstellen" wird das einspaltige Formular im Registerblatt in der Formularansicht und im Navigationsbereich mit dem Formularnamen angezeigt.

Auch bei den Formularen werden die Daten- oder Formularansicht und die Entwurfsansicht unterschieden.

Über die Entwurfsansicht kann man die Elemente des Formulars anpassen, z. B. in der Größe verändern oder Farben verändern. Im Beispiel werden **Textfelder** für die Daten und **Bezeichnungsfelder** für die allgemeinen Angaben und Bezeichnungen der Datenfelder angezeigt. Bezeichnungsfelder kann man auch im Textinhalt ändern,

Textfelder enthalten in der Entwurfsansicht den Feldnamen der bezogenen Datentabelle und sollten im Namen nicht abgeändert werden.

Über <Entwurf> werden Steuerelemente angeboten, die auf dem Formularentwurf aufgebracht werden können. Zunächst sollten das Bezeichnungsfeld und die Befehlsschaltfläche von Interesse sein. Im Beispiel wurde das Symbol für **Befehlsschaltfläche** (Button) angeklickt und auf dem Formular aufgezogen. Es öffnet sich der Befehlsschaltflächenassistent, mit dem man schnell die Formularoperation „Formular schließen" mit einem Bild auswählen kann.

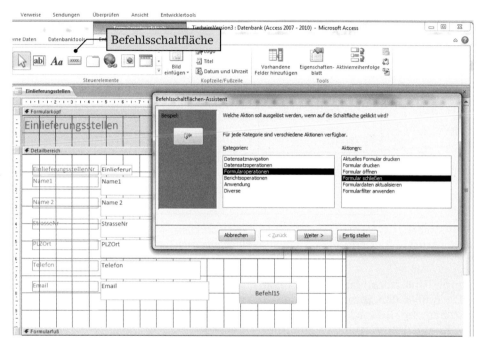

Aufgaben

1. Entwerfen Sie einspaltige Formulare für die Stammdatentabellen in Ihrer Datenbank *MeinTierheim* bzw. rufen Sie dazu *TierheimVersion2 von der CD* auf, passen Sie in der Entwurfsansicht das Layout Ihren Wünschen gemäß an und ergänzen Sie jeweils eine Befehlsschaltfläche „Formular schließen".

2. Rufen Sie Ihre Datenbank *MeinWoWo* oder die Datenbank *WoWoVers4* auf und erstellen Sie Formulare zu den Tabellen *Bilder, Freunde* und *Bekannte, Lernzettel, Ideen, Musik, Reisen, Audiopotcasts* und *MeinOffice*. Erstellen Sie auch ein Formular mit einer *Einnahmen-Ausgaben-Übersicht* (als Formular mit zwei Unterformularen). Rufen Sie evtl. zur Hilfe die Lösungsdatenbank *WoWoVers5* auf.

6.6.2 Haupt-/Unterformulare

Situation Sie wollen Daten von zwei Tabellen mit Stamm- und Bewegungsdaten im Formular anzeigen und dazu Haupt-/Unterformulare erstellen.

Haupt-/Unterformulare sind ideal, wenn man passend zu Stammdaten Bewegungs- oder Vorgangsdaten anzeigen und bearbeiten möchte. Für die Datenbank MeinTierheim entwerfen Sie folgende Haupt-/Unterformulare mit Tabellen, die in 1:n-Beziehung stehen:

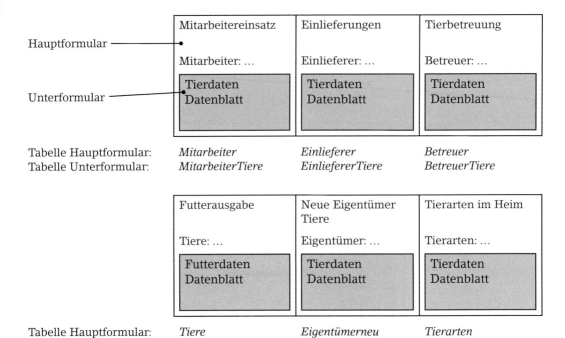

Hauptformular ⎯⎯⎯⎯•

Unterformular ⎯⎯⎯⎯

	Mitarbeitereinsatz	Einlieferungen	Tierbetreuung
	Mitarbeiter: …	Einlieferer: …	Betreuer: …
	Tierdaten Datenblatt	Tierdaten Datenblatt	Tierdaten Datenblatt

Tabelle Hauptformular:	*Mitarbeiter*	*Einlieferer*	*Betreuer*
Tabelle Unterformular:	*MitarbeiterTiere*	*EinliefererTiere*	*BetreuerTiere*

	Futterausgabe	Neue Eigentümer Tiere	Tierarten im Heim
	Tiere: …	Eigentümer: …	Tierarten: …
	Futterdaten Datenblatt	Tierdaten Datenblatt	Tierdaten Datenblatt

Tabelle Hauptformular:	*Tiere*	*Eigentümerneu*	*Tierarten*
Tabelle Unterformular:	*TiereFutter*	*EigentümerneuTiere*	*Tiere*

Haupt-/Unterformulare kann man einfach über den Formularassistenten erstellen. Im Beispiel der Erstellung des Haupt-/Unterformulars „Mitarbeitereinsatz" wurde zunächst die Tabelle *Mitarbeiter* aufgerufen, alle Felder wurden in den Auswahlbereich übertragen. Danach wird die zweite Tabelle *MitarbeiterTiere* über das Listfeld aufgerufen, ebenfalls alle Felder zum Auswahlbereich ergänzt. Access erkennt, dass diese beiden Tabellen in einer 1:n-Beziehung stehen und wird bei „Weiter" dies auch anzeigen.

Für das Unterformular kann die Anzeige tabellarisch oder als Datenblatt erfolgen. Wir belassen es bei dem Datenblatt.

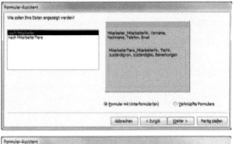

Als Ergebnis hat der Formularassistent nebenstehendes Haupt- und Unterformular erstellt. Dieses Formular sollte zunächst über das Schließen-Symbol (X) geschlossen werden, um den Formularnamen zu ändern.

Das Haupt-/Unterformular wird in der Projektnavigation als Formular *Mitarbeiter* und das Unterformular als *MitarbeiterTiere Unterformular* gespeichert. Der Name des Unterformulars darf nicht geändert werden, das Formular *Mitarbeiter* kann in „Mitarbeitereinsatz" über das **Kontextmenü** (Umbenennen) geändert werden.

Nun sollte das umbenannte Hauptformular *Mitarbeitereinsatz* wieder geöffnet werden und über das Kontextmenü in die Entwurfsansicht gewechselt werden, um Änderungen im Entwurf vorzunehmen. So wurde das Bezeichnungsfeld im Kopfbereich in „Mitarbeitereinsatz" geändert. Um die Schriftart (<Start> ➔ <Textformatierung>) zu ändern, muss einmal neben das Bezeichnungsfeld geklickt und dann der Rahmen des Bezeichnungsfeldes markiert werden.

Auch sollten die Textfelder wie im nebenstehenden Beispiel angepasst werden und der Hintergrund nach rechts erweitert werden. Ebenso kann man das gesamte Unterformular markieren und nach rechts vergrößern.

Das Bezeichnungsfeld „MitarbeiterTiere" links vom Unterformular soll entfernt werden und dafür neu ein Bezeichnungsfeld „Einsatz:" wie rechts dargestellt (über <Entwurf> ➔ <Steuerelemente> ➔ <Bezeichnungsfeld>) ergänzt werden.

Ergänzen Sie auch eine Befehlsschaltfläche, um das Hauptformular zu schließen und ändern Sie die Farben des Formulars und evtl. auch die Texte der Bezeichnungsfelder.

Aufgabe

Erstellen Sie wie oben angezeigt sechs Haupt-/Unterformulare und verbessern Sie den Entwurf wie oben dargestellt. Nennen Sie die Hauptformulare um: *Mitarbeiter1* in *Mitarbeitereinsatz, Einlieferungsstellen1* in: *Tiereinlieferungen, Betreuer1* in: *Tierbetreuung, Futter1* in: *Futterausgabe, Neue Eigentümer1* in: *Neue Eigentümer Tiere, Tierarten1* in: *Tierarten im Heim.*

6.6.3　Übersichtsformulare

Situation Sie möchten ein Übersichtsformular erstellen, von dem Sie alle Formulare per Button aufrufen können.

Hierzu muss man zunächst einen Formularentwurf aufrufen.

Fügen Sie dann in den leeren Entwurf drei **Bezeichnungsfelder** ein, um die Bezeichnungen „Mein Tierheim", „Stammdaten" und „Vorgänge" zu ergänzen. Ändern Sie die Schriftgröße und Schriftart über die Textformatierung im Registerband <Start>.

Über <Entwurf> <Steuerelemente> hat man die Möglichkeit, ein **Bild** in das Formular einzufügen.

Die **Buttons** können Sie über das Steuerelement <Befehlsschaltfläche> einfügen und über den Befehlsschaltflächenassistenten mit der **Formularoperation** „Formular öffnen" versehen. Danach wählen Sie das für den Button vorgesehene Formular aus und geben im weiteren Schritt als Text die Beschriftung für den Button ein.

Aufgaben

1. Erstellen Sie für Ihre Datenbank *MeinTierheim* oder *TierheimVersion3* das Übersichtsformular.

2. Erstellen Sie für die Datenbank *MeinWoWo* bzw. *WoWoVers5* das nebenstehende Übersichtsformular. Erstellen Sie den Titel mit Word und fügen Sie ihn ein.

6.7 Abfragen in Access erstellen

Abfragen stellen das wichtigste Auswertungsinstrument in Access dar. In der Tabelle *Kunden* der Datenbank *cmwvers5* könnte z. B. eine Abfrage nach Kunden aus Wien oder Berlin erfolgen. Abfragen können zu beliebig vielen Datenfeldern beliebiger Datentabellen erstellt werden.

Eine Abfrage kann darüber hinaus wieder Grundlage für eine weitere Abfrage, ein Formular, einen Bericht oder ein Diagramm sein. So kann man

▶ aus mehreren Tabellen eine Auswahlabfrage erzeugen, aus der dann ein Formular erstellt werden soll.

▶ aus einer Tabelle oder mehreren Tabellen selektiv Daten auswählen für ein Haupt- oder Unterformular.

Man unterscheidet verschiedene Arten von Abfragen in Access:

Abfragearten	
Auswahlabfragen	Auswahlabfragen stellen Daten einer oder mehrerer Tabellen nach einzugebenden Auswahlkriterien zusammen.
Parameterabfragen	sind eine besondere Variante der Auswahlabfrage, wobei für festgelegte Felder Parameterwerte abgefragt werden und nach diesen Werten die Abfrage erfolgt.
Aktionsabfragen	Datensätze einer oder mehrerer Tabellen können hinzugefügt, geändert, gelöscht oder in eine neue Tabelle eingestellt werden. Man unterscheidet daher die Anfügeabfrage, die Aktualisierungsabfrage, die Löschabfrage und die Tabellenerstellungsabfrage.
SQL-Abfragen	SQL-Befehle (der Datenbanksprache) erlauben die flexible Pflege von Daten (Abfragen, Aktualisieren, Verwalten).

6.7.1 Auswahlabfragen

Situation Sie möchten sich zunächst über Auswahlabfragen informieren.

Nach dem Öffnen der Datenbank *cmwvers5* richten Sie den Navigationsbereich so ein, dass als **Objekttyp** nur **Abfragen** angezeigt werden. Dazu klicken Sie oberhalb des Navigationsbereichs auf den Listenpfeil ① und öffnen die Kategorienauswahl „Abfragen".

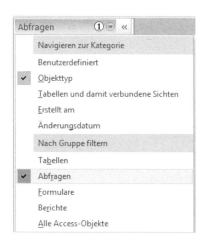

Der folgende Screenshot zeigt auf der linken Seite den Navigationsbereich mit den Abfragen und der ausgewählten Abfrage *Verbrauchsartikel*. Durch **Doppelklicken** oder **Öffnen** der Abfrage *Verbrauchsartikel* wird die Ergebnisansicht/Ergebnistabelle dieser Abfrage im Arbeitsbereich angezeigt. Sie sehen, dass aus den Datentabellen *Artikel* und *Artikelgruppen* solche Datensätze abgefragt wurden, die im Feld „Artikelnummer" den Dateiinhalt „<10000" enthalten.

Diese **Ergebnistabelle** nennt man auch ein **Dynaset**. Ein **Dynaset** ist eine Gruppe von Datensätzen, die aus einer Abfrage oder dem Anwenden eines Filters resultiert. Wenn Sie an einem Dynaset **Änderungen** vornehmen, aktualisiert **Access** automatisch die dieser Ergebnistabelle zugrunde liegenden Datentabellen. Über die **Navigationsschaltflächen** ① ② unterhalb des Arbeitsbereichs kann jeder der 25 Datensätze angezeigt, zum ersten oder letzten Datensatz gewechselt oder ein leerer (neuer) Datensatz (>*) aufgerufen werden. Durch die Bildlaufleisten ③ am unteren und rechten Rand kann man die Tabelle nach unten oder nach rechts scrollen, um sich die seitlichen und unteren Randbereiche der Tabelle – Zeilen (Datensätze) oder Spalten (Felder) – anzeigen zu lassen. Über die Schaltfläche **<Schließen>** ④ kann die Abfrage schnell wieder geschlossen werden.

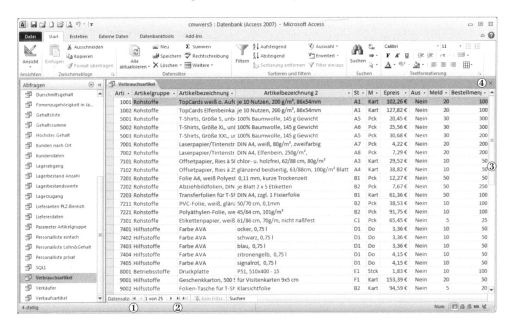

Auswahlabfragen erstellen

Situation Sie wollen eine einfache Auswahlabfrage nach Verbrauchsartikeln (Artikelnummer <10000) erstellen und sich zunächst die Entwurfsansicht der gespeicherten Abfrage ansehen.

Um zu sehen, wie diese Abfrage entworfen wurde, müssen Sie die Abfrage *Verbrauchsartikel* öffnen und dann die Entwurfsansicht über **<Menüband>** ➔ **<Start>** ➔ **<Ansicht>** aufrufen.

Noch schneller kann man zwischen der **Datenblatt-ansicht** und der **Entwurfsansicht** über die kleinen Ansichtsschaltflächen (Ansichtssteuerung) ① in der Statusleiste unterhalb des Arbeitsbereichs rechts hin- und herwechseln.

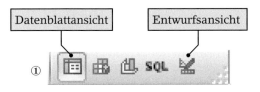

Beim Wechsel in die nachfolgende Entwurfsansicht wurde gleichzeitig auch eine neue kontextbezogene Registerkarte **<Abfragetools>** ➔ **<Entwurf>** aktiviert ②.

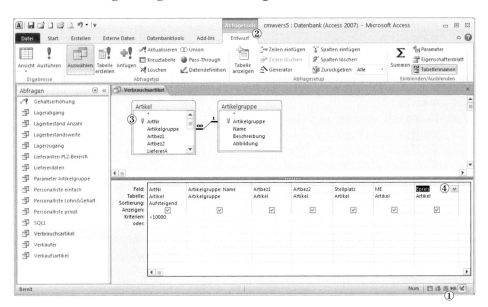

Im oberen Teil des Arbeitsbereiches der Entwurfsansicht werden die einbezogenen und verknüpften Tabellen angezeigt. Im unteren Teil, dem sog. **QBE-Bereich = Query-By-Example,** wurden die für die Abfrage relevanten Felder und Eigenschaften ausgewählt. Dazu klickt man entweder mit einem Doppelklick auf das entsprechende Feld ③ im oberen Arbeitsbereich oder man benutzt das jeweilige Listenfeld ④ im unteren Arbeitsbereich. Sollen alle Datenfelder einer Tabelle übernommen werden, so wählt man das zuerst aufgeführte Listenelement (z. B. Artikel.*) aus.

Weiterhin kann für jedes ausgewählte Datenfeld festgelegt werden, ob in dieser Abfrage danach (aufsteigend, absteigend) **sortiert** werden soll, ob es **angezeigt** werden soll oder ob weitere Kriterien zur Auswahl (als Filter) verwendet werden sollen. In unserem Beispiel wurde als Kriterium im Feld „ArtNr" „<10000" angegeben. Soll ein weiteres **Feld eingefügt werden,** so muss man das Feld rechts von der gewünschten Einfügeposition anklicken und über **<Menüband>** ➔ **<Abfragesetup>** eine Spalte einfügen. Man kann auch Felder nach links oder rechts **verschieben,** indem man diese markiert und bei gedrückter Maustaste entlang der Kopfleiste verschiebt.

Aufgaben

1. Erkunden Sie die gespeicherten Abfragen in der Datenbank *cmwvers5,* indem Sie Abfragen im Navigationsbereich per Doppelklick öffnen und die Auswahl der Datenfelder sowie den Zweck der Abfrage ermitteln. Rufen Sie auch die Entwurfsansichten der gespeicherten Abfragen auf.

2. Rufen Sie den Abfrageentwurf *Verbrauchsartikel* auf und verändern Sie die Abfrage:
   a) Löschen Sie ein Feld und fügen Sie es wieder ein.
   b) Ändern Sie die Vorgabe „Anzeigen", sodass nur noch die ArtNr angezeigt wird und wechseln Sie in die Datenblattansicht, um das Ergebnis zu überprüfen. Wechseln Sie wieder zurück in die Entwurfsansicht und lassen Sie wieder alle Felder anzeigen.
   c) Ändern Sie die Sortierung auf „Absteigend" und überprüfen Sie das Ergebnis in der Datenblattansicht. Setzen Sie die Sortierung wieder auf „Aufsteigend".
   d) Ändern Sie das Kriterium auf <500 und überprüfen Sie das Ergebnis. Setzen Sie das Kriterium wieder zurück auf <10000 und schließen Sie die Entwurfsansicht.
   e) Rufen Sie über die Multifunktionsleiste „Tabelle anzeigen" die Tabellenauswahl auf und ergänzen Sie die Tabellen *Lieferanten* und *Aufträge.* Markieren Sie danach die neuen Tabellen und löschen Sie diese wieder. Rufen Sie die Übersicht „Tabelle anzeigen" über das Kontextmenü auf.

Abfrageentwurf

Situation Sie wollen in Ihrer eigenen Datenbank ebenfalls Auswahlabfragen entwerfen. Dazu öffnen Sie zunächst einen leeren Abfrageentwurf.

Zunächst öffnen Sie die Übungsdatenbank *cmwvers4* und prüfen, ob Sie bereits die beschriebenen Beziehungen eingerichtet haben oder rufen die Version *cmwvers4b* auf. Über **<Erstellen>** ➔ **<Makros und Code>** ➔ **<Abfrageentwurf>** rufen Sie für die Abfrageerstellung einen leeren Entwurf auf. Fügen Sie die Tabellen *Artikel* und *Artikelgruppe* hinzu (anschließend **<Schließen>**). Im oberen Teil des Arbeitsbereichs werden nun die beiden verknüpften Tabellen angezeigt, der Cursor befindet sich unten im QBE-Bereich in der Zelle „**Feld".** Über das **Listenfeld** werden hintereinander alle Datenfelder (ausgenommen „Artikelgruppe") von *Artikel* und das Datenfeld „Name" von *Artikelgrup-*

pe aufgerufen. Wenn Sie das Datenfeld „Name" von *Artikelgruppe* nicht als zweites Feld aufgerufen haben, so können Sie es nachträglich nach Markieren des Feldes an die zweite Position verschieben. Das Feld „ArtNr" erhält eine aufsteigende Sortierung. Als Kriterium wird „<10000" angegeben, um alle Verbrauchsartikel zu selektieren. Für das Feld „Name" der Tabelle *Artikelgruppe* muss die Bezeichnung in „Artikelgruppe" geändert (Artikelgruppe: Name) werden. Alle aufgerufenen Felder sollen angezeigt werden. Nun müssen Sie nur noch die Entwurfsansicht schließen, einen Namen für die Abfrage (z. B. Verbrauchsartikel) vergeben und können sich danach das Abfrageergebnis über einen **Doppelklick im Navigationsbereich** ansehen.

Kriterien für Auswahlabfragen

Situation Sie wollen weitere Auswahlabfragen erstellen. Welche anderen Kriterien sind möglich? Sie stellen folgende Liste zusammen.

Eingabe/Kriterium	Abfrageergebnis
Berlin	Der Inhalt/Wert ist Berlin.
1000	Der Wert ist 1000.
>500	Der Wert ist größer 500.
<7400 und <7500	Der Wert liegt zwischen 7400 und 7500.
<200	Der Wert ist kleiner 200.
<=1-Jan-05	Das Datum ist kleiner oder gleich dem 1. Januar 2005.
=#31.12.06#	Das Datum ist der 31.12.06.
<Datum()-7	Mehr als 7 Tage vor dem heutigen Datum.
Nicht Null	Das Feld enthält einen Inhalt/Wert.
IN („Meier"; „Müller")	Das Feld enthält Inhalte mit „Meier" oder „Müller".
Wie *.05.*	Bei Geburtstag alle im Mai.
Nicht Wie „C*"	Der Inhalt hat keinen Anfangsbuchstaben „C".
Wie „[D,E]*"	Zum Beispiel alle mit Namen, beginnend mit D oder E.
Wie „[!D,!E]*"	Zum Beispiel alle mit Namen, die nicht mit D oder E beginnen.
Zwischen 30 und 40	Der Wert liegt zwischen 30 und 40.
Zwischen #01.01.98# und #31.12.06#	Das Datum liegt zwischen dem 01.01.98 und 31.12.06.
München und Wien	Datensätze, die sowohl „München" als auch „Wien" enthalten
München oder Wien	Datensätze, die „München" oder „Wien" enthalten

Aufgaben

1. Erkunden Sie in der Datenbank *cmwvers5* die Entwürfe der Abfragen *Verkaufsartikel*, *Auslaufartikel* und *Personal:einfach*. Stellen Sie fest, welche Datenfelder ausgewählt und sortiert wurden oder nach welchen Kriterien gefiltert/selektiert wurde. Lassen Sie sich über die Schaltfläche **<Datenblattansicht>** die Ergebnistabelle/das Dynaset anzeigen. Öffnen Sie Ihre Übungsdatenbank *cmwvers4b* bzw. *cmwvers4b* und entwerfen Sie vergleichbare Auswahlabfragen. Überprüfen Sie, ob das Dynaset wunschgemäß angezeigt wird.

2. Erstellen Sie (in cmwvers4) eine Abfrage *Personal: privat* mit den Tabellen *Personal1* und *Personal2*. Wählen Sie die Felder „Vorname", „Nachname", „Position" und „Foto" aus.

3. Erstellen Sie eine Abfrage *Personal: Lohn&Gehalt* mit den Tabellen *Personal1*, *Personal2* und *Lohn&Gehalt* sowie allen Feldern außer „Foto", „Anschrift" und „Telefon".

4. Richten Sie, soweit noch nicht geschehen, Beziehungen zwischen den Tabellen ein und formulieren Sie eigene Abfragen zu den verknüpften Tabellen. Ändern Sie auch die Sortierung und berücksichtigen Sie verschiedene Kriterien.

6.7.2   Parameterabfragen

Situation   Sie möchten Artikelabfragen nach verschiedenen Artikelgruppen durchführen, ohne jedes Mal eine gesonderte Abfrage erstellen zu müssen. Sie wollen daher für die Tabelle *Artikel* und das Feld „Artikelgruppe" eine Parameterabfrage [Bitte Artikelgruppe eingeben] entwerfen.

Bei Parameterabfragen wird der Abfrageentwurf so eingerichtet, dass beim Öffnen der Abfrage in einem Dialogfenster ein oder mehrere Parameterwerte eingegeben werden müssen (im Beispiel die Artikelgruppe). Nach dem eingegebenen Parameterwert erstellt Access das Dynaset. Bei der Eingabe des Parameterwertes kann auch der Joker *

vor oder nach dem Wert gesetzt werden, um eine vollständige Abfrage bei Datenfeldern mit mehreren Angaben oder bei Teilabfragen zu ermöglichen. Parameter sind Hilfsvariablen, die als Kriterium des Abfrageentwurfs in **eckige Klammern** (über Taste **<Alt Gr>**) gesetzt werden müssen. Die Anzeige des Kriterienfeldes kann über **<Kontextmenü>** → **<Zoom>** vergrößert werden. Im Beispiel wurde die Tabelle *Artikel* im Abfrageentwurf geöffnet und mit „Artikel.*" in der Zeile „Feld" der gesamte Datensatz übernommen. Zusätzlich wurde das Feld „Artikelgruppe" (ohne Anzeige) aufgerufen und als Kriterium der Parameter eingegeben. Die Abfrage wurde als **Parameter Artikelgruppe** gespeichert.

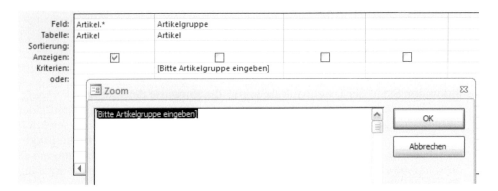

Möchte man die Eingabe des Jokers bei der Parameterabfrage vermeiden, so kann er auch direkt im Abfrageentwurf ergänzt werden. Beispiele für Parameterabfragen:

Feldname	Parametereingabe in „Kriterien"	Mögliche Abfragen
Artikelgruppe	[Bitte Artikelgruppe eingeben:]	2, 300
PLZOrt	Wie *&[Bitte Ort oder PLZ eingeben:]&*	1 100, Hannover
PLZOrt	Zwischen [Anfang PLZ-Bereich]&* Und [Ende PLZ-Bereich:]&*	2 000/4 000 2/4

Aufgabe

Erstellen Sie drei Parameterabfragen zu den Beispielen und speichern Sie diese unter *Parameter Artikelgruppe, Kunden nach Ort* und *Lieferanschriften PLZ-Bereich.*

6.7.3 Berechnungen in Abfragen

Situation Sie wollen die Auswahlabfrage *Lagerbestandswerte* erstellen, wobei im Entwurf die Felder „ArtNr", „Artbez1", „Epreis" und „Istbestand" aufgerufen werden sollen und zusätzlich der Gesamtwert jedes Artikels als „Gesamtwert:Epreis*Istbestand" berechnet werden soll.

Lagerbestandswerte				
Artikel ˅	Artikelbezeichnung 1 ˅	Epreis ˅	Istbestand ˅	Gesamtwert ˅
1001	TopCards weiß o. Aufdruck, 1000 Blatt	102,26 €	100	10.226,00 €
1002	TopCards Elfenbeinkarton o. Aufdruck, 1000	127,82 €	100	12.782,00 €
5001	T-Shirts, Größe S, unbedruckt, 10 Stück, weiß	20,45 €	120	2.454,00 €
5002	T-Shirts, Größe XL, unbedruckt, 10 Stück, we	25,56 €	150	3.834,00 €
5003	T-Shirts, Größe XXL, unbedruckt, 10 Stück, w	30,68 €	28	859,04 €
7001	Laserpapier/Tintenstrahlpapier, 500 Blatt	4,22 €	200	844,00 €
7002	Laserpapier/Tintenstrahlpapier, 100 Blatt	7,29 €	200	1.458,00 €
7101	Offsetpapier, Ries à 500 Bogen, 10 Pack	29,52 €	40	1.180,80 €
7102	Offsetpapier, Ries à 250 Bogen, 10 Pack	38,82 €	40	1.552,80 €
7201	Folie A4, weiß Polyester, Packung à 200 Blatt	12,27 €	30	368,10 €

Über die Befehlsgruppe **<Erstellen>** ➔ **<Abfrageentwurf>** können Sie eine neue Abfrage *Lagerbestandswerte* in der Entwurfsansicht erstellen, wobei Sie die Tabelle *Artikel* und die Abfrage *Aktueller Lagerbestand* hinzufügen. Im Abfrageentwurf sind die Felder „ArtNr", „ArtBez1", „Epreis" und „Istbestand" aufzurufen. Das Feld „Gesamtwert" wird zusätzlich eingetragen und kann durch eine Funktion berechnet werden. Dazu wird eine sog. **Aggregatfunktion** (Gruppierungsfunktion) ergänzt, indem z. B. die Summenfunktion über **<Abfragetools>** ➔ **<Entwurf>** ➔ **<Einblenden/Ausblenden>** ➔ **<Summen>** ① aktiviert wird. Es erscheint dann in der QBE-Übersicht eine zusätzliche Zeile „Funktion" ②. Allen genannten Feldern wird automatisch die Funktion „Gruppierung" zugewiesen. Im Feld „Gesamtwert" wird anstelle der Funktion „Gruppierung" „Ausdruck" ③ ausgewählt und hinter dem Doppelpunkt der Feldbezeichnung „Gesamtwert" die Berechnung des Gesamtwertes mithilfe von Feldern der Abfrage angegeben. Über das **<Kontextmenü>** ➔ **<Eigenschaften>** kann für dieses Feld das Format auf € umgestellt werden.

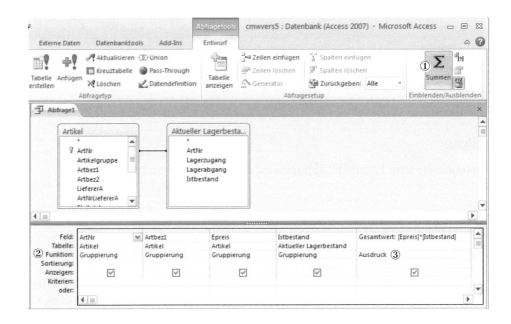

Aufgaben

1. Erstellen Sie auf der Basis von cmwvers4 eine neue Abfrage *Lagerbestandswerte,* wie weiter oben angezeigt. Rufen Sie dazu die Felder „ArtNr", „Artbez1", „Epreis" der Tabelle *Artikel* und „Istbestand" der Abfrage *Aktueller Lagerbestand* auf. Aktivieren Sie über die **<Abfragetools>** im Menüband die Schaltfläche **<Summe>** und geben Sie „Gesamtwert: Epreis*Istbestand" und „Ausdruck" ein.

2. Erstellen Sie eine Abfrage *Bestellvorschläge* mit allen Feldern der Tabelle *Artikel* und mit folgenden zusätzlichen Kriterien für Lagerbestand „<=Artikel. Meldebestand" und Bestellmenge „>0".

Funktion „Gruppierung"

Situation Sie haben gehört, dass im QBE-Entwurf Funktionen wie „Summe" einbezogen sind. Sie wollen jetzt ausprobieren, wie man diese aufruft.

Bei Anwendung der Schaltfläche **<Summen>** wird für alle Felder die Funktion „Gruppierung" standardmäßig angezeigt. Diese Funktion hat eine Gruppierung der Datenfelder zur Folge, wobei eine Sortierung entsprechend des zuerst genannten Feldes ausgeführt wird und danach eine Gruppierung der folgenden Felder erfolgt. Es sollte daher sichergestellt sein, dass das zu gruppierende Feld möglichst als erstes Feld genannt wird (vgl. folgende Aufgabe 2).

Das Listenfeld zeigt neben der Gruppierung noch weitere Funktionen an. **Alle Funktionen** sind für die **Felddatentypen** „Zahl", „Datum/Zeit", „Währung" und „AutoWert" anwendbar, die Funktionen **Min, Max** und **Anzahl** auch für den Typ „Text".

Aufgaben

1. Rufen Sie den (in cmwvers5) Entwurf für eine neue Abfrage *Gehaltssumme* auf und geben Sie für das Feld „Gehalt" der Tabelle *Lohn&Gehalt* die Funktion „Summe" an. Erkunden Sie das Ergebnis der Abfrage. Ändern Sie die Feldbezeichnung „Gehalt" in „Summe von Gehalt:Gehalt" um. Was hat sich dadurch geändert?

2. Rufen Sie die Datenbank *NWINDXP* auf und entwerfen Sie eine neue Abfrage mit dem Feld „Ort" aus der Tabelle *Kunden* und dem Feld „Lieferdatum" aus der Tabelle *Bestellungen*. Rufen Sie für beide Felder die Funktion „Gruppierung" auf. Welches Ergebnis ergibt die Abfrage? Vertauschen Sie die Felder in der Reihenfolge und prüfen Sie erneut das Ergebnis. Erläutern Sie an diesen Beispielen die Funktion „Gruppierung".

Die Funktionen ziehen nachfolgende Aktionen nach sich, wobei die Werte beim Öffnen der Abfrage immer wieder neu berechnet und nicht gespeichert werden:

Funktionen	Zweck/Berechnung
Gruppierung	Für das Feld werden die Daten zu einer Gruppe zusammengefasst; insbesondere im Zusammenhang mit Berechnungsfunktionen wirkt sich die Gruppierung aus.
Summe	Summe der Werte eines Feldes berechnen
Mittelwert	Durchschnitt der Werte eines Feldes berechnen
Min	niedrigsten Wert eines Feldes anzeigen
Max	höchsten Wert eines Feldes anzeigen
Anzahl	Anzahl der Werte eines Feldes ohne Nullwerte berechnen
StdAbw	Standardabweichung der Werte eines Feldes berechnen
Varianz	Varianz der Werte eines Feldes berechnen
Ausdruck	Als Feldname wird ein berechnetes Feld mit einem Formelausdruck angegeben, z. B.: Brutto: Betrag*1,19.
Bedingung	Es wird in „Kriterien" eine Bedingung angegeben und das Feld ausgeblendet.

Aufgaben

1. Erstellen Sie (in vers cmwvers4) eine Abfrage *Höchstes Gehalt*. Rufen Sie die Tabelle *Lohn&Gehalt* mit dem Feld „Gehalt" und der Funktion „Max" auf.

2. Erstellen Sie eine Abfrage *Durchschnittsgehalt* mit der Tabelle *Lohn&Gehalt,* dem Feld „Gehalt" und der Funktion „Mittelwert".

3. Erstellen Sie eine Abfrage *Bruttopreisliste* mit der Tabelle *Artikel* und den Feldern „ArtNr", „Artbez1", „Vpreis" und geben Sie in zwei zusätzlichen Feldern „MWSt:(VPreis*0,19)" und „Bruttopreis:Vpreis+ MWSt" sowie als Funktion „Ausdruck" ein. Ergänzen Sie unter „ArtNr" das Kriterium: „>10000 und <99999".

4. Erstellen Sie eine Abfrage *Anzahl Bestellungen* mit den Tabellen *Bestellungen* und *Lieferanten* sowie den Feldern „Lieferer-Nr", „Firma" und „BestellNr" (Funktion: Anzahl).

5. Sie möchten in Anfragen die *Betriebszugehörigkeit* a) für jeden Mitarbeiter mit Namen (Tabellen *Personal1* und *Personal2*) und b) als Mittelwert (*Mittlere Betriebszugehörigkeit*) aus der Tabelle *Personal2* berechnen.

6. Erläutern Sie Ablauf und Ergebnisse der Abfragen und geben Sie jeder Abfrage einen Namen:

a)

Feld:	FNr	BNr	Titel	Verfasser	Datum	
Tabelle:	Filialen	Bestellungen	Bücher	Bücher	Bestellungen	
Sortierung:						
Anzeigen:	☑	☑	☑	☑		☑
Kriterien:	[Bitte Filial-Nr eingeben:]				Zwischen [Bestelldatum Suche Anfang eingeben:] Und [Ende eingeben:]	
oder:						

b)

Feld:	Mitgliedsnummer	Name	Geburtsdatum	Alter: Jahr(Datum())-Jahr([Geburtsdatum])	Monatsbeitrag: Wenn([Alter]<18 Oder [Alter]>59;5;8)	
Tabelle:	Mitglieder	Mitglieder	Mitglieder			
Sortierung:						
Anzeigen:	☑	☑	☑	☑	☑	
Kriterien:						
oder:						

c)

Feld:	Übungsleiternummer	Vorname	Name	Geburtsdatum	Geburtsmonat: Monat([Geburtsdatum])		
Tabelle:	Übungsleiter	Übungsleiter	Übungsleiter	Übungsleiter			
Sortierung:							
Anzeigen:	☑	☑	☑	☑	☑	☐	☐
Kriterien:					Monat(Datum())		
oder:							

d)

Feld:	Übungsleiternummer	Name	Vorname	Gesamtvergütung_monatlich: Kursleitervergütung_monatlich		
Tabelle:	Übungsgruppe	Übungsleiter	Übungsleiter	Übungsgruppe		
Funktion:	Gruppierung	Gruppierung	Gruppierung	Summe		
Sortierung:		Aufsteigend	Aufsteigend			
Anzeigen:	☑	☑	☑	☑	☐	
Kriterien:						
oder:						

e)

Feld:	Preis_pro_Tag				
Tabelle:	Spiele				
Sortierung:					
Anzeigen:	☑	☐	☐	☐	
Kriterien:	([Um wieviel Prozent erhöhen? Bitte eine ganze Zahl eingeben]/100+1)*[Preis_pro_Tag]				
oder:					

7. Erstellen Sie in einer neuen Datenbank „Abfragesets"

   a) die Tabelle *Klassenfahrt* mit Beispielsätzen. Formulieren Sie Abfragen zu

      – Parameter Namen

      – < Datum

      – nicht bezahlt

      – Summe bezahlt

Klassenfahrt
Name
Datum bezahlt
Betrag

   b) Erstellen Sie eine Tabelle *Klassenliste* mit Beispieldaten und Abfragen zu

      – Parameter Wohnort

      – Parameter Name, wobei Vor- oder/und
        Zuname eingegeben werden kann

      – Abfrage Geburtstag nach Jahr

      – Abfrage Geburtstag nach Alter

      – Abfrage Geburtstag zwischen zwei Alters-
        angaben

      – Abfrage Hobbys

Klassenliste
Name
Geburtsdatum
Wohnort
Hobbys

   c) Erstellen Sie eine Tabelle *Spenden* mit Beispieldaten und Abfragen zu

      – Parameter Name, wobei Vor- oder/und
        Zuname eingegeben werden kann

      – Abfrage Spendenmonat

      – Abfrage größter Betrag

      – Abfrage Spendensumme

Spenden
Name
Datum
Betrag

   d) Erstellen Sie eine Tabelle *Haushaltsbuch* mit Beispieldaten und Abfragen zu

      – Parameter Datum

      – Abfrag Großeinkäufe Parameter „Ab Betrag"

      – Abfrage größter Betrag

      – Abfrage Summe der Einkäufe

      – Abfrage Einkäufe von bis

Haushaltsbuch
Bezeichnung
Datum
Betrag

6.7.4 Abfragen mit dem Abfrage-Assistenten

Situation Sie finden in der Befehlsgruppe **<Andere>** des Hauptregisters **<Erstellen>** den Abfrage-Assistenten. Sie möchten Abfragen mit dem Assistenten erstellen.

In Access stehen für gebräuchliche Abfragearten **Abfrage-Assistenten** zur Verfügung. Sie werden automatisch aktiviert, sobald über das Datenbankfenster eine Abfrage neu entworfen werden soll. Die einzelnen Abfragearten sollen hier nur kurz erläutert werden:

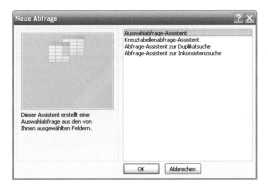

▶ **Auswahlabfrage:**   Der Anwender kann aus einer oder mehreren Tabellen Felder auswählen, sodass daraus eine Auswahlabfrage erstellt werden kann.

▶ **Kreuztabellenabfrage:**   Eine Abfrage, die gefilterte Informationen in einer Tabellendarstellung anzeigt. Sie kann gut für Berichte und Diagramme verwendet werden.

▶ **Duplikatsuche:**   Eine Abfrage, die alle Datensätze mit gleichem Inhalt in einer Tabelle oder Abfrage sucht und findet.

▶ **Inkonsistenzsuche:**   Eine Abfrage, die alle Datensätze in einer Tabelle oder Abfrage findet, die sich nicht auf Datensätze in einer anderen Tabelle oder Abfrage beziehen.

Abfrage-Assistent auswählen

Situation   Sie wollen eine Auswahlabfrage **Personaleintritt** mit den Feldern „Personal-Nr", „Vorname", „Nachname" aus der Tabelle *Personal1* und den Feldern „PLZ", „Ort" und „Eintritt" aus der Tabelle *Personal2* mithilfe des Auswahl-Abfrageassistenten erstellen.

Zunächst wird der Abfrage-Assistent über das Hauptregister **<Erstellen>** → **<Makros und Code>** → **<Abfrage-Assistent>** aufgerufen und der entsprechende Auswahlabfrage-Assistent gewählt. Über das Listenfeld können im sich öffnenden Dialogfenster die Felder beliebiger Tabellen und Abfragen angezeigt und über die Button (>, >>, <, <<) in den Auswahlbereich eingestellt werden.

Im Beispiel wurden bereits aus der Tabelle *Personal1* drei Felder ausgewählt und nun die Tabelle *Personal2* aufgerufen. Über den Button >> wurden dazu zunächst alle Felder in den Auswahlbereich übernommen und dann das überzählige Feld mit dem Button < wieder entfernt.

Über **<Weiter>** können **Zusammenfassungsoptionen** (Gruppierungen) festgelegt werden. Über **<Fertig stellen>** kann zudem der Namen der Abfrage bestimmt werden und angeben werden, in welcher Ansicht die Auswahlabfrage angezeigt werden soll.

Aufgaben

1. Erstellen Sie mit Ihrer Übungsdatenbank (bzw. *cmwvers4b*) die beschriebene Abfrage *Personaleintritt* und beliebige Abfragen mittels des Assistenten und vergleichen Sie Entwurf- und Ergebnistabelle (Dynaset).

6.7.5 Aktionsabfragen

Situation | Sie möchten in einer Datentabelle Datensätze löschen, alle Beträge in der Tabelle mit einem Aufschlag versehen oder aus vorgegebenen Tabellen Untertabellen oder Archivtabellen erstellen. Hier sollen die Aktionsabfragen helfen.

Aktionsabfragen können die Attributwerte der aufgerufenen Tabellen **verändern** oder **löschen.** Vor der Ausführung einer Aktionsabfrage sollten die Folgen der Aktionen genau bedacht werden. Wer zu Testzwecken Aktionsabfragen erstellt, sollte sich über eine Tabellenerstellungsabfrage zunächst eine Tabelle *Test* erstellen. Als Warnung erscheint vor Ausführung der Hinweis:

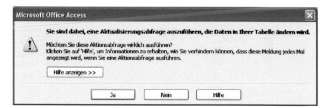

Bevor die Aktualisierungsabfrage Gehaltserhöhung ausgeführt wird, erscheint folgender Warnhinweis:

Aufgaben

1. Erstellen Sie eine neue **Tabelle** *Testgehalt,* indem Sie einen neuen Abfrageentwurf mit der Tabelle *Lohn&Gehalt,* alle Felder (*) hinzufügen und danach eine Tabellenerstellungsabfrage mit dem Tabellennamen *Testgehalt* erstellen ① und ausführen (!) ⑤. Es muss nun eine neue Tabelle *Testgehalt* identisch zu *Lohn&Gehalt* eingerichtet worden sein.

2. Aktualisieren Sie die Tabelle *Testgehalt,* indem Sie beim Abfrageentwurf die Tabelle *Testgehalt* aufrufen und das Feld „Gehalt" einbeziehen. Rufen Sie die Funktion <**Aktualisieren**> auf ③ und fügen Sie unter <**Aktualisieren im QBE-Entwurf**> folgende Formel ein: Gehalt*1,05. ④ Führen Sie die Aktualisierungsabfrage (!) aus ⑤.

3. Erstellen Sie eine Löschabfrage, wobei aus der Tabelle *Testgehalt* alle Datensätze gelöscht werden, deren Lohn-Std. > 0 ist.

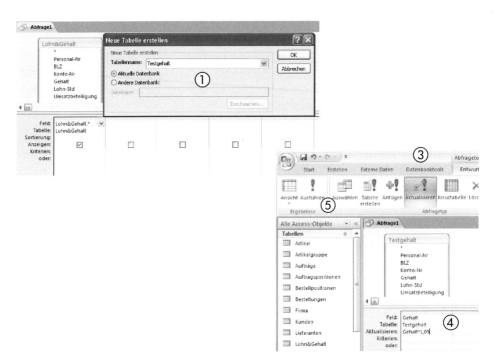

	Tabellenerstellungs-abfragen	Aktualisierungs-abfragen	Löschabfragen
Zweck	um Tabellen in derselben Datenbank unter anderem Namen zu archivieren oder für eine andere Datenbank zu erstellen	um die Attributwerte einer Tabelle durch Funktionen oder Ausdrücke zu aktualisieren	um Datensätze aus einer Tabelle zu entfernen, wobei Kriterien für die Löschauswahl festgelegt werden
Vorgehens-weise	▶ Auswahlabfrage mit den gewünschten Feldern und Kriterien der Tabelle erstellen ▶ aus der Multifunktionsleiste Funktion Tabelle erstellen aufrufen, Tabellenname vergeben und Ausführen-Befehl (!) aufrufen ▶ überprüfen, ob als neues Objekt die Tabelle erstellt wurde	▶ überprüfen, ob Sicherungskopie der Datenbank notwendig ▶ Auswahlabfrage mit den zu aktualisierenden Feldern und Kriterien der Tabelle erstellen ▶ Auswahlabfrage testen ▶ aus der Multifunktionsleiste Aktualisierungsabfrage aufrufen ▶ überprüfen, ob die ausgewählten Felder der Tabelle aktualisiert wurden	▶ überprüfen, ob Sicherungskopie der Datenbank notwendig ▶ Auswahlabfrage mit den zu löschenden Feldern und Kriterien der Tabelle erstellen ▶ Auswahlabfrage testen ▶ aus der Multifunktionsleiste Löschabfrage aufrufen ▶ überprüfen, ob die ausgewählten Datensätze der Tabelle gelöscht wurden

6.7.6 SQL-Abfragen

Situation Sie haben gehört, dass Abfragen ohne die QBE-Übersicht mit sogenannten SQL-Befehlen erstellt werden können. Sie wollen wissen,
was SQL ist.

Mithilfe von **SQL** (Structured Query Language – strukturierte Abfragesprache)
können Datenbankanwender **relationale Datenbanken,** wie z. B. Microsoft Access,
abfragen, aktualisieren und *verwalten.* Wenn man eine Abfra-
ge in der Entwurfsansicht (QBE) erstellt, erzeugt Microsoft
Access im Hintergrund die zugehörigen SQL-Anweisungen.
Diese SQL-Anweisungen lassen sich in der **SQL-Ansicht**
bearbeiten.

Im Folgenden soll die **SQL-Ansicht** der Auswahlabfrage
Auslaufartikel angezeigt werden. Dazu wird zunächst die
Entwurfs- oder QBE-Ansicht der Abfrage aufgerufen. Von
der Entwurfsansicht kann über das Ansichtsmenü bzw.
die Steuerungsleiste unten rechts ① schnell auf die SQL-
Ansicht gewechselt werden. Über den Ausführenbefehl **(!)**
wird die Abfrage bearbeitet.

Eine neue Abfrage kann man erfassen, indem man zunächst eine **leere Abfrage**
öffnet und dann auf die SQL-Ansicht wechselt. In dem leeren Formular können
nun die SQL-Anweisungen eingetragen werden.

SQL ist eine nach **ANSI** genormte Abfragesprache, die für Access leicht abgewan-
delt wurde. Zahlreiche Befehle erlauben **das Abfragen in Tabellen, Ändern von
Daten, Erstellen und Löschen neuer Tabellen** und vieles mehr. Hier kann nur ein
erster Einstieg ermöglicht werden. Der Grundaufbau wird in folgender Übersicht
erläutert:

SQL-Grundaufbau am Beispiel	Erläuterung
SELECT ArtNr, Artbez1, Lagerbestand	Wähle die Felder (Attribute) ArtNr, Artbez1 usw.
FROM Artikel	der Tabelle Artikel
WHERE Auslaufartikel=Yes	mit der Bedingung Auslaufartikel=Yes
ORDER BY ArtNr	aufsteigend sortiert nach dem Feld ArtNr

Aufgaben 1. Geben Sie an, welche Ergebnisliste folgende Abfragen ergeben würde. Testen Sie die Abfragen auch mit SQL (Datenbank
cmwvers5).

a) SQL1:
```
SELECT Nr, Firma, PLZOrt
FROM Kunden
WHERE PLZOrt Like „*Lüneburg"
```

b) SQL2:
```
SELECT Firma, Straße, PLZOrt, Telefon, Telefax, Ansprechpartner
FROM Lieferanten
WHERE Ansprechpartner Is Not Null
ORDER BY Firma;
```

c) SQL3:
```
SELECT [Personal-Nr], Gehalt
FROM [Lohn&Gehalt]
WHERE Gehalt>2500
ORDER BY Gehalt DESC;
```

2. Sie entdecken in den Abfragen noch weitere SQL-Befehle und Funktionen wie DISTINCTROW, DISTINCT, AS, LIKE, TOPn, IS NULL,
GROUP BY, COUNT HAVING, Int, Sum, AVG, INTO, UPDATE, SET,
DROP. Erarbeiten Sie über die Indexhilfe die o. a. SQL-Befehle und
stellen Sie eine Übersicht dieser Befehle in folgender Tabelle auf.

SQL-Befehl	Erläuterung	Beispiel

3. Rufen Sie die SQL-Ansichten folgender Abfragen auf und beschrei-
ben Sie die Funktion der SQL-Befehle. Verwenden Sie die Übersicht
(Datei) „SQL-Abfragen-Übersicht" der CD zum Fachbuch.
Abfragen: Anzahl Bestellungen, Firmenzugehörigkeit, Bruttopreis-
liste, Gehaltssumme, Lagerbestand Anzahl, Lagerwert insgesamt,
Lagerbestandswerte, Lagerwert Artikelgruppe, Erstellung Text,
Gehaltserhöhung und Gehaltssenkung.

4. Geben Sie eine Erläuterung für folgende SQL-Abfragen. Geben Sie
der Abfrage eine treffende Kurzbezeichnung

a)
SELECT Mitarbeiter.MNr, Mitarbeiter.Name, Mitarbeiter.Ort
FROM Mitarbeiter
WHERE ((Mitarbeiter.Ort)<>"Oldenburg"));

b)
SELECT Mitarbeiter.MNr, Mitarbeiter.Name, Mitarbeiter.Vorname,
Mitarbeiter Geburtsdatum
FROM Mitarbeiter
WHERE ((Mitarbeiter.Geburtsdatum) LIKE „*.*.1950")
ORDER BY Mitarbeiter.Geburtsdatum;

c)
SELECT Kunden.Nachname, Kunden.Telefon,
FROM Kunden
WHERE ((Kunden.PLZ) BETWEEN 20000 AND 30000));

d)

SELECT Kunden.Nachname, Kunden.Vorname, Kunden.PLZ, Kunden.Ort
FROM Kunden
WHERE ((Kunden.EmailAdresse) IS Null)
ORDER BY Kunden.Nachname;

e)

SELECT Kunden.Nachname, Kunden.Vorname,Kunden.Geburtsdatum, DateDiff(„yyyy",Geburtsdatum,Date()) AS Alter
FROM Kunden
ORDER BY DateDiff(„yyyy",Geburtsdatum,Date()) DESC;

f)

SELECT Kunden.Nachname, Kunden.Vorname, Kunden.Geburtsdatum, DateDiff(„yyyy",geburtsdatum,Date()) AS Alter
FROM Kunden
WHERE ((DateDiff(„yyyy",geburtsdatum,Date())<21) AND ((Kunden.Geschlecht)=w)
ORDER BY DateDiff(„yyyy",geburtsdatum,Date());

g)

SELECT DateDiff(„yyyy",Geburtsdatum,Date()) AS Alter,
Count(Kunden.KNr) AS [Anzahl Kunden]
FROM Kunden
GROUP BY DateDiff(„yyyy",Geburtsdatum,Date());

h)

UPDATE Kunden SET Kunden.Bonus = Umsatz*Bonussatz/100;

i)

SELECT Sum(Mitarbeiter.Gehalt), Avg(Mitarbeiter.Gehalt),
Min(Mitarbeiter.Gehalt) , Max(Mitarbeiter.Gehalt)
FROM Mitarbeiter;

j)

SELECT Year(Patienten.Aufnahme) AS Jahr, Patienten.Abteilung, Count(Patienten.Nachname) AS [Anzahl Patienten],
Sum(Tagessatz*(Entlassung-Aufnahme)) AS Umsatz,
FROM Tagessatz INNER JOIN Patienten ON Tagessatz.Satznr=Patienten.Satznr
GROUP BY Year(Aufnahme), Patienten.Abteilung
ORDER BY Year(Aufnahme), Patienten.Abteilung;

5. Für den Mitarbeiter Kai Krause (507) wurde in der Tabelle *Fehltage* ein Datensatz falsch erfasst. Herr Krause hatte am 10.07.12 keinen Urlaubstag erhalten, sondern war ab 10.07.12 zwei Tage krank geschrieben. Sie sollen mit Hilfe einer SQL-Anweisung die Tabelle korrigieren.

Fehltage

FZPos	MNr	Von_Datum	Bis_Datum	Grund	Fehltage
1	501	18.02.2012	23.02.2012	Urlaub	4
2	512	06.05.2012	07.05.2012	Krank	2
3	507	10.07.2012	10.07.2012	Urlaub	1

6. Erläutern Sie die SQL-Abfragen, evtl. auch mit Hilfe eines Struktogramms und geben Sie der Abfrage einen treffenden Namen:

a)

SELECT Patienten.Nachname, Patienten.Vorname, Patienten.Aufnahme, Patienten.Telefon, Patienten.Entlassung, (Entlassung-Aufnahme) AS Aufenthalt, Tagessatz.Bezeichnung, Tagessatz.Betrag, (Aufenthalt*Betrag) AS Kosten, Patienten.Geburtstag, (Year(Date())-Year(Geburtstag)) AS Alter, IIf(Aufenthalt]<5,5 0,Aufenthalt*20) AS Selbstbeteiligung,

FROM Patienten INNER JOIN Tagessatz ON Tagessatz.Satznr=Patienten.Satznr

ORDER BY Patienten.Aufnahme, Patienten.Nachname;

b)

SELECT Kunden.Nachname, Kunden.Vorname, DateDiff("yyyy",Geb urtsdatum,Date()) AS Alter, IIf(Alter>=21,Alter*2,10) AS Clubbeitrag, DateDiff("yyyy",[Mitglied seit],Date()) AS Mitgliedsdauer, IIf(Mit gliedsdauer>=15,0.1,IIf(Mitgliedsdauer>=10,0.05)) AS Kundenrabatt,

FROM Kunden

6.8 Formulare für die Unternehmensdatenbank CMW erstellen

Situation   Sie möchten Ihre Erfahrungen, Formulare zu erstellen, für die Weiterentwicklung der Unternehmensdatenbank *cmwvers5* einsetzen. Neben einfacheren Formularen sollen Sie ein Bestellformular entwickeln.

Automatische Formularerstellung

Markieren Sie jeweils folgende Tabellen und Abfragen. Erstellen Sie über die Funktion **Formular** im Register **Erstellen** automatisch die einspaltigen Formulare und wählen Sie danach über die **Layoutansicht** das Autoformat *Nyad:* Tabellen: *Artikel, Kunden, Lieferanten, Firma*; Abfragen: *Aktueller Lagerwert insgesamt, Gehaltssumme, Personal: einfach, Verbrauchsartikel, Verkaufsartikel.*

Tabellarische Formularerstellung mit dem Formular-Assistenten

Markieren Sie jeweils folgende Abfragen. Erstellen Sie mit dem **Formular-Assistenten** über die Funktion **Weitere Formulare** im Register **Erstellen** die **tabellarischen Formulare** mit dem Autoformat *Nyad*:

Abfragen: aktueller Lagerbestand, Artikelnummern Lieferer, Auftragsbestand, Auslaufartikel, Bestellvorschläge, Bruttopreisliste, Gehaltsliste, Kunden nach Ort, Versandfirmen

Formularerstellung aus mehreren Tabellen mit dem Formular-Assistenten

Erstellen Sie mit dem **Formular-Assistenten** über die Funktion **Weitere Formulare** im Register **Erstellen** die **tabellarischen Formulare** mit dem Autoformat *Nyad*. Markieren Sie in der Tabellenauswahl des Tabellenassistenten mehrere Tabellen hintereinander und wählen Sie die genannten Felder aus.

Formular ***Personal: privat*** mit den Tabellen: *Personal1* und *Personal2* Felder: *Personal-Nr, Vorname, Nachname, Position, Strasse, PLZ, Ort, Telefon*

Formular ***Lohn&Gehalt*** mit den Tabellen: *Personal1, Personal2, Lohn&Gehalt*   Felder: *Personal-Nr, Nachname, Vorname, Position, Sozialversicherungs-Nr., BLZ, Konto-Nr, Gehalt, Lohn-Std, Umsatzbeteiligung*

Formular ***Personal: vollständig*** mit allen Feldern der Tabellen *Personal1, Personal2 und Lohn&Gehalt*

Überarbeitung der Formularentwürfe

Rufen Sie die einzelnen Formulare in der **Layoutansicht** auf und passen Sie die Felder in der Größe den Daten an. Markieren Sie dazu zunächst alle Felder (evtl. nur Datenbereiche der Felder) und entfernen Sie das **Steuerelementlayout** (Register **Anordnen**, **Entfernen** in der Befehlsgruppe **Layout bestimmen**). Passen Sie mit der Maus die Größe der markierten Feldbereiche im Inhalt an. Über den Button **Rückgängig** können Sie eine fehlgeschlagene Größenanpassung wieder zurücksetzen. Sollen Feldbeschreibungen zweizeilig (mit Zeilenschaltung) gesetzt werden, so kann man die **Zeilenschaltung** über die Tasten Strg + Enter erreichen.

Setzen Sie einen Button „Ausgang" auf jedes Formular mit dem Ereignis (Macro-Generator) **Schließen Formular** und der **Eigenschaft Bild** „Ausgang" (vgl. oben).

Erstellung eines Hauptformulars *Bestellungen* mit Unterformularen

Situation Sie wollen ein Bestellformular entwerfen. Dazu müssen Sie zunächst ein Unterformular *Liefereranschrift* erstellen und dies als Unterformular in das Hauptformular Bestellungen einbinden.

Zunächst muss das Unterformular *Liefereranschrift Unterformular* erstellt werden. Dieses Unterformular kann zunächst mit dem Formular-Assistenten der Tabelle *Lieferanten mit den Feldern Nr, Firma, Zusatz, Strasse PlzOrt* erstellt werden. Über die Layoutansicht wird das Autoformat *Nyad* eingestellt. Über die Ent-

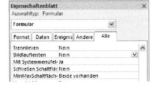

wurfsansicht wird der Kopfbereich gelöscht und der Formularkopf verkleinert. Um alle Bezeichnungsfelder zu löschen, werden zunächst die Felder markiert und das Steuerelementlayout entfernt. Die Felder werden entsprechend einer Anschrift positioniert. Die Felder werden markiert und über Eigenschaften wird die Hintergrundfarbe auf benutzerdefiniert (Weitere Farben) R=247, G=247, B=239 eingestellt. Weiterhin werden über Eigenschaften die Rahmenart der Elemente auf „transparent" und der Schriftgrad auf 12, bei dem Feld „Nr" auf 8 gesetzt. Über Eigenschaften muss der <**Auswahltyp: Formular**> gewählt werden. Folgende Eigenschaften müssen auf „nein" gestellt sein: Bildlaufleisten, Datensatzmarkierer, Navigationsschaltflächen, Trennlinien, Bearbeiten zulassen, Löschen zulassen, Anfügen zulassen, Daten eingeben. Das Formular wird über das Schließfeld als *Liefereranschrift Unterformular* abgespeichert.

Das **Hauptformular** *Bestellungen* kann zunächst aus der Tabelle *Bestellungen* mit dem Formularassistenten „einspaltig" im Layout *Nyad* erstellt werden. Danach wird das Formular in der Entwurfsansicht vergrößert (Breite und Länge so, dass der Bildschirm ausgefüllt ist). Die Objekte werden markiert und insgesamt nach rechts verschoben. Die Felder des Formulars werden wie oben gezeigt nach rechts verschoben und die Größe wird dem Dateninhalt entsprechend angepasst.

Über <**Steuerelemente**> wird ein „Unterformular" als Adressfeld aufgezogen. Das Unterformular wird markiert und über das Kontextmenü das Eigenschaften-Fenster geöffnet. Folgende Eintragungen müssen vorgenommen werden, um das Unterformular mit dem Hauptformular zu verbinden: Name: Lieferantenanschrift, Herkunftsobjekt: Liefereranschrift Unterformular, Verknüpfen nach: Lieferer-Nr. Verknüpfen von: Nr. Nach dem Speichern des Formulars *Bestellungen* und dem Öffnen in der Formularansicht werden im Adressfeld Lieferanten entsprechend der Vorgabe der Lieferer-Nr. angezeigt (vgl. oben).

Situation   Sie möchten nun ein weiteres Unterformular *Bestellpositionen* einfügen.

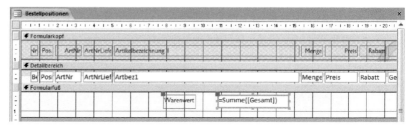

In den folgenden Abbildungen sehen Sie das Hauptformular *Bestellungen* mit dem neuen Unterformular *Bestellpositionen Unterformular* in der Formularansicht und in der Entwurfsansicht. Das *Unterformular* muss zunächst aus der Auswahl Abfrage *AA-Bestellpositionen* entwickelt werden. Es wird zunächst mit dem Formular-Assistenten „Tabellarisch" erstellt. In der Entwurfsansicht wird das Feld „Bestell-Nr" über Eigenschaften „Sichtbar: nein" gestellt und verkleinert. Dieses Feld dient dazu, die Verbindung zwischen dem Haupt- und dem Unterformular herzustellen, muss jedoch nicht sichtbar sein.

Der Formularfuß wird vergrößert und das Steuerelement <**Textfeld**> aufgezogen, mit der Bezeichnung und dem Namen *Warenwert* versehen und als Steuerelement =Summe(Gesamt) eingetragen (Achtung: Das Textfeld hat sowohl für das Bezeichnungsfeld als auch für Textfeld eine Eigenschaftsliste). Bezeichnungs- und Textfeld werden als **nicht sichtbar** eingestellt, verkleinert und der Formularfuß wird ebenfalls verkleinert. Vergleichen Sie Ihr Ergebnis evtl. mit der Lösungsdatenbank. Das Formular wird hinsichtlich der Breite der Felder noch etwas überarbeitet und dann als Formular *Bestellpositionen* gespeichert.

Nun wird wieder das Hauptformular *Bestellungen* aufgerufen und das Unterformular *Bestellpositionen* integriert. Das Unterformular hat auch den Namen *Bestellpositionen*. Unter dem Hauptformular werden die drei Textfelder *Warenwert, MWSt* und *Rechnungsbetrag* aufgezogen. Wie unten angezeigt, erhalten die Textfelder unten angegebene Steuerelementinhalte und Formate.

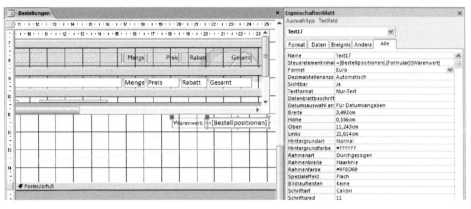

Als Ergebnis ergibt sich folgendes Erfassungsformular *Bestellungen*:

Name	Steuerelementinhalt	Format
Warenwert	=[Bestellpositionen].[Formular]![Warenwert]	Euro
MWSt	=[Warenwert]*0,19	Euro
Rechnungsbetrag	=[Warenwert]+[MWSt]	Euro

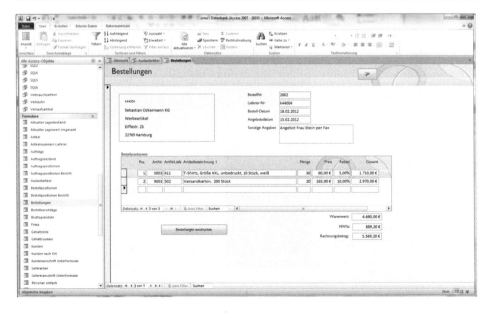

Aufgabe Erstellen Sie entsprechend der *Bestellung* folgendes Formular *Aufträge* mit den zwei Unterformularen *Kundenanschrift Unterformular* und *Auftragspositionen*.

Menü mit dem Übersichts-Manager erstellen

Situation   Sie möchten für die bisher erstellten Anwendungen als Startformular eine Menüübersicht erstellen.

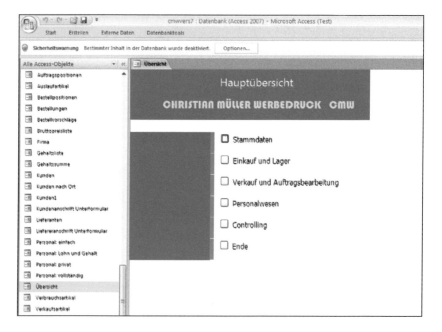

Aufgabe   Erstellen Sie über den Übersichts-Manager das o. a. Formular *Übersicht* mit der in der unten in der Tabelle vorgegebenen Menüfolge. Verwenden Sie Ihre CMW-Arbeitsdatenbank oder *cmwvers6*.

Zunächst muss dazu der **Übersichts-Manager** über das Register **Datenbanktools** aufgerufen werden. Nach Bestätigung der Übersichtserstellung erscheint das nebenstehende Fenster, sodass Sie über  <**Neu ...**> jeweils die **Übersichtsseiten** *Stammdaten, Einkauf und Lager, Verkauf und Auftragsbearbeitung, Personalwesen* und *Controlling* erfassen können. Damit sind dann eine Hauptübersicht und fünf Übersichtsseiten erstellt.

Im folgenden Schritt werden dann die einzelnen Übersichtsseiten bearbeitet. Hierzu wird zunächst die Hauptübersicht markiert und dann über <**Bearbeiten ...**> in die Bearbeitungsübersicht gewechselt, um das Aussehen der Hauptübersicht (Menüpunkte) sowie die Befehle beim Anklicken der jeweiligen Menüpunkte festzulegen. Hierbei ist bei den jeweiligen Menüpunkten als Befehl <**Zur Übersicht gehen**> und dann die jeweilige Übersicht, z. B. *Stammdaten,* über das Listfeld auszuwählen. Beim Menüpunkt „Ende" ist der Befehl „Anwendung beenden" zu wählen. Bis zu acht Menüpunkte können je Übersichtsseite aufgenommen werden.

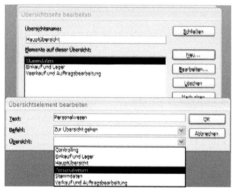

In den nächsten Arbeitsschritten müssen die **Übersichtsseiten** *Stammdaten* bis *Controlling* bearbeitet werden. Hierzu wird zunächst über <**Schließen**> die **Übersichtsseite** *Hauptübersicht* verlassen und über <**Bearbeiten**> in die **Übersichtsseite** Stammdaten gewechselt. Die Menüpunkte *Artikel, Kunden* usw. entsprechend der folgenden Tabelle werden eingerichtet. Ebenso werden die anderen Übersichtsseiten angelegt.

Menü	Text	Befehl	Formular usw.
Stammdaten	Artikel	Im Bearbeitungsmodus öffnen	Artikel
	Kunden	Im Bearbeitungsmodus öffnen	Kunden
	Lieferanten	Im Bearbeitungsmodus öffnen	Lieferanten
	Personal: einfach	Im Bearbeitungsmodus öffnen	Personal: einfach
	Personal: privat	Im Bearbeitungsmodus öffnen	Personal: privat
	Personal: vollständig	Im Bearbeitungsmodus öffnen	Personal: vollständig
	Firma	Im Bearbeitungsmodus öffnen	Firma
	Zum Hauptmenü	Zur Übersicht gehen	Hauptübersicht
Einkauf und Lager	Bestellungen	Im Bearbeitungsmodus öffnen	Bestellungen
	Auslaufartikel	Im Bearbeitungsmodus öffnen	Auslaufartikel
	Verbrauchsartikel	Im Bearbeitungsmodus öffnen	Verbrauchsartikel
	Artikelnummer Lieferanten	Im Bearbeitungsmodus öffnen	Artikelnummer Lieferanten
	Zum Hauptmenü	Zur Übersicht gehen	Hauptübersicht
Verkauf und Auftrags- bearbeitung	Bruttopreisliste	Im Bearbeitungsmodus öffnen	Bruttopreisliste
	Kunden nach Ort	Im Bearbeitungsmodus öffnen	Kunden nach Ort
	Verkaufsartikel	Im Bearbeitungsmodus öffnen	Verkaufsartikel
	Versandfirmen	Im Bearbeitungsmodus öffnen	Versandfirmen
	Zum Hauptmenü	Zur Übersicht gehen	Hauptübersicht
Personalwesen	Personal: einfach	Im Bearbeitungsmodus öffnen	Personal: einfach
	Personal: privat	Im Bearbeitungsmodus öffnen	Pesonal: privat
	Personal: Lohn&Gehalt	Im Bearbeitungsmodus öffnen	Personal: Lohn&Gehalt
	Personal: vollständig	Im Bearbeitungsmodus öffnen	Personal: vollständig
	Gehaltsliste	Im Bearbeitungsmodus öffnen	Gehaltsliste
	Gehaltssumme	Im Bearbeitungsmodus öffnen	Gehaltssumme
	Zum Hauptmenü	Zur Übersicht gehen	Hauptübersicht
Controlling	Gehaltssumme	Im Bearbeitungsmodus öffnen	Gehaltssumme
	Zum Hauptmenü	Zur Übersicht gehen	Hauptübersicht

Aufgaben Rufen Sie den Übersichts-Manager auf, wechseln Sie in die Übersichtsseite *Einkauf und Lager*, fügen Sie über <**Neu**> den Menüpunkt *Bestellvorschläge* mit dem entsprechenden Formular im Bearbeitungsmodus ein. Setzen Sie den Menüpunkt *Auslaufartikel* an erster und den Menüpunkt *Bestellvorschläge* an zweiter Stelle der Menüfolge. Ergänzen Sie in der Übersichtsseite *Controlling* den Menüpunkt *Auftragsbestand* und setzen Sie ihn an erster Stelle der Menüfolge.

Beim Schließen des Formulars erstellt der Übersichts-Manager automatisch ein Formular *Übersicht* und die dazu gehörende Menüfolgetabelle *Switchboard Items*. Das Menü kann über den Aufruf des Formulars *Übersicht* gestartet werden. Soll das Formular *Übersicht* beim Öffnen der Datenbank automatisch gezeigt werden, so muss über das Register <**Erstellen**>

ein Makro *autoexec* mit folgenden Eintragungen erstellt werden:

Aktion: ÖffnenFormular, **Formularname:** *Übersicht* Makro-Name: *autoexec* (über Schließfeld). Im **Navigationsbereich** muss nun im **Objektbereich Makros** das Makro *autoexec* aufgeführt sein.

Schließt man die Datenbank und ruft sie danach wieder über <**Öffnen**> auf, wird automatisch das Formular *Übersicht* durch das Makro **autoexec** geöffnet.

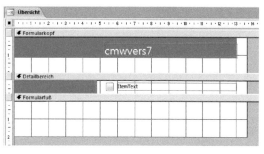

Die in der Entwurfsansicht dargestellten Grundelemente wie Menüüberschrift (jeweils der Datenbankname) oder die Menübuttons (Items mit Itemtext) sollten möglichst nicht gelöscht oder verändert werden, da eine dadurch mögliche Fehlfunktion schwer zu beheben ist. Allerdings können Änderungen im Design vorgenommen werden, damit das Übersichtsmenü ein eigenes Aussehen erhält. Zu beachten sind im Formularkopf die überlagerten Elemente. Durch Klicken außerhalb des Bereichs und erneutes Klicken im Formularkopf können erneute Versuche zum Markieren des richtigen Elements vorgenommen werden. Der Formularfuß kann auch geschlossen werden.

Aufgabe

Fügen Sie die *autoexec* ein und verbessern Sie das Übersichtsmenü weiter.

6.9　Berichte

 Situation Sie wollen Berichte zum Ausdrucken erstellen und setzen dazu den Berichts-Assistenten ein.

Berichte sind Datenbankobjekte, die speziell für den Ausdruck konzipiert werden. In der Datenbank *MeinWoWo* kann dies z. B. eine Liste der Freunde sein oder eine Ausgaben-Einnahmen-Übersicht als Ausdruck; in der Datenbank *cmw* ergeben sich vielfältige Berichtsmöglichkeiten: Kundenliste, Preisliste, Bestellungen, Rechnungen, Adressetiketten etc.

Im Hauptregister **<Erstellen>** finden sich in der Befehlsgruppe **<Berichte>** zahlreiche Funktionen für die Erstellung von Berichten.

Über die Schaltfläche **<Bericht>** kann schnell und automatisch ein **Basisbericht** aus einer Tabelle, Abfrage oder einem Formular gezogen werden.

Unten rechts in der **<Statusleiste>** befinden sich die bereits bekannten Schaltflächen, über die Sie schnell zwischen der Berichts-, Seiten-, Layout- und Entwurfsansicht wechseln können. Ist die Seitenansicht aktiviert, können Sie über einen **Schieberegler** die **Zoomfunktion** nutzen.

Seitenansicht

Über das **Kontextmenü** (rechter Mausklick) können in der Seitenansicht ebenfalls wichtige Befehle aufgerufen werden. Für eine schnelle Einschätzung des Ausdrucks kann z. B. die Option **<Mehrere Seiten>** genutzt werden.

Über **<Seite Einrichten>** können zudem wichtige Seiteneinstellungen (Hoch-, Querformat), Druckoptionen (Randeinstellungen) oder Spaltenoptionen vorgenommen werden.

Hierüber kann z. B. auch schnell überprüft werden, ob der Wechsel zum Querformat dazu geführt hat, alle Felder in der Breite auf eine Seite zu bekommen. Da dies beim Bericht *Artikel* nicht der Fall ist, müssen die Felder im **Detailbereich** mit der Maus über die Verkleinerungsanfasser schmaler gezogen werden. Die Kopfbezeichnungen passen dann die Breite **automatisch** an. In den Bezeichnungsfeldern darüber müssen jedoch Inhalte/die Bezeichnungen abgekürzt werden.

Wie im Formular gibt es nicht nur einen **Detailbereich.** Für Berichte kann neben **dem Seitenkopf** und **-fuß** (nur für Angaben auf jeder Seite) auch noch ein **Berichtskopf** und **-fuß** eingerichtet werden.

Nachfolgend sehen Sie als Bericht einen Entwurf einer Bestellung. Im **Seitenkopf** befindet sich der Briefkopf – Name, Adresse und Logo – von CHRISTIAN MÜLLER WERBEDRUCK, im **Detailbereich** finden Sie die Felder für die Anschrift und die Bestelldaten. Die Bestellpositionen sind im Detailbereich in einem Unterbericht (Unterformular) eingefügt. Hier wurden zudem Berechnungsfelder wie „Warenwert" und „Rechnungsbetrag" ergänzt. Der **Seitenfuß** enthält die Pflicht- und Geschäftsangaben, die für Geschäftsbriefe gesetzlich vorgeschrieben sind.

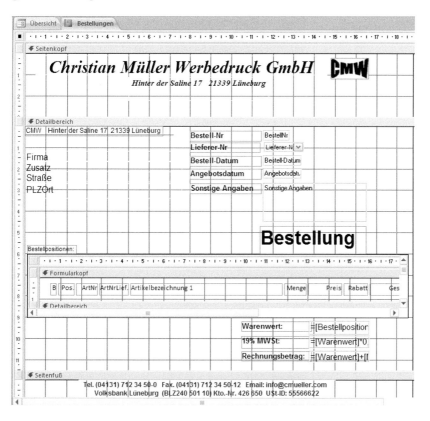

Der folgende Bericht aus der Datenbank *NWINDXP* hat Steuerfelder in verschiedenen Bereichen des Berichtsentwurfs. Am Anfang eines mehrseitigen Berichts werden die Angaben im Berichtskopf gedruckt, dann die Angaben des Seitenkopfes auf jeder Seite und zum Schluss die Gesamtsumme am Ende des Berichts.

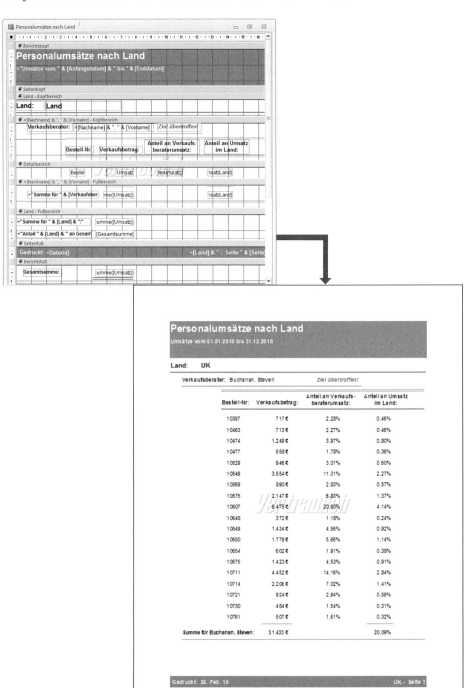

Der folgende Bericht stellt die Quartalsumsätze zusammen, wobei der Detailbereich selbst leer ist und nur Kopf- und Fußbereiche für Steuerelemente verwendet wurden:

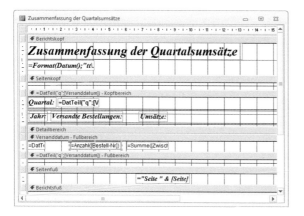

Besonders schnell lassen sich Berichte mit dem **Berichts-Assistenten** entwerfen. Dazu bietet Access vielfältige Auswahlmöglichkeiten, Gruppierungen und Funktionen an. Im nachfolgenden Beispiel wurde ein Bericht *Umsätze nach Kategorien* entworfen.

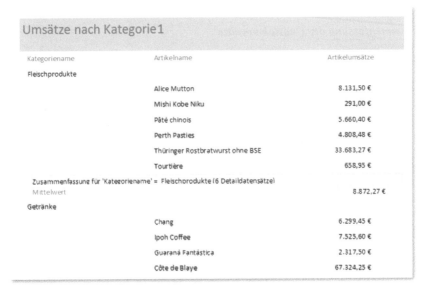

Hierzu wurde der **<Berichts-Assistent>** aufgerufen und aus der Abfrage *Umsätze nach Kategorien* die Felder „Kategoriename", „Artikelname" und „Artikelumsätze" ausgewählt. Als Gruppierungsebene wurde der Kategoriename herausgestellt.

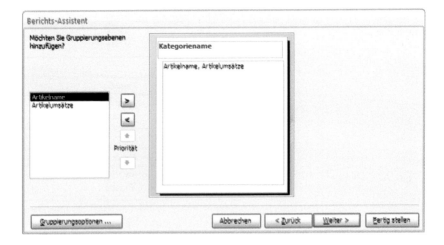

Für das Feld „Artikelumsätze" bietet Access verschiedene Berechnungsmöglichkeiten (Funktionen) an:

▶ Berechnung der **Summe**

▶ Berechnung des **Mittelwerts** (hier der Artikelumsätze)

▶ Angabe des **Minimum-** oder **Maximumwertes**

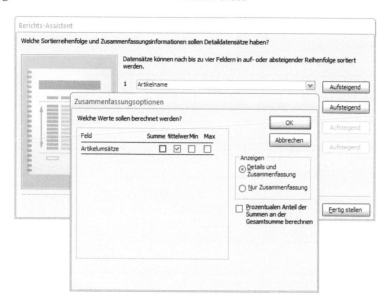

Zuletzt kann über den Berichts-Assistent das **<Layout>** bestimmt werden und über **<Weiter>** der *Dateiname* zum Abspeichern des Berichts.

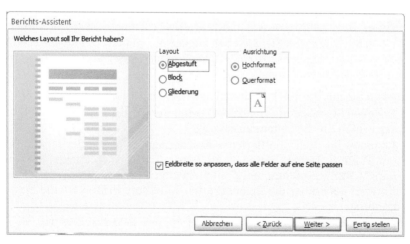

Das Ergebnis des Berichts zeigt alle Artikel in der Kategorie „Fleischprodukte" und den Mittelwert der zusammengefassten Artikelumsätze in der Kategorie „Fleischprodukte" (siehe auch Muster auf vorheriger Seite).

Entwurfsansicht

Werden die Entwurfsansichten der Berichte aufgerufen, lassen sich die über den Berichts-Assistenten erstellten Berichte anpassen und verändern. Insbesondere können dabei die Kopf- und Fußzeilen angepasst werden.

Im nachfolgenden Beispiel wurde der erstellte Bericht in der Entwurfsansicht geöffnet, der **Berichtsfuß erweitert** und ein **Bezeichnungsfeld ergänzt**.

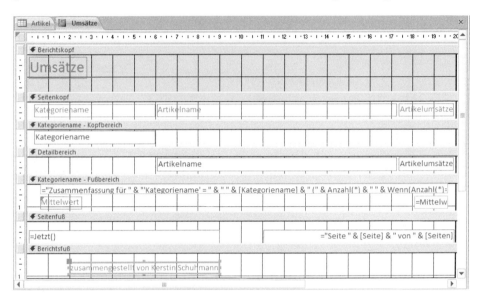

Aufgaben

1. Erstellen Sie bzw. rufen Sie, wie oben angegeben, mit der Datenbank *NWINDXP* die Berichte *Personalumsätze nach Land, Zusammenfassung der Quartalsumsätze, Umsätze nach Kategorien* auf.

2. Arbeiten Sie mit Ihrer Arbeitsdatenbank oder *cmwvers7*.
   a) Erstellen Sie, wie oben angegeben, einen Bericht *Artikel* aus der Tabelle *Artikel*. Prüfen Sie die Seiteneinrichtung.
   b) Erstellen Sie über den Berichts-Assistenten eine Liste der *Lieferanten* mit den Feldern „Firma", „Straße", „PLZOrt", „Telefon", „Telefax", „Bankverbindung", „BLZ", „Kontonummer" und „Ansprechpartner". Überarbeiten Sie den Entwurf auch über die Eigenschaften-Funktion. Prüfen Sie die Seiteneinrichtung.
   c) Erstellen Sie eine *Personalliste Privat* mit den Feldern „Personal-Nr", „Vorname", „Nachname", „Position", „Straße", „PLZOrt" und „Telefon". Überarbeiten Sie den Entwurf, bis die Vorschau ein gutes Ergebnis liefert.
   d) Erstellen Sie über den Etiketten-Assistenten *Kunden-Etiketten* (Anschriften).
   e) Erstellen Sie eine Liste Lohn und Gehalt aus der Abfrage *Personalliste Lohn&Gehalt*.
   f) Fügen Sie die Berichte und Listen in das Formular *Hauptübersicht* oder über einen Button „Öffnen Bericht" ein.

3. Erstellen Sie Berichte für Ihre Datenbank *MeinWoWo* oder *WoWo*.

4. Erstellen Sie, soweit noch nicht geschehen, Berichte zu den Datenbanken *biblio* und *FEWWS*.

5. Erstellen Sie in *cmwvers7* den folgenden Bericht *Bestellungen* mit zwei Unterformularen, vergleichbar dem Formular *Bestellungen*. Machen Sie vorab aus dem Formular *Bestellpositionen* eine Kopie *Bestellpositionen Bericht* (Markieren des Formulars *Bestellpositionen* im Navigationsbereich und Kopieren, Einfügen über das Kontextmenü sowie Umbenennen der Kopie) und gestalten Sie den Berichtsentwurf ansprechend, indem Sie Farben, Schriftgröße etc. für den Bericht anpassen.

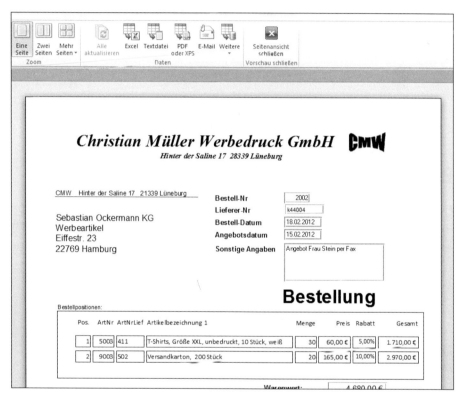

6. Erstellen Sie einen Bericht *Rechnungen*.

7. Testen Sie Ihr Wissen über Berichte. Wo muss man klicken, um
   a) einen Bericht zu öffnen und zu schließen?
   b) die Seitenansicht aufzurufen?
   c) von Hochformat auf Querformat umzuschalten?
   d) die Seitenränder zu verändern?
   e) einen neuen Basisbericht automatisch zu erstellen?
   f) ein anderes Autoformat zu wählen?
   g) einen Bericht mit ausgewählten Feldern aus mehreren Tabellen zu erstellen?

6.10 Einführung in die Datenbankprogrammierung mit Access

Situation Sie wollen Ihre Datenbankanwendung *MeinTierheim* mit einem Benutzerpasswort schützen. Ein Mitarbeiter soll über das Passwort „WuffMiau" die komplette Übersicht (Übersicht2) sehen können, ein Praktikant über das Passwort „Tierheim" eine um die Vorgänge reduzierte Übersicht (Übersicht1).

Zunächst müssen Sie dazu ein neues Formular „Passwort" mit folgenden Elementen erstellen (<Erstellen> <Formularentwurf>):

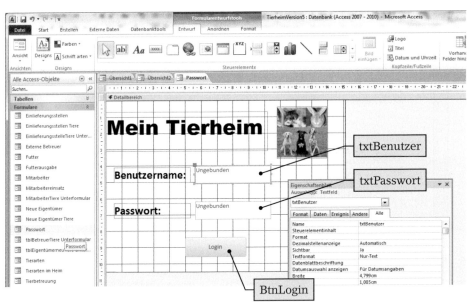

„MeinTierheim", „Benutzername:" und „Passwort:" werden über **Beziehungsfelder** (<Entwurf>, <Steuerelemente>) eingefügt, das **Bild** über <Entwurf> ➜ <Bild einfügen>. Die **Textfelder** *txtBenutzer* und *txtPasswort* werden aufgezogen, die anhängenden Bezeichnungsfelder gelöscht und über das Kontextmenü die Eigenschaften für den Namen und den Schriftgrad = 20 festgelegt. Für die Änderung des Eingabeformats (sichtbar nur als *****) wird *txtPasswort* über das Kontextmenü und Eigenschaften der **Eingabeformassistent** (auf Button mit den 3 Punkten klicken!) aufgerufen und als Format „Kennwort" gewählt.

Für das Befehlssteuerelement (Button) mit dem Namen *BtnLogin* (über Eigenschaften festgelegt) kann man folgenden VBA-Code eingeben, wenn man über das Kontextmenü auf <Ereignis…> klickt.

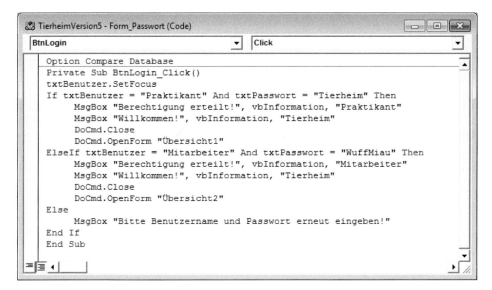

```
Option Compare Database
Private Sub BtnLogin_Click()
txtBenutzer.SetFocus
If txtBenutzer = "Praktikant" And txtPasswort = "Tierheim" Then
    MsgBox "Berechtigung erteilt!", vbInformation, "Praktikant"
    MsgBox "Willkommen!", vbInformation, "Tierheim"
    DoCmd.Close
    DoCmd.OpenForm "Übersicht1"
ElseIf txtBenutzer = "Mitarbeiter" And txtPasswort = "WuffMiau" Then
    MsgBox "Berechtigung erteilt!", vbInformation, "Mitarbeiter"
    MsgBox "Willkommen!", vbInformation, "Tierheim"
    DoCmd.Close
    DoCmd.OpenForm "Übersicht2"
Else
    MsgBox "Bitte Benutzername und Passwort erneut eingeben!"
End If
End Sub
```

Erläuterung:

Zunächst erhält das Textfeld *txtBenutzer* den Fokus, d.h. der Cursor wechselt in dieses Feld. Es werden die Felder *txtBenutzer* und *txtPasswort* abgefragt. Je nachdem, welche Benutzernamen und Passwörter eingegeben werden, wird entweder das Formular „Übersicht1" oder „Übersicht2" oder falls nicht korrekt die letzte MsgBox eingegeben.

Damit die Praktikanten Vorgänge nicht bearbeiten können, wird zunächst eine Kopie des Formulars *Übersicht* erstellt. Dazu wird im Navigationsbereich das Formular *Übersicht* markiert, per Kontextmenü kopiert und wieder eingefügt. Das neue Formular „Kopie von Übersicht" erhält den Namen „Übersicht1", das bisherige Formular „Übersicht" wird per Kontextmenü umbenannt in „Übersicht2". Nun wird die

Entwurfsansicht des Formulars *Übersicht1* aufgerufen, wie rechts gezeigt alle Button der Vorgänge gelöscht und wieder gespeichert. Ein Bezeichnungsfeld „keine Berechtigung für Vorgangsbearbeitung" wird ergänzt.

Navigationsbereich ausblenden

Situation   Sie wollen es so einrichten, dass der Anwender den Navigationsbereich nicht sehen kann und somit nicht so einfach auf die Formulare zugreifen kann. Im Beispiel rechts wurde der Navigationsbereich ausgeblendet und das Formular als Popup angezeigt.

Wichtiger Hinweis: Erstellen Sie zur Vorsicht eine Kopie ihrer Datenbank und arbeiten Sie nur mit der Kopie.

Zunächst wird für das Formular (in der Entwurfsansicht Formular in der linken Ecke oben markieren und über Kontextmenü Eigenschaften aufrufen) die Eigenschaft PopUp auf „ja" eingestellt.

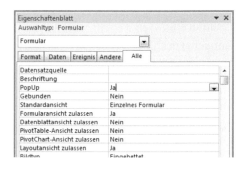

Danach wird die Ereigniscodierung für die Befehlsschaltfläche *BtnLogin* über das Kontextmenü aufgerufen und um die *Private Sub Form_Load()* erweitert:

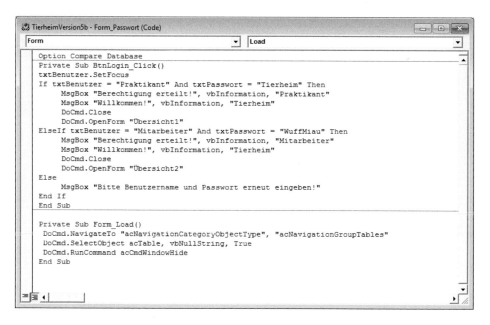

```
TierheimVersion5b - Form_Passwort (Code)

Form                                          ▼   Load                          ▼

Option Compare Database
Private Sub BtnLogin_Click()
txtBenutzer.SetFocus
If txtBenutzer = "Praktikant" And txtPasswort = "Tierheim" Then
      MsgBox "Berechtigung erteilt!", vbInformation, "Praktikant"
      MsgBox "Willkommen!", vbInformation, "Tierheim"
      DoCmd.Close
      DoCmd.OpenForm "Übersicht1"
ElseIf txtBenutzer = "Mitarbeiter" And txtPasswort = "WuffMiau" Then
      MsgBox "Berechtigung erteilt!", vbInformation, "Mitarbeiter"
      MsgBox "Willkommen!", vbInformation, "Tierheim"
      DoCmd.Close
      DoCmd.OpenForm "Übersicht2"
Else
      MsgBox "Bitte Benutzername und Passwort erneut eingeben!"
End If
End Sub

Private Sub Form_Load()
  DoCmd.NavigateTo "acNavigationCategoryObjectType", "acNavigationGroupTables"
  DoCmd.SelectObject acTable, vbNullString, True
  DoCmd.RunCommand acCmdWindowHide
End Sub
```

Wenn Sie nun von der Entwurfs- in die Formularansicht des Formulars „Passwort"
wechseln, ist der Navigationsbereich abgeschaltet.

Hinweis: Über die Entwurfsansicht des Formulars und „Ereignis…" können Sie den
Coder wieder aufrufen und damit mit Kommentarzeilen zurücksetzen.

Makro „autoexec" erstellen

Situation   Sie wollen, dass beim Start gleich das Formular „Passwort" aufgerufen
wird und der Navigationsbereich abgeschaltet wird.

Hierzu müssen Sie ein Makro erstellen, das Sie den Namen „autoexec" geben. Wenn
die Datenbank aufgerufen wird, prüft das Programm die Existenz eines solchen
Makros und wenn dieses Makro vorhanden ist, wird es automatisch ausgeführt.

Zunächst wird also über <Erstellen> ➜ <Makro> die folgende neue Makrooberflä-
che von Access 2010 aufgerufen. Rechts wird ein Aktionskatalog angeboten, über
den Sie bequem Aktionen suchen, auswählen und nach links in den Makrobereich
ziehen können. Rechts unten wird als Hilfe kurz über die Aktion informiert. Im
Beispiel wurde rechts die Aktion „Formular öffnen" gesucht und als neue Makro-
aktion ergänzt.

Im Beispiel rechts wurde eine Aktion „MaximierenFenster" und eine Aktion „ÖffnenFormular" ergänzt, wobei als Formular Passwort angegeben wurde.

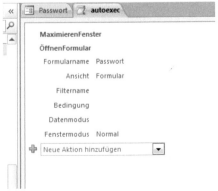

Aufgaben

1. Richten Sie das Makro „autoexec" ein und testen Sie die Datenbank.

2. Informieren Sie sich über die Benutzeroberflächenmakros und Datenmakros in Access 2010.

7 Multimedia

7.1 Multimedia – Grundlagen

7.1.1 Multimedia – Begriff

Situation Bei CHRISTIAN MÜLLER WERBEDRUCK soll eine Multimediaabteilung eingerichtet werden. Hier sollen Multimediaprodukte für das Internet (Onlineprodukte) und Multimedia-CDs (Offlineprodukte) hergestellt werden.

CMW verfügt heute schon über zahlreiche Kunden, die sich die Integration und Ausweitung des Portfolios wünschen. Damit können dann im Fullservice Werbekampagnen mit Print- und Multimediaprodukten übernommen werden.

Sie wollen sich in den Multimediabereich einarbeiten.

Multimedia ist die Integration aller multimedialen Daten (Text, Bild, Audio, Video) zu einer interaktiven Einheit. Eine andere Beschreibung sieht Multimedia als eine elektronische Kombination aus Texten, Bildern, Audio- und Videosequenzen, in denen sich der Anwender weitgehend frei bewegen kann. Oder es wird unter Multimedia die Integration der Bereiche Computer, Telekommunikation, Film, Fernsehen, Unterhaltung und Druck verstanden.

Multimedia als Integrationsform vieler Bereiche und Medien

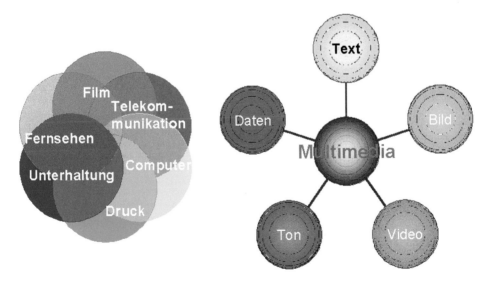

7.1.2   Einsatzmöglichkeiten von Multimediasystemen

Situation Sie wollen sich im Internet über Einsatzfelder von Multimediaprodukten informieren.

Multimediaeinsatzbereiche		
Einsatzbereiche	**Beispiele**	**Internetreferenzen**
Unterhaltung	Videospiele, Computerspiele, Entertainment	ea.com, eidos.de, nintendo.de, games.de, pringles.de, tv-total.de, big-brother.de
Werbung	Produktinfo, Präsentation, Kiosksystem	xplain.de, interactive.de moreinteractive.de, s-v.de, varifast.de
Verkauf	Kataloge, Kiosksysteme, Reiseplanung, Beratung	otto.de, quelle.de, tchibo.de, amazon.de, tui.de, reiseplanung.de
Information	Bürgerinformationssysteme, Kundeninformationssysteme	politik-digital.de, ibusiness.de, verwaltung-der-zukunft.de
Publikation	Veröffentlichung privater oder wissenschaftlicher Beiträge, auch gegen Entgelt	focus.de, stern.de, spiegel.de, nt-v.de, dpa.de, echtradio.de, com-online.de, heise.de
Dokumentation	Vorträge, Termine, Protokolle, Ereignisse	bundestag.de, dpa.de, nt-v.de, focus.de, deutsches-museum.de, Intranetze der Firmen, Universitäten und Behörden
Kommunikation	Videokommunikation in der Medizin, Videokonferenzen	webcam-center.de, gotomeeting.de, webex.com, placeware.com, Suche über google.de
Bildung	Aus- und Weiterbildung, Produktschulung, Kundentraining	ets-online.de, virtuelle-fachhochschule.de, bildung.at, fernuni-hagen.de

Die Multimediaanwendungen werden konzipiert, um dem Anwender möglichst selbstständig und ohne fremde Hilfe einen Nutzen zu verschaffen, den sonst der Anbieter nur durch personellen und sächlichen Einsatz anbieten kann. Höherer Umsatz, mehr Kundenzufriedenheit oder die Einsparung von Mitarbeitern sind wichtige Gründe für das Entwickeln von Multimediaplattformen:

Multimediaplattformen (Points)	
Einsatzbereiche	**Erläuterung**
Point of Sale	Teleshopping (z. B. otto.de), Telebanking, Reiseplanung, Kaufberatung, virtuelle Marktplätze (z. B. ebay.de)
Point of Information	auch als Infotainment beschrieben: Bürger-/Stadtinformationen, Bildungsinformationen, Kundenservice von Unternehmen
Point of Work	Telearbeit, Telemedizin, Telekooperation (z. B. Produktentwicklung, Lernen), virtuelle Unternehmen
Point of Communication	Herstellung einer Kommunikationsplattform, z. B. web.de, t-online.de, gmx.de, freenet.de
Point of Learning	Anbieter von Lernplattformen, Diskussionsforum, z. B. hausaufgaben.de, learnetix.de, referate.de

Aufgabe Surfen Sie im Internet und verschaffen Sie sich über die o. a. Internetadressen einen Eindruck über das Multimediaangebot. Notieren Sie sich besonders gute Multimediapräsentationen und begründen Sie Ihr Urteil.

7.1.3 Mitarbeiter und Aufgaben in der Multimediaabteilung

Situation Sie interessieren sich für die Arbeitsplätze in der neuen Multimediaabteilung und wollen wissen, mit welchen Anforderungen und Kenntnissen Mitarbeiter gesucht werden.

Aufteilung des Arbeitsvolumens in der Abteilung (Beispiel interactive.de):

Projektmanagement:	26 %
Mediaplanung:	13 %
Text/Redaktion:	17 %
Design/Produktion:	17 %
Technik/Produktion:	20 %
Management:	7 %

Multimediaaufgabenbereiche	
Produktmanager Projektleiter/-in	leitet, koordiniert, motiviert das gesamte Team der herzustellenden Produkte/des ihm aufgetragenen Projektes.
Redakteur/-in	sammelt, recherchiert Informationen/Multimediadaten, bewertet sie und bereitet sie auf.
Storyboarder/-in	entwickelt das Drehbuch und betreut konzeptionell die Designer.
Screendesigner/-in	entwirft auf der Basis des Storyboards den Bildschirmaufbau (Masterdesign) mit all seinen Elementen (Assets), die dann die Entwickler verwenden.
Entwickler/-in	bearbeitet die ihm zur Verfügung gestellten Multimediadateien und setzt diese zu einem interaktiven Multimediaprodukt zusammen.
Programmierer/-in	Spezialist/-in, wenn es um besondere Programmierungen der Multimediaanwendung hinausgeht, zu speziell für Entwickler, z. B. Datenbankanbindungen, Schnittstellen zu anderen Anwendungen.
Webmaster	entwickelt und betreut Webpages, d. h. entwirft Internetseiten z. B. mit MS Frontpage oder Macromedia Flash und stellt diese auf den Webserver ein (z. B. über FTP), betreut E-Mail-Accounts.
Jobbörsen u. Ä.	z. B. jobpilot.de, jobs.de, jobscout24.de, jobuniverse.de, stepstone.de, arbeitsamt.de, monster.de, medienberufe.de

Aufgabe Machen Sie Vorschläge, wie die Abteilung in Arbeitsgruppen aufgeteilt werden könnte und welche Stellen eingerichtet und ausgeschrieben werden. Entwerfen Sie Stellenanzeigen. Wer sollte über die Einstellung der Mitarbeiter entscheiden?

Die Einsatz- und Anwendungsbereiche der Programme in der Multimediaabteilung kann folgenden Übersichten entnommen werden:

Multimediasoftware		
Anwendungsbereiche	**besonders wichtig für**	**Beispiele**
Zeichenprogramme	Storyboarder, Grafiker, Screendesigner, Entwickler	Adobe Illustrator, Avanquest Draw Plus, Corel Draw
Bildbearbeitungs- software	Storyboarder, Grafiker, Screendesigner, Entwickler	Adobe Photoshop, Ashampoo Photo Commander, Gimp
Soundbearbeitungs- software	Entwickler	Macromedia Sound Edit, Ulead Media Studio, Audacity, WavePad, Magix Music Maker
Videoschnittprogramme	Screendesigner, Entwickler	Adobe Premiere, Corel VideoStudio
Animationsprogramme	Screendesigner, Grafiker	Autodesk Maya,Easy Gif Animator
Webdesign	Webdesigner	Microsoft Frontpage, Adobe Flash, Dreamweaver, Fireworks
Authoring- oder Präsentations- programme	Entwickler, Programmierer	Hot Potatdoes, Adobe RoboHelp, Sum-Total ToolBook, Matchware Mediator, Microsoft PowerPoint

Verwaltungs- und Projektprogramme für Multimedia		
Programme	**besonders wichtig für**	**Einsatzschwerpunkte**
MS Word	Manager, Redakteure	Pflichtenheft, Dokumentationen, Beschreibungen, Protokolle, Briefwechsel
MS Excel	Manager, Redakteure	Kalkulationen, Kostenabrechnungen, Diagramme, Honorarabrechnungen
MS Access	Manager, Redakteure, Entwickler, Webmaster, Programmierer	Projektdatenverwaltung, Kunden- und Produktdatenbanken, Data-Dictionary, Vertriebsinformationen
MS Project, ACOS Plus	Manager, Webmaster	Zeitpläne, To-do-Listen, Balkendiagramme, Netzpläne, Verwalten von Kosten und Ressourcen

Aufgabe   Informieren Sie sich im Internet über die Programmangebote. Informieren Sie sich insbesondere bei den Marktführern von Multimediaprogrammen z. B. Adobe oder Magix.

Beschreiben Sie mit eigenen Worten, was die einzelnen Programme in der Multimediaabteilung leisten sollen.

7.1.4 Phasen der Multimediaentwicklung

Situation   Sie haben im Kapitel „Programmierung" schon erfahren, wie Programme entwickelt werden sollten, damit professionelle und kostengünstige Anwendungen entstehen können. Für die Entwicklung von Multimediaprodukten sind häufig noch vielfältigere Aufgaben zu lösen.

Phasen	Aktivitäten
1. Konzeption/ Briefing Ergebnis: **Grobkonzept im Exposé und Pflichtenheft**	**Briefing:** Informationsaustausch (Besprechung) von Auftraggeber und Auftragnehmer zur Festlegung der Konzeption **Zielsetzung:** Was? Warum? **Zielgruppe:** Wer? (Anfänger, Fortgeschrittene, Experten, Alter) **Inhalt:** Was genau? Welche Reihenfolge der Inhalte? Interaktionen? **Globale Designmerkmale:** Farben, Designaufbau usw. (Corporate Identity) **Entwicklungssoftware:** Welche Software wird eingesetzt? **Benutzervoraussetzungen:** Hardware, Betriebssystem, Software **Zeitrahmen:** Zeitrahmen für die Produktion, Fertigstellungstermin **Projektteam:** Festlegung des Projektleiters und der Projektmitarbeiter
2. Orientierungs- phase Ergebnis: **Aufgaben- verteilungsplan**	**Vorarbeiten:** Recherche des thematischen Umfeldes, Analyse von Konkurrenzprodukten, Material sichten, Hauptinhalte festlegen, Gliederung der Inhalte, Aufbereitung der Inhalte. **Aufgaben:** — Navigationskonzept — Flowcharts über den groben Programminhalt und Art der Interaktion — Screendesign und/oder Rohdrehbuch — Welche Medien werden eingesetzt? — Aufgabenverteilungsplan — Technische Machbarkeit des Grobkonzeptes
3. Detaillierte Planungsphase	Planung der Produktion im Detail: 1. **Verzweigungsbaum:** Definition der Struktur der Anwendung durch einen Verzweigungsbaum. Pfade werden festgelegt, die der Anwender durch Navigation zurücklegen kann. Die einzelnen Kästchen des Verzweigungsbaumes stellen die Screens dar, auf die der Anwender zugreifen kann. Pfeile markieren die möglichen Sprünge innerhalb des Pfades. 2. **Medien-/Assetliste:** Auf der Basis des Verzweigungsbaumes wird eine Liste aller Medienelemente angelegt. 3. **Storyboard:** Dieses gibt in Skizzen (Scribbles oder Bilder wie im Comicheft) detaillierte Auskunft über den Ablauf, die verwendeten Medien, Dialoge und den Zeitrahmen jeder Szene. Das Storyboard dient dazu, den logischen und inhaltlichen Ablauf in den einzelnen Sequenzen zu definieren und die einzelnen Medien festzulegen. 4. **Screendesign:** Erstellung eines Masterscreens, Aufteilung der Screens, Lage und Form der Bedienelemente, Schriftarten, Hintergrund, verwendete Farben, Art der Navigation, Qualität/Auflösung der zu verwendenden Audio- und Videosequenzen. 5. **Prototyperstellung und Akzeptanztest:** Für bestimmte Anwendungsbereiche wird ein Prototyp entwickelt und dem Auftraggeber und/oder Testpersonen vorgestellt.
4. Produktionsphase	1. **Assetproduktion:** Die Bild-, Text-, Grafik-, Audio- und Videoelemente werden produziert. 2. **Programmierung** der Struktur und der Interfaces 3. **Review:** Möglichst alle Assets werden vom Auftraggeber getestet und abschließend in einem Bericht bestätigt.
5. Postproduktion (Assemblage)	**Einbau** der MM-Elemente **Programmierung** sämtlicher Funktionen

6. Test, Optimierung, Debugging	**Test unter Berücksichtigung des Pflichtenheftes:** — Testen auf Performance und Funktion — Inhaltliche Tests (Texte, Bilder, Videos) — Optionales Feldtesten (Austeilen von Probeversionen mit Testprotokoll) — Debugging und Optimierung
7. Mastering, Launching	**Mastering** (Offlineproduktion bei CD-ROM) bzw. **Launching** (Onlineproduktion) des Produktes. Druck von Verpackung und Booklet (bei CD-ROM)
8. Übergabe/ Auslieferung	Per Abschlussdokumentation, -protokoll wird das Produkt an den Auftraggeber übergeben.

Aufgaben   1. Sie haben den folgenden Entwurf für ein Multimediaprojekt entwickelt. Als was könnten Sie diese Tabelle bezeichnen und welchen Zweck erfüllt diese?
2. Informieren Sie sich über Phasen der Multimediaentwicklung im Internet.

CMW – Werbedruck-Erzeugnisse mit Fullservice		
Abschnitt	**Inhalt/Video**	**Ton**
Einleitung	Eingangsbild: Firmenansicht	Vorlesen: Text 1
Vorgang: **Herstellung von Druck-Erzeugnissen mit Multimediaprodukten** (Werbeprospekt, CD, Chipkarte)	Kundengespräch, Druckvorstufe, Druck, Multimediabteilung, Weiterverarbeitung, Auslieferung	Sprechen: Text 2
Kundenansprache	Chef in Großaufnahme	Sprechen: Text 3
Schluss	Fullservicemotiv	Schlusswort, Abspann

Erstellung einer Präsentation für ein Projekt

Situation   Sie sollen zum Thema "Multimedia" eine PowerPoint-Präsentation erstellen.

Relativ schnell lassen sich PowerPoint-Präsentationen erstellen. Hierbei muss zunächst der **Adressatenkreis** festgelegt werden (z. B. Fachleute oder Laien, Präsentation vor Publikum oder im Internet bzw. als CD-Präsentation).

Abhängig von der Art der Präsentation müssen auch die **Inhalte** ausgerichtet werden. Für einen Vortrag können Inhalte verbal ergänzt werden, bei einer CD-Präsentation müssen Inhalte selbsterklärend sein. Hier können evtl. Links zu weiteren Dokumenten hilfreich sein. Damit das **Design** professionell und einheitlich wirkt, sollten Musterseiten im Entwurf gescribbelt (skizziert) werden. Für alle Seiten gemeinsame Folienelemente können auf der Masterseite angebracht werden. Für Farben, Bilder, Hintergründe gilt der Grundsatz: **Weniger ist mehr!**

> **Checkliste für die Erstellung einer Multimedia-Anwendung**
>
> **Inhalte:** zielgerecht, benutzergerecht, verständlich, ohne Deutschfehler
> Titelseite, Inhaltsverzeichnis, Impressum, Quellenverzeichnis vorhanden
> **Design:** Master für durchgängiges Design angelegt, Hintergrund, Farben benutzer
> freundlich, Textdarstellung benutzerfreundlich
> **Funktionalität:** Anwendung startet beim Klicken auf den Link oder Einlegen der CD
> automatisch, gute Benutzerführung vom Inhaltsverzeichnis zu den Unterseiten mit
> Zurück-Button
> **Sonstiges:** CD-Hülle mit individueller Einlage (Cover) oder Booklet mit mehreren
> Seiten und CD-Label mit wichtigen Informationen, Readme-Datei auf der CD

Aufgaben

1. Rufen Sie von der CD Präsentationen (Verzeichnis Powerpoint) zur:
   ▶ Präsentationsanleitung
   ▶ Farbgestaltung
   auf und beachten Sie die Hinweise.

2. Erstellen Sie eine Powerpointpräsentation nach folgendem Muster mit einem passenden Bild auf der Masterfolie, vier mitlaufenden Schaltflächen (Hyperlinks zu den Folien), einen Fortschrittsbalken und Kurzinformationen zu den Medien Text, Bild und Ton sowie multimedialen Systemen. Vergleichen Sie diese auch mit der Beispielpräsentation der CD.

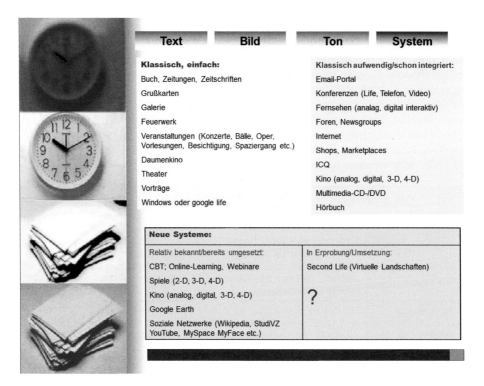

7.2 Werbe-, Urheber- und Markenrecht

7.2.1 Werberecht

Situation Sie werden jeden Tag in den Medien und Geschäften mit vielen Kaufangeboten konfrontiert. Manche Angebote hören sich spektakulär günstig an.

Drastische Zunahme von Beschwerden über Rechtsverstöße im Internet

Die Zentrale zur Bekämpfung unlauteren Wettbewerbs e. V. beklagt eine massive Zunahme von Beschwerden über Rechtsverstöße im Internet. Jährlich werden hier fast 20.000 Beschwerdefälle bearbeitet. Der Hauptteil der Beschwerden richtet sich mit einem Anteil von 45 % auf Verstöße gegen die guten Sitten im Wettbewerb. Beschwerden über Internet-Verstöße haben einen Anteil am Gesamtaufkommen der Beschwerden von mittlerweile 17 % erreicht. Gerade die ständig wachsende Beliebtheit von Versteigerer-Plattformen wie eBay, auf denen sich jeder Nutzer als Internethändler bzw. -auktionator betätigen kann, habe zu einer drastischen Zunahme der Beschwerden geführt. Viele gewerbliche Anbieter im Internet geben sich nicht als solche zu erkennen, sondern treten vielmehr als private Anbieter auf. Oftmals haben derartige Anbieter nicht einmal ihren Namen und ihre Anschrift im Internet angegeben. Der Verbraucher steht dann schutzlos da. Auf diese Weise werde versucht, die gesetzlichen Rechte der Verbraucher zu verkürzen oder ganz zu verschweigen. Die konkurrierenden Gewerbetreibenden beobachten dies mit Argusaugen. Tagtägliche Beschwerden von Mitbewerbern sind die Folge.

Wettbewerbszentrale.de

Werbung ist ein wichtiger Faktor, um Waren und Dienstleistungen anzupreisen und im Markt platzieren oder Kundenbeziehungen zu festigen.

Damit dies für Verbraucher und Mitbewerber im fairen Wettbewerb geschieht, wurde mit dem **Gesetz gegen den unlauteren Wettbewerb** (UWG) ein Handlungsrahmen gesetzt. E-Commerce ermöglicht grenzüberschreitenden Handel und Werbung im großen Ausmaß, sodass auch europäische und internationale Schutzvorschriften immer größere Bedeutung erlangen werden. Der Kaufmann muss eine Vielzahl von Vorschriften und Regeln beachten, wenn er sich korrekt verhalten und nicht Gefahr laufen will, kostenpflichtig abgemahnt zu werden. In Kurzform sind hier mehr oder weniger häufig eingesetzte Maßnahmen dargestellt.

Werbemaßnahmen und das Werberecht	
Irreführende Werbung	Werbung muss wahr und klar sein, darf nicht missverstanden werden können. Die Schwelle zur Unlauterkeit und damit zum Verstoß gegen die §§ 1 und 3 des UWG wird dann überschritten, wenn die Anpreisungen täuschenden Charakter haben und den Wettbewerb zum Nachteil der Mitbewerber, der Verbraucher oder sonstiger Marktteilnehmer nicht nur unerheblich beeinträchtigen. Beispiel: Mit dieser CBT-Software bestehen Sie garantiert die Prüfung!
Lockvogelangebote	Kunden dürfen nicht durch irreführende Gestaltung von Preisen und Angeboten zum Kauf verlockt werden, z. B. indem Kunden mit absoluten Billigpreisen in das Geschäft gelockt werden, ohne das die Ware in ausreichender Stückzahl vorrätig ist.
Ausnutzung	Werbung und sonstige Handlungen im Wettbewerb, die die Unerfahrenheit von Jugendlichen oder die Leichtgläubigkeit, Angst oder eine Zwangslage von Verbrauchern ausnutzen, sind unzulässig.

Werbemaßnahmen und das Werberecht *(Fortsetzung)*	
Mit Angst oder Mitleid werben	Das Ausnutzen und Erzeugen von Angst- oder Mitleidsgefühlen zur Steigerung des Absatzes ist nicht erlaubt. Hierunter fallen werbliche Hinweise auf bevorstehende Geldentwertungen, Gesundheits- und Umweltgefahren sowie auf karitative Zwecke eines Angebots, selbst wenn es sich dabei nur um Nebenzwecke handelt.
Schleichwerbung	Verbraucher sollen in redaktionellen Beiträgen sachlich und unbeeinflusst unterrichtet werden und nicht durch indirekte Werbung unsachlich in die Irre geführt werden. In redaktionellen Medien muss daher nach den Presse- und Mediengesetzen der redaktionelle Teil vom Anzeigenteil getrennt werden bzw. bei einer Vermengung deutlich auf den Anzeigencharakter einer Anzeige hingewiesen werden.
Mengenbeschränkung	Eine Mengenbeschränkung (z. B. 200 Stück) und eine Abgabebeschränkung (z. B. nur in Haushaltsmengen) bei der Werbung ist zulässig. In der Regel muss der Anbieter einen Vorrat von mindestens 2 Tagen der erwarteten Nachfrage vorhalten oder auf einen geringen Restposten besonders hinweisen.
Preisvergleiche	Preisvergleiche der eigenen Preise mit dem empfohlenen Verkaufspreis des Herstellers sind zulässig, jedoch nicht der Vergleich mit (evtl. vorher heraufgesetzten) „Mondpreisen". Bei Preisen gegenüber Verbrauchern sind die Bruttopreise anzugeben.
Vergleichende Werbung	Produkte der gleichen Art oder mit gleicher Zweckbestimmung dürfen nach § 6 UWG miteinander verglichen werden, wenn die guten Sitten gewahrt bleiben und der Vergleich objektiv (wahrheitsgemäß, nachprüfbar und nicht irreführend) ist.
Sonderangebote	Einzelne nach Güte oder Preis gekennzeichnete Waren können als Sonderangebote herausgestellt werden. Sonderveranstaltungen wie „Sommerrabatt auf alles 30 %" oder „Räumungsverkauf" sind nach dem neuen UWG erlaubt.
Freundschaftswerbung	Eine Laienwerbung, meist als „Freundschaftswerbung" angeboten, ist grundsätzlich erlaubt, auch wenn hier meist private Beziehungen kommerzialisiert werden. Der Werber erhält in der Regel eine Prämie. Je mehr Aufwand der Werber hat, um sich die Prämie zu verdienen, desto höher darf die Prämie sein. Es kann jedoch auch leicht der Vorwurf des unlauteren Anlockens mit sachfremden Anreizen laut werden.
Garantien	Langjährige Garantien müssen sich an der Haltbarkeit eines Materials oder Werks orientieren. Erlaubt sind Preisgarantien, bei denen damit geworben wird, dass der Kunde den Kaufpreis zurückerhält, wenn er den gleichen Artikel bei gleichem Leistungsumfang anderswo zu einem niedrigeren Preis findet. Vor einiger Zeit versuchten Firmen – wie in den USA – mit lebenslangen Garantien zu werben. Der Bundesgerichtshof lehnte ab. Rückgabegarantien ohne besonderen sachlichen Grund darf man nach geltendem Recht nach wie vor nicht gewähren (vgl. § 443 BGB).
Zugaben	Bei Preisnachlässen, Zugaben oder Geschenken sind die Bedingungen für ihre Inanspruchnahme klar und eindeutig anzugeben.
Kopplungsangebote	Wenn die Angebote in einem sachlichen Zusammenhang stehen, können verschiedene Waren und Dienstleistungen verbunden angeboten werden. Der Kunde darf jedoch nicht über den wirklichen Wert des Angebots getäuscht oder unzureichend informiert werden.

Werbemaßnahmen und das Werberecht *(Fortsetzung)*	
Unzumutbare Belästigung	Unzumutbare Telefonanrufe u. ä. zu Werbezwecken sind als aufdringliche und belästigende Werbung unzulässig. Anders ist dies, wenn ein Unternehmer einem Kunden durch Direktwerbung informieren will, dieser die Anschrift übermittelt hat und seine Einwilligung dazu gegeben hat (§ 7 UWG).
Gewinnspiele	Preisausschreibungen und Verlosungen sind nur dann zulässig, wenn damit kein Kaufzwang oder eine Verpflichtung verbunden oder suggeriert wird oder die Verbraucher nicht über die Gewinnchancen getäuscht werden (§ 4 UWG).
Rufschädigung	Wer den Wettbewerb dadurch beeinflusst, dass er als Mitarbeiter Geschäftsgeheimnisse bekannt macht oder als Nichtmitarbeiter sich solche Geschäftsgeheimnisse beschafft und geschäftsschädigend einsetzt, kann mit Freiheitsstrafe oder Geldbuße bestraft werden (§ 17 ff. UWG).
Folgen bei Verstößen	Getäuschte Kunden können bei unwahren und irreführenden Werbeangaben vom Vertrag zurücktreten. Mitbewerber, Kammern und Verbände können auf Unterlassung klagen, was zu erheblichen Kosten führen kann. Weiterhin ist mit Freiheitsstrafe oder Geldbuße zu rechnen.
Quellen	Auskünfte: IHK, HWK Internet: www.wettbewerbszentrale.de

Aufgaben

1. Handelt es sich hier um zulässige Maßnahmen?
   a) Sie haben eine Zeitschrift abonniert und werden gebeten, im Freundeskreis weitere Kunden gegen eine Prämie zu werben.
   b) Sie können im Internet an einer Gewinnverlosung teilnehmen, wenn Sie Kunde werden.
   c) Ihnen wird ein Gerät zum Superpreis angeboten, sodass Sie umgehend bestellen. Leider ist die Ware vergriffen. Sie bekommen alternative Artikel angeboten, jedoch zum höheren Preis.
   d) Ein Versicherungsvertreter sucht Sie auf und drängt Sie zur Unterschrift einer Unfallversicherung. Er macht Ihnen Angst, dass Sie mit 18 Jahren jeglichen Risikoschutz verlieren würden.
   e) Ein Verkäufer berichtet Ihnen, dass sein Mitbewerber in größten wirtschaftlichen Problemen stecke und wohl nicht liefern könne.
   f) Wenn Sie einen Computer kaufen, sollen Sie vom Händler drei Monate Freitraining im Fitnessclub erhalten.
   g) Ein Händler wirbt mit dem Slogan „Die absturzsichere Festplatte".
   h) Ein Händler vergleicht ein identisches Produkt im Preis mit der Konkurrenz.

2. Nennen Sie eigene Beispiele für Verstöße nach dem Wettbewerbsrecht.

3. Erstellen Sie eine Negativ-Checkliste (Nicht zulässige Werbemaßnahmen) und eine Positiv-Checkliste (Zulässige Werbemaßnahmen), um schnell und professionell Werbemaßnahmen zu planen.

4. Das Werberecht befindet sich im laufenden Wandel. Überprüfen Sie per Internetrecherche die Rechtsgrundlagen des BGB und UWG. Suchen Sie nach Hinweisen zu unlauteren und erlaubten Werbemaßnahmen.

7.2.2 Copyright (Urheberrecht)

Situation „Wer – ganz gleich, ob gewerblich oder privat, entgeltlich oder unentgeltlich – Musik, Filme oder Computerspiele im Internet zum Download anbietet und verbreitet, ohne hierzu berechtigt zu sein, macht sich strafbar", betonte die Bundesjustizministerin.

Nach Auffassung des Verbandes Phono der phonografischen Wirtschaft werden mehr als 400 Millionen Musiktitel über Tauschbörsen aus dem Internet herunter geladen.

Der Vermerk © bzw. **Copyright** mit einem Zusatz weist auf den **Inhaber der Rechte** für Veröffentlichung, Kopien und Weiterverwertung hin. Wenn jemand etwas schreibt, zeichnet, fotografiert, herstellt, erfindet, programmiert, usw., was einen besonderen geistigen Wert hat, so hat er auch die Rechte daran (vgl. Hinweise zum Copyright unten). Software bzw. Computerprogramme sind seit 1985 gem. § 2 Abs. 1 Nr. 1 des Urhebergesetzes (UrhG) als Schriftwerke geschützt. Eine Software wird nicht verkauft, sondern lizensiert. Man unterscheidet Software auch nach den Nutzungsrechten (z. B. Kommerzielle Software, Freeware, Shareware, Open Source, vgl. unten). Vor der Installation und Nutzung muss man prüfen, welche Rechte der Nutzer hat. Hierzu wird bei der Installation eine **EULA** (Lizenzvereinbarung, vgl. unten) angezeigt. Bei kommerzieller Software kann man abgesehen von einer eventuellen befristeten kostenlosen Testphase die Software nur nutzen, wenn man eine zulässige Produkt-ID (Produktschlüssel) käuflich erworben hat und diese bei der Installation zur Registrierung verwendet.

Copyright	
Gesetzliche Grundlagen	Grundgesetz (GG) Art. 14 Abs. 1 und Art. 2 Abs. 1 und Urheberrechtsgesetz (UrhG) aus dem Jahr 1966 mit laufenden Überarbeitungen
Was ist geschützt?	Jedes Werk, das einen geistigen Gehalt ausweisen kann und sich durch ein geistiges Tätigwerden des Schaffenden als persönliche Schöpfung auszeichnet. Zufallsprodukte sind nicht geschützt, auch nicht Anregungen oder indirekte Hilfeleistungen bei einem Werk. Vollendung oder Neuheit des Werkes sind andererseits nicht erforderlich. Nicht geschützt sind Werke, die sich nicht durch individuelle Merkmale von anderen unterscheiden, trivialer Natur, einfach (simpel) sind oder keine Schöpfungshöhe haben. Als Werke werden nach § 2 Sprachwerke (Texte in Schrift und Ton, auch Computerprogramme), Werke der Musik, Pantomimische Werke (einschließlich Tanzkunst), Werke der Kunst, Lichtbildwerke, Filmwerke, Darstellungen wissenschaftlicher und technischer Art, nach § 3 als selbstständige Werke Übersetzungen und andere Bearbeitungen eines Werkes, die persönliche geistige Schöpfungen sind, nach § 4 Sammelwerke und Datenbankwerke unterschieden.
Fotos Bilder	Fotos und Bilder jeglicher Art sind durch das Urheberrecht geschützt. Bilder dürfen somit nur mit Einwilligung des Urhebers verwendet werden. Somit sollten für Veröffentlichungen (z.B. auf eigenen Webseiten, bei Ebay oder Sozialen Netzen) immer eigene Bilder gefertigt werden. **Zulässige Abbildungen von Personen:** Ohne Einwilligung des Abgebildeten dürfen selbsterstellte Bilder nur veröffentlicht oder verbreitet werden, wenn (nach § 23 KunstUrhG):

Copyright *(Fortsetzung)*	
Fotos Bilder	1. Bildnisse aus dem Bereiche der Zeitgeschichte; 2. Bilder, auf denen die Personen nur als Beiwerk neben einer Landschaft oder sonstigen Örtlichkeit erscheinen; 3. Bilder von Versammlungen, Aufzügen und ähnlichen Vorgängen, an denen die dargestellten Personen teilgenommen haben; 4. Bildnisse, die nicht auf Bestellung angefertigt sind, sofern die Verbreitung oder Schaustellung einem höheren Interesse der Kunst dient. **Abbildungen von Werken (Gebäuden etc.) in der Öffentlichkeit:** Zulässig ist nach §59 UrhG, Werke, die sich bleibend an öffentlichen Wegen, Straßen oder Plätzen befinden, mit Mitteln der Malerei oder Graphik, durch Lichtbild oder durch Film zu vervielfältigen, zu verbreiten und öffentlich wiederzugeben. Bei Bauwerken erstrecken sich diese Befugnisse nur auf die äußere Ansicht. Urheber eines Gebäudes ist der Architekt, nicht der Eigentümer.
Strafe	Strafbar macht sich wer – ganz gleich ob gewerblich oder privat, entgeltlich oder unentgeltlich Daten – wie Musik, Filme, Software oder Computerspiele im Internet zum Download anbietet und verbreitet, ohne hierzu berechtigt zu sein. Wer Werke vervielfältigt, verbreitet oder öffentlich wiedergibt, wird mit Freiheitsstrafe bis zu drei Jahren oder mit Geldstrafe bestraft, schon der Versuch ist strafbar.
Freie Verwendung von Werken **§§ 44a ff UrhG**	Vervielfältigung und Verbreitung mit geringem Umfang in Sammlungen oder für einen abgegrenzten Kreis von Unterrichtsteilnehmern zur Veranschaulichung für Kirchen-, Schul- oder Unterrichtsgebrauch, soweit es sich nicht um Schulbücher o. ä. handelt (§ 46). Zulässig sind auch einzelne Vervielfältigungen eines Werkes durch eine natürliche Person zum privaten Gebrauch auf beliebigen Trägern, sofern sie weder unmittelbar noch mittelbar Erwerbszwecken dienen, soweit nicht zur Vervielfältigung eine offensichtlich rechtswidrig hergestellte Vorlage verwendet wird.(§ 53). Zulässig sind die Vervielfältigung sowie die unentgeltliche und nicht zu gewerblichen Zwecken vorgenommene Verbreitung eines Bildnisses durch den Besteller des Bildnisses (§ 60). In allen Fällen solcher Vervielfältigungen ist stets die Quelle und in bestimmten Fällen auch die Quelle einschließlich des Namens des Urhebers deutlich anzugeben (§ 63 UrhG).
EULA	End User License Agreement = **Lizenzvereinbarung für Endbenutzer** welche die Benutzungsrechte der Software angibt. Sie wird meist bei der Installation von Software angezeigt und muss mit „Ich stimme den Bedingungen dieses Vertrages zu" bei der Installation bestätigt werden.
Abmahnungen durch Urheber und Abmahnkosten	Urheber mahnen bei Verletzung der Urheberrechte unberechtigte Nutzer ab und fordern Schadenersatz und Erstattung der Abmahnkosten. Nach § 97 a Abs. 2 UrhG werden die Abmahnkosten einer berechtigten urheberrechtlichen Abmahnung auf 100 Euro begrenzt, wenn es sich um eine erstmalige Abmahnung in einem einfach gelagerten Fall handelt mit einer nur unerheblichen Rechtsverletzung außerhalb des geschäftlichen Verkehrs (z. B. durch die Nutzung von Tauschbörsen, Verwendung fremder Fotografien im Internet oder der Verwendung urheberrechtlich geschützter Straßenkartenausschnitten auf privaten Homepages) handelt.

Copyright *(Fortsetzung)*	
Verwertungs-gesellschaften (vgl. §§ 27, 54 UrhG)	**GEMA:** Gesellschaft für musikalische Aufführungs- und mechanische Vervielfältigungsrechte **VG Wort:** Verwertungsgesellschaft Wort **VG Bild-Kunst:** Verwertungsgesellschaft Bild und Kunst u. a.

Nutzungslizenzen für Software		Beispiele für Software
Kommerzielle Software **Volllizenz = Einplatzlizenz**	Der Urheber (Softwarehersteller) hat das ausschließliche Recht zur Vervielfältigung, Verbreitung und Bearbeitung der Software (vgl. § 69c UrhG). Somit muss das Benutzen, Kopieren, Verkaufen, Verschenken, Vermieten oder Verändern des Programms ausdrücklich durch eine Nutzungslizenz erlaubt werden. Eine EULA kann jedoch Einschränkungen vorsehen, sodass jede Lizenz im Einzelfall zu prüfen ist. Wird nicht ausdrücklich eine Mehrplatzlizenz vergeben, so erlaubt die Lizenz nur eine Benutzung des Programms auf einem Einplatzrechner. Jede Kopie, die über die vereinbarte Benutzung hinaus angefertigt wird, ist eine unzulässige Kopie, die das Urheberrecht verletzt. Soll die Software auf einem anderen Rechner verwendet werden, muss sie zunächst auf dem vorher installierten Rechner gelöscht werden.	von Microsoft z. B. Windows 7 Word, Excel, Powerpoint, Access, Visio, Outlook etc. von Adobe z. B. Photoshop, Illustrator, InDesign
Freeware	Freeware ist Software, die der Entwickler der Software kostenlos an Nutzer weitergibt. Freeware darf man kopieren und weitergeben. Der Entwickler hofft damit Werbung für seine oder auch andere Produkte und Leistungen zu betreiben.	z. B. PDFCreator, Skype, Winamp, Picasa vgl. winload.de
Shareware	Diese Programme dürfen für einen festgelegten Zeitraum zum Testen kostenfrei genutzt werden, dann wird der Benutzer aufgefordert, einen Kaufpreis zu bezahlen. Shareware darf kopiert und weitergegeben werden.	z. B. Nero Burning ROM, MP3-DJ vgl. z. B. winload. de oder top-download.de
Open Source	Softwareentwickler dieser Initiative erlauben den Benutzern per Lizenz die freie Weitergabe des Programms, den Quellcode einzusehen und zu verändern.	z. B. Firefox, Open Office, Gimp, Eclipse, vgl. t3n.de

Aufgaben

1. Tausende junger Menschen erhalten jährlich wegen Copyright-Verletzungen Abmahnungen von Rechtsanwälten. Sie sollen dann eine Unterlassungserklärung unterzeichnen, Schadersatz leisten und die Abmahnungskosten tragen, häufig über 1000 Euro. Recherchieren Sie über Suchmaschinen nach berichteten Fällen. Über welche Fälle wird in Foren diskutiert?

2. Stellen Sie eine Liste mit Bildmotiven zusammen, die von Ihnen frei fotografiert und veröffentlicht werden können.

7.2.3 Markenrecht

Situation   Im Internetzeitalter wurden Unternehmen insbesondere durch ihre Marken (z. B. EBAY, WEB.DE oder AMAZON) erst richtig wertvoll. Allein nur die Nutzungsrechte für einen Namen können mehrere Milliarden Euro Wert sein und damit den materiellen Wert eines Unternehmens um ein vielfaches übertreffen. E-Branding und damit das Entwickeln einer Internet-Marke stellen daher wichtige Faktoren im Erfolg eines Produktes oder eines Unternehmens dar.

Personen und auch Firmen (juristische Personen) können geschäftliche Bezeichnungen (Unternehmenskennzeichen und Werktitel) als Marke (z. B. Wortmarken, Bildmarken, Dreidimensionale Marken, Hörmarken) gemäß dem Markengesetz (MarkenG) schützen lassen. Ohne Zustimmung des Markeninhabers dürfen die Marken oder ähnliche Kennzeichen nicht für eigene Dienstleistungen oder Produkte verwendet werden. Bei Nachschlagewerken kann der Inhaber der Marke verlangen, dass bei Nennung der Marke besonders auf den Markenschutz hingewiesen wird. Der Schutz gilt 10 Jahre nach Anmeldung mit Verlängerungsmöglichkeit um weitere 10 Jahre. Mit diesen Zeichen (z. B. Lüneburger Pils, Microsoft, EBAY, Golf IV) lassen sich Waren oder Dienstleistungen eines Unternehmens von den Waren und Dienstleistungen eines anderen Unternehmens besser unterscheiden. Die Marke ist ein wichtiger Faktor für den Erfolg eines Unternehmens. Marken schaffen Kundenbeziehungen (z. B. „Mc Donalds", „Coca Cola") und dienen der Orientierung, nicht selten auch dem Prestige (z. B. Calvin Klein). Kunden können bei Marken gemeinhin eine gleichbleibende Qualität zu einem bestimmten Preis sowie eine breite Verfügbarkeit annehmen. Marken können Milliarden EUR wert sein (z. B. NIVEA). Viele Fusionen und Übernahmen im Unternehmensbereich finden nur zu dem einen Zweck statt, die Rechte an einer Marke zu erlangen. Der Unternehmenswert wird heute maßgeblich durch immaterielle Werte wie die durch das Unternehmen geschützten Marken bestimmt. Markenführung im E-Commerce wird als „E-Branding" bezeichnet. Um eine Marke zu schaffen und auch am Markt entsprechend dem Markenkonzept geläufig zu halten, sind hohe Werbeaufwendungen und nicht selten ein überzeugendes Qualitätsmanagement notwendig. Eine Eintragung einer Marke kostet ca. 300,00 €.

Vgl. www.markengesetz.de, www.dpma.de, www.markenverband.de

Aufgaben

1. Ermitteln Sie 20 Marken, die jeder kennt.
2. Wie werden Marken dargestellt? Geben Sie Beispiele.
3. Entwickeln Sie Marken für Ihr Projekt.
4. Prüfen Sie, ob es zulässig ist, Markenzeichen ohne Einverständniserklärung des Markenrechtsinhabers zu verwenden.

7.3   Einführung in die Webseitenerstellung

Situation   Sie wollen Webseiten selber erstellen.

In den folgenden Kapiteln sollen Sie eine Einführung in das Grafikprogramm Gimp erhalten, da angepasste und selbsterstellte Bilder sowie überarbeitete Bilder und Logos für Webseiten wichtig sind. Eine Einführung in die Webseitenerstellung mit HTML und CSS schließt sich an und soll zu einem Projekt führen, eine Website für einen Lernzettel selbst zu erstellen.

7.3.1   Bildbearbeitung mit Gimp

Zur Erstellung von Webseiten gehört immer auch die Visualisierung durch Bilder. Für die Bearbeitung des Bildmaterials gibt es verschiedene Tools, von sehr einfachen Programmen wie z. B. Paint, das als Bestandteil des Betriebssystems ausgeliefert wird, bis hin zu mächtigen aber auch teuren Werkzeugen wie Photoshop von Adobe. Ein kostenloses aber trotzdem sehr komplexes Programm aus dem OpenSource[1]-Bereich ist Gimp. Hier erhalten Sie eine Einführung in die Bildbearbeitung mit Gimp. Anleitungen für weitere Bildbearbeitungstechniken finden Sie im Internet z. B. auf den Seiten:

http://www.gimpusers.de/tutorials.php

http://docs.gimp.org/de/

http://spielwiese.la-evento.com/gimp1.2/index.html

---

1   Der Quellcode von OpenSource-Programmen ist frei zugänglich und kann daher von jeder Person weiterentwickelt werden.

7.3.1.1 Arbeitsoberfläche

Wenn Sie Gimp starten, öffnen sich zunächst zwei oder, je nach Konstellation beim letzten Schließen des Programms, mehrere Dialogfenster. Es gibt kein Programmfenster, das alles in sich vereinigt (MDI[1]), sondern flexibel gestaltbare Fenster, die als Docks bezeichnet werden (SDI[2]). Den Inhalt der Docks stellen Sie selbst zusammen, indem Sie die Reiter mit der Maus verschieben oder über das Pulldown-Menü (Dialoge) den Befehl <**Docks hinzufügen**> wählen.

Sie können mit der Maus Reiter herausziehen und damit neue Docks anlegen, oder ein Dock zu einem bestehendem hinzufügen, indem Sie neben dem Reiternamen mit der Maus anfassen und das Dock auf den unteren Rand eines bestehenden Docks ziehen.

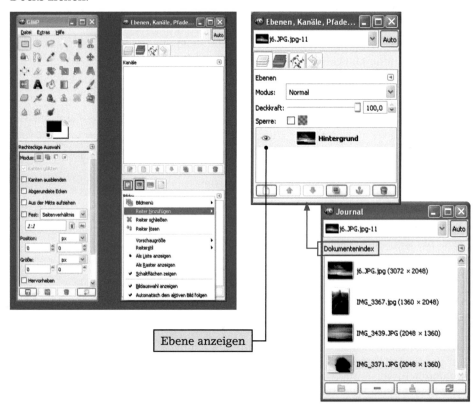

Ebene anzeigen

7.3.1.2 Bildgröße reduzieren

Situation Das Bild j6.jpg hat eine Größe von 883 KB und ist damit für die Einbindung in eine Webseite zu groß.

Aufgabe Das Bild soll verkleinert und beschnitten werden, so dass es auf ca. 10% der ursprünglichen Dateigröße reduziert wird.

---

2 Multiple Document Interface
3 Single Document Interface

Öffnen Sie die Datei j6.jpg und ordnen Sie die Gimp-Elemente übersichtlich auf Ihrem Bildschirm an. Stellen Sie die Größenanzeige so ein, dass Ihnen das komplette Bild möglichst groß angezeigt wird.

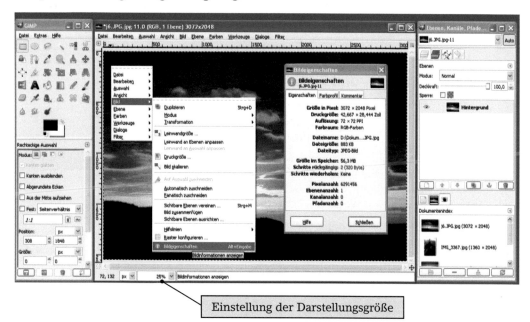

Einstellung der Darstellungsgröße

Die Bildeigenschaften können Sie mit dem (Kontext-)Menü <**Bild**> → <**Bildeigenschaften**> aufrufen. Die Größe des Bildes ist hier mit 3072 x 2048 Pixel angegeben. Da für eine Webseite ca. 800 Pixel in der Breite ausreichen, rufen Sie zum Verkleinern des Bildes das Dialogfenster <**Bild skalieren**> auf.

<**Bild**> → <**Bild skalieren**>

Achten Sie beim Skalieren darauf, die Proportionen zu erhalten. Anschließend speichern Sie das Bild unter dem Dateinamen *j6_kl.jpg* und passen die Darstellungsgröße an.

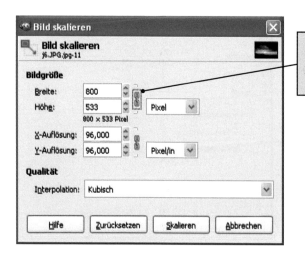

Ein Klick auf das Kettensymbol bewirkt die Verbindung der Höhen- und Breiteneinstellung zum Erhalt der Proportionen.

Eine weitere Reduktion kann durch das Abschneiden von Bildbereichen erfolgen. Wählen Sie aus dem Werkzeugdock das Zuschneidewerkzeug und ziehen Sie einen Rahmen von Position 0/180 bis zu einer Größe von 800/320. Nach dem Speichern rufen Sie erneut die Bildeigenschaften auf und werden feststellen, dass das Speichervolumen auf unter 10 % des ursprünglichen Wertes reduziert worden ist.

7.3.1.3 Ebenen und Filter

Aufgabe   Für eine Website soll ein Banner erstellt werden.

Öffnen Sie ein neues Bild in der Größe 800 x 150 Pixel und wählen Sie anschließend <Filter> → <Rendern> → <Wolken>.

Mit dem Befehl <Farben> → <Einfärben> erhalten Sie eine Farbe für den Hintergrund. Duplizieren Sie die Ebene

<Ebene> → <Ebene duplizieren> und wählen Sie anschließend

<Filter> → <Render> → <Natur> → <Flammen>.

Mit dem Textwerkzeug können Sie jetzt den Text eingeben und gestalten.

Passen Sie die Laufweite, Größe und Farbe des Textes an

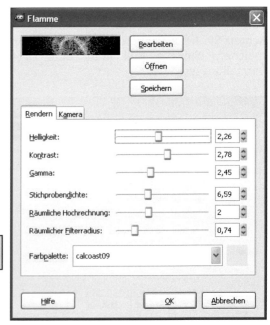

Duplizieren Sie erneut die gerade erzeugte Textebene und spiegeln Sie die Ebene.

<Ebene> → <Transformation> → <Vertikal spiegeln>

Mit dem Verschieben-Werkzeug können Sie die gespiegelte Ebene unter
das Original schieben und anschließend weichzeichnen.

<Filter> → <Weichzeichnen> → <Gaußscher Weichzeichner>

Wählen Sie jetzt <Ebene> → <Ebene skalieren> und reduzieren Sie die
Höhe, ohne die Breite zu verändern. Mit dem Scheren-Werkzeug lässt sich
die Spiegelung anschrägen.

7.3.1.4 Einzelaktionen beschreiben

Situation Sie haben in folgender Übersicht schon einige Einzelaktionen mit
Gimp kurz beschrieben und wollen die Übersicht erweitern.

Aktionen	Bearbeitungsschritte
Bild mit Gimp bearbeiten	Gimp starten; über <Datei> <Öffnen> Bild aus dem Verzeichnis aufrufen oder <Datei> <Neu> wählen und einfach mit der Maus den Dateinamen in das Bearbeitungsfenster ziehen.
vergrößern/verkleinern (skalieren)	Über <Bild> → Skalieren und Einstellungen im Dialogfenster oder Skalieren-Werkzeug aufrufen, Bild per Maus an den Anfasspunkten in die richtige Größe bringen, Button: Skalieren
ausschneiden	Werkzeugkasten → Rechteckige Auswahl und Bildausschnitt festlegen; Bild → auf Auswahl zuschneiden klicken
Bild drehen	Werkzeugkasten → Drehen verwenden Evtl. Raster über Ansicht ergänzen (Bild: Raster konfigurieren) Button: Rotieren (Bild wird in der gedrehten Ansicht gespeichert)
retuschieren (klonen)	Stelle, die retuschiert werden soll, vergrößern (zoomen), Klonwerkzeug Stempel aufrufen, Strg-Taste gedrückt halten und Quelle für das Klonen anklicken Strg-Taste loslassen und Bereich, der mit dem Muster geklont werden soll stempeln oder pinseln.
unerwünschte Bildteile mit „Heilen" entfernen	Die Heilen-Funktion berücksichtigt im Gegensatz zur Klonenfunktion Struktur und Umgebung des Zielbereiches. Funktion der Klonenfunktion vergleichbar: Bild so zoomen, dass Heilen gut möglich ist, Heilen-Funktion (Pflaster) aufrufen, passenden Quellbereich aufrufen, Strg, unerwünschten Zielbereich anklicken und heilen.

Aktionen	Bearbeitungsschritte
radieren	Bild zum besseren Radieren passend zoomen (vergrößern), Radieren-Werkzeug aufrufen. Im Radierer die Pinselgröße über Skalieren einstellen, Radierwerkzeug mit Maus anwenden.
Bildausschnitt über Lasso erstellen und in anderes Bild einfügen	Bild mit dem Bildausschnitt aufrufen, Lasso-Werkzeug „Freie Auswahl" wählen und mit der Maus den Umfang des Bildausschnittes markieren (wichtig: geschlossener Umfang) Strg + C (für Kopieren des Ausschnitts), zum Bild wechseln, in das der Bildausschnitt eingefügt werden soll, Strg + V (für Einfügen des Bildausschnittes), Bildausschnitt mit dem Radierer so bearbeiten, dass das Einfügen nicht mehr bemerkt wird.
Grafiken einfügen	Filter → Render → grf aufrufen, dann Element im Dialogfenster auswählen und im Dialogfenster einzeichnen.
Text einfügen	Textwerkzeug aufrufen, Texteigenschaften bestimmen, Textstelle auf einer Ebene anklicken, Text in das Dialogfenster eingeben, evtl. über das Verschieben-Werkzeug das Textelement auf der Ebene verschieben.
Bildmuster aufrufen	Über <Dialoge> Muster aufrufen, mit gedrückter Maus Muster aus der Sammlung auf die Ebene oder eine vorher aufgezogene Auswahl ziehen.
Text mit Farbverlauf füllen	Text einfügen; im Ebenendialog für diese Ebene über Kontextmenü „Auswahl aus Alphakanal" aktivieren, dann über Symbol „Verlaufswerkzeug" aufrufen, Verlauf aussuchen und mit der gedrückten Maus über den Text ziehen.
nachschärfen	Filter → Verbessern → Schärfen

Aufgaben

1. Öffnen Sie mit Gimp ein Bild und bearbeiten Sie dieses: z. B. Ausschneiden, Drehen, Skalieren, Speichern

2. Rufen Sie im Internet Youtube auf und lassen Sie sich über den Suchbegriff „GIMP" Lernvideosequenzen zeigen. Erweitern Sie o.a. Beispielliste.

3. Erstellen Sie aus mehreren Bildern ein Bild, z. B. indem Sie in eine Landschaft eine Person einfügen.

7.3.1.5 Bildformate

Hier ein Überblick über die wichtigsten Bildformate und ihre Vor- und Nachteile.

JPG/JPEG (Joint Photographic Experts Group)

Das JPG-Format ermöglicht eine erhebliche Reduzierung der Dateigröße. Es ist das im Web meistverwandte Bildformat für Fotografien, da es trotz der Komprimierung eine hohe Farbtiefe aufweist.

GIF (Graphics Interchange Format)

Im Gif-Format kann man mehrere Einzelbilder in einer Datei speichern, sodass sich Animationen erstellen lassen. Es sind maximal 256 Farben darstellbar und damit ist das Format für Fotos ungeeignet. Es findet aufgrund der hohen Kompression im Web seinen Einsatz im Bereich der grafischen Darstellungen und kleinen Animationen. Für aufwändigere Animationen verwendet man eher das Flash-Format. GIF-Dateien können Transparenzinformationen enthalten.

PNG (Portable Network Graphics)

Es handelt sich hierbei um den Nachfolger des GIF-Formats. PNG-Dateien können Transparenz- und Metainformationen enthalten. Darüber hinaus ist eine verlustfreie Kompression möglich. Ein Nachteil dieses Formats ist die nicht fehlerfreie Darstellung im Internet Explorer bis zur Version 6.

TIFF (Tagged Image File Format)

Das TIFF-Format wird vor allem im Druckbereich für hochaufgelöste Bilder verwendet. Es unterstützt sowohl eine verlustfreie wie auch eine verlustbehaftete Kompression. Transparenzabstufungen sind möglich. Der Speicherbedarf ist sehr hoch.

XCF (Gimp-Dateiformat)

Alle gimpspezifischen Elemente wie Pfade und Ebenen werden abgespeichert. XCF sollte dann als Format gewählt werden, wenn das Ergebnis mit Gimp noch einmal weiterbearbeitet werden soll. Zur Veröffentlichung im Web ist es ungeeignet, da es von den Browsern nicht unterstützt wird.

PSD (Photoshop-Dokument)

Photoshopeigenes Dateiformat, das auch in Gimp geöffnet und gespeichert werden kann. Informationen über Ebenen, Pfade und Kanäle bleiben erhalten, sodass die Datei weiterbearbeitet werden kann. Das Format wird von Browsern nicht unterstützt.

7.3.2 HTML

7.3.2.1 Server-Client-Prinzip im Web

Die Grundarchitektur des Webs besteht auf der einen Seite aus Servern, auf denen Informationen bereitgestellt werden und den Computern der Nutzer (Clients) auf der anderen Seite. Von den Clients werden Anfragen (Requests) an die Server geschickt, die wiederum Antworten (Responses) zurückschicken. Für die Anfrage wird eine Internetadresse (URL) benötigt, damit der Server die gewünschte Seite an den Client schicken kann, die dieser dann in seinem Browser (Software des Clients) angezeigt bekommt.

Die Identifikation einer Website erfolgt über die Domain. Es handelt sich hierbei um die Adresse bestehend aus z. B. www.winklers.de.

www	➔	Kennzeichnet die Adresse für das World Wide Web (kann entfallen)
winklers	➔	Name der Website (Hostname)
de	➔	Top Level Domain kennzeichnet die Domain nach Ländern (de, uk, at, ...) oder Zweck (com, edu, org, ...)

Die Inhalte der Webseiten werden mit der Sprache HTML (Hypertext Markup Language) beschrieben, auf einem Webserver bereitgestellt, anschließend vom Client abgerufen und in einem Browser dargestellt (gerendert). Da die auf dem Markt befindlichen Browser HTML-Befehle nicht immer einheitlich interpretieren, sollten HTML-Seiten vor der Veröffentlichung immer auf mehreren Browsern getestet werden.

Webseiten wie *Marketshare* oder *Statcounter* berichten monatlich, welcher Browser am besten ankommt. Ende 2011 konnte **Google Crome** starkes Wachstum nachweisen und **Firefox** vom zweiten Platz verdrängen. Ganz vorne war immer noch der **Microsoft Internet Explorer.**

Um den Beschränkungen von HTML zu begegnen, haben sich im Web weitergehende Technologien etabliert. Zur clientseitigen Darstellung der Webseiten bedarf es bei diversen Scriptsprachen sogenannter Plugins wie z. B. des Adobe Flash-Players für animierte Flash-Dateien. Das Gegenstück zu den vom Client auszuführenden Technologien sind die serverseitig auszuführenden Programme wie etwa PHP. Der Server erhält hier den Befehl, z. B. aus einer Datenbank ausgewählte Informationen auf eine bestimmte Art darzustellen. Er führt das Programm aus, stellt die angeforderten Daten bereit und der Client erhält das Ergebnis dann wieder als HTML-Datei.

Aufgabe   Überprüfen Sie im Internet durch Suche nach Marketshare und Statcounter, welche Browser und IT-Systeme statistisch an Bedeutung gewinnen oder verlieren.

7.3.2.2 Barrierefreiheit

Rechtsgrundlage

Das Web soll möglichst ohne Einschränkungen auch von Menschen mit Behinderungen genutzt werden können. Man bezeichnet eine solche **Barrierefreiheit** auch als **Accessibility** (Zugänglichkeit).

Gesetz zur Gleichstellung behinderter Menschen (BGG)§ 4:

„Barrierefrei sind … Systeme der Informationsverarbeitung, … wenn sie für behinderte Menschen in der allgemein üblichen Weise, ohne besondere Erschwernis und grundsätzlich ohne fremde Hilfe zugänglich und nutzbar sind."

Barrierefreie Seitengestaltung

▶ Inhalte müssen auch in einem Textbrowser wie Lynx lesbar sein.

▶ Die Seitennavigation muss nicht nur über die Maus sondern auch über die Tastatur bedienbar sein.

▶ Eine Suchoption muss vorhanden sein.

▶ Inhalte und Bedienelemente müssen verständlich sein.

▶ Webseiten müssen plattformübergreifend in aktuellen und zukünftigen Browsern dargestellt werden können.

▶ Die Seite muss standardkonform sein, d. h. sie muss den vom W3-Consortium vorgegebenen Regeln entsprechen. Die Version und Variante der verwendeten Beschreibungssprache muss angegeben sein.

▶ Inhalt und Design sind zu trennen (s. Kap. 7.3.3 CSS).

Auf verschiedene Techniken für eine barrierefreie Gestaltung von Internetseiten wird im Folgenden an den jeweils relevanten Stellen hingewiesen.

7.3.2.3 Erstellen einer HTML-Datei mit dem Editor

Zur Erstellung von HTML-Seiten genügt ein reiner Texteditor, wie er im Programmmenü von Windows unter <**Zubehör**> zu finden ist. Mit einem solchen Texteditor können Sie HTML-Dokumente manuell erstellen, und abschließend mit der Dateinamenerweiterung *htm* oder *html* abspeichern.

Für die Wahl von Dateinamen gelten die folgenden Regeln:

▶ Beachten Sie die Groß-/Kleinschreibung, da Internetserver hier empfindlicher sind als Windows. Am sichersten ist die konsequente Kleinschreibung.

▶ Verwenden Sie keine Umlaute im Dateinamen.

▶ Vermeiden Sie Sonderzeichen wie *& $ §* und Leerzeichen in Dateinamen. Erlaubt sind lediglich der Bindestrich (-) und der Unterstrich (_).

▶ Begnügen Sie sich mit maximal 8 Zeichen für den Dateinamen selbst (ohne Dateiendung).

▶ Die vom User direkt als erste anzusteuernde Datei einer Site erhält den Namen *index.html*.

Ein ausführliches Tutorial zu HTML auf www.selfhtml.de schreibt alle HTML-Befehle (tags) ausführlich und mit Beispielen. Daher sollen in den folgenden Seiten nur einige grundsätzliche Befehle (tags) von HTML erläutert werden.

Zunächst nur mit dem Texteditor HTML-Skripte zu erstellen hat für Anfänger den Vorteil, dass die Syntax noch eingängiger geübt werden kann. Wer es schneller und leichter haben möchte, kann **Texteditoren** wie **Phase 5** (vgl. Kapitel 7.3.2.11) einsetzen, die alle Befehle schnell aufrufen und für das HTML-Skript anpassen lassen.

Auch gibt es sogenannte **WYSIWYG-Editoren** (What you see is what you get), mit denen man Webseiten im fertigen Browser-Layout erstellen kann und der Quellcode danach automatisch erstellt wird. Dies ist vergleichbar mit der Variante, mit Word eine Website zu erstellen. Die bekannten und großen Editoren (z. B. Dreamweaver) können in der Regel in beiden Ebenen (Quellcodeebene, Layoutebene) arbeiten. Als Freeware werden z. B. **NVU** oder **KompoZer** bzw. der **CK-Editor** angeboten. Zur Schulung in der Websiteerstellung wird empfohlen, nicht mit WYSIWYG-Editoren zu arbeiten, da auf diese Weise Syntax und Strukturen von HTML nicht genügend gelernt werden.

7.3.2.4 Seitenaufbau

Die HTML-Befehle (Tags) werden von $<>$ eingeschlossen. Hier eine erste Reihe von Befehlen, die im Browser aufgerufen die unten dargestellte Webseite ergibt.

```
<!DOCTYPE html PUBLIC „-//W3C//DTD HTML 4.01//EN" „http://www.
 w3.org/TR/html4/strict.dtd">
    <html lang="de">
      <head>
            <title>MEINE ERSTE SEITE</title>
      </head>
      <body>
            <p> Hier ist der Inhalt der Seite zu sehen. </p>
      </body>
    </html>
```

Zu Beginn einer HTML-Seite sollte immer der Standard (DOCTYPE), in dem man den HTML-Code verfasst, deklariert werden. Es handelt sich hier um die vom W3Consortium (W3C) festgelegte HTML-Version 4.01 in englischer Sprache.

Der erste Befehl $<html>$ stellt das Wurzelelement einer HTML-Datei dar und gibt für Suchmaschinen und Screenreader die verwendete Sprache im Inhalt der Seite an. Der gesamte Inhalt wird von dem öffnenden $<html lang="de">$ und dem abschließenden $</html>$ eingeschlossen. Jeder Tag muss von einem Schluss-Tag beendet werden. So muss auch der folgende Kopfteil der Seite, der im Browser nicht sichtbar ist, durch $<head>$

geöffnet und $</head>$ geschlossen werden. Im Kopfteil kann u. a. der Titel der Seite, der in der Titelleiste des Browsers angezeigt wird, zwischen $<title>$ und $</title>$ eingegeben werden. Da es sich beim Titel selbst nicht um einen Befehl handelt, können auch Großbuchstaben verwendet werden.

Der Body-Tag $<body>$ öffnet den Teil der HTML-Seite, der im Browserfenster zu sehen ist. Das folgende $<p>$ legt den Beginn und das $</p>$ das Ende eines Absatzes fest.

Codierung von Umlauten

Da HTML nur einen begrenzten Zeichensatz darstellen kann, müssen bestimmte Zeichen, wie z. B. die deutschen Umlaute codiert werden.

ä	-->	ä	ü	-->	ü
Ä	-->	Ä	Ü	-->	Ü
ö	-->	ö	ß	-->	ß
Ö	-->	Ö			

---

1 What you see is what you get

Beispiel:

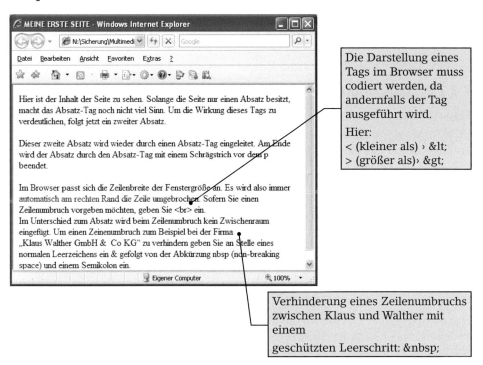

Die Darstellung eines Tags im Browser muss codiert werden, da andernfalls der Tag ausgeführt wird.
Hier:
< (kleiner als) › <
> (größer als)› >

Verhinderung eines Zeilenumbruchs zwischen Klaus und Walther mit einem
geschützter Leerschritt:

```
</head><body>
    <p>Hier ist der Inhalt der Seite zu sehen. Solange die Seite nur einen Absatz
    besitzt, macht der Absatz-Tag noch nicht viel Sinn. Um die Wirkung dieses Tags
    zu verdeutlichen, folgt jetzt ein zweiter Absatz. </p>
    <p>Dieser zweite Absatz wird wieder durch einen Absatz-Tag eingeleitet. Am
    Ende wird der Absatz durch den Absatz-Tag mit einem Schr&auml;gstrich vor
    dem p beendet. </p>
    <p> Im Browser passt sich die Zeilenbreite der Fenstergr&ouml;&szlig;e an.
    Es wird also immer automatisch am rechten Rand die Zeile beim nächsten
    Leerschritt umgebrochen. Sofern Sie einen Zeilenumbruch vorgeben
    m&ouml;chten, geben Sie &lt;br&gt; ein. <br>
    Im Unterschied zum Absatz wird beim Zeilenumbruch kein Zwischenraum
    eingef&uuml;gt. Um einen Zeilenumbruch zum Beispiel bei der Firma „Klaus&
    nbsp;Walther GmbH &  Co KG" zu verhindern geben
    Sie an Stelle eines normalen Leerzeichens & gefolgt von der Abk&uuml;rzung
    nbsp (non-breaking space) und einem Semikolon ein. </br></p>
</body></html>
```

Kommentare

Eine Sonderrolle besitzen Kommentare. Das sind Texte, die der Browser nicht darstellt. Sie können also Anmerkungen in den Quellcode schreiben, die im Browserfenster nicht zu sehen sind.

<!-- Dies ist ein Kommentar. Er wird vom Browser unterdrückt und ist nicht im Fenster zu sehen -->

Kommentare werden durch die Zeichenfolge <!-- eingeleitet. Im Kommentartext können Sie auch HTML-Elemente notieren. Alles, was zwischen der einleitenden und der beendenden Zeichenfolge --> steht, wird vom Browser ignoriert.

7.3.2.5 Tags und Attribute

Hyperlinks

Viele Tags erfordern weitere Einstellungen, wie zum Beispiel der Link-Tag <a>. Es muss durch das Attribut *href* ein Linkziel festgelegt werden. Der Wert des Attributs ist die Webadresse (URL), zu der ein Nutzer gelangt, wenn er auf den Link klickt. Der Wert wird dem Attribut immer mit einem Gleichheitszeichen zugewiesen und steht selbst in Anführungszeichen. Nach dem Tag folgt der Inhalt – also das, was im Browser als Link erscheint – und schließlich wieder der Ende-Tag mit dem Schrägstrich.

> *<a href="http://www. office-teachware.de/"> OFFICE-TEACHWARE </a>*

Besitzt ein Tag mehrere Attribute, so werden sie durch Leerzeichen getrennt hintereinander geschrieben.

Das Attribut *target* gibt an, wo das Fenster geöffnet werden soll. Der Wert „_blank" bedeutet, dass ein neues Browserfenster zum Öffnen des Linkziels eingeblendet wird. Wird kein Target-Attribut eingegeben, so wird der Link im selben Fenster geöffnet, in dem er angeklickt wurde.

> *<a href="http://www. office-teachware.de/" target="_blank"> OFFICE-TEACHWARE</a>*

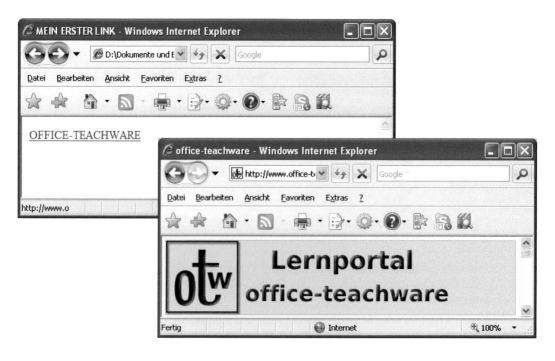

Wenn Sie Links zu Seiten derselben Site setzen möchten, so verwenden Sie anstelle der absoluten relative Verweise. Befindet sich die Zielseite im selben Ordner, so genügt die Angabe der Datei. Befindet sie sich in einem Ordner oberhalb, so geben Sie zwei Punkte und einen Schrägstrich ein. Um auf eine Datei in einem benachbarten Ordner zu verweisen, gehen Sie zunächst nach oben und anschließend in den Unterordner.

Bei der abgebildeten Struktur benötigen Sie, wenn Sie von *seite_3.html* zur *seite_2.html* verweisen möchten, den folgenden HTML-Tag:

> *<a href="../subrord_2/seite_3.html">*

Grafiken

Der Tag zur Einbindung einer Grafik lautet *<img>*. Da, wie beim Hyperlink der Tag alleine wenig Sinn macht, muss immer das Attribut Bildquelle angegeben werden.

> *<img src="bild.gif">*

Weitere Tag-Attribute sind Grafikbreite (width) und Grafikhöhe (height). Diese Werte sind in Pixel anzugeben. Eine 400 Pixel breite und 50 Pixel hohe Grafik wird mit *<img src="bild1.gif" width="400" height="50">* eingebunden. Sie können hier auch von der tatsächlichen Bildgröße abweichende Werte angeben. Das Ergebnis ist aber entweder eine Verzerrung, da die Proportionen nicht mehr stimmen, eine sehr grobe Auflösung, weil das Bild vergrößert dargestellt wird, oder eine unnötig lange Übertragungszeit, weil das Bild in seiner vollen Größe übertragen wird, ohne in der tatsächlichen Größe dargestellt zu werden.

Beispiel:

> *<img src="bild.gif" width="300" height="150">*

Das Positionieren der Grafik erfolgt mittels *align*.

> *<img src = „bild.gif" align =left>* → die Grafik wird links am Fenster ausgerichtet.

Weitere Werte für das Attribut *align* sind *left* und *right*. Die Standardeinstellung ist *left*.

Mit dem Attribut *alt* kann bestimmt werden, welcher Text alternativ dargestellt werden soll, wenn die Grafik nicht gefunden wird. (Dieser Text erscheint auch am Bildschirm, solange die Grafik noch nicht geladen ist). Für eine barrierefreie Site ist die Alt-Angabe erforderlich, da Bilder von einem Screenreader[1] nicht wiedergegeben werden können.

> *<img src="bild.gif" width="300" height="150" alt="Bildtitel">*

Mit den Befehlen *hspace* und *vspace* werden horizontale und vertikale Abstände um die Grafik definiert. Mit *vspace = 15* wird ober- und unterhalb der Grafik ein Bereich von 15 Pixel freigehalten.

> *<img src="bild.gif" width="300" height="150" hspace="15" vspace="15">*

---

1 Screenreader machen Webseiten für blinde Computernutzer zugänglich. Sie lesen den Bildschirminhalt ein und geben die Informationen an die Sprachausgabe weiter.

7.3.2.6 XHTML

XHTML ist die Weiterentwicklung von HTML auf der Grundlage von XML (Extensible Markup Language). Es handelt sich bei XML um eine Metasprache, die es erlaubt, beliebige Elemente zu definieren und daraus andere Sprachen zu machen. Um HTML als eine Untermenge von XML zu etablieren, musste es in die strengeren XHTML-Regeln gefasst werden.

Die wichtigsten Regeln zu XHTML:

- Alleinstehende Tags müssen geschlossen werden. So kann z. B. der Zeilenumbruch-Tag $
$, der eigentlich kein Schlusstag braucht, da er keinen Inhalt einschließt, nicht mehr alleine stehen sondern muss mit $</br>$ geschlossen werden. Eine Vereinfachung bildet die Zusammenfassung beider Tags in einem $
$
Zwischen dem Tag br und dem Schrägstrich muss ein Leerschritt eingegeben werden.

- Tags und Attribute dürfen nur noch in Kleinschreibung eingegeben werden.

- Attributwerte müssen in Anführungszeichen stehen.

- Es muss immer vor dem öffnenden HTML-Tag der DocType angegeben werden, damit der Browser die richtige Version und Variante des XHTML interpretieren kann.

7.3.2.7 Formatierungen

Farbe

Die Hintergrundfarbe einer Seite legen Sie im Body-Tag mit dem Attribut *bcolor* fest. Für die Textfarbe geben Sie das Attribut *text*, für Hyperlinks *link*, besuchte Hyperlinks *vlink* und aktivierte Hyperlinks *alink* ein. Als Wert fügen Sie entweder eine der 16 Webfarben hinzu oder geben die Farbe als Hexadezimalwert ein.

```
<body bgcolor="#663344" text="#FF9966" link="#99FF99" vlink="#FFFFCC" alink="#99FFFF">
```

Farbschema

Im RGB-Schema stellen Rot (#FF0000), Grün (#00FF00), und Blau (#0000FF) die Grundfarben dar. Aus ihnen werden alle weiteren Farben gemischt. Der jeweilige Farbanteil wird in Abstufungen von 0 bis 255 angegeben. Dabei ergibt sich der Farbanteil aus der Kombination zweier hexadezimalen Zahlen von 0 bis 15. Da unser Dezimalsystem nur 10 Ziffern zur Verfügung stellt (0 – 9), werden für die Ziffern 10 bis 15 die Buchstaben A bis F verwendet.

Webfarben			
Farbe		**RGB-Wert**	
		hexadezimal	dezimal
black		#000000	000-000-000
silver		#C0C0C0	128-128-128
maroon		#800000	128-000-000
red		#FF0000	255-000-000
green		#008000	000-128-000
lime		#00FF00	000-255-000
olive		#808000	128-128-000
yellow		#FFFF00	255-255-000
navy		#000080	000-000-128
blue		#0000FF	000-000-255
purple		#800080	128-000-128
fuchsia		#FF00FF	255-000-255
teal		#008080	000-128-128
aqua		#00FFFF	000-255-255
gray		#808080	128-128-128
white		#FFFFFF	255-255-255

Jeder Farbanteil wird zweistellig hexadezimal angegeben. In diesem Zahlensystem gibt es über die Ziffern 0 – 9 hinaus die „Ziffern" A (=10), B (=11), C (=12), D (=13), E (=14) und F (=15). Dadurch kann mit einer Stelle von 0 – 15 gezählt werden. Der Sprung auf die zweite Stelle erfolgt bei 16. Der Anteil für jede der drei Grundfarben wird mit zwei Ziffern angegeben. Die erste Ziffer gibt jeweils die Grobabstufung und die zweite Ziffer die Feinabstufung an.

Additive Farbmischung

Je höher man die Farbintensität wählt, desto heller wird bei der in der Computergrafik verwendeten additiven Farbmischung das Ergebnis. Wenn also alle drei Farben in voller Intensität gemischt werden (#FFFFFF) so ergibt sich Weiß, wenn keine Farbe eingegeben wird (#000000) erhält man Schwarz.

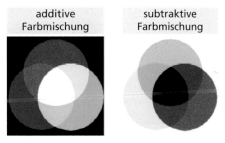

additive Farbmischung subtraktive Farbmischung

Grundfarben						
Anzahl der Ziffern	16	16	16	16	16	16
Anzahl der Zahlen (Farbintensitäten)	256		256		256	
Produkt (Anzahl der Farbmischungen)	256 x 256 x 256 = 16.777.216					

Beispiel: RGB-Wert 931ADF

Rot	93	$= 9 \times 16^1 + 3 \times 16^0$	$= 9 \times 16 + 3 \times 1$	146	
Grün	1A	$= 1 \times 16^1 + 10 \times 16^0$	$= 1 \times 16 + 10 \times 1$	26	
Blau	DF	$= 13 \times 16^1 + 15 \times 16^0$	$= 13 \times 16 + 15 \times 1$	223	

Aufgabe Welchen Hexadezimalwerten entsprechen die Dezimalwerte 36 - 242 - 198 im RGB-Schema?

Regeln für die Farbgestaltung

Die farbliche Gestaltung einer Website hängt weitgehend vom Geschmack der Zielgruppe ab. So wird die Seite einer Heavy-Metal-Gruppe andere Farbkompositionen enthalten als eine Seite über ein Symphonieorchester. Über die Wirkung einzelner Farben und Farbzusammenstellungen finden Sie interessante Ausführungen auf den Seiten:

http://www.ipsi.fraunhofer.de/ ~crueger/farbe/index.html

http://www.farbenundleben.de

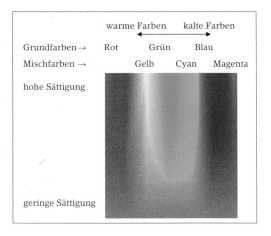

warme Farben   kalte Farben
◄——————►
Grundfarben→   Rot   Grün   Blau
Mischfarben →   Gelb   Cyan   Magenta

hohe Sättigung

geringe Sättigung

Verwenden Sie eine einheitliche Hintergrundfarbe oder einen einheitlichen Hintergrund für die gesamte Site sowie einige wenige aufeinander abgestimmte Grundfarben. Achten Sie auf ausreichenden Kontrast der Textfarbe zur Hintergrundfarbe[1].

Monochromatische Farbkombination

Wenn die verwendeten Farben demselben Grundton entstammen und sich nur durch Variationen der Schattierung und/oder Transparenz unterscheiden, weisen sie immer eine harmonische Wirkung auf. Es besteht aber die Gefahr der Monotonie, Eintönigkeit und Reizlosigkeit.

monochromatische Farbkombination mit einem kalten Blau

Komplementäre Farbkomposition

Einer Grundfarbe werden zwei auf dem Farbenkreis gegenüberliegende benachbarte Komplementärfarben zugeordnet.

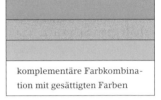

komplementäre Farbkombination mit gesättigten Farben

komplementäre Farbkombination mit ungesättigten Farben

Auszeichnungen

Zum Formatieren von Zeichen stehen in HTML die folgenden Tags zur Verfügung:

\...	fett
\<i>...\</i>	kursiv
\<u>...\</u>	unterstrichen
\<s>...\</s>	durchgestrichen

Schriftformatierung

Die Schriftgröße, -position, -farbe und -art werden innerhalb der Seite unabhängig von der Grundeinstellung im Body-Tag mit dem Font-Tag bestimmt *\<font>\</font>*. Mögliche Werte für die absolute Größe sind 1 (klein) bis 7 (groß). Die Standardschriftgröße ist 3.

Sie erzeugen Text der Größe 5 mit folgender Anweisung
\<font size="5">Schrift der Größe 5\</font>.

---

1 s. Präsentation Farbgestaltung.pptx auf der CD

Neben der absoluten Größenangabe lässt sich die Schriftgröße auch relativ zur aktuellen Schriftgröße skalieren: *font size ="+2"* oder font *size ="-1"*. Zum Einhalten der Barrierefreiheit müssen relative Schriftgrößen verwandt werden, da sonst der Nutzer keine Möglichkeit hat, die Schriftgröße zu verändern.

Zum Positionieren der Zeichen benutzen Sie die folgenden Tags:

^{...}	hochgestellt
_{...}	tiefgestellt

Sie können grundsätzlich alle Schriftarten wählen, die in Textverarbeitungsprogrammen verwendet werden. Beachten Sie aber: die Schriftart muss auch auf dem Rechner des Nutzers installiert sein. Ist sie auf dem Computer des Betrachters nicht vorhanden, wird die Standard-Schriftart zur Darstellung verwendet. Diese ist abhängig von den Benutzereinstellungen i. d. R. Times New Roman. Weitere gängige Schriftarten sind Arial, Courier, Verdana, Playbill.

<font face="Arial">Das ist die Schriftart Arial</font>

Zur Festlegung der Schriftfarbe benutzen Sie das Attribut *font color*.

<font color="green"> grüne Schrift </font>.

Absatzausrichtung

Zum Zentrieren oder bündigem Ausrichten von Absätzen benutzen Sie die folgenden Tags:

<p align="center">	→	zentriert
<p align="left">	→	linksbündig
<p align="right">	→	rechtsbündig
<p align="justify">	→	Blocksatz

Rechtsbündige und zentrierte Ausrichtungen sollten mit großer Vorsicht verwendet werden, da der Lesefluss durch den links uneinheitlichen Rand sehr stark beeinträchtigt wird.

Aufgabe Erstellen Sie eine kleine Site über sich und Ihr Hobby. Benutzen Sie einen Text-Editor und verwenden Sie dabei alle bisher bekannten Tags. Auf der *index.html* soll sich eine Begrüßung und ein Link zur *hobby.html* befinden. Von dort muss wieder ein Link zurückführen zur *index.html*. Richten Sie die nebenstehende Ordnerstruktur ein.

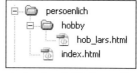

7.3.2.8 Strukturierungen

Überschriften
In HTML gibt es 6 Standard-Überschriften von *<h1>* → sehr groß bis *<h6>* → sehr klein. Jede Überschrift ist automatisch ein eigener Absatz.

<h1>Überschrift der Größe 1</h1>

Die Ausrichtung der Überschrift kann durch das Attribut *align* mit den Werten *center*, *left* (Standard) und *right* bestimmt werden.

<h2 align="center"> Überschrift h2 zentriert</h2>

Benutzen Sie zum Strukturieren in HTML nicht die Formatierungsbefehle sondern die Überschriften-Tags, da andernfalls die Barrierefreiheit nicht gewährleistet ist. Sie können selbstverständlich auch Überschriften mit zusätzlichen Formatierungen versehen.

Listen

Mit Aufzählungen und Nummerierungen lassen sich klare Strukturen erzeugen.

ungeordnete Liste (Aufzählung)   geordnete Liste (Nummerierung)
- Listenpunkt   1. Listenpunkt
- Listenpunkt   2. Listenpunkt
- Listenpunkt   3. Listenpunkt

Die linke Liste ist eine *ul* (unordered list), wobei unter unordered nicht die Unordnung zu verstehen ist, sondern das Fehlen einer Nummerierung.

Tag → *<ul></ul>*

Die zweite Liste ist eine durchnummerierte Aufzählung. In HTML wird dieser Typ als *ol* (ordered list) bezeichnet.

Tag → *<ol></ol>*

Für beide Listentypen werden die Listeneinträge mit *<li>* gekennzeichnet

```
<ul>
<li> Listenpunkt</li>
<li> Listenpunkt</li>
<li> Listenpunkt</li>
</ul>
```

```
<ol>
<li> Listenpunkt</li>
<li> Listenpunkt</li>
<li> Listenpunkt</li>
</ol>
```

Mit dem Attribut type können Sie zwischen den folgenden Aufzählungszeichen wählen:

<ul type="square">   ■
<ul type="circle">   ○
<ul type="disc">   ●

Diese drei Varianten bezüglich des Aufzählungszeichens (bullet) sind möglich. Beachten Sie bei Auflistungen stets, dass der Browser die Darstellung am Bildschirm bestimmt. Sie können weder den Einzug noch die Position des Listensymbols beeinflussen.

Das Aufzählungs- oder Nummerierungszeichen wird mit dem Attribut *type* definiert. Wenn Sie nichts angeben, wird nummerisch mit 1. 2. 3. usw. nummeriert. Sie können auch mit Großbuchstaben (A), Kleinbuchstaben (a) oder römischen Ziffern (I) nummerieren.

<ol type="a">

Bei Aufzählungen besteht die Möglichkeit, einen Startwert für die Aufzählung vorzugeben. Der Startwert wird über das Attribut *start* festgelegt.

```
<ol type="I" start="4">
<li>Listenpunkt </li>
<li>Listenpunkt </li>
<li>Listenpunkt </li>
</ol>
```

→

```
IV.  Listenpunkt
V.   Listenpunkt
VI.  Listenpunkt
```

Mit Definitionslisten lassen sich Glossare erstellen. Eine solche Liste wird mit *<dl>* *</dl>* erzeugt. In der Definitionsliste stehen die zu definierenden Ausdrücke *<dt>* *</dt>*. Die Erklärungen zu den Begriffen sind die Definitionen *<dd>* *</dd>*.

Eine Auflistung der Beatles-LPs von 1963–1968

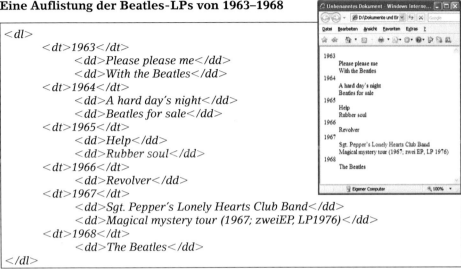

```
<dl>
      <dt>1963</dt>
            <dd>Please please me</dd>
            <dd>With the Beatles</dd>
      <dt>1964</dt>
            <dd>A hard day's night</dd>
            <dd>Beatles for sale</dd>
      <dt>1965</dt>
            <dd>Help</dd>
            <dd>Rubber soul</dd>
      <dt>1966</dt>
            <dd>Revolver</dd>
      <dt>1967</dt>
            <dd>Sgt. Pepper's Lonely Hearts Club Band</dd>
            <dd>Magical mystery tour (1967; zweiEP, LP1976)</dd>
      <dt>1968</dt>
            <dd>The Beatles</dd>
</dl>
```

Aufgabe Lassen Sie sich die Hobbyseiten Ihrer Mitschüler zuschicken. Erstellen Sie in einer neuen Datei eine definierte Liste mit den Hobbys und den dazugehörigen Namen. Verlinken Sie die Liste mit den Hobbyseiten.

7.3.2.9 Tabellen

Tabellen erstellen

Eine Tabelle erzeugen Sie mit dem Befehl *<table>* *</table>*

Eine Tabelle ist aufgebaut aus Reihen und diese Reihen wiederum bestehen aus Zellen.

Mit *<tr></tr>* wird eine Reihe in einer Tabelle erzeugt. Und innerhalb dieser Reihe befinden sich die einzelnen Zellen, die mit *<td>* *</td>* erzeugt werden. Die eigentlichen Inhalte einer Tabelle wie Text oder Grafiken befinden sich in den Tabellenzellen, also zwischen *<td>* und *</td>*.

Eine Tabelle mit 3 Reihen und jeweils 2 Zellen lautet im HTML-Code:

Die Tabelle hat folgendes Aussehen:

```
<table>
      <tr>
            <td>Reihe1Zelle1</td>
            <td>Reihe1Zelle2</td>
      </tr>
      <tr>
            <td>Reihe2Zelle1</td>
            <td>Reihe2Zelle2</td>
      </tr>
      <tr>
            <td>Reihe3Zelle1</td>
            <td>Reihe3Zelle2</td>
      </tr>
</table>
```

Reihe 1 Zelle 1	Reihe 1 Zelle 2
Reihe 2 Zelle 1	Reihe 2 Zelle 2
Reihe 3 Zelle 1	Reihe 3 Zelle 2

Die Rahmenlinie der Tabelle kann mit dem Attribut *border* im einleitenden Tabellen-Tag festgelegt werden.

<table border="4"> → Tabelle mit einem Rahmen von 4 Pixel Breite.

Die Ausrichtung der Tabelle erfolgt mit dem Attribut *align*. Mögliche Werte sind *left* (Standard), *right, center*.

Die Breite und Höhe der Tabelle wird mit den Attributen *width* und *height* eingestellt.

Die Angaben für Breite und Höhe können in Pixel oder % der Fensterhöhe bzw. -breite erfolgen. Eine 400 Pixel breite und 50 Pixel hohe Tabelle wird so erzeugt:

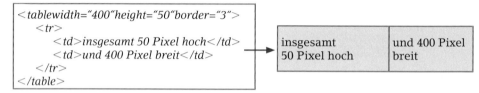

In diesem Beispiel sind die Zellen der Tabelle nicht gleich breit. Um die Breite der Zellen einzustellen wird, der *<td>*-Tag erweitert:

Die Tabellenzellen werden ebenfalls mit dem Attribut width und height in % (Prozent) oder Pixel definiert. Die Zellenbreite muss nur in der ersten Reihe der Tabelle angegeben werden. Alle Zellen dieser Spalte haben automatisch die gleiche Breite.

Positionieren mit Tabellen

Sie möchten ein Bild auf der linken Seite positionieren und rechts daneben soll der dazugehörige Text stehen. Damit der Text nicht ohne Zwischenraum am Bild steht, geben Sie mit dem Attribut *cellpadding* einen Raum zwischen dem unsichtbaren Rand der Zellen und dem Inhalt von 10 Pixeln ein. Die Breite des Tabellenrahmens wird auf 0 gesetzt (*border="0"*), damit die Tabelle im Browserfenster unsichtbar ist.

```
<table width="506" height="276" border="0" cellpadding="10">
        <tr>
                <td width="300" height="256"><img src="images/bambus.jpg"
                alt="bambus mit Regentropfen" width="300" height="256">
                </img></td>
                <td width="160">Bambus nach dem Regen</td>
        </tr>
</table>
```

Die Angaben zur Zellbreite sind Mindestwerte. Sollte der Zelleninhalt größer sein als die angegebene Breite, wird die Zelle entsprechend vergrößert. Wenn Sie für einzelne Zellen keine Angaben zur Breite machen, berechnet der Browser die Breite.

Aufgabe   Positionieren Sie drei auf jeweils 250 x 250 Pixel reduzierte Bilder nebeneinander, wobei die erste Grafik am linken Rand, die zweite genau in der Mitte und die dritte am rechten Rand sitzt.

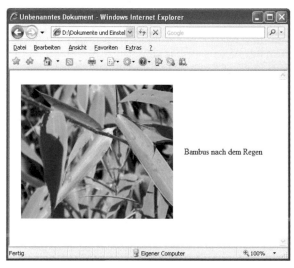

Erzeugen Sie eine Tabelle mit einer Reihe und drei Zellen. Um die Inhalte der Zellen auszurichten, erweitern Sie die entsprechenden *<td>* Tags mit dem Attribut *align*. Mögliche Werte für *align* sind *left* (voreingestellt), *right*, *center*.

Den Tabellenrahmen unterdrücken Sie, indem Sie den Rand auf 0 setzen. Damit sich die Tabelle der Fenstergröße anpasst, setzen Sie die Breite auf 100 %.

```
<table width="100%" border="0">
  <tr>
    <td><imgsrc="images/seerose1.jpg"alt="weißeSeerose"width="250"
    height="250"><Schriftfarbe schwarz></td>
    <tdalign="center"><imgsrc="images/blume.jpg"alt="gelbeBlume"width="250"
    height="250"><Schriftfarbe schwarz></td>
    <tdalign="right"><imgsrc="images/seerose2.jpg"alt="TeichmitSeerose"width="250
    "height="250"><Schriftfarbe schwarz></td>
  </tr>
</table>
```

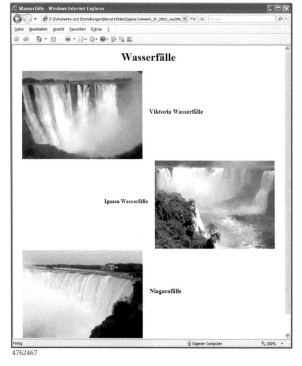

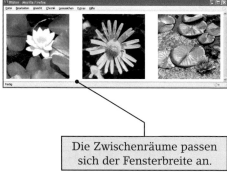

Die Zwischenräume passen sich der Fensterbreite an.

Aufgabe Erstellen Sie die Seite „Wasserfälle" unter Verwendung einer Tabelle.

7.3.2.10   Metatags

Im Kopfbereich einer Seite können mit Hilfe von Metatags Informationen untergebracht werden, die im Browserfenster nicht sichtbar sind. Diese Metatags sollten immer angegeben sein, damit die Seite von Suchmaschinen gelistet wird. Bei der Verwendung von Frames sind die Metatags im Frameset anzugeben.

Angaben zum Autor

> *<meta name="author" content="Autorenname" />*

Inhaltsbeschreibung

> *<meta name="description" content="Seite des Projekts Südfrüchte. Es werden auch Rezeptbeispiele gegeben." />*

Kurze Beschreibung des Inhalts der Seite.

Suchbegriffe

> *<meta name="keywords" content="Mango, Bananen, Ananas, Kokosnuss, ..." />*

Damit die Seite von Suchmaschinen eingeordnet werden kann, ist es hilfreich, Schlüsselbegriffe für den Seiteninhalt aufzuführen.

Suchmaschinen steuern

> *<meta name="robots" content="index,follow" />*

Anweisung für Suchmaschinen, die Seite in den Index aufzunehmen und den Hyperlinks zu folgen.

> *<meta name="robots" content="noindex" />*

Die Seite soll von Suchmaschinen nicht in den Index aufgenommen werden.

Aufgabe   Rufen Sie einige Internetseiten auf und überprüfen Sie im Browser (z. B. beim Internet Explorer über <Ansicht> <Quellcode>) sich den Quellcode anzeigen lassen und überprüfen, welche Metatags berücksichtigt wurden.

7.3.3   CSS (Cascading Stylesheets)

Stylesheets oder Gestaltungsvorlagen werden heute für gute Webseiten bzw. HTML gefordert, bringen Stylesheets doch erhebliche Vorteile mit sich.

Ohne Gestaltungsvorlagen muss man jedes Element in HTML mit einer eigenen Formatangabe versehen, viele Gestaltungsmöglichkeiten sind ohne Gestaltungsvorlagen nur sehr schwer umsetzbar.

Mit CSS wir die Grundidee in der Anwendungsentwicklung gestützt, Inhalt (Content) von Design oder Gestaltung zu trennen. Cascading weist darauf hin, dass Eigenschaften von einem Element auch an andere Elemente vererbt werden können und dies somit die Gestaltung vereinfachen können.

Vorteile von CSS

▶ CSS ermöglicht die konsequente Trennung von Inhalt und Design (Gestaltung).

▶ HTML-Code wird übersichtlicher.

▶ Das Design der Webseiten kann viel schneller geändert werden, da nur CSS geändert werden muss.

▶ HTML-Code wird reduziert und somit die Ladezeit verkürzt.

▶ mehr Layoutmöglichkeiten

▶ CSS unterstützt die Suchmaschinenoptimierung für Webseiten.

▶ Durch CSS können Webseiten für unterschiedliche Browser und Darstellungen (z. B. für Bildschirm, Druck, Handy) angepasst werden.

▶ CSS unterstützt barrierefreie Webseitengestaltung.

Layoutvorlagen oder Stylesheets (CSS) lassen sich intern oder extern mit dem HTML-Skripten verknüpfen. Interne CSS lassen sich innerhalb der Datei definieren, in der sie angewendet werden, externe Stylesheets in einer gesonderten CSS-Datei.

Die Syntax für CSS ist immer gleich:

> *Attribut="Formatbezeichnung: Formatwert;" (z. B. style="color: red;")*

Ein Beispiel für genauere Spezifizierungen in CSS gegenüber HTML ist der Befehl *font-size* für die Schriftgröße. Sie können neben den relativen Angaben wie % auch Maßeinheiten wie pt (Punkt) oder cm verwenden.

> *font-size: 11pt;*

Die Einbindung von CSS in HTML kann auf drei Arten erfolgen:

▶ als Inline-Stile im HTML-Tag

▶ im Head-Bereich zur Verwendung auf der ganzen Seite mit Hilfe von Selektoren

▶ als externe Datei zur Zentralisierung des Layouts für mehrere Seiten mit Hilfe von Selektoren

Die folgenden Kapitel sollen die Einbindung kurz erläutern. Weitere Informationen und Übersichten zu CSS findet man insbesondere unter

www.selfhtml.org, www.css4you.de, www.html.net, www.style-sheets.de, www.css-lernen.net, www.html-seminar.de.

Inline-Stile

CSS im HTML-Tag
Einer Überschrift der Ebene 1 soll mit Hilfe von CSS die Farbe Rot und die Auszeichnung normal (Standard=fett) zugewiesen werden. Der Absatz-Tag *<h1>* erhält als Attribut *style* und als Werte die durch Semikolon und Leerschritt getrennten CSS Befehle.

> *<h1 style="color: red; font-weight: bold;">Cascading Style Sheets</h1>*

Auszeichnungbefehle in CSS

Auszeichnung	CSS
fett	font-weight: bold;
kursiv	font-style: italic;
unterstrichen	text-decoration: line-through;
nicht unterstrichen	text-decoration: none;
durchgestrichen	text-decoration: underline
Großbuchstaben	text-transform: uppercase

Um einen Bereich zu definieren, ohne dass HTML-Marker wie z. B. *<p>* oder *<h2>* gesetzt werden, kann man den Span-Befehl benutzen.

> In diesem Text sehen Sie Formatierungen, die *<span style="text-transform: uppercase; font-weight: bold;"* mit CSS definiert *</span>* wurden.

Aufgabe   Weisen Sie mit CSS die Formatierungen für die nebenstehende Seite „*CSS HTML-Tag 2*" zu.

Dateiinterne Formatvorlage

Die Formatvorlagen für eine Datei werden innerhalb des Head-Bereiches mit dem Style-Tag (nicht verwechseln mit dem Style-Attribut) definiert. Im folgenden Beispiel wird eine Vorlage zur Änderung der Standardschrift und eine zweite zur Änderung der Überschriften festgelegt.

Der Style-Tag definiert einen Block, der Formate enthält. Das Type-Attribut legt mit dem Wert „*text/css*" die Art der Formate (CSS) fest.

Innerhalb des Style-Blocks fügen Sie einen Kommentar ein, in dem die Vorlagen definiert werden. Diese Maßnahme verhindert, dass Browser, die CSS nicht umsetzen können, die Befehle einfach als Quelltext ausgeben.

Schreiben Sie den Namen des Tags, für den Sie den Stil anlegen möchten, als Selektor in den Kommentar und fügen in geschweiften Klammern alle Befehle für diesen Selektor ein.

```
<head>
    <title>Cascading Style Sheets</title>
    <style type="text/css">
        <!--h2 {color: blue; text-transform: uppercase;} p {color: green;
            font-face: 16pt; }-->
    </style>
</head>
```

Aufgabe Erstellen Sie nebenstehendes Dokument „*CSS dateiintern 2*" mit dateiinternen CSS.

        Hinweise: Überschrift 1

                            Absatztextgröße: 16 pt

Externe Formatvorlagen

Situation Es soll eine externe Formatvorlage erstellt werden, die auf allen Seiten einer Site eingebunden werden kann.

Aufgabe Erstellen Sie eine CSS-Datei mit den folgenden Formaten:

Schriftart	*Verdana, Arial, Helvetica, sans-serif*
Schriftgröße	*12 pt*
Schriftfarbe	*#113333*
Hintergrundfarbe	*#EEFFEE*
Aufzählungszeichen	*Quadrat*

Mit externen CSS-Dateien zentralisieren Sie das Layout, indem Sie in einer CSS-Datei Formatvorlagen eingeben und die Site-Dateien anschließend mit der CSS-Datei verbinden. Ein eindrucksvolles Beispiel für die auf diese Art entstehende Trennung zwischen Design und Inhalt zeigt die Seite *www.csszengarden.com*. Hier lassen sich mit jeweils einem Mausklick komplett andere Designs für einen identischen Inhalt aufrufen.

Richten Sie zunächst eine neue Datei mit dem Namen *style_1.css* ein und im selben Verzeichnis eine weitere Datei *impressum.html*. Geben Sie in die *impressum.html* den unten stehenden Text ohne Formatierungen ein.

In die *style_1.css* schreiben Sie zunächst einen Selektor, mit dem Sie festlegen, für welche Bereiche die folgenden Formatierungen gelten sollen. Es folgen eine geschweifte Klammer und anschließend die Attribute mit den Werten.

```
body {
        font-family: Verdana, Arial, Helvetica, sans-serif;
        color: #113333;
        background-color: #EEFFEE;
}
ul {
        list-style-type: square;
}
```

Öffnen Sie jetzt die Datei *impressum.html* und binden Sie die CSS-Datei im Head-Bereich ein, indem Sie den Befehl <*link* /> mit den folgenden Attributen verbinden:

href → Pfad zur CSS-Datei
rel   → Bezug zum Stylesheet
type → Typ der verlinkten CSS Datei (Text/css)

```
<head>
        <title>Externes CSS</title>
        <link href="style_1.css" rel="stylesheet" type="text/css" />
</head>
```

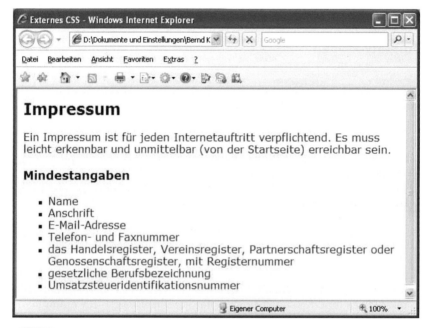

Aufgabe Weisen Sie den von Ihnen im Verzeichnis *„persoenlich"* erstellten Seiten mithilfe von Cascading Stylesheets ein einheitliches Layout zu.

7.3.4   Grundregeln des Webdesigns

Um eine ansprechende und funktionelle Website zu gestalten, müssen Sie einige Grundregeln beachten.

Einfachheit

Besonders die Startseite sollte übersichtlich gestaltet sein und nur die wichtigsten Infos enthalten. Google, eine der erfolgreichsten Internetseiten, ist gleichzeitig auch eine der sparsamsten. Auch bei allen weiteren Seiten ist auf Einfachheit und Schlichtheit zu achten, um eine Informationsüberflutung zu vermeiden:

▶ harmonisches Zusammenspiel der Farben

▶ Einbettung des Inhalts in einen strukturellen Rahmen

Aktualität

Ihre Homepage muss immer aktuellen Inhalt zum jeweiligen Thema aufweisen, denn nichts verärgert Besucher mehr als veraltete Informationen.

Baustellen

Eine Website „under construction" macht wenig Sinn. Sie kann ebenso gut ganz entfallen, das erspart unnötige Klicks.

Navigation

Sorgen Sie für Übersichtlichkeit auf Ihrer Site. Besucher wollen die Dienstleistungen und Informationen schnell finden und nicht unnötig Zeit mit der Suche verbringen. Navigationsleisten, Navigationsseitenund Sitemaps sind eine große Hilfe für den Besucher, wenn sie sinnvoll und logisch in Ebenen unterteilt sind.

Kurze HTML Seiten

Zu lange HTML Dokumente schrecken ab, deshalb machen Sie keine zu große Seiten, lieber mehrere, die Sie dann verlinken. Gliedern Sie Ihre Texte in sinnvolle, nicht zu lange Abschnitte.

Grafiken und Animationen

Bedenken Sie bei jeder verwendeten Grafik, dass sie die Ladezeit erhöht. Animationen sollten originell sein und sparsam eingesetzt werden, da sonst die Besucher leicht genervt sind. Versehen Sie alle Grafiken mit einem aussagekräftigen Alt-Tag, da Suchmaschinen auch diese Texte indizieren und Sie so Ihr Ranking verbessern. Verzerrte Grafiken, unsaubere Scans, verschwommene Logos und Überschriften lassen eine Website dilettantisch erscheinen.

Eine originelle Seite mit einer sehr übersichtlichen und gut strukturierten Navigation und einer gelungenen Animation.
http://www.dedon.de

Zentrierungen

Wenn man Wert darauf legt, sich als Laie in Sachen Webdesign zu outen, sollte man möglichst viel Text zentrieren. Untersuchen Sie professionell gemachte Sites auf die Häufigkeit von Zentrierungen.

Schriftarten

Beschränken Sie sich auf die Verwendung nur einer Schriftart auf Ihrer Website. Setzen Sie immer nur Standardschriften ein. Wenn Sie irgendwelche exotischen Schriften benutzen, ist die Wahrscheinlichkeit, dass der Surfer diese Schrift auf seinem Computer nicht installiert hat, recht hoch. Der Browser verwendet dann die Standardschriftart und verfälscht damit das gewählte Design.

Haftungsausschluss

Unter der Adresse www.disclaimer.de finden Sie Hinweise für einen Haftungsausschluss. Fügen Sie einen entsprechenden Haftungsausschluss ein und verlinken Sie die Seite sinnvoll.

Kontakt

Es ist für alle Beteiligten hilfreich, wenn Sie angeben, an wen sich der Besucher wenden kann, um Fragen zu stellen oder Tipps abzugeben. Der Besucher erhält Klarheit und Sie haben die Chance, Ihre Site zu verbessern.

Bildschirmauflösung

Testen Sie Ihre Seiten auch unter geringeren Bildschirmauflösungen, denn nicht alle Besucher verfügen über große Bildschirme. Zukunftssicher ist die Site nur, wenn sie auch auf einem PDA funktioniert. Programmieren Sie, wenn möglich, in Prozentangaben und nicht mit absoluten Pixeln.

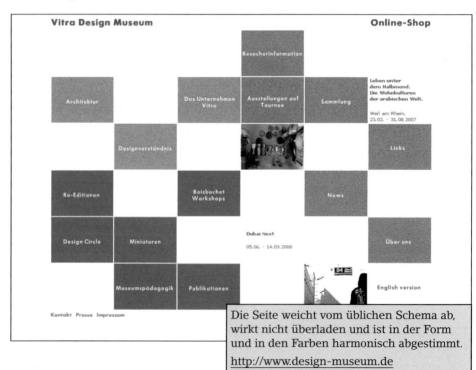

Die Seite weicht vom üblichen Schema ab, wirkt nicht überladen und ist in der Form und in den Farben harmonisch abgestimmt.

http://www.design-museum.de

7.3.5 Website-Controlling

Websites müssen rechtlich und zur besseren Akzeptanz der Nutzer viele Anforderungen erfüllen. Die folgende Aufstellung gibt wichtige Hinweise für einwandfreie Websites. Darüber hinaus kann eine Nutzerakzeptanz nur dann erreicht werden, wenn die Inhalte der Website den Anforderungen bzw. Erwartungen des Nutzers entsprechen und die Funktionalität der Website einwandfrei ist.

Aufgabe Kontrollieren Sie eine Site Ihrer Wahl hinsichtlich der folgenden Kriterien:

▶ **Darstellungsidentität in den wichtigsten Browsern**
Testen Sie die Site auf mehreren Browsern, denn die Darstellung kann – je nach Browser – stark abweichen.

▶ **Funktionalität der Hyperlinks**
Nichts ist ärgerlicher als blinde oder fehlgeleitete Hyperlinks. Wenn also die Besucher der Site nicht verärgert sein sollen, ist jede Seite auf Funktionalität zu checken.

▶ **Ladezeiten**
Wenn Sie über eine schnelle Internetanbindung verfügen, merken Sie unter Umständen nicht, dass die Seiten eine zu lange Ladezeit haben, weil möglicherweise zu große Bilder heruntergeladen werden müssen. Nicht jeder verfügt über schnelle Anbindungen.

▶ **Barrierefreiheit**
Die Nutzung der Site durch Menschen mit Behinderungen muss möglich sein.
http://www.barrierekompass.de/check.php

▶ **HTML-Check**
Prüfen Sie, ob der Quellcode in Ordnung ist.

▶ **Suchmaschinentauglichkeit**
Die Site soll von Suchmaschinen gefunden und im Ranking möglichst hoch eingestuft werden. Im Internet finden Sie Websites, mit denen Sie die Suchmaschinentauglichkeit testen können. Daher werden Webseiten einer **Suchmaschinenoptimierung** unterzogen.
Suchmaschinenoptimierung oder Search Engine Optimization **(SEO)** prüft viele suchrelevante Aspekte einer Website. Suchmaschinen wie Google setzen kleine Robots oder Crawler ein, die die Webseiten aufsuchen und wichtige Informationen an die Datenbank der Suchmaschine liefern, die dann im Ranking bei Suchanfragen berücksichtigt werden. Insbesondere ist der **Title** jeder Webseite von Bedeutung, da dieser Inhalt nicht nur bei Suchanfragen angezeigt wird, sondern auch wichtige Hinweise zum Inhalt der Webseite enthalten sollte. Auch stellen Suchmaschinen fest, welche **Verlinkungen** von anderen Seiten auf diese Webseite existieren und ob bedeutende Webseiten hierhin verlinken. Daher sollten Seiten so interessant sein, dass andere bedeutende Seiten hierhin verlinken, z. B. durch Blogs, Communities oder Social-Media-Kanäle (Gefällt-Mir-Link zur Website), Branchen-, Empfehlungs- und Linksverzeichnissen wie Google Places, Qype, Dooyoo, Ciao etc.. Die **Meta-Descriptions** sind einerseits wieder für die Anzeige in den Suchmaschinenergebnissen wichtig, werden andererseits auch für das Suchmaschinenranking verwendet. Für die SEO wichtig ist auch die **Sitemap**. Damit die Crawler die Sitemap gut analysieren können, werden von den Suchmaschinen **Sitemap-Generatoren** angeboten. Auch sollte man eine Datei "robots.txt" auf dem Webserver anbieten, mit der dem Crawler mitgeteilt wird, welche Verzeichnisse durchsucht werden dürfen und welche gesperrt sind (vgl. robotstxt.org). Da auch die **Domain**, also die Internetadresse selbst sehr wichtig für die Suchmaschinen ist, sollte man prüfen, ob man Domains zusätzliche suchrelevante Begriffe anfügt (z. B.

tischler-lueneburg.de) oder Subdomains einsetzt (z. B. lueneburg.tischler.de als Unterdomain zu tischler.de). Weitere Informationen und Werkzeuge findet man z. B. über topsumit.de, seittest.de, mylinkcheck.de, ranking-check.de, smak.de, woopra.com, clicktale.com oder über Google Analytics.

▶ **Rechtschreibfehler**
Kontrollieren Sie die Seiten nach Fehlern, denn Rechtschreibfehler wirken in jeder Hinsicht unprofessionell.

▶ **Impressum**
Das Impressum muss von der Startseite aus erreichbar sein.

Um die Dateien zu prüfen, suchen Sie über das Internet ein entsprechendes Angebot, das kostenlos einen Online-Check durchführt.

Empfehlungen:

▶ http://www.seekport.de/seekbot/   ▶ http://www.html-world.de/tools/
▶ http://webtool.1und1.de/   ▶ http://www.mylinkcheck.de/
▶ websitetooltester.com   ▶ html-validator.de

Aufgaben

1. Recherchieren Sie nach Internetseiten für Diskotheken u. ä. in Ihrer Nähe. Vergleichen Sie mindestens drei Websites, indem Sie die Webseiten nach verschiedenen Kriterien überprüfen und die Auswertung tabellarisch darstellen. Sprechen Sie die Kriterien vorab in der Klasse ab.

2. Erstellen Sie ein Referat zum Thema „Suchmaschinenoptimierung (SEO)"

7.3.6   HTML-Editor Phase 5

Situation   Sie wollen den kostenlosen HTML-Editor Phase 5 nutzen.

Der Klassiker **Phase 5** ist ein Quelltext-Editor mit interner Vorschau, Syntax-Hervorhebung und Projektverwaltung. Zeitsparend und komfortabel können die vielfältigen HTML-Standardbefehle ("Tags") über die Menüleiste oder Tastaturkürzel eingefügt werden. Mit Hilfe verschiedener Assistenten lassen sich auch eher ungewöhnliche Formatierungen schnell umsetzen. Über den Dateimanager können mehrere Skripte in verschiedenen Registern des Arbeitsbereichs bearbeitet werden. Viele Hilfen sind über die eigene Hilfe (F1) oder über Webseiten wie *phase5.info, html-seminar.de, qhaut.de, clairette.de/tutorial/* erhältlich.

Im folgenden Anwendungsbeispiel sehen Sie oben die Programmenüs und Symbole für das schnelle Aufrufen von Tags und die Verwaltung der Webseiten. Links oben wird die aktuell aufgerufene Verzeichnisstruktur angezeigt und darunter die Dateien des aktuell geöffneten Verzeichnisses. Unsere Anwendung für die Multimedia-Lernliste besteht also aus der index.html (Standardstartseite) und die entsprechenden Unterseiten grundlagen.html, css.html etc. sowie zwei css-Dateien und vier Grafik-Dateien (2x jpg, 1 x gif, 1 x png).

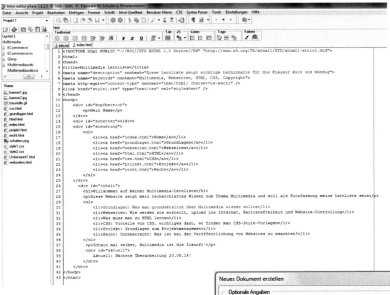

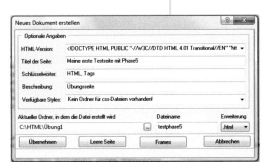

Für ein neues Projekt kann manuell ein neues Verzeichnis erstellt werden oder die Projektverwaltung des Programms genutzt werden. Wir haben mit dem Explorer ein neues Verzeichnis HTML mit dem Unterverzeichnis Übung1 erstellt und erstellen über <Datei> in Phase 5 eine neues HTML-Dokument.

Durch die Eintragungen im Dialogfenster erstellt er passend die Grundstruktur in HTML. Weitere Tags, um „Hallo Welt!" etc. anzuzeigen, lassen sich über die Symbole schnell aufrufen und ergänzen. Über die Taste **<F9>** kann man den internen Browser aufrufen, der dann das Ergebnis der HTML-Seiten-Entwicklung anzeigt:

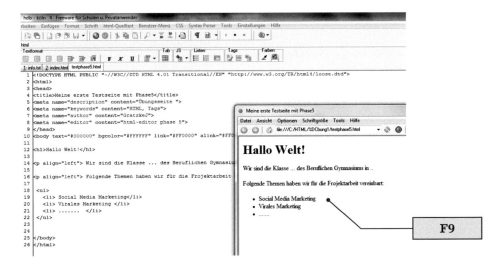

Aufgaben

1. Laden Sie den kostenlosen HTML-Editor **phase 5** herunter (evtl. auch als portable Version für einen schnellen Stick) und informieren Sie sich über das Programm.

2. Erstellen Sie ein Verzeichnis HTML und darunter Unterverzeichnisse (z. B. Übung1), damit für jede Übung Dateien in ein gesondertes Verzeichnis gespeichert werden. Bei größeren Website-Projekten sollten weitere Unterverzeichnisse wie „Bilder" etc. hinzugefügt werden.

3. Erstellen Sie erste Übungen mit dem Programm. Verwenden Sie dazu auch die Beispiele der Vorseiten oder Beispiele von *selfhtml.de* oder anderen Tutorials.

7.3.7   Seitenaufbau und Navigation

Situation   Sie wollen eine erste größere Website mit Unterseiten erstellen, wobei die Webseiten inhaltlich als Lernliste für die nächste Multimedia-Klausur dienen soll.

Die Startseite der Website (Home) mit dem Dateinamen index. html hat einen Banner im Kopfbereich, der frei gestaltet werden kann.

Seitenaufbau
Kopfbereich
Schatten
Steuerung
Inhalt
Aktuell

Darunter ist ein Bereich „Schatten" als durchgezogene weiß-graue Linie erkennbar.

Es folgt die Navigationsleiste (Steuerung) mit sieben Links zu Webseiten, die über CSS gestaltet sind.

Unter der Navigation ist der Bereich „Inhalt" angelegt, in dem die Informationen zum Link aufgeführt sind.

An unterster Stelle ist noch ein Kurzbereich „Aktuell" ergänzt, in dem die nächste Aktualisierung angekündigt wird.

Die Angaben für das Design wurden in eine Datei style1.css ausgelagert. Dafür wird am Ende der Header-Vereinbarungen ein Verweis (href) zur externen Style-Datei eingefügt.

Navigation (Steuerung)	
Button/Link	**Dateiname**
Home	index.html
Grundlagen	grundlagen.html
Webseiten	webseiten.html
HTML	html.html
CSS	css.html
Projekt	projekt.html
Recht	recht.html

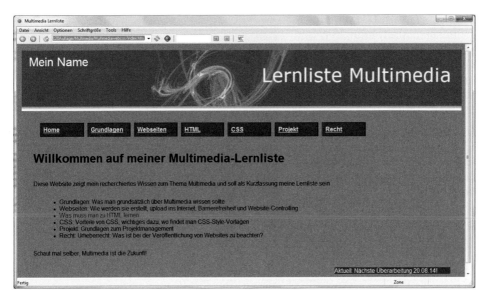

Der folgende Quelltext der Datei **index.html** zeigt zunächst die Doctype-Verein-
barung und die Header-Vereinbarungen mit dem Title-Tag und den Meta-Tags.
Danach folgt der Link zur Stylesheet-Datei **style2.css.**

Im Body-Bereich werden die fünf Bereiche (Divisions) mit div-Tags vereinbart,
wobei die id-Attribute für die Zuordnung des Bereichs in der CSS-Datei von
Bedeutung sind. Da alle Format-/Designvereinbarungen in die CSS-Datei ausgelagert sind, findet man nur wenig Text- oder Contentangaben in den Bereichen, im
Bereich „Schatten" sogar keinen Text.

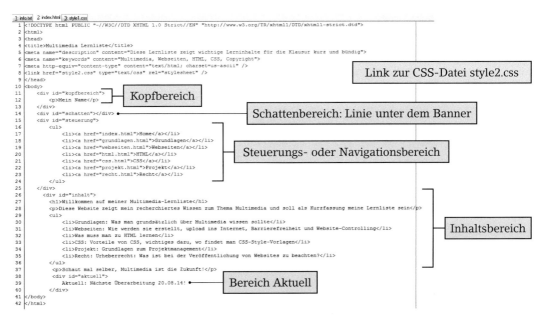

Die anderen HTML-Seiten (z. B. grundlagen.html) enthalten vom Header- über den Schatten- und den Steuerungsbereich dieselben Angaben wie die Home-Webseite index.html, der Bereich „Aktuell" entfiel.

Im Bereich „Inhalt" wurde zunächst nur eine Überschrift mit einem H1-Tag eingefügt und per Link eine animierte Bilddatei *baustelle.gif*.

```
1: info.txt   2: index.html   3: style1.css   4: grundlagen.html
 1  <!DOCTYPE html PUBLIC "-//W3C//DTD XHTML 1.0 Strict//EN" "http://www.w3.org/TR/xhtml1/DTD/xhtml1-strict.dtd">
 2  <html>
 3  <head>
 4  <title>Multimedia Lernliste</title>
 5  <meta name="description" content="Diese Lernliste zeigt wichtige Lerninhalte für die Klausur kurz und bündig">
 6  <meta name="keywords" content="Multimedia, Webseiten, HTML, CSS, Copyright">
 7  <meta http-equiv="content-type" content="text/html; charset=us-ascii" />
 8  <link href="style2.css" type="text/css" rel="stylesheet" />
 9  </head>
10  <body>
11      <div id="kopfbereich">
12          <p>Mein Name</p>
13      </div>
14      <div id="schatten"></div>
15      <div id="steuerung">
16          <ul>
17              <li><a href="index.html">Home</a></li>
18              <li><a href="grundlagen.html">Grundlagen</a></li>
19              <li><a href="webseiten.html">Webseiten</a></li>
20              <li><a href="html.html">HTML</a></li>
21              <li><a href="css.html">CSS</a></li>
22              <li><a href="projekt.html">Projekt</a></li>
23              <li><a href="recht.html">Recht</a></li>
24          </ul>
25      </div>
26      <div id="inhalt">
27          <h1>Multimedia-Grundlagen</h1><img src="baustelle.gif" alt="Baustelle" />
28      </div>
29  </body>
30  </html>
```

Style-Vereinbarungen:

In den Style-Vereinbarungen werden die Schriftarten und –größen, Farben, Abstände und die eingebundenen Bilder (Banner, Schatten und Baustelle) festgelegt.

Die Style-Dateien enthalten in Kommentarangabe (Text in /* .. */) Erläuterungen ihrer Designfestlegungen.

Setzen Sie in den html-Dateienden den Link nicht zur Datei *style2.css*, sondern zur *style1.css*, so ist das Design der Webseite ganz anders.

In der css-Datei kann man Vereinbarungen allgemein für die gesamte Webseite treffen, jedoch auch für bestimmte Bereiche.

In der folgenden Darstellung sieht man die Vereinbarungen der css-Datei style2. css.

Der Schatten wird erreicht, indem die Datei schatten.png in einer Höhe von 20 Pixel zum rechten Rand im wieder wiederholt wird. Rufen Sie zum Verständnis die Datei *schatten.png* mit einem Grafikprogramm auf und vergrößern Sie die Anzeige.

Um die einzelnen Einstellungen besser zu verstehen, sollten Sie die Angaben abändern und dann über eine verlinkten html-Datei prüfen, was sich dadurch ändert.

Das Box-Modell in CSS beschreibt die Boxen (z. B. die Button als Kästchen), die für HTML-Elemente generiert werden. Das Box-Modell enthält Optionen zum Einstellen von Außenabständen (margin), Rändern (border), Innenabständen (padding) und Inhalten (content) für jedes Element. Die neben stehende Grafik erläutert das Box-modell.

Weitere Informationen und Übersichten zu CSS finden Sie insbesondere unter www.selfhtml.org, www.css4you.de, www.html.net, www.style-sheets.de, www.css-lernen.net, www.html-seminar.de

Aufgaben

1. Erstellen Sie für Ihre Multimedia-Lernliste die notwendigen HTML-Dateien und eine passende CSS-Datei. Gestalten Sie einen passenden Banner.

2. Ersetzen Sie die HTML-Dateien, die bisher als Baustelle angezeigt werden, mit entsprechenden Lerninhalten für die Lernliste.

3. Stellen Sie die Webseiten vor und bewerten Sie diese. Erstellen Sie eine gemeinsame Lernliste zur Vorbereitung auf Ihre Klausur oder einigen Sie sich auf eine Lernliste.

7.4 Dynamische Webseiten mit PHP erstellen

Das Internet hat sich zum beliebtesten Kommunikationsmittel der Menschen entwickelt. Der Internethandel wird immer mehr von Verbrauchern und Unternehmen angenommen. Fast jedes Unternehmen hat heute eine eigene Website und auch privat werden gerne eigene Internetseiten ins WWW gestellt.

Situation Sie haben bereits eigene Websites in HTML entwickelt und würden nun gerne erweiterte Möglichkeiten kennenlernen, die über Links hinaus eine Interaktion der Websitebesucher ermöglichen. PHP bietet vielfältige Funktionen an, um einen Counter, ein Gästebuch, eine Umfrage oder sogar einen Internetshop auf der Website zu betreiben.

7.4.1   PHP erweitert HTML

Das Internet hat die schnelle und weltweite Verbreitung der einfachen Auszeichnungssprache HTML zu verdanken. Jeder Browser jedes Rechnertyps kann den Quellcode von HTML ohne Anpassung interpretieren und damit Texte, Bilder und Hyperlinks anzeigen. HTML ist jedoch keine Programmiersprache. So gibt es so gut wie keine Möglichkeiten, interaktive Funktionen zu ergänzen und damit dynamische Webseiten zu generieren. Um diese Einschränkungen aufzuheben, wurden zahlreiche Erweiterungen angeboten. Neben PHP als die am meisten verwendete Erweiterung zählen dazu **Flash-Dateien** oder Java-Applets, die als kleine Programme in HTML eingebunden werden können.

PHP wird als Skriptsprache oder **ausdrucksorientierte Sprache** (Ausdrücke z. B. Strings, Variablen, Funktionen) beschrieben. Das wichtigste Kennzeichen von Ausdrücken ist, dass sie einen Inhalt annehmen können. PHP steht ursprünglich für „Personal Home Page Tools" oder heute für „PHP: Hypertext Preprocessor". Man wollte damit einerseits zum Ausdruck bringen, dass ein „Werkzeugkasten" für Homepages zur Verfügung steht und andererseits die PHP-Skripte erst auf dem Server so umgewandelt werden, dass sie jeder Browser anzeigen kann. Browser wie z. B. Firefox oder Internet Explorer können PHP selbst nicht interpretieren.

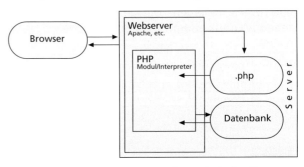

PHP-Skripte werden im Server ausgeführt. Der Server kann die PHP-Programme an der Endung (*.php) erkennen. Wird vom Client über die Website ein Skript mit einer PHP-Endung angefordert, so weiß der Server, dass der PHP-Interpreter (man nennt ihn **Parser**) den PHP-Code zunächst interpretieren und das Ergebnis an den Client und den Browser senden muss. Der Webseitennutzer bekommt also das PHP-Skript nicht zu sehen, sondern nur das Ergebnis des sogenannten Parsens (Interpretierens). PHP ist ebenfalls gut geeignet, den Zugriff zu einer Datenbank (z. B. MySQL) zu organisieren. Auch für diese Anwendungen findet der Zugriff und die Verarbeitung der Daten auf dem Webserver statt. Der Browser im Client erhält nur die Ergebnisse der Datenbankabfrage angezeigt.

Das folgende Beispiel soll den Einsatz von PHP verdeutlichen. Die Quellprogramme **test1.html** und **test1.php** unterscheiden sich nur in der Endung des Dateinamens. Wird die **HTML-Datei** vom Client angefordert, wird der Parser (PHP-Interpreter) nicht aktiv, sendet die HTML-Datei wie gespeichert an den Client und die Anzeige durch den Browser. „PHP begrüsst euch!" wird nicht angezeigt, da der Browser die Zeile <?php ..... ?> nicht lesen oder interpretieren kann. Er übergeht sie einfach. Wird dagegen die Datei **test1.php** vom Client angefordert, wird der PHP-Parser aktiv und sucht im Quelltext den PHP-Code. Der PHP-Code beginnt immer mit <? oder <?**php** und endet mit ?>. Der Parser wird jetzt den Code dazwischen interpretieren und für die Anzeige im Browser aufbereiten. Zusammen mit einem eventuell vorhandenen HTML-Code sendet er seine Interpretation an den Client und den Browser. Ergebnis ist, dass der Browser den Text „PHP begrüsst euch!" anzeigt.

Vergleich HTML-Programm zu PHP-Programm		
Dateityp	test1.html	test1.php

Quelltext vor Ausführung	`<html>`
	 `<head>`
	  `<title>HTML und PHP</title>`
	 `</head>`
	 `<body>`
	 `<h1> Hallo Freunde! </h1>`
	  `<?php echo „PHP begrüsst euch!"; ?>`
	 `</body>`
	`</html>`
		`<html>`
		 `<head>`
		  `<title>HTML und PHP</title>`
		 `</head>`
		 `<body>`
		 `<h1> Hallo Freunde! </h1>`
		  `<?php echo „PHP begrüsst euch!"; ?>`
		 `</body>`
		`</html>`

Ausgabe Browser	HTML und PHP - Microsoft Internet Explorer Datei Bearbeiten Ansicht Favoriten Extras ? Zurück • • × Suchen Adresse http://localhost/test1.html **Hallo Freunde!**	HTML und PHP - Microsoft Internet Explorer Datei Bearbeiten Ansicht Favoriten Extras ? Zurück • • × Suchen Adresse http://localhost/test1.php **Hallo Freunde!** PHP begrüsst euch!

Quelltext nach Ausführung im Browser (vgl. Ansicht Quelltext)	`<html>`
	 `<head>`
	  `<title>HTML und PHP</title>`
	 `</head>`
	 `<body>`
	 `<h1> Hallo Freunde! </h1>`
	  `<?php echo „PHP begrüsst euch!"; ?>`
	 `</body>`
	`</html>`
		`<html>`
		 `<head>`
		  `<title>HTML und PHP</title>`
		 `</head>`
		 `<body>`
		 `<h1> Hallo Freunde! </h1>`
		 `PHP begrüsst euch!`
		 `</body>`
		`</html>`

Sie sehen durch den Vergleich der Quelltexte nach Ausführung im Browser, dass bei Ausführung als PHP-Code die PHP-Befehle selbst **nicht** an den Browser geliefert werden. Nebeneffekt ist dadurch, dass der Client bzw. der Benutzer das PHP-Programm nicht sehen kann und es somit gegen Kopien geschützt ist.

Vergleicht man die folgende Aufstellung der Vor- und Nachteile von PHP, so wird die große Beliebtheit dieser Skriptsprache klar:

Vorteile PHP

▶ alle nötigen Programme für PHP als Open-Source kostenlos

▶ großer Anwenderkreis der PHP-Programmierung

▶ viele Online-Hilfen, kostenlose Praxisprogramme und Anwendungsbeispiele

▶ unabhängig von Rechnersystemen und Browsern

▶ für Anfänger schnell zu erlernen

▶ für Profis großer Funktionsumfang

▶ einfache Anbindung an Dateien und Datenbanken

▶ schnelle Anwendungsentwicklung

▶ PHP wird auf dem Server ausgeführt, kann daher von jedem Browser ohne Zusatzprogramme ausgeführt werden.

▶ Da PHP-Code auf dem Server interpretiert wird, kann der Anwender im Browser nur das Ergebnis sehen, nicht den Code.

▶ PHP unterstützt die Trennung von Layout, Content (Inhalt) und Programmstrukturen.

▶ PHP wird ständig erweitert und den Anforderungen professioneller Programmentwicklung, zum Beispiel der OOP (Objektorientierte Programmierung) angepasst.

Nachteile PHP

▶ Da jeder PHP-Ausdruck erst vom Server interpretiert werden muss, kann es bei nicht ausreichenden Servern zu Überlastungen kommen.

▶ Geübte Anwender können sich über eigene Skripte Zugriff auf den Server und damit auf den PC verschaffen. Daher sind weitreichende Sicherheitsmaßnahmen zu ergreifen. Einsteiger und Schüler der Skriptsprache sollten den Server nur betreiben, wenn der Browser offline zum Internet ist.

Aufgabe   Recherchieren Sie selbst einmal, wie vielfältig die Hilfen sind.

PHP-Hilfen im Internet (Auswahl)	
PHP-Handbuch u. ä. deutsch	php.net
	phpcenter.de
	selfphp.info
	html-world.de
	schattenbaum.net
	devscripts.com
XAMPP	http://www.apachefriends.org/de/
Foren, Newsgroups	http://groups.google.de
	http://www.php4-forum.de/

7.4.2 PHP-Entwicklungsumgebung

Situation
> Sie möchten so schnell wie möglich in PHP „programmieren". Mit MS Excel konnte Sie ganz einfach den VBA-Editor über Extras aufrufen. Wie geht das bei PHP?

Da PHP von einem PHP-Interpreter (Parser) übersetzt werden muss, der auf einem Webserver läuft, muss zunächst ein Webserver eingerichtet werden. Da viele Menschen gerne mit PHP arbeiten, steht im Internet unter der Bezeichnung **XAMPP** ein Webserverpaket für die Einrichtung eines lokalen Servers auf dem eigenen Rechner kostenlos zur Verfügung. Durch **XAMPP** wird automatisch ein **Apache Webserver** und die für **PHP** und **MySQL** notwendige Grundsoftware installiert. Ergänzend muss für unsere Zwecke nur noch der kostenlose Struktogrammeditor **StruktEd** und mit dem kostenlosen **Dev-PHP** ein Programm zum Editieren von PHP-Programmen ergänzt werden. Alle genannten Programme befinden sich auf der CD zum Buch und lassen sich schnell installieren.

Wenn Sie XAMPP installiert haben, können Sie die Begrüßungsseite über Ihren Browser mit der URL http://localhost/xampp/ aufrufen.

Unter **Programme** ist ein Programmverzeichnis **apache-friends** mit folgenden Programmen eingerichtet worden:

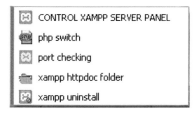

Das **XAMPP Control Panel** können Sie aufrufen, um festzustellen, welche Module laufen. Auch können Sie über dieses Panel den Apache Webserver stoppen. Sie werden feststellen, dass der lokale Server die CPU merklich belastet.

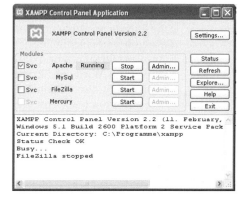

Aufgabe   Kopieren Sie die PHP- Beispielprogramme (test1.php etc.) vom Ordner
PHP der CD auf das XAMPP-Installationsverzeichnis **C:\Programme\
xampp\htdocs.**

Da nun der Webserver lokal läuft, können Sie im
Browser PHP-Programme anfordern. Geben Sie
als URL http://localhost/test1.php <**Enter**> **an**
und es müsste das oben bzw. das nebenstehende
Beispiel erscheinen.

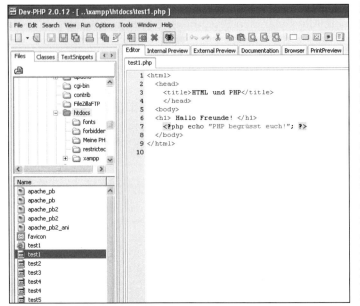

Mit dem kostenlosen Editor **Dev-PHP** lassen sich HTML- oder PHP-Skripte schnell erstellen. Im Beispiel sehen Sie im linken Fenster das erste PHP-Skript, wobei bis auf Zeile 7 nur HTML-Tags verwendet wurden. PHP-Befehle lassen sich also einfach in HTML einbetten. Der PHP-Interpreter erkennt den PHP-Code am <? bzw. <?PHP-tag und das Ende am ?>-tag. Die Texteinrückungen dienen hier nur dem besseren Überblick. Der PHP-Interpreter **übergeht Leerzeichen**. Der Dev-PHP-Editor stellt HTML-Code, Variablen und PHP-Befehle in verschiedenen Farben dar, sodass dies eventuell auch eine Hilfe bei der Fehlersuche ist. Die erstellten PHP-Skripte werden einfachheitshalber im Unterverzeichnis **htdocs** gespeichert. Dies hat den Vorteil, dass der Parser (Interpreter) das PHP-Skript sofort findet. In unserem Editor wurde die **Navigationsleiste** (Sidebar) links eingeblendet, sodass man schnell einen Zugriff auf unsere Beispielprogramme test1 etc. hat. Ab der Version 3 des Editors ist auch ein **Debugger** (Entlauser/Fehlerdiagnoseprogramm) integriert. In dieser Version lassen sich eventuell Fehler durch die unterschiedliche Farbdarstellung der Befehle und tags erkennen. Sollen bei Klammern ({[()]}) die zugehörigen schließenden Klammern überprüft werden, so muss man nur eine Klammer markieren und der Editor zeigt die dazu korrespondierende schließende Klammer an. Wird das Skript im Browser aufgerufen, wird nach Interpretation des Skripts durch den Parser eventuell eine Fehlermeldung, z. B. „**Parse error: syntax error, unexpected.... on line 3**" gesendet. In diesem Fall weiß man, welche Art von Fehler vorliegt und in welcher Zeile der Fehler im Skript zu suchen ist. Nach der Fehlerbereinigung muss man das Skript erneut abspeichern und über den Browser aktualisieren.

Bevor man die Skripte mit dem Editor erfasst, sollte man die logischen Zusammenhänge durch ein **Struktogramm** darstellen. Der kostenlose Struktogrammeditor **StruktEd** (zur Programminstallation vgl. die CD) ist einfach zu handhaben. Über <**Datei**> <**Neu**> wird ein leeres Struktogramm aufgerufen und über <**Format**> <**Struktogramm**> <**Titel**> mit einer Überschrift versehen. Durch Markieren der jeweiligen Struktogrammelemente und

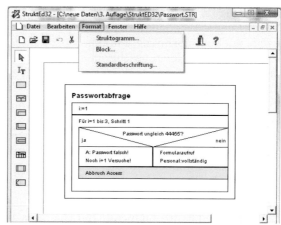

Klicken (recht Maustaste: Einfügen oberhalb, linke Maustaste: Einfügen unterhalb) an die einzufügende Stelle werden die Elemente in das Struktogramm eingebaut. Zum Löschen eines Elements aktiviert man den Markierpfeil, klickt auf das zu löschende Element und betätigt die <**Entf**>-Taste. Die Beschriftung erfolgt durch Aktivieren des „T" und Klicken in das zu beschriftende Element. Will man das Struktogramm als Bild in einen Text einfügen, so kann man über <**Bearbeiten**> die Grafik in den Zwischenspeicher geben.

7.4.3 Syntax und Kontrollstrukturen

 Sie kennen sich durch Ihre Kenntnisse in VBA für Excel mit der Programmierung aus. Nun wollen Sie die Syntax von PHP kennen lernen.

Vorab sollte betont werden, dass der Parser (Interpreter) des PHP-Skripts **Leerzeichen** des Editors nicht beachtet, wenn diese nicht im String (in einer Zeichenkette) vorkommen. Damit der Parser das Ende einer Anweisung erkennt, müssen Anweisungen mit einem **Semikolon** abgeschlossen werden. Gehören mehrere Anweisungen zu einem Ausführungsbereich oder einem Befehl, müssen zur Bereichsbegrenzung **geschweifte Klammern** { } (AltGr 7/8) gesetzt werden.

7.4.3.1 Zuweisungen und Ausgabebefehl „echo"

 Zuweisungen und Ausgabebefehle kennen Sie schon von VBA. Wie geht das nun mit PHP?

Variablen sind in PHP an dem vorangesetzten **$**-Zeichen zu erkennen. PHP kennt z. B. die Datentypen **integer** (Ganzzahl), **float** (Dezimalzahl), **string** (Zeichenkette), **boolean** (Wahrheitswert) und **array** (Datenfeld). Der Datentyp muss vorher **nicht** deklariert werden, da PHP den Datentyp je nach Zuweisung oder Operation vergibt. Für größere Programme ist es jedoch sinnvoll, die Variablenbezeichnungen mit einer Art „Deklaration" zu versehen, damit man immer weiß, welcher Datentyp bei der Variablen vorliegt. Zum Beispiel könnte man $name mit $sname bezeichnen, damit man am Variablennamen schon den Datentyp string erkennen kann. Den Datentyp **string** erkennt der Parser durch das Setzen der Zeichenkette in " "

(Escapen), **float** (Fließzahl) am Dezimalpunkt. Ein Komma führt bei **float** zur Fehlermeldung. Variablennamen sollten keine Leerzeichen, Umlaute und bis auf das $ vorab zur Kennzeichnung und den _ (Unterstrich) keine Sonderzeichen enthalten sowie einheitlich klein geschrieben werden, da PHP Groß- und Kleinschreibung unterscheidet. Reservierte Wörter dürfen nicht als Variablennamen verwendet werden.

Für die Ausgabe ist **echo** ein mächtiger Befehl. Am folgenden Beispiel kann man erkennen, dass die gesamte Ausgabe als Zeichenkette in "" angegeben werden kann. Der Parser erkennt die Variablen und zeigt die Strings und den Inhalt der Variablen korrekt an. Jede Anweisung muss mit einem Semikolon abgeschlossen werden. Vor Kommentaren, die der Parser dann nicht beachtet, muss entweder // oder # gesetzt werden bzw. bei mehrzeiligen Kommentaren ein /* zu Anfang und ein */ zum Schluss.

Berechnungen können mit Hilfe der Operatoren durchgeführt werden, wobei die Klammern zu beachten sind:

Arithmetische Operatoren	
Addition	+
Substraktion	-
Multiplikation	*
Division	/

z. B. $provision=($fixum/2 +($umsatz*0.10))*1.19

Ergebnis im Browser:

Adresse	http://localhost/test2.php

Tim bestellt 10 Stück zum Preis von 2.5 Euro
Tim bestellt 10 Stück zum Preis von 2.5 Euro
Wir haben heute 25 Euro Umsatz gemacht!

```
test1.php  test1.html  test2.php

 1 <?php
 2 $name="Tim"; //Zuweisung der Zeichenkette Tim zur Variablen name
 3 $menge=10; //Zuweisung des Ganzzahlwertes 10 zur Variablen menge
 4 $preis=2.50;  //Zuweisung des Dezimalwertes 2,50 zur Variablen preis
 5 echo $name," bestellt ",$menge," Stück zum Preis von ",$preis," Euro <br>";
 6 echo "$name bestellt $menge Stück zum Preis von $preis Euro <br>";
 7 /* In Zeile 6 wird gezeigt, dass der echo-Befehl in "..." sowohl Variablen als
 8 auch Strings aufnehmen kann und der Parser dies so erkennt, wie es auch in
 9 Zeile 5 mit dem Echo-Befehl angezeigt wird.
10 Weitere Hinweise:
11 "<br>" löst einen Zeilenwechsel aus
12 Das Semikolon ; muss jede Anweisung abschliessen
13 Mehrzeilige Kommentare beginnen mit /* und enden mit
14 */
15 $umsatz=$menge*$preis;
16 echo "Wir haben heute $umsatz Euro Umsatz gemacht!";
17 ?>
```

Aufgaben

a) Berechnen Sie für die Zuweisung oben die Provision, wenn das Fixum 800,00 € und der Umsatz 20.000,00 € beträgt.

b) Geben Sie den Inhalt der Variablen zum Schluss an, wenn diese nacheinander Zuweisungen erhalten: $wert=200; $mwst=19; $wert=$wert*$mwst/100

c) Testen Sie das Skript *test2.php*.

d) Erstellen Sie mit dem Editor aus Zubehör oder mit Dev-PHP das Skript *test3.php*, das obenstehende Ausgabe im Browser darstellt (Teilnehmerzahl insgesamt und Umsatz werden berechnet).

Adresse	http://localhost/test3.php

Abi-Party Abrechnung

Veranstaltungsort: Disco_One
Eintrittspreis für Gäste 2.5 Euro
Eintrittspreis für Mitschüler 1.5 Euro
Anzahl Gäste: 560
Mitschüler: 76
Teilnehmer insgesamt: 636
Wir haben heute 1514 Euro Umsatz gemacht!

7.4.3.2 Funktionen mit PHP nutzen

Eine der großen Stärken von PHP ist der große Umfang an vordefinierten Funktionen (z. B. Mathematische Funktionen, Zeit- und Datumsfunktionen, Stringfunktionen, Sortierfunktionen).

Das folgende Beispiel soll vereinfacht die Einbindung von Funktionen in PHP-Programme aufzeigen. Hinsichtlich der Besonderheiten der vielen Funktionen wird auf die Beschreibungen im Internet (vgl. S. 485) verwiesen.

Im Beispiel *test4.php* soll der Browser unter den zwei Überschriften durch die Funktion **date** das Systemdatum und die Systemzeit des Servers anzeigen, dann den Lottogewinn insgesamt, der vorher durch die Funktion **rand** als **Zufallszahl** zwischen 50 000 und 500 000 ermittelt wurde. Auch die Zahl der Mitspieler wird als Zufallszahl zwischen 10 und 50 000 festgelegt. Danach wird der Durchschnittsgewinn als genaue Fließkommazahl und durch die Funktion **round** gerundet, mit zwei

Adresse	C:\IV-Buch\test4.html

Funktionen nutzen!

Ergebnis der Lottozentrale!

25.Jul.2009 18:28:01
Lottogewinn: 477314 Euro
Anzahl der Spieler 9708
Durschnittsgewinn genau: 49.167078698
Durchschnittsgewinn gerundet: 49.17 Euro
Neues Spiel: 01.Aug.2009

Nachkommastellen ermittelt und dargestellt. Zum Schluss soll durch die Funktion **mktime** das Tagesdatum um 7 Tage verlängert ($lottoneu) und als Datum für das neue Spiel angezeigt werden.

Verwendete Funktionen in PHP mit Kurzbeschreibung		
Funktionen	**Beschreibung**	**Beispiele**
round (Zahl, Stellen)	rundet eine Zahl auf Anzahl der Nachkommastellen	**round** (14,45452) -> 14,45 **round** ($preis,2) und $preis =12,546 -> 12,55
rand (Minimum, Maximum)	gibt eine Zufallszahl (random) zwischen Minimum und Maximum aus	**rand**(1,49) -> z. B. 15
date()	Date gibt das Systemdatum formatiert zurück, wobei sehr viele Parameter in den Klammern genannt werden können, z.B. d für day (Tag), m für Monat Y für Jahr, H für Stunde etc.	**Echo date** ("d.M.Y. H:i:s"); erzeugt das aktuelle Systemdatum, z.B. 25.Jul.2009 18:28:01
mktime (stunden, minuten, sekunden, monat, tag, jahr)	zeigt einen Zeitstempel den Parametern entsprechend an; kann in Verbindung mit date() für Zeitberechnungen genutzt werden	**mktime**(0,0,0,date("m"), date("d")+7,date("y")); erhöht die Anzeige des Systemdatums um 7 Tage

Aufgabe Erstellen Sie *test5.php* so, dass die Werte per Zuweisung zunächst erfasst werden und Zahlungsdaten sowie Glückszahlen über Funktionen ermittelt werden. Echo-Befehle zeigen die Ergebnisse an.

Zahlungshinweise

Nutzen Sie immer Skonto!

Rechnungsbetrag: 1190.4454 Euro
Skonto-Satz: 3 %
zahlbar netto innerhalb von 30 Tagen
zahlbar abzüglich Skonto innerhalb von 7 Tagen

Zahlen Sie 1190.45 Euro spätestens bis : 25.Aug.2008
Zahlen Sie 1154.73 Euro abzgl. Skonto bis spätestens : 02.Aug.2008

IHR GLÜCKSCUPON: Falls folgende beiden Zahlen übereinstimmen, Screenshot ausdrucken und bei uns bei einem Einkauf 10% sparen!

Zahl1: 6000 Zahl2: 6001

7.4.3.3 Kontrollstrukturen: Fallunterscheidung

Situation Sie kennen die Kontrollstrukturen schon von VBA bei Excel (Kapitel 5) und Access (Kapitel 6). Sie sind gespannt, ob es in der Syntax Unterschiede gibt.

Kontrollstrukturen, wie die Fallunterscheidung oder Wiederholungsschleifen, sind wichtig, um anwendungsgerecht Eingaben und Daten verarbeiten zu können.

Fallunterscheidung mit if else		
Erläuterung	**PHP**	**Struktogramm**

Grundstruktur einer zweiseitigen bedingten Fallunterscheidung:
 	
Wenn die Bedingung wahr ist, werden die Anweisungen vor **else** ausgeführt, sonst die Anweisungen nach **else**.
 	
Hinweise: a) Nach **if** darf kein Semikolon stehen!
b) Erstellen Sie zunächst immer die Grundstruktur mit den {}, damit Sie bei Verschachtelungen die Anweisungen der Fallunterscheidung richtig setzen.
	`<?php`
	`if (Bedingung)`
	`{`
	`//Anweisungen`
	`}`
	`else`
	`{`
	`//Anweisungen`
	`}`
	`?>`	

Das nebenstehende Beispiel soll zeigen, wie Fallunterscheidungen auch verschachtelt programmiert werden können. Ganz wichtig ist hierbei, die geschweiften Klammern **{ }** richtig zu setzen. In der ersten Fallunterscheidung wird zunächst die Bedingung **a>9** geprüft. Ist die Bedingung wahr, so werden die beiden Zuweisungen ausgeführt und es wird die nächste Fallunterscheidung geprüft. Ist die Bedingung falsch, so wird gleich die Anweisung nach dem letzten **else** ausgeführt. Im Ja-Fall erfolgt die Prüfung der Bedingung a>9 und im Neinfall die Prüfung der Bedingung a>7. Je nach Ergebnis erhält a oder b eine Zuweisung.
 	
Vergleichsoperatoren:
== für gleich
!= für ungleich
>, >=, <, <=
	`<?php`
	`$a=5;`
	`$b=6;`
	`if ($a<9)`
	`{`
	`  $a=$a+3;`
	`  $b=$b+2;`
	`  if ($a>9)`
	`  {`
	`    //ohne Anweisung`
	`  }`
	`  else`
	`  {`
	`    if ($a>7)`
	`    {`
	`      $a=3;`
	`    }`
	`    else`
	`    {`
	`      $b=0;`
	`    }`
	`  }`
	`}`
	`else`
	`{`
	`  $a=100;`
	`  $b=200;`
	`}`
	
	`echo „a= $a  und b= $b";`
	`?>`
		
		test6.php

Aufgaben

1. Stellen Sie fest, welche Ausgabe im Skript *test6.php* die Variablen a und b zum Schluss im Beispiel erhalten. Welche Ausgabe würde sich ergeben, wenn Sie das Skript

   a) wie im Beispiel ausführen,
   b) die Variable a oben auf a:=7
   c) a:=3
   d) a:=10 setzen?

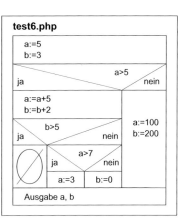

2. Erstellen Sie nach folgendem Struktogramm eine Wertetabelle (E = erste Wertzuweisung, A = Ausgabe zum Schluss)

E$a	5	4	5	7	2
E$b	3	3	3	4	3
A$a	?	?	?	?	?
A$b	?	?	?	?	?

3. Erstellen Sie zum Struktogramm *test7.php* das zugehörige PHP-Skript und testen Sie, welche Werte für x und y angezeigt werden. Geben Sie alternativ für x:=3 oder x:=1 ein und ermitteln Sie die Werte ebenfalls.

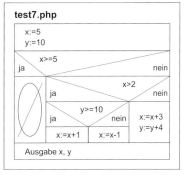

4. Erstellen Sie ein PHP-Skript *test8.php*, welches die Weihnachtsgratifikation (Zulage) der Mitarbeiter nach folgenden Bedingungen jeweils ermitteln soll, wobei der Festbetrag 300,00 € beträgt:

   10 und mehr Betriebsjahre 10 mal den Festbetrag zzgl. 1.000,00 €
   5 und mehr Jahre für jedes Jahr den Festbetrag zzgl. 200,00 €
   2 und mehr Jahre für jedes Jahr den Festbetrag zzgl. 100,00 €
   Sonst 300 €

5. Rufen Sie das Skript *test9.php* auf und erstellen Sie dazu ein Struktogramm.

Fallunterscheidung mit elseif		
Erläuterung	**PHP-Grundstruktur**	**Beispiel Struktogramm**

Alternativ zur verschachtelten if-Fallunterscheidung können mit der **elseif** ebenfalls mehrere Fälle abgeprüft werden. Nach **if** können auch mehrere **elseif** folgen, zum Schluss muss jedoch ein **else** angeschlossen werden.	`<?php`
	if (Bedingung)
	{
	    // Anweisungen
	}
	elseif (Bedingung)
	{
	    //Anweisungen
	}
	else
	{
	    // Anweisungen
	}
	`?>`
		test10.php
		
		jahre=5
		
		jahre>=10 → ja / nein
		A: 3000 €
		jahre>=5 → ja / nein
		A: 1000 € / A: 400 €

Aufgabe　Erstellen Sie in PHP das Skript *test10.php*.

Fallunterscheidung mit mehreren verbundenen Bedingungen	
Erläuterung	**PHP-Skript test11.php**

Mehrere Bedingungen können in Fallunterscheidungen durch **logische Operatoren** verbunden werden:
 	
and bzw. **&&** → beide Fälle müssen zutreffen
 	
or bzw ‖ (und/oder) → beide Fälle treffen zu oder ein Fall
 	
xor (entweder oder) → nur ein Fall trifft zu
 	
nicht bzw. **!** → z.B. != nicht gleich oder ungleich
 	
Im Beispiel werden zunächst die ersten if-Bedingungen geprüft, falls entsprechend dem Operator **or nicht wahr**, die nächste usw.. Bei **and müssen beide** Bedingungen wahr sein, damit der Fall eintritt, bei **xor** darf **nur eine** Bedingung zutreffen, bei **or** können auch beide zutreffen.
	`<?php`
	`$x=5;`
	`$y=6;`
	`if ($x==1 or $y==2)`
	`{`
	　`echo „x gleich 1 `**`und/oder`**` y gleich 2";`
	`}`
	`elseif ($x==3 xor $y==4)`
	`{`
	　`echo „x gleich 3 `**`oder`**` y gleich 4";`
	`}`
	`elseif ($x==5 and $y==6)`
	`{`
	　`echo „x gleich 5 `**`und`**` y gleich 6";`
	`}`
	`else`
	`{`
	　`echo „x nicht 5, y nicht 6";`
	`}`
	`?>`

test11.php

```
x:=5, y:=6
```

```
          x=1 und/oder y=2?
ja                              nein
```

```
              x=3 oder y=4?
      ja                    nein
```

```
                      x=5 und
                      y=6?
              ja            nein
```

```
Ausgabe:      Ausgabe:   A: x=5 und   A: x nicht 5
x=1 und/oder  x=3 oder   y=6          y nicht 6
y=2           y=4
```

Hinweis: Zum Testen des Skripts ändern Sie die ersten Zuweisungen:

	a)	b)	c)	d)	e)	f)	g)
$x	5	1	1	3	3	5	7
$y	6	6	2	2	5	6	8

Aufgaben
1. Erstellen und testen Sie das Skript *test11.php*.
2. Erstellen Sie ein Skript *test12.php* zur Prüfung des Benutzernamens und des Passwortes nach folgendem Struktogramm. Testen Sie das Skript und klären Sie, ob hier ein logischer Fehler vorliegt.

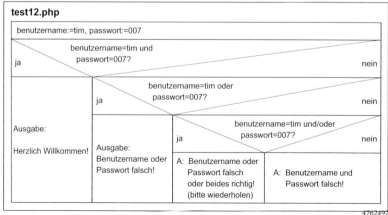

Mehrfachauswahl switch (case)	test13.php	test14.php
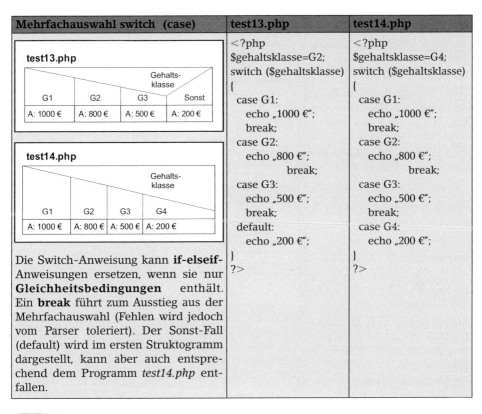	```<?php $gehaltsklasse=G2; switch ($gehaltsklasse) { case G1: echo „1000 €"; break; case G2: echo „800 €"; break; case G3: echo „500 €"; break; default: echo „200 €"; } ?>```	```<?php $gehaltsklasse=G4; switch ($gehaltsklasse) { case G1: echo „1000 €"; break; case G2: echo „800 €"; break; case G3: echo „500 €"; break; case G4: echo „200 €"; } ?>```
Die Switch-Anweisung kann **if-elseif**-Anweisungen ersetzen, wenn sie nur **Gleichheitsbedingungen** enthält. Ein **break** führt zum Ausstieg aus der Mehrfachauswahl (Fehlen wird jedoch vom Parser toleriert). Der Sonst-Fall (default) wird im ersten Struktogramm dargestellt, kann aber auch entsprechend dem Programm *test14.php* entfallen.		

Aufgabe Erstellen und testen Sie die Skripte *test13.php* und *test14.php*.

7.4.3.4 Kontrollstrukturen: Wiederholungsschleifen

Situation Sie erkennen schnell, dass auch bei PHP die üblichen Wiederholungsschleifen angeboten werden.

Wiederholungsschleifen		
Befehle	**Struktogramme**	**PHP-Programme**
Kopfgesteuerte Schleife: **while-Schleife** Diese Wiederholungsschleife prüft zunächst, ob die Bedingung nach **while** wahr ist. In diesem Fall werden die Anweisungen in den Klammern ausgeführt. Durch **Initialisieren** (Zuweisen des Anfangswertes) der Laufvariablen mit i=0 und **Inkrementieren** (Hochzählen) von i durch $I++ bzw. $i=$i+1 wird nach sechs Wiederholungen die Schleife verlassen.	**test15.php** i:=0 Solange i<6 Ausgabe Hallöchen! i um eins erhöhen	```<?php $i=0; while ($i<6) { echo "Hallöchen! "; $i++; //alternativ: $i=$i+1; } ?>```

Wiederholungsschleifen *(Fortsetzung)*		
Befehle	**Struktogramme**	**PHP-Programme**
Fußgesteuerte Schleife: **Do-while-Schleife** Wie im Struktogramm zu sehen, werden die Anweisungen in { } nach **do** mindestens einmal ausgeführt, da die Wiederholungsbedingung erst zum Schluss geprüft wird.	**test16.php** i:=0 Ausgabe Hallöchen! i um eins erhöhen solange i<6	`<?php` `$i=0;` **`do`** `{` `echo „Hallöchen!  ";` **`$i++;`** `//alternativ: $i=$i+1;` `}` **`while`** `($i<6);` `?>`
Zählergesteuerte Schleife: **For-Schleife for (i;b;s)** Parameter: **Initialisierung:** Anfangswert Zähler **Bedingung** (ohne Bedingung: Endlosschleife!) **Schrittweite:** z. B. 1 durch Inkrement $i++, -1 durch Dekrement $i--, $i+=2 für Schrittweite 2	**test17.php** Für i=1 bis 6 (Schrittweite 1) Ausgabe Hallöchen!	`<?php` **`for`** `($i=0; $i<6;$i++)` `{` `echo „Hallöchen!  ";` `}` `?>`
Break und Continue **Break** bricht die Ausführung der aktuelle Schleife oder Switch-Sequenz ab. Eine Zahl hinter **break** gibt die Anzahl der abzubrechenden Sequenzen bei Verschachtelungen an. **Continue** bricht an der aktuellen Stelle ab und beginnt den nächsten Durchlauf.	**test18.php** Für i=1 bis 60 (Schrittweite 2) Ausgabe i i = 30 ? ja nein Abbruch	`<?php` `for ($i=0; $i<60;$i+=2)` `{` `echo „ $i  ";` `  if ($i==30)` `  {` `  `**`break`**`;` `  }` `}` `?>`

Aufgaben   a) Erstellen und testen Sie Skript *test19.php* nach folgendem Bildschirmausdruck und dem Struktogramm der folgenden Seite. Wird der Jackpot immer zum Schluss geknackt? Kann bei einer Ziehung der Jackpot auch mehrfach geknackt werden?

> 1. Gewinner mit Losnummer 2010 gewinnt 10.000,00 Euro!
> 2. Gewinner mit Losnummer 2006 gewinnt 9.000,00 Euro!
> 3. Gewinner mit Losnummer 2003 gewinnt 8.000,00 Euro!
> 4. Gewinner mit Losnummer 2005 gewinnt 7.000,00 Euro!
> 5. Gewinner mit Losnummer 2005 gewinnt 6.000,00 Euro!
> 6. Gewinner mit Losnummer 2004 gewinnt 5.000,00 Euro!
> 7. Gewinner mit Losnummer 2005 gewinnt 4.000,00 Euro!
> 8. Gewinner mit Losnummer 2007 gewinnt 3.000,00 Euro!
> 9. Gewinner mit Losnummer 2005 gewinnt 2.000,00 Euro!
> Jackpot geknackt!
> 10. Gewinner mit Losnummer 2009 gewinnt 6.000,00 Euro!
> Ende der Ziehung!

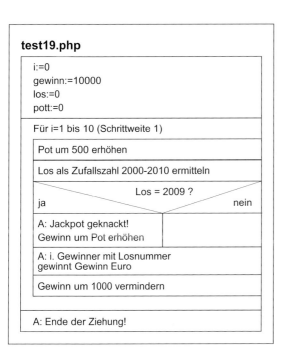

test19.php

i:=0
gewinn:=10000
los:=0
pott:=0

Für i=1 bis 10 (Schrittweite 1)

Pot um 500 erhöhen

Los als Zufallszahl 2000-2010 ermitteln

Los = 2009 ?
ja   nein

A: Jackpot geknackt!
Gewinn um Pot erhöhen

A: i. Gewinner mit Losnummer
gewinnt Gewinn Euro

Gewinn um 1000 vermindern

A: Ende der Ziehung!

b) Erweitern Sie das Struktogramm und das Skript, damit am Ende zusätzlich „Gewinnsumme in dieser Ziehung:" und die Gewinnsumme in Euro angezeigt werden.

c) Was ist theoretisch die kleinste und größte Gewinnsumme pro Ziehung? Der Jackpot funktioniert nicht wie gewünscht. Sie entdecken einen Fehler im Skript und erhalten eine Prämie vom Vorstand. Ändern Sie das Struktogramm und das Programm so um, dass der Jackpot geleert wird.

7.4.4 Anwendungsbeispiele

Situation Sie möchten etwas in PHP entwickeln, das man auch praktisch anwenden kann.

7.4.4.1 Wir richten einen Counter ein

Situation Sie wollen einen Counter auf ihrer Website betreiben, damit die Anzahl ihrer Besucher angezeigt wird.

Für diesen Besucherzähler sollen Sie das im Struktogramm beschriebene Skript *test20.php* erstellen und zusätzlich eine leere Textdatei *counter.txt* im selben Verzeichnis einrichten. Das Programm wird dann auf diese Textdatei zugreifen, zunächst eine 0 in die Textdatei schreiben und die Zahl wie bei jedem Aufruf der *test20.php* erhöhen. Zum Schluss wird die aktuelle Zahl an den Anfang der Datei geschrieben und ersetzt die alte Zahl.

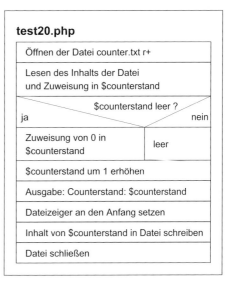

test20.php

Öffnen der Datei counter.txt r+

Lesen des Inhalts der Datei
und Zuweisung in $counterstand

$counterstand leer ?
ja   nein

Zuweisung von 0 in
$counterstand   leer

$counterstand um 1 erhöhen

Ausgabe: Counterstand: $counterstand

Dateizeiger an den Anfang setzen

Inhalt von $counterstand in Datei schreiben

Datei schließen

Hinweis: Öffnen der Datei, Lesen (read) und Zuweisen der Daten in die Variable $datei

$datei = fopen („counter.txt","r+");

Dateioperationen		
Modus	Funktion	Position Dateizeiger
r	Lesen	Anfang
r+	Lesen, Schreiben	Anfang
w	Schreiben	Anfang
w+	Lesen, Schreiben	Anfang
a	Schreiben	Ende
a+	Lesen, Schreiben	Ende

Aufgaben   Erstellen Sie die leere Datei *counter.txt* mit dem Editor und speichern Sie diese Datei im aktuellen PHP-Verzeichnis ab. Erstellen Sie entsprechend dem Struktogramm die Datei *test20.php* und testen Sie diese.

7.4.4.2 Wir erstellen ein Formular

Situation   Sie möchten eine Seite erstellen, auf der der Besucher Daten eintragen kann, die dann gespeichert und weiter bearbeitet werden können. Sie haben sich das folgende Formular ausgedacht, mit dem Besucher die Abi-Party bewerten können.

Die Internetseite *test21.php* stellt ein Formular zur Verfügung, in das der Besucher seine Daten und Bewertungen eintragen kann. Für die Datenaufnahme stehen zwei Textfelder, sechs Radio-Button für die Note, ein Memo- oder Kommentarfeld (Textarea) sowie eine Auswahlliste (select) zur Verfügung.

Mit dem **Button** „Zurücksetzen" (**reset**) können die Eingaben wieder gelöscht werden. Nach Betätigen des Buttons „Abschicken" (**submit**) werden die Daten vom Client an den Server versendet und dort in der Array-Variablen $_GET gespeichert. Das Skript *umfrage.php* liest die aktuell auf dem Server gespeicherten Daten der Array-Variablen **$_GET** aus und zeigt sie auf der Seite an.

Dateibefehl	Hinweise
fopen („counter.txt","r+")	öffnet die Datei counter.txt zum Lesen und Schreiben
fgets ($datei, 10)	liest eine Zeile der Datei von der Position des Dateizeigers
rewind	setzt den Dateizeiger wieder an den Anfang
fwrite ($datei, $counterstand)	schreibt den Inhalt der Datei ans Ende der Datei
feof($datei)	prüft, ob Dateizeiger am Ende der Datei
fclose ($datei)	schließt die Datei

Das folgende Schaubild verdeutlicht die Datenübertragung:

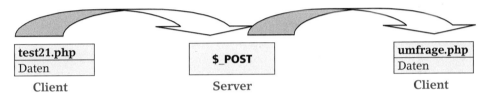

test21.php		$_POST		umfrage.php
Daten				Daten
Client		Server		Client

Für die Datenübertragung an den Server können zwei Methoden verwendet werden. Hier wurde die am meisten eingesetzte Methode POST aufgerufen.

Daten an den Server übermitteln mit den Methoden **POST** und **GET**	
Methode	**Erläuterung**
Methode POST	Über ein Formular und das HTML-Tag „form" sowie die Methode POST können Daten des Formulars vom Client an den Server gesandt werden. Die Daten sind auf dem Server in einer vordefinierten Array-Variablen mit dem Namen $_POST gespeichert und können von dort abgerufen werden.
Methode GET	Für die einfache Dateneingabe ohne Formular ist die Methode GET mit der vordefinierte Variable $_GET geeignet. Diese Methode hängt die Daten, hier die Variablen (im Beispiel Menge und Preis) und ihre Werte einfach an die URL und überträgt sie somit an den Server (z.B. http://www.test.de/index.php?**menge=5&preis=2**). Für große Datenmengen und aus Sicherheitsgründen ist diese Methode nicht geeignet.

test21.php

```
test1.php  abidatei.php  kontaktformular.php  test21.php  umfrage.php  test23.php  test24.php  nettes.php
 1 <html>
 2 <head>
 3 <title>Umfrage Abi-Party </title>
 4 </head>
 5 <body>
 6 <h1> Bewertung unserer Abi-Party </h1>
 7 <form method="POST" action="umfrage.php">
 8   <p>Name:
 9     <input type="text" name="name" size="40">
10   </p>
11   <p>E-Mail:
12     <input type="text" name="email" size="30">
13   </p>
14   <p> Gib der Party eine Note : 1
15     <input type="radio" name="bewertung" value="1">
16     2
17     <input type="radio" name="bewertung" value="2">
18     3
19     <input type="radio" name="bewertung" value="3">
20     4
21     <input type="radio" name="bewertung" value="4">
22     5
23     <input type="radio" name="bewertung" value="5">
24     6
25     <input type="radio" name="bewertung" value="6">
26   </p>
27   <p> Gib einen kurzen Kommentar:
28     <textarea name="kommentar" cols="40" rows="5"></textarea>
29   </p>
30   <p>Lieblingsmusik:
31     <select name="auswahl">
32       <option value="POP">POP</option>
33       <option value="Rock n Roll">ROCK</option>
34       <option value="Hip Hop">HIP Hop</option>
35       <option value="Heavy Metal">Heavy Metal</option>
36     </select>
37   </p>
38   <p>
39     <input type="submit" name="Submit" value="Abschicken">
40     <input type="reset" name="reset" value="Zurücksetzen">
41   </p>
42 </form>
43 </body>
44 </html>
45
```

Erläuterungen:

Zeilen 1–6: HTML-Tags für Titel und Überschrift

Zeile 7: Zwischen <**form ...**> und </**form**> wird ein Formular definiert, wobei dazwischen Formulartags und HTML-Tags zur Beschriftung gesetzt werden können. Im ersten Form-Tag wird außerdem angegeben, mit welcher **Methode** (hier: POST) die Daten an den Server übertragen werden und mit **action**, welche Datei die Daten weiterverarbeiten soll.

Zeilen 8–13: Hier werden zwei **Textfelder** „name" und „email"für die Eingabe von 40 bzw. 30 Zeichen mit Textangaben davor eingerichtet.

Zeilen 14–26: Hier werden hinter einem Text sechs **Radiobuttons** mit einem Wert 1 bis 6 formuliert.

Zeilen 27–29: **Textarea** richtet ein Textfeld mit 5 Zeilen (**rows**) und 40 Zeichen (**cols**) pro Zeile unter dem Namen „kommentar" ein.

Zeilen 30–37: Über **select** wird eine **Auswahlliste** zur Verfügung gestellt, deren Liste durch **option** Werte erhält.

Zeilen 38–40: Durch **submit** und **reset** werden zwei **Standard-Button** eingesetzt, die hier die deutsche Bezeichnung „Abschicken" und „Zurücksetzen" erhalten haben. Mit submit werden die Daten des Formulars an den Server gesendet, mit reset gelöscht.

Zeilen 41–44: Abschluss des Form-Tags und des Skripts

Durch die Ausführung des Skripts *test21.php* werden die Daten an die **Standard-Variable $_POST** des Servers gesendet und zur Weiterverarbeitung an *umfrage.php* übergeben, womit die Daten angezeigt werden können. Sollten über *test21.php* keine Daten in das Formular eingetragen worden sein, z. B. bei Neustarten des Servers, so werden durch den Aufruf von *umfrage.php* auch keine Daten angezeigt.

umfrage.php

```
test1.php   abidatei.php   kontaktformular.php   test21.php   umfrage.php   test23.p

   1 <?php
   2 echo "
   3   <p>Folgende Daten wurden übermittelt:</p>
   4   <b>Name:</b> $_POST[name]<br>
   5   <b>E-Mail:</b> $_POST[email]<br>
   6   <b>Partybewertung:</b> $_POST[bewertung]<br>
   7   <b>Kommentar:</b> $_POST[kommentar]<br>
   8   <b>Lieblingsmusik:</b> $_POST[auswahl]"
   9 ?>
```

Erläuterungen:

Zeilen 1–9: Festlegung des Skripts mit reinen PHP-Befehlen

Zeilen 2–8: Ausgabe (echo) eines Textes in fett (bold) und danach Ausgabe der in der Array-Variablen $_POST des Servers gespeicherten Daten, wobei in eckigen Klammern die Namen der array-Felder angegeben sind.

Aufgaben Erstellen und testen Sie die Skripte *test21.php* und *umfrage.php*.

Sinnvoll wäre es, das Skript *umfrage.php* so zu ändern, dass die Daten von $_POST per Mail an den Webmaster oder eine andere zuständige Person für die Auswertung der Umfrage gesendet werden. Formulardaten lassen sich über **mailto** versenden. Noch besser wäre der Einsatz eines **Formmailers**. Recherchieren Sie auf den Hilfeseiten und Foren zu PHP und ändern Sie das Skript entsprechend.

7.4.4.3 Wir speichern Nettes in eine Textdatei

Situation Sie haben erkannt, dass man über die Variable $_POST nur vorübergehend Daten auf dem Server speichern kann. Bevor Sie Daten in eine MySQL-Datenbank speichern, wollen Sie Daten vereinfacht in einer Textdatei ablegen. Sie haben dazu ein Formular entworfen, auf/in dem Besucher Nettigkeiten über Sie eintragen können.

Ziel ist es, über das Formular des Skripts *nettes.php* die Daten in die Textdatei *nettes.txt* des Servers zu übertragen. Dazu muss schon vorher eine leere Textdatei *nettes.txt* mit einem einfachen Editor oder Dev-PHP im Verzeichnis der PHP-Programme gespeichert sein. Das Skript *nettes.php* enthält die HTML-Tags zum Aufbau des

Formulars, die Befehle zum Öffnen der Textdatei *nettes.txt* und speichern der Daten in die Textdatei. Durch den Formularbefehl werden die eingegebenen Daten an die Variable **$_POST** des Servers und wieder zurück an *nettes.php* gesendet, wo die Daten dann an die Textdatei weitergeleitet werden. In der Textdatei *nettes.txt* sind die Daten dauerhaft gespeichert.

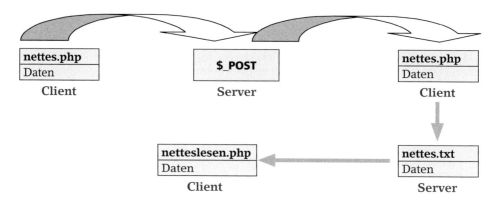

Browserausgabe und Quelltexte

```
 1 <html>
 2 <head>
 3   <title>Nettes gesagt!</title>
 4 </head>
 5 <body>
 6 <h1> Sag was Nettes über mich! </h1>
 7 <form method="post" action="nettes.php">
 8   <input type="text" name="nettes" size="70">
 9   <input type="submit" name="absenden" value="Senden">
10 </form>
11 <a href="netteslesen.php">Liste der Nettigkeiten anzeigen</a>
12 <?
13 $varnet = $_POST[nettes];
14 $datei=fopen("nettes.txt","a+");
15 fwrite($datei,$varnet.chr(13).chr(10)); //Carriage Return, Line Feed
16 fclose($datei);
17 ?>
18 </html>
```

Erläuterungen

Das Skript *nettes.php* erstellt ein einfaches Formular, um Daten für ein Textfeld aufzunehmen. Klickt man auf den „Senden"-Button, werden die Daten an die Servervariable **$_POST** gesendet. Über einen Link kann man das Skript *netteslesen.php* aufrufen.

Neben einem Titel wird eine H1-Überschrift in HTML formuliert.

Ein Formblatt wird eingerichtet, mit dem die Daten zunächst an **$_POST** und dann wieder zurück an *nettes.php* gesendet werden. **$_POST** wird ausgelesen und die Daten in **$varnet** gespeichert. Danach wird die Textdatei *nettes.txt* geöffnet und durch den **fwrite**-Befehl der Inhalt der Variablen in die Textdatei geschrieben, ergänzt durch einen **Wagenrücklauf**- und einen **Zeilenvorschub**-Befehl. Zum Schluss wird die Textdatei geschlossen.

Erläuterungen

Das Skript *netteslesen.php* zeigt unter der Titelleiste eine Überschrift sowie eine Textzeile an.

Darunter erscheint Zeile für Zeile der Inhalt der Textdatei *nettes.txt*.

Zum Schluss wird über einen Link der Aufruf des Skripts *nettes.php* ermöglicht.

Über HTML-Befehle werden Titel, Überschrift und Textzeile (H3) angezeigt.

Im PHP-Teil wird zunächst die Textdatei *nettes.txt* zum Lesen geöffnet. Über eine Wiederholungsschleife (while) wird die Texdatei solange ausgelesen, bis das Ende der Textdatei (**feof**) erreicht ist. Zeile für Zeile wird der Inhalt der Textdatei ausgelesen und angezeigt. Zum Schluss wird die Textdatei wieder geschlossen (**fclose**).

Der Inhalt der Textdatei *nettes.txt* enthielt im Beispiel nebenstehende Daten.

Browserausgabe und Quelltexte

```
1 <html>
2 <head>
3    <title>Nettes über mich lesen!</title>
4    </head>
5    <body>
6    <h1> Danke für die Nettigkeiten über mich! </h1>
7 <h3>Liste der Nettigkeiten:</h3>
8 <?php
9 $datei= fopen("nettes.txt","r");
10 while (!feof($datei)) {
11 $zeile=fgets($datei,100);
12 echo "<b>$zeile<b><br>";
13 }
14 fclose($datei);
15 ?>
16 <a href="nettes.php">Neue Nettigkeiten eingeben</a>
17 </html>
```

```
1 Ich bin gerne mit dir zusammen
2 Die schönsten Augen überhaupt
3 Dein Lachen verzaubert
4 Für Gerechtigkeit machst du dich stark
5 Deine Spaghetti Carbonara sind die besten
6 Ich tanze gern mit dir durch den morgen
7
```

Aufgabe Erstellen Sie Struktogramme zu den oben aufgeführten Dateien.

Richten Sie ebenfalls die Textdatei *nettes.txt* ein und erstellen Sie die Skripte der Dateien *nettes.php* und *netteslesen.php*. Testen Sie die Skripte.

7.5 Autorensysteme

Situation Sie haben auf der Website der Berufsschule eine multimediale Flashanwendung gesehen und möchte nun auch eigene Online-Präsentationen erstellen.

Für E-Learning-Angebote, Schulungen, Tests und viele andere Anwendungsmöglichkeiten werden im Internet oder im Intranet der Unternehmen verstärkt Autorensysteme eingesetzt. Sobald Schulungen oder Tests von einer größeren Anzahl Nutzer nachgefragt werden, lohnt sich der Aufwand, Online-Produkte zu erstellen und in das Internet zu stellen.

Anwendungsbeispiele für Autorensysteme
▶ Produkt- und Verkaufsschulungen
▶ Benutzer- und Reparaturanleitungen
▶ Trainingsanleitungen
▶ Vorstellungen von Arbeitsbereichen, Unternehmen
▶ Tests, Prüfungen, Zertifizierungen
▶ Lern- und Übungseinheiten

Eine Vielzahl von Autorensystemen werden als kostenlose Programme und teure Profiprogramme für diese Zwecke angeboten. Selbst Präsentationsprogramme wie MS PowerPoint können mit Einschränkungen für diese Zwecke genutzt werden. Viele dieser Programme ermöglichen die Veröffentlichung der Schulungen als Flash-Anwendungen, sodass diese leicht in das Internet eingestellt und über einen Internetbrowser aufgerufen werden können.

Autorenprogramme	
Kriterien	**Beispielprogramme**
Kostenlos zur Erstellung von Übungen und Tests	**Hot Potatoes**: vgl. hotpotatoes.de **Click**: vgl. http://clic.eduhi.at/
Autorensysteme nach dem Buch-/Folienprinzip	**Mediator**, vgl. matchware.com **Toolbook**, vgl. toolbook.com
Autorensysteme mit einer Zeitleiste	**Flash**, **Director**, **Authorware**, **Captivate** von Adobe (bzw. Macromedia)
Präsentationsprogramme als eingeschränkte Autorenprogramme	**Powerpoint** (Microsoft) **Impress** (Open Office) Adobe **Acrobat 9** zur Veröffentlichung im PDF-Format
Testversionen	Wichtig: Konzept vor Testbeginn fertigstellen

Aufgaben 1. Recherchieren Sie arbeitsteilig im Internet zu Autorensystemen und erstellen Sie eine Leistungsübersicht. Stellen Sie auch Beispielanwendungen der Autorensysteme per Download zusammen, soweit diese über einen Browser (insbesondere Flashanwendungen) angezeigt werden können.

2. Rufen Sie Flashanwendungen im Captivateverzeichnis der CD zum Buch auf und erkunden Sie die Möglichkeiten von Adobe Captivate.

Arbeiten mit Adobe Captivate 3

Situation Sie haben die Flash-Präsentation der BBS 1 Lüneburg gesehen und wollen sich über Adobe Captivate informieren.

Adobe Captivate ist ein Autorenprogramm, mit dem Softwaresimulationen, Szenarien und andere Autorenprodukte wie z. B. Tests erstellt werden können. Als Softwaresimulation könnte man z. B. eine Excel-Lerneinheit entwickeln und die einzelnen Bearbeitungsschritte mit Excel durch Captivate aufzeichnen lassen. Zusätzliche Informationsfolien und Audio-Erläuterungen können eingebunden werden. Über „Veröffentlichen" speichert Captivate die Lerneinheit als Flash-Anwendung ab, sodass diese umgehend im Internet oder per Browser zur Verfügung gestellt werden kann.

Das folgende Schaubild zeigt die Captivate Arbeitsumgebung. Folien können eingefügt und mit Texten und anderen Objekte versehen werden.

Alle Objekte können spezielle Eigenschaften erhalten. Im Beispiel rechts wurde eine **Textanimation** „Herzlich Willkommen" auf die erste Folie gesetzt. Per Doppelklick wurden weitere Eigenschaften (z. B. Größe, Schriftart, Farben, Effekte) festgelegt.

Aufgaben   Bereiten Sie eine eigene Captivate-Anwendung vor.

a) Erstellen Sie z. B. mit Word ein Aufgabenblatt für eine Excel-Aufgabe. Erstellen Sie dann eine Lösung mit Excel. Laden Sie nach allen Vorbereitungsarbeiten die kostenlose Testversion von Captivate aus dem Internet herunter und installieren Sie die Testversion. Erstellen Sie Ihr erstes Projekt, indem Sie die Bearbeitung der Excelaufgabe mit Captivate aufzeichnen und die Schulung mit zusätzlichen Folien und Elementen versehen.

b) Erstellen Sie in Partnerarbeit Schulungen zum Thema Marketing.

8 Aktuelle Entwicklungen in der Informationsgesellschaft – E-Commerce

Situation Das Internet ist ein wichtiger Marktplatz für fast alle Produkte und Dienstleistungen geworden. Auch bei CMW hat man die Möglichkeiten erkannt und eine eigene Projektgruppe „E-Commerce" eingerichtet. Diese soll den E-Commerce-Bereich sichten und Möglichkeiten für CMW ausloten.

8.1 Eine Welt im Wandel

Der Wandel in der Welt wird am besten mit dem Stichwort **„Globalisierung"** beschrieben. Die Globalisierung der Weltwirtschaft zeigt sich in erster Linie in der größeren und grenzüberschreitenden Mobilität von Kapital, Produktion und Menschen. Globale Finanzmärkte, Auslandsinvestitionen und internationale Arbeitsteilung lassen die Weltwirtschaft immer stärker zusammenwachsen. Auch die Entwicklungsländer konnten von der weltweiten Integration von Handel, Produktion und Kapital profitieren und ihren Anteil am Welthandel erhöhen.

Die hoch industrialisierten Länder entwickeln sich zu **Informationsgesellschaften**. In den vergangenen Jahrzehnten ist die Zahl der Beschäftigten in der Landwirtschaft durch rationellere Produktionstechniken rapide gesunken. Auch in der Produktion (Industriebereich) ist mit keiner nennenswerten Steigerung der Zahl der Arbeitskräfte zu rechnen. Die größten Zuwächse an Arbeitsplätzen werden im Dienstleistungsbereich und insbesondere im Bereich der Informationsdienste erwartet. Gegenwärtig sind schon mehr als 50 % aller Erwerbstätigen in Deutschland dem Sektor Information zuzuordnen.

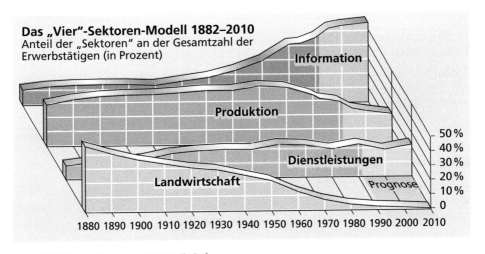

nach: BMWI Report: Die Informationsgesellschaft

Das Internet hatte in den letzten 15 Jahren ein rasantes Wachstum erlebt. Nach dem Internet Systems Consortium (vgl. isc.org) sind heute ca. 1 Mrd. Verwaltungsrechner (Hosts) in das Internet eingebunden.

Allein in Deutschland waren 2011 (vgl. ard-zdf-onlinestudie.de) über 73 % der Bevölkerung oder ca. 52 Millionen Menschen über 14 Jahren online. Spitzenreiter in Europa waren jedoch die skandinavischen Länder und die Niederlande mit 90 % Zugang zum Internet. In Deutschland lag die Online-Quote bei den unter 50-Jährigen bei 95 %, hohe Zuwachsraten ergeben sich jedoch bei den „Silver-Surfern". Eine Annäherung zwischen den Generationen wird in klassischen Anwendungen E-Mail-Kommunikation, Informationssuche und Onlineshopping deutlich. Bei Sozialen Netzwerken und Audio- und Videoabrufen zeigen die Jüngeren weiterhin deutlich höheres Interesse als ältere Generationen.

Laut Bitkom waren 2011 drei Viertel der Internetnutzer in Deutschland in mindestens einem sozialen Online-Netzwerk angemeldet. Zwei Drittel nutzten diese auch aktiv. 78 Prozent der Frauen und 70 Prozent der Männer waren Mitglied von Online-Netzwerken wie Facebook, StudiVZ oder Xing. Bei den 14- bis 29-Jährigen Internetnutzern waren bereits 92 Prozent Mitglied in einer oder mehreren Online-Communitys.

Facebook verzeichnete 2011 weltweit über 600 Millionen Mitglieder, wovon nach Facebook eigenen Angaben 350 Millionen aktiv waren. 50 Prozent von diesen riefen Facebook nahezu täglich auf.

Der deutsche ITK-Markt soll laut Bitkom 2012 erstmals die 150-Milliarden-Euro-Marke im Umsatz überschreiten.

Trend ist die weitere Vernetzung, sind mobile Anwendungen und

Anwendungen über das Internet bzw. die Cloud und viele Bereiche, die aufgrund der Vernetzung erst ihre Möglichkeiten ausschöpfen können wie Social Media, Virtualisierung oder auch das Outsourcing.

IT-Sicherheit und Datenschutz gehören daher ebenfalls für Verbraucher und Unternehmen zu den zentralen Herausforderungen der Zukunft.

Tablet-PCs, d.h. tragbare Computer, die über einen berührungsempfindlichen Bildschirm gesteuert werden, etablierten sich 2011 als eigenständige Geräteklasse neben Desktop-Rechnern, Notebooks und Netbooks.

Die Einstellung der Deutschen zu moderner Technik ist nach Untersuchungen von Bitkom positiv. Über 80% der Deutschen empfinden moderne Technik als nützlich

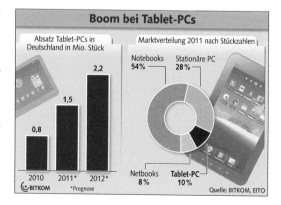

und als eine Erleichterung im Alltag. Etwa 57 % aller Deutschen geben an, sich für technische Produkte zu interessieren. Allerdings gibt es eine große Alters- und Geschlechterspreizung: trifft das Interesse für technische Produkte auf fast 70 % der Männer zu, liegt der Wert bei den Frauen bei nur 45 %. Auch sinkt das Interesse an Technik mit zunehmendem Alter.

2011 verfügten 22 Prozent der deutschen Onliner über ein Smartphone oder einen Tablet-PC. 17 Prozent hatten Apps installiert. Insbesondere Navigations- und Ortungsapps, Wetter- und Nachrichten-Apps sowie Apps für den Zugang zu Sozialen Netzwerken, Spiele-Apps und Apps zu Fernseh- und Radiosendungen waren gefragt. Deutlich angestiegen ist auch die mobile Nutzung: Statt 13 Prozent (2010) gehen aktuell 20 Prozent der Onliner unterwegs ins Netz. Fast jeder dritte Onliner schaute sich TV-Sendungen zeitversetzt an.

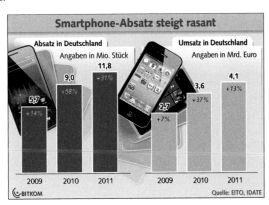

Laut Bitkom verkauften zwölf Millionen Deutsche oder jeder fünfte Deutsche 2010 Waren und Dienstleistungen per Internet. Männer und Frauen zwischen 25 und 54 Jahren waren dabei am meisten als Online-Verkäufer aktiv. Der Bildungsstand hatte einen Einfluss auf die Geschäftstätigkeit im Web. Personen mit hoher formaler Schulbildung betätigten sich häufiger als Verkäufer.

Im Internet-Handel lag Deutschland 2011 europaweit unter den TOP 5 hinter Dänemark (TOP 1) gefolgt von den Niederlanden, Frankreich und Slowenien.

Bei Otto werden bereits über 60 Prozent des Umsatzes im Bereich E-Commerce erwirtschaftet und nimmt im Fernabsatzhandel des E-Commerce, also Internet, M- und T-Commerce die Rolle des Innovationstreibers in der Branche ein.

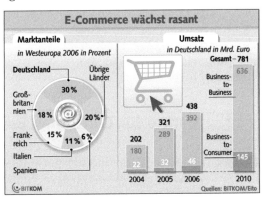

Die im E-Commerce aktiven Unternehmen erzielten im Durchschnitt mehr als 35 Prozent ihres Gesamtumsatzes im Onlinevertrieb.

Aufgaben

1. Informieren Sie sich im Internet über aktuelle Daten und Trends zur ITK-Technik und zum E-Commerce, z. B. bei Verbänden wie bitkom.org oder eco.de, ecc-handel.de, ecommerce-leitfaden.de

2. Recherchieren Sie im Internet nach Beispielen für verschiedene Markt- und Transaktionsbereiche und präsentieren Sie Ihre Ergebnisse als Word- oder Powerpointdokument.

8.2   Märkte und Dienste im E-Commerce

Situation   Sie möchten Märkte und Angebote des E-Commerce kennenlernen.

Der **E-Commerce** oder „elektronische Handel" hat sowohl im Privat- als auch im Unternehmensbereich eine nicht mehr weg zu denkenden und stets steigende Bedeutung erlangt. E-Commerce bezeichnet Geschäfte, die über ein elektronisches Medium teilweise oder ganz abgewickelt werden. Insbesondere werden darunter elektronische Medien wie das Internet, die Online-Dienste und das digitale Fernsehen verstanden.

Häufig wird der Begriff **E-Business** weiter gesehen als der Begriff E-Commerce. Während E-Commerce sich auf handelsbasierte Geschäftsprozesse konzentriert, bezieht E-Business sämtliche, auch verteilte Geschäftsprozesse innerhalb und außerhalb von Organisationen ein, deren Ablauf auf dem Einsatz elektronischer Medien basiert. Hierbei werden alle sinnvollen Beziehungen zwischen Organisationen wie Unternehmen, Privatkunden, Behörden und anderen öffentlichen Einrichtungen berücksichtigt.

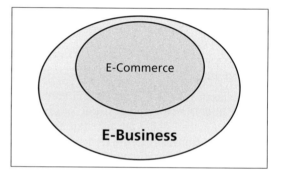

8.2.1   Märkte für Consumer, Business und Administration

Situation   Sie finden das Internet mit seinen vielfältigen Angeboten und Märkten als sehr unübersichtlich. Sie sucht nach Möglichkeiten der Unterscheidung oder Einordnung.

An elektronischen Geschäften können als Käufer und Verkäufer Unternehmen, Verbraucher oder Behörden beteiligt sein. Die derzeit bedeutendsten E-Commerce-Anwendungen finden zwischen Unternehmen (**Business-to-Business** oder kurz auch **B2B**) sowie zwischen Unternehmen und Verbrauchern (**Business-to-Consumer** oder kurz auch **B2C**) statt. Auch Behörden und Verwaltungen und damit der **Administration**-Bereich versucht verstärkt mithilfe von E-Commerce-Anwendungen Dienstleistungen besser und kostengünstiger anzubieten und zu verwalten. Bei staatlichen Einrichtungen fällt in diesem Zusammenhang der Begriff **E-Government** oder „Elektronisches Rathaus".

Markt- und Transaktionsbereiche im E-Commerce		
Consumer	**Business**	**Administration**
C2C: z. B. Verbraucher verkaufen oder vermieten im Internet an Verbraucher (Autos, Gebrauchtteile, Apartments usw.)	**C2B:** z. B. Verbraucher bieten Jobs und Leistungen Unternehmen an oder vermitteln gegen Provision Kunden	**C2A:** z. B. Verbraucher fragen Leistungen bei Behörden über das Internet ab oder regeln Behördengänge über das Internet
B2C: z. B. Unternehmen bieten über Internetshops, E-Mail oder Newsletter Verbrauchern Produkte und Leistungen an	**B2B:** z. B. Unternehmen handeln mit Unternehmen über das Internet	**B2A:** z. B. Unternehmen informieren sich bei Behörden und erstellen Steuererklärungen online
A2C: z. B. Behörden bieten Verbrauchern ihre Leistungen über das Internet an oder verwalten Bürgerdaten online	**A2B:** z. B. Ausschreibungen der Behörden an Unternehmen über das Internet	**A2A:** z. B. Zusammenarbeit oder Datenaustausch von Behörden über das Internet

(Zeilenbeschriftung links: Consumer / Business / Administration)

Aufgaben

1. Ordnen Sie die Transaktionen den o. a. Markt- und Transaktionsbereichen richtig zu:

   a) Claudia bietet im Internet ihren Pkw zum Privatverkauf an.

   b) Informationen über eine Zwangsversteigerung einer Wohnung beim Amtsgericht werden von Sabine über das Internet abgerufen.

   c) Eine Maschinenfabrik kauft elektronische Komponenten über einen Branchen-Online-Markt der Lieferanten.

   d) Der Schulträger schreibt die Beschaffung von 500 PC über seine Internetseite aus. Anbieter können die Unterlagen kostenlos downloaden.

   e) Damit die Erschließung von Bauland zügig erfolgt, arbeiten Baubehörde und Umweltbehörde über das Intranet eng zusammen.

   f) Frau Meier stellt über Internet ihre Ferienwohnung Urlaubern zur Verfügung.

   g) Tim bewirbt sich über das Internetportal des Unternehmens um einen Job.

   h) Ein Reiseveranstalter informiert seine Privatkunden über einen E-Mail-Newsletter.

   i) Christian gibt über das Internetportal Elster die Steuererklärung online ab.

   j) CMW ruft über das Internet wichtige Antragsformulare des Rathauses ab.

2. Recherchieren Sie im Internet nach Beispielen für verschiedene Markt- und Transaktionsbereiche und präsentieren Sie Ihre Ergebnisse als Word- oder Powerpointpräsentation.

8.2.2　Cloud Computing

Cloud-Computing ist vielen Nutzern durch die Nutzung von Web-Mails, Netzwerk-Dateisystemen wie Dropbox, Online-Websitegeneratoren oder Angeboten der Sozialen Netzwerke (z. B. Facebook, Youtube, Google) unbewusst schon bekannt (vgl. auch Kapitel 2). Geht es nach der schnell wachsenden Cloud-Industrie, so findet man nicht nur Spiele oder große Speicherkapazitäten für das Sichern von Bildern, Texten, E-Books und Musik im Netz als eine große, virtuelle Festplatte, sondern zukünftig möglichst alle IT-Anwendungen. Verbraucher benötigen künftig nur noch eine schnelle Internetverbindung und ein einfaches Internetgerät mit den passenden Peripheriegeräten. Unternehmen werden zukünftig ihre IT-Anwendungen und Daten ebenfalls nicht mehr in eigenen Computersystemen organisieren, sondern über Internet- und Intranetverbindungen auf Ressourcen der Cloudprovider zugreifen. Auch hierzu sind in den Unternehmen dann nur noch Frontendsysteme (z. B. Netbooks, Smartphones, Drucker) notwendig, die ihre Anwendungen von Providern über das Netz aufrufen.

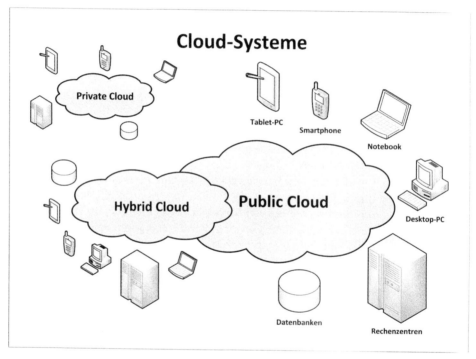

Cloud-Computing bzw. **Rechnerwolke** umschreibt damit den Ansatz, abstrahierte IT-Infrastrukturen (z. B. Rechenkapazität, Datenspeicher, Netzwerkkapazitäten, Softwareanwendungen) dynamisch an den Bedarf angepasst über ein Netzwerk zur Verfügung zu stellen. Aus Nutzersicht erscheint die zur Verfügung gestellte abstrahierte IT-Infrastruktur fern und undurchsichtig, wie in einer „Wolke verhüllt".

IBM proklamiert mit Cloud-Computing ein Nutzungsmodell, welches organisatorische, betriebswirtschaftliche, technische und vor allem finanzielle Vorteile bringen soll. Das Ziel ist, neben Kostensenkungen im IT-Bereich den IT-Nutzer noch flexibler, anpassungsfähiger und dynamischer zu machen. 2015 sollen Cloud-Anwendungen bereits ca. 10 % der gesamten IT-Ausgaben ausmachen.

Cloud-Computing	
Beschreibung und Eigenschaften	IT-Ressourcen (Infrastrukturen, Plattformen und Anwendungen) werden über Internettechnologien ortsunabhängig, virtualisiert und abstrahiert (vom Nutzer nur in der Web-Benutzeroberfläche erkennbar) als Services zur Selbstbedienung mit nutzerbasierter Abrechnung bereitgestellt. ▶ vordefinierte und abstrahierte IT-Infrastruktur ▶ Erkennung der Frontendgeräte (z. B. Tablet-PC, Smartphones) und automatische Anpassung der Benutzeroberfläche (GUI) ▶ Skalierbarkeit der Leistungen je nach Anforderung ▶ umfassende Virtualisierung ▶ mandantenfähige Anwendungen ▶ abrechnung nach Verbrauch ▶ eher kurzfristige Verträge
Arten	**Public Cloud:** Infrastruktur und Dienste werden jedem (der breiten Öffentlichkeit) über das Internet, i.d.R. bei nutzerbasierter Bezahlung, zur Verfügung gestellt. Die Cloud ist Eigentum des Betreibers und Dienstleisters (i.d.R. Hosting-Service-Provider, Telekommunikationsunternehmen, Internetunternehmen). **Private Cloud:** Infrastruktur und Dienste werden in geschlossenen Bereichen (für Unternehmen, Organisationen, Behörden) zum eigenen Gebrauch für Berechtigte (z. B. Mitarbeiter, Geschäftspartner, Kunden), i.d.R. Zugriff über Intranet, zur Verfügung gestellt. Die Cloud ist Eigentum des Anbieters, Kontrolle, Sicherheit und Anpassungen der Dienste besser regelbar. **Hybrid Cloud:** Kombination von Public Cloud, Private Cloud und traditioneller IT-Umgebung nach den Bedürfnissen der Nutzer. Vertrauliche Daten werden in der Private Cloud, andere in der Public Cloud gespeichert und bearbeitet.
Technologie	Dynamische Internet-optimierte Infrastruktur für die Bereitstellung von Anwendungen, föderierte Technologien, die Kommunikation, Daten und Dienste je nach Beanspruchung auf andere Cloudsysteme übertragen können (Skalierung über Cloudgrenzen hinaus); Dienste sollen möglichst automatisiert bereitgestellt werden, automatische Client-bzw. Nutzererkennung.
Dienste	**Infrastructure as a Service (IaaS):** Angebote von Providern für On-Demand-Infrastruktur (Server, Speicher, Netze, Archivierungs- und Backup-Systeme, Softwarekomponenten für das Management der Systeme), die von Nutzern eigenverantwortlich eingerichtet und administriert werden. **Platform as a Service (PaaS):** Dieser Begriff ist weiter gefasst als IaaS. PaaS-Provider stellen komplette Plattformen bereit. Sie bieten Hardware- und Softwareleistungen als Service. Diese Plattform können Anwender nutzen, um eigene SaaS-Lösungen zu entwickeln und zu betreiben oder um SaaS-Dienste mit traditionellen Softwareanwendungen zu integrieren. **Software as a Service (SaaS):** Der Provider stellt On-Demand-Software für Betriebssysteme, Anwendungen, Middleware, Management- und Entwicklungs-Tools über das Internet bereit, verantwortet die Wartung und die Administration. Der Kunde nutzt die Anwendungen über das Internet, ohne sie zu besitzen, bezahlt für die Nutzung der Anwendung.

Cloud-Computing	
Dienste	**Cloud-Integration und Consulting:** Internetunternehmen beraten, planen, integrieren Cloud-Systeme- und –Anwendungen nach Anforderungen.
Vorteile für Nutzer	▶ geringere finanzielle Investitionskosten ▶ Kostenvorteile (insbesondere Fixkostenreduktion), da nur der Dienst bezahlt wird, der auch beansprucht wird und minimale Infrastruktur (Internetanschluss und webfähige, smarte Endgeräte), weniger Verbrauchskosten sowie IT-Personal notwendig sind. ▶ Nutzung professioneller IT-Ressourcen ▶ Die Skalierung der Systeme erfolgt flexibel nach Bedarf vom Dienstanbieter. ▶ Hohe Sicherheitsstandards für Verfügbarkeit und Datensicherheit können angeboten werden. ▶ Neue Geschäftsmodelle werden ermöglicht. ▶ Unternehmen können sich auf Ihr Kerngeschäft konzentrieren. ▶ Vereinfachungen, Virtualisierungen, Kooperationen und Kosteneinsparungen in der Wertschöpfungskette ▶ Mitarbeiter und Kunden können angebotene Dienste weltweit ohne Installationsaufwand nutzen. ▶ Cloud-Nutzer müssen keine Kosten und Kenntnisse zur Installation und Migration der Infrastruktur vorhalten. ▶ Effizienzsteigerungen der Mitarbeiter
Nachteile für Nutzer	▶ Nutzer machen sich technologisch, rechtlich und wirtschaftlich vom Provider abhängig. ▶ Rechtsklarheit ist evtl. nicht sichergestellt und macht Angebotsvergleiche schwierig. ▶ Da in Cloudsystemen die Daten verteilt auf verschiedenen Servern in mehreren Ländern gespeichert werden können, ist sicherzustellen, dass der Provider zu jeder Zeit nachweisen kann, wo die Daten gespeichert sind. ▶ Daten könnten auf Servern von Providern gespeichert sein, die hohe Zertifizierungs- und Sicherheitsstandards nicht erfüllen. ▶ Insolvenzen von Providern können die Funktionstüchtigkeit der Systeme beeinträchtigen. ▶ Cyberattacken können Daten vernichten oder ausspähen und Rechnersysteme derart schwächen, dass sie ihre Leistungen nicht mehr erbringen können.
Provider	Amazon webservices, Apple iCloud, Google App Engine, IBM mit LotusLive, Microsoft Azure, Salesforce, vgl. auch http://cloudprovider.de, www.cloud-practice.de
Anforderungen in der Vertragsgestaltung mit Providern	▶ Server in Deutschland ▶ einfache Abrechnungsmodelle ▶ Beschreibung der Service-Level klar und verständlich ▶ garantierte Performance ▶ Skalierbarkeit ▶ Verfügbarkeit und Verlässlichkeit ▶ Flexibilität bei Wechsel der Leistungspakete ▶ hohe Sicherheitsstandards im Datenschutz und in der Datensicherheit

Cloud-Computing	
	▶ Kostentransparenz ▶ Integrität der Mitarbeiter ▶ 24-Stunden-Support
Bezahl- modelle	**Server:** je nach Leistungsinstanzen für Rechnerzeit in Stunden **Speicher:** nach Speicherkapazität in GB oder TB und Anzahl Transaktionen **Netze:** Datentransfer in GB und Anzahl Transaktionen **Datenbanken:** Speichervolumen in GB und Anzahl Transaktionen **Public Cloud:** häufig Abonnementmodelle und Paketpreise für vordefinierte Leistungen pro Monat

Aufgaben

1. Ordnen Sie den Aussagen die Begriffe Public Cloud, Private Cloud, Hybrid Cloud, IaaS, PaaS, SaaS richtig zu:
   a) Dienste des Unternehmens können online nur über ein Intranet aufgerufen werden.
   b) Dienste werden jedem online angeboten.
   c) Ein Softwareunternehmen betreibt eine Plattform, auf der externe Entwickler eigene Apps entwickeln können.
   d) Personaldaten werden i.d.R. vertraulich im Unternehmensbereich gespeichert, Mitarbeiterporträts und Kontaktdaten jedoch auch öffentlich eingestellt.
   e) Die Datev bietet online eine Finanzbuchhaltungssoftware für Unternehmen an.
   f) Ein Unternehmen richtet sich selbst eine Cloud ein.

2. Ordnen Sie die Dienste der richtigen Cloud zu:
   a) Office-Programme können über das Web von jedem aufgerufen werden.
   b) Abteilungsleiter rufen weltweit den Auftragsbestand im Unternehmen ab.
   c) Produktdaten werden je nach Sicherheitsstatus im Unternehmensbereich oder extern gespeichert.
   d) Onlinespiele werden weltweit online angeboten.

3. Nennen Sie Cloudanwendungen für Verbraucher.

4. Sie sollen ein Unternehmen beraten, das nur noch Cloud-Technologien für Verwaltung (ERP-Software), Marketing und Kommunikation einsetzen will.

   a) Welche Systeme müssen im Unternehmen bereitgestellt werden?
   b) Welche Programme müssen online angeboten werden?
   c) Welche Vor- und Nachteile bringen Cloud-Technologien?

5. Sie sollen für das Unternehmen die Kostenvorteile für Cloudtechnologien errechnen. Dazu haben Sie folgende Ergebnisse aus einer Istanalyse ermittelt. Berechnen Sie jeweils die Kosten/Jahr.

Kosten herkömmliches System im Jahr		Kosten Cloud-Systeme/Jahr	
Systeme	230.000 Euro	Systeme	60.000 Euro
Software	22.000 Euro	Cloud System Medium instance: 0,17 Euro per hour	24 Stunden das gesamte Jahr bei 100 Instanzen
IT-Personal	86.000 Euro	Speicher: 0,1064 Euro per GB stored per month 0,0071 Euro per 10.000 storage transactions	10 TB Speichervolumen, 2000.000.000 Speichertransaktionen im Jahr
Energie	18.000 Euro	Softwaremiete (SaaS)	30.000 Euro
Verbrauchsmaterial	12.000 Euro	Energie/Verbrauchsmaterial	19.000 Euro
Support	26.000 Euro	Support	20.000 Euro

8.2.3   Social Media

Als **Social Media** (Soziale Medien) werden alle Medien (bzw. Plattformen) verstanden, die die Nutzer über **digitale** Kanäle in der Kommunikation untereinander und im interaktiven Austausch von Informationen unterstützen. Unternehmen können so mit ihren Zielgruppen in direkten Kontakt und in einen unmittelbaren Dialog treten. Viele Unternehmensaufgaben in der Kommunikation mit Presse, Meinungsführern und Kunden, im Marketing und Vertrieb, in der Personalbeschaffung bis hin zur Erschließung neuer Zielgruppen und zur Einbeziehung von Nutzern bei der Entwicklung neuer Produkte und Dienstleistungen können unterstützt werden.

Untersuchungen haben allerdings ergeben, dass insbesondere junge Menschen überproportional Social-Media-Angebote nutzen und ältere Akteure weniger soziale Medien in Anspruch nehmen. 2011 verbrachten Internetnutzer fast ein Viertel ihrer gesamten Online-Zeit in sozialen Netzwerken wie Facebook, Google+ oder Xing.

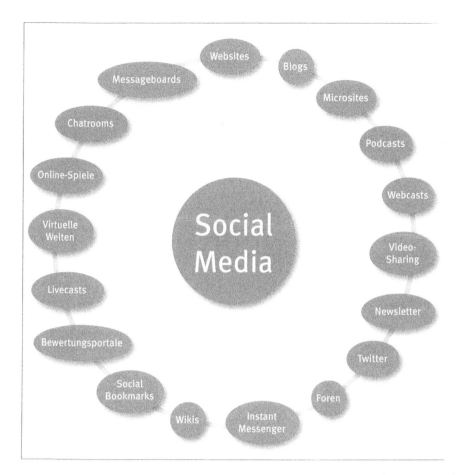

Soziale Medien gewinnen dadurch, dass sie nicht nur wie im klassischen Unternehmensdialog Monologe (one to many), sondern insbesondere sozial-mediale Dialoge (many to many) ermöglichen. Zudem wird die Demokratisierung von Wissen und Information gefördert und der Benutzer nicht nur als Konsument, sondern als Partner und Mitgestalter ernst genommen.

Erfolgreiche Kommunikation in sozialen Medien sollte für die Akteure einen Mehrwert haben, glaubwürdig und authentisch sein.

Websites, Firmenblogs, Microsites, Podcasts oder Filme auf Youtube, Newsletter oder Twitter sollten inhaltlich und technisch miteinander vernetzt sein und sich immer wieder aufeinander beziehen. Themen aus den Printmagazinen sollten für Kunden und Mitarbeiter wiederholt aufgegriffen und auf diese Weise optimal verwertet werden, um den gewünschten Aufmerksamkeitswert zu erreichen und die Informationen zielgruppengerecht zu platzieren.

Social Media weist durch geringe Einstiegskosten und einfache Zugänglichkeit der Medien relativ geringe Eintrittsbarrieren auf. Ein Social-Media-Konzept mit dem richtigen Mix aus den vielfältigen Media-Angeboten und einer Aufwandsrechnung sollte jedoch Ausgangspunkt für ein erfolgreiches Social-Media-Engagement sein. Nicht wenige Unternehmen befürchten, dass sonst die Kontrolle über die in Gang gesetzten Aktivitäten verloren geht.

Social Media Anwendungsbereiche für Unternehmen	
Kommunikation	Sowohl zur internen Kommunikation der Mitarbeiter (z. B. über Blogs und Wikis) als auch zur externen Kommunikation mit Geschäftspartnern und Kunden werden Social Media genutzt. Über eine Kommunikationsstrategie (Guideline) sollten Regeln festgelegt werden, wie Mitarbeiter untereinander, mit Kunden und Geschäftspartnern kommunizieren.
Marketing	Ziele sind, Aufmerksamkeit für Leistungen und Marke zu erzeugen, die Online-Kommunikation mit Kunden zu verbessern, eine Zusammenarbeit mit Kunden (Kollaboration) zu initialisieren, Suchergebnisse für Unternehmen, Produkte und Leistungen im Web zu verbessern, vgl. auch Social Media Marketing
Public Relations	Die Beziehungen zu Multiplikatoren des Unternehmens (Influencer, die häufig über Social Media kommunizieren) werden durch Social Media direkt gepflegt (Social Media Relations). Neben eigenen Webseiten zur Öffentlichkeitsarbeit ist die Mitwirkung in Foren, Blogs und geschäftlichen Netzen wie XING oder LinkedIn bzw. allgemeinen Netzen wie z. B. Facebook sehr wichtig.
Monitoring	Es dient der systematischen und kontinuierlichen Beobachtung und Analyse von Social Media Beiträgen und Dialogen, um Meinungen, Kritik und Anregungen zu erhalten sowie den Erfolg von Social Media Aktivitäten festzustellen, Trends und Marktentwicklungen zu erkennen.
Vertrieb	Die direkte Kontaktaufnahme zu Kunden und Neukunden, Verkaufsgespräche über Social Media und Direktvertrieb mit Kunden, Sonderkonditionen für Communities, Zielgruppenorientierte Werbekampagnen unterstützen den Vertrieb.
Personal: Human Ressources	Insbesondere im Rahmen der Personalbeschaffung (Recruiting) können vor den Bewerbungsgesprächen über Soziale Netze bzw. Social Media Informationen über Bewerber eingeholt werden. Darüber hinaus können Kontakte zu ehemaligen Mitarbeitern gepflegt, die Selbstdarstellung des Unternehmens als guter Arbeitgeber verbessert werden.
Service, Support	Über Social Media werden Kunden gezielt Hilfen und Service angeboten, z. B. über Youtube Hilfevideos und Anleitungen bereitgestellt.
Forschung und Entwicklung	Kunden und Interessierte werden in die Neukonzeption von Produkten und Leistungen über Soziale Netze eingebunden.

Aufgaben

1. Recherchieren Sie nach Social Media Beispielen für den E-Commerce, d. h. wie Unternehmen mittels Social Media ihren Umsatz steigern können.

2. Diskutieren Sie Vor- und Nachteile im Einsatz von Social Media.

8.2.4   E-Business für Consumer

Situation   Der elektronische B2C-Markt stellt heute nicht nur vom Umsatzvolumen einen großen Handels- und Dienstleistungsbereich dar, sondern ist bezogen auf die Anzahl der Transaktionen zwischen Unternehmen und Consumern (Verbrauchern) wohl der größte Bereich. Aufgrund der neuesten Entwicklungen durch Cloud-Computing, Social Media und Mobile Commerce ist das Wachstum in diesem Segment des E-Commerce weiter hoch und von ständigen Innovationen geprägt.

Anhand der folgenden Übersicht kann schon ermessen, wie groß und vielfältig der B2C-Markt ist. Im Rahmen dieses Buches ist es nur möglich, einen kleinen Überblick zu geben und ansatzweise Trends und eher unbekannte Technologien aufzuzeigen. Da mittlerweile mehr als drei Viertel der Bevölkerung online sind und fast alle auch schon direkte Bezahlbereiche des E-Commerces mit Verbrauchern kennen gelernt haben, soll auf bekannte Anwendungen hier nicht vertieft eingegangen werden. (Ausführungen dazu in Kapitel 2)

Bezogen auf E-Government wird auf Kapitel 8.2.5, für E-Banking auf Kapitel 8.4, hinsichtlich Internetshops auf Kapitel 8.5 hingewiesen.

Große Transaktionssegmente des B2C-Bereiches (Consumerbereichs)		
Kaufen	**Suchen, Informieren, Lernen, Spielen**	**Kommunizieren**
Internet-Shops Onlineauktionen Live-Shopping	Suchportale, Partnernetze Informationsportale Meinungsportale E-Learning Spiele	Soziale Netze E-Mail, SMS, Chatten IP-Telefonie Instant-Messaging Newsgroups, Foren

Aufgabe   Bereiten Sie in Partner- und Gruppenarbeit Präsentationen zu aktuellen Trends des E-Commerces (B2C, B2B, E-Government, E-Banking) vor. I.d.R. sind es Verbände und die Wirtschaftspolitik, die Studien zum E-Commerce kostenlos zum Download veröffentlicht haben. Recherchieren Sie nach Studien auf den Webseiten der Verbände und präsentieren Sie daraus über wichtige Trends. Nutzen Sie z. B. folgende Studien:

▶ E-Commerce-Leitfaden, vgl. e-commerce-leitfaden.de

▶ In 10 Schritten zum rechtssicheren Online-Shop, vgl. trustedshops.de

▶ Strategischer Leitfaden Social CRM, vgl. sugarcrm.com

▶ Leitfaden für Shop-Einsteiger, vgl. shopanbieter.de

▶ Go SMART 2012: Alwaysin-touch, Studie zur Smartphone-Nutzung 2012 vgl. ottogroup.com

▶ eBusiness: PROZEUS – eBusiness-Praxis für den Mittelstand, Elektronische Marktplätze auswählen und nutzen, vgl. vgl. prozeus.de

▶ So steigern Online-Händler ihren Umsatz, Fakten aus dem m deutschen Online-Handel, vgl. e-commerce-leitfaden.de

▶ The Future of Advertising 2015, vgl. http://medien.nrw.de

▶ Sicher durchs Internet: Ein Leitfaden für Verbraucher und Anbieter, vgl. e-Commerce Verbindungsstelle Deutschland, Euro-Info-Verbraucher e.V., Kehl

Internet-Shopping

Über 100.000 verschiedene Internetshops bieten in Deutschland ihre Waren an. Die größten Internetshopbetreiber im B2C-Bereich mit Jahresumsätzen von über 1 Mrd. Euro sind Amazon (amazon.de) und Otto (otto.de). Sie werden aufgrund ihrer laufenden Innovationen und hohen Professionalität als die Marktführer im E-Shopping-Bereich angesehen. Aber auch kleinere Shops erfreuen sich sowohl bei Verbrauchern als auch bei Händlern großer Beliebtheit.

Das Einkaufsverhalten der E-Consumer hat sich in den letzten Jahren erheblich gewandelt, sodass sich Internetshops aktiv bemühen müssen, neue Trends aufzugreifen, wollen sie nicht dem Bereinigungsprozess der nächsten Jahre zum Opfer fallen. Trend ist daher, soziale Netze und Social Media in die Shops zu integrieren, Kunden stärker zu binden und den Weg auch in das Mobile Shopping zu finden.

Als ein Beispiel einer neuen Shop-Kreation soll hier **myfab.com** dienen, die mit ihrem Shop diverse Möglichkeiten des Social Marketings (vgl. auch folgendes Kapitel) nutzen.

Quelle: myfab.com

Kleine Anwendungen schaffen einen Zusatznutzen für Anwender. Daher werden für Zusatzfunktionen Widgets installiert, wie z. B. rechts für die Verbindung zu sozialen Netzen oder unten, um bei wildsterne.de einen Futtermixer anzubieten.

Quelle: addthis.com

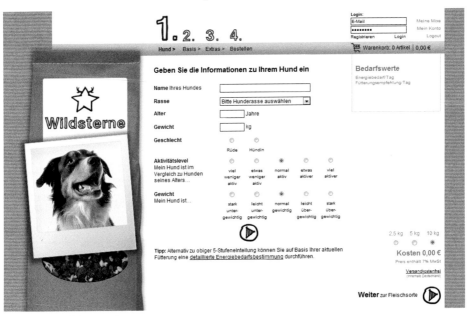

Quelle: www.wildsterne.de

Minianwendungen als Apps und Widgets

Als Applet (Kunstwort aus *Application* für Anwendung und *Snippet* für Schnipsel) und Widgets (Kunstwort aus Wi(ndow) für Fenster und (Ga)dget für Spielerei/Schnickschnack) werden Minianwendungen oder Computerprogramme bezeichnet, die meist als Hilfs- bzw. Dienstprogramme oder Tools in eine grafische Benutzeroberfläche oder Website eingebunden werden. Sie können nicht als eigenständiges Anwendungsprogramm betrieben werden, sondern müssen in einer Umgebung Grundfunktionen und Ressourcen bereitgestellt bekommen. Apps sind als kleine Zusatzanwendungen in Smartphones und Tablets sehr beliebt, Widgets verbessern z. B. in Internetshops als Zusatzanwendungen den Kundenservice.

vgl. zu Applets z. B. das Appstore von Apple oder Apps in gratis-ecke.de, zu Widgets https://widgets.amazon.de oder das Beispiel auf wildsterne.de

Miniwebseiten als Microsites

Als Microsites bezeichnet man eine schlanke Website mit wenigen Unterseiten und geringer Navigationstiefe innerhalb eines größeren Internet-Auftritts. Microsites sind optisch von der eigentlichen Website unabhängig und bilden thematisch und gestalterisch eine eigenständige kleine Internetpräsenz. Sie werden für Werbezwecke und Verkaufsförderung verwendet, z. B. um Websitebesucher gezielter anzusprechen.

Bildschöner Alleskönner.
Arbeiten, spielen, fernsehen – und alles in 3D.
Samsung SyncMaster LED Serie 9

Der SyncMaster T27A950 LED bietet Ihnen alles, was Sie von einem high-end Multifunktions-Monitor erwarten. Optische Akzente setzt er mit seinem Design: Die asymmetrische Linienführung ist charakteristisch für den SyncMaster T27A950 LED und zieht alle Blicke auf sich. Mit seiner schnörkellos-futuristischen Anmutung, kombiniert mit einem hochwertigen Finish aus Aluminium, harmoniert er sowohl im Arbeits- als auch im Wohnbereich. Prädestiniert für anspruchsvolle Anwender, verfügt die Serie 9 über ein 68,58 (27") Full HD UltraClear™-LED-Display mit 120Hz Bildwiederholfrequenz und 100% sRGB Farbraumunterstützung. Damit ist beste Bildqualität mit lebendigen Farben, maximalen Details und hohen Kontrastwerten garantiert. Bewegungsunschärfen werden durch die Bildwiederholfrequenz von 120 Hz und schnelle 3 ms Reaktionszeit drastisch minimiert.

Mit 3D HyperReal Engine das nächste Level erreichen

Microsite zur Verkaufsförderung
Quelle: heise.de

Aufgaben

1. Rufen Sie myfab.com auf und untersuchen Sie, was diesen Shop von herkömmlichen Onlineshops unterscheidet.

2. Recherchieren Sie nach Shops, die Social-Media-Elemente integriert haben.

3. Recherchieren und präsentieren Sie interessante Apps und Widgets.

Versteigerungsportale

Das Ersteigern und Versteigern von Produkten ist bei Verbrauchern sehr beliebt. Daher bietet der Marktprimus ebay.de verschiedene Varianten incl. Sofortkauf, Feilschen und Schnäppchen (WOW) an. Und Mitbewerber beteiligen sich am großen Kuchen der Umsätze und Provisionen: z. B. centgebote.tv, gimahhot.de, snipster.de oder wellbid.de

Jeder zweite Web-Nutzer ersteigert Produkte

Anteil der Internet-Nutzer in Deutschland ab 14 Jahren, die Angebote im Internet ersteigert haben, nach Produktgruppen in Prozent

Produktgruppe	Prozent
Hobby- und Freizeitartikel	31
Bücher	24
Kleidung, Schmuck, Accessoires	21
Computer oder Zubehör	21
Unterhaltungselektronik	20
Telefone, Handys oder Zubehör	17
Eintrittskarten	11
Sammler-Objekte	11
Haushaltsgeräte	11
Autos, Motorräder oder Zubehör	10
Möbel, Einrichtungsgegenstände	10
andere Produkte	10
Dienstleistungen	2

BITKOM   Quelle: BITKOM/Forsa, 2010

Aufgabe

Prüfen Sie das Angebot verschiedener Versteigerungsportale und recherchieren Sie nach weiteren interessanten E-Commerce Plattformen mit Versteigerungen.

Live-Shopping – Shopping Communities

Sehr beliebt sind bei Online-Shoppern auch die Live-Shopping-Portale, um gute Schnäppchenpreise zu erzielen, z. B. preisbock.de mit Blog und Community.

Shopper können sich kostenlos als Mitglied registrieren, finden im „geschlossenen" Shop Aktionsware, häufig täglich nur ein einziges Schnäppchenangebot, für einen oder wenige Tage zu besonders günstigen Preisen, solange der Vorrat reicht und die Angebotszeit nicht abgelaufen ist: bei ebay z. B. mit den „WOW-Angeboten" oder z. B. bamarang.de, bestsecret.com, brands4friends.de, pauldirekt.de, buyvib.com, clubsale.de, edelight.de, fab.de, limango.de, myprivateboutique.ch, mysportbrands.de, private-outlet.com, guut.de, onedealoneday.de, plus.de, preisbock.de, westwing.de, woot.com oder die Eintagsfliegen von Condor.

Couponing

Mit Hilfe eines Einkaufscoupons ein Schnäppchen machen, erinnert in Deutschland etwas an Rabattmarkenaktionen. In Amerika ist das Einkaufen per Coupon seit Jahrzehnten eine beliebte Kundenwerbemethode. E-Couponanbieter wie z. B. groupon.de, dailydeals.de, coupons.de und gutscheine.de sind nur einige wenige E-Commerce-Anbieter auf diesem Schnäppchen-Markt.

Onlinespiele und Mobile Games

Mobile Games und Onlinespiele sind die zurzeit am rasantesten wachsenden Spielemärkte. So erfreuen sich Multiplayerspiele über Internet und Smartphones, Browsergames sowie Social Games zunehmender Beliebtheit. Jeder vierte Online-User spielt wöchentlich mindestens einmal ein Onlinespiel. Die Umsätze mit Online-Spielen wachsen daher rasant.

Nach dem Internetportal *Browsergame-sTop10* schaffen es nur die Online Spiele mit dem besten Mix aus Unterhaltung, Action und Ideenreichtum in ihre Hitliste. Platz 1 war 2012 das Spiel Remanum (vgl. remanum.de), eine Aufbau- und Handelssimulation „mit ungeahntem Tiefgang und Möglichkeiten" (vgl. browsergames-top-10.de).

Quelle: remanum.de

Aufgabe   Recherchieren und präsentieren Sie zu Live Shopping, Couponing und Onlinespielen.

Preissuchmaschinen

Über Preissuchmaschinen recherchieren Kunden gezielt nach Produkten, um aus einer Vielzahl von Anbietern den passenden zu finden und auf dessen Website geleitet zu werden. Welchen Einfluss Preis- bzw. Produktsuchmaschinen bei der Kaufentscheidung inzwischen haben, zeigt die ACTA 2009 Studie. Danach stellten 55 % aller Internet-User Preisvergleiche bei der Recherche zu Produkten und Dienstleistungen an. Preissuchmaschinen bieten sich auch in Teilmärkten an.

Internetshopinhaber müssen ständig mit Preissuch-maschinen in Kontakt stehen und ihnen Daten der Produkte übermitteln (vgl. auch folgendes Kapitel).

Aufgabe   Erstellen Sie tabellarisch eine Vergleichsübersicht zu den Preissuchmaschinen.

8.2.5 E-Business für Unternehmen

Situation Der B2B-Bereich (Business-to-Business-Bereich) ist bezogen auf die im E-Business generierten Umsätze der größte E-Business-Bereich.

Der Handel unter Unternehmen mit großen Umsätzen lässt sich über Internetplattformen schnell und transparent abwickeln. Für die Beschaffung von Waren, Roh-, Hilfs- und Betriebsstoffen werden E-Procurementsysteme und –plattformen genutzt. Für den Verkauf gibt es spezielle Shops nur für Gewerbetreibende. Auch Ebay bietet extra eine Plattform nur für Gewerbetreibende an. Darüber hinaus wurden Marktplätze eingerichtet, auf denen wie bei ebay viele Käufer und Verkäufer online zusammenkommen und ihre Waren und Dienstleistungen anbieten. Auch für Ausschreibungen von größeren Investitionsmaßnahmen stehen Portale zur Verfügung, über die sich geeignete Anbieter bewerben können.

Eine immer größere Bedeutung erlangt der Bereich des E-Marketings. Da in Marketing Milliarden Euro investiert werden, ist dieser Bereich sehr attraktiv, entsprechend innovativ sind die Marketingmöglichkeiten im E-Commerce. Für die Abwicklung der Geschäfte stehen Dienstleistungsunternehmen zur Verfügung, um für die Logistik online E-Fulfillment und für das Zahlungs- und Mahnwesen E-Payment anzubieten. Im Weiter- und Fortbildungsbereich für Unternehmen und Mitarbeiter haben sich E-Learning-Unternehmen etabliert, da Firmen und Mitarbeiter bereit sind, für Bildung zu bezahlen und über E-Learning attraktive Bildungsangebote zu jeder Zeit und jedem Ort erhalten.

Provider decken alle Bereiche der Online-Kommunikation ab. Durch Cloudtechnologien (vgl. Kapitel 8.2.2) wird die Online-Kommunikation weiter zunehmen und auch neue Dienstleistungen hervorbringen.

Große Transaktionssegmente im B2B-Bereich (Unternehmerbereich)		
Handel	**Dienstleistungen**	**Kommunikation**
E-Procurement B2B-Handel (Shops) B2B-Marketplaces B2B-Versteigerungen B2B-Ausschreibungen	E-Marketing, Social Marketing E-CRM, E-Social-CRM E-Job-Recruiting E-Payment E-Fulfillment E-Learning	Email, Newsletter Soziale Netze IP-Telefonie Videokonferenzen Webinare E-Collaboration, Cloudsysteme (Zusammenarbeit)

Im Unternehmen werden die Geschäftsprozesse von der Geschäftsanbahnung bis zum Erfüllungsgeschäft durch neue Softwaresysteme optimiert (vgl. Kapitel 8.2.4):

E-Business-Anwendungen für Unternehmen nehmen Bezug auf die internen und externen Geschäftsprozesse der Betriebe und bieten ihnen dafür Online-Lösungen an. Sie beziehen sich insbesondere auf das Beschaffungsmanagement, die Auftragserfüllung, das Kredit- und Risikomanagement sowie die Zahlungsabwicklung.

Unternehmensübergreifend werden die Geschäftsprozesse vom Lieferanten bis zum Kunden so organisiert, das für alle beteiligte Unternehmen hohe Kostenvorteile und schnelle Lieferbereitschaft erreicht werden und die Forderungen der Kunden optimal erfüllt werden:

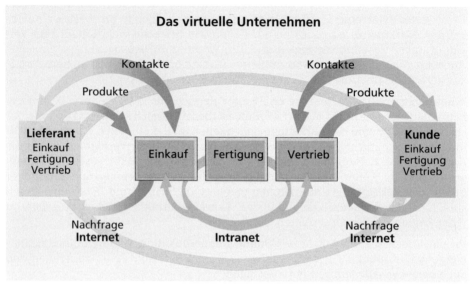

nach: BMWI, Electronic Business – Chancen für den Mittelstand

Das Unternehmen Dell (vgl. dell.com) hat gezeigt, wie man die Geschäftsprozesse von der Herstellung über das Marketing, den Verkauf, die Logistik, die Zahlungsabwicklung und den Kundensupport weitgehend online organisieren kann.

Über das Internet und Cloudtechnologien werden in Zukunft noch stärker auch Möglichkeiten der Telearbeit, des Teledialogs und der Telekooperation genutzt:

Unternehmensübergreifende Zusammenarbeit über das Internet	
Telearbeit	Arbeitnehmer erledigen ihre Arbeit zu größeren Anteilen von zu Hause unter Zuhilfenahme der neuen Informations- und Kommunikationsmittel. Vorteile: Kostenreduktionen, Reduzierung der Verkehrs- und Umweltbelastungen, Produktivitätszuwächse.
Teledialog	Mitarbeiter an verschiedenen Standorten nutzen die neuen Informations- und Kommunikationstechniken zur Verbesserung der Kommunikation untereinander, z. B. kostengünstiger und schneller Dialog über E-Mails, Chatten, Onlinevideokonferenzen und Internet-Telefonie.
Telekooperation	Unternehmen arbeiten gemeinsam (kooperieren miteinander) an Aufgaben oder Aufträgen, wobei sie insbesondere die neuen Informations- und Kommunikationstechniken zur gemeinsamen Entwicklung und Präsentation ihrer gemeinsamen Angebote nutzen.

Das sich mit E-Commerce viel Geld verdienen lässt, zeigen Unternehmen wie EBAY, GOOGLE, YAHOO oder AMAZON. Ihre Umsatzerlöse erzielen sie auf unterschiedlichen Wegen:

Erlöse der Marketplace- und Portalanbieter im E-Business
▶ Werbeeinnahmen (z. B. durch Bannerwerbung)
▶ Provisionen für die vermittelten Geschäfte im Marketplace
▶ Provisionen durch Affiliate Marketing (Partnerprogramme)
▶ Mitgliedsbeiträge (z. B. monatliche Beiträge je nach Status)
▶ Transaktionsgebühren (Mitglied zahlt für die Nutzung/Transaktionen)
▶ Warenkorbfunktion (Kunde zahlt für die Produkte)

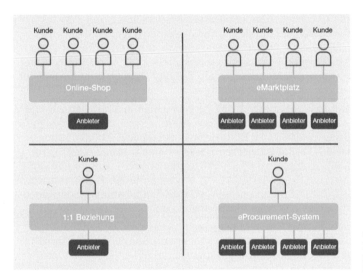

Quelle: © PROZEUS
Elektronische Marktplätze auswählen und nutzen, S. 6, prozeus.de

Online-Technologien im Unternehmensbereich	
E-Procurement	E-Procurement bedeutet „Elektronische Beschaffung" bzw. Einkauf und Beschaffung von Gütern über das Internet eng am kundenspezifischen Nutzen orientiert. In der Regel werden über E-Procurement vor allem sogenannte C-Güter beschafft, also Waren, die nicht zur Produktion des eigentlichen Produktes der Firma notwendig sind: Büroartikel, Verbrauchsmaterial, Arbeitsplatzgüter, aber auch standardisierte und wenig erklärungsbedürftige Produkte, die in die Produktion mit einfließen (zum Beispiel Schrauben und Nägel). Vorteile von E-Procurement sind Kostenreduktion, Zeitersparnis durch Optimierung der Prozesse und Qualitätssteigerung.
Marketplaces	Marketplaces dienen der Lieferanten- und Kundensuche über einen externen Online-Marktplatz. EBay betreibt als Marketplatzanbieter einen Marktplatz für alle (Verbraucher und Gewerbetreibende) und einen Marktplatz nur für Gewerbetreibende (http://business.ebay.de). Marketplaces oder Plattformen wie Amazon bieten auf ihren Webseiten den Verkauf von fremden Produkten an, übernehmen Bonitätsüberprüfung und Zahlungsabwicklung, kassieren für ihre Dienstleistungen eine Provision. Amazon verkauft mittlerweile

Online-Technologien im Unternehmensbereich	
	etwa jedes dritte Produkt für einen fremden Händler. Weitere Marketplaces: mercateo.com, nexmart.de, restposten.de, bridge2b.com, quotatis.de Nachfragemarktplätze oder auch Beschaffungsportale werden aber auch nur von einem Großkunden für seine Stammlieferanten initiiert oder für einen Industriebereich, z. B. www.vwgroupsupply.com als Einkaufsportal des VW-Konzerns oder www.chemconnect.com für die Chemieindustrie.
CRM	CRM oder Customer Relationship Management ist der Oberbegriff für das gezielte und aktive Gestalten von Kundenbeziehungen mit dem Ziel der langfristigen Kundenbindung. CRM integriert und optimiert abteilungsübergreifend alle kundenbezogenen Prozesse in Marketing, Vertrieb, Kundendienst sowie Forschung und Entwicklung. Dies geschieht auf der Grundlage einer Datenbank mit einer entsprechenden Software zur Marktbearbeitung und anhand eines vorher definierten Verkaufsprozesses. Zielsetzung von CRM ist dabei die Schaffung von Mehrwerten auf Kunden- und Lieferantenseite im Rahmen von Geschäftsbeziehungen.
ERP	Mit Enterprise Ressource Planning bezeichnet man die Software für die Verarbeitung aller Unternehmensdaten (Beschaffung, Produktion, Auftragsbearbeitung, Fakturierung, Personalwesen, Rechnungswesen usw.). Fast alle größeren Unternehmen setzen ein ERP-Programm ein. Anbieter von ERP-Programmen sind z. B. für Klein- und Mittelbetriebe Sage oder Microsoft Navision und für Großunternehmen SAP. Diese Programme werden zunehmend online in der Cloud als Software as a Service (SaaS) angeboten.
SCM	Mit einem Supply Chain Management System (SCM) sollen die Logistikketten von zusammenarbeitenden Unternehmen zu transparenten und flexiblen Unternehmensnetzwerken ausgebaut und gesteuert werden. Durch die Integration aller Partner in die Supply Chain (Logistikkette) können Angebot und Nachfrage über Unternehmensgrenzen hinweg synchronisiert werden. Durch ein partner-schaftliches Supply Chain Management mit Lieferanten und Logistikdienst-leistern werden rasche Anpassungen, Optimierungen und automatisierte Abläufe in der Wertschöpfungskette ermöglicht. Lagerhaltung und Materialverbrauch lassen sich verbessern sowie die zugehörigen Prozesskosten reduzieren. Es lässt sich etwa kontrollieren, in welcher Phase der Produktion einzelne Komponenten sind. Mit einem Blick auf den Bildschirm können alle Integrationspartner feststellen, wie sich entsprechend den Voraussagen der Bedarf an Systemkomponenten entwickelt und ihre eigene Produktion darauf einstellen.
CBT	Als CBT (Computer Based Training) wird der Vorgang des Lernens mithilfe des Computers bezeichnet. Immer mehr werden E-Learning-Systeme entwickelt, mit denen über das Internet Lernangebote bereitgestellt werden. Diese E-Learningsysteme bieten nicht nur interaktive Lernmodule an, sondern ermöglichen auch die individuelle Arbeit mit einem Tutor oder anderen Lernteilnehmern. Teilnehmer können miteinander kommunizieren, gemeinsam an Projektenarbeiten (Telekooperation) und sich online prüfen lassen.

E-Marketing

Situation Sie prüfen, welcher Beruf und welches Studium für Sie richtig sein könnten. Sie interessieren sich für ein Wirtschaftsinformatikstudium und lesen folgende Online-Ausschreibung:

Online Marketing Manager für Preissuchmaschinen (m/w)

Alle Mitarbeiterinnen und Mitarbeiter in jeder der 123 Einzelgesellschaften der Otto Group tragen täglich mit innovativen Ideen dazu bei, uns unserem gemeinsamen Ziel näher zu bringen: in allen Bereichen Best in Class zu werden.

Schon frühzeitig hat OTTO das E-Commerce-Geschäft als Chance erkannt. Und dieser Vorsprung hält sich bis heute - in der Position als zweitgrößter Online-Händler weltweit. Mit seiner Verkaufsplattform im Internet und einer Besucherzahl von bis zu 1 Million Visits am Tag ist www.otto.de ganz vorne mit dabei. Werden Sie Mitglied des Performance Marketings. Das Performance Marketing ist für die Planung, vertriebliche Steuerung, die Optimierung und den Ausbau aller Online-Performance-Kanäle für otto.de zuständig.

Was Sie erwartet:
- ▶ Sie übernehmen die Planung und Steuerung des Online-Marketing Kanals Produktsuchmaschinen (PSM).
- ▶ Sie bewerten den Erfolg anhand von Performance Kennzahlen und leiten daraus Maßnahmen ab.
- ▶ Dazu gehören die Akquisition von neuen Partnern und die Verhandlung mit bestehenden und neuen Partnern.
- ▶ Sie entwickeln Kampagnen, Optimierungsansätze und führen Tests durch.
- ▶ Auch technisch geht es in die Tiefe: Sie bringen mit Hilfe eines Tools die Daten für die PSMs in das richtige Format und entwickeln diesen Prozess weiter.

Was Sie mitbringen sollten:
- ▶ Sie haben ein erfolgreich abgeschlossenes Studium der Wirtschaftsinformatik oder in einem ähnlichen Studiengang? Sehr gut.
- ▶ Sie haben idealerweise bereits Erfahrungen im Online-Marketing (z. B. Suchmaschinen-Marketing, Affiliate- Marketing oder Produktsuchmaschinen-Marketing) und eine hohe Affinität zu den Online-Medien.
- ▶ Sie verfügen über einen fundierten technischen Background.
- ▶ Analytisches und konzeptionelles Denkvermögen wurde Ihnen bereits bescheinigt.
- ▶ Kommunikations-, Kontakt- und Verhandlungsstärke können Sie vorweisen.
- ▶ Sie sind bereit schnell Verantwortung zu übernehmen und Projekte und Weiterentwicklungen zu treiben.

Quelle: Online-Stellenanzeige auf ottogroup.com 2012

Aufgabe Sie wollen sich um ein Praktikum im Online-Marketing bemühen und die Methoden des Online-Marketings näher kennen lernen. Erstellen Sie dazu eine Präsentation für eine Vorstellung in einer Bewerbungssituation.

Affiliate Marketing

Situation

Kerstin hat gehört, dass man mit Partnerprogrammen auf der Website zusätzlich Geld verdienen kann. Sie findet im Internet folgende Pressemitteilung von Dell Europe:

„Affiliate Marketing und leistungsbezogenes Marketing haben sich als eine äußerst kosteneffiziente und qualitativ hochwertige Möglichkeit entpuppt, mit deren Hilfe sich unsere Verkäufe steigern lassen. Diese Maßnahmen haben sich mittlerweile zu einem strategischen Teil unseres Marketing-Mix entwickelt ...“

Affiliate Marketing – Virtuelle Partnerprogramme	
Ziel	Erschließung neuer Vertriebskanäle und neuer Umsatzpotenziale über Partner-Websites
Vorgehens-weise	Ein Werbung treibendes Unternehmen (Merchant) platziert seine Werbebotschaft auf Websites von Kooperationspartnern (Affiliate). Der Affiliate erhält für jede erfolgte Transaktion eine Provision.
Werbebot-schaften	über Text-Links, Banner, Produktabbildungen, Abbildung ganzer Websites, Suchmasken, Newsletter, Shop-Module usw.
Provisions-modelle	Zahlung für einen Klick, einen Kundenlead (Qualifizierter Geschäftskontakt, z. B. Anschrift eines Besuchers) oder nach Vertragsabschluss (Pay-per-Sale)
Kooperations-beispiele	Versicherungen oder Banken mit Reise- oder Automobilanbietern, Flugreiseanbieter mit Hotelketten und Autovermietern
Informationen	adbutler.de, adenion.de, affiliate-marketing-center.de, affiliate.de, affili.net, affiliwelt.net, cj.com, sponsor4you.de, superclix.de, topaffili.de, tradedoubler.com, vitrado.de

Aufgaben

1. Suchen Sie mit dem Stichworten „Partnerprogramm" oder „Affiliate" nach attraktiven Angeboten für Ihre Website.

2. Erstellen Sie eine Übersicht attraktiver Partnerprogramme, wobei Sie z. B. folgende Merkmale vergleichen: Werbezielgruppe (bzw. Produkt), Werbeformen (Banner, Text-Links, usw.), Abrechnungsmodell, Auszahlungsrhythmus, Mindestauszahlung, Auszahlungsart.

3. Recherchieren Sie einmal im Internet, ob man wirklich viel Geld mit Partnerprogrammen verdienen kann. Finden Sie die Erfolgsfaktoren für erfolgreiche Partnerschaft heraus. Beurteilen Sie Partnerprogramme.

E-Marketingmethoden	
On-Site-Marketing	Wichtig für den Online-Geschäftserfolg ist, die eigene Website hinsichtlich Design, Nutzerführung und Nutzerfreundlichkeit zu optimieren. Gute Shops können so die Konversionrate (Prozentsatz der Besucher eines Shops, die tatsächlich einen Kauf tätigen) verzehnfachen. Shops müssen sich klar positionieren, schnell erkennen lassen, was verkauft wird und wer angesprochen werden soll. Das Design sollte professionell, aber keinesfalls überfrachtet wirken. Ansprechende Produktbilder, Artikel umfassend (Nutzenformulierung) und in gutem Deutsch beschrieben. Zu Usability und Nutzerführung gehört eine leistungsfähige Suchfunktion („Fehlertolerante Suche") sowie eine übersichtliche Rubrikenzahl.
Affiliate Marketing	Über Partnerprogramme können potentielle Kunden von anderen Programmen per Banner und Links auf die eigene Website gelockt werden. Je nach Geschäftsanbahnung muss dafür eine Provision gezahlt werden (vgl. Vorseite).
Social Marketing	Social Marketing macht sich zunutze, dass Kunden Weiterempfehlungen von Freunden 3 x mehr vertrauen, Kaufberatung und Kaufverhalten von Freunden sich auswirken und die meisten Kunden sich nach dem Kauf mit anderen darüber austauschen wollen, z. B. durch Tell-a-Friend-Funktion, Facebook-Empfehlung oder Virales Marketing. Über „Gutschein-Widgets" werden Website-Besucher belohnt, wenn Sie andere darüber informieren. Konfigurierbare Produkte, Mitmachaktionen, Produktempfehlungen, Produktbewertungen, Foren und Blogs (Communities) stärken die Kundenbindung an den Shop.
Drop-Shipping	Der Onlinehändler übernimmt mit seinem Shop nur Zahlungsabwicklung und Kundenbetreuung. Der Händler leitet den Auftrag nach Kundenbestellung an einen Hersteller oder Großhändler weiter, welcher wiederum die Ware unter dem Namen des Shopbetreibers direkt an den Kunden verschickt. Dieses Verfahren kann gut auch zur Sortimentserweiterung verwendet werden. Shop-Programme bieten derartige Kooperationsschnittstellen mittlerweile als Zusatzfunktion an.
Multichannel-Verkauf	Die Waren werden vom Händler über viele Kanäle verkauft, stationär im Laden, über den Shop im E-Commerce, über Mobile-Commerce oder auch über verschiedene Shops (Multishop-Strategie), z. B. mit regional angepassten Domains, je nach Suchstrategie.
Location based Services	Über Google Places können Hersteller die Standorte in Google Maps eintragen. Kunden, die lokal nach der betreffenden Marke oder einem passenden Produkt suchen, erhalten dann Adresse, Öffnungszeit und Kontaktinformationen der nächsten Fachhändler angezeigt. Ein solcher Service muss nicht auf die Google-Suche beschränkt bleiben, sondern kann auch im Rahmen einer iPhone App für mobile Geräte aufbereitet werden.

E-Marketingmethoden	
D2C Direct-To-Consumer	Marken und Hersteller drängen zunehmend in den direkten Kontakt mit den Konsumenten (D2C: Direct-To-Consumer). Gleichzeitig stellen sich Händler für komplexe Multi-Channel-Strategien auf. All dies geschieht mit dem Ziel, den direkten Kontakt zum Konsumenten zu finden oder zu intensivieren. Durch die zusätzlich gewonnenen Informationen kann sich die Produkt- und Kommunikationsstrategie des Anbieters zielgerichtet weiterentwickeln.
Preis-/Produktsuch-maschinen-management	Da die meisten Internetshopper vor dem Kauf Produkt- und Preissuchmaschinen (vgl. z. B. Froogle/Google Shopping und voriges Kapitel) befragen, müssen sich Shopbetreiber bei den jeweiligen Suchmaschinen anmelden und laufend Produktdaten über eine Datei (meistens im CSV oder txt Format) an die Preissuchmaschine übermitteln. Zu diesen Daten gehören in den meisten Fällen die genaue Produktbezeichnung, der Preis, die Verfügbarkeit und ein Bild.
SEM Search Engine Marketing	Suchmaschinenmarketing (SEM = Search Engine Marketing)ist äußerst wichtig, denn bei über 100.000 Shops würde zufällig kaum ein potentieller Kunde zu der Website finden. Suchmaschinenmarketing wird unterteilt in Suchmaschinenwerbung (Search Engine Advertising, SEA) und Suchmaschinenoptimierung (Search Engine Optimization, SEO) Suchmaschinenwerbung (SEA): Um bei Suchmaschinen im Werbebereich für bestimmte Suchanzeige bevorzugt angezeigt zu werden, müssen entsprechende Positionen für Sponsored Links gekauft/gebucht werden, z. B. bei Google AdWords. Suchmaschinen Optimierung (SEO): Für einen guten E-Commerce müssen die Webseiten für das Auffinden durch Suchmaschinen optimiert werden.

Aufgabe   Recherchieren Sie nach guten Beispielen für Online Marketing.

8.2.6   E-Banking und Zahlungarten im E-Commerce

Situation   Rechnung, Lastschrift und Kreditkarte liegen als Zahlungsmittel im Internet an der Spitze, gefolgt von der herkömmlichen Vorauskasse und Nachnahme. Bald sollen diese Bezahlverfahren ihre dominierende Stellung einbüßen.

Fast jede EC-Karte besitzt mittlerweile einen kleinen Chip, wodurch sich in Deutschland etwa 50 Millionen Geldkarten im Umlauf befinden. Der Geschäftsbereich für elektronisches Kleingeld **(Micro-Payment)** ist heiß umkämpft. Die Telekom mit T-Pay, Web.de mit Web.Cent und andere Anbieter (vgl. nächste Seite) wollen diesen lukrativen Markt des elektronischen Zahlungsverkehrs erschließen.

Lastschriften sind die meist genutzte Bezahlmethode bei Einkäufen im Internet, danach folgen: Rechnung, Kreditkarte und Nachnahme. Spezielle Online-Zahlungssysteme wie Paypal oder T-Pay vervollständigen die Top 5. Sie wurden bereits von 11 Prozent der Deutschen beim Einkaufen im Internet verwendet. Derzeit sind es mit 15 % meist Männer, die auf die speziellen Online-Zahlungssysteme setzen. Bei den Frauen waren es nur halb so viele (7 %). Online-Zahlungssysteme sind relativ sicher.

Online-Shopping: Die meisten zahlen per Lastschrift

BITKOM WebMonitor mit forsa — Anteil der Deutschen, die beim Einkaufen im Internet eine bestimmte Bezahlmethode nutzt (Mehrfachnennungen möglich)

Top 5: Bezahlmethode im Web

① per Lastschrift*	38 %
② per Rechnung	29 %
③ per Kreditkarte	20 %
④ per Nachnahme	17 %
⑤ per Online-Zahlungssysteme	11 %

Quelle: BITKOM/forsa; Basis Deutsche über 14 Jahre * inkl. Überweisungen

Nutzer müssen sensible Bankdaten nur noch einmal zentral beim Anbieter des Online-Zahlungssystems hinterlegen. Über dessen Plattform laufen künftig alle Abrechnungen, nur er kennt die Bankdaten.

Zukünftig wird bei Zahlungsvorgängen und Bankgeschäften die **Chipkarte** eine größere Rolle spielen, da der neue Homebankingstandard HBCI bzw. FinTS PIN und TAN ablösen wird.

Wollte man bisher Homebanking betreiben, stellte einem die Bank neben einem Internetzugang zum Bankportal eine Benutzerkennung sowie ein Benutzerpasswort oder eine Persönliche Identifikationsnummer (PIN) zur Verfügung. Für jeden einzelnen Transaktionsvorgang (z. B. Überweisung, Aktienkauf) musste eine Transaktionsnummer (TAN) aus einer von der Bank vertraulich zugesandten TAN-Liste verwendet werden (vgl. Kapitel 8.5 Datensicherheit und Datenschutz). Mit **HBCI** (**H**ome **B**anking **C**omputer **I**nterface bzw. FinTS) soll die elektronische Kontoführung noch einfacher, bequemer und sicherer erfolgen. Benötigt werden von Seiten des Nutzers neben einer HBCI-fähigen Banking-Software ein HBCI-fähiger Chipkartenleser und die entsprechende Chipkarte der Bank.

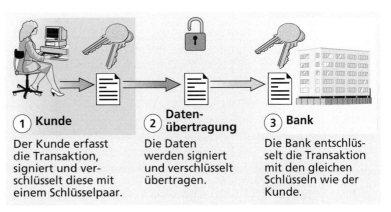

① Kunde

Der Kunde erfasst die Transaktion, signiert und verschlüsselt diese mit einem Schlüsselpaar.

② Datenübertragung

Die Daten werden signiert und verschlüsselt übertragen.

③ Bank

Die Bank entschlüsselt die Transaktion mit den gleichen Schlüsseln wie der Kunde.

Aufgabe Informieren Sie sich im Internet über den neuen HBCI-Standard und erstellen Sie ein Liste der Vorteile dieses neuen Standards.

Situation   Sie wollen mögliche Zahlungsarten im Internet zusammenstellen und vergleichen.

Zahlungsart	Besonderheiten, Vor- und Nachteile
Vorkasse/Vorüberweisung	Der Kunde wird erst beliefert, wenn er vorher bezahlt hat (Vorkasse) bzw. vorher den Rechnungsbetrag überweist. Eine Rücküberweisung des Kunden ist nicht möglich, daher für den Lieferer sicher. Bei seriösen Lieferern ist diese Zahlungsart vorzuziehen, da kostengünstig für den Kunden. Evtl. bietet der Lieferer zusätzlich Barzahlungsrabatt (Skonto) an. Kosten für die Vorkasse/Überweisung trägt der Kunde.
Rechnung	Der Kunde erhält die Ware auf Rechnung mit einem Zahlungsziel (z. B. 30 Tage). Für den Kunden sicherste Methode, für den Lieferer nur bei (guten) Stammkunden und Behörden anzubieten, da sonst das Ausfallrisiko zu groß ist. Der Lieferer muss Zinsaufwendungen und evtl. Mahnkosten einkalkulieren, der Kunde hat die pünktliche Begleichung der Rechnung zu veranlassen und die Überweisungskosten zu tragen.
Nachnahme	Der Lieferer füllt Nachnahmepapiere aus, entrichtet die Nachnahmegebühr (ca. 3,00 €) und versendet die Ware mit der Deutschen Post. Der Kunde erhält die Ware, wenn er den Nachnahmebetrag incl. einer Nachnahmegebühr von 2,00 € entrichtet. Die Nachnahmesendung kann auch in Annahmestellen abgeholt werden. Der Lieferer erhält von dem Versender den Nachnahmebetrag überwiesen. Der Kunde muss entsprechend Bargeld zuhause vorhalten. Eine Warensendung mit geringem Wert wird durch Nachnahme erheblich verteuert. Es ist für den Lieferer eine sichere Zahlungsmethode, da die Ware nur gegen Bezahlung herausgegeben wird. Für den Kunden kann sie auch unsicher sein, wenn er evtl. eine falsche Ware bezahlt.
Onlineüberweisung	Bei der Online-Überweisung nutzt der Kunde das Überweisungsformular im Onlinebanking seiner eigenen Bank. Da der Kunde eine Überweisung nicht rückgängig machen kann sinkt das Zahlungsausfallrisiko für den Lieferer erheblich. Eine einfache und kostengünstige Zahlungsart.
Lastschrift und Online-Lastschrift	Der Kunde erlaubt dem Lieferer, den Rechnungsbetrag per Lastschrift einzuziehen. Dafür unterschreibt er einen Lastschriftauftrag oder erlaubt online eine Lastschrift. Die Kosten für die Abbuchung trägt somit der Händler. Der Kunde kann innerhalb von 6 Wochen ohne Angabe von Gründen widerrufen. Viele Händler geben im Falle der Nichteinlösung einer Lastschrift die Kosten der Rücklastschrift in Höhe von ca. 10,00 € gemäß ihren AGB an den Kunden weiter. Der Kunde sollte Kontoauszüge immer überprüfen, da die Banken eine Lastschrift nicht weitergehend kontrollieren.
Kreditkarte	Bekannt sind Kreditkarten weltweit tätiger Kreditkartenunternehmen wie Visa, American Express oder Eurocard. Die Kreditkartenzahlung wird je nach Kartentyp evtl. erst 4–6 Wochen später abgerechnet. Auch muss der Kreditkarteninhaber dafür i. d. R. eine monatliche Grundpauschale zahlen. Günstiger ist die in Deutschland verbreitete EC-Karte, die nunmehr auch als Geldkarte funktioniert. Der Lieferer muss bei Kundenzahlung per Kreditkarte mit Zusatzkosten bis 5 % des Rechnungsbetrages rechnen. Nachteil für Kunden: Kartenmissbrauch ist möglich, wenn Kunden leichtfertig Kartennummer,

	Ablaufdatum und dreistellige Prüfziffer bzw. PIN bei der EC-Karte anderen zugänglich machen. Der Widerruf einer Kartenzahlung ist nicht möglich.
PayPal	Shopkunden können einfach mit nur zwei Klicks online zahlen, müssen keine Kontodaten oder Daten der Kreditkarte an den Shop weitergeben. PayPal-Kunden können ihre Schulden per Lastschrift, Giropay oder Kreditkarte bezahlen. Händler müssen dafür Provision zahlen, profitieren von der Zeitersparnis des vereinfachten Zahlungsmanagements. PayPal ergreift Maßnahmen zur Betrugsprävention und zum Beschwerdemanagement und bietet dadurch Kunden und Händler einen größeren Schutz.
	Das Giro-Pay-Verfahren wird von über 1500 Banken und Sparkassen angeboten und kann daher von jedem Kontoinhaber einfach über sein Konto, die PIN und eine TAN genutzt werden. Für Käufer einfach wie eine vorausgefüllte Überweisung und kostenlos nutzbar, sicher, da die Kontodaten von der Bank nicht weitergegeben werden. Organisatorisch muss der Verkäufer mit einem der etwa 18 Acquirer einen Vertrag schließen und für die Zahlungsabwicklung Provision zahlen, erhalten dafür auch eine Zahlungsgarantie (vgl. giropay.de).
click&buy	Der Nutzer muss sich registrieren und eine Bank-Einzugsermächtigung geben. Nutzt ein Surfer ein kostenpflichtiges Angebot, werden die anfallenden Kosten auf ein Kundenkonto gespeichert und einmal pro Monat per Lastschriftverfahren eingezogen. Zahlung von jedem Rechner möglich. Für Händler werden Anmeldebetrag, monatliche Gebühren und Provisionen je nach Umsatz bis zu 40 % fällig. Informationen: Firstgate Internet AG oder WEB.Cent über web.de.
Geldkarte	Praktisch wie Bargeld ist die Zahlung via Geldkarte, die ebenfalls durch den Chip auf der EC-Karte möglich ist: Auf diesem Chip kann ein Betrag bis zu 200,00 € als Guthaben gespeichert werden. Wie von einer elektronischen Geldbörse kann das Kartenterminal die entsprechende Summe dann direkt abbuchen. Das Aufladen der Geldkarte (EC-Karte) erfolgt am Bankterminal, Zahlung über Kartenleser des Anbieters oder im Internet mit eigenem Kartenleser. Die Bezahlung erfolgt anonym.
Prepaidkarte	Kauf einer Prepaidkarte, z. B. im Kiosk und Bezahlung im Internet durch Eingabe eines Codes. Ein einfaches Verfahren, gleichzeitig als Telefonkarte nutzbar, keine weiteren Kosten, anonyme Zahlmethode. Das noch vorhandene Guthaben kann im Internet abgefragt werden. Informationen: z. B. paysafecard oder m-pass.
Pay by Call	Bezahlung mit 0190-Telefonnummer, Durchsage einer TAN, die über den PC eingegeben werden muss. Bei der Telekom als Variante von T-Pay angeboten. Keine Extrakosten für diese 190-Nummer. Informationen per Fax, Voice und Internet können einheitlich zum selben Preis angeboten werden, anonyme Zahlung, das Inkasso für den Anbieter erfolgt einfach und sicher über die Telefonrechnung des Kunden. Informationen z. B. von Infin.
Geldhandy	Eine Telefonnummer wird mitgeteilt und muss angerufen werden. Bezahlung durch Übermittlung eines Codes auf das Handy und Eingabe des Codes im Internet, Bezahlung nicht völlig anonym, maximaler Ausgabebetrag möglich, Abrechnung erfolgt über Mobilfunkrechnung, sonst fallen keine zusätzlichen Kosten an. Informationen z. B. über paybox.at oder geldhandy.info.

Aufgaben

1. Welche Zahlungsart verbirgt sich dahinter?
   a) Sie laden Ihre Karte bei der Sparkasse um 80,00 € auf.
   b) Sie holen sich im Zeitschriftengeschäft eine Telefonkarte, mit der Sie auch bezahlen können.
   c) Sie wollen, dass der Kunde die Ware Zug um Zug bezahlt.
   d) Sie können im Internet einen Kleinbetrag durch Anruf einer Telefonnummer bezahlen.

2. Welchen Zahlungsweg würden Sie im Internet bevorzugt erwarten?
   a) Sie wollen ein Referat für 3,00 € downloaden.
   b) Sie haben neuwerte Felgen mit Reifen für 1.200,00 € ersteigert und der Besitzer verlangt den Kaufpreis vor Lieferung (Versand).
   c) Sie kaufen im Shop Bücher für 35,00 €.
   d) Sie verfügen über einen Kartenleser am Computer und bestellen T-Shirts für 28,00 €.
   e) Sie wollen einen Reisedienst im Internet für Skireisen anbieten.
   f) Sie sind guter Kunde bei der XY-Einkaufs-AG.
   g) Ihr Wirtschaft-Live-Projekt will mit Aufklebern und Stickern handeln.

3. Ordnen Sie die Zahlungsarten richtig nach folgenden Aspekten zu:
   a) Sie wollen möglichst anonym bezahlen.
   b) Sie wollen mit möglichst geringen Zusatzkosten bezahlen.
   c) Sie wollen mit wenig Verlustrisiko eine Ware kaufen.
   d) Sie wollen möglichst schnell das Geschäft tätigen.

4. CMW will zukünftig 10 000 Rechnungen jährlich online an Kunden versenden. Einen Entwurf hat der Vertrieb in einer Mitarbeiterbesprechung vorgelegt. Rufen Sie den Entwurf *Internetrechnung.doc* im Verzeichnis *E-Commerce* der CD auf und diskutieren Sie über Vor- und Nachteile. Prüfen Sie im Internet ab, ob diese Rechnung ohne digitale Signatur gültig ist und ein Vorsteuerabzug mit einer Online-Rechnung möglich ist.

8.2.7   Aufbau eines Internetshops

Situation   Sie überlegen, einen eigenen Internetshop aufzubauen.

Wie Sie im vorigen Kapitel erfahren haben, stehen ca. 150.000 Internetshops im Wettbewerb zueinander. Daher ist schwer bzw. mit höheren Kosten verbunden, seinen Shop bekannt zu machen. Auch sind die Ansprüche der Shopbesucher hinsichtlich Shopdesign, Shopfunktionalitäten und rechtssicherer Abwicklung hoch.

Das folgende Beispiel zeigt, wie man auch mit einem „Nischenshop" erfolgreich sein kann. Der Shop wirkt hinsichtlich Design und Funktionalität sehr professionell und kann aufgrund seiner Komponenten aus dem Social Marketing (Forum, Blog, Kundenecho, Affiliate) mit einem kostengünstigen Marketingaufwand kalkulieren.

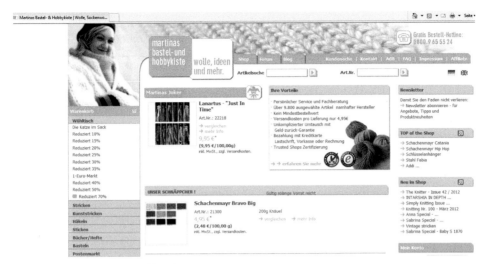

Quelle: www.bastelundhobbykiste.de

Aufgaben

1. Prüfen Sie das o. a. Shopangebot und recherchieren Sie nach ähnlichen Shops.

2. Laden Sie den Leitfaden für Shop-Einsteiger herunter (vgl. shopanbieter.de) und vereinbaren Sie dazu Referate.

8.2.7.1 Shopentwicklungsumgebungen

Situation

Sie wollen sich erkundigen, welche Software zur Verfügung steht, um einen Internetshop einzurichten.

Grundsätzlich werden neben der individuellen Entwicklung von Internetshops drei Arten von Software für die Shoperstellung angeboten.

Shop-Entwicklungsumgebungen	
Standardsoftware (Lizenzprodukt)	
Softwareunternehmen bieten Shopvarianten als Software auf CD und zum Download an. Dafür muss i.d.R. eine Softwarelizenz einmalig und bei Updates erworben und bezahlt werden. Ergänzend wird ein Handbuch geliefert und Support per Hotline ermöglicht. Beispiele: smartstore, xonsoft, sage shop	
Vorteile/Möglichkeiten	**Nachteile/Grenzen**
▶ Preiswerte Lösungen und auch kostenlose Einsteigervarianten angeboten ▶ Offline-Funktion möglich (Shop kann auf PC getestet und gewartet werden) ▶ Shopbetreiber kann Provider für Hosting frei wählen (Unabhängigkeit) ▶ Regelmäßige Kosten von Dritten für externe Administration können entfallen	▶ Shopsoftware muss erst installiert werden ▶ Provider für Hosting muss gesucht werden (entfällt, wenn Provider selbst Shop anbietet und installiert)

▶ Daten können geschützt auf „eigenem" Webspace gespeichert werden. ▶ Es fallen i.d.R. keine laufenden Kosten für die Nutzung der Software an, jedoch für Updates	▶ Installation von Kompatibilität des Systems abhängig ▶ Hosting zusätzlich notwendig ▶ Der Code der Shopsoftware muss per FTP-Programm hochgeladen werden

Online-Shop-Baukasten (Mietshop)

Provider bieten online Baukastensystem für die Shoperstellung als Komplettlösung mit verschiedenen Zusatzmodulen/Ausbaustufen an. Das Hosting für den Shop ist inclusive. Der Support erfolgt i.d.R. über eine Telefonhotline. Beispiele: 1und1, jimdo, online-shop-baukasten.de

Vorteile/Möglichkeiten	Nachteile/Grenzen
▶ Einsteigervariante preiswert ▶ Plattform i.d.R. einfach zu handhaben ▶ Hosting wird inklusive angeboten ▶ Software immer aktuell, da online ▶ viele nützliche Funktionen schon integriert ▶ Kompletter Service rundum ▶ Domainverwaltung, Hosting, Shopeinrichtung und Shopverwaltung	▶ Der Shop kann nicht offline betrieben werden ▶ Gebunden an den Funktionsumfang der verschiedenen Ausbaustufen ▶ Auswahl und Flexibilität im Design eher gering ▶ Je nach Nutzung und Ausbaustufe relativ hohe monatliche Entgelte ▶ Erweiterungen über angebotene Funktionen und Designvarianten nicht/kaum möglich ▶ Wechsel auf ein Profisystem nur mit Totalumstellung möglich

Open-Source-Lösung

Auf der Basis der Open-Source-Lizenz (GPL/GNU Lizenz) und insbesondere mit PHP und MySQL werden sehr leistungsfähige Shoplösungen angeboten und von der Entwicklercommunity ständig verbessert.
Viele Softwaremodule werden im Rahmen dieser Lizenz kostenlos angeboten, Entwickler verdienen Geld mit Spenden, Beratung, Zusatzmodulen, Templates, Installations-, Anpassungs- und Erweiterungsentwicklungen. Beispiele: Bigware, FWP, Gambio, Magento, osCommerce, xt:Commerce

Vorteile/Möglichkeiten	Nachteile/Grenzen
▶ Softwarecode ist offen und kann frei verwendet werden ▶ Softwarenutzung kostenlos ▶ Erweiterung vielfältig und individuelle Anpassung möglich ▶ Bei kostengünstiger Nutzung sind spezielle Kenntnisse (i.d.R. HTML. PHP, MySQL) notwendig ▶ Man kann vielfältig Beratung und Programmierleistungen in Anspruch nehmen ▶ Viele Entwickler können gegen Entgelt beraten und erstellen, auch kostenlose Foren/Communities helfen ▶ Offenes System mit sehr vielen Zusatzfunktionen ▶ Profishopentwickler nehmen diese Lösungen als Grundlage zur Entwicklung von Profilösungen.	▶ Shopinstallation und –entwicklung benötigt mehr Zeitaufwand ▶ Es sind mehr IT-Kenntnisse notwendig ▶ Abhängigkeit von fachlicher Unterstützung größer ▶ Eigener Aufwand bei der Shopeinrichtung größer

Aufgaben
1. Recherchieren Sie im Internet auf smartstore.com nach der neuesten Shopsoftware. Erkundigen Sie sich genau und erstellen Sie eine Powerpointpräsentation über dieses Shopangebot.

2. Recherchieren Sie im Internet auf fwpshop.org über die Open-Source Shopsoftware und erstellen Sie dazu ebenfalls eine Powerpointpräsentation.

3. Sowohl die Smartstore-Software als auch die FWP-Software können Sie kostenlos herunterladen und damit einen Mustershop erstellen. Für Smartstore benötigen Sie etwa 5-15 Stunden für eine Shoperstellung je nach Vorarbeit und Unterstützung, für den FWP-Shop etwas länger. Entscheiden Sie sich dafür, einen Mustershop als Handlungsprodukt zu erstellen und bewerten zu lassen. Legen Sie vorher Bewertungskriterien fest.

8.2.7.2 Rechtliche Fragen für Internetshops

Situation Wenn Sie einen Internetshop betreiben oder mit Waren handeln, müssen Sie verschiedene Gesetze beachten.

Wann ist ein ebay-Verkäufer Unternehmer?

Das Landgericht Hof hat mit Urteil vom 29. August 2003 (Az. 22 S 28/03) entschieden, dass allein die Tatsache, dass ein Verkäufer bereits 41 Geschäfte über ebay getätigt hat, noch nicht ausreicht, ihn als Unternehmer zu behandeln. Allein die Anzahl der Geschäfte eines ebayers sagt noch nichts über dessen Unternehmereigenschaft aus. Anders mag der Fall zu beurteilen sein, wenn Gegenstand der 41 Geschäfte stets ähnliche Waren (etwa Computerbauteile) gewesen wären. Insbesondere, wenn diese Geschäfte auch noch in engem zeitlichen Zusammenhang stehen, liegt es nahe anzunehmen, der Verkäufer betreibe über ebay einen Nebenerwerb. Bei Power-Sellern dürfte die Schwelle zum Unternehmer stets überschritten sein.

Unternehmereigenschaft

Unternehmer nach § 14 BGB:

Ein Unternehmer ist eine natürliche oder juristische Person oder eine rechtsfähige Personengesellschaft, die bei Abschluss eines Rechtsgeschäfts in Ausübung ihrer gewerblichen oder selbstständigen beruflichen Tätigkeit handelt.

Kleingewerbetreibende:

- Kleingewerbe sind Unternehmen, die einen in kaufmännischer Weise eingerichteten Geschäftsbetrieb nicht benötigen (vgl. § 1 Abs. 2 HGB), d. h. z. B. keine größere Buchhaltung haben, nicht mehrere Mitarbeiter beschäftigen, keinen Umsatz über 500.000,00 € machen oder keinen Gewinn über 50.000,00 € pro Jahr (vgl. § 141 AO) haben.

- Gewerbesteuer-, Umsatzsteuer- und Einkommensteuerpflicht sind zu beachten.

- Sie haben das Wahlrecht zur Eintragung in das Handelsregister und sind dann vollwertiger Kaufmann = Kannkaufmann (§ 2 HGB) mit allen Rechten und Pflichten.

Aufgabe   Was ist richtig, was ist falsch?

    a) Wenn Sie Ihre 50 privaten Flohmarktartikel aus dem Keller im Internet auf einer Plattform versteigern, sind Sie Unternehmer mit der Pflicht zur MWSt- und Einkommensteuerzahlung.

    b) Wenn Sie eine kleine Internetplattform „EDV-Kunstobjekte" (Kunstagentur) betreiben und dabei 80.000,00 € Umsatz durch Handelsprovisionen bei 38.000,00 € Kosten erzielen, betreiben Sie kein Unternehmen und unterliegen auch nicht dem HGB.

    c) Sie vertreiben über eine Internetplattform (z. B. ebay) Computerkomponenten, die Sie günstig von Betrieben aufkaufen und erweitern, so Ihr Taschengeld um monatlich ca. 300,00 € aufbessern. Sie haben dazu ein Kleingewerbe bei der Gemeinde angemeldet und die Genehmigung des Arbeitgebers zur gewerblichen Nebentätigkeit eingeholt.

    d) Damit Ihre Lieferanten und Kunden größeres Vertrauen in Ihre Geschäftätigkeit bekommen, wollen Sie sich mit Ihrem Kleingewerbe und Ihrem Namen in das Handelsregister eintragen lassen und als Kaufmann betrachtet werden.

Allgemeine Geschäftsbedingungen sollen den Geschäftsverkehr erleichtern und Regeln für eine Vielzahl von Geschäften aufstellen. Sie müssen jedoch die Vorschriften des AGB-Gesetzes berücksichtigen, ansonsten sind sie unwirksam. Wurden keine AGB festgelegt oder sind die AGB unwirksam, so gelten handelsübliche Vorschriften.

Internetshops haben grundsätzlich zur Vereinfachung und zur Information der Kunden AGB eingefügt. Auktionshäuser im Internet haben Geschäftsbedingungen für ihre Mitglieder festgelegt, die zu beachten sind. Darüber hinaus werden im Auktionsangebot Bedingungen für das Geschäft genauer beschrieben.

Als Unternehmer sind Sie entsprechend BGB verpflichtet, den Internetkunden ausführlich über den Verkäufer und die Geschäftsbedingungen aufzuklären (vgl. unten).

Allgemeine Geschäftsbedingungen (AGB)	
Zweck	Vorformulierte Vertragsbestandteile für eine Vielzahl von Verträgen eines Unternehmens sollen die Vertragsgestaltung vereinfachen und einen schnellen Überblick ermöglichen.
Gültigkeit	**für Unternehmer:** wenn die AGB ihm abgedruckt (z. B. mit dem Angebot) zur Verfügung gestellt werden (Schweigen dazu bedeutet Zustimmung) **für Verbraucher:** wenn er auf die AGB ausdrücklich hingewiesen, von ihrem Inhalt Kenntnis nehmen konnte und mit ihrer Geltung einverstanden war (§ 305, 2 BGB)
Wirksamkeit	Nach dem BGB sind nur die Vereinbarungen wirksam, die nicht entgegen Treu und Glauben unangemessen benachteiligen (§ 307 BGB), vgl. auch folgende Seiten.

Aufgaben　　1. Überprüfen Sie Internetshops hinsichtlich der AGB. Erstellen Sie evtl. eigene AGB für Ihren Shop.

2. Überprüfen Sie die AGB von Auktionshäusern. Welche Bedingungen werden erläutert. Werden Angaben über die Gewährleistung gemacht?

Gesetzliche Gewährleistung, Garantie und Kulanz	
Gewährleistung bei Verkauf Unternehmen an Unternehmen	gesetzlich 2 Jahre bei Neuware, individuell vertragliche Verkürzungen möglich, mit Ausnahme der Haftung bei Vorsatz.
Gewährleistung bei Verkauf Unternehmen an Verbraucher	gesetzlich 2 Jahre bei Neuware, Verkürzung bis ein Jahr bei gebrauchter Ware (und nicht angezeigten Mängeln) möglich, 6 Monate Beweisumkehr bei mangelhafter Lieferung, d. h. Verkäufer muss beweisen, dass er fehlerfrei geliefert hat.
Gewährleistung bei Verkauf Verbraucher an Verbraucher/ Unternehmer	Ausschluss der Gewährleistung möglich, jedoch kein Ausschluss bei Vorsatz (z. B. Arglistige Verschweigung eines Mangels oder falsche Zusicherung der Beschaffenheit nach § 444 BGB).
Garantie	Gewährleistung über die gesetzliche Gewährleistung hinaus.
Kulanz	freiwillige Mängelbeseitigung über die gesetzliche Gewährleistung oder eine verpflichtete Garantie hinaus

3. Was ist gesetzlich zulässig und was nicht?

   a) Ein Unternehmer liefert Ware an einen Verbraucher mit einer Gewährleistungsfrist von 6 Monaten.

   b) Ein Unternehmer liefert Ware an einen Unternehmer und vereinbart mit ihm eine Gewährleistungszeit von 6 Monaten.

   c) Ein Unternehmer liefert an einen Verbraucher einen defekten Computer und schließt den Umtausch bezogen auf die defekten Teile aus.

   d) Ein Unternehmer versendet eine Jacke mit dem Vermerk „Fehlerhafte Ware: Keine Knöpfe, kein Umtauschrecht", lässt trotz eines weiteren Webfehlers keinen Umtausch zu.

   e) Ein Verbraucher versendet eine Ware an einen Verbraucher und hat in der Verkaufsankündigung vermerkt: „Umtausch ausgeschlossen, gebraucht wie beschrieben".

   f) Ein Verbraucher verkauft ein Fahrzeug „untcr Ausschluss jeder Gewährleistung und Umtausch wie besehen", verschweigt aber, dass das Fahrzeug ein Unfallwagen ist und ein gebrauchter Ersatzmotor eingebaut wurde.

Kriterien für einen rechtssicheren Internetshop (Checkliste)
• Anbieterkennzeichnung (Impressum) vollständig und über Link jeder Seite erreichbar • Bestellvorgang transparent ausgestaltet und mit „letztem Klick" • Produktbeschreibungen und Preisangaben vollständig und korrekt, Versand- und Zusatzkosten genannt, Lieferzeiten korrekt genannt, Zahlungsmöglichkeiten genannt • keine Widersprüche zu AGB, AGB korrekt und richtig verlinkt • Widerrufs- oder Rückgaberegelung korrekt und auf der Bestellseite verlinkt • Vertragsschluss transparent und korrekt • E-Mailbestätigung unverzüglich nach Bestellung und vollständig (Pflichtangaben u. a. Produktmerkmale, Preis, Versandkosten, Anbieterkennzeichnung, Widerrufsbelehrung) • Datenschutzerklärung vollständig und zu jeder Seite, auf der Daten erhoben werden, verlinkt, Einverständniserklärungen werden eingeholt • Datensicherheit, z. B. über SSL-Verschlüsselung, gewährleistet • Lieferung mit rechtlichen Informationen in „Textform" (0 vollständige AGB, Widerrufsbelehrung, Anbieterkennzeichnung) vgl. auch Kriterien von Trusted Shops
Verstöße gegen gesetzliche Bestimmungen können negative Konsequenzen wie z. B. ein Bußgeld bis 50.000 Euro (§ 16 TMG), eine Abmahnung durch einen Konkurrenten, Verbände, Verbraucher- oder Wettbewerbszentralen (§§ 8, 12 Abs. 1 UWG) oder eine Verlängerung des Widerrufsrechtes auf 6 Monate (§ 312d Abs. 2 S. 1 oder 312e Abs. 3 S. 2 i.V.m. § 355 Abs. 3 S. 1 BGB) einen Monat (§ 355 Abs. 2 S. 2 BGB) oder sogar auf unbestimmte Zeit (§ 355 Abs. 3 S. 3 BGB) auslösen.

Fernabsatzrecht

Verbraucher sind bei Fernabsatzgeschäften, z. B. dem Kauf im Internet, durch Gesetze im BGB besonders geschützt. In den letzten Jahren wurden die Gesetze und Auflagen für Unternehmen immer weiter verschärft, um „Internet-Abzockerseiten" wie „Abofallen" strafrechtlich verfolgen zu können. Unternehmen haben weitgehend Informationspflichten für Verbraucher auferlegt bekommen, müssen ihre Internetseiten technisch so gestalten, dass ein Besucher der Seite sein Vorhaben jederzeit abbrechen kann und vor dem endgültigen Kaufabschluss alle Kosten angezeigt bekommt und erst danach über einen vorgeschriebenen Button mit einem letzten Klick den Kaufabschluss bestätigt. Darüber hinaus bekommt der Verbraucher mit dem Widerrufsrecht oder Rückgaberecht die Chance, die Ware ohne Begründung innerhalb der Widerrufsfrist wieder zurücksenden zu können.

Besondere Verbrauchergesetze bei Fernabsatzverträgen
Gesetze: §§ 312 b ff., 355, 356, 357 BGB, Art 246 BGB EG, Telemediengesetz (TMG)
Fernabsatz: Rechtsgeschäfte von Unternehmen, die unter Verwendung von Fernkommunikationsmitteln, wie z. B. Werbebriefen mit Bestellschein, Katalogen, Telefon, Internet, E-Mail, Fax oder Fernsehen (Teleshopping) angebahnt und abgeschlossen werden.

Besondere Verbrauchergesetze bei Fernabsatzverträgen
Informationspflichten: Gemäß Art 246 §1 BGB EG (Einführungsgesetz zum Bürgerlichen Gesetzbuche) muss der Unternehmer bei Fernabsatzverträgen dem Verbraucher rechtzeitig vor Abgabe der Vertragserklärung Informationen klar und verständlich und unter Angabe des geschäftlichen Zwecks zur Verfügung stellen, z. B. zur Identität des Unternehmens (Firma, Handelsregisterbezeichnung, Geschäftsführer, Anschrift etc.), Merkmale der Ware oder Dienstleistung, Informationen zum Zustandekommen des Vertrages, den Gesamtpreis incl. aller Zusatzkosten, Liefer- und Versandkosten, Einzelheiten zu Lieferung und Zahlung sowie zum Bestehen eines Widerrufs- oder Rückgaberechts im Detail. Der Bestellvorgang ist so zu gestalten, dass der Verbraucher eine Bestellung erst abgeben kann, wenn er alle Informationen erhalten hat und die Kenntnisnahme durch einen Button entsprechend bestätigt hat.
Button-Pflicht „zahlungspflichtig bestellen": Der Unternehmer hat die Bestellsituation bei einem Vertrag nach Absatz 2 Satz 1 so zu gestalten, dass der Verbraucher mit seiner Bestellung ausdrücklich bestätigt, dass er sich zu einer Zahlung verpflichtet. Erfolgt die Bestellung über eine Schaltfläche, ist die Pflicht des Unternehmers aus Satz 1 nur erfüllt, wenn diese Schaltfläche gut lesbar mit nichts anderem als den Wörtern „zahlungspflichtig bestellen" oder mit einer entsprechenden eindeutigen Formulierung beschriftet ist.
Widerrufsrecht (§§ 312 d, 355 BGB): Der Verbraucher kann einen Fernabsatzvertrag innerhalb einer Frist von 14 Tagen widerrufen. Die Widerrufsfrist beginnt frühestens dann zu laufen, wenn der Verbraucher eine wirksame Widerrufsbelehrung erhalten hat, jedoch nicht vor Eingang der Ware beim Empfänger (bei der wiederkehrenden Lieferung gleichartiger Waren nicht vor Eingang der ersten Teillieferung). Das bedeutet, dass ohne ordnungsgemäße Widerrufsbelehrung ein Widerruf unbefristet möglich ist. Erfolgt die Belehrung nicht unverzüglich nach Vertragsschluss, verlängert sich die Widerrufsfrist auf einen Monat. Der Widerruf muss keine Begründung enthalten und ist in Textform oder durch Rücksendung der Sache innerhalb der Widerrufsfrist gegenüber dem Unternehmer zu erklären; zur Fristwahrung genügt die rechtzeitige Absendung. Nach § 312d BGB besteht kein Widerrufsrecht bei telekommunikationsgestützten Diensten, die per Telefon oder Fax geordert wurden oder beim Fernkauf versiegelter Datenträger, wenn sie entsiegelt wurden oder bei Waren, die speziell für den Kunde gefertigt wurden.
Rückgaberecht (§§ 312d, 356 BGB): Der Unternehmer kann dem Verbraucher anstelle eines Widerrufsrechts ein Rückgaberecht einräumen. Unterschiede zum Widerrufsrecht: ▶ Das Rückgaberecht kann nur durch Rücksendung der Ware innerhalb der Widerrufsfrist ausgeübt werden. Ausnahme: Bei nicht paketversandfähigen Sachen genügt eine Kontaktaufnahme mit dem Unternehmer in Form eines Abholungsverlangens. ▶ Der Unternehmer trägt beim Rückgaberecht uneingeschränkt die Kosten der Rücksendung.
Hin- und Rücksendekosten bei Widerruf oder Rückgabe: In einem Fernabsatzvertrag kann vereinbart werden, dass die Kosten der Rücksendung (nicht aber die Transportgefahr) vom Verbraucher zu tragen sind, wenn nach §357 BGB ▶ der Preis der zurückzusendenden Ware den Betrag von 40 Euro nicht übersteigt oder ▶ bei einem höheren Preis der Sache der Verbraucher die Gegenleistung oder eine Teilzahlung zum Zeitpunkt des Widerrufs noch nicht erbracht hat, es sei denn, dass die gelieferte Ware nicht der bestellten entspricht.

Besondere Verbrauchergesetze bei Fernabsatzverträgen

Eine solche Vereinbarung muss vertragswirksam im Kaufvertrag oder in den AGB getroffen sein; ein Hinweis allein z. B. in der Widerrufsbelehrung reicht nicht aus. Der Unternehmer trägt auf jeden Fall die Kosten der Rücksendung, wenn die gelieferte Ware nicht der bestellten entspricht (sogenannte Falschlieferung), insbesondere dann, wenn sie mangelhaft war.

Der Bundesgerichtshof hatte 2010 entschieden, dass ein Verkäufer von Waren im Fernabsatzgeschäft einen Verbraucher auch nicht mit den Versandkosten für die Hinsendung der Ware an den Verbraucher belasten darf, wenn dieser von seinem Widerrufs- oder Rückgaberecht Gebrauch macht.

Wertersatz bei Nutzung: Der Verbraucher hat nach §357 BGB Wertersatz für eine Verschlechterung der Sache zu leisten, soweit die Verschlechterung auf einen Umgang mit der Sache zurückzuführen ist, der über die Prüfung der Eigenschaften und der Funktionsweise hinausgeht, und wenn er spätestens bei Vertragsschluss in Textform auf diese Rechtsfolge hingewiesen worden ist.

Aufgabe Entscheiden Sie, welches Recht der Käufer als Verbraucher im Internet hat:

a. Ein PC wird im Internet gekauft, wird zuhause eine Woche getestet und gefällt dem Käufer nicht.

b. Eine Grafikkarte im Wert von 100 Euro wird im Internet gekauft und ist defekt. Wer zahlt die Kosten für die An- und/oder Rücklieferung?

c. Sie haben auf einer Spieleseite im Internet recherchiert und für den Download eines kostenlosen Spiels ihre persönlichen Daten angegeben. Sie erhalten nach dem Download eine Rechnung für ein 24 monatiges Abonnement der Spieleplattform.

d. Sie haben eine Digitalkamera im Internet mit einer versiegelten CD für die Kamerasoftware gekauft. Nach 10 Tagen testen Sie die Software der Kamera und sind enttäuscht. Sie wollen die Kamera zurückschicken.

e. Sie haben sich einen Farblaserdrucker im Wert von 390 Euro im Internet gekauft, über 1000 Farbseiten ausgedruckt und den Drucker nach 12 Tagen mit der leeren Tonerkartusche zurückgesandt, mit dem Vermerk „gefällt mir nicht, bitte bezahlten Preis incl. Versandkosten (Liefer- und Rücklieferkosten) erstatten".

f. Was wäre, wenn der in e. beschriebene Farblaserdrucker nach 10 Tagen nicht mehr wie zu Anfang funktioniert hätte?

Gütesiegel für Onlineshops

Situation Viele Internetnutzer vertrauen den virtuellen Kaufangeboten im Internet nicht. Während große Internetkaufhäuser wie Otto, Tchibo, Karstadt oder Amazon durch ihren bekannten Namen Vertrauen genießen, haben es insbesondere kleine Internethändler schwer.

Auch wenn die Technik stimmt, ist für Endkunden häufig nicht erkennbar, ob hinter dem ausgewählten Produkt im Online-   Shop auch tatsächlich ein seriöser Betreiber steht, der die gesetzlichen Verbraucherrechte beachtet. Der fehlende physische Kontakt ist neben technischer Sicherheit das größte Vertrauensproblem. Viele Verbraucher kaufen nicht online ein, weil sie die Ware nicht physisch begutachten können, andere haben Probleme mit unzureichenden Informationen über Produkte und Anbieter. Aus diesem Grund gibt es für Online-Geschäfte umfangreiche gesetzliche Informationspflichten und ein zweiwöchiges Widerrufsrecht. Diese Rechte und Pflichten werden von Online-Händlern jedoch manchmal nicht beachtet. So kritisierte die Verbraucherzentrale (vgl. vzbv.de), dass Kunden mancher Shops nicht über Widerrufs- und Rückgaberechte informiert werden. Hier nehmen Gütezeichen eine wichtige Rolle ein. So wird z. B. geprüft, ob der zertifizierte Händler die gesetzlichen Widerrufsrechte beachtet. Die Anbieterkennzeichnung muss ebenso vorhanden sein wie weitere Informationen über den Vertragsschluss, den Umgang mit persönlichen Daten oder die Preise inklusive aller Zusatzkosten für Porto und Versand.

Leider hat sich in Deutschland bisher kein einheitliches Gütesiegel etabliert (Informationen: internet-guetesiegel.de), jedoch helfen Gütesiegel das Vertrauen der Kunden zu stärken.

Durch ein Gütesiegel werden verschiedene Aspekte des Internetshops geprüft und zertifiziert. Folgende Aspekte sollten mindestens durch das Gütesiegel geklärt und bescheinigt werden:

Technische Sicherheit: Werden Daten verschlüsselt übertragen und die Datenschutzbestimmungen eingehalten?

Verbraucherrechte: Werden Informationen zum Anbieter, Vertragsabschluss, Gewährleistung und Widerruf ausreichend zur Verfügung gestellt?

Streitschlichtung: Wird der Gütesiegelanbieter bei Streitfällen mit dem Kunden eine unparteiische Schlichtung herbeiführen?

Finanzielle Absicherung: Wie ist der Kunde bei Nichtlieferung und Warenrückgabe abgesichert, wenn er Vorauskasse geleistet hat?

Aufgaben

1. Stellen Sie fest, welche Anforderungen die Gütesiegelanbieter stellen, welche Kosten für den Anbieter entstehen und welches Gütersiegel von den meisten Internetshops eingesetzt wird.

2. Auf der CD im Verzeichnis E-Commerce finden Sie eine Trusted Shop Käuferschutzvereinbarung. Prüfen Sie, welche Schutzrechte Sie durch den Kauf in einem durch dieses Siegel geschützten Shop erlangen.

8.2.7.3 Organisatorische Fragen des Shopaufbaus

 Situation   Die Prozesskette zur Erstellung eines Internetshops besteht nicht nur aus der Shoperstellung mithilfe einer Software. Weitere Aufgaben sind zu bewältigen.

An der folgenden Prozesskette wird deutlich, dass die Einrichtung eines größeren Internetshops nicht nur zeitaufwändig ist, sondern verschiedene Prozessphasen zu beachten sind.

Aufbau eines größeren Shopsystems (Projektcontrolling)

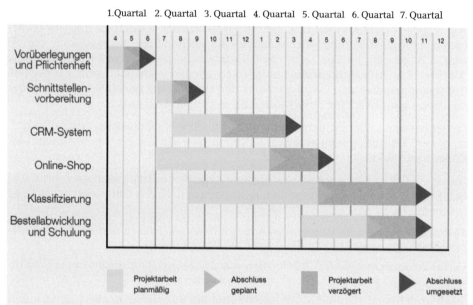

Quelle: © PROZEUS, Elektronische Marktplätze auswählen und nutzen, Prozesse und Standards, iwconsult.de, S. 21

Wichtig für einen guten Shop sind auch eine gute Logistik und Auftragsabwicklung:

Internetshops: Logistik und Fulfillment	
Geschwindig-keit zählt	▶ Lieferfristen kurz und benannt ▶ gute Erreichbarkeit für Nachfragen ▶ laufende Information über Lieferstatus, Paketverfolgung, Tracking
Mailverkehr optimieren	▶ Kunden werden über Mails informiert: ▶ Bestellbestätigungsmail enthält Informationen der Bestell- und ▶ Lieferdaten. ▶ Auftragsbestätigungsmail, sobald der Auftrag im System fakturiert ist ▶ Versandbestätigungsmail inkl. der Track&Trace-Daten, sobald das Paket das Lager verlässt ▶ Retoureneingangsmail, wenn die Retoure im Lager registriert wird ▶ Gutschriftsmail mit detaillierten Angaben, wenn der Händler eine Gutschrift (z. B. aufgrund einer Retoure) veranlasst

Internetshops: Logistik und Fulfillment	
Kundenservice organisieren	Es wird empfohlen, sämtliche Prozesse der Kundenbetreuung, z. B. Gutschrifterstellung oder Reklamation, mindestens einmal schematisch abzubilden
Shoppersonal zeigen	Neben einer klaren und vollständigen Anbieterkennzeichnung (Impressum) sollte das Personal, das online oder per Telefon im Kundenkontakt steht, mit Namen, Foto und Direkttelefonkontakt gezeigt werden.
Kundenkommentare nutzen	Kundenrückmeldungen sollten gesammelt und veröffentlicht werden. Kein Lob klingt so gut, wie das aus fremdem Mund. Allgemeine Stellungnahmen zum Shop sollten im „Über-uns"-Bereich und Produktbewertungen bei den Artikelbeschreibungen platziert werden.
Mitarbeiter motivieren	Mitarbeiter sollten durch Wettbewerbe motiviert werden, Kundenservice zu optimieren.
Outcourcing	Es sollte geprüft werden, welche Tätigkeiten besser und evtl. auch kostengünstiger von Fremdfirmen (Fulfillment-Dienstleister) übernommen werden können.

Quelle: leitfaden-shopeinsteiger.pdf, shopanbieter.de

8.2.8 E-Government

Situation Sie haben den neuen Personalausweis und wollen Behördengänge nun möglichst online durchführen.

Immer mehr Bundesbürger nutzen das Internet zur Erledigung von Behördengängen. Fast jeder zweite Deutsche hatte schon 2007 elektronische Dienste der öffentlichen Verwaltung in Anspruch genommen. Die Online-Dienste der Ämter reichen vom Download der Formulare, über elektronische Meldeportale mit Hilfe des neuen Personalausweises z. B. für das Fundbüro und Strafanzeigen, die

Beantragung des Führungszeugnisses und anderer Urkunden und Bescheinigungen bis zur Abgabe der elektronischen Steuererklärung auf elster.de. Dieser Trend beim Ausbau von E-Government ist erfreulich, liegt doch Deutschland immer noch gegenüber anderen Ländern zurück, die bis zu 60 Prozent online mit ihren Behörden kommunizieren.

Auch für Unternehmen ist der Abbau von Bürokratie sehr wichtig. Daher begrüßen Sie alle Möglichkeiten, Behördenprozesse online zu ermöglichen.

Ursachen für die höheren Nutzerzahlen sind neben einer grundsätzlich stärkeren Verbreitung des Internets das bessere Angebot der öffentlichen Verwaltungen und evtl. ein geringerer Föderalismus in diesen Ländern.

Neben den Bürgern für ihre Behördengänge und den Unternehmen zur Abwicklung ihrer Behördenprozesse interessieren sich auch die vielen ehrenamtlichen Gemeinde- und Stadträte sowie Ausschussmitglieder und interessierte Bürger für ein elektronisches Rathaus und dass insbesondere ein elektronisches Ratsinformationssystem eingerichtet wird. Es informiert über Termine, Gremien und ihre Mitglieder, Aufgaben und Vorlagen, Tagesordnungen und Niederschriften und vieles mehr rund um die "Kommunale Selbstverwaltung".

Aufgaben   1. Informieren Sie sich im Internet über E-Government, z. B. über bundesregierung.de oder Städteangebote wie bremen.de, ingolstadt.de oder muenster.de .

         2. Recherchieren Sie arbeitsteilig nach Online-Möglichkeiten der Behörden (Finanz-, Verkehrs-, Gerichts-, Polizei-, Aufsichtsbehörden etc.) und stellen Sie die Art der Onlinedienstleistungen fest.

8.3   Geschäftsprozesse mit EPK dokumentieren und verbessern

Situation   Unternehmen haben Qualitätszirkel und QM-Abteilungen eingerichtet, um die Geschäftsprozesse zu verbessern und möglichst kundennah zu gestalten. Neue Geschäftsprozesse im E-Commerce entstehen. Mitarbeiter werden geschult, um Geschäftsprozesse zeichnerisch zu erfassen und mit Organisations- und Softwareentwicklern zu besprechen.

8.3.1   Geschäftsprozesse verbessern – Qualität und Wertschöpfung erhöhen

Situation   Sie nehmen an einer Sitzung des QM- oder Qualitätsausschusses von CMW teil. Der Qualitätsmanager zeigt PowerPoint-Folien und diskutiert mit den Mitarbeitern die Vorteile einer Verbesserung der Geschäftsprozesse.

E-Commerce bietet hervorragende Möglichkeiten, Geschäftsprozesse der herkömmlichen Prozessabwicklung zu verkürzen. Ein traditionelles Buchhandelsgeschäft hat kompliziertere Geschäftsprozesse als ein Online-Shop für Bücher. Zwar sind für E-Commerce-Geschäfte die Marketingkosten erheblich, um das Onlinegeschäft bekannt zu machen, ist es jedoch erst einmal bekannt, sind die Gesamtkosten erheblich geringer als im traditionellen Handel.

Aufgabe   Zeigen Sie die PowerPoint-Präsentation „Qualität und Geschäftsprozesse verbessern" der CD und diskutieren Sie folgende Aspekte:

         a) Mit E-Commerce kann man die Wertschöpfung des Unternehmens verbessern und damit auch die finanzielle Situation der Arbeitnehmer verbessern.

b) Im E-Commerce können Kosten eingespart werden.

c) Qualitätsverbesserungen sollten konsequent auf die Wünsche der Kunden abgestellt werden.

d) Qualität verbessern bedeutet auch, Geschäftsprozesse zu verbessern. Durch E-Commerce lässt sich die Qualität der Lieferungen und Leistungen verbessern.

Leistungs- Geld- und Informationsflüsse

Situation Innerhalb des Unternehmens und mit den Geschäftspartnern steht CMW in vielfältigen Beziehungen. Die wichtigsten Geschäftspartner sind die Lieferanten, die Kunden und die Banken des Unternehmens. Mit den Lieferanten und Kunden sind zunächst die Informationsflüsse und die Lieferungen und Leistungen optimal zu gestalten. Die Banken sind wichtige Partner bei der Finanzierung und im Zahlungsverkehr.

Das folgende Schaubild stellt wichtige Leistungs- Geld- und Informationsflüsse dar.

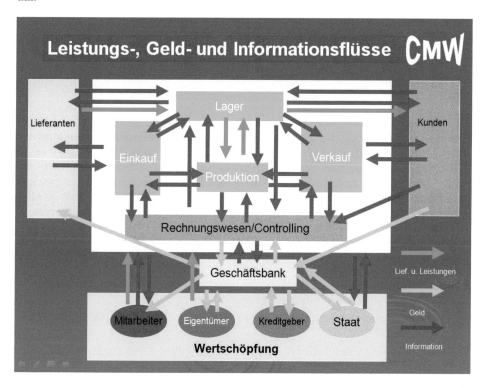

Aufgabe Stellen Sie fest, welche Lieferungen und Leistungen, Geld- und Informationsflüsse sich hinter den Pfeilen verbergen.

Mitarbeiter haben früher weniger die unternehmensübergreifenden Abläufe im Auge gehabt, sondern vielmehr, ob es in ihren Funktionen (Stellen, Abteilungen) gut klappt. Gab es Probleme mit anderen Stellen oder Abteilungen, hat man diese ignoriert oder in mehr oder weniger aufwändigen Gesprächen versucht zu lösen. Die **Aufbauorganisation** gliederte das Unternehmen zunächst in aufgabenspezifische Einheiten (z. B. Abteilungen). Die **Ablauforganisation** baute darauf auf und regelte den Ablauf des betrieblichen Geschehens, den Vollzug und die Erfüllung der Aufgaben. In der klassischen Organisationsentwicklung hatte die Aufbauorganisation die Ablauforganisation dominiert. Die Abläufe mussten sich den Gegebenheiten der Organigramme anpassen (Motto: Process follows structure!).

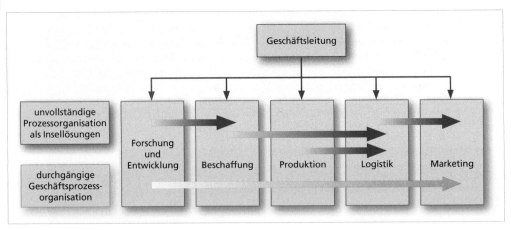

Im Rahmen der Prozessorientierung sollte es genau umgekehrt sein, d. h. die Prozesse sollten möglichst die Aufbauorganisation bestimmen. Heute sind die Unternehmen mit ihren Leistungs-, Geld- und Informationsflüssen viel enger verbunden als früher und Unternehmen versuchen, die Abläufe so einfach und schnell wie möglich zu organisieren. Vernetzte EDV-Systeme und Internet-bezogene Anwendungsprogramme ermöglichen einen automatisierten Datenfluss zu allen Mitarbeitern und Geschäftspartnern. Man versucht daher, alle Geschäftsprozesse im Unternehmen zu analysieren und umzugestalten und danach die Aufbauorganisation den Anforderungen der Geschäftsprozesse anzupassen.

Geschäftsprozesse können folgendermaßen ausgerichtet sein:

▶ unternehmensübergreifend (Mehrere Unternehmen haben ihre Geschäftsprozesse synchronisiert/aufeinander abgestimmt.)

▶ unternehmensweit (Geschäftsprozesse beziehen alle Abteilungen des Unternehmens ein.)

▶ abteilungsübergreifend (Geschäftsprozesse sind über Abteilungen hinaus abgestimmt.)

▶ stellenübergreifend (Stellen einer Abteilung haben ihre Aufgaben und Aktivitäten kundenorientiert definiert und geregelt.)

Geschäftsprozess: Eine zeitliche und sachlogische Abfolge von Unternehmensaktivitäten, die festgelegte Unternehmensziele verfolgen und zur Bearbeitung auf Unternehmensressourcen (Organisationseinheiten, Betriebsmittel, Daten) zurückgreifen. Der Begriff Geschäftsprozess bezieht sich auf die gesamte Prozesskette eines Aufgabenbereichs (z. B. Einkauf von Zubehörteilen), kann jedoch auch aus vielen **Sub- oder Unterprozessen** bestehen, z. B. Angebotsanfrage, Angebotsvergleich, Bestelldurchführung, Warenannahme.

Kernprozesse: Dies sind die Geschäftsprozesse, die kundennah und für das Unternehmen besonders wertschöpfungsintensiv sind. Für die Kernprozesse weist das Unternehmen besondere **Kernkompetenzen** auf (z. B. Aufbau komplexer IT-Systeme oder Entwicklung von E-Business-Anwendungen, Serviceleistungen im IT-Bereich, Auftragsabwicklung, Lieferlogistik).

Supportprozesse: Dies sind Geschäftsprozesse, die nicht wertschöpfend sind, jedoch unterstützend notwendig sind, um die Kernprozesse umzusetzen (z. B. Buchhaltung, Lohn- und Gehaltsabrechnung, Controlling).

Workflows: Dies sind Arbeitsabläufe bzw. Teilprozesse, die rechnergestützt und damit weitgehend automatisiert ablaufen. Gesteuert werden diese Teilprozesse durch ein Workflowmanagementsystem.

Unternehmen passen ihre Prozesse mehr oder weniger den neuzeitlichen Anforderungen an. Einige Unternehmen wagen nur kleine Schritte in der Umstellung der Geschäftsprozesse, weil man evtl. die Kosten der Umstellung scheut, keine Kunden in der Umstellungsphase verlieren möchte, keine Pläne für eine Vollumstellung vorliegen hat oder die Technologien dafür nicht zur Verfügung stehen. In diesen Unternehmen können erste Schritte mit **Kaizen** (Ständiger Verbesserungsprozess) gegangen werden oder über die **Prozessvereinfachung** größere Verbesserungen erzielt werden. Das **Prozess-Reengineering** ist der weitestgehende Ansatz und führt zu umfassender Ausrichtung aller Geschäftsprozesse auf die Unternehmensziele.

Vorteile der Unternehmensausrichtung auf optimierte Geschäftsprozesse

▶ Ausrichtung der Arbeitsabläufe an den Wünschen der Kunden, um die Wettbewerbsfähigkeit der Unternehmen zu verbessern,

▶ Minimierung der Kosten von Arbeitsabläufen durch Vereinfachungen, Standardisierungen und Automatisierungen,

▶ weniger Bearbeiterwechsel bei ganzheitlicher Fallbearbeitung,

▶ Verkürzung der Durchlaufzeiten,

▶ Vermeidung unternehmensinterner und unternehmensübergreifender Doppelarbeiten während eines Arbeitsablaufs, insbesondere bei der Datenerfassung,

▶ Verbesserung bzw. Sicherung der Qualität der Produkte und Leistungen,

▶ Koordinierung der Geschäftsprozesse mit denen der Geschäftspartner,

▶ Einsatz integrierter Unternehmenssoftware (Daten sofort überall aktuell!) statt isolierter kaufmännischer Anwendungsprogramme,

▶ Mitarbeiter erhalten eher Kenntnisse über betriebliche Zusammenhänge und sehen ihre Verantwortung für den Gesamtprozess,

▶ Planungs-, Entscheidungs- und Kontrollaufgaben werden nicht mehr getrennt, sondern zur Selbstkontrolle den Ausführungsbereichen zugeordnet,

▶ die Bereitschaft und Fähigkeit zur Übernahme von Verantwortung für das eigene Handeln wird gestärkt.

Aufgabe Beschreiben Sie in Partnerarbeit in Ihren eigenen Worten auf einem Blatt Papier ein Beispiel, bei dem sich die Geschäftsprozesse durch E-Commerce oder Online-Bearbeitung verkürzt haben.

8.3.2　Ereignisgesteuerte Prozessketten

Situation Unternehmen wie CMW unterliegen in organisatorischer Hinsicht laufend Veränderungen. Daher müssen die Abläufe ständig den Anforderungen angepasst und verbessert werden. Sie sind zurzeit Mitglied der Arbeitsgruppe Qualitätsmanagement und müssen sich über EPKs informieren.

eEPK: Rechnungseingangsprüfung

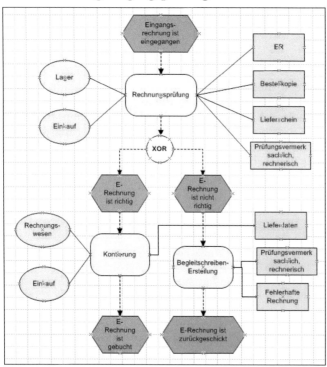

Ereignisprozessketten-Diagramme (EPK-Diagramme) bzw. erweiterte **EPK-Diagramme** (eEPK) dienen dazu, Geschäftsprozesse zu dokumentieren bzw. Soll-Ist-Analysen der Geschäftsprozesse durchzuführen. Große Softwareunternehmen wie SAP und mit SAP kooperierende Softwareberatungen analysieren die Geschäftsprozesse der Unternehmen mit Hilfe von EPK-Diagrammen. Folgendes Schaubild soll am Beispiel der Rechnungsprüfung die Elemente einer erweiterten Ereignisprozesskette verdeutlichen. Die **eEPK** enthält im Vergleich zu den EPKs (Ereignisse, Funktionen, Kontrolloperatoren) zusätzliche Angaben (Symbole), wie Organisationseinheiten und Informationsobjekte. (Zu den Schaubildern siehe auch die Dateien der CD zu den EPK-Grundlagen.)

Symbole für EPKs , eEPKs

Prozesswegweiser (Prozesspfad): Dieses Symbol dient der Verknüpfung von Teilprozessen bzw. als Verweis auf einen Teilprozess. Es wird anstelle einer Funktion gesetzt. Ein Teilprozess erhält in der Darstellung zu Beginn einen Prozesswegweiser.

Ereignis: Es ist der Auslöser oder das Ergebnis eines Ablaufs und beschreibt einen betriebswirtschaftlichen oder technischen Zustand, der mindestens eine Handlung (Funktion) auslöst.

Funktion: Handlung bzw. Verarbeitungsaktivität, die beschreibt, was nach dem auslösenden Ereignis passiert/geschehen soll. Sie ist Träger von Zeit und Kosten.

Organisationseinheit: Stelle, Arbeitsgruppe, Projektgruppe, Abteilung, Personenkreis.

Informationsobjekt: Tabellen, Dokumente, Dateien, Tools, die für die Durchführung der Funktion benötigt werden.

Kontrollflusslinie, Informations- und Materialfluss, Zuordnung zu Organisationseinheiten und Dokumenten

Verknüpfungsoperatoren (Konnektoren)

UND: Alle folgenden Ereignisse/Funktionen müssen eintreten/getätigt werden, damit es im Geschäftsprozess weitergeht.

ODER: Mindestens eines der Ereignisse/Funktionen muss eintreten/getätigt werden, damit es im Geschäftsprozess weitergeht.

XODER bzw. Exklusiv-Oder: Genau eines der Ereignisse/eine Funktion muss eintreten/getätigt werden, damit es im Geschäftsprozess weitergeht.

Merke:

- Eine EPK muss immer mit einem Ereignis beginnen und enden.
- Ereignisse dürfen **nicht** direkt mit einem Ereignis verbunden werden. Regel: Ereignis-Funktion-Ereignis
- Organisationseinheiten und Informationsobjekte werden immer mit einer Funktion verknüpft, wobei Organisationseinheiten mit der Funktion ohne Pfeilspitze verbunden sind.
- Eine Ereignis-Funktion-Verknüpfung mit ODER und XODER ist nicht erlaubt (vgl. folgende Seiten).
- Ereignisse und Funktionen dürfen nur einen Eingang oder Ausgang (eine Kontrollflusslinie) haben, Verzweigungen erfolgen nur über Verknüpfungsoperatoren.
- Eine Wiederholungs-/Rückschleife beginnt immer bei einem Ereignis und wird mit einer vorangegangenen Funktion verbunden, wobei als Verknüpfungsoperator vor der Funktion XOR dient.

Aufgaben 1. Folgendes EPK ist fehlerhaft erstellt worden. Sie sollen helfen und angeben, was falsch ist:

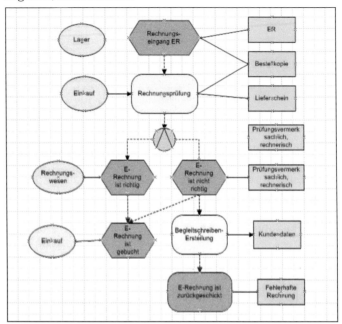

Hinweis: Zur Visio-Datei vgl. EPKGrundlagen der CD

2. Was ist richtig und was falsch?

a) EPKs beginnen immer mit einer Funktion.

b) Organisationseinheiten sind z. B. Kundendaten.

c) Ein Ereignis wird durch ein abgerundetes Rechteck symbolisiert.

d) EPKs beginnen immer mit einem Ereignis und enden mit einer Funktion.

e) Informationsdokumente werden immer mit einer Funktion verbunden.

f) Eine Funktion beschreibt einen Endzustand einer Handlung.

g) Die grundsätzliche Abfolge von Geschäftsprozessen ist immer Ereignis-Funktion-Ereignis.

h) Mehrere Funktionen können direkt (ohne Operator) von einem Ereignis aus verbunden werden.

i) Eine Funktion beschreibt die Tätigkeit/Aktion, die nach einem Ereignis ausgeführt wird.

j) Organisationseinheiten werden immer mit einem Ereignis verbunden.

k) Um mehrere Ereignisse von einer Funktion zu verbinden, ist ein Operator notwendig.

l) EPKs beginnen immer mit einem Ereignis und enden mit einem Ereignis.

m) XOR-Verknüpfungen mit nachfolgenden Funktionen sind verboten.

n) Eine UND-Verknüpfung lässt beide folgenden oder ein folgendes Ereignis zu.

o) Eine XODER-Verknüpfung mit zwei Ereignissen bedeutet: Entweder das eine oder das andere Ereignis wird durch die Funktion ausgelöst.

p) Eine ODER-Verknüpfung mit zwei folgenden Funktionen bedeutet: Entweder die eine oder andere Funktion oder beide Funktionen können durch das Ereignis ausgelöst werden.

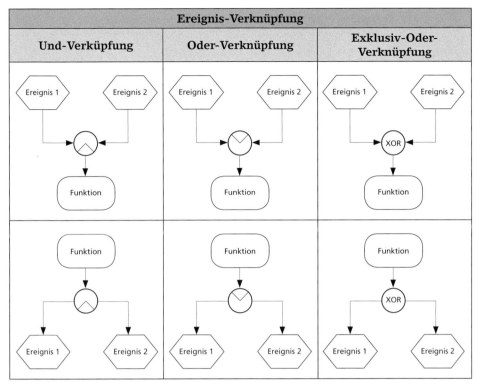

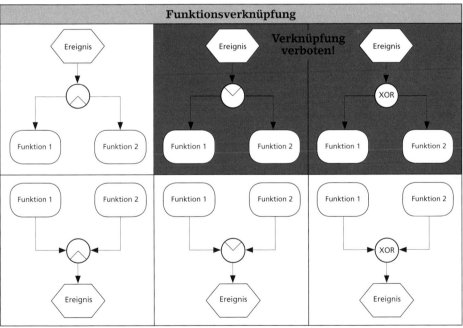

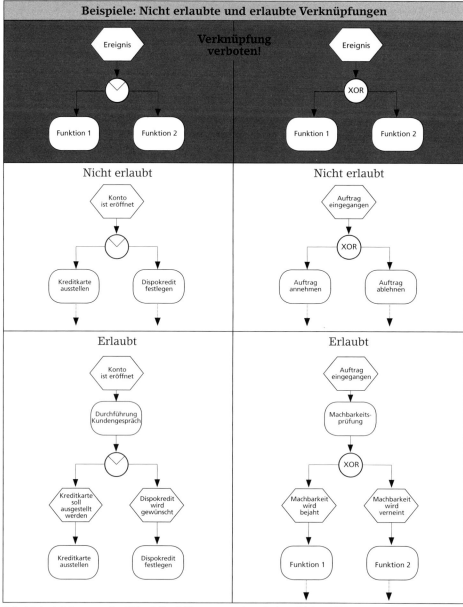

Beispiele in Anlehnung an Josef Staud: Geschäftsprozessanalyse, Springer Verlag, 2001

Vorgehensweise bei der Modellierung von EPKs und eEPKs

1. Bei der Erstellung der EPKs und eEPKs kann man wie beim Funktionsbaum **top-down** (von den Hauptfunktionen ausgehend zu den Elementarfunktion hin oder **buttom-up** (von den Elementarfunktionen ausgehend hin zu den Hauptfunktionen) modellieren. Wichtig ist, dass man sich jeweils in der geeigneten Beschreibungsebene bewegt. In der 1. Ebene werden nur die Hauptfunktionen mit den Ereignissen verknüpft, in der 2. Ebene werden die Hauptfunktionen mit Detailfunktionen und weiteren Einzelereignissen detaillierter beschrieben. In den folgenden Darstellungsebenen werden die Funktionen und Ereignisse immer präziser beschrieben, bis zuletzt eine Funktion einem Programmelement (Programmmodul) der Softwareentwicklung entspricht. Ist eine EPK größer als eine DINA4-Seite, so müssen Prozesswegweiser einbezogen werden.

2. Zunächst wird die EPK mit den Ereignissen, Funktionen und Verbindungsoperatoren erstellt, wobei die auf den Vorseiten genannten Darstellungsvorschriften beachtet werden sollten.

3. Nach Erstellung des EPK kann die erweiterte eEPK durch die Ergänzung der Organisations- und Informationseinheiten (Organisations- und Datensicht) erstellt werden.

Beispiel: EPK Zubereitung Spaghetti Carbonara

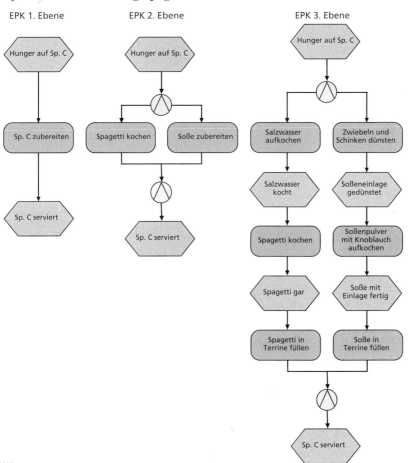

Situation

Die Geschäftsleitung von CMW will eine Weihnachtsfeier planen, an der 140 CMW-Mitarbeiter und 60 der besten Geschäftskunden teilnehmen sollen. Die Geschäftsleitung will dazu 15.000,00 Euro ausgeben, weist die Projektgruppe Finanzierung jedoch darauf hin, dass Sponsoren einzubinden seien, um die Feier finanziell besser auszustatten. Es wird mit weiteren 10.000,00 Euro Sponsorengeldern zuzüglich eventueller Sachspenden gerechnet.

Aufgaben

1. a) Erstellen Sie mit Microsoft Visio und den „EPC-Diagramm-Shapes" (vgl. Gruppe Geschäftsprozess) folgende EPK „Weihnachtsfeier".

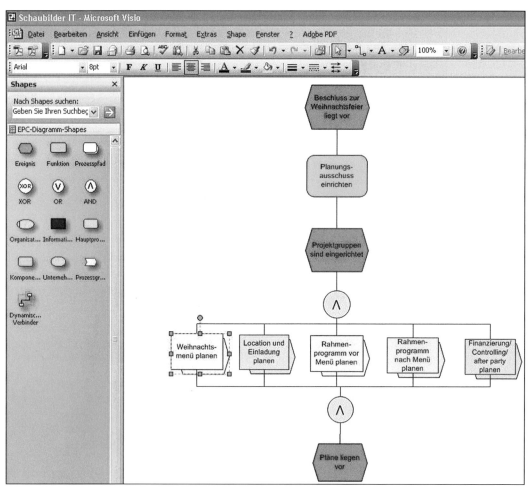

b) Erstellen Sie in fünf Arbeitsgruppen EPKs zu den Teilprozessen und präsentieren Sie Ihre Ergebnisse.

2. Im Internet finden Sie unter www.laaser.net und PHP-Skripte das „Laaser Shop System" (Demo-Shop-System). Alternativ können Sie die Bildschirmübersichten der Word-Datei laaser.doc als Grundlage verwenden. Erkunden Sie die möglichen Abläufe mit diesem Shopsystem und erstellen Sie dazu EPKs.

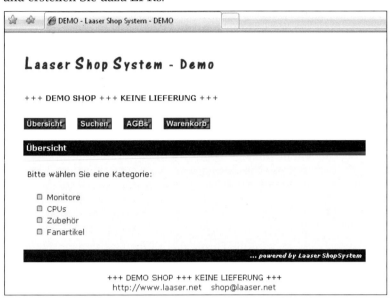

3. Für das Computerhandelsgeschäft „Laaser" sollen Sie eine EPK „Lagerarbeiten und Verkauf von Computerkomponenten im Ladengeschäft und im Internetshop" erstellen. Folgende Istaufnahme liegt Ihnen vor:

Nachdem die bestellte Ware eingetroffen ist, wird eine Wareneingangsprüfung durchgeführt. Werden Mängel festgestellt, so wird ein neuer Teilprozess „Mängelrüge bearbeiten" ausgeführt. Wenn die Waren in Ordnung sind, erfolgt zunächst eine Auftragszuordnung, wobei die Waren entweder der Internetbestellung, einem Kundenauftrag im Geschäft oder dem Lager zugeordnet werden. Bei einer Internetbestellung wird der Teilprozess „Internetversand" bearbeitet. Für den Kundenauftrag im Geschäft muss die Ware zunächst kommissioniert werden. Dazu gehört, dass nicht nur Ware mit dem Lieferschein bereitgestellt wird, sondern auch, dass der Kunde informiert wird. Ist beides erfolgt, kann der Teilprozess „Warenauslieferung" bearbeitet werden. Im Falle der Aufnahme in das Lager wird die Ware eingelagert. Dazu gehört, dass der Wareneingang erfasst und die Ware zum Lagerort gebracht wird.

4. Erstellen Sie eine eEPK nach folgenden Vorgaben aus der Istaufnahme:

Wenn die Ware eingetroffen ist, wird vom Lager der Wareneingang kontrolliert. Dazu werden die Bestellung, die Artikel und der Lieferschein miteinander verglichen. Wenn die Lieferung ohne Beanstandungen ist, wird der Wareneingang gebucht. Weist die Lieferung Mängel auf, wird eine Reklamation bearbeitet, eine Mängelrüge erstellt und versendet. Die Warenlieferung wird bis zur Klärung der Reklamation gesondert gelagert. Wird eine Rücksendung der Ware gewünscht, wird die Rücksendung veranlasst. Wird ein Preisnachlass vereinbart, werden die mangelhaften Waren gekennzeichnet und der Wareneingang gebucht. Ist die neu gelieferte Ware ohne Mängel, wird der Wareneingang gebucht. Nach Erfassung des Lagereingangs wird die Ware am Lagerplatz eingelagert und der Lieferschein zum Rechnungswesen weitergeleitet.

5. Eine Stadtbücherei bittet Sie um Hilfe hinsichtlich ihres Internetauftritts. Als Besprechungsgrundlage soll für die Fernleihe eine eEPK erstellt werden, wobei folgender Ablauf für die Internetanwendung zu berücksichtigen ist:

Wenn eine Fernleihe gewünscht wird, so müssen zunächst die Entleiherdaten vom Empfang festgestellt werden. Dazu wird die Datei Entleiher hinzugezogen. Wenn eine Entleihernummer vergeben wurde und der Personalausweis vorgelegt wurde, kann der Entleiher eine Fernleihbestellung ausführen, die von der Stelle „Fernleihe" bearbeitet wird. Dazu sollte automatisch auf die Daten des Entleihers und die Bücherdatei zugegriffen werden können. Diese Stelle stellt fest, ob das Buch vorrätig oder bereits verliehen ist. Wenn das Buch vorrätig ist, wird die Fernleihe das Buch versenden. Ist das Buch verliehen, erhält der Entleiher eine Email-Mitteilung über die Verfügbarkeit (den möglichen Entleihtermin). Er kann dann erneut die Fernleihbestellung wiederholen.

8.4 Einführung in den objektorientierten Programmentwurf mit UML

Situation Sie haben bereits erste Erfahrungen mit der Programmentwicklung. Für den Softwareentwurf wird vielfach die UML angewendet. Sie möchten nun einen Einstieg in diese Modellierungstechniken erhalten.

8.4.1 Einführung in die objektorientierte Softwareentwicklung

In Kapitel 5 wurde in die Problemanalyse und den Entwurf bei der Softwareentwicklung sowie in die Unterschiede von Programmiersprachen eingeführt. Softwareentwicklung ist insbesondere bei größeren Projekten ein aufwändiger Prozess, erstellte Programme müssen laufend aktualisiert, angepasst oder erweitert werden. Eine selbstentwickelte Software kann schnell einige hundert Tausende an Codezeilen beinhalten, sodass insbesondere bei mehreren Entwicklern bald der Überblick verlorengeht. Wenn dann nicht alle am Projekt Beteiligten zum Überarbeitungsteam gehören, wünscht man sich eine gute Dokumentation des Programms. Wir hatten auch schon erfahren, dass über die Hälfte der Entwicklungsprojekte nicht rechtzeitig oder gar nicht zum positiven Projektabschluss kommen, weil keiner mehr durchblickt oder man völlig an den Anforderungen der Programmnutzer vorbei programmiert hat.

Objektorientierte Programmiersprachen wurden entwickelt, um mehr Ordnung in die Programmentwicklung zu bringen, und um Kosten und Zeit zu sparen. Ein weiterer Aspekt war, die Qualität der Software zu verbessern.

Qualitätsmerkmale für Softwareprodukte nach ISO 9126 (DIN 66272)

▶ **Funktionalität (Functionality):**
Korrektheit, Angemessenheit, Interoperabilität, Ordnungsmäßigkeit, Sicherheit

▶ **Zuverlässigkeit (Reliability):**
Reife, Fehlertoleranz, Wiederherstellbarkeit

▶ **Benutzbarkeit (Usability) :**
Verständlichkeit, Bedienbarkeit, Erlernbarkeit, Barrierefreiheit, Robustheit

▶ **Effizienz (Efficiency):**
Wirtschaftlichkeit, Zeitverhalten, Verbrauchsverhalten

▶ **Wartungsfreundlichkeit (Maintainability):**
Analysierbarkeit, Änderbarkeit, Stabilität, Testbarkeit

▶ **Übertragbarkeit (Portability):**
Anpassbarkeit, Installierbarkeit, Konformität, Austauschbarkeit

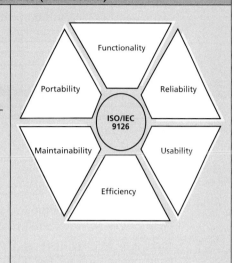

Trotz unterschiedlicher Auffassungen unter den Entwicklern ist man sich über folgende Grundvoraussetzungen für eine gute Softwareentwicklung einig:

▶ intensive und kontinuierliche Einbindung der Anwender von vornherein

▶ genaue Beschreibung der Anforderungen

▶ Design und Architektur möglichst einfach, gut strukturiert und leicht änderbar

▶ früh Prototypen entwickeln und von Anwendern testen lassen

▶ während der Entwicklungsphase mehrere Testläufe einplanen

▶ nicht zu viel, aber auch nicht zu wenig Dokumentation in allen Entwicklungsphasen

Unterschiedliche Vorgehensmodelle wurden entwickelt, um den Ablauf systematisch zu planen:

Während das Wasserfallmodell einen relativ starren Ablauf zeigt und Revisionen nur zur vorangegangenen Phase zulässt, werden nach RUP (Rational Unified Process) den 4 Phasen Aufgaben mit unterschiedlicher Gewichtung zugeordnet.

Phasen im Wasserfallmodell mit ihren Bezügen zu anderen Phasen:

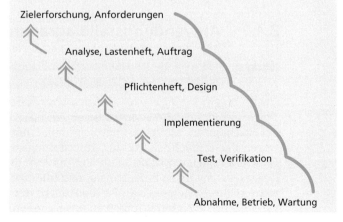

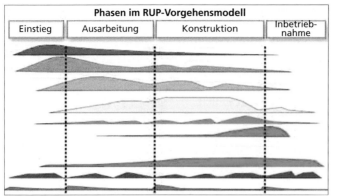

Phasen im RUP-Vorgehensmodell				Kernaufgaben
Einstieg	Ausarbeitung	Konstruktion	Inbetrieb-nahme	

Kernaufgaben

Geschäftsprozessmodellierung

Anforderungsanalyse

Analyse & Design

Implementierung
Test
Softwareverteilung
Konfigurations-/Änderungs-
management
Projektmanagement
Infrastruktur

Weitere Vorgehensmodelle sind das **V-Modell**, **OEP** (Object Engineering Process) oder **ICONIX**.

Um die Aufgaben der Softwareentwicklung in den Griff zu bekommen, werden viele Entwicklungsmethoden und Vorgehensmodelle angeboten. Einen Überblick dazu gibt im Internet <u>wikipedia.org</u>.

Bekannte Informatiker und Protagonisten der objektorientierten Programmierung haben sich in den 90er Jahren zusammengeschlossen, um für die Modellierung der Software Entwicklungsverfahren und Diagramme zu erstellen und in der Entwicklerwelt durchzusetzen, die sie **UML** (Unified Modeling Language, engl. Vereinheitlichte Modellierungssprache) nannten. 1997 wurde UML von der OMG (Object Management Group) als standardisierte Sprache mit 13 Diagrammarten anerkannt und erfuhr 2005 als UML 2 eine wesentliche Überarbeitung. UML 2 bietet 6 verschiedene **Strukturdiagramme** und 7 **Verhaltensdiagramme** an. UML-Diagramme können auf Papier, mit dem Stift oder mit Grafikprogrammen wie z. B. MS Visio oder Dia (Open Source) erstellt werden. Professionelle Softwareentwickler arbeiten mit Systemen wie z. B. ArgoUML (vgl. CD), Rational Software Architect (RSA) oder Enterprise Architect (Sparx Systems, vgl. CD zum Buch).

8.4.2   Anwendungsfalldiagramme

Situation   Sie wollen sich über die Grundlagen von Anwendungsfalldiagrammen informieren.

Das Anwendungsfalldiagramm ist ein Verhaltensdiagramm der UML. Es ist eines der wichtigsten Modellierungsdiagramme für die Softwareentwicklung, da es wegen der Einfachheit gut zur Anforderungsanalyse zwischen Auftraggeber und Entwickler geeignet ist. Es stellt die Anwendungsfälle (Funktionen) eines Anwendersystems mit ihren Beziehungen und Interaktionen zu den Akteuren (Benutzern, technischen Systemen) dar. Es dient nicht der Ablaufbeschreibung, sondern soll vereinfacht die Anforderungen an das System darstellen.

Die beiden folgenden Beispiele zeigen einfache Versionen von Anwendungsfalldiagrammen:

Anwendungsfall 1:

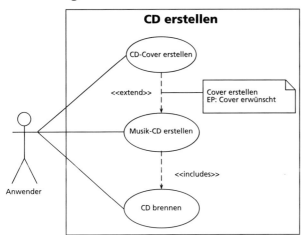

Erläuterungen

▶ Das Anwendungssystem „CD erstellen" enthält drei Anwendungsfälle bzw. *use cases* (in Ellipsen dargestellt), die vom Akteur „Anwender" (als Strichpersönchen dargestellt) durch ihren Informationsfluss angestoßen werden. Akteure repräsentieren Rollen der Benutzer, können auch durch andere Symbole repräsentiert werden (z. B. nicht menschliche Akteure) und auch passiv sein, d. h. selbst keine Anwendungsfälle anstoßen. Anwendungsfälle beschreiben das erwartete Verhalten im Anwendungssystem aus Nutzersicht.

▶ Zwischen Akteur und Anwendungsfällen bestehen Beziehungen (Assoziationen), die mit durchgezogenen Linien dargestellt werden. Mit offenen Pfeilspitzen kann die Richtung des Informationsflusses angegeben werden. Weiterhin ist es möglich, eine Multiplizität (z. B. 1:n, 1:1) anzugeben.

▶ Die Beziehungen zwischen den Anwendungsfällen können die **<<include>>**-Beziehung oder die **<<extend>>**-Beziehung aufweisen. Bei der <<include>>-Beziehung (Einbeziehen) wird zwingend (und bedingungslos) ein anderer Anwendungsfall einbezogen. Die Pfeilspitze ist dabei zum einbezogenen Anwendungsfall gerichtet. Bei der <<extend>>-Beziehung (Erweiterung) wird ein verbundener Anwendungsfall aufgerufen, wenn die genannte Bedingung erfüllt ist, sonst nicht.

Anwendungsfall 2:

Erläuterungen:

▶ Zwischen den Akteuren und den Anwendungsfällen sind ungerichtete Informationsbeziehungen festgelegt worden, zwischen den Anwendungsfällen wurden auch **Include**- und **Extend**-Beziehungen festgelegt.

▶ Neu ist die Möglichkeit, Generalisierungen zwischen den Akteuren und den Anwendungsfällen festzulegen. Unterschiedliche Akteure (z. B. Standardnutzer, Ermäßigte Nutzer) können gemeinsame Eigenschaften haben, sodass sie in einer Generalisierungsbeziehung zu einem Akteur mit den gemeinsamen Eigenschaften stehen (z. B. Nutzer).

▶ Auch bei Anwendungsfällen gibt es Generalisierungsfälle, im Beispiel unten dargestellt durch drei Anwendungsfälle (z. B. überfällige Bücher feststellen), die in einer Generalisierungsbeziehung zum Anwendungsfall „Monatsabrechnung" stehen, wobei die spezielleren Anwendungsfälle die Aufgaben des allgemeinen Anwendungsablaufs umfassen, aber einige Teilaufgaben auf eine spezielle Art und Weise bearbeiten.

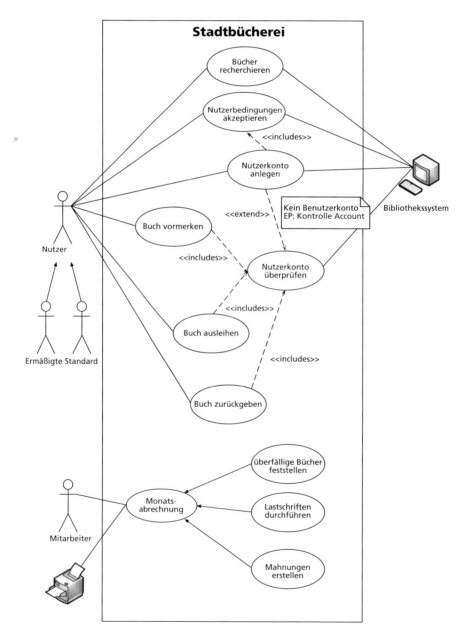

Anwendungsfall 3:

Erläuterungen:

Das folgende Beispiel zeigt ein Anwendungsfalldiagramm mit zwei Systemen (Geldautomat und Banksystem), deren Anwendungsfälle durch Include-Beziehungen verbunden sind. Es kann also sinnvoll sein, Anwendungsfälle in Pakete zusammenzufassen, wenn es sich um unterschiedliche Systeme handelt.

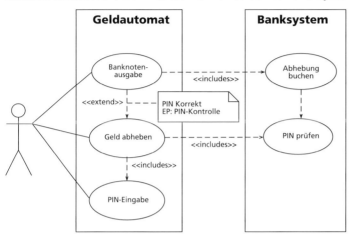

Merke zur Vorgehensweise bei der Erstellung von Anwendungsfalldiagrammen:

▶ Akteure und Anwendungsfälle finden, für Akteure Strichpersonen o. a. Systemakteure festlegen, Anwendungsfälle in Ellipsen eintragen.

▶ Prüfen, ob Generalisierungen und Pakete (verschiedene Systeme) vorhanden sind.

▶ Anwendungsfälle in die Systeme entsprechend dem Ablauf anordnen und das/ bzw. die Anwendungssysteme mit Namen bezeichnen.

▶ Akteure mit den Anwendungsfällen in Beziehung setzen, die Richtung und Art der Pfeile (Navigierbarkeit) sowie evtl. die Multiplizität angeben.

▶ Beziehungen zwischen den Anwendungsfällen feststellen und prüfen, ob Include- oder Extend-Beziehungen vorliegen, entsprechend bezeichnen und Pfeilspitzen zuordnen. Bei Extend-Beziehungen Bedingungen angeben, bei denen der Anwendungsfall verwendet wird.

Aufgaben

1. Erstellen Sie in Gruppenarbeit zu den folgenden Szenarien Anwendungsfalldiagramme
   a) Spaghetti Carbonara herstellen
   b) Abiparty planen
   c) Notebook kaufen
   d) Sportfest organisieren
   e) Klassenraum verschönern
   f) Gebrauchtes Auto kaufen

2. Erstellen Sie ein Anwendungsfalldiagramm „Online-Shop" nach folgender Istaufnahme:

   Der Kunde kann Artikel in einen Warenkorb legen und ein Benutzerkonto einrichten. Wenn er die Bestellung ausführen will, wird zunächst das Vorhandensein eines Benutzerkontos überprüft. Wenn kein Account vorhanden ist, muss er zunächst ein Benutzerkonto einrichten. Damit die Bestellung ausgeführt wird, muss er eine Zahlungsmethode wählen. Die Bestellabwicklung wird von der Bestellung angestoßen und führt zu einer Email-Bestätigung an den Kunden. Benutzerkonto, Bestellabwicklung und Email-Versand werden sofort im Shop-System (Akteur) erfasst. Emailanfragen können vom Kunden jederzeit gestellt werden und werden direkt an einen Verkäufer gerichtet und beantwortet.

8.4.3   Aktivitätsdiagramme

Situation   Sie wollen Aktivitätsdiagramme der UML kennenlernen.

Aktivitätsdiagramme sind ebenso wie das Anwendungsfalldiagramm Verhaltensdiagramme, jedoch aufgrund der vielfältigeren Symbolik noch genauer zur Beschreibung von Geschäftsprozessen, Anwendungsfällen und Programmen geeignet. Im Gegensatz zum Anwendungsfalldiagramm können hiermit Abläufe beschrieben werden. Daher werden diese Diagramme als Alternative zu EPK für die Geschäftsprozessmodellierung, als Alternative für Anwendungsfalldiagramme zur genaueren Beschreibung der Anwendungsfälle und zur Beschreibung von Computerprogrammen eingesetzt. Da Aktivitätsdiagramme relativ schnell zu verstehen sind, können sie gut als Gesprächsgrundlage zwischen Auftraggeber und Auftragnehmer fungieren.

In Aktivitätsdiagrammen wird sogar versucht, neben der Kontrollstruktur der Fallunterscheidung die Kontrollstruktur Wiederholungsschleife einzubringen, obwohl hierzu standardisierte Symbole noch nicht vorliegen.

Elemente des Aktivitätsdiagramms

Aktivität: Eine Aktivität ordnet Aktionen, Objektknoten und Kontrollknoten mit ihren Kanten (Pfeilen) im Ablauf an, wobei Kontrollflüsse und Objektflüsse unterschieden werden. Ein sogenanntes **Token** (kleines Datenpaket) soll (gedanklich, nicht zeichnerisch) das Fortschreiten des Ablauf- und des Datenflusses darstellen. Aktivitäten können wie bei einem Unterprogramm verschachtelt werden.
In der Hauptaktivität erscheint dazu eine Aktion mit dem Aktivitätsaufruf und einer stilisierten Harke.

Start-und Endpunkt: Jede Aktivität kann beliebig viele Startknoten (Symbol 1) und Endknoten (Symbole 2 und 3) besitzen. Wird der Startknoten aufgerufen, so wird ein Kontrolltoken gestartet, der entlang der Flusslinie zum Endknoten wandert. Das Erreichen des Endknotens beendet die gesamte Aktivität, auch wenn noch andere Token in der Aktivität fließen. Anders ist dies bei einem Endknoten für Kontrollflüsse (Symbol 3). Wird dieser Endknoten erreicht, läuft die Aktivität der anderen Token weiter.

●	1 Startsymbol:
⬤	2 Endsymbol:
⊗	3 Endsymbol für Kontrollflüsse:

Aktion: Aktionen sind Verhaltenselemente, dargestellt im abgerundeten Rechteck, die dann ausgeführt werden, wenn das Token sie erreicht. Es gibt darüber hinaus Sonderformen von Aktionen, die sich mit dem Senden und Empfangen von Signalen beschäftigen.

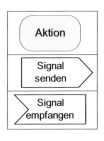

Aktionen können wiederum Aktivitäten aufrufen, so dass Aktivitäten ineinander verschachtelt sein können.

Objektknoten: Dies sind Hilfsspeicher in **eckige** Kästchen gezeichnet, wobei man vier Arten unterscheidet:

a) **Aktivitätsparameterknoten:** Sie speichern Objekte und geben sie an eine Aktion weiter.

b) **Pufferknoten:** Puffer- oder Zwischenspeicher für Objekte.

c) **Datenspeicherknoten:** Speicher für Objekte.

d) **PINs** als kleine Wertespeicher (Ein- und Ausgabepins) von Aktionen.

Objektknoten, die am Rand des Aktivitätsdiagramms liegen, sind Speicher für Ein- und Ausgabeobjekte.

Kanten: Dies sind die Verbindungslinien oder Übergänge zu den Knoten. Man unterscheidet den Objektfluss als Verbindung mit mindestens einem Objekt und einen Kontrollfluss zwischen zwei Aktionen oder einer Aktion und einem Objektknoten.

Kontrollknoten: Diese Kontrollelemente steuern den Ablauf der Aktivität. Es gibt die oben genannten Start- und Endknoten sowie Verzweigungs-, Verbindungs-, Parallelisierungs- und Synchronisationsknoten.

a) **Verzweigungsknoten** spalten eine Kante (eine Verbindung) in mehrere Alternativen auf. Kann ein Token einen Objektknoten über mehr als eine Kante verlassen, ohne dass eine Bedingung vorgegeben ist, so wandert der Token über eine der möglichen Kanten (Token-Wettbewerb oder Token-Competition).

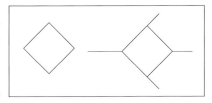

Beispiel:

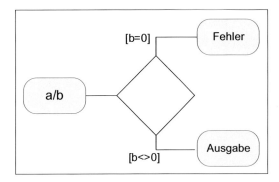

b) **Verbindungsknoten** haben mehrere eingehende Kanten (Verbindungslinien) und eine ausgehende Kante. Der Token setzt den Ablauf in beliebiger Reihenfolge fort, d. h. im Beispiel bleibt es dem Zufall überlassen, in welcher Reihenfolge die Waren bezahlt werden. Eine Synchronisierung (gemeinsame Bezahlung) findet nicht statt.

Beispiel:

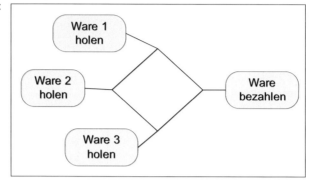

c) **Synchronisationsknoten** haben wie der Verbindungsknoten mehrere eingehende Kanten und eine ausgehende Kante (Verbindungslinie), im Gegensatz zum Verbindungsknoten findet jedoch eine Synchronisierung statt. Der Knoten erwartet im Beispiel drei Token auf jeder eingehenden Kante, bevor er einen Token an die ausgehende Kante weitergibt. Es ist dabei möglich, dass dem Knoten Synchronisationsspezifikationen zugeordnet werden.

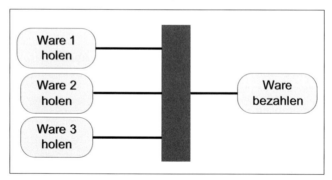

d) **Parallelisierungsknoten** teilen eine eingehende Verbindung (Kante) in mehrere parallele Abläufe auf. Token, die diesen Knoten über diese Kante erreichen, werden vervielfacht, sodass eine Kopie über jede ausgehende Kante geschickt wird.

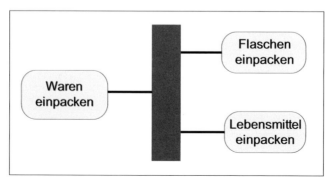

Gruppierung (Parametersatz)

Ein Parametersatz gruppiert die Eingabe- und Ausgabeparameter von Objektknoten durch einen Rahmen.

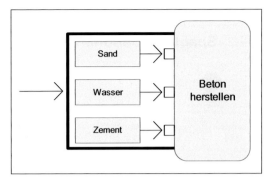

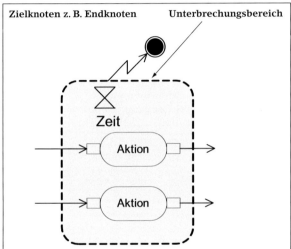

Unterbrechungsbereich

Im Unterbrechungsbereich gibt es eine oder mehrere Aktionen. Wenn der Bereich über den Unterbrechungsbereich verlassen wird, werden die Abläufe abgebrochen.

Der Ablauf setzt sich am Zielknoten der Unterbrechungskante fort.

Aufgaben 1. Erläutern Sie folgende Beispiele

a)

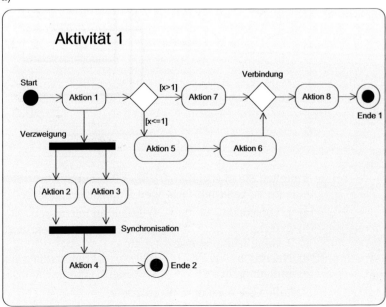

b)

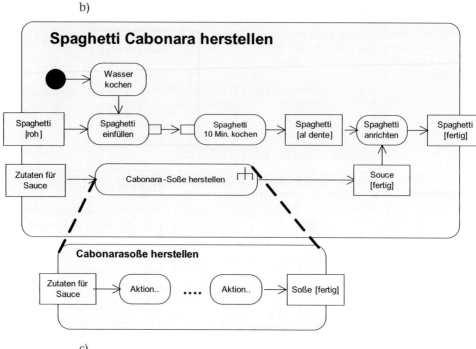

c)

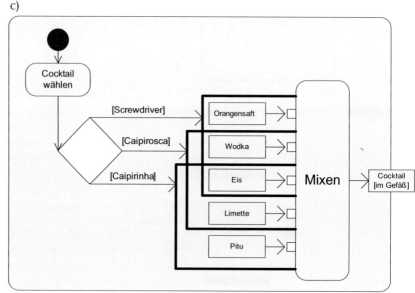

2. Erstellen Sie in Gruppenarbeit (3 Personen) Aktivitätsdiagramme für eine große Feier mit folgenden Unterdiagrammen:

a) 1. Vorspeise
b) 2. Gang
c) 3. Gang (Hauptspeise)
d) Nachtisch
e) Einladungen

f) Lokation herrichten
g) Beiprogramm (Begrüßung, Moderation etc.)
h) Hauptaktivitätsdiagramm, um die Unterdiagramme a) bis e) einzubinden

Erstellen Sie dazu eine Wandtapete.

3. Erstellen Sie ein Aktivitätsdiagramm für den Laaser-Shop. Rufen Sie dazu das Laaser-Shop-System (Demoshop) unter www.laaser.net auf. Eine Dokumentation der Bildschirmmasken finden Sie auf der CD als Word-Dokument.

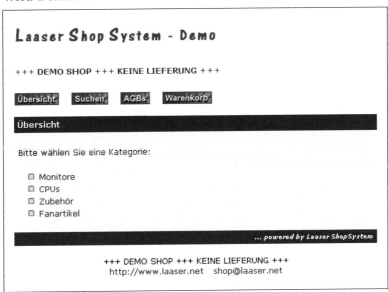

8.4.4 Klassendiagramme

Situation   Sie möchten einen Einstieg in Klassendiagramme erhalten. Sie wissen, dass diese insbesondere für Programmierer wichtig sind.

Klassendiagramme stehen in enger Beziehung zur **objektorientierten Programmierung** (OOP). In objektorientierten Programmen werden einzelne Bausteine, die Objekte, programmiert. Jedes Objekt kann Aufträge erledigen, seinen Zustand berichten oder ändern bzw. mit anderen Objekten des Programms kommunizieren. Objekte werden mit Eigenschaften versehen und gehören einer Klasse (Typ eines Objekts) an (vgl. auch Kapitel 5) und werden von einer Klasse erzeugt. Jede **Klasse** stellt somit dem Gesamtsystem einen bestimmten „Service" zur Verfügung, der vom Gesamtsystem durch Aufruf der entsprechenden Methoden genutzt werden kann. Klassen sind somit Vorlagen, aus denen sogenannte Instanzen der Objekte zur Laufzeit erzeugt werden. Man kann sich die Erzeugung der Instanzen der Objekte aus den Klassen etwa so vorstellen, als wenn ein Auto aus einem Konstruktionsplan erstellt würde.

Klassen werden als **Rechtecke** dargestellt, die in drei Bereiche unterteilt werden: Im oberen Bereich steht der Name der Klasse (immer in der *Einzahl*). Im mittleren Bereich stehen **Eigenschaften bzw. Attribute** der Klasse, im unteren Bereich **Methodendeklarationen. Methoden** einer Klasse sind für das Verhalten der Klasse zuständig und somit kleine Unterprogramme.

Die Definition von **Attributen** erfolgt, indem hinter dem Namen der Eigenschaft (immer klein geschrieben) und nach einem Doppelpunkt ein Datentyp angegeben wird.

Methoden werden ähnlich deklariert: Hinter dem Methodenkopf wird ebenfalls getrennt durch einen Doppelpunkt der Datentyp des Rückgabewertes angegeben. Gibt eine Methode keinen Wert zurück, wird das Schlüsselwort **void** gesetzt.

Der **Zugriff** auf Eigenschaften und Methoden **kann eingeschränkt** werden, indem vor die Eigenschaft oder Methodendeklaration ein einzelnes Zeichen für die Sichtbarkeit gesetzt wird. Das Minuszeichen - steht z. B. für ein privates Klassenmerkmal, das Pluszeichen + für ein öffentliches und # für eine geschütztes (protected) Klassenmerkmal.

Beispiele:

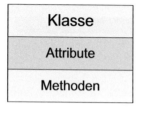
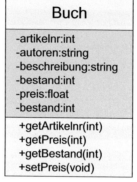
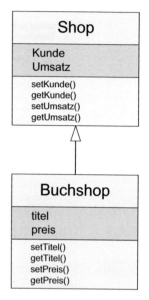

Im dritten Beispiel **erbt** die Klasse *Buchshop*, nur durch den Pfeil deklariert, alle Attribute und Methoden der Klasse *Shop*. Die Klasse *Buchshop* wird auch Kind der Mutterklasse *Shop* genannt. Man spricht bei dieser Beziehung von einer **Generalisierung**.

Bezieht sich ein Objekt auf eine Klasse, wird der Objektname unterstrichen und die Beziehung durch einen gestrichelten, offenen Pfeil dargestellt. Das heißt im Beispiel: Objekt *MeinKreisxy* „ist abhängig von" (instance of) Klasse *Kreis*.

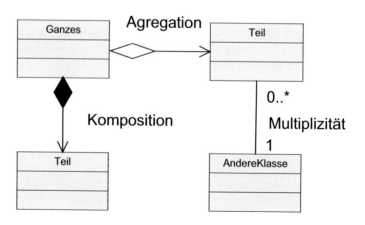

Neben der Generalisierung (Vererbungsbeziehung) gibt es verschiedene Beziehungen, die als **Assoziationen** bezeichnet werden. Beziehungen zwischen Klassen können unterschiedlich festgelegt werden. Ist z. B. ein Klasse Teil einer anderen Klasse (z. B. Klasse *Rad* zu Klasse *Auto* oder

Multiplizität	Bedeutung
1	exakt einer
0..*	null oder mehr
1..*	mindestens einer
0..1	einer oder keiner
6..8	genaue Vorgabe (hier 6,7,8)
2..5,8	Kombination (hier 2,3,4,5,8)

Klasse *Karosserie* zu Klasse *Auto*), so kann dies durch eine **Aggregation** oder im **Spezialfall** durch eine **Komposition** dargestellt werden. Bei der Aggregation kann die Teilklasse (z. B. die Klasse *Rad*) auch **allein** existieren, bei der Komposition kann die Teilklasse (z. B. Klasse *Karosserie*) **nicht allein** existieren.

Multiplizitäten geben bei abhängigen Klassen an, mit wie viel Objekten diese Beziehung zustande kommen kann. Wir kennen diese Abhängigkeit schon als **Kardinalität** beim ER-oder Beziehungsdiagramm.

Multiplizitäten werden an den Enden der Beziehung vermerkt. Zusätzlich kann vermerkt werden, worauf sich die Multiplizität bezieht.

Aufgaben
1. Erläutern Sie das nebenstehende Klassendiagramm.

2. Welche Beziehungen haben wir zwischen den folgenden Klassen?
   a) Vogel und Meise
   b) Haus und Grundstück
   c) Buch und Kapitel
   d) Angebot und Artikel
   e) Warenkorb und Artikel
   f) Rechnung und Rechnungsposition

3. Zeichnen Sie ein Klassendiagramm mit den Klassen *Konto, Kunde, Privatkunde, Geschäftskunde* und *Anschrift* sowie sinnvollen Beziehungen (Assoziationen und Generalisierungen).

4. Erstellen Sie ein Klassendiagramm für einen Mensaautomaten nach folgender Beschreibung: Die Klassen: Schüler, GUI (Benutzeroberfläche), Kartenautomat und Karte werden eingerichtet. Die Karte enthält die SNr (Schülernummer) und den zur Verfügung stehenden Betrag. Mit der Karte kann man (Geld) aufladen und den (verfügbaren) Betrag anzeigen lassen. Der Kartenautomat kann die Karte einziehen, Tickets ausdrucken oder (den Vorgang) abbrechen. Die Klasse GUI zeigt den Betrag der Karte an.

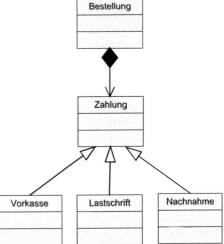

Aufstellen von Klassendiagrammen

Situation Sie haben gehört, dass es verschiedene Arten von Klassen gibt. Sie wollen sich erkundigen, bevor sie ihre ersten Klassendiagramme erstellt.

Klassendiagramme sind relativ nah am Softwaresystem. Daher ist es für Softwareentwicklungssysteme möglich, aus Klassendiagrammen automatisch Klassen im Programm bzw. die dazugehörige Software zu erstellen. Im Rahmen dieser Einführung ist es nicht möglich, auf alle Spezifikationen einzugehen, die Softwareentwicklungssysteme benötigen, um daraus Klassen und Programmcodes zu generieren. Ziel soll es sein, eine Einführung in die Erstellung von Klassendiagrammen zu erhalten und dadurch Klassendiagramme besser zu verstehen.

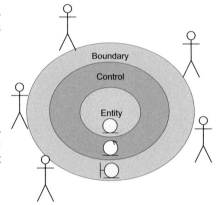

Bei der Erstellung von Klassendiagrammen muss man berücksichtigen, dass man nach der Art der Klasse drei Arten unterscheidet:

a) **Boundary-Klasse**

b) **Control-Klasse**

c) **Entity-Klasse**

Diese Art der Klasseneinteilung wird auch **B-C-E-** oder **Model-View-Controler**-Prinzip genannt und ist wie eine **Zwiebel** mit drei Schichten aufgebaut.

Entity-Klasse

Zu dieser Klasse haben wir einen guten Bezug aufgrund der Kenntnisse des Entity-Relationship-Diagramms (ER-Diagramm, vgl. Kapitel 6). Für jede Entity des ER-Diagramms wird eine Klasse definiert. In der Regel besteht diese Klasse überwiegend aus set- und get-Methoden, um die Daten der Entity-Klasse zu speichern und zu verändern. Auch erhalten die Assoziationen dieser Klasse Multiplizitäten ähnlich den Kardinalitäten des ER-Diagramms.

Häufig sieht man Klassendiagramme nur mit Entity-Klassen. Entity-Klassen sind unabhängig von der Umgebung und tragen nicht dazu bei, auf welche Weise die Umgebung mit der Software kommuniziert. Alle Aktionen von außen werden von Boundary-Klassen aufgenommen, an Control-Klassen weitergeleitet und erst dann an die Entity-Klassen übergeben. Auf Entity-Klassen kann der Benutzer nicht direkt zugreifen.

Boundary-Klasse

Boundary steht für (engl.) Grenze. Boundary-Klassen sind daher die Interface-Klassen zum Benutzer (Akteur) der Klassen. Alle GUI-Elemente, Formulare, Schnittstellen zu Datenbanken, anderen Geräten oder anderen Programmen deuten somit auf Boundary-Klassen hin.

Control-Klassen

Controlklassen steuern das Softwaressystem. Sie speichern langfristig keine Daten, sondern leiten Daten von der Boundary-Klasse zur Entity-Klasse und umgekehrt. Eine Verbindung zwischen Boundary- und Entity-Klasse läuft also immer über eine Control-Klasse.

Auch Typkonvertierungen sollten nicht der Boundary-Klasse, sondern der Control-Klasse zugewiesen werden.

Finden der Klassen

Für das Entwickeln eines Klassenmodels kann folgende Vorgehensweise sinnvoll sein:

I.   Zunächst wird eine Beschreibung der Anforderungen erstellt. Hilfreich sind dabei das Anwendungsfall- und das Aktivitätsdiagramm.

II. Die in der Beschreibung enthaltenen Substantive sind Kandidaten für Objekte (Klassen) und deren Attribute. Überlegen Sie, wie dazu das ER-Diagramm aussehen würde und bilden Sie aus den Entities die Entity-Klassen. Die GUI bzw. Beziehungen vom Akteur zur Aktivität im Anwendungsfalldiagramm deuten auf Boundary-Klassen hin. Zwischen Akteur und Anwendungsfall können auch Control-Klassen Aufgaben übernehmen. Ebenso werden Controlklassen zur Steuerung zwischen Boundary-Klassen und Entity-Klassen eingebracht. Verben deuten auf Assoziationen und Methoden hin. Diese werden unterstrichen. Weiterhin wird geprüft, welche der unterstrichenen Begriffe im Softwaresystem eine Aufgabe haben bzw. ein Sinn ergeben. Nicht relevante Begriffe werden weiterhin unberücksichtigt gelassen.

III. Es wird ein erstes (statisches) Klassenmodell (B-C-E) entworfen.

IV. Es wird geprüft, welche Beziehungen zwischen den Klassen bestehen können (Generalisierung, Assoziationen).

V.   Im Verlauf der Entwicklung des Klassenmodells entsteht der Bedarf, weitere Klassen zu definieren und das Klassenmodell umzustellen. Beachtet werden sollte, dass eine Klasse möglichst nur eine Aufgabe übernimmt.

Aufgabe   Erstellen Sie ein Klassenmodell für den Laaser-Shop (vgl. oben).

Netzwerk

9   Informationsnetzwerk

Situation Das Informationsnetzwerk ist weltweit, kontinental, landesweit, regional und betrieblich gespannt. Jeder kann über verschiedene Kommunikationskanäle mit Partnern oder Freunden preiswert und ohne zeitliche Verzögerung kommunizieren. Im Zeitalter des Multimedia werden die Dienste immer benutzerfreundlicher und vielfältiger. Im Informationszeitalter kommt der Vernetzung eine wichtige Aufgabe zu. Sie wollen mehr über diese Aufgaben und Technologien erfahren.

Ein Netzwerk ist ein Verbund aus mehreren Computern. Diese Computer tauschen Daten untereinander aus. Ein Netzwerk kann aus zwei bis zu mehreren tausend Computern bestehen. Folgende Aufgaben bewältigen Netzwerke:

Aufgaben eines lokalen Netzes	
Aufgaben	**Erläuterung**
Kommunikations-verbund	schnelle Kommunikation mit allen Arbeitsplätzen (Text, Bild, Ton)
Datenverbund	Zugriff auf verteilte und zentrale Datenbestände von jedem Arbeitsplatz
Lastverbund	Verteilung von Lasten auf wenig genutzte Arbeitsplätze oder Systeme
Funktionsverbund	Nutzung von Softwareanwendungen anderer Arbeitsplätze, Steuerung von Abläufen
Ressourcenverbund	Nutzung von Betriebsmitteln (z. B. Drucker) anderer Arbeitsplätze
Sicherheitsverbund	Reserven bei Ausfall einzelner Komponenten und zentrale Datensicherung

Diese Aufgaben können betrieblich, aber auch weltweit umgesetzt werden. Nach der geografischen Ausdehnung des Netzes werden Netze unterschieden:

Einteilung der Netzwerke nach der geografischen Ausdehnung	
LAN	= Local Area Network: überspannt Betrieb, Grundstück oder ist auf wenige Kilometer ausgerichtet
MAN	= Metropolitan Area Network: überspannt Stadt, Ballungsraum oder bis zu 100 km (z. B. Netz eines städtischen Verkehrsverbundes)
WAN	= Wide Area Network: überspannt ganze Länder oder Kontinente (z. B. Netz der Telekom)
GAN	= Global Area Network: überspannt die ganze Welt (z. B. Bankennetz, Internet)

Klassifikationen von Netzen		
Übertragungstechnik	**Übertragungsmedium**	**Mobilität**
• analoge Netze • digitale Netze	• Kupferkabelnetz • Koaxialkabelnetz • Glasfaserkabelnetz • Funknetz	• Festnetz • mobiles Netz
Netztopologie	**Übertragungsbandbreite**	**Vermittlungstechnik**
• Bus-Topologie • Stern-Topologie • Ring-Topologie	• Schmalbandnetz • Breitbandnetz	• festgeschaltete Leitungen • leitungsvermittelte Netze • paketvermittelte Netze

Aufgaben

1. Ordnen Sie zu: Kommunikations-, Daten-, Last-, Funktions-, Ressourcen- und Sicherheitsverbund.
   a) Vertriebsleiter und Vertriebsstellen informieren sich über E-Mail.
   b) Kundenadressen sollen am freien Arbeitsplatz eines Mitarbeiters sortiert und etikettiert werden.
   c) Im Einkauf wird auf das Lagerprogramm zugegriffen.
   d) Für einen guten Farbausdruck benutzt der Verkauf den Farblaserdrucker in der Arbeitsvorbereitung.
   e) Die EDV-Abteilung sichert nachts die Dateien aller Abteilungen mit einem speziellen Programm.
   f) Die Marketingabteilung benötigt aktuelle Kundendaten aus dem Verkauf.

2. Welches Netz ist gemeint: LAN, MAN, WAN, GAN?
   a) Das Internet überspannt die ganze Welt.
   b) In Lüneburg ist der gesamte Universitätsbereich (Campus) vernetzt.
   c) In Hamburg unterhält der Verkehrsverbund ein eigenes Kommunikationsnetz.
   d) UMTS-Anbieter X-COM hat in Deutschland und der Schweiz ein eigenes digitales Leitungsnetz aufgebaut.
   e) Christian Müller Werbedruck hat ein betriebliches Computernetz mit ca. 25 Computerarbeitsplätzen.

3. Welches Netz liegt nach welchem Kriterium vor?
   a) ASTRA NET bietet einen sehr schnellen Serveranschluss über Satelliten.
   b) In der Verwaltung sind die Computer zur Sicherheit sternförmig an den Zentralrechner angeschlossen.
   c) Die Stadtverwaltung hat mehrere Gebäudekomplexe mit Glasfaser- oder Fiberkabel vernetzt.
   d) Die Telekom bietet in ihrem Netz einen Tarif, abhängig von der Größe der Datenpakete, an.
   e) Die Vermittlungsstellen der Telekom wurden mit digitalen Systemen versehen.
   f) Im Betrieb wurde ein Funknetz für den flexiblen Einsatz der Mitarbeiter eingerichtet.

Netzwerk

Betriebliche Netze

Betriebliche Netze bezeichnet man als LAN (Local Area Network). Hierbei kann ein einfaches Peer-to-peer-Netz oder ein Client-Server-Netz installiert werden:

Netze	
Peer-to-peer-Netz	**Client-Server-Netz**
Ein preiswertes Netzsystem ohne Server, bei dem die PCs über Netzwerkkarten verbunden sind und die Betriebssysteme (z. B. Windows XP) den gleichberechtigten Zugriff regeln. So kann jede Arbeitsstation Dienstleistungen für eine andere Arbeitsstation ausführen. Insbesondere für kleine Netze (bis 10 Arbeitsplätze) eine preiswerte Alternative. Jeder kann im Peer-to-peer-Netz Verzeichnisse auf seiner Festplatte für alle freigeben und somit die Teamarbeit über gemeinsame Verzeichnisse fördern. Nachteile: Geringere Datensicherheit, Kenntnisse der Benutzer im Umgang mit dem Netzwerk notwendig, da jeder seinen Zugriff und die Dienste selbst regelt.	Server sind leistungsfähige Computer, die in einem verteilten Rechnersystem zentrale Dienste für die angeschlossenen Arbeitsstationen (Clients) zur Verfügung stellen. Beim Client-Server-System läuft auf dem Server die Netzwerksoftware und auf den Arbeitsstationen (Clients) die Client-Software. Gängige Server-Betriebssysteme sind Linux oder Windows Server. Clients können je nach Benutzerrechten auf die Verzeichnisse und Anwendungen des Servers zugreifen. Im Gegensatz zum Peer-topeer-Netz ist ein Netzwerkbetreuer zur Verwaltung der Benutzerrechte und des Netzwerkes notwendig.

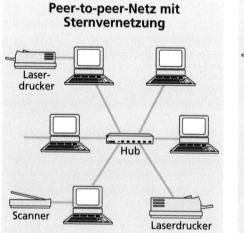

Peer-to-peer-Netz mit Sternvernetzung

Laserdrucker

Hub

Scanner

Laserdrucker

Client-Server-Netz mit Sternvernetzung

Laserdrucker

Client

Client

Hub

Client

Client

Server

Laserdrucker

Überwiegend werden im Betrieb Server als Fileserver oder Applicationserver eingesetzt. Es kann jedoch auch notwendig sein, für bestimmte Dienste eigene Server zu installieren und damit den Hauptserver zu entlasten. Vielfach wird z. B. ein Printserver in das Netz integriert, um den Zugriff auf verschiedene Drucker im Netz und auch von verschiedenen Betriebssystemplattformen auf einfache Weise zu regeln.

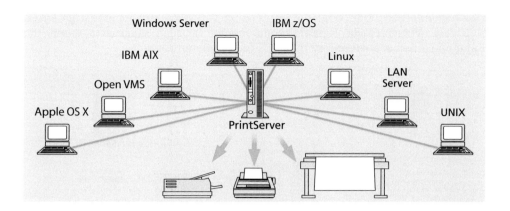

Serverarten
▶ **File- oder Dateiserver:** verwaltet zentral Daten und Dateien.
▶ **Anwendungs-, Software- oder Applicationserver:** stellt zentral Programme zur Verfügung.
▶ **Druckserver:** verwaltet zentral Druckaufträge.
▶ **CD-ROM-Server:** verwaltet zentral den Zugriff auf CD-ROM-Laufwerke.
▶ **Mail- und Webserver:** verwaltet Zugriffe zum Internet oder E-Mails im Netz und dient als zentrale Mailbox.
▶ **Faxserver:** verwaltet zentral Faxnachrichten.
Besondere Anforderungen an einen zuverlässigen, ausbaufähigen Server:
leistungsfähiger Mikroprozessor, großer Arbeitsspeicher, mehrere schnelle Festplatten, schnelle Netzwerkkarten, Datensicherungssysteme (z. B. Streamer)

Aufgaben

1. Welches Netz oder welcher Server unterstützt die Anforderungen in besonderer Weise?

   a) Ein Betrieb mit 25 Arbeitsplätzen soll vernetzt werden.

   b) Eine Arbeitsgruppe mit 3 Arbeitsplätzen und einem gemeinsamen Drucker soll preiswert vernetzt werden.

   c) In einem Netz sollen Apple- und Windowsrechner Zugriff auf 3 unterschiedliche Drucker haben.

   d) Alle Arbeitsplätze des Betriebes sollen an das Internet angeschlossen und Mails zentral verwaltet werden.

   e) In der Multimediabibliothek sollen 200 CDs zentral verwaltet werden mit Zugriff von allen PCs.

2. Welche Aussage ist richtig oder falsch?

   a) Im Client-Server-System werden die Netzdienste vom Client erledigt.

   b) Im Peer-to-peer-Netz werden die zentralen Netzdienste vom Server erledigt.

   c) Im Client-Server-System werden die zentralen Netzdienste vom Server erledigt.

   d) Das Peer-to-peer-Netz kann einen Drucker nur über einen Druckserver an das Netz anschließen.

   e) Das Peer-to-peer-Netz ist eine preiswerte Netzwerklösung ohne Server zum Datenaustausch und zu gemeinsamer Nutzung von Peripheriegeräten.

Netzwerk

Das folgende Schaubild zeigt die Vernetzung von Rechnern in einem größeren Netzwerk. Verschiedene Netzwerkkomponenten wurden eingesetzt, damit die Kommunikation schnell und reibungslos funktionieren kann:

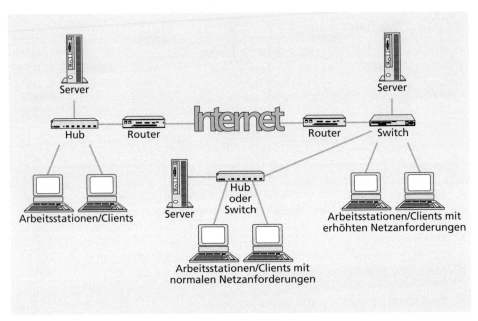

Der Anschluss an den Computer erfolgt über einen Netzwerkadapter (Netzwerkkarte).

Netzwerkkomponenten	
Repeater 	Der Repeater arbeitet als Signalverstärker und vergrößert so die Reichweite eines Netzwerkes, ändert aber die Netzwerkstruktur nicht. Konzentratoren fungieren auch als Repeater.
Hub	Er verbindet kleine Netze (z. B. 4 bis 32 Ports/Stationen) und verstärkt die gesendeten Signale. Preiswerte Verbindungskomponente, wobei mehrere Hubs über einen „Uplink"-Anschluss verbunden werden können. Man unterscheidet aktive und passive Hubs. Der aktive Hub verstärkt die Signale und wird auch als Konzentrator bezeichnet. Die Anzahl der Hubs und die Entfernung zwischen Hub und PC im Netz ist begrenzt. Unterschied zum Switch: Es kann immer nur ein Datenpaket den Hub passieren; geringerer Datendurchsatz; Hubs wissen nicht, welche Stationen mit welchen Ports verbunden sind; preiswerte Verbindungskomponente. Anschlüsse: RJ-45-Buchsen.
Bridge	In großen Netzen (über 50 Rechnern) ist es sinnvoll, Teilnetze zu bilden. Die Verbindungskomponente für die Teilnetze ist die Bridge (Brücke). Die Bridge ist eine Komponente, die alle gesendeten Daten darauf überprüft, ob sie in ein anderes Teilnetz übertragen werden müssen.

Switch 	Eine „intelligente" Bridge, die neben den Funktionen der Bridge auch unterschiedliche Netze verbinden kann und die Leistung des Netzwerkes erheblich steigert. Der Hauptunterschied zum Hub besteht darin, dass der Switch gezielt eine Verbindung zwischen 2 Netzwerkknoten herstellt. Im Gegensatz dazu wird bei einem Hub eine Netzanforderung an alle Ports geschickt. Preiswerte Switches haben daher weitgehend Hubs abgelöst. Auch lassen sich unterschiedliche Kabel mit unterschiedlichen Übertragungsgeschwindigkeiten anschließen. Bei einem Switch werden die Netze in Segmente eingeteilt. Hohe Datenübertragungsgeschwindigkeiten und die Möglichkeit der Verbindung (des Stapelns) mehrerer Switches sind Vorteile; jedoch ist auch der höhere Preis zu beachten.
Router 	Wie eine Bridge oder ein Switch kann ein Router Teilnetze zu einem großen Netzwerk zusammenfassen. Ein Router kann jedoch auch räumlich weit getrennte Teilnetze, z. B. über eine Telefonleitung, verbinden. So kann ein Router auch eine Internetverbindung zum lokalen Netz schnell und automatisch aufbauen. Ein Router verwendet zur Weiterleitung der Datenpakete nicht die Kennung der Netzwerkkarte (MAC), sondern die dem Übertragungsprotokoll entsprechende Kennung (IP-Adresse). Er kann die Daten an alle Adressaten senden, die das bekannte Protokoll verwenden.
Gateway 	verbindet unterschiedliche Netzwerktypen in lokalen Netzen und dient in öffentlichen Netzen als Überleitungseinrichtung zwischen Netzen verschiedener Betreiber.
Netzwerkadapter/-karten 	Einsteckkarte für den Computer (im PCI-Bus oder SCSI-Bus), um diesen mit dem Netzwerk zu verbinden. Unterschieden werden die Karten nach der Geschwindigkeit, mit der sie Daten pro Sekunde übertragen. Die wirkliche Datenübertragungsrate hängt jedoch erheblich auch vom eingesetzten Betriebssystem ab. Ethernet ist eine Norm, die jede Netzwerkkarte mit einer weltweit eindeutigen Kennzeichnung versieht: **Fast-Ethernet-Karte/100-Megabit-Karten:** evtl. auch für geringe Geschwindigkeiten, üblich mit Anschluss für Twisted-pair-Kabel. **Gigabit-Ethernet-Karte:** für Hochgeschwindigkeitsnetze mit Fiberglas- oder Kupferverkabelung. Für das Token-Ring- oder High-Speed-Token-Ring-Netz werden entsprechende Adapter benötigt, die preislich teurer als Ethernet-Adapter sind: **Token-Ring-Adapter:** für PCI-Bus und RJ-45-Anschluss **High-Speed-Token-Ring-Adapter:** für PCI-Bus und RJ-45-Anschluss

Netzwerkkabel

Mantel   PVC-Folie für 2 Adernpaare

Schirmgeflecht   paarweise verdrillte Adern

Schirmfolie für 2 Adernpaare

Kabel-Kategorien

Kategorie	max. Frequenz	Erläuterungen
5	100 MHz	100BaseT, 100-MBit/s., Ethernet
5e	100 MHz	1000BaseT, max. Ethernet
6	250 MHz	Gigabit-Ethernet
7	600 MHz	Gigabit-Ethernet

Wireless-LAN-Verbindungen

Twisted-pair-Kabel: Englische Bezeichnung für verdrillte, gekreuzte und isolierte Adernpaare; für Netzwerke und Telefonie eingesetzt, in verschiedene Kategorien nach Frequenzbereichen eingeteilt (am meisten Cat.5-Kabel für Übertragungsgeschwindigkeiten bis zu 100 MBit/s (100BaseT), in der erweiterten Kategorie (e = enhanced) mindestens Cat.5e für Geschwindigkeiten bis zu 1 000 MBit/s (1000BaseT). Der Frequenzbereich wird in Megahertz (MHz) angegeben. Die Kabellänge ist beim Ethernet-Standard mit Sterntopologie auf 100 m begrenzt.

Patch-Kabel: Normales 1:1-Kabel für den Anschluss des PC mit Hub oder Switch.

Cross-Over-Kabel: (Leitungspolung über Kreuz vertauscht) für die Vernetzung von zwei PC direkt oder zwei Switches ohne Uplinkport.

Leitungsqualitäten:

U/UTP: sind einfach aufgebaut, ungeschirmt, deutlich schlechtere Übertragungsrate/-qualität, günstig (UTP = unshielded twisted pair)

S/UTP: geschirmt (Kupfer- oder Aluminiumgeflecht)

S/STP: zusätzlich zum Schirmgeflecht sind die einzelnen Adern mit Alufolie geschützt, sehr hochwertig, jedoch auch als Kabel wenig flexibel zu verlegen.

FTP: Kabel mit Folienschirm. Kostengünstiges meist verwendetes Industriekabel.

Lichtwellenleiter (LWL-Kabel): Kabel aus Glasfaser oder Kunststoff für die Übertragung von Lichtimpulsen, hohe Datenübertragungsleistung über große Entfernungen, kleine Kabeldurchmesser, kaum störanfällig, abhörsicher, mit einer Festader oder Bündeladern.

Als Sender für die LWL-Übertragung stehen Leuchtdioden (LEDs) und Laserdioden (LD) zur Verfügung. Aufwendige Verlegung und teure Anschlusstechnik.

Mit dem Standard 802.11g sind Übertragungsraten von theoretisch 54 Mbit/s (praktisch 15 Mbit/s) über Entfernungen bis 50 Metern möglich. Diese Werte können durch die Raumaufteilung, Baustoffe, durch Nutzung von Handys oder Bluetoothgeräten im selben Frequenzbereich (z. B. 2,4 GHz) reduziert werden. Neuere Produkte erlauben kabellose Kommunikation mit Geschwindigkeiten bis zu 300 Mbit/s.

Für Notebooks werden WLAN-Sticks angeboten, die mobile Kommunikation erlauben.

Datenfunksysteme oder Wireless-LAN

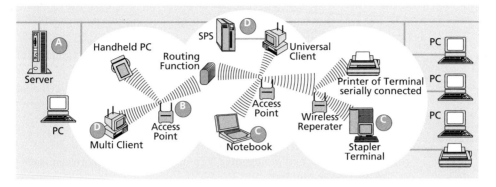

Mitarbeiter und Arbeitsplätze werden heute flexibel eingesetzt. Das Verlegen von Kabeln in und zwischen Gebäuden ist teuer. Datenfunksysteme lassen sich flexibel in verschiedene Netzsysteme integrieren. Im Beispiel wird an den Server ein leistungsfähiges Backbone-Netz (Hauptnetz) A angeschlossen. Am Backbone angeschlossen sind Basisstationen B (Access Points), die Funkzellen bilden, innerhalb derer sich Clients völlig frei bewegen können. Auch Computer, Notebooks und Drucker (C) können über Funk angesprochen werden. Auch mit anderen Netzen oder Systemen (D) kann kommuniziert werden.

Aufgaben

1. Was ist richtig, was ist falsch?

   a) Ein Repeater dient als Signalverstärker in einem Netz.

   b) Ein Hub dient als preiswerte Verbindungskomponente zum Anschluss von Computern an das Netz.

   c) Ein Switch ist ein „Schalter" zum mechanischen Zuschalten von Druckern und Servern im Netz.

   d) Als Steckverbindung für Netzkomponenten werden insbesondere RJ-45-Anschlüsse verwendet.

   e) Eine Bridge verbindet unterschiedliche Teilnetze.

   f) Ethernetkarten gibt es als Fast-Ethernet und Gigabit-Ethernet.

   g) Wireless-LAN bietet sich besonders bei mobilen Arbeitsplätzen und provisorischen Netzaufbauten an.

   h) Ein Router dient im Netz zur Durchführung von Back-ups.

   i) Für betriebliche Netze wird insbesondere das Twisted-pair-Kabel eingesetzt.

   j) Eine Ethernet-Karte ist eine Netzwerkkarte, die weltweit mit einer eindeutigen Kennung versehen ist.

   k) Ein Netzwerkadapter ist ein BNC-Anschluss als Endwiderstand im Bus-Netz.

   l) Ein Hub dient als Druckserver (Hubber) im Netz.

   m) Fast-Ethernet überträgt 100 Megabit/Minute.

n) Ein Netzwerkadapter ist eine Netzwerkkarte, die in einen Slot des Motherboards eingesteckt wird.

o) Das LWL-Kabel ist ein älteres und noch für kleine Netze verwendetes Kupferkabel (Lower Light Net).

p) Ein Router kann eine Internetverbindung mehrerer Computer zum Telefonnetz herstellen.

q) Das LWL-Kabel ist ein schnelles, datensicheres und teures Netzkabel auf der Basis von Lichtwellen.

r) Ein Repeater verbindet unterschiedliche Netze.

s) UTP-Kabel sind die hochwertigsten Kabel im Netz.

t) Ein Switch ist ein intelligenter Hub und erhöht die Übertragungsgeschwindigkeit im Netz.

u) Wireless-LAN ist eine ältere Technik mit aufwändiger Kabelverlegung auf LWL-Basis.

2. Ordnen Sie folgende Begriffe den Komponenten richtig zu:
   – Netzwerkmedium   – Netzwerkanschlüsse   – Geräte und Adapter
                                                        zur Verbindung

   a) Twisted-pair   f) Switch

   b) Bridge   g) Patchkabel

   c) Cross-Overkabel   h) Wireless

   d) Ethernet-Karte   i) RJ-45

   e) LWL   j) Hub

Kommunikation durch das OSI-Referenzmodell

 Sie hören immer wieder, dass sich Geräte und Netzwerkkomponenten auf das OSI-Referenzmodell beziehen, wenn es um Kommunikation über Netze geht.

Kommunikation zwischen Sender und Empfänger funktioniert nur, wenn sich beide verstehen. Damit dies international möglich ist, müssen langfristig Vereinbarungen getroffen werden.

Die ISO (International Standardizing Organization) hat mit der Festlegung des OSI-Referenzmodells Normen für eine herstellerunabhängige Kommunikation (Open Systems Interconnection) aufgestellt. Es wurden insgesamt 7 Schichten (Schichten 1 bis 4 für den Datentransport und die Schichten 5 bis 7 für die anwendungsorientierte Ebene) festgelegt.

Je nach Aufgabe der Verbindungskomponenten werden die Verbindungen über verschiedene Ebenen des OSI-Referenzmodells hergestellt:

Anwendung durch Endnutzer	Gerät	Zuständigkeit
Schicht 7 **APPLICATION LAYER** Anwendungsschicht		zuständig für die Anpassung an die jeweilige Anwendung
Schicht 6 **PRESENTATION LAYER** Darstellungsschicht		zuständig für Syntax und Zeichensatz
Schicht 5 **SESSION LAYER** Kommunikationsschicht	**GATEWAY**	zuständig für Zugangskontrolle und Sicherheit
Schicht 4 **TRANSPORT LAYER** Transportschicht		zuständig für die Adressierung eines Endteilnehmers und den Aufbau einer Verbindung
Schicht 3 **NETWORK LAYER** Vermittlungsschicht	**ROUTER**	zuständig für die Wahl des Weges und die Kopplung unterschiedlicher Netze
Schicht 2 **DATA LINK LAYER** Sicherungsschicht	**BRIDGE, SWITCH**	zuständig für richtigen und vollständigen Transport
Schicht 1 **PHYSICAL LAYER** Bitübertragungsschicht	**REPEATER, HUB**	zuständig für physikalischen Transport (Verstärkung)
Physikalischer Anschluss an das Netzwerk		

Auf das OSI-Referenzmodell beziehen sich die einzelnen Protokolle. So bezieht sich z. B. das FTP-Protocol insbesondere auf die Schichten 5 – 7, das TCP-Protocol auf die Schicht 4 und das IP-Protocol auf die Schicht 3 des OSI-Referenzmodells.

Netzwerkprotokolle bestimmen insbes. Größe der Datenpakete, Adressierungs- und Sicherungsverfahren, Dienste		
Bezeichnung	**Erläuterung**	**Herkunft**
FTP	File Transfer Protocol, um Dateien zwischen zwei Systemen zu übertragen.	Wissenschaftsinstitute (USA)
TCP/IP	Transmission Control Protocol/Internet Protocol – in UNIX, heterogenen Netzen und Internet der Standard.	Wissenschaftsinstitute (USA)
IPX/SPX	Internetwork Packet Exchange Protocol/ Sequenced Packet Exchange Protocol, für Netzwerke unter Novell Netware.	Novell
NetBIOS	Network Basic Input Output System.	IBM
NetBEUI	NetBIOS Extended User Interface.	Microsoft
NDIS	Network Device Interface Specification.	Multilinkprotokoll von Microsoft
ATM	Asynchronous Transfer Mode für LAN/WAN-Kommunikation sehr schnell, für Multimedia im Netz.	ITU (International Telecommunications Union)
Apple Talk	als Local Talk für Peer-to-peer-Netze oder Ether Talk.	Apple

Aufgaben
1. Welche Vereinbarungen sind zuständig, damit Kommunikation einwandfrei funktioniert?
   - a) TCO 99
   - b) Energy Star
   - c) MPR-II-Norm
   - d) OSI-Referenzmodell
   - e) Ergonomie-Verordnung

2. Aus wie viel Schichten besteht das OSI-Referenzmodell?
   - a) 6
   - b) 5
   - c) 7
   - d) 8
   - e) 4
   - f) keine Schichten, sondern Topologien

3. Welche Schicht des OSI-Referenzmodells wird angesprochen?
   - a) Der deutsche und der englische Zeichensatz sollen aufeinander abgestimmt werden.
   - b) Die Steckerbelegung soll festgelegt werden.
   - c) Das Anwendungsprogramm will auf verteilte Datenbanken zugreifen.
   - d) Die Verbindung zu einem Empfänger wird hergestellt.
   - e) Empfänger und Sender müssen störungsfrei Daten austauschen.
   - f) Ein Repeater soll zur Signalverstärkung eingesetzt werden.
   - g) Mit dem FTP-Programm sollen Dateien übertragen werden.

Netzwerk-Topologien

Situation   Netzwerkspezialisten sprechen immer wieder von Topologien und stellen die Stern-Topologie als besonders sicher heraus.

Unter einer **Topologie** versteht man den **logischen oder physikalischen Aufbau eines Netzwerkes,** durch den die Struktur des Netzes festgelegt ist. Durch die räumliche Anordnung und Verbindung der einzelnen Komponenten im Netzwerk legt man somit die **Netzwerkarchitektur** fest. Merkmale sind:

▶ Anordnung und Verkabelung der Server und der Clients
▶ Verbindungen eines Netzwerkes mit anderen Netzwerken im Netzverbund (Anschlussschema)
▶ Verkabelungstechnik im Netz

Grundsätzlich wird zwischen Stern-, Ring- und Bus-Topologie mit speziellen Vor-und Nachteilen unterschieden, wobei in erster Linie die logische Verbindung gemeint ist.[1]

Bus-Topologie

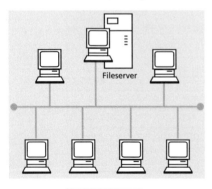

Fileserver

Server und Workstations werden über einen Hauptleitungsstrang (Bus) angeschlossen. Die Netzwerkadapter/-karten sind direkt an den Bus angekoppelt. Anfang und Ende des Busses werden mit je einem Abschlusswiderstand versehen. Jede Workstation kann mit jeder anderen Workstation kommunizieren, ohne dass ein Server unbedingt erforderlich ist (z. B. Peer-to-peer-Netz). Im Gegensatz zur Ring-Topologie können die Daten in beide Richtungen fließen, um die Zielstation auf kürzestem Wege zu erreichen. Je mehr Stationen im Netz ihre Informationen übertragen, desto höher ist die Kollisionsgefahr bei der Datenübertragung.

---
1 So kann z. B. mit einer sternförmigen Verkabelung eine (logische) Ringtopologie umgesetzt werden.

Da bei jeder Kollision die laufende Übertragung abgebrochen und wiederholt werden muss, können bei einer hohen Netzauslastung längere Wartezeiten entstehen. Die Leistung des Bussystems hängt somit wesentlich auch von der Zahl der Stationen und der Netzbelastung ab. Daher ist diese Topologie gut für kleinere Netze und Netze mit einem geringeren Datendurchsatz geeignet und wird nur noch in wenigen Bereichen eingesetzt. Die Bus-Topologie wird aufgrund des Zugriffverfahrens und der eingesetzten Komponenten auch als Ethernet-Topologie angesprochen.

Bus-Topologie	
Vorteile	**Nachteile**
▶ geringer Verkabelungsaufwand ▶ kostengünstige Vernetzung ▶ leicht zu erweiterndes Netz, auch im laufenden Betrieb ▶ Der Ausfall eines Systems führt nicht zum Netzausfall.	▶ Kollisionsgefahr in der Datenübertragung bei hoher Netzauslastung. ▶ in der Netzlänge und der Zahl der Arbeitsstationen begrenzt ▶ Kabelfehler schwer zu lokalisieren

Stern-Topologie

Hier werden alle Stationen (Server, Workstations) sternförmig an einen Sternkoppler (Hub = Mittelpunkt, Nabe) mit 10 bis 100 gleichberechtigten Anschlüssen als Informationsvermittler angeschlossen.

Stern-Topologie	
Vorteile	**Nachteile**
▶ leicht erweiterbar durch freie Plätze am Hub ▶ keine Datenkollisionen mit anderen Rechnern ▶ hohe Übertragungsgeschwindigkeit zum Server ▶ hohe Ausfallsicherheit und Kontrollmöglichkeit	▶ Ausfall des Servers oder des Hubs führt zum Ausfall des Netzes. ▶ teure Verkabelung, da jede Station mit dem Hub verbunden wird ▶ Bestehende Leitungen können nicht für Erweiterungen genutzt werden. ▶ keine direkte Weiterleitung der Daten an benachbarte Stationen möglich (lange Übertragungswege)

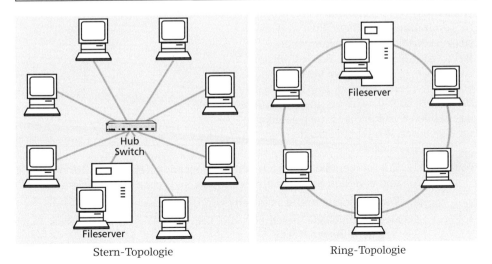

Stern-Topologie   Ring-Topologie

Netzwerk

Ring-Topologie

Das Ringnetz hat eine in sich geschlossene Verkabelungsstruktur, nur unterbrochen von Netzwerkadaptern der Workstations und der Server. Die Datenpakete werden in einer Richtung von der Quellstation zur Zielstation im Ring herumgeschickt, wobei jede Station prüft, ob die Informationen für sie bestimmt sind. Für Ringverbindungen werden Twisted-pair- oder Lichtwellenleiter (LWL) als Verbindungsmittel verwendet.

Ring-Topologie	
Vorteile	**Nachteile**
▶ leichte Erweiterbarkeit ▶ preiswertere Verkabelung ▶ keine Datenkollisionen ▶ hohe Leistung auch bei großer Belastung ▶ Fehler am Netz leichter zu lokalisieren.	▶ begrenzte Übertragungsrate ▶ Ringnetz darf nicht unterbrochen werden, sonst fällt das gesamte Netz aus. ▶ höherer Verkabelungsaufwand

Damit das Netzübertragungsmedium (die Topologie) allen angeschlossenen Arbeitsstationen gemeinsam zur Verfügung gestellt werden kann, müssen Verfahren der Zugriffssteuerung auf das Netz die konfliktfreie Nutzung ermöglichen:

Verfahren der Zugriffssteuerung	
CSMA/CD/CA-Verfahren	**Token-Ring-Verfahren**
Carrier Sense Multiple Access/Collision Detection = Trägersignalerkennung und Vielfachzugriff mit Kollisionserkennung: Ein Zugangsverfahren mit gleichberechtigten Stationen. Grundsätzlich können alle Stationen gleichzeitig auf das Netz zugreifen. Ständig wird von den Stationen das Netz auf Benutzung geprüft (carrier sense). Treten Datenkollisionen auf, werden Daten erneut gesendet. Bei hoher Datenübertragungsrate und Netzauslastung kein geeignetes Verfahren. In Verbindung mit einem Bus wird dieses Verfahren auch **Ethernet** genannt. Bei dem CA-Verfahren (CA = Collision Avoidance = Kollisions-Vermeidung) wird vor dem Senden zunächst ein Rundspruch an alle Clients gesendet, um das Senden anzukündigen; insbesondere im kabellosen WLAN bevorzugt.	Ein Datenrahmen (Token = Staffelstab) wird ständig mit genauer Zeitbestimmung als Informationstransportmittel im Netz von Station zu Station gereicht. Dieser Token ist entweder leer oder mit adressierten Daten gefüllt. Bei diesem Verfahren kann es nicht zu Kollisionen kommen.

Aufgaben   1. Erkundigen Sie sich nach der Topologie des Netzwerkes Ihrer Schule und erstellen Sie dazu ein Schaubild.

2. Was ist richtig und was falsch?

   a) Die Topologie beschreibt die Lage des Peer-to-peer-Netzes beim Client-Server-Netz.

   b) Die Topologie beschreibt die physikalische Kabelvernetzung.

c) Die Stern-Topologie ist die einfachste und preiswerteste Vernetzung.

d) Die Bus-Topologie ist besonders sicher und leistungsstark bei hohem Datenaufkommen.

e) Bei der Ring-Topologie sorgt ein Token (Staffelstab) für eine sichere Übertragung.

f) Ethernet ist eine Bus-Topologie.

g) Die Bus-Topologie lässt sich einfach erweitern und kostengünstig installieren.

h) Das CSMA-Verfahren ist typisch für die Bustechnologie, das Token-Verfahren für die Ring-Topologie.

Terminalserver

Situation   Client-Server-Vernetzungen bringen aufgrund ihrer heterogenen Hard- und Softwareausstattung häufig hohen Verwaltungsaufwand für die Netzwerkbetreuer und insgesamt hohe Kosten für Hard- und Software mit sich. Durch die hohen Leistungsanforderungen der PC-Arbeitsplätze müssen höhere Umweltbelastungen (z. B. Arbeitsgeräusche der Lüfter und Laufwerke, Stromverbrauch) in Kauf genommen werden. Wichtige oder gar sensible Daten sind möglicherweise über das ganze Firmennetz verstreut und deren Diebstahl wird dadurch erleichtert. Auf der Suche nach alternativen Vernetzungen findet das Terminalkonzept immer mehr Beachtung.

Mit dem Terminalserver werden vermehrt Technologien auf PC-Basis installiert, wie man sie nur vom Großrechnerbereich kennt. Die PCs am Arbeitsblatz werden ausschließlich als Terminals konfiguriert, die alle Anwendungsleistungen vom Server erhalten. Wenn der Benutzer eine Anwendung mit Terminalserver ausführt, laufen alle Programme auf dem Server ab, nur Tastatur-, Maus- und Anzeigeinformationen werden über das Netzwerk übertragen. Diese Infrastruktur erlaubt es, an vielen Arbeitsplätzen so genannte **Thin Clients** einzusetzen, die von den meisten Hardwareherstellern als abgespeckte Netzwerk-PCs angeboten werden.

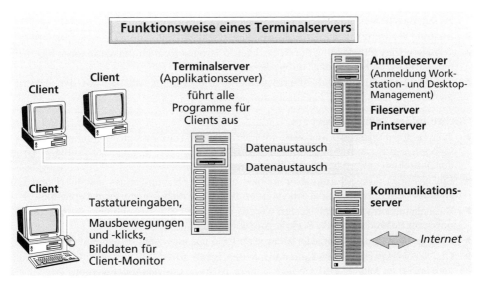

Funktionsweise eines Terminalservers

Client

Client

Client

Terminalserver (Applikationsserver) führt alle Programme für Clients aus

Datenaustausch

Datenaustausch

Tastatureingaben, Mausbewegungen und -klicks, Bilddaten für Client-Monitor

Anmeldeserver (Anmeldung Workstation- und Desktop-Management)

Fileserver

Printserver

Kommunikationsserver

Internet

Oder es können sonst veraltete PC wieder als „PC-Terminals" zum Einsatz kommen. Eine CPU ab 300 MHZ und 64MB RAM sollten für einen PC-Client schon ausreichend sein. Terminalserver-Lösungen mit Thin-Clients sind immer dann besonders sinnvoll, wenn am Arbeitsplatz keine Laufwerke oder Drucker benötigt bzw. nicht stark beansprucht werden und der Mitarbeiter am Arbeitsplatz mit der Hard- und Softwarekonfiguration nichts zu tun haben soll/will. Sofern man über ein zuverlässiges 100-MBit/s-Netzwerk verfügt, kann der Großteil der weniger anspruchsvollen Datenverarbeitungsaufgaben, zum Beispiel Textverarbeitung, Tabellenkalkulation, E-Mail, Internet-Surfen, Auftragsbearbeitung oder Buchhaltung problemlos von Thin-Clients übernommen werden. Hierfür muss man dem Netzwerk lediglich einen weiteren Server hinzufügen und diesen als Terminalserver konfigurieren. Verschiedene servergestützte Terminalprogramme zum Einsatz von Thin-Client-Umgebungen werden verwendet: z. B. Sun Solaris, Microsoft Windows Terminal Services (auf der Basis des RDP-Protokolls) und Citrix-Umgebungen (auf der Basis des ICA-Protokolls) auf einem Windows- oder Unix-gestützten Server beziehungsweise einer Serverfarm (unter Microsoft Windows Server 2003 und Terminal Server können die Arbeitslasten auf bis zu 32 Servern verteilt werden), sodass auch beim Ausfall eines Servers das Netz funktionstüchtig bleibt.

Vorteile des Terminalservers

▶ schnelle und zentralisierte Bereitstellung von Anwendungen

▶ Der Administrationsaufwand der PCs im Netzwerk wird deutlich reduziert; bis zu 80 % der Wartungskosten im Netzwerk können eingespart werden.

▶ Durch die zentrale Bereitstellung der Software können neue Anwendungen schnell zur Verfügung stehen.

▶ Als Terminals können gut auch sonst veraltete PC eingesetzt werden.

▶ Hardwarekosten der Arbeitsplatz-PC sind wesentlich geringer.

▶ Laufwerke (Festplatte, Disketten- und CD-Laufwerk) sind überflüssig, wenn die „PC-Terminals" über ein Boot-Eprom „hochgefahren" werden.

▶ Ohne Laufwerke kann die Lärmentwicklung am „PC-Terminal" minimiert werden.

▶ Vorhandene Mainframe-Systeme können besser in das Netzwerk eingebunden werden.

▶ Die „Lebensdauer" von Thin-Clients beträgt mindestens 10 Jahre.

▶ Da über das Netzwerk ausschließlich die Ein- und Ausgabedaten und keine Programmdaten versendet werden, ist i. d. R. die benötigte Bandbreite bzw. geforderte Netzleistung geringer als beim Client-Server-Netzwerk.

▶ Zentrale Verwaltung verhindert die Installation von Raubkopien.

▶ geringere Umweltbelastung durch geringeren Stromverbrauch und geringeren bzw. keinen Lärm durch Fehlen der Laufwerke

▶ weniger Hardwarediebstahl durch geringere Hardwareinvestitionen an den Arbeitsplätzen

Nachteile des Terminalservers

▶ Fällt der Terminalserver aus, kann an keinen Arbeitsstationen gearbeitet werden. Deshalb müssen Ersatzserver und andere Sicherheitskonzepte je nach notwendigem Grad der Betriebssicherheit bereitgestellt werden.

▶ Ein leistungsstarker Terminalserver bzw. ein Serververbund muss installiert und ein Netzwerkadministrator eingesetzt werden (vgl. dazu auch Peer-to-Peer-Netzwerk).

▶ Zusätzliche Software-Lizenzkosten werden evtl. durch Zusatzfunktionen für den Terminalserver notwendig (vgl. z. B. citrix.com oder tarantella.com).

▶ Zentrale Verwaltung: Nicht jeder Mitarbeiter kann mal kurz „sein" Programm installieren.

▶ Die Netzwerkperformance kann dann leiden, wenn große Datenmengen über das Netz vom Server zu lokalen Peripheriegeräten (z. B. Druckern) versendet werden.

Aufgabe Was ist richtig, was ist falsch?

a) Beim Terminalserver laufen die Anwendungsprogramme aller Workstationnutzer auf dem Server.

b) Der Terminalserver ist ein Fileserver, der die verarbeiteten Daten der Workstation speichert.

c) Die Workstations (Clients) müssen entsprechend ihren Programmanforderungen gut ausgestattet sein, damit die Anwendungsprogramme ablaufen können.

d) Workstations haben als Thin Clients nur minimale Hardwareanforderungen, da diese als Terminal nur die Eingabe- und Ausgabedaten zum und vom Server steuern.

e) Wegen der Hardwareanforderungen fallen die Investitionen für Clients beim Terminalserver wesentlich höher aus.

f) Fällt der Terminalserver oder das Netzwerk aus, so sind die Clients ohne Alternative funktionsuntüchtig.

g) Der Administrationsaufwand beim Terminalserver ist hoch, da die Anwendungsprogramme sowohl auf dem Server als auch auf der Workstation installiert werden müssen.

RAID-Controller-Systeme für Datensicherheit und Performance von Festplatten

Situation Bei CMW wird Datensicherheit groß geschrieben. Festplatten sollen möglichst mit RAID-Controllern versehen sein.

Wissenschaftler der Universität von California/Berkeley hatten die Idee, mehrere Festplatten zusammenzuschließen und die Datenspeicherung so auf den Festplatten zu organisieren, dass erhöhte Anforderungen an Datensicherheit und Schnelligkeit der Datenspeicherung bzw. Datensuche ermöglicht werden. Sie definierten fünf durchnummerierte Varianten und nannten die Erfindung „Redundant Array of Inexpensive Disks", kurz RAID. Immer häufiger begegnet man auch der Erklärung „Redundant Array of Independent Disks". Bei den RAID-Stufen 1 bis 5 darf jeweils ein Datenträger ausfallen, ohne dass das System seinen Betrieb einstellen müsste. RAID-Controller-Karten werden schon preiswert für den PCI-Bus und bis zu vier ATA (EIDE)-Festplatten für RAID 0 und 1 angeboten. Mittlerweile sind Mainboards erhältlich, die einen RAID-Controller auf der Mainboard-Platine integriert haben.

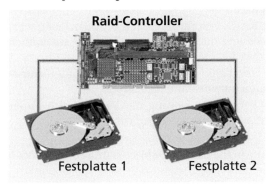

Raid-Controller

Festplatte 1   Festplatte 2

RAID-Controller: Ausgewählte Level	
RAID 0	Im RAID-0-System werden zwei und mehr gleich große Festplatten zusammengeschaltet, um die Schreib-Lese-Geschwindigkeit um bis zu 100 % zu erhöhen – z. B. zur Verarbeitung von digitalen Video-Daten. Da bei RAID 0 keine Daten doppelt gespeichert werden, gehen Daten verloren, wenn eine RAID-Platte ausfällt. Da die Daten verteilt gespeichert werden, sind auch die Daten der heilen Festplatte verloren.
RAID 1	In einem RAID-1-System, auch „Drive Duplexing" oder „Mirroring" (Spiegelung) genannt, werden auf zwei Festplatten identische Daten gespeichert. Es ergibt sich damit eine Redundanz von 100 Prozent. Fällt eine der beiden Platten aus, so arbeitet das System mit der verbleibenden Platte ungestört weiter. Eine Empfehlung für sicherheitsbewusste Anwender, die auf die umständliche Datensicherung mit CDs oder DVDs verzichten möchten.
RAID 10	Wer Schnelligkeit und Datensicherheit zugleich braucht, greift auf den RAID-Level 0+1 zurück. Manchmal wird dieser RAID-Level auch RAID 10 genannt. Hierbei werden die Performancevorteile von RAID 0 mit der Datensicherheit von RAID 1 kombiniert. Um RAID 10 in Betrieb zu nehmen, benötigt man i. d. R. vier gleich große Festplatten. In einem RAID 10 (RAID 0 +1) laufen zwei Festplatten im RAID-0-Modus, wo die zu schreibenden und zu lesenden Daten auf beide Festplatten in den so genannten Stripes aufgeteilt werden. Damit wird die gewünschte Performancesteigerung erreicht. Um nun die 100%ige Datensicherheit zu garantieren, werden die beiden ersten Festplatten auf die Festplatten 3 und 4 gespiegelt. Fällt nun eine der vier Festplatten aus, sind trotzdem alle Daten lesbar und man kann das System weiterhin benutzen. RAID 10 ist kostspieliger, da man mindestens vier Festplatten benötigt und letztendlich nur die Kapazität zweier Festplatten nutzen kann.
RAID 5	Der typische RAID-Level für Server ist RAID 5. Für ein RAID 5 sind mindestens drei Festplatten erforderlich, damit Daten doppelt und verteilt abgelegt werden können. Daten können bei Ausfall einer Festplatte sicher durch die doppelte Speicherung erhalten bleiben. Auch die Performance ist gut, sodass diese Variante sehr verbreitet ist. Ein RAID 5 kann auch auf mehr als drei Platten stattfinden. Bei fünf Platten erhält man eine Gesamtkapazität von vier Platten, 20 Prozent der Kapazität gehen für die Paritydaten drauf. Je mehr Platten am Raid-5-Controller angeschlossen sind, desto höher ist der Performancegewinn.
RAID 6	RAID 6 funktioniert ähnlich wie RAID 5, verkraftet aber den gleichzeitigen Ausfall von bis zu zwei von vier Festplatten gegenüber nur einer von drei Festplatten bei RAID 5 und erhöht damit die Ausfallsicherheit. Diese Ausfallsicherheit wird durch zwei mathematische Parity-Berechnungen und durch eine zweite Parity-Festplatte realisiert. Allerdings wird diese Ausfallsicherheit mit deutlich langsameren Schreibzugriffen und damit einer geringeren Performance im Vergleich zu RAID 3 bis 5 erkauft. Mit schnelleren Festplatten und der Forderung nach größerer Ausfallsicherheit wird RAID 6 die erste Wahl sein.

Aufgabe   Was ist richtig, was ist falsch?

     a) Festplatten können mit RAID-Verfahren gemeinsam betrieben werden, was die Performance und/oder die Datensicherheit wesentlich verbessert.

     b) Unter RAID 0 kann der User seine alten Festplatten mit unterschiedlichen Speicherkapazitäten gut zusammenschalten.

     c) RAID 1 wird ausschließlich zur Steigerung der Performance in der Datenspeicherung, nicht zur Datenspiegelung verwendet.

     d) RAID 10 verbindet RAID 0 und 1.

     e) Bei RAID 10 können unterschiedliche Festplattengrößen verbunden werden.

     f) RAID 6 führt zwei Parity-Berechnungen durch.

VPN

Ein VPN oder **Virtual Private Network** („Virtuelles Privates Netz") verbindet externe Rechner mit dem lokalen Netzwerk und verschlüsselt hierbei auch die Daten. Mit VPN kann man in einem ungeschützten Netz (Internet, Funknetz) ein sicheres Teilnetz aufbauen, in dem die Kommunikation gegen Abhören und Zugriffe fremder Teilnehmer abgeschottet ist. Ist man im VPN eingebunden, agiert man wie in einem lokalen Netz. Die Technik eignet sich daher zum Zugriff auf das eigene LAN oder Multiplayer-Spiele, die nur die Nutzung innerhalb eines LANs erlauben.

Die für die VPN-Verbindung notwendigen VPN-Protokolle sind PPTP (Point to Point Tunneling Protocol) und IPSec (IP Security), die durch Windows mit installiert werden. Auf der Serverseite (dort, wo man sich einwählen möchte) muss ein VPN-Server laufen.

VoIP

Voice over IP ist die Telefonie übers Internet (IP steht hier für das Internetprotokoll) und erfreut sich wachsender Beliebtheit. Je mehr Nutzer per Breitband-Internet und Datenflatrate online gehen, desto attraktiver wird es, sein gutes, altes Telefon aus der Festnetz-Buchse und in den Router zu stöpseln. Selbst im Mobilfunk hält VoIP, dank wachsender Übertragungsraten, Einzug, auch wenn sich so mancher Netzbetreiber gern dagegen zur Wehr setzt.

Herkömmliche Telefone können über Adapter angeschlossen werden, ideal sind allerdings spezielle **IP-Telefonapparate**. Es ist auch möglich, mit einem normalen PC und einem Headset sowie einer speziellen Software über IP zu telefonieren.

VoIP Telefonnetze werden über **Gateways** mit dem herkömmlichen Telefonnetz verbunden. Das Gateway ermöglicht, jede beliebige **Telefonnummer im öffentlichen Telefonnetz** zu erreichen. Ebenso ist über ein spezielles Nummernvergabeverfahren sichergestellt, dass der VoIP-Nutzer von überall erreichbar ist.

Grundsätzlich sind IP-Telefonate **gebührenfrei**. Nur bei der Vermittlung ins öffentliche Telefonnetz fallen vergleichsweise geringe Kosten an. Erhebliche Kosteneinsparungspotenziale bieten sich für Unternehmen zusätzlich durch die einfachere Administration der VoIP-Technik im Vergleich zu konventionellen TK-Lösungen.

Steigende Kriminalität durch Vernetzung

Kriminalität in Datennetzen kann sich verheerender auswirken als die meisten anderen vom Menschen verursachten Katastrophen. Die Bedrohung äußert sich in Form von Angriffen auf Computer und Computersysteme mit dem Ziel, deren Funktionsfähigkeit zu stören. Fachleute haben erkannt, dass die Aktivitäten im Bereich der bedrohlichen Netzkriminalität exponentiell wachsen. Daher wurde in der Europäischen Kommission die Sonderabteilung ENISA eingerichtet, die dafür sorgen soll, dass ausreichende Sicherheitsmaßnahmen in alle Produkte implementiert werden. Mit der Schaffung besserer Standards sorgt die EU für sicherere und stabilere Plattformen, auf denen künftige E-Commerce-Aktivitäten abgewickelt werden.

Servervirtualisierung

Mittelgroße Unternehmen müssen nicht selten 40 bis 70 Server einrichten und warten, um die vielen IT-Dienste zu ermöglichen, z.B. als Datenbank-Server, Mail-Server, Fileserver, Domain-Controller, Web- und Print-Server. Ohne virtuelle Server, also in der physischen Serverwelt, war es üblich möglichst jeder bedeutenden Applikation einen eigenen physischen Server zuzuweisen. Damit konnten die einzelnen Software-Programme sauber voneinander isoliert werden. Aber das führte zu einem Wust von Rechnern, von denen viele nur gering ausgelastet waren. Und die Kosten für diese Server-Landschaft liefen schnell aus dem Ruder. Nicht wenige Unternehmen wenden bis zu 90% ihres IT Budgets allein für den Betrieb ihrer IT auf. Dabei werden heute noch sehr viele Tätigkeiten im IT-Betrieb manuell ausgeführt beziehungsweise manuell angestoßen. Dieses gilt insbesondere für den Transport, das Aufstellen, das Verkabeln oder die Administration von Infrastruktur-Komponenten.

Durch Servirtualisierung können auf der Basis eines oder mehrerer physischer Server (Hosts) virtuelle Server aufgesetzt werden. Virtualisierung ermöglicht die Ausführung mehrerer Anwendungen und Betriebssysteme auf nur einem Server. Durch Virtualisierung werden die Abhängigkeiten von der physischen Infrastruktur beseitigt, so dass das früher nur schwer erreichbare Ziel der Automatisierung leichter realisierbar wird. Mit Server-Virtualisierung können die Hardwareressourcen der Server-Systeme wie Prozessoren, Arbeitsspeicher, Festplatten und I/O-Komponenten dynamisch und flexibel auf der logischen Ebene zugeordnet werden.

Physische Server waren vorher oft nur zu einem geringen Prozentsatz (etwa 20 Prozent) ausgelastet. Die übrigen Kapazitäten wurden nicht oder nur in Spitzenzeiten genutzt. Mit virtuellen Servern wird eine Auslastung der physischen Server von bis zu 80 Prozent möglich. Administratoren können Arbeitslasten von einem virtuellen Arbeitsbereich rasch in einen anderen verschieben. So werden Geschäftsanforderungen nach Priorität eingestuft und zugleich die Serverressourcen maximiert. Dadurch sparen Unternehmen Geld, das sonst für Hardware, Kühlung, Stellfläche und Energie ausgegeben wird. Außerdem bieten virtuelle Server eine höhere Ausfallsicherheit.

Die Entkoppelung der Hardware, Betriebsysteme und Anwendungen voneinander, die Bereitstellung von Automatisierungs-, Überwachungs- und Managementwerkzeugen ist die Grundlage des Cloud-Computings. Cloud-Computing ist die bedarfsgerechte, internetbasierte Bereitstellung von IT-Leistung. Cloud-Computing ermöglicht Unternehmen damit die kostengünstige und flexible Nutzung von IT-Ressourcen.

Virtualisierung ändert die Anforderungen an die IT-Organisation der Unternehmen und hat maßgeblichen Einfluss auf deren Strukturen. IT-Prozesse müssen angepasst werden, um den Produktivitätszuwachs, den Virtualisierung ermöglicht, auch umsetzen zu können. Dafür muss spezielle Management-Software eingesetzt werden, etwa **VMware vCenter** oder den **Microsoft System Center Virtual Machine Manager**.

In vielen Fällen steht am Anfang die Umsetzung einer Strategie zur **Serverkonsolidierung**, um die mit der Anschaffung und der Verwaltung, dem Stromverbrauch und der Kühlung sowie dem Raumbedarf im Rechenzentrum verbundenen Kosten zu senken.

IT-Technologien der Virtualisierung			
Bewertung	**Client Virtualisierung**	**Server Virtualisierung**	**Speicher Virtualisierung**
Vorteile	▶ Einsparung von Hardware und Energie ▶ höhere Verfügbarkeit ▶ größere Flexibilität ▶ zentrale Datenhaltung ▶ einfacheres Desktopmanagement	▶ Einsparung von Hardware und Energie ▶ höhere Verfügbarkeit von Systemen ▶ größere Flexibilität ▶ einfachere Automatisierung	▶ effektivere Nutzung von Speicherressourcen ▶ unterbrechungsfreie Datenmigration ▶ einfacheres Management
Technologien	▶ Remote Desktop (VDI) ▶ Remote Desktop Protokolle ▶ Connection Broker ▶ Lokale Virtuelle Maschine	▶ Vollvirtualisierung ▶ Paravirtualisierung ▶ Partitionierung	▶ Host-basierte Virtualisierung ▶ Netz-basierte Virtualisierung ▶ Controller-basierte Virtualisierung
Auswirkungen/ Business Impacts	▶ Entkopplung Lebenszyklen von Hardware und Betriebssystem, dadurch maximaler Investitionsschutz ▶ geringere Kosten für Hardware und Energie, vor allem beim Einsatz von Thin Clients ▶ Reduktion von Betriebsaufwänden ▶ erhöhte Datensicherheit	▶ Entkopplung Lebenszyklen von Hardware und Betriebssystem, dadurch maximaler Investitionsschutz ▶ Minimierung der Downtimes ▶ geringere Kosten für Hardware und Energie ▶ schnellere Umsetzung von Businessanforderungen	▶ Investitionsschutz ▶ geringere Betriebsaufwände ▶ schnellere Umsetzung von Businessanforderungen
Besonderheiten	▶ Synergien mit Server-Virtualisierung	▶ Synergien mit Client-Virtualisierung	▶ ergänzt Server-Virtualisierung

Bewertung	**Netzwerk-Virtualisierung**	**Application-Virtualisierung**
Vorteile	▶ einfaches Ressourcensharing ▶ reduktion der Verkabelung ▶ Größere Flexibilität ▶ einfacheres Management	▶ Plattformunabhängigerer Betrieb von Anwendungen ▶ Auflösung von Inkompatibilitäten zwischen Anwendungen untereinander ▶ Auflösung von Inkompatibilitäten zwischen Anwendung und Betriebssystemen
Technologien	▶ Virtual Local Area Network (VLAN) ▶ Virtual Private Network (VPN) ▶ Virtuelle Switche	▶ Kapselung der Anwendung in einen Container/einer Sandbox Emulatoren Laufzeitumgebungen
„Auswirkungen/ Business Impacts"	▶ Reduktion von Betriebsaufwänden ▶ schnellere Umsetzung von Businessanforderungen	▶ schnellere und flexiblere Anwendungsbereitstellung und Provisionierung ▶ unterstützt flexibleres Lebenszyklusmanagement
Besonderheiten	▶ ergänzt Server-Virtualisierung	▶ kann Client- und Server-Virtualisierung ergänzen

Quelle: Bitkom: Leitfaden Server-Virtualisierung, 2010

Als Nachteile der Server-Virtualisierung wurden in erster Linie ein hoher Administrationsaufwand und eine hohe Komplexität genannt. Gerade in der Anfangsphase ist dieser Aufwand sicherlich nicht gering, langfristig sind hier aber durchaus Einsparpotenziale zu erwarten.

Der Ausfall eines physischen Servers kann mehrere virtuelle Maschinen betreffen und somit den Impact auf die Systeme erhöhen.

Viele Unternehmen unterliegen dem Trugschluss, dass sich durch Virtualisierung die Lizenzkosten senken lassen, doch nicht wenige Unternehmen mussten nach dem Einstieg in die Virtualisierung höhere Lizenzkosten entrichten.

Neben dem Einsatz von Management-Software empfiehlt es sich, die Prozessketten im Server-Management zu überdenken. Bei virtuellen Servern kommt es oft zu einem Wildwuchs mit einer großen Zahl von virtuellen Server-Images. Dies zieht dann hohe Supportkosten nach sich. Deswegen ist es nötig, die Zahl der Server-Images im Rechenzentrum sorgfältig zu begrenzen.

Besonders beim Einstieg in die Virtualisierung stellt sich oft der Effekt ein, dass bestimmte Anwendungen langsamer laufen. Schuld daran ist meistens überlastete Host-Hardware. Dies kann vermieden werden, wenn die Bedürfnisse der Anwendungssoftware im Vorfeld mit den Leistungen der Hardware-Infrastruktur ausbalanciert werden. Hier ist ein Tool zur Kapazitätsplanung eine große Hilfe. Eine andere Möglichkeit ist es, die virtuellen Server auf eine größere Zahl von physischen Servern zu verteilen.

10 Statistische Analyseverfahren

10.1 Statistiken beherrschen unser Denken

Situation Sie werden jeden Tag privat und im Betrieb mit Meinungen, Studien und Mitteilungen konfrontiert, die sich auf Statistiken berufen. Mark Twain hat einmal gesagt: „Get your facts first, and then you can distort 'em as you please". Sie möchten sich nicht unkritisch Studien und Meinungen ausliefern, sondern die Hintergründe und Methoden zur Erstellung der Mitteilungen besser verstehen. Im Internet haben Sie nach Statistiken, Studien und Analysen recherchiert. Einige für Sie interessante Meldungen haben Sie zusammengestellt. Sie wollen herausfinden, welche Aufgaben Statistiken haben.

Pressemitteilungen und Trends aus der Statistik

Vergreisung des Staates: Im Jahr 2050 wird – nach der neuesten Bevölkerungsvorausberechnung des Statistischen Bundesamtes – die Hälfte der Bevölkerung älter als 48 Jahre und ein Drittel 60 Jahre oder älter sein.

Jugend und Wellness. Lange jung bleiben und sich wohl fühlen – dieses Ideal breitet sich weiter aus. Einige Experten halten eine neue Klassenteilung für möglich, in gebildete Gesundheitsbewusste, die die Chancen unserer reichen Gesellschaft bis ins hohe Alter genießen und weniger gebildete Leute, die ungesund leben und im Alter leiden müssen. Andere sehen einen allgemeinen Trend der Verjüngung und des wachsenden Gesundheitsbewusstseins. Nach einer Studie des Psychologen Richard Sennett sehen 60jährige Frauen heute so aus wie 50jährige Frauen vor einem Vierteljahrhundert. Demnach wird die Lebenserwartung weiter ansteigen. Seit kurzem nimmt der Unterschied zwischen Frauen (80 Jahre) und Männern (knapp 74 Jahre) nicht weiter zu, sondern hat sich in den letzten drei Jahren erstmals geringfügig verringert – ein Zeichen für die Angleichung der Lebensverhältnisse. Frauen gehen zunehmend in Stressberufe, Männer entdecken jungerhaltende Lebensfaktoren (weniger Tabak und Alkohol, mehr Sport) für sich.

Länger jung bleiben: Nach einer Umfrage des Freiöl-Institut für Hautforschung halten 72,8 % aller Bundesbürger eine gesunde Ernährung für den mit Abstand wichtigsten Anti-Age-Faktor. Dass geistige Beweglichkeit und ein breites Interessenspektrum jung halten, davon sind 44,3 % aller Befragten überzeugt. Regelmäßigen Sport halten 36 %, ein Leben ohne Zigaretten 33 % als förderlich für eine jugendliche Ausstrahlung. Doch auch das soziale Umfeld ist wichtig: Ein Viertel aller Befragten (25,1 %) glauben, dass eine glückliche Partnerschaft jung hält. Was sagt uns das? Den Mann fürs Leben finden, mit dem Rauchen aufhören, um Mac Do einen großen Bogen machen und mit neuer Liebe und Gemüse im Bauch regelmäßig Joggen gehen und Kreuzworträtsel lösen – dann klappt es auch mit dem Anti-Aging! Quelle: beauty24.de

Führungsstil von Frauen: Frauen in Führungspositionen pflegen häufiger als Männer einen modernen und wirkungsvollen Führungsstil. Sie fördern und inspirieren ihre Beschäftigten und spielen weniger ihre Autorität aus. Zu diesem Schluss kommt eine in der Fachzeitschrift „Psychological Bulletin" veröffentlichte Auswertung von 45 Studien über Führungskräfte in Wirtschaft und Wissenschaft.

Drogensüchtige müssen kriminell werden: Geht man davon aus, dass ein Heroinabhängiger pro Tag etwa 0,5 Gramm Heroin benötigt, die im Straßenhandel zwischen 30,00 und 100,00 € kosten, dann benötigt er bzw. sie pro Monat zwischen 1.000,00 und 3.000,00 € für seinen Stoff. Da dieser Betrag in der Regel nicht durch lohnabhängige Arbeit verdient werden kann, wird er durch Straftaten bzw. Prostitution beschafft.

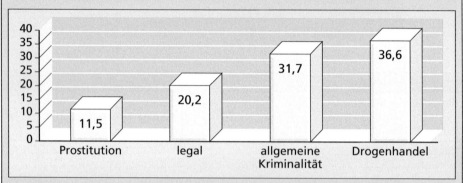

Kreuzer u. a. gehen dabei davon aus, dass 36,6 % der erforderlichen Mittel durch Drogenhandel, 31,7 % durch allgemeine Kriminalität, 20,2 % legal und 11,5 % durch Prostitution beschafft werden.

Geht man von bundesweit 200 000 bis 300 000 Heroinabhängigen aus, dann bedeutet dies einen Betrag von jährlich zwischen 2,4 und 5,0 Milliarden €.

Quelle: BKA-Forschungsreihe Wiesbaden

Singleleben: Zur Jahrtausendwende leben 37 Prozent der Deutschen als Singles. Das beweist: Obwohl laut Umfragen das Familienideal eine Wiedergeburt erlebt, steigt die Zahl der Alleinlebenden weiter an. Nicht mehr so stark wie vor zehn Jahren, als die Singles im Kommen waren, aber die Entwicklungsrichtung ist eindeutig. Vor zehn Jahren strebten noch 90 Prozent der Frauen eine Ehe an, jetzt sind es nur noch 70 Prozent – genauso viel wie schon seit längerem bei den Männern. Der Münchener Familienanwalt Hermann Messmer rechnet im neuen Jahrhundert mit einem Anstieg der Scheidungsrate auf bis zu 80 Prozent. Ein weiterer Trend, der das Singleleben fördert: Partnerschaften (mit und ohne Trauschein) dauern immer kürzer. Die Singlephasen zwischen den Partnerschaften dauern immer länger.

Steuerbescheid: Jeder dritte Steuerbescheid ist fehlerhaft, hat der Bund der Steuerzahler ermittelt.

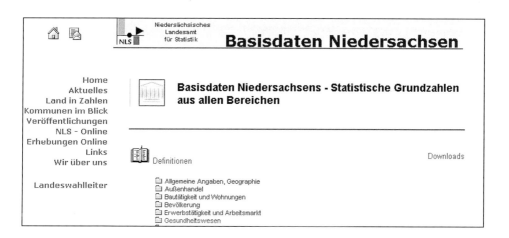

Beispiele für Statistiksammlungen im Internet	
Öffentliche Statistiken	Statistisches Bundesland: http://www.destatis.de Niedersächsisches Landesamt für Statistik: http://www.nls.nieder-sachsen.de
Markt-forschung	z. B. absatzwirtschaft.de, consline.com, questx.ch, mwresearch.de, testraum.de, tns-emnid.com, trendbuero.de, w3b.de, wickert-institute.de
Politik	BMZ: http://www.bmz.de Scheidungsstatistik: http://www.ischeidung.de Handy-Strahlen – Erschreckende Statistiken: http://www.netzwelt.de Flugunfallstatistik: http://www.bfu-web.de/fustat/ Beruf und Ausbildung: http://www.bibb.de
Wirtschaft Forschung und Computer	http://www.innovationsreport.de Statistiken über das Internet: http://www.denic.de Die Welt in Statistiken: http://www.erdkunde-wissen.de IT-Berufe: http://www.gulp.de Deutsche Bundesbank: http://www.bundesbank.de
Sport	Tennis: http://www.tennis-statistiken.de Fußballstatistiken: http://stats.fussball-forum.de/ oder http://www.fussballstatistiken.de/ Leichtalthletik-Statistiken: http://www.maik-richter.de/ Formel 1-Statistiken: http://f1-statistiken.org

Aufgaben

1. Arbeiten Sie o. a. Meldungen durch. Schreiben Sie auf, welche Aussagen aus Statistiken abgeleitet werden. Mit welchen Begriffen werden nackte Zahlen für den Leser zu einer interessanten Lektüre? Wer ist besonders an Statistiken interessiert, welche Funktionen erfüllen Statistiken und welche Bedeutung haben sie in unserem Leben?

2. Surfen Sie im Internet nach Websites mit Statistiken. Notieren Sie sich Ihre Favoriten. Was wollen die Anbieter mit den Statistiken erreichen, welchen Auftrag verfolgen sie und welche Auswertungsmethoden setzen sie ein?

Grundlagen von Statistiken	
Aufgaben	Wichtiges Informationsmittel für Kontrolle und Planung, um Entscheidungen zu treffen und Einfluss auf Entscheidungen zu nehmen.
Inhalt	Statistische Aussagen sind Einschätzungen eines oder mehrerer Parameter einer Grundgesamtheit. Die Qualität dieser Schätzung hängt von der Qualität der Grundgesamtheit ab.
Arten	**Deskriptive (beschreibende) Statistik:** Die untersuchten Daten sollen übersichtlich dargestellt werden und eine Auswertung ermöglichen, z. B. zur Preisentwicklung.
	Stochastische Statistik (Wahrscheinlichkeitsstatistik): Ziel ist es, vernünftige Entscheidungen trotz einer bestimmten Ungewissheit zu fällen, z. B. Qualitätskontrolle.
Träger	**Amtliche Träger der Statistik:** Das Arbeitsgebiet der amtlichen Statistik ist durch den Gesetzgeber festgelegt und wird von den Bundesministerien bestimmt. Das statistische Bundesamt arbeitet mit den statistischen Ämtern der Länder und Gemeinden zusammen. Das statistische Bundesamt ist von sich aus nicht befugt, Erhebungen durchzuführen. Auskunftspflicht: Alle juristischen und nicht-juristischen Personen sind zur wahrheitsgemäßen, vollständigen und i. d. R. unentgeltlichen Beantwortung der Fragen verpflichtet. Eine Geheimhaltungspflicht schützt die Betroffenen.
	Nichtamtliche Statistik: Diese private Statistik wird im Wesentlichen von Wirtschaftsverbänden und Wirtschaftsforschungsinstituten getragen. Sie kann sich auf keine gesetzliche Auskunftspflicht stützen. Ihre Erhebungen beruhen auf freiwilligen Angaben der Befragten.
Phasen der Erstellung	Eine statistische Untersuchung lässt sich grundsätzlich in vier Phasen unterteilen: 1. Planung der Untersuchung 2. Gewinnung und Aufbereitung des Materials 3. Darstellung des Datenmaterials 4. Auswertung und Interpretation des Datenmaterials

10.2 Grundlagen statistischer Erhebungen und Fragebogenerstellung

Situation Wer ein Fachgebiet beherrschen und fachkundig mitreden will, muss die Grundlagen kennen und beherrschen. Sie haben wichtige Begriffe zusammengestellt.

Klassifikation statistischer Daten		
Diskrete Daten (sind ungenau, z. B. Zählbezirke)	**Nominale Daten** (Namen und Bezeichnungen)	**Qualitativ** (kann nicht in Zahlen gefasst werden, sondern in Worte, z. B. Religionszugehörigkeit, Ausbildung)
	Ordinale Daten (Daten, die sich in eine Reihenfolge bringen lassen, z. B. Güteklassen)	
Stetige Daten (sind reell, genau, z. B. Größe der Menschen)	**Intervall-Daten** (haben keinen absoluten Nullpunkt, z. B. Temperatur)	**Quantitativ** (alles, was gezählt werden kann, in Zahlen zu fassen ist, sich addieren und subtrahieren lässt, auch metrisch genannt)
	Verhältnis-Daten (haben einen absoluten Nullpunkt, z. B. Umsatz)	

Erhebungsverfahren	
Umfang	**Vollerhebung:** Für das zu untersuchende Merkmal wird die gesamte Grundmenge untersucht, z. B. für eine Volkszählung
	Teilerhebung: Es wird eine Stichprobe untersucht, wobei auf eine repräsentative Stichprobe Wert gelegt werden sollte. Auswahl durch Zufallsauswahl (z. B. jeder 10. Mitarbeiter) oder per Quote nach festgelegten Merkmalen (z. B. nach Alter 40 % unter 20 Jahre, 60 % unter 50 Jahre)
Primärerhebung	**Befragung:** schriftlich, mündlich, telefonisch, online anhand vorgebener Fragen: Einfachauswahlfragen (ja/nein), Mehrfachauswahlfragen, Skalenfragen (z. B. Einschätzung von 1 bis 10), Maßzahlen (z. B. Geburtsjahr) und freien Fragen (z. B. Sonstige Wünsche?)
	Interview: persönlich nach vorgegebenen Merkmalen oder Fragen, Vorteile: Erklärungen, Nachfragen möglich, individuell
	Beobachtung: Dauerbeobachtung, Multimomentbeobachtung (kostengünstiger) zu einem bestimmten Beobachtungszweck, Beobachtungen werden notiert oder erfasst.
	Panel: Regelmäßige Befragung einer bestimmten Personengruppe über einen längeren Zeitraum mit denselben Fragen.
	Test/Experiment: Meinungserhebung aus einer (neutral gestellten) Testumgebung.
Sekundärerhebung	**Vorhandene Daten werden verwendet:** interne Daten: z. B. Kundendaten, Umsatzdaten, Lagerdaten, Personaldaten, Messeberichte, Ausbildungsdaten
	vorliegende Daten werden verwendet: externe Daten: Daten der statistischen Ämter, der Kammern und Innungen, Verbände, Gewerkschaften

Fragebogenerstellung	
Proband	lat. probandus = eine zu erprobende, zu prüfende, zu befragende Person
Einleitungs-text	Sollte z. B. über ein Deckblatt enthalten: ▶ Kurze Vorstellung des Fragebogens und des Urhebers ▶ Zweck der Befragung ▶ Hinweise auf Anonymität, Datenverwendung, Speicherung etc. ▶ Zeitaufwand der Beantwortung ▶ Dank für die genaue Bearbeitung
Fragearten	**Offene Fragen:** engen die Befragten nicht ein, sind jedoch auch schwer auszuwerten. Eventuell für Voruntersuchungen gut geeignet. **Geschlossene Fragen:** engen in ihren Antwortmöglichkeiten sehr ein, sind daher einfach auszuwerten. Befragte haben keine Möglichkeit, frei zu antworten, was evtl. zu sog. Artefakten (Pseudoergebnissen) führt. ▶ Einfachauswahl: eine Antwort möglich ▶ Mehrfachauswahl : mehrere Antworten möglich ▶ Skalenfragen: Antworten nach Skalentypen (vgl. unten) **Halboffene Fragen:** Kombinieren offene und geschlossene Fragen, z. B. Kreuzen Sie an …, wenn dies nicht möglich ist, geben sie Ihre Antwort unter Sonstiges an.
Objektivität der Antworten	Objektiv ist ein Messergebnis, wenn es nicht durch den Bearbeiter beeinflusst ist, wenn mehrere Bearbeiter durch einen analogen Messvorgang zu dem selben Ergebnis gelangen. Antworten sind dann objektiver, wenn sie aus freien Stücken und nicht durch **Suggestivfragen** (Hat Ihnen der Unterricht auch nicht gefallen?) bewirkt wurden. Werden verschiedene Antwortkategorien vorgegeben, so müssen die Befragten zielsicher wählen können. Auch kann eine Erwartungshaltung die Objektivität der Antworten beeinflussen, z. B. Sind die Kinopreise hoch?
Gültigkeit oder Validität der Antworten	Die Fragen sollten so präzise wie möglich gestellt werden und das befragen, was auch Gegenstand der Befragung sein soll (Validität = Gültigkeit). Es sollten nur Begriffe vorkommen, die alle Probanden kennen. Antwortkategorien sollten erschöpfend sein. Fragekategorien sollten so aufgebaut sein, dass sie die Antworttendenz „zur Mitte" nicht unterstützen, z. B. durch eine gerade Anzahl von antworten. Störeinflüsse können auch durch die Interviewer selbst kommen. Daher sollten Interviewer gut auf die Befragung vorbereitet werden und sich neutral verhalten.
Zuverlässig-keit oder Reliabilität der Antworten	Eine Zuverlässigkeit der Messwerte ist gegeben, wenn die Antworten wiederholter Fragen bei einem Befragten übereinstimmen. Man kann die Zuverlässigkeit des Befragungsergebnisses erhöhen bzw. willkürliche Antworten herausfinden, wenn mehrere Fragen zum selben Thema gestellt werden oder zum Test eine gegenteilige Frage eingefügt wird.
Umfang der Befragung	Es muss davor gewarnt werden, sehr viele verschiedene Daten abzufragen. Denn die Qualität der Daten nimmt mit der Anzahl der Fragen ab, da befragte Personen spätestens nach 10 Minuten bei Antworten nicht mehr lange überlegen, sondern nur schnell irgend etwas antworten, um endlich zum Ende zu kommen.

Darstellung	Zu lange Fragebögen oder Fragebögen mit zu kleiner Schrift oder schlechter Darstellung schrecken ab.
Layout des Fragebogens	▶ auf klares Layout und Übersichtlichkeit achten ▶ bei vielen Fragen Themenbereiche absetzen und Fragen passend zuordnen ▶ Layout der Zielgruppe anpassen ▶ Fragen durchnummerieren
Fragen-erstellung	▶ Brainstorming zu möglichen Fragestellungen mit beteiligten Personengruppen ▶ Vorschläge auf Karteikarten sammeln und Clustern (Bündeln) ▶ Fragen nach Wichtigkeit einschätzen und Auswahl treffen ▶ Mindmap als Strukturierungshilfe verwenden ▶ Zeitlichen Aufwand der Beantwortung einschätzen ▶ Pretest (Voruntersuchung) um Schwächen aufzuzeigen
Variable	Variable sind der Stoff, aus dem statistische Aussagen gemacht werden, Merkmale einer Untersuchung. Eine qualitative Variable kann z. B. das Geschlecht der Person sein, eine quantitative Variable die Anzahl eines Ereignisses sein, z. B. auch in Merkmalsklassen (z. B. Anzahl Zigaretten pro Tag: 1-5, 6-10) abgefragt.
Skalentypen	**Nominalskala:** dienen der Darstellung/Klassifizierung, z. B. männlich, weiblich oder ja, nein. Auswertungen: Absolute und relative Häufigkeiten, Modalwerte **Ordinalskala:** dienen der Bestimmung einer Rangordnung, z. B. gut, befriedigend, ausreichend, schlecht. Auswertungen: Ränge, Rangkorrelationen, Mediane **Intervallskala:** für Aussagen zu qualitativen Werte mit gleichen Abständen, ohne absoluten Nullpunkt, z. B. Ratingskalen 1-8. Auswertungen: Mittelwerte, Standardabweichungen, Median, Modus **Verhältnisskala:** Aussagen zu Werten mit absolutem Nullpunkt, z. B. Alter in ___ Jahre , Gewicht in ____ kg. Auswertungen: Größenvergleiche, Mathematische Berechnungen
Stichprobe	Wenn möglich sollten Vollerhebungen durchgeführt werden und die Ergebnisse auf die untersuchte Gruppe bezogen werden. Wenn dies mit gerechtfertigtem Aufwand nicht möglich ist, muss eine Auswahl stellvertretend für eine Grundgesamtheit befragt werden. Es muss festgestellt werden, wie viele Personen für eine verlässliche Datenbasis befragt werden müssen und mit welchem Aufwand diese Befragung durchgeführt werden kann. Grundsätzlich steigt die Qualität einer Aussage mit jeder weiteren Person, die befragt wird, überproportional an. So benötigt man bei einer kleinen Grundgesamtheit relativ viele Probanden (z. B. bei 500 Mitgliedern 100 Fragebögen, bei 10 000 Mitgliedern 300 Fragebögen). Mit ca. 1 000 Befragten kann man schon die Meinung eines ganzen Landes erfassen. Bei der Quotenstichprobe erfolgt die Auswahl der Probanden nicht zufällig, sondern systematisch nach Kontrollmerkmalen wie Geschlecht, Alter, Einkommen, Bildungsgrad usw. , wobei als Basis die Quoten amtlicher Statistiken oder anderer Befragungen hinzugezogen werden.

Datenschutz	Weder bei den Befragten noch bei Datenschützern darf das Gefühl entstehen, dass die erhobenen Daten einen Rückschluss auf die Person ermöglichen. Daher keine Namen oder Adressen abfragen. In den Auswertungen sollten z. B. Altersklassen gebildet werden (z. B. 16 – 18 Jahre), um Rückschlüsse auf die einzelnen Befragten unmöglich zu machen.
Reihenfolge der Fragen	Soziodemographische Daten werden in der Regel am Ende eines Fragebogens platziert. Handelt es sich jedoch um ein Interview mit Auswahl oder Quotenauswahl, werden die relevanten Daten gleich zu Beginn erfragt. So hat der Interviewer die Möglichkeit, das Interview sehr schnell zu beenden, wenn die befragte Person nicht zur Auswahl gehört oder die Quote schon erfüllt ist. Auch ist es sinnvoller, eher unangenehme Fragen nicht gleich am Anfang zu stellen, um die Befragten nicht abzuschrecken. Überprüft werden sollte auch, ob in einer Frage eine Zusatzfrage ergänzt wurde (Kettenfrage) und damit das Ergebnis verfälscht wird.
Voruntersuchung oder Pretest	Ein Fragebogen sollte durch einen Pretest überprüft werden. So kann festgestellt werden, ob Fragen verständlich sind, genug differenziert Antworten zulassen, Antworten fehlen, Widersprüche aus den Fragen resultieren können oder Fragen wegfallen können, da evtl. ähnliches gefragt wird. Auch sollte auf fehlende Werte in den Pretests geachtet und diese Fragen eliminiert werden, da sonst später bei der Auswertung Probleme entstehen könnten.

Aufgabe Entwickeln Sie in Arbeitsgruppen Fragebögen zum Freizeitverhalten, zum Kauf- und Konsumverhalten, zum Zusammenleben mit Freunden oder Eltern, zum Schulleben, zum Taschengeld usw. und stellen Sie Ihre Arbeitsergebnisse vor.

10.3   Statistische Analysen

Situation Statistische Zahlen können in vielfältiger Weise analysiert werden. Sie haben einen Fragebogen entwickelt und über 200 Probanden direkt angesprochen. Dadurch haben Sie mit ca. 100 ausgefüllten Fragebögen eine gute Rücklaufquote erreicht. Nun wollen Sie die Fragebögen auswerten. Zur Vorbereitung stellt Sie eine Liste mit wichtigen Analyseverfahren und Maßzahlen zusammen.

Analyseverfahren	
Strichliste	Über eine Strichliste kann ein Fragebogen schnell ausgewertet werden.
Urliste	Anhand der Strichliste wird die Urliste aufgestellt.
Rangordnung	Häufig lassen sich Zahlen in eine Rangordnung bringen.
Cluster-analyse	Durch die Clusteranalyse werden große Datenmengen nach bestimmten Merkmalen zu aussagefähigen Größen (Gruppen oder Clustern) zusammengefasst, z. B. nach dem Alter in Kinder, Jugendliche, Junge Erwachsene, Mittlere Erwachsene, Senioren.

Univariate, Bivariate, Multivariate Analysen	Die Unterscheidung in univariate, bivariate und multivariate Analysen bezieht sich auf die Anzahl der Variablen, die gleichzeitig analysiert werden sollen. **Univariate Analysen:** Variablen werden unabhängig voneinander untersucht, z. B. unabhängig die Mittelwerte oder Standardabweichungen **Bivariate Analysen:** Zwei Variablen werden gleichzeitig untersucht, z. B. bei der Korrelationsanalyse. **Multivariate Analysen:** Mehree abhängige Variablen werden simultan analisiert, z. B. durch Regressionanalysen
Kreuztabelle	Daten werden in einer Tabelle mit Spalten und Zeilen angeordnet. Zu beachten: 1. Tabelle soll unabhängig von Text verständlich sein. 2. Sinnvolle Verteilung der Zeile und Spaltenberücksichtigen entsprechend der zentralen Aussage (Überschrift) 3. Maßeinheiten nicht vergessen. 4. Bei mehreren Tabellen diese durchnummerieren. 5. Quellen angeben.
Maßzahlen ergänzen	Zusätzlich werden Maßzahlen wie Modalwert, arithmetisches Mittel, Median, Minimum, Maximum, Standardabweichung oder Varianz ermittelt (vgl. unten).
Gliederungs- zahlen	Gliederungszahlen entstehen durch die Gegenüberstellung einer Teilgröße zu einer Gesamtgröße, auch als Anteil bezeichnet, häufig in Prozent berechnet: z. B. Eigenkapitalquote = Eigenkapital x 100/Gesamtkapital oder Anlagenintensität: Anlagevermögen x 100/ Gesamtvermögen.
Beziehungs- zahlen	Bei den Beziehungszahlen werden verschiedenartige Werte gegenübergestellt, z. B. Mitarbeiterproduktivität = Umsatz/Mitarbeiter.
Veränderung	Zahlen werden gerne auch im Vergleich der Jahre untersucht, wobei die Veränderung (Steigerung, Verminderung) in Prozent berechnet wird, z. B. die Umsatzveränderung von 2008 auf 2009 in Prozent.
Index	Hier werden die Zahlen eines Merkmals zu der Zahl eines Basisjahres (=100) in das Verhältnis gesetzt. Durch Indexzahlen können so bezogen auf ein Merkmal unterschiedliche Datenmengen verglichen werden, z. B. Grundstückspreisindex von Hannover und Celle seit dem Basisjahr 1990 (=100).
Korrelation	Die **Korrelationsanalyse** stellt die Beziehung oder Abhängigkeit zwischen Merkmalen oder Ereignissen statistisch fest. Beispiel: Je mehr und früher Menschen rauchen, desto größer ist die Gefahr eines frühen Todes. Es muss jedoch nicht zwingend ein Kausalzusammenhang vorhanden sein: Beispiel: Je mehr Störche in Deutschland, desto mehr Neugeborene. Die Korrelation wird gemessen in Form des Korrelationskoeffizienten (von −1 bis +1). Bei Null besteht kein direkter linearer Zusammenhang, bei +1 ein positiver linearer Zusammenhang (mehr Kaninchen, mehr Füchse) bei −1 ein negativer Zusammenhang (je weniger Unterrichtsausfall, desto besser das Unterrichtsergebnis).

Aufgabe Beschreiben Sie jeden erklärten Begriff der o. a. Tabelle mit eigenen Worten oder einem Beispiel.

Maßzahlen	
Häufigster Wert oder Modalwert (Modus)	Der Modalwert ist der in einer Verteilung am häufigsten vorkommende Wert. Beispiel: Datenreihe 3, 4, 5, 4, 5, 3, 3, 4, 6, 4 Modalwert: 4 Hinweis: Auswertungsmöglichkeit: Histogramm
Arithmetisches Mittel	Der Mittelwert von Datenwerten (arithmetisches Mittel) ist die Summe dieser Werte, geteilt durch ihre Anzahl: z. B. Datenreihe 3, 7, 10, 60 Arithmetisches Mittel = 20 $m = \dfrac{1}{n} \sum\limits_{i=1}^{n} x_i$ Der Mittelwert ist gut zu verwenden, wenn keine Extremwerte vorkommen.
Median	Der Median ist der Mittelpunkt der in aufsteigender Reihenfolge geordneten Datenwerte. Durch ihn werden die Daten in eine „untere" und eine „obere" Hälfte geteilt. Bei einer ungeraden Anzahl von Zahlen wird die in der Mitte verbleibende Zahl genommen. Bei einer geraden Anzahl wird zwischen den beiden in der Mitte verbleibenden Werten gemittelt. Die Berechnung ist somit abhängig davon, ob n gerade oder ungerade ist: Beispiel 1: 1, 2, 4, 6, 7, 8, 10 Median: 6 Beispiel 2: 4, 5, 6, 12, 16, 20, 50, 52 Median: (16 + [20 − 16] / 2) = 18 Im Gegensatz zum Mittelwert wird der Median durch Extremwerte kaum beeinflusst, daher empfiehlt sich seine Verwendung stets dann, wenn in den Daten extreme Werte vorkommen.
Minimum	Der kleinste in einer Datenreihe vorkommende Wert.
Maximum	Der größte in einer Datenreihe vorkommende Wert.

Streuungsmaße	
Aufgabe	Sie geben darüber Auskunft, ob Merkmalswerte eng beieinander liegen oder stark voneinander abweichen. Bei geringen Abweichungen spricht man auch von geringer Streuung.
Spannweite	Sie ist die Differenz zwischen dem größten und kleinsten Wert, z. B. Reihe 3, 5 ,7, 10, 17, 24 Spannweite 24 − 3 = 21
Durchschnittliche Abweichung	misst die Streuung der Einzelwerte vom Mittelwert: z. B. Reihe 3, 5 ,7, 10, 17, 24 Mittelwert: 66/6 = 11 = (l 3 − 11 l + l 5 − 11 l + l 7 − 11 l + l 10 − 11 l + l 17 − 11 l + l 24 − 11 l)/6 = (8 + 6 + 4 + 1 + 6 + 13)/6 = 38/6 = 6,33
Varianz	Um größere Abstände zum Mittelwert stärker zu gewichten als kleinere, benutzt man für die Berechnung der Varianz und der Standardabweichung die quadratischen Abweichungen, z. B. Reihe 3, 5 ,7, 10, 17, 24 Mittelwert: 66/6 =11 = $((3 − 11)^2 + (5 − 11)^2 + (7 − 11)^2 + (10 − 11)^2 + (17 − 11)^2 + (24 − 11)^2)/6$ = (64 + 36 + 16 + 1 + 36 + 169)/6 = 322/6 = 53,66
Standardabweichung	Zieht man aus der Varianz die Wurzel, so erhält man die Standardabweichung. Wurzel von 53,66 = 7,33

Aufgabe Sie haben eine Verkehrszählung mit folgenden Zahlen durchgeführt. (SLV = Schwerlastverkehr)

a) Wie bezeichnet man eine solche Liste?

b) Es gibt verschiedene Arten von Erhebungsverfahren: Nennen Sie 3 auf das Beispiel zutreffende Verfahren mit Erläuterung.

c) Sie sollen Maßzahlen der Statistik hinzufügen. Erläutern Sie zunächst mit einem Beispiel der Statistik folgende Maßzahlen. Geben Sie an, ob die Benutzung dieser Maßzahl für die Verkehrszählung sinnvoll ist. a) Modalwert b) Arithmetisches Mittel c) Median d) Minimum/Maximum.

d) Sie sollen zu den Zahlen Pkw und SLV auf der Basis von 4 Uhr Indexzahlen berechnen.

e) Sie wollen die Streuung der Zahlen untersuchen. Berechnen Sie die Spannweite, die durchschnittliche Abweichung und die Standardabweichung. Verwenden Sie Excel und rufen Sie geeignete Funktionen (f(x)) auf. (vgl. auch Kapitel Excel).

Verkehrszählung		
Uhr	Pkw	SLV
4	400	200
5	800	400
6	1200	600
7	4000	800
8	4000	1100
9	3200	1000

10.4 Darstellungsmethoden

Je nach Zielgruppe der Studie müssen die Ergebnisse der statistischen Untersuchung besonders aufbereitet werden. Häufig ist es sinnvoll, wichtige Ergebnisse der Untersuchung in einer Kurzfassung und in Auszügen darzustellen. Einzelergebnisse können z. B. im Anhang zur weitergehenden Betrachtung und Überprüfung bereitgestellt werden.

Darstellungsmethoden

Verbale Beschreibung: Häufig zur zusätzlichen Erläuterung und Kommentierung, zum Herausstellen wichtiger Erkenntnisse bzw. zur Äußerung von Meinungen werden gern verbale Beschreibungen der Statistiken, Tabellen und Schaubilder ergänzt, z. B. im Bereich Weser-Ems finden wir in Niedersachsen die meisten Jugendherbergen.

Tabelle: Für eine systematische und übersichtliche Darstellung der Häufigkeiten, ergänzt durch verschiedene Kennzahlen (Gliederungs- und Beziehungszahlen)

Bezirk	Jugendherbergen	
Braunschweig	34	26 %
Hannover	23	18 %
Lüneburg	28	22 %
Weser-Ems	44	34 %
Niedersachsen	129	100 %

Säulendiagramm oder Stabdiagramm: Die unterschiedlichen Häufigkeiten werden durch unterschiedliche Säulen oder Stäbe dargestellt. Die Stäbe können evtl. noch unterteilt werden und Anteile verdeutlichen.

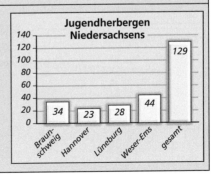

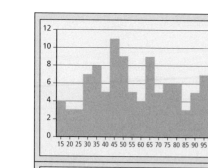

Histogramm (Flächendiagramm): Beim Histogramm werden die Häufigkeiten eines Merkmals durch rechteckige Flächen ausgedrückt, wobei die Größe der Fläche den Häufigkeiten entspricht.

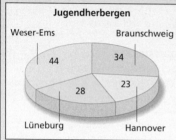

Kreisdiagramm: Die Gesamthäufigkeit wird durch die Größe des Kreisdiagramms dargestellt, mit sektoraler Aufteilung je nach Anteilen.

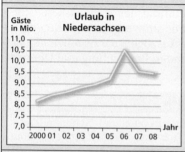

Kurvendiagramm: Mit einem Kurvendiagramm können insbesondere Veränderungen in der Zeit und damit evtl. auch ein Trend gut dargestellt werden.

Matrixdarstellung: Eine interessante Auswertungsmöglichkeit ist die Darstellung der Ergebnisse als Matrix, wenn man zwei Kriterien (hier Wichtigkeit, Zufriedenheit) zu einem oder mehreren Merkmalen (z. B. Sauberkeit) abgefragt hat und in Beziehung setzt.

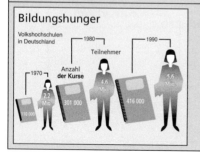

Piktogramm: Die unterschiedlichen Häufigkeiten werden durch unterschiedlich große Bildsymbole dargestellt.

Aufgaben 1. Folgende Tabelle ist gegeben: Für Niedersachsen wurde folgende Statistik zu Schulwettbewerben veröffentlicht:

Jahr	Jugend forscht			Jugend experimentiert		
	Arbeiten	Jungen	Mädchen	Arbeiten	Jungen	Mädchen
2009	520	320	200	280	170	110
2010	540	310	230	370	230	140
2011	600	340	260	450	290	160
2012	710	360	350	680	410	270

a) Geben Sie der Statistik eine aussagefähige Überschrift.
b) Werten Sie die Tabelle zusätzlich aus.
c) Erstellen Sie aussagefähige Diagramme.
d) Beschreiben Sie die Auswertung verbal, indem Sie eine Pressemitteilung formulieren.

2. Eine Befragung der Kunden hat o. a. Matrix (vgl. Übersicht vorige Seite) ergeben. Untersuchen und formulieren Sie verbal, a) was den Kunden wichtig war und wo die Kernkompetenzen des Unternehmens waren, b) wo deutliche Schwächen zu verzeichnen waren, die dringend beseitigt werden müssen, c) in welche Leistungen zukünftig eher weniger Energie verwendet werden sollte (neutrale Stärken), d) wo das Unternehmen zwar schwach war, jedoch trotzdem wenig Handlungsbedarf besteht (neutrale Schwächen).

3. Untersuchen Sie folgende Diagramme zur Urlaubsstatistik in Niedersachsen. Was wurde mit der unterschiedlichen Darstellung bezweckt und wie wurde hier „manipuliert"?

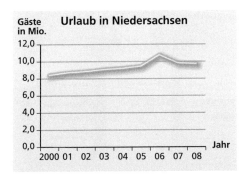

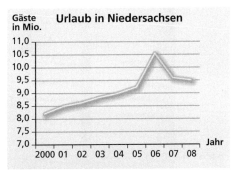

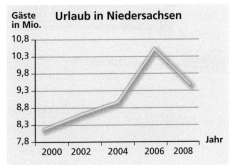

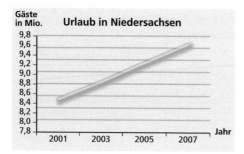

Jahr	Gäste
2004	8 230 696
2005	8 478 568
2006	8 644 753
2007	8 832 084
2008	8 994 668
2009	9 238 423
2010	10 566 928
2011	9 620 917
2012	9 531 079

10.5   Umfragen erstellen und auswerten mit Grafstat

Situation   Sie sollen für CMW mit dem Programm Grafstat einen Fragebogen an alle Praktikanten und Auszubildenden erstellen un die erhaltenen Daten auswerten.

Grafstat unterstützt alle Phasen einer Befragung einfach und intuitiv. Fragebogen erstellen, gestalten und drucken, online Befragungen verwalten, Daten erfassen und verwalten, Datenauswerten, dokumentieren und online präsentieren.

Aufgaben
1. Informieren Sie sich auf der Internetseite www.grafstat.de über das Programm, z. B. über die dort angebotene Powerpoint-Präsentation zum Programm.
2. Laden Sie das Programm Grafsstat als Schüler/in kostenlos von der der Internetseite www.grafstat.de herunter und installieren Sie es.

Zielformulierung, Fragebogen erstellen und bearbeiten

Situation Zielformulierung: Sie wollen als Jugendvertreter/in im ersten Fragebogen nicht zu viele Fragen stellen. Auch wollen Sie neben Auswahlfragen auch freie Antworten ermöglichen. Sie notieren sich zunächst Fragen und Probleme, die Ihnen einfallen bzw. von denen Sie schon in Gesprächen gehört haben. Danach wählen Sie die Ihrer Meinung nach wichtigsten Fragen aus.

Arbeiten mit Grafstat

Nach dem Start von Grafstat müssen Sie zunächst über <Fragebogen> <neu> einen Fragebogen anlegen, dafür einen Namen (im Beispiel CMW) und das Speicherverzeichnis festlegen.

Nachdem die Fragebogendatei vom Programm angelegt wurde, können Sie die Fragen eingeben. Wie im Beispiel angezeigt, müssen Sie zunächst die Fragen erfassen. Der Kurztext wird später als Überschrift verwendet. Je nach Fragetyp können die Antworten eingegrenzt werden.

Aufgabe Erfassen Sie die Fragen entsprechend der folgenden Tabelle:

Fragebogen zur Ausbildung bei CMW mit Grafstat			
Nr	Frage	Kurzform	Fragetyp	Antworten
1	Wie alt bist du?	Alter	Maßzahl	Jahre, 16-30
2	Geschlecht?	Geschlecht	Mehrfachauswahl	weiblich, männlich
3	Ausbildung oder Praktikum?	Ausbildungsart	Mehrfachauswahl	Ausbildung, Praktikum
4	Wie gut gefällt dir der Betrieb?	Betrieb	Skala	ohne Null schlecht, mittel, gut, sehr gut
5	Wie gut wirst du betreut?	Ausbildungsbetreuung	Skala	ohne Null schlecht, mittel, gut, sehr gut
6	Würdest du gerne später im Betrieb arbeiten?	Zukunft	Mehrfachauswahl	ja, nein, weiss noch nicht

| 7 | Was würdest du dir für die Ausbildung wünschen? | Wünsche | Mehrfach-auswahl | Mehr Informationen, einen besseren Ausbildungsplan, mehr Kontrolle der Aufgabenerfüllung, mehr Arbeit am Computer, mehr eigenverantwortliche Aufgaben, mehr Besprechungen, mehr Akzeptanz von den Ausbildern |
| 8 | Sonstige Wünsche? | Sonstiges | frei | 4 Linien |

Im nächsten Schritt müssen noch die Hauptüberschrift, der Anredetext, Zwischentexte und ein Abschlusstext nach folgendem Muster ergänzt werden:

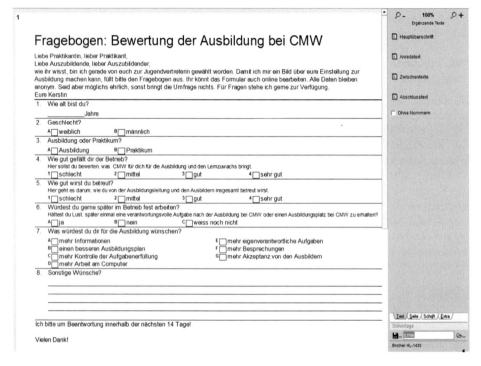

Nun wird der Fragebogen veröffentlicht und hoffentlich beteiligen sich alle bei der Befragung. Folgende Urliste liegt in unserem Fall vor:

Urliste CMW Umfrage Azubi und Praktikanten							
Alter	Geschlecht	A.-Art	Betrieb	Betreuung	Zukunft	Wünsche	Sonstiges
16	A	B	1	2	A	ABDEFG	
22	A	A	2	3	A	E	
17	A	A	2	3	C	ADG	zuviel im Lager und Produktion
19	A	A	3	4	A	E	Urlaub auch in der Schulzeit
17	B	B	1	2	C	ACDEFG	

Alter	Geschlecht	A.-Art	Betrieb	Betreuung	Zukunft	Wünsche	Sonstiges
24	B	A	3	4	A		
16	B	B	1	1	B	ABCDEFG	
21	A	A	2	4	B	E	
18	A	A	2	3	A	DEF	
20	A	A	3	3	C	EF	Azubi-Biblio-thek, Prüfungs-aufgaben

Fragebogen auswerten und präsentieren

Sie haben verschiedene Möglichkeiten, die Daten auszuwerten. So können Sie eine Grundauswertung aufrufen oder für jede Frage bzw. jedes Merkmal einfache Auswertungen als Kreuztabelle oder als Grafiken anzeigen lassen. Wählen Sie einfach unten am Register aus und zusätzlich Varianten je nach Grafiken (rechte Seite).

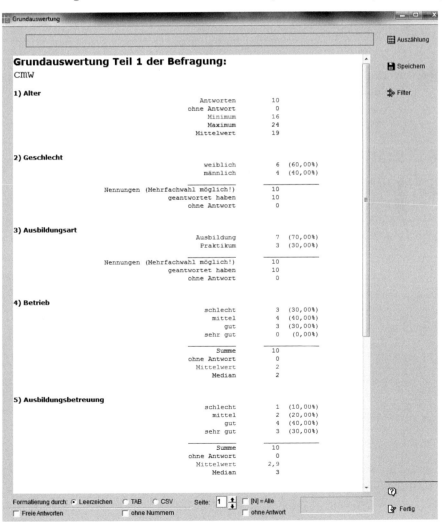

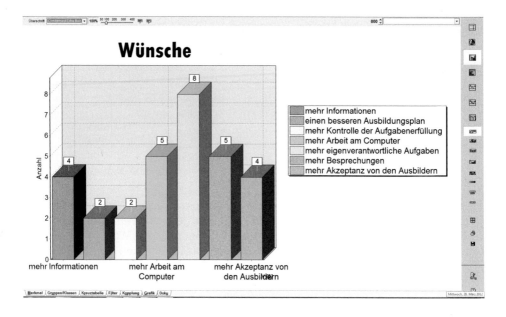

Aufgabe   Werten Sie die Daten der Urliste aus und erstellen Sie einen schriftlichen Bericht an den Betriebsrat.

10.6   Statistische Auswertungen mit Excel

Situation   Tabellenkalkulationsprogramme und damit auch Microsoft Excel sind wichtige Programme zur Auswertung von Statistiken. In Kapitel 4 haben Sie viel über die Anwendung von Excel erfahren und auch schon statistische Funktionen kennen gelernt. Folgende Beispiele sollen bereits erarbeitetes Wissen wieder auffrischen und vertiefen.

Statistische Analysen mit Excel

Datumsfunktionen

Heute() -> fortlaufende Zahl des heutigen Datums (Systemdatums)

=heute()

=jahr(heute()) und Format Standard

=monat(heute()) und Format Standard

=kalenderwoche(heute()) und Format Standard

Datedif ist leider nicht in der Funktionsübersicht gelistet: =datedif (Datum1;Datum2;Zeiteinheit)

Als Zeiteinheiten gibt es verschiedene Varianten:

z. B.

=DATEDIF(A10;B10;"y")

=DATEDIF(A10;B10;"m")

=DATEDIF(A10;B10;"d")

=DATEDIF(A10;B10;"ym")

=DATEDIF(A10;B10;"yd")

Umwandlung der ganzen Tage in Bruchteile von Jahren mit BRTEILJAHRE (Dat1, Dat2, Basis)

Basis z. B. 4 für europäische Zählung der Tage 360 Tage im Jahr/30 Tage je Monat, 1 für Tag-genau

Wichtige Grundfunktionen und Formeln:

=SUMME(B3:B9)

=MITTELWERT(B3:B9)

Anteile im %-Format:

Teilgröße/Gesamtgröße

=B3/$B$10

Abweichung:

Differenz zum Mittelwert

=D3-$D$11

Veränderung:

(Differenz/1. Wert)

=(D3-B3)/B3

Aufgaben

1. Erstellen Sie die o.a. Beispielanwendungen mit Excel.
2. Stellen Sie das Alter mit einer Funktion fest.
3. Stellen Sie die Lagerzeit in Monaten fest.
4. Werten Sie die Klassenfahrt aus.

Artikel	Einlager-datum	Lagerzeit Monate
101	01.02.2012	
222	05.05.2012	
191	04.03.2012	
392	08.12.2012	
132	15.10.2012	

Kunden	Geburts-datum	Alter
Kaiser	12.12.1998	
König	19.04.1995	
Meier	15.03.1990	
Müller	25.06.1985	
Schulz	01.08.1981	

Klassenfahrtauswertung					
Gruppe	Tag 1	Anteil	Tag 2	Anteil	Veränderung
rot	98,50 €		112,60 €		
gelb	120,30 €		110,50 €		
blau	86,40 €		103,60 €		
gesamt	305,20 €		326,70 €		

Statistische Analysen mit Excel

	A	B	C
1	Testpunkte		
2	23	**Mittelwerte und häufigster Wert:**	
3	43		
4	19	Einfacher Mittelwert:	36,5
5	22	Mittelwert (Funktion):	36,5
6	45	Gestutzer Mittelwert:	34,2
7	39	Median:	33
8	22	Modalwert:	22
9	56		
10	8		
11	46		
12	88		
13	27		

Mittelwerte im Vergleich und häufigster Wert:

Einfacher Mittelwert ohne Funktion:
=SUMME(A2:A13)/ANZAHL(A2:A13)

Einfacher Mittelwert mit Funktion:
=MITTELWERT(A2:A13)

Bei Ausreißern hilfreich (Reihe 20% gestutzt):
=GESTUTZTMITTEL(A2:A13;0,2)

Mittlerer Wert der Reihe bei Ausreißern:
=MEDIAN(A2:A13)

Häufigster Wert:
=MODALWERT(A2:A13)
Ist kein zweiter Wert vorhanden: #NV

	A	B	C	D	E	F
1						
2	Kunden	Region	Umsatz in Tsd.		Größter Umsatz überhaupt:	
3	Meier	Nord	25			88
4	Müller	Süd	20		Kleinster Umsatz überhaupt:	
5	Schulz	West	30			7
6	Klein	Nord	70		Region	Größter Umsatz:
7	Gross	Ost	28		Nord	70
8	Schmidt	West	12			
9	Huber	West	45		Größter Umsatzkunde:	
10	Metzger	Nord	30			Wagner
11	Maurer	Süd	7			
12	Wagner	Ost	88			

Größten und Kleinsten ermitteln:

Funktionen MAX und MIN:
=MAX(C2:C12)
=MIN(C3:C12)

MAX aus den Bereichen B und C mit Auswahl „Nord"; ARRAY-/Matrixformel
{=MAX((B3:B12=E7)*C3:C12)}
Hinweis: erst Formel ohne {} schreiben,
Cursor hinter die Formel setzen; Tasten
<Strg>+<Umschalt> und <Enter>
Größter Umsatzkunde:
=INDEX(A3:A12;VERGLEICH(MAX(C3:C12);
C3:C12;0);1)

	A	B	C
1	**Kumulieren (Aufaddieren) Summe + nächster Wert**		
2	Tage	Absatz	Kumulierter Absatz
3	Montag	10	10
4	Dienstag	5	15
5	Mittwoch	3	18

Kumulieren oder Aufaddieren

=B3
=C3+B4
=C4+B5

Aufgaben

1. Erstellen Sie die o.a. Beispielanwendungen mit Excel.

2. Berechnen Sie für die Umsatzstatistik den Mittelwert, den gestutzten Mittelwert (gestutzt um 20%) und den Median.

3. Stellen Sie die Torzahlen fest und die Tore des Besten im jeweils unter Club angezeigten Verein.

Fußballer	Tore	Club
Ba	8	Hoffenheim
Diego	8	Werder Bremen
Gomez	8	VFB Stuttgart
Grafite	12	VfL Wolfsburg
Helmes	13	Bayer Leverkusen
Ibisevic	18	Hoffenheim
Kießling	8	Bayer Leverkusen
Novakovic	10	1 FC Köln
Petric	9	Hamburger SV
Pizarro	10	Werder Bremen
Rosenberg	5	Werder Bremen
Toni	9	Bayern München
Wichniarek	11	Arminia Bielefeld

Die höchste Torzahl:

Die niedrigste Torzahl:

Club	Tore Bester
Hoffenheim	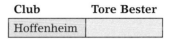

Statistische Analysen mit Excel

	A	B	C	D	E	F
1	**ABC-Analyse**					
2						
3	Aufgabe:					
4	Filiale	Umsatz in Tsd.				
5	A	15				
6	B	30	Folgende A-B-C-Aufteilung soll festgestellt werden:			
7	C	80	A-Filialen haben insgesamt <=65% des Umsatzes			
8	D	60	B-Filialen sind weitere Filialen bis <=85% des			
9	E	20	Umsatzes			
10	F	40				
11	gesamt	245				
12						
13	Lösung:					
14	Filiale	Umsatz in Tsd.	Anteil	kumuliert	ABC?	Entscheidung
15	C	80	32,7%	32,7%	A	B-Filialen
16	D	60	24,5%	57,1%	A	stehen unter
17	F	40	16,3%	73,5%	B	Beobachtung
18	B	30	12,2%	85,7%	C	C-Filialen
19	E	20	8,2%	93,9%	C	werden
20	A	15	6,1%	100,0%	C	geschlossen
21	gesamt	245	100,0%			

Mit ABC-Analyse nach Wichtigkeit sortieren.

Die ABC-Analyse ist eine wichtige betriebswirtschaftliche Analysemethode, um einen Zahlenbereich in drei nach Bedeutung gestaffelte Bereiche zu unterscheiden. Die unterschiedlichen Bereiche werden aufgrund ihrer Bedeutung unterschiedlich organisiert, C-Bereiche sind evtl. wirtschaftlich nicht sinnvoll zu betreiben.

Vorgehensweise:
- ► %-Anteile feststellen: =B15/$B$21
- ► %-Anteile kumulieren, s.o.
- ► Über eine Wenn-Dann-Bedingung A-B-C feststellen: =WENN(D15<=65%;"A";WENN(D15<=85%;"B";"C"))
- ► Entscheidungen treffen

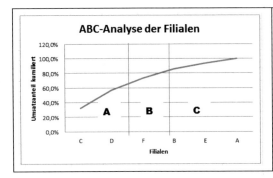

Diagramm zur ABC-Analyse

Beispiel: oben

Datenreihe: kumulierte Umsatzanteile
Horizontale Achsenbeschriftung: ABC? (E)
ABC-Abschnitte wurden ergänzt:
Senkrechte Linien über Formen
„A", „B", „C" über Textfelder
Achsentitel ergänzt

Aufgaben

1. Stellen Sie per ABC-Analyse fest, welche Warengruppen zur Gruppe A, B oder C gehören, wenn A-Warengruppen insgesamt 80 % zum Umsatz beitragen, A und B insgesamt 90 %.

2. Erstellen Sie ein Säulen- und ein Ringdiagramm mit entsprechendem Titel und Beschriftungen und vergleichen Sie diese auf Eignung.

Waren-gruppe	Umsatz in Tsd.
100	50
101	30
102	60
103	120
104	20
105	150
106	40
107	10
108	5
109	90

Stadion	Plätze	
	verfügbar	nicht verkauft
Kurven	5000	1000
Mittelbereich	20000	2000
VIP	200	100

Statistische Analysen mit Excel

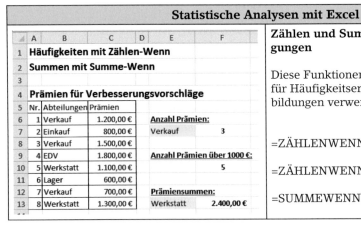

Zählen und Summen bilden mit Bedingungen

Diese Funktionen werden statistisch auch für Häufigkeitsermittlungen und Summenbildungen verwendet:

=ZÄHLENWENN(B6:B13;E7)

=ZÄHLENWENN(C6:C13;">1000")

=SUMMEWENN(B6:B13;E13;C6:C13)

	A	B	C	D	E
1	**Häufigkeitsverteilungen**				
2	Vertreter	Umsatz (Tsd Euro)	Verteilung	Ober-grenze	Ergeb-nisse
3	Meier	25	bis 10 einschliesslich	10	1
4	Müller	20	über 10 und bis 20	20	2
5	Schulz	30	über 20 und bis 30	30	4
6	Klein	70	über 30	200	3
7	Gross	28			
8	Schmidt	12			
9	Huber	45			
10	Metzger	30			
11	Maurer	7			
12	Wagner	88			

Häufigkeitsverteilungen

können über die Funktion Häufigkeit als Array-/Matrixfunktion ermittelt werden. Dazu sind die Obergrenzen der Verteilung (Spalte D) anzugeben, die höchste Obergrenze ist zu schätzen.

{=HÄUFIGKEIT(B3:B12;D3:D6)}

Vorgehensweise:
► Formel ohne {} eingeben
► Bereich E3 bis E6 markieren
► Cursor hinter die Formel setzen
► <Strg>+<Umschalt> und <Enter>

Aufgaben

1. Erstellen Sie die o.a. Beispielanwendungen mit Excel.

2. Ermitteln Sie in der Aufgabe oben zusätzlich zum Alter, wie viele Personen bis 25 Jahre sind und wie viele zwischen 20 und 30.

3. Ermitteln Sie in der Aufgabe oben zusätzlich, wie viele Artikel bis zu 30 Monate auf Lager sind und wie viele Artikel zwischen 20 und 30 Monate.

4. Ermitteln Sie ergänzend zu o.a. Tor-statistik die Anzahl der Spieler nach Torklassen.

Anzahl Tore	Klassen	Anzahl Spieler
bis einschließlich 5	5	
zwischen 6 und 9	9	
zwischen 10 und 15	15	
über 15	20	

Statistische Analysen mit Excel

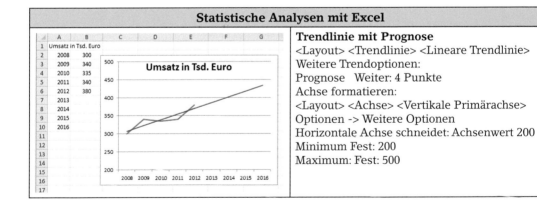

Trendlinie mit Prognose
<Layout> <Trendlinie> <Lineare Trendlinie>
Weitere Trendoptionen:
Prognose Weiter: 4 Punkte
Achse formatieren:
<Layout> <Achse> <Vertikale Primärachse>
Optionen -> Weitere Optionen
Horizontale Achse schneidet: Achsenwert 200
Minimum Fest: 200
Maximum: Fest: 500

Hochrechnung (Forecast)

	A	B	C
1		Badegästetrend	
2		Normal-gästeverlauf	Schätz-verlauf
3	Montag	100	550
4	Dienstag	130	630
5	Mittwoch	180	763
6	Donnerstag	140	657
7	Freitag	250	950
8	Samstag	300	1083
9	Sonntag	360	1243

Normalgästeverlauf indexiert
Zelle C5: =RUNDEN(SCHÄTZER(B5;$C$3:C4; $B$3:B4);0)

=SCHÄTZER(x;Y_Werte;X_Werte)
Auf der Basis von vorhandenen X- und Y-Werten wird ein neuer Wert ausgehend von einer linearen Regression vorhergesagt.
x: Datenpunkt, dessen Wert Sie schätzen möchten (im Beispiel z. B. Zelle B5)
Y_Werte: abhängige Matrix oder ein abhängiger Datenbereich (im Beispiel z. B. C3:C4)
X_Werte: eine unabhängige Matrix oder ein unabhängiger Datenbereich (im Beispiel z. B. B3:B4)
Durch **Festsetzen** mit F4 kann man die Formel entsprechend nach unten kopieren.
Diese Funktion ermöglicht Ihnen, zukünftige Umsätze, erforderliche Lagerbestände oder Verbrauchertrends vorherzusagen.

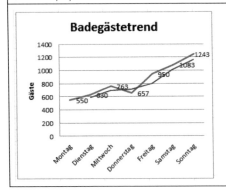

Liniendiagramm mit Trendlinie über <Layout> Trendlinienoptionen zur Bearbeitung

Aufgabe   Erstellen Sie die o.a. Beispielanwendungen mit Excel.

Statistische Analysen mit Excel

	A	B	C	D	E	F
1		**Gehälter im Vergleich**				
2	Verkäufer	Gehälter	Monatsumsatz	Mittelwert Gehalt:		2.081,82 €
3	Meier	1.500,00 €	34.000,00 €	Durchschnittliche Abweichung:		
4	Müller	1.900,00 €	45.000,00 €	Gehälter:		361,98 €
5	Schulz	1.700,00 €	40.000,00 €	Monatsumsatz:		5.256,20 €
6	Kaiser	2.800,00 €	56.000,00 €	Spannweite im Gehalt:		
7	Vogel	2.300,00 €	48.000,00 €			1.300,00 €
8	Waller	1.600,00 €	39.000,00 €	Standardabweichung Gehalt:		
9	Sander	2.200,00 €	32.000,00 €			415,21 €
10	Böttcher	2.700,00 €	35.000,00 €	Variationskoeffizient Gehalt:		
11	Tänzer	1.800,00 €	41.000,00 €			19,9%
12	Kramer	2.400,00 €	45.000,00 €	Korrelationskoeffizient:		
13	Maurer	2.000,00 €	39.000,00 €	Gehälter/Umsätze		0,45
14						
15	1. Quartil:	1.750,00 €	Median oder	Mittleres Quartil		2.000,00 €
16	3. Quartil:	2.350,00 €		Quartilsabstand:		600,00 €

Quartile sind die 4 Viertel der Zahlenreihe, der Wert in Excel jeweils der obere Wert, so der 2. Quartilswert der Median:
der Quartilsabstand misst, in welchem Bereich die mittleren 50% der Werte streuen:
=QUARTILE(B3:B13;3)-QUARTILE(B3:B13;1)

Gehälter im Vergleich
Mittelwert und Ø Abweichung
=MITTELWERT(B3:B13)
=MITTELABW(B3:B13)
Spannweite:
=MAX(B3:B13)-MIN(B3:B13)
Standardabweichung (Ø Abweichung/Streuung um den Mittelwert)
=STABW.N(B3:B13)
Variationskoeffizient: =F9/F2
Korrelationskoeffizient:
=KORREL(B3:B13;C3:C13)
Gibt eine Aussage über den Zusammenhang zweier Größen, wenn die Größen **nur** voneinander abhängen.
Positiver Zusammenhang: ab 0,75
Gegenläufer Zusammenhang: ab -0,75

1.Quartil: =QUARTILE(B3:B13;1)
3.Quartil: = QUARTILE(B3:B13;3)

Aufgaben

1. Erstellen Sie die o.a. Beispielanwendungen mit Excel.

2. Werten Sie folgende Statistik aus.

Fußballerauswertung Gehälter und Tore		
Fußballer	Gehälter/Monat	Tore
Grafite	55.000,00 €	12
Helmes	78.000,00 €	13
Ibisevic	43.000,00 €	18
Kießling	52.000,00 €	8

Gehälter

Mittelwert:

Spannweite:

Standardabweichung:

Variationskoeffizient:

Korrelation Gehalt/Tore:

3. Erstellen Sie zu den Sportinteressen ein Netzdiagramm und werten Sie dies aus.

Sportinteressen		
Punkte	Tim	Jana
Gruppensport	5	5
Gymnastik	3	6
Leistungssport	6	5
Theorie	2	4

10.7   Statistische Auswertungen mit Access

Situation Sie absolvieren zu zweit ein Praktikum beim Stadtmarketing und unterstützen das Team bei der Organisation eines Stadtfestes. Für die Auswertung des Stadtfestes haben Sie Umfrageergebnisse in einer Datenbank erfasst und die Datenbank mit Abfragen und Formularen benutzerfreundlicher gestaltet.

Im Kapitel 6 wurde Access mit seinen Objekten vorgestellt und die Erstellung von Datenbanken geübt, sodass hier nicht im Einzelnen auf die Erstellung der Datenbankobjekte eingegangen werden soll. Ziel ist es, im Zusammenhang mit statistischen Analysen auch den Einsatz von Access herauszustellen. Sowohl das Tabellenkalkulationsprogramm Excel als auch Access als Datenbankprogramm haben ihre besonderen Möglichkeiten und Grenzen im Einsatz. Da Datentabellen von Excel und Access in jeweils das andere Programm importiert werden können, können die Stärken beider Programme genutzt werden.

Statistische Analysen Möglichkeiten und Grenzen der Programme	
Tabellenkalkulationsprogramm Excel	**Datenbankprogramm Access**
+ Tabellen können sehr groß und vielfältig sein. − Tabellenverknüpfungen sind nur sehr eingeschränkt möglich.	− Die Tabellenstruktur ist begrenzt. + Tabellen können in Beziehung gesetzt werden und ermöglichen dadurch vielfältige Auswertungen.

+ Vielfältige statistische Funktionen können aufgerufen und flexibel verknüpft werden.	– Kalkulationen und statistische Funktionen sind über Abfragen nur eingeschränkt verfügbar.
+ Vielfältige Diagramme können zur Auswertung erstellt werden.	– Es können keine Diagramme erstellt werden.
+ Kalkulationsprogramme sind besonders nützlich, wenn nicht die Speicherung vieler Datensätze im Vordergrund steht, sondern die vielfältige Auswertung.	+ Datenbanken sind besonders geeignet, wenn viele gleichartige Datensätze erfasst und bearbeitet werden sollen.

So könnte das Stadtmarketing viele Daten z. B. über eine Internetabfrage erfassen und in einer Datenbank, z. B. Access oder MySQL, speichern und darstellen. Wenn die Möglichkeiten mit dem Datenbankprogramm erschöpft sind, z. B. um besondere statistische Funktionen einzusetzen oder Diagramme zu erstellen, können Daten der Datenbank von Excel importiert und weiterbearbeitet werden.

Aufgaben

1. Wenn Sie schon sehr erfahren sind, importieren Sie die gespeicherten Exceldateien (vgl. CD) in Access und erstellen eine ähnliche und wenn möglich noch erweiterte Anwendung.

2. Wenn Sie Ihr Wissen wieder auffrischen wollen, können Sie auch die Musterdatenbank aufrufen, kennenlernen und einzelne Objekte „nacherstellen". Vielleicht trauen Sie sich danach zu, weitere Objekte (Abfragen, Formulare und Berichte) zu erstellen und die vorhandene Datenbank zu ergänzen.

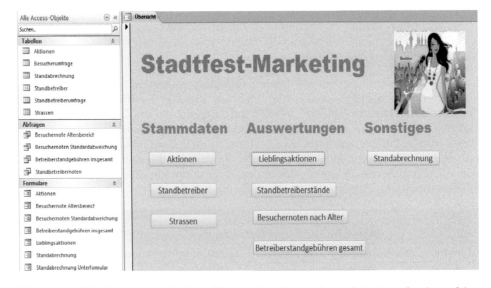

Formulare für Stammdaten haben Sie mit dem Formularassistenten als einspaltige Formulare erstellt und mit einem Button zum Schließen des Formulars versehen, z. B.

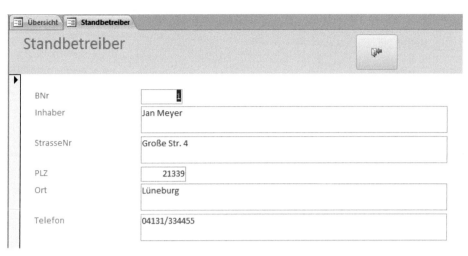

Das Formular **Aktionen** (Button: Lieblingsaktionen) haben Sie automatisch über <Erstellen> -> <Formular> eingerichtet und mit einem Schließen-Button versehen.

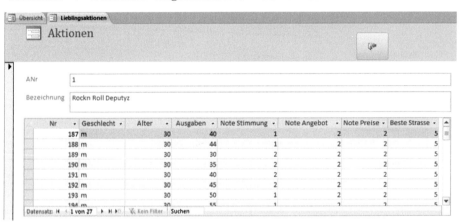

Genauso sind Sie mit dem Formular **Standbetreiberstände** vorgegangen (Formular **Standbetreiber** umbenannt).

Für das Formular **Besuchernoten nach Alter** haben Sie zunächst folgende Abfrage **Besuchernote Altersbereich** erstellt und danach mit dem Formularassistenten das passende Formular für die Abfrage. Die Auswahlzeile für den Aufruf der Funktion erhält man im Menüband <Entwurf> über die Summenfunktion.

Das Format für die Anzeige der Funktion (hier Mittelwert) kann man über das Eigenschaftsblatt ändern, indem per Cursor in der Funktion Mittelwert und Rechtsklick (Kontextmenü) das Eigenschaftenfenster aufgerufen wird.

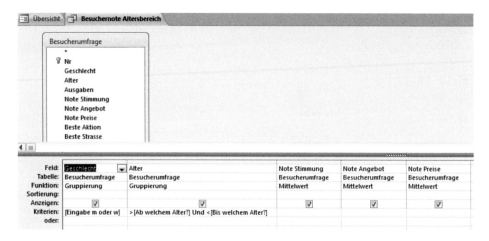

Mit der Abfrage *Besuchernoten Standardabweichung* wurde die Funktion **StAbw** einbezogen und passend dazu mit Hilfe des Formularassistenten **tabellarisch** ein Formular erstellt.

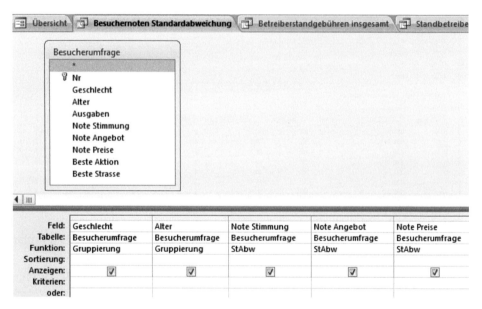

Da einige Standbetreiber mehrere Stände bezahlen müssen, ist eine Abfrage *Betreiberstandgebühren insgesamt* geeignet, um gruppiert nach dem Inhaber der Stände eine Aufstellung der Standgebühren insgesamt zu erhalten:

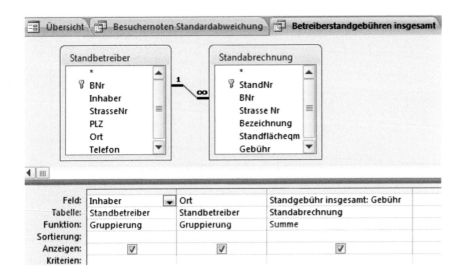

Feld:	Inhaber	Ort	Standgebühr insgesamt: Gebühr
Tabelle:	Standbetreiber	Standbetreiber	Standabrechnung
Funktion:	Gruppierung	Gruppierung	Summe
Sortierung:			
Anzeigen:	☑	☑	☑
Kriterien:			

Aufgaben

1. Rufen Sie die Datenbank NORDWINDXP auf und erstellen Sie eine neue Abfrage „Rabattauswertung" auf der Basis der Tabelle *Bestelldetails*.

2. Rufen Sie in der QBE über <**Ansicht**> Funktionen auf und ergänzen Sie die Felder *ArtikelNr* und drei mal *Rabatt*. Für die Felder *Rabatt* wählen Sie als statistische Funktionen Mittelwert, Max und Standardabweichung aus. Zusätzlich sollen Sie als Ausdruck den Rabattbetrag berechnen lassen.

3. Das Ergebnis der Abfrage exportieren Sie über <**Datei**> <**Exportieren**> in eine Exceltabelle *Rabattauswertung*.

4. Bereiten Sie die Exceltabelle Rabattauswertung auf, indem Sie die Daten formatieren (%, €) und evtl. zur Auswertung sinnvolle Summen berechnen lassen.

5. Ergänzen Sie ein Textfeld, indem Sie zu der Aussage des Mitarbeiters begründet Stellung beziehen: „Ein Mitarbeiter im Betrieb hat behauptet, es würde viel zu viel Rabatt an die Kunden gewährt. Dadurch wäre der Gewinn im letzten Jahr so gering ausgefallen. Seiner Meinung nach sei im Schnitt über 15 % Rabatt gewährt worden."

Kapitel 1: Grundlagen von Informatiksystemen

Sachwortverzeichnis

Kapitel 4: Tabellenkalkulation mit MS Excel

Kapitel 7: Multimedia

Kapitel 8: Aktuelle Entwicklungen ... – E-Commerce

Kapitel 9: Informationsnetzwerk

Kapitel 10: Statistische Analyseverfahren

Cover: alexander kirch/istockphoto.com (links) und loops7/istockphoto.com (rechts)

Apple Inc., Cupertino: 58 iPhone

ASUS Computer GmbH, Ratingen: 57 (Netbook)

BITKOM, Berlin: 58 oben, 81, 84 oben, 86, 89 unten beide, 93, 506 beide, 507 beide, 514, 519, 520 unten, 531

Datacolor GmbH, Lüneburg: 11, 12 beide, 13, 25 unten, 28 rechts

Dell GmbH, Langen: 64 links

Deutscher Sparkassen Verlag GmbH, Stuttgart: 533 Logo Geldkarte

Enlight Corp., Rotterdam/Niederlande: 57 rechts

Google Germany GmbH, Hamburg: 58 Google Galaxy Nexus (HTC)

Hewlett-Packard GmbH, Böblingen: 57 Notebook, 62 beide, 63, 65 oben Mitte, 65 unten Mitte, 65 unten rechts

IBM Deutschland, Ehningen: 60

Institut der deutschen Wirtschaft Köln Consult GmbH, Köln: 525, 544

Intel GmbH, Feldkirchen: 59

Kensington Computer Group: 91

Lexmark Deutschland GmbH, Dietzenbach: 65 oben links, 65 oben rechts

mediacolors Bildagentur & -Produktion, Zürich: 595 (dia)

Palm Europe Ltd.:   58 Palm Pre

Philips Deutschland GmbH, Hamburg: 57 PDA

Sony Deutschland, Berlin: 64 rechts, 65 unten links

Trotz intensiver Nachforschungen ist es uns in manchen Fällen nicht gelungen, die Rechteinhaber zu ermitteln. Wir bitten diese, sich mit dem Verlag in Verbindung zu setzen.